4 訂 版

국제관계이론

—국가간의 갈등원인과 질서유지—

이 상 우 저

博 英 社

玉에게

네 번째 판을 내면서

서강대에서 국제관계이론을 강의하면서 교과서가 마땅하지 않아 1979년에 서둘러 내어 놓은 것이 『국제관계이론』 초판이었다. 교과서로 짜임새도 못 갖춘 채 세상에 내어 놓아 부끄러워 다시 손대기로 했다가 8년 만인 1987년에 개정증보판을 내었다. 그리고 1989년 냉전이 종식되면서 국제관계의 기본틀이 바뀌는 큰 변화가 일어나 새로운 이론적 관심이 생기는 때여서 12년 만에 다시 1999년에 3정판을 다듬어 내어 놓았다.

3정판부터는 책의 체제도 그런대로 교과서의 모양을 갖추었다. 그리고 국제정치학 자체를 정리하는 나 나름대로의 이론적 틀이 자리잡혀서 국제정치이론들을 '질서관리학'의 체계 속에서 조금씩 손을 대었다. 이번 4정판은 3정판의 연장이다. 지난 7년간 새로 등장한 사회학적 이론을 추가하고 다시 시작되는 '이념시대'를 알리기 위한 예비 작업을 더하고 각 장에서 다룬 예문을 새로운 것으로 조금씩 고쳐서 4정판을 낸다. 욕심 같아서는 처음부터 다시 쓰고 싶었으나 한림대학교 총장직을 맡은 후부터는 시간을 내기 어려워 주말을 이용하여 내용을 약간씩 보충하는 정도로 작업을 마쳤다.

나에게 또 한번의 기회가 오면 어디 내어 놓아도 손색 없는 교과서가 되도록 크게 손을 댈 생각이다. 교과서 하나를 30년 동안

다듬도록 계속 기회를 준 박영사에 깊은 감사의 뜻을 표한다.

이 책은 2005년 봄에 내어 놓은 『국제정치학강의』와 쌍을 이룬다. 함께 사용하면 국제정치를 현실주의 시각에서 입체적으로 이해하는 데 도움이 될 것이다.

2006년 정월

춘천 한림대 총장실에서

저자 **이 상 우** 씀

初版 머리말

이 책은 西江大學校 外交學科 학생들에게 가르치고 있는 「國際關係理論」강의의 講義錄이다. 학생들에게 노트필기의 고생을 덜어주기 위하여 講義要旨를 적어 놓은 것에 불과하므로 敎科書라고 하기에는 부족한 점이 많다.

敎科書를 쓴다는 마음의 부담없이 엮었기 때문에 나름대로의 見解, 즉 私見을 비교적 자유롭게 반영할 수 있어 책의 전체적인 흐름에 줄거리를 심어넣을 수 있었던 것이 오히려 나에게는 다행이었다. 맡은 강의가 3學點 한 학기 과정이기 때문에 10개의 이론만을 포함시켰는데, 이 선정은 다음의 두 가지 기준에 따른 것이다. 첫째는 주제인데, 모두 國家간의 葛藤, 紛爭의 原因, 防止策과 平和에 관한 것이다. 國家間 葛藤에 대한 연구가 나의 平生의 課題이기 때문에 자연히 이 分野의 理論만이 선택된 것이다. 앞으로 이 책을 다시 찍을 기회가 주어진다면 약 10편쯤을 더 골라 넣을 계획이나, 역시 이 主題基準은 지켜질 것이다.

두 번째 기준은 '發想'과 '思考方式'이다. 어떤 理論의 소상한 내용설명보다는 그 이론의 밑에 깔려 있는 發想, 思考方式, 그리고 信念 등에 대한 理解를 학생들에게 강조하고 있기 때문에 중요한 '새 아이디어'가 포함된 것을 우선적으로 선택했다.

冊을 써나가는 데 있어서는 어떠한 형식에도 매이려 하지 않았다. 理論마다 강조하고 싶은 부분이 있으면 길게 쓰고 그렇지 않은 부분은 과감하게 줄여 버렸다. 그래서 각 장이 고르지 않다. 그러나 써 놓고 보니 좀 너무 불친절한 것 같아서 역시 앞으로 고쳐

쓸 때는 좀더 친절하게 풀어 쓰려고 마음 먹고 있다.

이 책의 상당부분은 1977년에 「國際問題」라는 月刊誌에 "國際關係理論의 現住所"라는 이름으로 連載했던 것들이다. 틀린 것은 고치고, 보충할 것은 보충하고, 그리고 새로 써 넣을 것은 써 넣고 해서 다듬은 것이다.

이 책이 되기까지에는 여러 사람이 직접·간접으로 도와주었다. 한 여름 동안 집사람이 原稿 전부를 清書해 주었다. 그 공으로 책이 아담하게 다듬어졌다. 이 책은 그래서 玉에게 주기로 했다. 그리고 그 동안 아빠 일을 방해하지 않으려고 애를 써 준 우리집 착한 꼬마들, 朝漢, 鮮漢, 瑀漢, 太煥이의 협조가 없었으면 아마 책 쓰는 작업이 어려웠을 것이다. 이 자리를 빌어 "고맙다"고 해 주어야겠다.

변변치 않은 글을 묶어 이렇게 훌륭한 책으로 내어준 博英社의 여러분, 특히 책을 깨끗하고 예쁘게 만들어 주려고 헌신적으로 애를 써 준 企劃課長 李明載 형과 그 동안 陰으로 陽으로 나를 도와준 朴基男 課長에게 특히 사의를 표하고 싶다.

1978년 9월 30일

盤浦아파트에서

著者 李 相 禹 씀

차 례

제 1 부 국제관계의 이론적 접근

제2부 국가간 갈등원인에 관한 경험이론

제❸부　갈등관리와 평화질서에 관한 이론

제4부 21세기의 국제관계이론

제 1 부

국제관계의 이론적 접근

제 1 부 국제관계의 이론적 접근

[개　　요]

국제관계학은 20세기 후반에 하나의 독자적 학문영역으로 발전된 일천한 학문이다. 국제관계학은 "국가 또는 이에 준하는 사회단체가 국경을 넘어 다른 국가 또는 사회단체와 가지는 모든 영역의 상호작용 또는 행위 및 이러한 상호작용과 행위에 관련된 환경여건"을 연구하는 학문이라고 정의한다. 간단히 말하면 국가간의 관계를 연구하는 학문이라 할 수 있다.

민족국가가 형성되고 이러한 국가들간에 접촉이 생기기 시작하면서부터 각 국가와 다른 국가 간의 접촉을 다루는 학문이 생겨났으며 그런 뜻에서는 국제관계학도 역사가 길다고 할 수 있다. 그러나 16세기경까지 국제관계학은 한 국가를 중심으로 그 국가의 대외정책을 다루는 대외정책학에 머물러 있었다. 그때까지는 상대방 국가를 동등한 행위주체로 인정하지 않았고 대외정책 대상이라고만 여겼기 때문에 '관계'의 관리라고 보기보다는 일방적 정책의 성격이 강했었다.

유럽을 중심으로 본다면 1648년의 「웨스트팔리아 조약」이 국제관계학 역사에서 하나의 분수령이 된다. 이 조약에 의하여 각 국가는 다른 국가들을 동등한 행위자로 인정하고 이들과 합의를 통하여 '국가간 평화질서'를 창출·유지하는 국제정치가 형성되었기 때문이다. '웨스트팔리아 체제'는 주권평등과 내정불간섭의 두 원칙을 모든 국가가 준수한다는 약속을 바탕으로 국가간의 행위를 규제하는 법과 각국의 권리의무를 규정함으로써 국제질서를 하나의 '합의공동체'로 발전시켰다. 이 체제는 20세기말까지 지속해오고 있는데, 이 기간동안 이 체제의 유지관리에 관한 규범, 행위양식 등을 연구하는 국제법, 외교학 등이 체계적 학문으로 자리잡게 되었다. 특히 이 시기의 국제질서의 주된 관심은 갈등, 전쟁의 예방과 관리였으며 국가들이 구성하고 있는 국제사회의 평화질서를 유지관리하는 기술로서의 '국제정치학'이 자리잡게 되었다.

오늘날의 국제관계학은 제 2 차 세계대전 이후에 형성된 학문이다. 와이트(Martin Wight), 모겐소(Hans Morgenthau), 롸이트(Quincy Wright) 등에 의하여 체계화된 국제관계학은 국가간의 모든 관계를 연구대상으로 하는 포괄적인 학문으로 발전했다. 국가간 접촉이 다양해지면서 분쟁의 평화적 해결이나 전쟁관리의 영역을 넘어 경제적 협력, 인류 공동관심사에 대한 공동대처 등의 필요가 생겨나 학문대상 영역이 넓어진 것이다. 특히 비국가적 행위주체(국제기구, 민간단체 등)의 등장으로 국제사회의 구조가 복잡해지고 또한 민간차원의 초국경적 접촉이 급증하면서 국가간의 관계를 단순히 정치의 국제사회로의 연장이라는 국제정치학의 시각으로는 다룰 수 없는 현상이 폭주해서 국제정치학은 국제관계학으로 확대되지 않을 수 없게 되었다.

20세기에서 21세기로 넘어가면서 인간들의 의식 속에 '세계시민의식'이 새롭게 자리잡기 시작하고 있다. 사람들은 한 나라의 국민이라는 의식과 더불어 인류사회의 일원이라는 의식을 갖기 시작하였다. 이러한 세계시민의식은 국제사회를 국가들이 구성하는 국가들의 사회(society of states)라고 보는 대신 하나의 보편적인 전 지구적 인류공동체라 보는 시각을 발전시키고 있다. 그래서 국제관계학은 점차로 세계정치학, 세계질서학으로 변모해가고 있다.

국제현상도 사회현상으로 바른 이해를 위해서는 과학적 접근이 필요하다. 과학적 접근의 목적은 '치우치지 아니한 지식'(unbiased knowledge)의 획득이며 체계적인 지식의 획득이다. 객관성, 보편성, 합리성을 가진 지식을 얻기 위해서는 이론을 토대로 한 분석이 필요하다. 그리고 분석을 위해서는 행위를 지배하는 법칙의 발견, 정립이 필요하다. 보편적 법칙이 발견되면 이 법칙을 적용하여 현상의 설명과 예측이 가능해진다. 국제관계현상의 분석에서도 이러한 과학적 접근이 필요하다.

국제관계는 현존 질서를 어떻게 인식하는가에 따라 다른 시각(視角 : perspective)에서 분석된다. 현존 질서를 무정부적인 국가간의 무제한의 투쟁의 마당이라고 보는 시각과 보편적인 가치를 인정하는 인간들의 도덕적 당위를 앞세워 국제질서를 보는 시각, 그리고 각개 국가들의 이성적 행위가 만들어 내는 질서라고 보는 시각이 있는데 이를 각각 현실주의 시각, 이상주의 시각, 합리적 시각이라고 부른다. 국제관계이론은 그 이론을 만든 사람이 가진 시각이 무엇인가를 알아야 제대로 이해할 수 있게 된다. 그래서 각개 이론을 연구할 때는 우선 그 이론을 만든 사람의 세계관, 국제질서관을 먼저 알아보아야 한다.

국제관계이론은 그 시대의 국제질서의 특성을 반영하기 때문에 시대변천에 따라 질서의 속성이 변하면 이론도 달라진다. 이론 자체의 논리성이 바뀌는 것이 아니라 관심의 대상이 달라지고 또한 이론의 구성소가 달라진다. 21세기에 들어서면서 국가주권의 상대화가 급속히 진행되고 있다. 이에 따라 주권국가를 단위로 구성하였던 기존의 많은 국제관계이론들이 재구성되고 있다. 국가간의 관계를 다루던 국제관계이론들이 국제사회가 하나의 세계질서로 변모함에 따라 세계적 차원의 공공질서를 분석하는 이론, 그리고 그러한 질서를 바람직한 질서로 다듬어 가는 규범이론들이 등장하고 있다.

제 1 부에서는 국제관계의 이론적 접근의 기초가 되는 내용들을 다루고 있다. 제 1 장에서는 국제관계학의 발전과정과 연구영역을 소개하고, 제 2 장에서는 과학적 인식 방법의 해설과 이론의 구성을 설명한다. 그리고 제 3 장에서는 대표적인 국제질서관(觀)을 소개하고, 제 4 장에서는 21세기 국제질서의 특성을 예측해보면서 국제관계이론이 발전해 나가리라 생각되는 방향을 짚어본다. 구체적인 내용은 제 4 부에서 다룬다.

제 1 장

국제관계학의 영역과 연구과제

제 1 절 국제관계학의 발전사

1. 대외정책학

국제관계학은 국가와 국가 간의 관계를 연구 · 분석하는 학문이다. 일정한 영토를 가진 인간집단이 구성원간의 가치를 권위적으로 배분하는 정치체제를 갖추게 되면 이것을 국가라고 하는데,[1] 이러한 국가의 다른 국가에 대한 행위체계를 다루는 것이 곧 국제관계학이다.

1) 국가의 정의는 여러 가지다. 정치학적으로 정의한다면 "기본이념과 이 이념을 실천하는 통치체제를 갖춘 인간조직체"라 할 수 있다. 통치체제는 규범과 규범을 제정하고 이를 강제적으로 지켜나가는 조직으로서의 정부로 구성되며 통치대상의 인적 범위가 국민이고 공간적 범위가 영토가 된다. 국가의 구성요소로서는 기본이념과 통치체제를 규정하는 헌법, 통치조직으로서의 정부, 국민, 영토 등 네 가지를 꼽을 수 있다. 법적으로는 "주권을 가진 정치단체"라 정의한다. 여기서 주권은 내부질서 속에서의 최고 권위(대내주권)로, 그리고 다른 정치단체와의 관계에서도 어떤 권위에도 승복하지 않는 최고 권위로 인정되는 권위를 말한다. 정치단체의 주권은 그러나 현실적으로는 상대화되고 있다. 우선 주권은 대다수 국가의 승인을 얻어야 공인된다는 국제정치적인 해석으로 상대화되고 있다. 또한 국가들의 동의에 의하여 형성되는 국제조직의 초국가적 권위가 인정됨에 따라 역시 주권은 상대화되고 있다. 현실적으로 국제관계는 국가들간의 관계로 규정되므로 국가로 상호 인정하는 단체간의 관계로 이해하면 될 것이다.

국제관계학은 따라서 국가가 형성되고 또한 이러한 국가들간의 의미 있는 접촉이 시작된 때부터 생겨났으며 아시아의 경우 중국의 춘추전국시대, 그리고 유럽의 경우 그리스 문명시대에 해당되는 서기전 5, 6 세기경이 시원적인 국제관계학이 형성되던 시기라고 할 수 있다. 인구밀도가 희박하고 먼 거리에 있는 나라들과의 접촉이 어렵던 초기 문명시대에는 인간의 주된 관심이 자기 집단 내의 질서와 생산을 위한 자연과의 관계에 쏠려 있었고 다른 국가에 대한 관심은 이례적인 것이었다. 국가간에는 교역과 전쟁 등의 간헐적인 접촉만 있었을 뿐이었으므로 초기 문명시대에는 그러한 관계를 체계적으로 분석·연구할 필요가 사실상 없었다.

국제관계학은 국가간의 접촉이 높아진 시대에 비로소 시작했으며, 그 시기가 서기전 5, 6세기쯤 된다고 볼 수 있다. 다만 이 시기에도 다른 국가와의 관계의 중심은 강한 국가가 주변 약소국에 일방적으로 의무를 부과하는 관계였으므로 국제관계학은 강대국의 대외정책학에 머물렀다. 이러한 원시형태의 국제관계학은 중세까지 지속되었다. 아시아의 경우 국제관계학은 중국과 주변국간의 조공체제(tributary system)를 중심으로 발전하였으며 유럽의 경우는 로마의 만국법체계로 발전하였다.

로마 전성시대에 로마가 주변국을 지배하는 체제로 발전했던 유럽적인 국제관계는 서기 3, 4 세기경 기독교 문명권을 통합지배하는 교황의 교회정치가 압도하면서부터 하나의 제국 내의 질서로 인식되면서 '국가간의 관계'라는 의미가 없어지고 신성로마제국 내의 일종의 국내질서로 되어 국제관계학은 관심 밖으로 밀려났다. 다만 극히 제한적으로 기독교 문명권 외의 국가, 이를테면 10세기 이후 이슬람국가들과의 관계에서 외교학의 형태로 명맥을 유지했을 뿐이다.

유럽보다 국가조직의 발전이 앞선 동아시아에서는 국제관계학이 체계를 갖춘 정책학으로 발전하였다. 중국의 춘추전국시대에 논의되던 소진(蘇秦), 장의(張儀)의 합종책(合縱策), 연횡책(連衡策) 등은 20세기적 상황에서 논의되어 오던 세력균형이론과 이론 수준에서는 거의 같다고 할 정도이다. 한국의 경우도 이미 삼국시대에 들어서면 국가간의 빈번한 사신(使臣)의 교환, 동맹, 억지 등의 관행이 자리 잡았고 원(元)제국 이후 명(明), 청(淸)시대로 들어서면 제국(帝國)과 그 세력 아래의 왕국(王國)간의 관계를 규정하는 정교한 조공제도(租貢制度)가 국제평화질서의 틀로 자리잡게 된다. 그러나 국제관계학의 중심은 역시 체제의 평화구조 자체 연구보다 각국의 대외정책에 쏠려 있었다. 이소사대(以小事大)의 현실주의 대외정책, 원교근공(遠交近攻)의 전략적 정책 등이 이 시대에 발전된 정책이론들이었다. 특히 손자(孫子)의 이름으로 정리된 전략체계는 국내정치뿐 아니라 국제정치에도 통용되는 정교하기 이를 데 없는 정책이론체계라 할 수 있다.

2. 국제정치학

'가치의 권위적 배분'을 정치[2)]라 한다면 국가를 단위로 하는 국제사회에서도 국가간에 가치를 권위적으로 배분하는 국제정치가

2) 정치에 대한 가장 잘 알려진 정의는 이스턴(David Easton)의 것이다. 이스턴은 정치를 "사회적 가치의 권위적 분배의 과정"(Politics is the process whereby societal values are authoritatively allocated)이라고 정의하고 분배를 담당하는 효과적 권위체(effective authority)의 존재를 전제하고 있다. 그의 책 *The Political System*, New York: Knopf, 1959, pp. 129-131. 이 정의에 따르면 정치가 존재하기 위해서는 가치배분을 결정, 집행하는 권위와 힘을 가진 조직이 있어야 한다. 주권국가들의 집합체인 국제사회에서는 초국가적 권위체(supra-national authority)가 없기 때문에 이스턴의 정의를 따른다면 '국제정치'란 있을 수 없다. 그러나 정치를 "질서의 창출 및 관리 유지하는 행위"라고 광의로 정의한다면 국제정치도 훌륭한 정치이다. 국제질서를 창출하는 행위, 그리고 그 질서를 유지, 관리하는 다양한 행위가 존재하기 때문이다. 이 책에서는 정치를 이렇게 정의하여 쓰기로 한다.

성립될 수 있다. 다만 아직까지도 초국가적인 권위체가 형성되어 있지 않았기 때문에 그 배분의 권위는 단위 국가간의 합의를 기초로 형성된다.

유럽의 경우 30년 전쟁이 끝난 17세기 중반(1648)에 이르러서 전쟁에 시달리던 각국은 '평화로운 국가간의 질서'가 공동선(common goods)이 된다는 사실을 자각하고 처음으로 국가간 협의를 통하여 평화를 보장하는 각국의 행위준칙을 마련하게 되었다. 이른바 '웨스트팔리아 체제'라고 부르는 '주권국가들이 구성하는 평화질서'가 탄생하게 되었다.[3)]

웨스트팔리아 체제는 주권평등과 내정불간섭의 두 원칙을 모든 국가가 준수한다는 약속을 바탕으로 국가간의 행위를 규제하는 법과 각국의 권리의무를 규정함으로써 근대적인 합의공동체(contractual community)로 발전하였다. 이 체제가 오늘날까지 이어져 오는 국제질서의 기본구조이다.

합의공동체로서의 국제사회는 '국가들의 사회'(society of states)로서 각 국가는 사회질서유지를 위한 권리와 의무를 다른 국가들과 약속함으로써 이루어지는 것이므로 그 관계의 핵심은 법이 될 수밖에 없다. 그래서 웨스트팔리아 체제의 발전과 더불어 국제관계학의 중심은 국제법이 되었다. 오늘날의 국제법은 웨스트팔리

3) 유럽에서의 국제정치체제의 시작을 1648년에 체결된 웨스트팔리아 조약(Westphalia Treaty)을 기점으로 잡는 것은 이제 상식화된 듯하다. 그 전까지는 로마 교황 중심의 단일 기독교 지배질서였던 유럽이 주권에 바탕을 둔 국가간의 합의된 질서로 개편되었기 때문이다. Stephen D. Krasner는 근대 국제체제를 웨스트팔리아 모형(The Westphalia Model)이라고 부르는데, 이 모형의 특징으로 Krasner는 구성국가의 자주권과 영토권을 꼽고 있다. Krasner는 이 모형을 "a universe composed of sovereign states each with exclusive authority within its own geographical boundaries"라 정의한다. 그의 글 "Compromising Westphalia"(한국국제정치학회와 한국일보 공동주최 학술회의 1995. 10. 27-28, 서울에서의 발표문)을 볼 것. 국제질서의 변천에 대해서는 다음 글을 읽으면 잘 정리된다. John Baylis & Steve Smith, eds., *The Globalization of World Politics,* 2nd edition, Oxford: Oxford University Press, 2001의 제 2 장, Robert H. Jackson, "The Evolution of International Society," pp. 35-50.

아 체제와 함께 성장해 왔다.

전쟁을 방지하고 '국가들의 사회'의 평화질서를 지키는 것을 최대의 과제로 하는 국제관계에서 가장 큰 관심사는 어떻게 각국이 약속을 준수하고 합의된 내용을 지키도록 만드는가 하는 것이다. 이에 따라 체제유지의 책임을 진 주도국은 자국의 영향력을 수단으로 체제 내의 각국을 설득하는 노력을 쏟아 왔으며 이에 따라 '자국 의지를 타국이 따르도록 만드는 기술'로서의 외교(diplomacy)가 발전해 왔고, 국제관계학의 중심도 국제법과 더불어 외교학, 외교정책학으로 옮겨오게 되었다. 20세기 초반의 국제관계학은 외교학과 같이 이해될 정도로 외교학이 국제관계학의 대종을 이루었다.

유럽에서 발전해 온 국제관계학이 '국가들의 사회'라는 국제질서 자체의 발전을 염두에 둔 제도와 법체계 연구를 중심으로 발전하여 오면서도 관련 각국의 이익을 극대화하기 위한 대외정책, 외교정책에 더욱 큰 관심을 둔 외교학으로 함께 발전하여 오게 된데는 그럴만한 이유가 있다. 기독교 문명권과 비기독교 야만세계로 세계를 양분하여 인식하는 유럽 지식인들의 강한 선입관이 작용했기 때문이다. 그로티우스(Hugo Grotius)의 국제법체계는 기독교 문명세계 내에서의 국가들간의 관계를 규정함을 전제로 한 것이지 보편적인 세계질서를 대상으로 한 것이 아니었다. 비기독교 세계는 어디까지나 문명국이 자국 이익을 위하여 지배·착취하는 대상으로 여겼기 때문에 여기에는 '문명국간의 법'이 적용될 수 없었다. 제국주의 시대의 유럽 각국간의 관계에서는 식민지 분배에 대한 각국간의 행위 질서를 구축하고 지켜내는 서로간의 이익을 앞세운 협상기술로서 외교학이 발전해 왔을 뿐이다.

20세기 전반까지 선진 각국의 대학에서 가르친 국제관계 관련 과목은 외교사와 국제법뿐이었다는 사실을 보면 이 시대의 국제관계 영역의 관심이 어디에 머물러 있었는지 잘 알 수 있다. 그러나 시대 흐름은 국제관계에 대한 새로운 관심을 강요하고 있었다. 각국의 개별적 이익추구를 초국가적 권위체로 규제하지 않으면 모두가 함께 멸망하며 따라서 '국제사회의 안정질서'라는 공동재(common goods)를 지키기 위한 특단의 조치가 있어야겠다는 인식이 팽배하게 되었고, 이에 따라 진정한 뜻에서의 국제정치학이 등장하게 되었다. 즉 국내정치에서 논의되던 '사회적 가치의 권위적 분배체계'로서의 정치질서를 국제사회에 도입하여야 한다는 생각에서 국가를 단위로 하는 2차적 조직으로서의 국제사회의 정치질서를 다루는 국제정치학이 대두된 것이다.

20세기 초반 국제정치학이 대두된데는 국제사회의 본질적 변화라는 배경이 있다. 20세기 초반의 국제사회는 그 이전까지는 생각할 수 없었던 사회로 변질하고 있어 기존의 '생각하는 틀'로서는 새로운 변화를 감당할 수 없게 되었다. 이 모든 변화의 근저에는 산업혁명을 가져온 과학기술의 폭발적인 발전이 깔려 있었다.

19세기의 1백년간 인간은 석탄, 석유 등의 화석 연료를 운동에너지로 전환시키는 기술을 개발하여 인간의 생산능력을 천문학적으로 증대시킨 산업혁명을 가져왔다. 산업혁명은 1차적으로 혁명을 이룬 나라와 그렇지 않은 나라간의 힘의 격차를 넘을 수 없는 수준으로 확대시켜 놓았으며 그 결과로 산업혁명을 먼저 이룬 유럽 제국과 그렇지 못한 여타 세계 국가들의 관계를 선진 공업국-후진 농업국, 식민제국-식민지 관계로 정착시켰다. 이 구분은 20세기를 거쳐 21세기로까지 이어지는 국제사회의 불균등 구조를 만들어 냈다.

산업혁명은 또한 선진 공업국의 생활양식을 근본적으로 바꾸어 놓았다. 특히 선진 공업국의 대외정책 관심을 바꾸어 놓았다. 식민지 지배를 통하여 자원과 시장을 확보하지 않으면 살 수 없게 된 공업 선진국들에게 있어서 대외관계에서의 1차적 관심은 식민지의 유지·확대였고 이를 위하여 강한 군대를 키우고 이를 유지할 국부(國富)를 쌓는 부국강병(富國強兵)정책을 국가 존망의 과제로 삼게 되었다. 선진 공업국간의 이러한 경제적 실익추구의 대외정책은 종전의 '문명세계에 통용되는 법 원칙'이나 세련된 '외교'로 규제할 수 없게 되었다.

1914년부터 1918년까지 지속되었던 제 1 차 세계대전은 바로 이러한 상황에서 벌어졌던 전쟁이었으며 또한 무제한의 경쟁이 공동의 파멸을 가져온다는 점에 대하여 인류 모두가 자각하게 만든 전쟁이었다. 이 전쟁을 통하여 기존의 국제정치 체제는 사실상 붕괴된 셈이었다. 제 1 차 세계대전은 종전의 어떤 전쟁과도 다른 새로운 전쟁이었다. 33개국 15억의 인구가 전쟁에 휩쓸린 문자 그대로 세계대전이었을 뿐 아니라 처음으로 전차, 야포, 대형군함, 항공기 등이 동원된 전쟁이어서 "전쟁은 전투원만 살상하는 군인들 간의 투쟁"이라는 전쟁 개념을 "민간인도, 산업시설도 모두 파괴의 대상이 되는 투쟁"으로 바꾸어 놓은 전쟁이었다.

제 1 차 세계대전을 겪으면서 이러한 전쟁의 재발을 방지하기 위한 국제조직의 필요성을 통감한 세계 지도자들 사이에서 처음으로 초국가적인 권위체의 창설에 대한 관심이 고조되기 시작하였으며 그 결과로 국제연맹(The League of Nations)이 발족하게 되었다. 세계평화질서 보장이라는 공동선을 위하여 각국의 행위를 집단적으로 규제하자는 새로운 발상에서 창시된 국제연맹도 강대국이 추구하는 국가이익을 꺾지 못하여 결국 실패하였다.

그러나 현실에서 실패한 이러한 국제평화질서 구축 노력은 국제관계학에서는 이상주의(utopianism)의 새로운 이론체계를 세워나가는 데 있어 크게 기여하였다. 당위로서의 국제질서와 현실 세계 간의 갈등은 카(E. H. Carr)의 고전적 저술인 『20년간의 위기』(*The Twenty Years' Crisis*)에 잘 정리되어 있다.[4] 이 시기의 국제

4) Edward Hallett Carr, *The Twenty-Years' Crisis, 1919-1939: An Introduction to the Study of International Relations*, London: Macmillan, 1939; New York: Harper & Row, 1964. 국제정치학의 고전에 속하는 이 책에서 Carr는 Utopians와 Realists의 대립되는 주장을 선명하게 분석 제시하고 있다. 이상주

관계학의 관심은 경제적 이익 추구를 주된 대외정책으로 하는 각국의 행위를 외교적 노력, 정치적 노력만으로 대응하려던 종전의 평화질서 노력을 비판하는 데 쏠려 있었으며, 나아가서 당위의 국제관계학에서 각국의 행위를 현실적으로 분석하는 경험이론 중시의 국제관계학으로 발전시키는 데로 옮아가기 시작하였다.

제 1 차 세계대전과 제 2 차 세계대전 사이의 20년간 국제관계학은 국가의 대외정책결정과정, 대외영향력 요소 분석, 정치 · 경제학적인 국가행위설명 등 여러 영역에서 많은 진전을 이루었다. 레닌(V. I. Lenin)의 『자본주의의 최고형태로서의 제국주의』(*Imperialism The Highest Stage of Capitalism*)[5]는 전쟁원인 규명에 있어서 세계경제구조를 기본 변수로 하는 최초의 체계적 경험이론이라 할 수 있으며, 리차드슨(L. F. Richardson)의 『군비경쟁과 안보위협』(*Arms Race and Insecurity: A Mathematical Study of the Causes and Origins of War*)[6]는 전쟁원인의 과학적 규명을 시도해 본 선각자적 연구라 할 수 있다.

슈프라우트 부부(Harold and Margaret Sprout)의 일련의 저서들 *The Rise of American Naval Power*(1939)로부터 *Foundation of National Power*(1945)에 이르는 저서들은 국력의 바탕을 규명하는 체계적 경험연구의 표준을 정해준 역작들로 제 2 차 세계대전

의자들은 각국 인민들은 국제사회에서 어떤 행위를 할 수 있는가보다 어떻게 행위해야 하는가 하는 도덕적 규범에 중점을 두고 각국의 권리와 의무, 각국 이익간의 조화 등에 관심을 가지면서 인간 이성에 바탕을 둔 국제평화질서 구축 및 유지를 당면 과제로 삼는 사람들이다. 이에 비하여 현실주의자들은 힘과 국가이익에 바탕을 두고 행위하는 국가들의 현실 정책을 분석하여 국제정치를 과학적으로 체계화하려는 사람들이다. 이 두 가지 흐름은 지금까지도 국제정치학의 흐름을 지배하고 있다. 두 접근의 간결한 비교를 위해서는 다음 글을 참조할 것. James E. Dougherty & Robert L. Pfaltzgraff, Jr., *Contending Theories of International Relations: A Comprehensive Survey*, second edition, New York: Harper & Row, 1981, pp. 4-6.

5) 이 책의 제 7 장 참조.

6) Pittsburgh: Boxwood Press, 1960. 이 책에 실린 논문들은 1910년대에 씌어진 것들이다.

종결까지의 국제관계학의 한 이정표를 그었다고 할 수 있다.

3. 국제관계학

오늘날의 국제관계학의 시작은 와이트(Martin Wight), 모겐소(Hans Morgenthau)와 롸이트(Quincy Wright)로부터 잡는 것이 옳을 것 같다. 와이트는 국제관계학의 기본 패러다임이라고 할 수 있는 국제관계관을 전통주의, 이상주의, 이성주의로 압축, 정리하여 제시하고 또한 국제관계학의 핵심개념으로 권력(power)을 제시한 사람이며, 모겐소는 '권력으로 정의되는 국가이익'을 모든 국가의 대외행위 설명의 기본 변수로 하는 현실주의이론 체계를 세운 사람이고, 롸이트는 국제관계학을 좀 더 세련된 사회과학 체계로 발전시키기 위한 이론틀을 마련해 놓은 사람이기 때문이다.

1948년에 초간된 모겐소의 *Politics Among Nations*는 '권력을 위한 투쟁으로서의 국제정치'라는 인식을 바탕으로 국제관계학을 과학적 체계로 발전시킨 국제관계학의 가장 오래된 고전적 교과서이다. 이 책에서 모겐소는 국력(national power) 개념을 과학적으로 정리하고 국력제한 요소로서의 국제제도(balance of power), 국제도덕과 세계여론(international morality and world public opinion), 국제법(international law)을 분석한 후 국제평화를 위한 다양한 구상과 정책들을 이 이론체계에 연계시켜 제시하였다.

1955년에 출판된 롸이트의 *The Study of International Relations*는 국제관계 현상을 권력 일변도의 현상으로 보지 않고 안목을 넓혀 다양한 국가간의 관계를 다양한 이론으로 다룰 수 있는 '통일된 국제관계학 체계'로 제시한 획기적 교과서이다. 이 책을 통하여 국제관계학이 연구영역, 접근법, 이론체계가 갖추어진 하나의 학문 분야로 자리잡았다.

제 2 차 세계대전 종결과 더불어 시작된 미소냉전은 다른 학문 분야에서도 그랬겠지만 국제관계학 발전에 결정적 영향을 미쳤다. 미국의 경우, 소련과의 핵전쟁을 막고 나아가서 냉전에서 승리하여야 한다는 국가적 목표가 다른 모든 것을 압도하게 됨에 따라 정치학에서도 대외정책을 다루는 국제관계학의 비중이 비약적으로 증대되어 대학 교과 과목에서도 국제관계 관련 과목이 전체의 3분의 1을 상회하기에 이르렀으며, 국제관계학이 독립된 학문으로 자리잡게 되었다. 뿐만 아니라 많은 대학에서는 정치학과에서 분리하여 국제관계학과를 별도로 설치하였으며 국제관계대학원으로 발전한 경우도 많았다.

국제관계학의 연구관심도 냉전의 영향을 크게 받아 핵전쟁 예방, 군비축소와 군비경쟁, 동맹 등 전쟁과 관련된 영역이 각광을 받았으며 국제법, 국제기구에 대한 관심이 상대적으로 줄어들었다. 또한 냉전의 바탕이 이념적 대결이어서 자연히 국제정치를 보는 시각에서도 이념적 색채가 강하게 나타났었다.

또한 제 2 차 세계대전 이후에 비약적으로 발전하기 시작한 과학기술의 영향을 받아 국제관계학 영역에서도 '과학화 운동'이 일어났으며, 국제관계학을 경성과학(hard science) 수준의 정밀성을 가진 학문으로 만들려는 노력이 행태주의 혁명(behavioral revolution)을 촉발하였다. 1960년대부터 1970년대 초반까지 풍미하였던 행태주의 운동의 결과로 국제관계학도 경험과학, 정책과학, 규범과학으로 나뉘고, 다시 경험과학에서는 과학적 표준화가 이루어졌다. 국가행위를 설명, 예측하는 법칙정립 노력이 유행하였고 수학, 물리학, 심리학, 경제학 등 다른 분야에서 발전된 이론들을 대폭 수용하기도 하였다.

냉전체제라는 특수한 국제질서가 자리잡으면서 각 국가의 대외정책은 국제질서 구조에 의하여 엄격히 제한되었다. 전세계 국가들은 소련 공산 진영과 미국 주도의 서구 민주주의 진영, 그리고 약간의 중립 진영 국가들로 나뉘었고 각 국가들은 자기 진영 내의 국가들과 협조하고 진영구분선을 넘는 접촉과 협력은 제한되었고 진영 내에서도 극국가(pole state)라 불리던 지배적 지위의 초강대국 즉, 서구 진영에서는 미국, 소련 진영에서는 소련 이외의 국가들은 자주적 대외정책 선택권을 가지지 못하고 극국가의 '지도'와 '통제'를 받았다. 냉전시대에는 미국과 소련 이외의 국가들은 완전한 주권이 아닌 잔여주권(residual sovereignty)만이 허용된 상태였다.

이러한 국제질서는 국제관계이론에도 큰 영향을 미쳤다. 과거에는 각국의 대외정책을 설명함에 있어서 국제질서는 하나의 주어진 조건으로 상수(常數)로 다루어 왔었지만, 이제 국제질서의 상태는 각 국가행위 설명에서 가장 중요한 변수로 인식되고 있다. 케네스 월츠(Kenneth N. Waltz)의 신현실주의이론은 바로 이러한 이론적 진화(進化)를 반영한 것이다. 그의 책 *Theory of International Politics*(1979)는 새로운 시대의 국제관계이론을 대표하는 고전적 교과서가 되었다. 이 책에서 월츠는 국제질서의 구조가 어떻게 국가의 대외행위 선택에 영향을 미치는지를 잘 설명해 주고 있다. 그리고 월츠의 신현실주의 시각은 다양한 새로운 국제관계이론을 개발하는 자극제가 되었다.

4. 탈냉전기의 국제관계학

1989년 반세기 동안 세계를 양분하던 냉전시대가 공식으로 종식됨에 따라 '세계는 하나'라는 인식이 급속히 확산되고 있다. 이에 따라 세계 단일 보편질서 구축이라는 인류공동의 관심이 국제관계학의 중심 과제를 '평화질서'연구로 몰고가고 있다.

냉전시대에 제대로 작동하지 못하여 관심의 뒷전으로 밀려났던 국제연합에 대한 관심이 높아지고 집단안보체제에 의한 평화질서에 대한 연구 열의가 증대되고 있다. 그리고 평화를 위협하는 세계적 차원의 문제들 — 인권, 빈부격차, 환경, 교역질서 — 등에 대한 관심이 높아져가고 있다.

국가 중심 체제에서 세계보편질서로 이행해가는 과정에서 수없이 생겨나는 국제기구(IGO: Intergovernmental Organization과 NGO: Non-governmental Organization), 다국적 기업, 국제 레짐에 대한 관심도 높아가고 비약적으로 증대된 민간 접촉과 관련하여 문화교류, 경제교류, 정보교류 등에 대한 관심 또한 높아지고 있다. 그리고 갈등 중심의 국가관계 분석에서 협동, 공동참여 중심의 국가간 관계 분석으로 연구 관심이 옮겨가고 있다.

국제관계가 국가와 국가 간의 관계에서부터 하나의 인류공동체 내의 다양한 주체 — 국가, IGO, NGO, 개인, 테러집단 등 — 들의 경쟁과 협력 속에서 이루어지는 정치현상으로 발전됨에 따라 국제관계이론도 전지구적 인류공동체를 하나의 사회로 보는 사회학적 접근이 활발해지고 있다. 국내정치에서 다양한 집단들간의 갈등과 협력으로 정치질서가 형성되고 운영되는 것처럼 전지구적 인류공동체 안에서도 '세계정치질서'가 형성되고 운영된다고 보고 접근하는 사회학적 접근은 현실 설명에서 적실성을 높이는 데 큰 기여를 하고 있다. 제23장에서 간단히 소개하는 구조주의이론(structural theories), 특히 그 중에서도 웬트(Alexander Wendt) 등이 발전시켜 나가고 있는 구성주의이론(constuctivist theories)들이 탈냉전시대 국제관계이론에서 각광을 받고 있다.

소리 없는 혁명이 국제관계이론 세계에서 지금도 계속되고 있다. 많은 새 학술지가 등장하고 있고, 또한 전통적인 학술지에도 새로운 류(流)의 논문들이 많이 등장하고 있다. 국제관계의 주된 관심을 이루어 오는 분쟁, 전쟁 이외에도 지역통합 문제, 경제관계, 다국적기업 문제, 외교정책 수립과정 문제, 국제여론 문제, 전략무기제한 문제 등 수많은 새 주제들이 등장하고 있고, 또 연구방법에서도 OR(operational research), 내용분석법(content analysis), 델파이 방법(Delphi method), 시계열분석법(time-series analysis), 요인분석 방법(factor analysis), 캐노니칼 회귀분석방법(canonical regression analysis), 패스 상관분석(path correlation analysis), 시뮬레이션(simulation) 기법 등 수많은 새 기법들이 등장하고 있다.

그러나 이러한 관심과 기법의 변화, 발전은 전반적인 과학 발전의 흐름이라 여기면 별로 특기할 사항이 되지 못하나 이론화의 접근방법에서의 새 흐름은 관심을 가지지 않을 수 없다. 국제관계학 발전이라는 시각에서 새로운 접근을 소개한다.

(1) 사회심리학적 접근

새 이론화의 두드러진 특색 중의 하나는 '사회 속의 인간'이라는 가장 근본적인 문제에서부터 문제를 풀어나가려는 사회심리학적 접근의 시도라고 볼 수 있지 않을까 한다. 국제관계학에서 주된 접근단위, 또는 행위단위는 국가라는 단체다. 그러나 그 국가의 행위도 추적해 들어가면 하나하나의 자연인의 행위로 귀착한다. 행태주의의 시발에서 이러한 개인에 분석 초점을 두었다는 것은 주목할 만하다.

인간은 외부세계에서 정보와 자극을 받고, 여기에 반응하면서 자기도 성장 변화하고 또한 자기 환경에도 변화를 일으키며 살아가고 있다. 따라서 인간의 행위는 외부세계의 인식에서부터 출발한다. 그러나 인식은 피동적으로 외부자극을 받아 그냥 이루어지는 것은 아니다. 인식하려는 인간의 의지가 있어야 인식은 가능해진다. 따라서 인식은 외부로 지향하는 인간의 인식하려는 어떤 힘과 내부로 향해 들어오는 외부 자극의 힘의 충돌 또는 만남에서 이루어진다.[7] 인간의 감각기관에 와 닿는 자극이 인간의 내면에 들어와 하나의 개념으로 정착하는 과정에서는 문화적 걸름틀(cultural filter)이 작용하여 자극에 의미를 붙여 인식하게 된다. 따라서 문화적 배경이 다른 사람은 같은 자극에도 다른 인식을 갖게 되는 것이다. 이 문화적 걸름틀은 어떻게 생성되고, 또 각각의 문화 영역에 따라 어떤 특색을 가지는 가를 알아야 인간의 행위를 알아내는 전제를 삼을 수 있게 된다.

문화적 틀은 사회생활의 소산이다. 사회는 인간이 모여 이룬 것으로 각개 인간의 속성에 따라 사회성격도 규정되지만 또한 사회적인 틀이 정해지면 그 속에서 인간은 사회화라는 과정을 거쳐 특별한 속성을 갖게 된다. 이러한 사회적 메카니즘을 알아야 인간 행위는 분석될 수 있다. 오늘날의 국제관계이론에서는 이러한 심리적 · 사회적, 그리고 사회심리적인 사고가 아주 강하게 영향을 미치고 있다. 갈퉁(Johan Galtung), 라고스(Gustavo Lagos) 등의 위계이론(status theory), 럼멜의 장이론(field theory) 등은 이러한 심리적 · 사회적 차원에서의 인간행위양식에서부터 이론화를 시도하고 있는 예라 할 수 있다.[8]

---

7) Rummel은 인식과정을 다음과 같이 표현하고 있다. "……Perception is a dynamic conflict between the attempts of an outer world to impose an actuality on us and our efforts to transform this actuality into a self-centered perspective. Perception is a confrontation between an inward directed vector of external reality compelling awareness and an outward vector of physiological, cultural, and psychological transformations. Where these vectors clash, where they balance each other, is what we perceive." R. J. Rummel, *Understanding Conflict and War*, Vol. 1, Beverly Hills: Sage, 1975, p. 81.

8) 이 책 제11장 참조.

(2) 단순인과율의 탈피

인간행위는 자연현상에서처럼 순시간적(順時間的)인 인과율대로만 결정지어지지 않는다. 과거는 환경구조에, 그리고 기억 속에 남아 계속 자극함으로 현재의 행위에 인과적인 영향을 끼치는 것은 당연하지만, 아직 일어나지도 않은 미래의 현상이 기대구조라는 메카니즘을 통해 현재의 행위에 역시간적(逆時間的)으로 영향을 주기도 한다. 따라서 인간행위는 순시간적인 사물간의 인과관계만을 바탕으로 해서는 이론화할 수 없다. 최근 통합이론에서 자주 논의되는 기능주의적 발상은 바로 이러한 미래로부터의 역시간적 영향을 고려하려는 노력이며, 게임이론은 기대되는 효과라는 것을 전제로 현재 행위를 택하는 인간심리에 기초를 두고 형성해 놓은 이론체계다. 그리고, 럼멜의 전쟁이론의 중심개념이 되고 있는 기대구조(structure of expectation)도 바로 예측되는 결과에 대한 인간행위선택을 정형화한 것이다. 이러한 역시간적 사고의 도입이 또한 새로운 이론화의 줄기를 이루고 있다.

이론화 작업은 결국 관련된 현상간의 관계양식을 찾는 일이 중심이 된다. 개념과 개념 간의 관계를 밝히는 명제의 형태로 법칙이 정립되기 때문이다. 이때 개념을 어떻게 만들고 선정하는가에 따라 이론은 성공할 수도 있고 실패할 수도 있게 된다. 그러나 복잡한 현상을 간결하고도 분명한 개념으로 바꾸는 작업은 쉽지가 않다. 더구나 실체(reality)는 대개 겉으로 제 모습을 들어내지 않고 어떤 말초적인 형태로 표출(manifest)되기 때문에 제한된 감각기능을 가진 인간의 관측으로 실체를 파악하기는 어렵다. 더구나 하나의 실체가 여러가지 모습으로 표출될 때, 우리는 표출된 현상만으로 개념화하고 명제로 묶는 방법으로는 현상내에 어떤 뚜렷한 법칙성이 내재한다 해도 잡아내기 어렵다. 이 어려운 작업에 최근의 이론가들은 도전하고 있다. 수많은 가설을 정립하여 검증해 나가면서, 또는 요인분석(factor analysis)과 같은 고도의 기술을 써 가면서, 혹은 시원적(始原的)인 개념에서부터 이론적 연역(演繹)을 해 나가면서 현상을 지배하는 실체에 가까이 접근하여 이론화를 해보려는 노력이 눈에 띄기 시작한다. 이것도 하나의 새 흐름이라 볼 수 있을 것이다.

(3) 사회구조 특성에의 관심

사회구조는 그 속의 인간의 행위에 일정양식을 강요한다. 조직상태의 구조에서 그 속으로 흐르는 커뮤니케이션 양식을 포착하여 의사결정에 영향을 주는 방향을 찾아내어 조직체의 행위를 설명하려는 조직적 접근이 상당히 진행되고 있다. 구조와 기능관계, 구조와 과정과의 관계, 커뮤니케이션 모델, 의사결정 모델 등의 연구가 국가적 차원, 의사결정조직의 차원, 엘리트 집단의 차원 등에서 모색되고 있다. 이러한 새 접근법들이 국제관계학에서도 활발히 적용되고 있어 또 하나의 흐름으로 지적할 수 있을 것 같다.

사회구조 특성이 각 국가의 국제행위에 미치는 영향에 대한 관심도 크게 두 가지로 나누어 볼 수 있다. 한 가지 흐름은 각 국가의 내부 사회구조 특성에 대한 관심이고 또 하나는 국제사회구조의 특성과 각 국가의 행위와의 연계에 대한 관심이다.

국가의 대외행위는 결국 그 나라 정부의 의사결정으로 이루어지는데 각국의 사회구조 및 이와 관련된 정치구조는 국가정책결정양식에 결정적 영향을 미치게 된다. 전체주의 국가에서의 대외행위 결정은 국내정책행위 결정에서와 마찬가지로 국가권력을 독점하고 있는 엘리트 집단에 의해서 결정되며, 반대로 자유민주주의 국가의 경우에는 주권자들인 일반국민의 의사를 강하게 국가정책에 반영하게 된다. 럼멜(R. J. Rummel)은 사회를 지배하는 힘을

[표 1-1] 지배적 힘과 정치체제 유형

세 가지 힘	세 가지 정치체제 유형
권위(authority)	권위주의 정치체제
보상적 힘(bargaining power)	자유주의 정치체제
강제력(coercive power)	전체주의 정치체제

세 가지 유형으로 나누고 다시 이에 대응하는 정치체제 유형을 [표 1-1]과 같이 나누어 놓은 후 각 사회유형에 따르는 행위 정형을 추출하는 노력을 펴고 있다.[9)]

이 노력의 일환으로 럼멜은 "전쟁은 비(非)자유주의 국가만이 일으킨다"는 가설을 경험적으로 입증하는 작업을 펴고 있다.[10)]

국제사회구조 특성이 국가행위에 미치는 영향에 관심을 쏟는 연구들은 1970년대 중반 이후 학계의 큰 흐름을 이루어가고 있다.

이 중에서 주목할 만한 흐름은 월츠(Kenneth N. Waltz)가 정리·제시한 신현실주의이론 체제이다. 국제질서의 구조적 특성이 국가행위에 미치는 영향에 대해 관심을 두고 있는 신현실주의 시각은 월츠의 고전적 교과서인 *Theory of International Politics*가 출판된 1979년부터 1990년대까지 국제관계이론의 주류를 이루어 왔다.

특히 1970년대 중반부터 1980년대 초반까지는 네오마르크시즘의 영향을 받은 종속이론적 사고와 합세하여 국제관계학 영역에서 연구하는 소장학자들의 열정을 모두 흡수하다시피 하여 왔다. 국제사회의 계급구조, 즉 선진강대국들과 개발도상의 약소국들이 이루는 국제적 계급구조를 중심으로 이들 강대국과 약소국 간의

9) R. J. Rummel, *In The Minds of Men*, Seoul: Sogang University Press, 1984, ch. 16, pp. 121-138.

10) R. J. Rummel, "Libertarianism and International Violence," *Journal of Conflict Resolution*, Vol. 27, No. 1, March 1983, pp. 27-71. 이 책 제 6 장에서 상론한다.

불평등교환 원리를 규명하고, 나아가서 강대국에 의한 약소국의 착취를 종식시키는 정치적 처방을 만들어내어 보자는 이러한 학적 노력은 분명 이전까지 지켜 내려오던 고전적 이론 패러다임에 대한 도전이라 할 수 있다.[11)]

이 새로운 이론적 시각은 전통적 국제관계이론 체계와 적어도 다음과 같은 점에서 두드러지게 다르다.

첫째로 민족국가를 행위의 기본단위로 보던 고전적 이론체계에 대하여 계급(class)을 기본 분석단위로 잡는다는 점에서 크게 다르다. 계급이라는 초민족적·초국가적 단위를 중심으로 세계인류사회를 내다보기 때문에 이 시각에서는 국가를 분석단위로 볼 때와는 전혀 다른 국제사회에의 조망을 갖게 된다.

둘째로, 이러한 계급적 시각에서 국제사회를 보는 이론가들의 주된 관심은 전쟁, 평화보다는 경제발전, 분배균등, 착취, 근대화 등 경제적인 그리고 물질적인 부(富)에 쏠려 있다는 점에서 전통적인 이론 패러다임과 두드러지는 차이를 보여주고 있다.

국제사회의 계급구조 특성에 관심을 두고 이론을 발전시키고 있는 학자들로는 갈퉁(Johan Galtung), 프랑크(Andre Gunder Frank), 월러슈타인(Immanuel Wallerstein), 카르도소(Fernando Cardoso) 등이 있다.[12)]

---

11) K. J. Holsti, *The Dividing Discipline*, Boston: Allen & Unwin, 1985, ch. 4를 볼 것. Holsti는 이 도전을 "고전적 전통에 대한 네오-마르크스시즘의 도전"이라 표현하고 있다.

12) 계급시각으로 국제정치이론을 발전시키고 있는 이론들을 일별하는 데는 다음 자료들이 참고가 된다. K. J. Holsti, *The Dividing Discipline* 및 Tony Thorndike, "The Revolutionary Approach: the Marxist Perspective," in Trevor Taylor, ed., *Approaches and Theory in International Relations*, London: Longman, 1978, pp. 54-99. 이 책 제11장에서 네오-마르크시즘적 시각을 해설한다.

(4) 세계공동체적 시각의 발전

1960년대 이후 국제관계이론 영역에서 새로 관심을 모으고 있는 흐름으로 세계공동체(world community), 또는 지구적 인류 공동체(global human community)를 앞세워 종전까지 지켜오던 국가 중심 이론체계의 약점을 극복하려는 일련의 이론화 작업을 꼽을 수 있다.

고전이론의 주류를 이루어 온 홉스(Thomas Hobbes), 루소(J. J. Rousseau), 칸트(I. Kant) 그리고 오늘날의 이론가들, 도이취(Karl W. Deutsch), 롸이트(Quincy Wright), 로즈노우(James Rosenau) 등은 모두 국가라는 정치단위를 분석단위로 하는 이론을 제시했었지만 세계를 개인이 이루는 하나의 공동체로 보는 안목에서 세계질서(world order)를 이론적으로 다루는 노력들이 최근에 와서 많아지고 있다.

세계를 국가들의 집합이라 보게 되면 세계질서란 곧 국가간의 관계, 즉 inter-national relation으로 파악되지만, 국가라는 중간 조직을 부차적으로 돌리고, 세계를 온 인류가 이루는 하나의 공동체, 하나의 세계사회로 보게 되면 세계질서는 국제관계가 아닌 세계체제 그 자체로 연구대상이 되게 되며 국제정치 아닌 세계정치가 논의되게 된다. 국가 중심의 국제체제관을 갖게 되면 국내정치와 국제정치의 영역이 확연하게 구분되지만 세계정치적 시각을 가지게 되면 국가 내의 정치를 연구하는 비교정치의 전 지구적 차원으로의 확대로 세계정치를 논하게 되므로 상식으로 지켜오던 비교정치와 국제정치의 구분도 무의미해진다.

그로티우스(Hugo Grotius)적인 세계공동체적 관점에서 세계의 평화질서 모형을 탐구해 오는 '세계질서 모형연구'(World Order Model Project; WOMP)참여 학자들에 의하여 주도되는 이

새로운 시각의 이론화 작업도 국제관계이론을 풍요하게 하여주는 중요한 새 흐름이라 할 수 있다.[13)]

(5) 문명사적 시각의 도입

국제관계를 국가간의 관계에서 세계인류의 공동체 내의 질서를 포괄적으로 다루는 학문으로 보기 시작하면 연구 관심도 개인의 시각에서 재정리되게 된다. 개인의 삶의 질이 관심의 기초가 되기 때문이다. 사람들은 폭력으로부터 자기를 지키려는 원초적 관심과 쾌적한 삶을 유지하려는 욕망에서 출발하는 관심, 그리고 인간으로서의 존엄성을 지키며 자아실현(自我實現)을 가능하게 하는 질서에 대한 관심 등을 가지므로 국제질서에서도 이러한 욕망이 충족되기를 원한다. 그래서 인권보장을 위한 국제적 장치, 쾌적한 환경을 마련하는 국제적 협동, 지구환경보호 등이 새로운 연구과제로 각광을 받기 시작하고 있다. 인간의 삶의 질은 문명의 발전에 따라 내용이 변한다. 그래서 이런 시각의 연구는 문명이라는 종합적인 맥락에서 질서를 규명하려는 접근법을 발전시키고 있다. 이것이 이른바 문명사적 시각이다.

궁핍에 시달리던 인류가 21세기의 어느 시점에 가서는 풍요의 시대에서 살게 되리라는 기대 속에서 21세기의 국제관계학에서는 연구 관심도 근본적으로 바뀌리라고 전망하는 학자들이 많다. 이노구찌 쿠니꼬(猪口邦子) 교수는 21세기의 국제관계학에서는 중심가치로 '쾌적'(amenity)이, 그리고 주요 대외적 수단으로서는 '정책협조'(policy coordination), 핵심개념으로서는 '균형'(balance),

13) WOMP에 대하여는 Richard Falk, Samuel S. Kim and S. H. Mendlovitz, eds., *Toward a Just World Order*, Boulder: Westview Press, 1982; Richard A. Falk & Samuel S. Kim, "World Order Studies and the World System," in William R. Thompson, ed., *Contending Approaches to World System Analysis*, Beverly Hills: Sage, 1983, pp. 203-240을 볼 것.

그리고 사회구조적 특징으로서는 '분산화'(decentralization)가 되리라고 내다보고 있다. 이러한 특징은 '부'(wealth)를 중심가치로 하고, '통상정책'(commercial policy)을 대외적 수단의 주무기로, 그리고 '효율화'(efficiency)를 핵심개념으로 하며 사회구조적 특징을 '집중화'(centralization)로 보던 20세기의 국제관계학과는 대조적이라 할 수 있다.[14] 아직은 이런 문명사적 시각은 체계화되지 않은 상태이지만 아마도 앞으로는 국제관계학의 주류가 되지 않을까 생각한다.

제 2 절 국제관계학의 영역

국제관계는 국가간의 관계와 세계 공동체사회의 조건 등을 이해하며, 예측하고, 평가하며, 통제하는 데 기여하는 학문분야로서 그 자체가 역사이고, 과학이며, 철학이고, 그리고 하나의 기예(技藝)이다.[15] 국제관계는 현존하는 국가간의 관계양식을 파악하여 설명하며 예측하는 과학인 동시에 인간이 추구하는 이상으로서의 국가간 질서를 규명해 나가는 학문이며, 아울러 현실과 이상의 간격을 좁혀나가는 구체적 행위양식을 찾아나가는 기예이기도 하다. 국제관계는 인간과 사회와 국가와 국제기구를 모두 포용하는 학문이며 또한 정치관계, 군사관계, 경제관계, 문화관계를 모두 연구대상으로 하는 종합학문이다.

국제관계의 이와 같은 종합성 때문에, 그 학문적 체계화는 늦어지고 있다. 지금까지 독립하여 발전되어 온 심리학, 정치학, 경

14) 猪口邦子, 『ポスト覇權システムと日本の選擇』, 東京: 筑摩書房, 1989, pp. 12-20 참조.

15) Quincy Wright, *The Study of International Relations*, New York: Appleton Century Crofts, 1955, p. 481. 여기서 '기예'라 함은 art의 번역이다.

제학 등의 여러 학문분야의 지식을 하나의 체계 내에 묶는 작업이란 그리 쉬운 일이 아니다. 저마다의 역사와 전통을 가진 각개 학문분야는 저마다의 고유한 개념을 가지고 있어, 쉽게 국제관계라는 하나의 체계 내에 수용되지 않는다. 다른 학문이 분화발전의 과정을 거쳐 성장해 왔다면 국제관계는 종합의 과정을 거쳐왔기 때문에 아직 고유한 체계를 이루고 있지 못하다. 아직 '공통의 통화'(common currency)적 기초개념도 없다. 이제 겨우 연구주제에 대한 범위(scope)는 윤곽이 잡혀가고 있지만 연구방법에 관한 한, 이 분야에서 활동하는 학자들이 모두 공통으로 인정하는 표준 방법은 없다.[16] 따라서 국제관계의 이론들은 체계적인 발전을 못하고 저마다 다른 근원에서 출발하여 전개되어가고 있고 군웅할거(群雄割據)의 양상을 보여주고 있어, 이를 공부하는 학생들을 당황하게 하고 있다. 심리학 내지는 사회학의 이론에서 출발한 위계이론(status theory), 열역학의 개념을 빌어온 엔트로피(entropy)이론, 외교사에서 발전하여 온 힘의 전이이론(power transition theory), 경제학에서 도입된 게임이론(game theory), 전통적 국제정치에서 발전해 온 세력균형이론(balance of power theory) 등이 함께 수용되어 있는가 하면, 법적 접근법, 정치적 접근법, 수리적(數理的) 접근법, 의사결정 접근법 등이 하나의 학술지에 함께 실려 쏟아져 들어오는 실정이다.

국제관계학은 그 발생과정이 다른 학문분야(discipline)와 달리 역사가 짧고 뿌리가 불분명하기 때문에 대상영역의 확인이 그리 쉽지가 않다. 일반적으로 하나의 독립된 학문분야가 형성되려면 그 분야에서 학문하는 사람들이 최소한 통일성을 가진 주제를 의식하고 있어야 하고 다른 주제와 구분될 수 있는 주제의 영역에

16) 이러한 국제관계학의 미성숙상태에 대하여서는 이상우(李相禹), "인식거리와 국제관계이론," 『국제정치논총』, 제15집, 1975, pp. 147-161 참조.

대한 느낌을 공유해야 하며 그 분야 속에서의 세분된 주제영역(subdivision), 그리고 기본이 되는 접근방법 내지는 방법론에 대한 공통의 견해를 가져야 한다.[17] 그러나 국제관계학에 있어서는 아직도 이러한 합의가 이루어져 있지 않다. 연구주제의 범위에 대해서는 어느 정도 합의가 이루어져가고 있지만 연구 방법에 관한 한, 아직도 보편적으로 인정하는 표준방법, 핵심이 되는 표준개념 등이 정립되어 있지 않다.

다른 학문분야는 대체로 모(母)분야의 분화과정을 통해서 하나의 독립된 학문분야가 되어 왔기 때문에 독립 이전의 모학문분야에서 개념, 주제, 접근방법, 이론체계 등을 물려 받아 온 탓에 분야영역 확정에 그다지 어려움을 느끼지 않는다. 예를 들면 유전학은 생물학에서 분화되어 나오는 과정에서 세포라든가 유전인자라든가 하는 여러 개념과 종족의 특수 형질이 유전되어 가는 데 대한 일반이론을 물려받고 나왔었다. 그래서 일단 시발점에서는 거의 공통된 방법론, 개념틀 등을 공유할 수 있었다. 그러나 국제관계학은 발생과정에서 '분화'가 아닌 '통합'의 절차를 밟아 이루어진 것이므로 시발점에서의 공통된 합의가 없어 혼란이 있어 온 것이다.

국제관계학은 정치학, 법학, 경제학 등의 여러 학문분야가 이미 역사적으로 갖추고 있던 특유의 시각을 가진 채 합성된 학문분야여서 스스로의 전통적 접근법이나 기초방법론을 갖추기 못하고 출발했었다.[18] 비유하자면 다른 학문분야는 마치 종가(宗家)에서 나뉜 자손들이 그 가풍을 물려받아 그 가풍을 이어나가는 상태라 한다면, 국제관계학은 타성(他姓)들이 한데 모인 장터거리를 하나의 단위로 묶어 놓고 보는 것과 같다고 할 수 있다. 이러한 장터에

17) Quincy Wright, *op. cit.*, pp. 23-25. 및 이상우(李相禹), 앞의 책, pp. 147-161 참조.

18) *Ibid.*, p. 32.

서는 안동 김씨(安東 金氏)의 가풍도, 전주 이씨(全州 李氏)의 가풍도 모두 당당하게 제 주장을 하게 되는 것은 당연하다.

현재 국제관계학에서는 정치학, 법학, 사회학, 심리학, 경제학, 인류학, 그리고 심지어는 기계공학, 열역학까지 참여하고 있어 접근방법, 개념, 용어의 혼란은 매우 심하며, 이에 따라 아직까지도 국제관계학의 표준교과목이라는 것이 설정되지 못하고 있다. 그래서 한 대학에서 국제관계학을 전공한 학생이 다른 대학에서 같은 이름의 학과목을 수강한 학생과 대화하기 힘든 것이 지금의 실정이다. 이러한 국제관계학의 발전사 때문에 국제관계학이라는 학문영역을 규정할 때는 연구대상의 내용, 범위, 특질에 따라 정하는 수밖에 없게 된다.

현대 통용되고 있는 몇 가지 대표적인 정의를 우선 소개하기로 한다.

(1) "국제관계학은 주요한 인간집단간의 관계, 특히 역사발전의 현단계에서는 영토적으로 조직된 민족국가(nation state)간의 관계를 연구하는 학문분야다"(Quincy Wright).[19]

(2) "과학으로서의 국제관계학은 국가간 관계의 운영, 발전과정 등에 관하여 관측하고 분석하며, 설명과 예측을 하기 위해 이론화하는 데 관련된 학문분야다"(J. W. Burton).[20]

(3) "국제관계는 국제차원에서 이루어지는 공적 및 사적인 상호작용, 그리고 갈등, 갈등과 무관한 매우 다양한 상호작용을 모두 지칭하는 넓은 개념이다. 그러므로 정치적 · 군사적 활동과 더불어

19) *Ibid.*, p. 8. 원문은 다음과 같다. "…… the relations between groups of major importance in the life of world at any period of history, and particularly relations among territorially organized nation states which today are of such importance."

20) J. W. Burton, *International Relations: A General Theory*, Cambridge: Cambridge University Press, 1965, p. 1.

커뮤니케이션, 경제적 거래, 사람의 이동(예: 관광, 이민, 문화교류) 등의 전 영역이 국제관계학의 대상에 포함된다. 초국가적 기구간의 관계, 기업체간의 관계, 개인간의 관계는 국가간 관계와 마찬가지로 국제관계의 부분으로 간주될 수 있다. …… 이러한 모든 국제적 관계에서 발견되는 공통점은 이런 관계들이 모두 국경을 넘어 나뉘어진 실체(entity)간의 상호작용을 내포하고 있다는 점이다"(Legg & Morrison).[21]

(4) "국제관계학은 특정의 사회적 실체간의 상호작용을 연구하는 학문이며, 이러한 상호작용을 둘러싼 관련된 환경여건에 관한 연구도 그 대상으로 한다"(Charles A. McClelland).[22]

이와 같은 정의를 일별해서 공통된 요소를 추려 다시 정의한다면 국제관계학의 연구대상은 "국가 또는 이에 준하는 사회단체가 국경을 넘어 다른 국가 또는 사회단체와 가지는 모든 영역의 상호작용 또는 행위 및 이러한 상호작용과 행위에 관련된 환경여건"이라고 할 수 있을 것이다. 국제관계학은 바로 이러한 대상을 연구하는 학문분야이다.

이 연구대상의 기본구성요소는 그러니까 행위주체인 국가 또는 이에 준하는 국제행위주체가 되는 단체, 행위의 객체인 국가 또는 단체, 이러한 행위주체간의 행위인 상호작용(interaction), 그리고 행위환경(environment)의 네 가지가 되는 셈이다. 이 중 연구대상의 핵심이 되는 국가 행위(behavior)에는 정치, 경제, 문화, 군사 등 모든 영역의 행위가 포함된다. 그리고 환경에는 과거 상태에 대한 기억과 미래 상태에 대한 기대도 현재의 상태와 함께 포

21) Keith R. Legg and James F. Morrison, *Politics and the International System: An Introduction*, New York: Harper & Row, 1971, p. 32.
22) Charles A. McClelland, *Theory and The International System*, New York: McMillan, 1966, p. 18.

함된다.

국경을 넘는 국가 또는 이에 준하는 행위주체간의 상호작용이라는 국제관계학의 연구대상은 일반 관행에서는 갈등(conflict) 및 갈등해소에 관련된 행위와 협조(cooperation) 및 협조증진 행위로 나누고 있다. 이러한 관행을 따른다면 국제관계학은 아주 간단히 줄여 "국가간 갈등과 협조에 관하여 연구하는 학문"이라고 해도 좋을 것이다.

제 3 절 국제관계학의 주요 연구과제

국제관계학의 연구영역이 "국경을 넘는 국가 또는 이에 준하는 행위주체간의 상호작용"이라고 한다면 이를 다음과 같이 세분하여 볼 수 있다.

첫째로 행위주체에 대한 연구가 있어야 한다. 국제사회는 1 차적으로 국가들의 사회(society of states)이므로 국가가 가장 핵심적인 행위주체가 될 것은 말할 것도 없다. 국제관계의 핵심주체인 국가가 어떤 속성을 가진 행위자인지를 우선 분석하는 일이 중요하다. 어느 정도의 경제역량을 가진 나라인가, 군사력은 어느 정도이며 그 나라의 정치체제는 어떤 것이며, 지도층의 영도력은 어떠한가 등등을 밝혀야 한다. 이 모든 요소들이 한 국가의 대외행위를 결정하는 데 크게 영향을 미치기 때문이다. 이러한 연구과제들을 국가속성연구(study of national attributes)라 한다.

행위주체연구에서 최근에 새로운 관심의 대상으로 등장하는 것들이 이른바 '비국가 행위주체'(non-state actor)들이다. 국제 사회는 형식상 주권국가들이 구성하는 사회이다. 그러나 어느 한 국가가 주권(sovereign)을 갖추었는지 여부를 결정하는 객관적이고도 표준적인 기준이 설정되어 있지 않은 오늘날의 상황에서는 '주요 주권국가들의 국가승인'(state recognition)이라는 주관적인 기준이 적용되고 있다. 따라서 주권국가로 인정받지 못한 국가적 행위자가 있을 수 있다.

대만(Taiwan)의 경우 1960년대까지는 국제연합 상임이사국의 하나인 중화민국(Republic of China)이라는 엄연한 주권국가였으나 중화인민공화국이 그 지위를 승계한 이후는 주권국가로서의 지위에 큰 손상을 받았다. 그러나 그렇다고 국제관계분석에서 대만을 행위주체에서 제외할 수는 없는 일이다. 같은 맥락에서 티베트도 중화인민공화국의 하나의 자치구로 주권을 갖지 않고 있으나 국제정치주체로 간주해야 할 경우가 많다.

국제기구도 주요한 국제정치주체로 등장하고 있다. 국제연합, 세계무역기구(WTO: World Trade Organization)와 같은 각국 정부가 구성원이 되어 조직한 국제기구(Inter-Governmental Organization: IGO)나 다국적기업(Multi-National Corporation: MNC) 그리고 비정부국제기구(Non-Governmental Organization: NGO)는 그 자체가 영토나 국민을 가진 국가조직은 아니더라도 국제협상의 주체가 된다는 점에서 역시 주요 행위자로 받아들여지고 있다.

2001년 9월 11일 알 카에다(Al Qaeda)에 의한 미국 뉴욕 세계무역센터와 워싱턴에 있는 국방성에 대한 공격이 있은 후 국제테러집단에 대한 관심이 크게 높아졌다. 국제테러집단은 영토적 근거도 없고 공개된 조직체도 없으면서 세계최강국을 공격할 수 있는 위력을 가진 집단으로 21세기 국제관계에서 중요한 행위자로 등장하고 있다.

국가 또는 비국가행위자들의 속성은 그들의 행위양식을 지배한다. 그 주체의 힘, 역사적 경험, 내부 의사결정체제, 추구이념 등과 행위양식과의 관계에 대한 연구가 그래서 중요한 연구과제가 된다. 최근에 많이 논의되는 '민주주의 평화이론', 즉 "민주주의 정치체제를 갖춘 나라는 전쟁을 하지 않는다"는 이론은 대표적인 행위자 속성이론이라 할 수 있다.

두 번째 연구영역은 행위주체간의 상호행위(interaction) 자체이다. 행위를 결정하는 동기, 상대방 행위에 대한 반응양식, 행위선택의 특수한 형태 등등이 국제관계학의 연구대상이 된다. 행위주체의 행위는 상대방과의 관계에서 결정되는 수가 많다. 자극-반응 모형(stimulus-response model)에 속하는 각종 이론, 게임이론 등이 이 영역의 연구들이다. 그리고 행위를 규제하는 법적, 정치적 규범 등도 이 분야의 연구과제들이다.

셋째로, 행위주체의 행위는 국제사회의 전반적인 체제상태의 영향을 받기 때문에 체제상태연구가 국제관계학 연구의 주요한 연구영역이 된다. 국제사회가 하나의 강대국이 지배하는 전제적(專制的) 구조인가 아니면 몇 나라간의 세력균형으로 안정을 유지하는 구조인가라든지 국제사회를 지배하는 이데올로기는 어떤 것인지 하는 것을 밝히고 이런 상태변수가 행위주체의 행위에 미치는 영향을 분석하는 것 등이 세 번째 연구영역에 속한다.

이 책 제23장에서 소개하고 있는 신현실주의이론들은 바로 세계정치체제의 상태를 상수가 아닌 주요 변수로 다루는 이론들이다.

넷째로, 각국의 행위에 절대적 영향을 미치는 문화, 문명, 이념에 대한 연구가 또한 중요한 연구과제가 된다. 국가행위는 인간의 집합적 행위이고 인간의 행위는 인간의 의식적 선택이며 인간의 의식은 그 인간이 살고 있는 환경 속에서 형성된 것이므로 그 사람의 생활양식이라 할 수 있는 문화, 문명, 이념이 그의 행위에 절대적 영향을 미치리라는 것은 상식이다.

국제관계가 유럽 기독교 문명권에서 발전되어 왔던 역사적 특수성으로 말미암아 20세기 중엽까지는 국제관계연구에서 이러한 의식차원의 문제는 학자들의 깊은 관심을 끌지 못했었다. 유럽 국가들은 문화적 동질성을 가진 같은 문명권에 속했었기 때문이었다. 그러나 제 2 차 세계대전 종결 후 시작된 동서냉전은 이념이 모든 국가간의 관계를 지배한다는 사실을 경험적으로 보여 주었다. 그래서 20세기 후반의 냉전시대에는 국가행위와 이념 간의 관계에 대한 연구가 그 어느 시기보다 깊이 진행되었었다.

1989년을 분수령으로 냉전이 종식됨에 따라 국제관계는 이념의 질곡에서 해방되었다. 그러나 볼셰비즘, 레닌주의의 몰락으로 미국과 서구가 앞세웠던 자유민주주의와 시장경제체제, 그리고 기독교 문명적 가치가 세계 보편문화로 정착된 것은 아니었다. 이슬람세계에서는 이런 문화가 수용되지 않고 있음이 분명해졌으며 강대국 중 중국은 미국이 앞장서서 보급하려는 서구가치의 수용을 거부하고 있다. 뿐만 아니라 '유교민주주의', '아시아적 가치' 등을 논하는 동아시아제국의 '아시아 전통문화'에 대한 자각이 서서히 이루어지면서 국제관계는 '문명'을 논하지 않고는 해답을 구할 수 없는 학문으로 인식되기 시작하였다. 헌팅턴(Samuel P. Huntington)의 『문명의 충돌』은 이러한 흐름을 지적한 화제의 책으로 되고 있다.[23] 이제 국제관계학에서는 '문명', '문화'가 또 하나의 중요한 연구과제로 추가되고 있다.

국제관계학의 연구과제는 그 시대의 관심을 반영한다. 냉전시대에는 군사안보문제가 연구의 주된 대상이었으나 탈냉전 후에는 교역질서, 남북문제, 민주주의 이념 및 인권문제 등이 새로운 연구과제로 부상하고 있고 환경문제, 세계평화질서 문제 등이 또한 새 연구과제로 자리잡아 가고 있으며 새로이 '문명'에 대한 연구가 추

23) Samuel P. Huntington, *The Clash of Civilizations and the Remaking of World Order*, New York, Simon & Schuster, 1996. 이 책에서 헌팅턴은 "…clashes of civilizations are the greatest threat to world peace"(p. 13)라고 지적하고 있다.

가되고 있다.

국제관계학은 살아 있는 학문이며, 그 자체가 역사이기도 하다. 국제사회의 발전에 따라 연구과제도 계속 바뀌어 갈 것이다.

참고도서

1. James E. Dougherty and Robert L. Pfaltzgraff, Jr., *Contending Theories of International Relations*, second edition, New York: Harper & Row, 1981. 제 1 장(pp. 1-53).

국제정치이론의 발전사, 연구영역에 대한 가장 상세한 논의. 한국어 번역판(최창윤 역, 박영사 출간)도 있다. 반드시 읽을 것.

2. 이상우 · 하영선 공편, 『현대국제정치학』 개정증보판, 서울: 나남, 1994, 제 1 부(pp. 13-158).

현대 국제정치이론의 흐름을 다각적으로 정리한 글들. 이론의 변천을 입체적으로 이해할 수 있다.

3. 김우상 등 공역, 『국제관계론 강의』 I, II, 서울: 한울아카데미, 1997.

두 권으로 된 방대한 책. 전체를 섭렵하여 보면 국제관계이론의 현주소를 알 수 있게 되어 있다.

4. 김순규, 『현대국제정치학』, 서울: 박영사, 1997.

제 1 장, 제 2 장, 제 3 장을 읽을 것. 국제정치학의 범위, 영역, 이론 발전사가 상세히 소개되어 있다.

제 2 장

국제현상의 과학적 인식과 이론적 접근

제 1 절 현상의 과학적 인식

1. 질서와 법칙성

"사물(事物)의 시간, 공간 안에서의 규칙적 배열(配列)"을 질서라 한다. 여기서 사물이란 현상 또는 일[事]과 물체를 말하며 '규칙적'이란 배열을 결정하는 법칙을 말한다. 1, 3, ( ), 7, 9라는 숫자의 배열을 보면 초등학교 1학년 어린이도 쉽게 ( )속에 5를 넣는다. 각 숫자간의 간격이 2라는 법칙을 깨닫고 이에 따르기 때문이다. 구름이 있을 때만 비가 온다는 구름-비의 배열도, 보라, 남, 파랑, 초록, 노랑, 주황, 빨강이라는 무지개 색의 구성도 모두 질서다. 자연의 질서 말고도 사람이 질서를 만들기도 한다. 방에 들어갈 때는 반드시 노크를 하도록 약속해 놓게 되면 노크와 방으로 들어가는 행위 간에는 질서가 생긴다. 나아가서 남의 물건을 훔치면 교도소로 보내는 벌칙을 정한 법률이 있으면 훔치는 행위와 훔친 사람을 교도소로 보내는 행위 사이에는 질서가 형성된다. 질서의 핵심은 바로 배열을 결정하는 준칙이다. 이것이 자연의 준칙일 때 우리는 법칙(法則)이라 부르고 사람이 만든 것일 때는 법(法) 또는 규칙이라고 한다. 서양 문화에서는 법칙과 법을 구분하지 않고 한가지로 law(독일어 : Recht, 프랑스어 : droit)라 부른다.

우리가 사물의 배열을 보기 전에 미리 알아 말하는 것을 예측(豫測 : prediction)이라 한다. 그리고 예측 중에서 실제로 일어난 시간 이전에 미리 말하는 것을 예보(豫報 : forecast)라 한다. 어제 부산에 지진이 있었을 것이라고 서울서 말한다면 이것은 예측이지만 예보는 아니다. 이미 일어난 일인데 다만 아직 모르고 있었을 뿐이기 때문이다.

기대(期待 : expectation)는 예측에 소망이 합쳐진 것을 말한다. 그래서 기대했던 일이 일어나지 않으면 예측의 실패뿐만 아니라 실망이 따르게 된다. 친구가 금년도 입학시험에서 한림대학교에 입학하리라 기대했었는데 낙방했다면 예측도 틀렸을 뿐 아니라 희망도 실망으로 바뀌게 된다.

사람은 자연과 인간이 만든 환경 속에서, 환경에 적응하면서 살아간다. 그런데 환경에 적응하기 위해서는 환경에 대한 예측이 가능해야 한다. 그리고 기대가 이루어져야 생활의 설계가 가능해진다. 이러한 기대의 집합이 기대구조(期待構造 : structure of expectation)이다.[1] 간단히 말해서 사람은 기대구조 속에서 행동을 선택하고 다음 행동을 계획한다. 우리는 저녁때 집에 들어가면 어머님이 저녁을 준비하고 기다리라는 기대를 가지고 귀가한다. 다음번에 예금통장을 들고 나타나면 내 돈을 되돌려 주리라는 기대

1) 기대(expectation)란 결과의 예측(prediction of outcomes)이 신뢰성(credibility)을 가질 때를 말한다. 이러한 기대가 인간행위를 선도(guide)한다. 기대가 이루어지는 조건들을 모아서 기대구조(structure of expectation)라고 한다. 이 개념은 R. J. Rummel이 만들어 낸 것이다. 그의 글, *In The Minds of Men*, Seoul: Sogang University Press, 1984의 Ch. 5, "The Expectation Principle," pp. 39-43을 참조할 것.

가 가능하기 때문에 알지도 못하는 은행원에게 나는 선뜻 내 돈을 맡긴다. 남의 물건을 훔치면 처벌을 받을 것이라는 예측(부정적 기대) 때문에 남의 물건이 탐이나도 사람들은 그 물건에 손을 대지 않는다.

기대가 가능한 것은 예측이 가능하기 때문이고 예측이 가능해지는 것은 사물간의 규칙적 연계를 알기 때문이다. 사물의 규칙적 배열이 질서니까 결국 기대란 질서가 있기 때문에 가능한 것이다. 질서가 무너지면 예측이 불가능해지고 사람들은 아무 것도 기획하고 살아갈 수 없게 된다. 그래서 질서를 "안정된 기대구조(stable structure of expectation)"라고도 정의한다.[2)]

2. 법칙성과 과학적 지식

지식(知識 : knowledge)이란 사물의 존재를 인식하고 사물간의 관계를 알고(understand) 예측(predict) 할 수 있게 되는 것을 말한다. 지식에는 사물의 존재(being, Sein)를 인식하는 단순 지식과 사물간의 관계양식을 인식하는 관계적 지식(relational knowledge)이 있다. 이 관계적 지식 중에서 다음과 같은 속성을 가진 것을 과학적 지식이라고 한다.[3)]

보편성(universality) : 같은 속성을 가진 사물간에 같은 관

---

2) 기대구조를 이루는 조건들이 상당기간 바뀌지 않으면 이 기대구조를 믿고 행하는 인간들의 행위도 같은 양상을 유지하게 되어 반복에서 나오는 규칙성이 생긴다. 그래서 질서를 안정된 기대구조로 이해한다. Rummel, *ibid.*, p. 83참조.

3) 과학(science)이라고 할 때는 '과학적 방법' 또는 '과학적 지식'을 말한다. 방법으로서의 과학은 "신뢰할 수 있는 관계적 지식의 창출을 목적으로 만들어 낸, 스스로 잘못을 고칠 수 있는 지적 활동"이라고 정의하는데(A. James Gregor, *An Introduction to Metapolitics*, New York: The Free Press, 1971, p. 379) 오히려 혼란스러워 권하지 않는다. '과학적 지식'을 말할 때는 여기서 소개하는 대로 "경험적 사실을 설명할 수 있는 보편적이고도 객관적인 신뢰할 수 있는 지식"을 말한다. 과학을 과학적 지식으로 인식하면 쉽다.

계가 있다는 것을 알게 될 때 이를 보편성을 가진 지식이라 한다. 섭씨 0℃가 되면 1기압에서 순수한 물은 액체에서 고체로 전환한다는 지식은 미국에서도, 한국에서도, 어디서도 진실이라고 할 때 이 지식은 보편성을 가진 지식이 된다.[4)]

객관성(objectivity) : 관측자가 누구이든 같은 절차를 따라 관측하면 똑같은 결과를 얻을 수 있을 때 그 결과는 객관성을 가진다고 한다. 어려운 말로 inter-subjective verifiability라고도 한다.[5)]

합리성(rationality) : 이미 가지고 있는 공통의 지식체계와 모순되지 않는 지식을 합리적 지식이라고 한다. 비는 하늘에서 땅으로 내려온다는 지식은, 물은 높은 곳에서 낮은 곳으로 흐른다는, 모두가 알고 있는 지식에 어긋나지 않기 때문에 합리적 지식이다. 만일 누가 폭포가 아래서 위로 치솟는다고 주장하면 사람들은 가보지 않고도 틀렸다고 판단한다. 합리성이 없기 때문이다. 뉴턴의 운동법칙을 아는 사람은 '무한동력기'(無限動力機)가 있을 수 없다고 확신한다. 역시 합리성이 없기 때문이다.

과학적 지식은 사물의 질서를 구성하는 사물간의 관계를 지배하는 법칙성을 인식함으로써 얻어진다. 법칙성이 곧 지식을 과학적 지식으로 만든다고 할 수 있다. 법칙성을 이해할 수 없는 관계는 보편성, 객관성, 합리성을 갖출 수 없기 때문에 사물의 예측에 응용할 수 없다. 그래서 사람들은 환경을 잘 알기 위하여 과학적 지식을 얻는 데 주력하고 있으며 법칙성 발견을 위해 끊임없이 노력하고 있다.

---

4) 보편성이란 정해준 범위 내의 동격의 구성소에 모두 타당함을 말한다. "한국인은 노래를 좋아한다"는 명제가 보편성을 가진다는 뜻은 한국인이란 집단에 속하는 구성원 모두(대부분)에게 '노래를 좋아한다'는 사실이 타당하다는 뜻이다.

5) inter-subjective verifiability란 관측하는 주체가 달라도 지정해 준 같은 방식을 따라 관측하게 되면 같은 결과를 얻을 수 있다는 것을 말한다. '관측자간 교차검증 가능성' 정도로 번역이 가능할 것 같으나 좋은 번역은 못 된다. 한국의 여러 개의 교과서에서는 '간주체적(間主體的) 검증가능성'이라고 번역한다.

3. 감각적 지식, 직관 및 이성적 추리

사람들은 어떻게 지식을 얻을 수 있는가? 제 1 차적인 지식은 보고, 듣고, 맛보고, 냄새맡고, 만져보아 알게 된다. 인간은 외부 자극을 인식하는 감각기관으로 오관(五官)을 가지고 있다. 눈, 귀, 코, 혀, 피부가 오관이다. 이 다섯가지 감각기관으로 색(色), 소리[聲], 냄새[香], 맛[味], 촉감[觸]을 감지한다. 그러나 이 오관에 의한 지식 획득은 아주 제한적이다. 냄새, 맛, 촉감은 아주 가까운 거리 아니면 감지할 수 없고 소리도 가청 주파수 범위 내의 소리만을 느린 속도(초속 340미터)로 상대적으로 가까운 거리(몇 킬로미터 이내)에서나 감지할 수 있을 뿐이다. 가장 중요한 감각기관인 눈도 가시광선 이외에는 감지할 수 없고, 어두우면 장님이다. 이러한 감각기관에 의한 관측은 환경을 인식하는 1차 자료를 공급한다는 뜻에서는 아주 중요하나 감각적 인식만으로는 다른 동물 이상의 지식은 얻지 못한다.

사람들은 오관 이외에 직관력(直觀力 : intuition)을 가지고 있다. 흔히 제 6 감(第六感) 또는 육감(肉感)이라고도 한다. 직관력에 의한 판단의 근거는 무엇인지 인간은 모른다. 과정도 모른다. 어떻게 그런 지식이 얻어지는지 모르기 때문에 영감(靈感) 또는 신의(神意), 직감(直感)이라고 부른다. 영감을 영어로는 inspiration, 독일어로는 Einfühlung이라 하는데 모두 인간의 '밖' 즉, 초월적 존재로부터 인간의 정신(spirit)이나 감정(Fühlung)에 들어온 것이라고 생각해서 만든 말이다. 직관은 지식획득과 관련하여 그 과정을 모르기 때문에 보편성, 객관성, 합리성을 가진 지식을 얻는 도구로는 쓰지 못한다.

사람이 다른 동물과 구별되는 것은 이성(理性 : reason)을 가지고 있다는 점이다. 이성이란 단편적 지식을 연결하여 체계화하는 능력과 감각적 지식을 추상화하고 개념화하여 논리적 추리를 가능하게 하는 분석능력(analytic capability)을 말한다. 분석능력이란 경험적 지식에 미리 알고 있는 지식을 보태서 새로운 지식을 창출하는 능력이다.[6)]

A가 B보다 크고 B가 C보다 크면 A는 C보다 크다는 판단을 할 수 있는 능력이 곧 이성이다. 인간이 그동안 축적해 놓은 어마어마한 과학적 지식은 모두 이 이성적 추리의 산물이다. 과학적 지식은 바로 이성적 추리가 가능하기 때문에 얻어지는 지식이다.

인간은 직접 경험한 것만 아는 것이 아니다. 언어라는 분석도구를 가지고 다른 사람의 경험을 전달받고 또한 개발해 놓은 분석도구로 아는 지식을 토대로 새 지식을 도출해 내는 분석이 가능하기 때문에 지식의 양과 질을 엄청나게 늘리고 향상시킬 수 있다.

이 책에서 다루는 국제관계학이론은 국제현상에 대한 과학적 지식을 얻는 이론적 추리를 돕는 분석도구들이다.

제 2 절 과학적 지식을 얻기 위한 제접근

1. 분류에 의한 연관발견

환경의 이해는 질서의 이해이고 질서의 핵심은 내재하는 사물

6) 분석이란 새로 얻은 지식을 미리 가지고 있는 지식과 결합하여 제 3 의 새 지식을 얻어내는 인간의 지적활동을 말한다. A>B, B>C라는 두 가지 경험적 사실에 똑같은 것(B)에 비해 하나가 크고(A), 다른 하나가 작다면(C) 그 큰 것은 작은 것보다 커야 한다는 법칙적 지식을 보태서 A>C라는 결론을 내는 것이 그 한 예다. 이때 A와 C를 재어서 대어볼 필요 없이 순수 논리적인 지식만으로 이 관계를 추리하였는데 이렇게 논리적 판단만으로 경험적 지식을 토대로 새로운 지식을 얻어내는 작업을 분석이라고 한다.

들의 분포에 관련된 규칙성, 법칙성에 있다. 그래서 사람들은 의식적, 무의식적으로 규칙성 발견을 위해 노력해 왔다. 이러한 규칙성 발견을 위한 인간의 지적(知的) 노력의 단초는 분류와 분류를 위한 개념화(conceptualization)에서 시작된다. 분류(taxonomy)란 같은 것끼리 묶어 집단으로 이해하는 작업이다. 생명을 가진 것과 가지지 않은 것으로 물체를 두 가지로 나누는 일, 다시 생물체를 식물과 동물로 나누는 일 등이 분류이다. 분류는 필요에 따라 얼마든지 세분할 수 있다. 인간을 종족으로 나누기도 하고 남녀 성별, 연령계층, 재산보유정도, 사상정향, 출신고교별 등으로 얼마든지 나눌 수 있다.

분류는 변수(variable)가 전제가 되어 가능해진다. 변수란 여러 가지 다른 값을 가질 수 있는 사물의 성격을 말한다. '키'라는 변수는 크고 작은 값을 가질 수 있으므로 키에 의한 분류가 가능해지고, 성별은 남, 여라는 두 가지 값을 가질 수 있기 때문에 분류에 쓸 수 있는 변수가 된다.

어떤 변수를 써서 사물을 분류하여야 할까는 분류하고자 하는 목적에 맞추어 결정한다. 또, 변수는 알고싶어하는 것이 무엇인가에 따라 선택한다. 군대에서 발에 맞는 군화를 공급하려는 목적에서 장병을 분류하려 할 때는 당연히 '발의 크기'가 분류 기준 변수가 된다. 가난한 사람의 생활보호를 위하여 식량을 배급하고자 할 때는 물론 소득수준이 중요한 분류 변수가 된다.

사물의 속성을 나타내는 여러 변수들이 일정한 값을 가진 것들을 하나의 집단으로 묶어 한마디로 표현하는 말, 즉 분석적 기호를 개념(概念 : concept)이라 한다. "생명을 가진 물체로서, 스스로 공간 내에서 이동할 수 있고, 척추를 가지고 있으며 새끼를 어미가 젖으로 키우는 것들"을 포유동물이라고 이름을 붙인다면, 이 '포유동물'이라는 말은 하나의 개념이 된다. 다시 "포유동물 중에서 뿔이 없고 발끝이 갈라지지 않은 발굽으로 되어 있는 초식동물"을 말이라고 한다면 '말'은 또 하나의 개념이 된다. 분류란 개념의 정의에 쓰지 않은 추가 속성 변수의 값에 따라 대상을 나누는 작업을 말한다. 가령 "말을 털색에 따라 흰말과 검은말, 누런말로 분류한다"고 하면 이때 '털색'은 말을 정의할 때 쓰지 않은 추가변수로서 털색은 어떠해도 말은 말인데 다만 우리가 필요해서 추가 변수를 선정하여 대상을 나누어 본 것이다.

사물을 잘 선택한 변수들로 개념화하고 다시 잘 세련된 분류변수로 분류해 놓으면 그 전에 미처 몰랐던 사물들 사이의 어떤 규칙성을 발견하게 된다. 비중(比重)이란 분류 변수로 물체를 비중 1보다 큰 것과 작은 것으로 분류해 놓으면 우리는 비중 1보다 큰 물체로 분류된 것들은 물에 넣었을 때 가라앉는다는 것을 안다. 물론 실제로 넣어보지 않고도 그런 사실을 안다. 즉 예측이 가능해진다. 쇠못은 물에 넣으면 가라앉는다고 우리는 자신 있게 말할 수 있고 소나무 조각은 물에 뜬다는 것도 미리 안다. 분류란 규칙성 발견의 가장 중요한 단초가 된다.

2. 관찰에 의한 일반화

가장 보편적인 사물에 내재하는 법칙성을 찾는 수단으로 사용되는 방법이 반복적 관찰이다. 종을 친 직후 먹이를 주는 주인의 행위를 열 번 정도 반복적으로 관찰한 개는 종만 치면 먹이를 기대한다. 종소리와 먹이 주는 것 사이의 규칙적 관계를 개가 발견하였기 때문이다.

인간의 과학적 지식의 대부분은 반복적 관찰에서 터득한 것이다. 365과 4분지 1일(日)마다 해는 같은 방향에서 뜬다는 사실이라든가 행성(行星)을 제외한 나머지 별들은 매년 같은 날 같은 시각에 같은 자리에 되돌아온다는 사실들을 사람들은 수천년 전부터 알고 있었다. 그리고 보름과 그믐에 바닷물이 제일 높아진다는 사실도 옛부터 알았다. 물론 왜 그런 일이 벌어지는지는 몰랐지만 아무튼 규칙성만은 관찰을 통하여 알고 있었다.

자연현상뿐만 아니라 사회현상에 대한 과학적 지식도 사람들은 대부분 관찰을 통하여 얻고 있다. 사람들은 다른 동물과 달리 발달된 언어를 쓸 수 있어 남의 경험을 통해 아는 것도 많다. 보통 사람이 권력의 최고 정점에 도달하면 그 권력을 써서 정적(政敵)에 대한 보복을 하고, 바른 말을 듣지 않다가 스스로의 파멸의 길을 간다는 사실을 사람들은 역사라고 하는 과거 경험의 기록을 통하여 알고 있다. 『명심보감』(明心寶鑑)이나 『탈무드』에 수록된 세상살이의 지혜는 모두 인간행위를 지배하는 규칙성을 경험을 통하여 알아낸 지식을 바탕으로 한 것들이다.

관찰에 의하여 과학적 지식을 얻는 방법으로 인간이 개발해 온 방법에 두 가지가 있다. 하나는 귀납법이고 또 하나는 연역법이다. 모두가 일반화를 통하여 보편적 지식을 얻어내려는 방법이나 접근에서 근본적으로 성격을 달리한다.

귀납법(歸納法)은 개별적 관측을 반복하여 일반적 관계를 찾아내는 방법이다. 까마귀가 무슨 색인지를 알기 위하여 방방곡곡을 다니며 관찰하여 기록하여 놓고보니 관찰한 까마귀가 모두 까맣다는 사실을 알게 되었다고 한다면 "세상 까마귀는 모두 까맣다"라는 보편적 지식을 도출할 수 있게 된다. 이렇듯 개별 대상에 대한 관찰의 결과인 "이 까마귀는 까맣다"라는 특수명제(specific proposition)들을 모아서 "모든 까마귀는 까맣다"라는 보편명제(universal proposition)를 도출하는 방법을 귀납(induction)이라고 한다.

귀납은 관찰을 통하여 현상을 지배하는 보편적 법칙을 발견하는 데 유용하나 다만 문제는 논리적인 약점을 내포하고 있다는 점이다. 특수명제의 집합에서 보편명제를 도출할 때 가능한 모든 특수명제가 다 관찰되지 않는 한 보편적 명제의 진(眞)을 확인할 수 없다는 약점이 있다. 까마귀 1만마리를 관찰하여 "까마귀는 까맣다"라는 보편명제를 도출하였을 경우 1만 1번째의 까마귀가 흰 것일 수 있다는 주장을 반박할 수 없기 때문이다.

연역법(演繹法)은 귀납법과 반대로 보편명제에서 특수명제를 도출해 내는 논리전개 방식이다. "사람은 죽는다"는 보편명제에서 "김(金)선생은 사람이다. 그러므로 그 사람도 죽는다"라는 특수명제를 도출해 내는 방법이 연역법이다. 특수명제를 구성하는 특수개념이 보편명제를 구성하는 보편개념의 일부분임을 보여주면 보편명제가 진(眞)인 한 그 특수명제는 진(眞)이 아닐 수 없다. 위의 예에서 김선생이 사람이란 것만 밝혀주면 "김선생은 죽는다"라는 명제는 반드시 진이어야 한다.

연역법은 논리적 연계가 "반드시 진"이라는 장점이 있으나 새로운 사실을 창출하지는 못한다. 그러나 연역법은 관찰에 의한 일반적 명제를 찾아내는 데 유용하게 활용할 수 있다. 아래에서 다시 설명하게 되지만 귀납으로 설정한 가설을 옳다고 치고 여기서 특수명제를 연역한 후 이것을 경험과 대조하여 진위를 검증함으로써 가설의 진위를 검증하는 이른바 가설 연역법(hypothetico-deductive method)으로 발전시켜 활용한다. 이 경우에 연역해 낸 단 한 가지 특수명제가 거짓, 즉 위(僞)로 밝혀지면 가설 자체가 부인되기 때문에 그 위력은 대단하다.

관찰에 의한 규칙성 발견 노력은, 잘 선택된 표본을 놓고 귀납하여 보편적 명제를 도출하고 다시 이것을 연역법을 활용하여 검증하는 절차를 밟게 되면 성공적으로 운영할 수 있다.

지구 표면에서 물체를 자유낙하시킬 때 그 낙하거리와 낙하시간간에는 $S=4.9t^2$(m)이라는 관계, 즉 1초 후엔 4.9m, 2초 후엔 19.6m 아래 있게 된다는 관계도 갈릴레오(Galilei Galileo)는 관찰에 의하여 발견하였으며, "한국정치에서 특정 정당에 대한 투표 지지율은 그 정당 지도자와 같은 지역 출신이 투표인구 중에 차지하는 비율과 상당한 긍정적 상관계수를 가지고 나타난다"는 보편적 지식도 역시 경험적 관측을 통하여 얻어진 것이다.

3. 직관에 의한 법칙성 발견

사람은 경험한 것만 믿는 것이 아니다. 직관(直觀)에 의한 판단도 믿는다. 예를 들어 A회사 주식 값이 치솟을 것이라는 예감으로 그 주식을 샀다는 사람은 자기 직관을 믿은 경우다. 경마나 도박도 모두 상당부분 자기의 '세련된 직관'에 의해 결과를 예측하고 이를 검증해보는 과정에서 이루어지는 게임이다.

직관은 지식의 총화를 바탕으로 내리는 초논리적 판단이다. 다만 그 과정의 논리성을 객관화 할 수 없으므로 과학적 지식으로 인정하지 못하는 그런 판단이다. 그러나 그 유용성은 무시하지 못한다. 서화담(徐花譚 : 徐敬德)의 '질량 불변의 법칙'은 직관에 의한 것이다. 후에 서양과학에서 논리적으로 같은 법칙을 도출해내었지만 그 자체를 무시하기는 어렵다.

직관은 초논리성 때문에 과학적 지식 획득의 방법으로 쓸 수는 없으나 과학적 지식 탐구의 방향성을 찾는 데는 많은 기여를 하고 있다. 물질이 에너지로 될 수 있고 반대로 에너지가 물질이 될 수 있다는 현대 물리학의 이론도 오래 전부터 이 관계를 믿어온 동양 사상의 직관적 지식이 과학적 추적의 길잡이가 되었었다.

역사발전, 사회변화의 법칙성과 관련된 직관적 믿음 몇 가지를 소개하면 다음과 같다.

(1) 목적론적 발전관

모든 사물은 미리 정해진 이상향(理想鄕)을 향해 발전해 나간다는 역사발전관이다. 즉, '완전으로의 진행'이라는 예정된 과정을 시간의 흐름에 따라 순차적으로 밟아나간다는 믿음이다. 인간 역사를 '세계정신'(Welt Geist)의 자기 실현과정이라고 보는 헤겔주의자들도, 그리고 세상의 모든 변화는 궁극적으로 신의 뜻의 완전한 실현으로 지향하고 있다고 주장하는 기독교 신학자도 모두 이러한 목적론적인 변화관을 가지고 있다.

'인간의 역사는 인간 해방의 역사'이며 모든 저항을 넘어서 결국 인간은 자연, 신, 전제체제(專制體制), 인간이 만든 착취체제 등의 지배를 차례로 극복하고 완전한 자유를 얻을 때까지 역사는 전진한다고 믿는 마르크스주의자들의 역사관도 이러한 목적론적인 결정론에 속하고 문명은 더 나은 방향으로만 발전해 나간다고 믿는 낙관적 발전론자들도 이런 생각을 갖고 있다. 미리 예정된 목표로 흘러가는 변화라는 결정론적 믿음은 직관에 의하여 얻어진 것이어서 경험적으로 그 진위를 가릴 수는 없으나 과학적 지식 획득 노력의 방향을 잡아준다는 점에서는 엄청난 영향을 끼치고 있다. 도달하도록 되어 있는 종착상태와 현실을 비교하면서 현실을 분석하려 하기 때문이다.[7)]

---

7) F. Hegel과 K. Marx는 인간사회의 진화는 무한히 진행되는 것이 아니고 '완전성을 향한 행진'이어서 '완전한 사회'에 이르면 그 진화과정은 정지한다고 믿었다. Marx에게는 인류사회의 진화가 끝나는 곳이 communist society였다. 최근에 많은 사람들의 관심을 끌었던 유사한 진화종착론은 Francis Fukuyama의 '역사의 종언'(The End of History) 주장이었다. Fukuyama는 역사(History)를 'a single, coherent, evolutionary process, when taking into account the experience of all peoples in all time'이라고 특별히 정의한 후, "자유민주주의는 인류의 이념적 진화의 종착역이며 인류의 통치형태의 최종형태이고 그래서 (자유민주주의에 도달하면) 역사는 끝난다(의역 : 원문은 다음과 같다/…liber-

(2) 순환론적 시각

삼라만상은 생성-발전-쇠퇴-소멸의 정해진 과정을 따라 변화해간다고 믿는 생각을 순환론이라고 한다. 『삼국지연의』(三國志演義)의 서두에서 단정적으로 제시하는 주장처럼 "나라가 나뉜 지 오래면 다시 합쳐지고, 합쳐져서 오래되면 다시 나뉜다"(分久必合, 合久必分)는 생각이나 모든 왕조(王朝)는 대개 200여년의 시간을 두고 흥망성쇠를 겪게 된다고 보는 왕조순환론(dynastic cycle)을 논하는 사학자들의 생각은 그 바탕에 직관에 의해 얻어진 순환론이 깔려 있다.

이러한 순환론은 정해진 과정에 따라 변화가 일어난다고 본다는 점에서 결정론적인데 다만 변화의 궁극적 목표가 전제되지 않았다는 점에서 목적론적 시각과 구분된다. 순환론도 그 자체는 직관에 의한 것이어서 과학적 지식으로 보기 어려우나 미국의 대외정책은 내향성 시기와 외향성 시기가 정해진 기간동안 반복적으로 나타난다고 주장한 클링버그(Klingberg)의 순환이론 등에 큰 영향을 미치고 있다.[8)]

---

al democracy may constitute the end point of menkind's ideological evolution and the final form of human government, and as such constituted the end of History)는 유명한 주장을 했다. 그의 책 *The End of History and the Last Man*, New York: The Free Press, 1992, pp. xi-xii.

8) Frank L. Klingberg, "The Historical Alteration of Moods in American Foreign Policy," *World Politics*, January 1952를 볼 것. Klingberg는 해군 군비, 대외파병, 식민지 병탄, 정당의 정강 등의 지표를 선정하여 계량적 방법으로 미국의 대외정책이 1776년 독립 이래 평균 21년간의 내향적 시기(introversion)와 27년의 외향적 시기(extroversion)가 반복되는 순환을 거쳐 왔음을 밝히고 있다. 그의 분석은 1940년까지인데 그의 순환론을 연장하여 보면 외향적 시기가 끝나는 (1940년에서 27년을 더한 해) 1967년에는 월남전에 지쳐 내향적으로 돌아서던 때였고, 다시 내향적 시기가 끝나는(1967년에 21년을 더한 해) 1988년에 이르면 냉전을 종식시키고 Pax Americana의 기치를 내걸고 적극적으로 대외정책을 펴나가는 외향적 시기로 접어들게 되는 시기였다는 점에서 '현실과의 부합'이 높은 직관적 분석임을 알 수 있다.

(3) 변증법적 변화인식

어떤 현상도 자기 부정(否定)의 현상(anti-image)을 대동하고 발전해 나가므로 일정기간 발전하게 되면 그 현상과 그림자에 해당되는 반현상(反現象), 즉 대응현상간의 모순이 극대화되어 서로 충돌하게되며 그 결과로 그 현상(thesis)과 반현상(anti-thesis)을 모두 포용하는 한 단계 높은 차원의 통합현상(synthesis)으로 발전하고, 다시 이러한 과정을 거쳐 또 더 높은 차원의 상태로 발전해 나간다고 보는 시각이 있다. 이런 발전관을 변증법적 발전관이라 한다.

불교적 변화인식이나 『역경』(易經)에 나타나는 고대 중국인들의 변화관은 바로 이러한 변증법적 발전론의 효시라 할 수 있다. 역경에 따르면 양(陽)이 점차로 강해지면 그 변화 자체가 음(陰)을 그림자처럼 키워나가 상호모순이 극대에 이르고 그 상태에서 이 모순을 극복하기 위한 한 차원 높은 새로운 양(陽)으로 옮아가고, 이렇게 이어서 음양상생(陰陽相生)의 원리를 따라 모순-조화-지양(止揚)의 과정을 반복하면서 세상은 변해간다고 했다. 이러한 사고가 후에 헤겔(Georg W. F. Hegel)의 변증법적 역사발전론으로 표현되고 있다.

변증법적 사고는 순환론과 마찬가지의 결정론이지만 발전의 방향성을 암시하고 있다는 점에서는 목적론적 발전론의 주장도 아우르고 있다.[9)]

(4) 자유주의적 역사인식

역사란 자연의 흐름과 이에 저항하는 인간의 의지적 노력의

9) 이 책 제14장 럼멜의 동태균형이론을 참조할 것.

조화에서 이루어지는 상태의 기록이다. 자연의 흐름은 동질화(同質化)의 흐름이다. 즉 최대의 엔트로피(entropy maximum)에 이르는 확산과정이다. 물체의 한쪽에 열을 가하면 전체 물체가 같은 온도가 될 때까지 열이 퍼져 나간다. 물에 잉크 한 방울을 떨어뜨리면 그 병 속의 물 전체가 같은 잉크 농도에 이를 때까지 잉크는 번져 나간다. 이러한 것이 자연의 변화흐름이다. 인간사회의 질서에서도 자연의 흐름은 균질화(均質化)의 흐름이다.

인간은 그러나 동질화를 원하지 않는다. 인위적으로 원하는 질서를 창조하고 유지하려 한다. 이러한 인간의 의지적 노력은 균질화의 자연의 흐름과 충돌하게 되고 그 결과로 두 가지 힘의 균형점에서 상태가 고정되게 된다. 이렇게 이루어진 상태가 그 시점에서의 질서다.[10] 정해진 하나의 시·공의 마당에 모든 가능한 힘이 자유롭게 작용하여 자연적인 힘의 균형으로서의 질서가 형성될 때 그 마당을 장(場 : field)이라 부르고, 이와 반대로 어떤 인위적인 제도나 힘으로 자연조화를 막는 마당을 반장(反場 : anti-field)이라고 부른다.[11]

자연의 힘을 거스르는 인간의 제도창조적 힘은 인간의 의지의

10) 장회익 교수는 생명현상을 비슷한 방법으로 설명하고 있다. 장 교수는 생명을 태양에서 지구로 흐르는 자유에너지 흐름을 교묘하게 활용하여 열역학 제 2 법칙에 따른 질서의 파괴 경향을 극복해 나가며 새로운 질서를 형성해 나가는 존재로 파악하고 있다. 이러한 생명은 하나의 '온생명'을 구성하고 이 '온생명'은 '개체생명'을 그 부분으로 하는 실체라고 보고 있다. 그의 글 "온생명과 현대문명", 『계간 과학사상』, 1995 봄호, pp. 138-160을 볼 것. 장 교수의 이론을 따르면 질서는 질서파괴의 자연추세와 이를 이겨내려는 생명력 간의 한 시점에서 이루어지는 균형으로 이해할 수 있다. 여기서 질서파괴 경향을 '자연의 균질화, 동질화의 흐름'으로, 그리고 이에 저항하는 생명력을 '인간의지'로 해석하면 같은 결과가 된다.

11) 여기서 소개하는 장(field)과 반장(anti-field)이라는 개념은 R. J. Rummel이 만들어 낸 것이다. 이 책 제 6 장, "럼멜의 자유주의 평화이론"을 볼 것. '장'은 위에서 소개한 장회익 교수의 '자유에너지의 흐름'이 막힘없이 작용하는 space로 이해하면 될 것이다.

강도에 따라 결정된다. 힘이 강할 때 유지되던 질서는 힘이 약화되면 밀려서 다른 상태로 변한다. 자연의 힘과 인간의 의지적 노력의 균형점이 이동하기 때문이다. 이것이 질서의 변화다.[12)]

이렇게 역사를 질서의 변화흐름으로 인식하게 되면 역사란 결국 인간 의지의 창출, 관리, 유지의 드라마가 된다. 인류사는 거대한 인간 드라마, 인류가 자연과 벌이는 투쟁의 대 서사시가 되는 것이다.

이상이 자유주의론자들의 사회질서 변화 인식틀이다. 이러한 인식에서 사회질서를 인식하게 되면 사회현상을 설명하는 이론은 아주 복잡해질 수밖에 없다. 인간의 의지적 노력을 목적, 형성과정, 유지관리체제 등 모든 측면에서 관찰, 분석하여 그 안에 내재하는 규칙성을 찾아내야 하기 때문이다.

자유주의적 역사인식도 그 진위를 경험적으로 검증할 수 없는 직관적 인식의 범주에 속한다는 점에서는 다른 역사인식과 다를 바 없다. 이 역시 이론화 노력의 의미 있는 하나의 지침이 될 수 있을 뿐 아직까지는 그 자체가 이론 정립에 직접 기여하는 지식은 아니다.

4. 이성적 추리

사회현상을 이해, 설명하는 데 도움이 되는 과학적 지식, 즉 보편성, 객관성, 합리성을 갖춘 지식을 얻기 위해 사람들이 가장 크게 의존하는 방법이 이성적 추리이다. 이성적 추리란 순수 논리체계로서의 분석적 틀을 이용하여 경험세계의 현상간의 관계를 규명해 나가는 것을 말한다.

---

12) 여기서 '자연의 흐름, 힘'을 '기'(氣)로, 그리고 인간의 '의지적 노력'을 '이'(理)로 받아들이면 그 상호관계는 쉽게 이해될 수 있을 것이다.

자연현상, 사회현상은 너무나 복잡하여 어느 현상과 현상 간에 어떤 관계가 있는지를 관측만으로 알아낸다는 것은 사실상 불가능하다. 또한 관측 자체가 불가능한 경우도 많다. 이럴 경우 인간은 아는 지식을 토대로 논리적 추리를 해서 지식을 얻는다.

지구상에서 높이뛰기 1m를 하는 사람은 달표면에서는 어느 정도 뛸 수 있을까? 암스트롱(Armstrong)이 달에 착륙하기 전부터 인간은 이미 답을 알고 있었다. 직접 관측을 하지 않고도 추리가 가능했기 때문이다. 만유인력의 법칙에 따르면 물체와 물체 사이에 작용하는 인력은 두 물제의 질량을 곱한 것에 비례하고 거리의 제곱에 반비례하게 되어 있다. 달의 질량이 지구의 약 49분지 1이니까 달표면에서의 중력은 지구의 약 7분지1, 그러니까 약 7m 뛸 수 있으리라는 추리가 가능해진다.

태양계의 아홉 행성(行星) 중에서 천왕성, 해왕성, 명왕성은 단순한 관측이 아니라 이성적 추리로 발견된 것들이다. 만유인력의 법칙을 적용하여 계산하면 태양 주위의 행성의 궤적을 도출해낼 수 있다. 그런데 토성(Saturn)의 계산된 위치가 관측된 위치와 미세한 오차가 있음을 어떤 천문학자가 발견해냈다. 그 오차를 설명하기 위한 가정으로 일정 질량을 가진 또 하나의 행성이 토성 밖의 일정 궤도로 운행한다고 그는 추리했다. 오차를 발생시킬만한 인력이 있어야만 했기 때문이다. 이렇게 관측된 오차를 근거로 역산하여 추정한 위치에서 관측으로 확인해낸 것이 바로 천왕성(Uranus)이다. 그리고 같은 방법으로 추리해서 발견해낸 것이 해왕성(Neptune)과 명왕성(Pluto)이다. 이성적 추리의 엄청난 힘을 짐작할 수 있는 간단한 예가 아닌가 생각한다.

사회현상에서도 마찬가지다. 어느 특정 국가의 전쟁의도는 쉽게 관측할 수 없다. 그러나 그 국가의 국력, 그 국가와 다른 나라와의 관계 역사, 그리고 그 시점에서의 국가간 관계 등등을 토대로 추리하면 어느 정도 예측이 가능해진다. 실제로 제 2 차 세계대전 발발직전에 국제정치 전문가들의 판단을 통계적으로 처리하여 (Delphi방법에 의하여) 독일의 폴란드 침공시기를 거의 정확히 예견한 사례가 있다. 이것도 이성적 추리의 결과이다.[13)]

논리적 추리의 표준적 절차는 다음과 같다. 첫째로 순수 추상의 분석적 개념을 설정하고, 이러한 개념간의 관계를 논리적으로 연계하여 분석모형(analytical model)을 만든다. 그 다음으로 분석모형 내의 분석개념과 경험세계의 현상을 개념화한 것과의 연계를 찾는다. 두 개념간의 논리적 동형(isomorphism)이 확인되면 경험세계에서의 개념간의 관계를 분석모형 내에서의 분석개념간의 입

---

13) Delphi방법이란 미래 예측을 위한 연구기법의 하나다. 옛날 그리스 시대 Delphi신전에서 점을 치던 방법에서 배워 온 것이어서 그렇게 부른다. 예측하고자 하는 현상에 대한 전문지식이 많은 사람들에게 '직관적'으로 미래를 예측하게 하여 그 결과를 취합하여 정리한 후 다시 그 전문가들에게 그 결과를 알려주고 자기의 원래의 예측을 재검토, 수정된 예측을 하게 한다. 이러한 과정을 반복하면 전문가들의 예측 사항이 한 점으로 수렴되어 나간다. 이 방법은 말하자면 전문가들의 직관적 예측의 평균을 구해내는 방법이다. 완전한 형태의 Delphi방법은 아니나 최초로 '전문가의 직관'을 평균하여 미래를 예측하는 실험은 Quincy Wright에 의해서 행해졌다. Wright는 전쟁연구 project를 수행하는 전문가를 전세계에서 선정하여 "향후 10년 내에 전쟁이 일어날 확률을 1-10의 척도로 재어줄 것"을 요청하면서 강대국을 둘씩 묶은 300여개 중 88개를 제시하였다. 82명이 응답했는데 이들의 예측치를 0-1사이의 전쟁확률치로 환산하여 그 수치대로 서열을 정하였다. 그 결과는 다음과 같았다. 일본-중국(.94), 일본-소련(.89), 독일-소련(.87), 독일-체코(.81), 독일-프랑스(.78), 독일-영국(.66), 이탈리아-유고슬라비아(.65), 독일-폴란드(.64), 독일-벨지움(.64), 헝가리-체코(.64), 유고-헝가리(.63), 헝가리-루마니아(.62), 소련-폴란드(.60), 리투아니아-독일(.60). 그런데 실제로 .60 이상의 확률을 나타냈던 이상의 14쌍중 10개의 쌍은 2년 내에 모두 전쟁을 시작했다. 특히 최고확률(.94)을 보였던 일본-중국은 6개월 내에 전쟁을 시작했으며 독일-소련, 독일-체코, 독일-프랑스는 1939년 9월에 위기로 들어섰고, 1938년 10월에는 독일이 체코의 일부를 점령하였으며, 독일-프랑스 전쟁은 1939년 9월에 일어났다. '전문가의 직관'에 의한 예측의 위력을 보여주는 사례라 할 수 있다. Quincy Wright, *A Study of War*, Chicago: The University of Chicago Press, 1942; 1965의 pp. 1264-1267 및 pp. 1477-1479를 볼 것. 상세한 설명과 도표가 실려 있다.

증된 관계를 바탕으로 추리할 수 있게 되는 것이다.[14)]

사회과학에서의 현상의 설명, 예측에 쓰는 이론 모형 정립 작업은 거의 모두 이성적 추리를 위한 작업이라 보면 된다. 상관계수에 관한 순수 분석모형을 응용하여 투표자의 속성과 투표행태 간의 관계를 설명 예측하는 경험이론을 만들어내는 작업 등이 그 예이다.

이 책에서 다루는 국제관계의 경험적 이론은 모두 이러한 이성적 추리를 토대로 한 노력의 산물이다.

제 3 절 이론적 접근

1. 이론적 사고

"무엇을 안다"는 것을 분해해 보면 대체로 세 가지 단계가 있다는 것을 알게 된다. 사물의 존재 자체에 대한 인식이 제 1 단계의 초보적인 앎이다. 나무가 있다, 산이 있다, 사람이 있다, 화산폭발이 있다…등 물체와 현상의 존재를 아는 것이 이 단계의 앎이다.

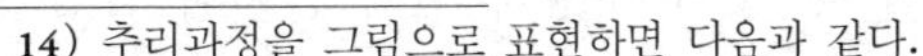

14) 추리과정을 그림으로 표현하면 다음과 같다.

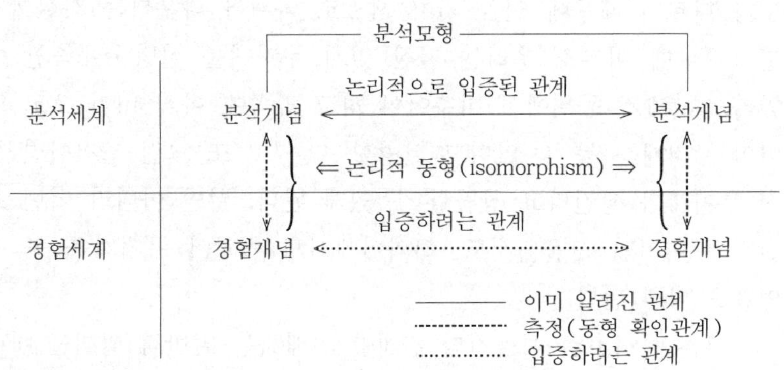

다음 단계의 앎은 사물간의 관계인식이다. 사물간의 공간적 관계, 시간적 관계에 대한 인식이다. 사과나무 오른쪽 10미터에 배나무가 있다든가 천둥번개가 친 직후 비가 쏟아졌다든가를 아는 것이 이것이다.

제 3 단계의 앎은 사물간의 관계의 성격에 대한 인식이다. 하나가 존재하면 다른 것도 꼭 존재한다는 두 사물간의 연관(association)을 안다든가 하나가 다른 것의 원인(causal linkage)이 된다든가 하는 것을 알게 되는 것이 제 3 단계의 앎이다. 이 세 번째 단계의 앎이 우리가 어떤 현상에 대하여 설명하고 예측할 수 있게 되는 바탕이 된다.

무지개는 비온 직후 해가 비칠 때 생긴다는 사실, 즉 무지개, 비, 햇빛은 함께 존재한다는 사실을 알기만 해도 우리는 많은 것을 설명하고 예측할 수 있다. 햇빛이 없으면 무지개가 안 생기고, 비 온 후가 아니면 무지개가 역시 안 생긴다는 것을 알게 된다. 그러나 현상이 공존한다는 사실에 대한 앎만으로는 햇빛과 비만 있으면 반드시 무지개가 서는가에 대해서는 설명을 하지 못하며 무지개가 생길지 아닐지를 자신 있게 예측을 하지 못한다. 햇빛과 비가 어떤 과정을 거쳐 무지개라는 현상을 만들어내는지 모르기 때문이다. 햇빛이 물방울을 통과할 때 빛의 파장의 길이에 따라 굴절 각도가 다르기 때문에 일곱 가지 색으로 나뉘어 나온다는 사실까지 알게 될 때 비로소 우리는 자신 있게 무지개를 설명·예측할 수 있다. 즉 해가 등뒤에서 비추어야 하고 앞쪽에 아직 비가 오고 있어야 무지개를 볼 수 있다고 설명할 수 있고 또 그런 조건이면 항상 무지개가 생긴다고 장담할 수 있게 된다. 뿐만 아니라 이런 조건만 주어지면 서울에서도, 하와이에서도 똑같이 무지개를 볼 수 있음을 알게 된다.

이론적 사고란 사물간의 관계를 지배하는 일반적 법칙을 찾아 그 법칙에 근거하여 설명과 예측을 시도하는 사고를 말한다. '왜' 라는 의문을 가지고 기존의 알고 있는 분석적 모형을 활용하여 알고자 하는 사물간의 법칙적 관계를 발견하려는 노력이 곧 이론적 사고이다.

아이스크림 가게를 연다고 할 때 점을 쳐보고 장소를 고르는 방법도 있겠지만 주민의 평균 소득, 통과인구의 평균 숫자, 평균 기온의 변화…등 아이스크림 판매량과 관계되는 모든 변수를 고려하여 판매량을 측정하는 방법으로 가게 위치 선정을 하는 방법도 있다. 후자를 이론적 사고라 한다.

국제관계현상 연구에서도 마찬가지다. 전쟁이 일어날지를 알기 위해 그리스 사람들은 델파이(Delphi)신전에서 점을 쳤었다. 그러나 20세기의 학자들은 전쟁원인에 관한 변수들을 찾아 각개 변수와 전쟁 간의 관계에 대한 보편적·객관적 법칙을 발견함으로써 그 법칙에 따라 설명·예측하고자 하는 노력을 펴고 있다. 이론적 사고가 이론정립, 응용노력을 낳는다.

2. 이론이란 무엇인가?

우리는 흔히 "그것은 이론이지 현실이 아니다"라는 말을 한다. 이 말이 풍기는 뜻은 이론은 현실이 아닌, 현실을 떠난 추상세계 속에서 이루어지는 논의라는 뜻이다. 확실히 이론 자체는 추상세계, 또는 분석세계(analytic world) 속에 머무는 인간이성의 창조물이다. 그런데, 우리가 학문을 하는 근본적인 목적은 우리의 현실 세계를 좀더 바람직한 것으로 개조하려 하는 데 있다. 그렇다면 왜 이론이 필요할까?

문제의 시작은 인간의 제한된 감각기능만으로는 현실을 우리가 바라는 만큼 이해할 수 없다는 사실에서부터 비롯된다. 현실은 너무 복잡하여 현실의 현상을 관측만 하여서는 현상과 현상 사이에 존재하는 관계양식이 얼른 파악되지 않는다. 뿐만 아니라 관측 가능한 현상은 우리가 볼 수 없는 밑바닥에 깔린 어떤 사태의 흐름의 부분적 표출에 불과할 때가 많아, 이 부분적 표출현상만으로는 사태의 흐름을 제대로 파악할 수 없는 경우가 많다. 어떻게 이런 상황에서 인간은 현실을 이해하는 방법을 강구해 나갈 것인가?

다행히 인간은 현실의 사물이나 현상을 추상화하여 개념을 만들 수 있는 능력이 있으며 나아가서는 현실을 떠난 순수한 개념도 만들 수 있는 능력을 갖추고 있다. 이러한 추상세계 내에서 개념과 개념을 연결하여 분석명제(analytic proposition)를 만들 수 있고, 또한 이런 분석명제들을 서로 의미 있게 연결하여 분석체계(analytic system)를 만들 수도 있다.[15] 이 분석체계 내에서는 현실에 구애됨이 없이 인간은 이성적 판단만으로 추리하여 나갈 수 있으며, 이러한 추리를 통하여 새로운 진(眞)인 명제를 도출해낼 수도 있다. 예를 들면 A=B이고 B=C라면 A=C라야 한다는 추리를 할 수 있는 것이다. 이러한 분석세계 내에서의 추리는 단순·명료하여 복잡하게 수십·수백 단계의 추리를 해 나가면서도 분

15) 분석명제란 논리의 원칙만으로 참[眞]임을 증명할 수 있는 명제이다. 분석적 담론(analytic domain of discourse)은 언어체계 내의 형식적 논리로만 진위를 가리는 것을 말한다. 경험적 뒷받침이 필요 없는 논의다. 분석(analysis)이란 논리적 담론을 응용하여 경험적 담론의 진위를 밝혀내는 작업이다. 그 과정은 주14의 '이성적 추리'와 같다. A. James Gregor는 분석명제 등을 다음과 같이 정의하고 있다.

analytic proposition: A proposition whose truth follows from the principles of logic alone and whose denial involves a contradiction.

analytical domain: The domain of discourse in which the truth of a proposition is determined by analysis and logical inference, i. e., the truth conditions governing truth status are intralinguistic, formal, and not empirical.

그의 책, *An Introduction to Metapolitics*, New York: the Free Press, 1971, p. 366을 볼 것.

명하고 명확한 연역을 해 낼 수 있다. 유클리드(Euclid)는 몇 개의 공리(公理 : axiom)와 연역의 기본규칙 몇 개만 가지고 수많은 기하학의 정리(定理 : theorem)를 도출해 내었다. 이때 공리가 맞고, 규칙대로 추리해 나왔다면 그 결과인 정리는 반드시 진(眞)이라는 보증을 할 수 있으니 얼마나 강력한 추리도구가 될 수 있겠는가?

인간은 이러한 분석세계 내에서의 추리를 현실의 현상을 이해하는 데 원용(援用)하기 시작하였다. 가령 A=B일 때 a가 A의 부분이라면 a는 B의 일부가 된다는 분석세계 내에서의 지식을 원용하여 A를 인간이라는 현실세계의 사물로 해석(interpret)하고 a를 구체적인 한 인간, 즉 김(金)선생이라고 해석하고 B를 죽는다는 일반현상으로 해석하면 김선생(a)이 인간(A)의 하나인 것이 분명하다면 반드시 죽는다(B)는 추리를 할 수 있게 되는 것이다. 이때 분석세계 내의 추리체계가 정교한 기하학, 미적분학, 해석기하학 등과 같은 고도의 것이라면 이런 분석체계를 현실 이해에 원용할 경우 무서운 추리력을 가질 수 있게 된다.

이론이란 현실 이해를 위해 분석세계 내에서 만들어 낸 하나의 분석체계다. 이론은 현실을 떠난 분석체계 내의 존재이면서 현실 해석의 도구로 활용되는 인간 이성의 창조물이다.

이론(theory)은 "서로 의미있게 연관된 명제의 집합으로, 이 명제들 중에 적어도 하나 이상의 보편적 개념으로 된 법칙(law)적인 명제가 포함되어야 하고, 그 명제는 현실과 대응하여 진위를 검증할 수 있어야 한다는 조건을 갖춘 것"이라고 정의되고 있다.[16]

---

16) Richard S. Rudner, *Philosophy of Social Science*, Englewood Cliffs: Princeton-Hall, 1966, pp. 10-11을 볼 것. Rudner의 정의(定義)를 소개하면, "A theory is a systematically related set of statements, including some lawlike generalizations, that is empirically testable"라고 되어 있는데, 편의상 좀 쉽게 수정하여 재정의 한 것이다.

"종교는 한 인간의 인생관을 결정하는 결정적 요소다," "부부간에 인생관이 같아야 결혼관계는 오래 지속된다", "부부간의 종교가 같으면 결혼 지속기간은 평균보다 길다"라는 세 개의 명제를 묶는다면 이것은 하나의 이론이 될 수 있다. 세 개의 명제가 모두 밀접하게 연관되어 있고 세 번째 명제는 보편적 개념으로 현실의 사실(事實)과 대비하여 진위(眞僞)를 검증할 수 있도록 "현실과 대응한 해석이 가능한" 명제로 되어 있기 때문이다. 만일 이 이론이 현실 세계에서 옳다고 입증되어 법칙으로 간주된다면, 그때부터는 이 이론에 의하여 종교와 결혼 지속성에 관한 설명·예측을 할 수 있게 되는 것이다. 즉, 김선생과 박여사는 서로 종교가 다르니까 결혼관계가 오래 못 갈 것이라고 예측할 수 있게 되는 것이다.

이론을 위에서처럼 어렵게 다루지 말고, 좀 쉽게 설명한다면, 대체로 다음과 같은 속성을 가진 것이라고 할 수 있다.[17]

(1) 이론은 사실들을 조직하는(의미있게 엮는) 틀이다.
(2) 이론은 행동(연구활동) 지침이다.
(3) 이론은 사물들이 어떻게 되어야만 하는가에 대한 명제들의 집합이다.
(4) 이론은 현실 세계와의 관련을 떠난 추론적 사유를 일컫는다.
(5) 이론은 추상이다.

이러한 속성을 갖춘 것이 이론이라고 한다면, 이론은 곧 현실 세계의 여러 사실들을 의미있게 연결시켜 주는 추상적 명제의 집합으로서 우리의 추리를 돕는 것이라고 할 수 있을 것이다.

---

17) 이것은 Charles A. McClelland의 정의(定義)다. 그의 책 *Theory and The International System*, New York: McMillan, 1966, pp. 6-7을 볼 것.

3. 이론의 구조

이론은 "하나 이상의 보편적 법칙명제를 포함한 의미있게 연계된 명제들의 집합"이라고 정의했는데 이 복잡한 정의를 이해시키기 위해서는 여기에 등장하는 중요 단어들을 하나씩 설명하여 이해시키는 것이 제일 쉬운 방법이다. 여기서 가장 중요한 단어는 보편적 법칙 명제이므로 이를 중점적으로 해설한다.

(1) 개념(concept)

인간이 오관(五官)으로 감지한 사물과 사물들 간의 관계를 표현하기 위해서는 어떤 기호가 필요하다. 물론 현실에 존재하지 않는 것도 남과 이야기를 나눌 때 이들을 지칭하기 위해서는 상징기호가 필요하다. 이때 사물과 그들 관계를 지칭하기 위하여 만들어 낸 단어들을 개념이라고 한다. 개념을 엄격히 정의하면 다음과 같이 된다.

> "사물의 집합과 그들 간의 관계를 지칭하는 부호"(A Sign that refers to groups, categories or collections of things and events, or the relations between them).[18]

개념이란 인간이 만들어 놓은 부호다. 이 부호를 쓰면 남들이 무엇을 지칭하는지 알아듣는 부호다. '소'라고 칠판에 써 놓으면 이 자체는 분필가루에 지나지 않으나 뿔 달린 네 발 초식동물의 한 가지 종류를 지칭하게 된다. 누구나 같은 물건을 그려보게 된다. 이때 이 '소'라는 기호는 개념이 된다.

개념은 '소'나 '자동차', '미국사람' 등 물건을 지칭하는 것도 있고 '전쟁', '홍수' 등 사건을 지칭하는 것도 있고 '더 크다', '더

---

18) Gregor, *op. cit.*, p. 369.

아름답다' 등 사물간의 관계를 지칭하는 것도 있다.

개념이 특정한 한 가지 사물을 지칭할 때는 특수개념(specific concept)이라 하고 1개 이상의 동종의 사물을 모두 지칭할 때는 보편개념(universal concept)이라 한다. 이때 어떤 사물이 어떤 개념의 지칭대상이 되는지 여부를 결정하는 조건이 많아지면 지칭대상은 점점 특화되어 해당되는 대상의 수가 적어지고 조건이 완화되면 더 많은 것을 지칭하게 된다. 가지가 없는 두 뿔을 가지고 털로 덮여 있고 두 갈래로 갈라진 발굽을 가진 초식동물을 지칭하는 '소'라는 개념에 만일 검은색이어야 한다는 조건을 더하면 '검정소'가 되는데 '소'는 '검정소'보다 더 보편적인 개념이 되고 내포(內包)가 커진다. 개념은 결국 "어떤 대상을 포함할지 제외할 지를 결정하는 조건들의 집합으로 만들어진 단어"라 할 수 있다(a set of criteria for inclusion or exclusion).

보편개념 중에서 개체마다 다른 값을 가질 수 있는 것을 경험연구에서는 변수(變數 : variable)라고 부른다. "변할 수 있기" 때문이다. 사람의 '키', 꽃의 '색깔', 학생의 '성적' 등은 모두 개체에 따라 다른 값을 가질 수 있는 개념이므로 변수가 될 수 있다. 변화하는 값의 평균과의 차이를 변량(變量)이라고 한다. 두 개의 변수간의 기능적 연계가 있음을 보여줄 때는 그 두 개의 변수의 변량간의 관계를 살피게 되는데 두 변량간의 결합정도가 높아지면 그 두 개념은 기능적으로 결합(association)되어 있다고 한다.

⑵ 명제(proposition)

명제(命題)란 "개념과 개념을 의미있게 연결해 놓은 것"이다.[19] 단어와 단어를 연결하여 만들어 놓은 문장(sentence)이라고 생각하면 된다. 이 문장이 진실을 나타낼 수 있으면 명제라 한다

19) *Ibid.*, p. 377.

(A sentence that can be assigned truth status). "백로는 희다"는 문장은 명제다. '백로'라는 집합개념과 '희다'라는 상태개념을 연결해 놓은 것이기 때문이다.

명제가 진(眞)인가 위(僞)인가를 순수 언어 내의 논리체계로만 결정할 수 있는 명제를 분석명제(analytic proposition)라 한다. "삼각형의 두 변의 길이의 합은 다른 한변보다 길다"라는 명제는 분석명제다. "A가 B보다 크고 B가 C보다 크면 A는 C보다 크다"라는 명제도 분석명제다. 현실 세계에 비추어 진위를 밝히는 대상이 되는 명제가 아니라 그 자체를 부정하면 자기모순에 빠지는 명제, 진(眞)임을 논리적으로 직접 입증해 줄 수 있는 명제들이기 때문이다.

규범명제(normative proposition)는 인간이 진(眞)이라고 선언해 놓은 명제다. 규범명제는 옳고 그름을 입증할 대상이 아니다. "남의 물건을 훔친 사람은 처벌받아야 한다"라든가 "대통령은 법률거부권을 가진다"라는 명제는 규범명제다. 그렇다고 해 놓은 것이므로 진위를 다툴 수 없다.

경험명제(synthetic proposition/empirical proposition) 또는 기술명제(記述命題 : descriptive proposition)라고 하는 것은 진(眞)임을 현실세계, 경험세계에 비추어보아 가려야 하는 명제들이다. "미국의 영토는 한국의 영토보다 넓다"라는 명제는 경험명제다. 실제로 재어보고 확인하기 전에는 맞았는지 틀렸는지 모른다. "한국 원화 대 미국 달러 간의 환율이 오르면 수출이 신장된다"라는 명제도 실제로 관찰해 보아야만 진인지 확인할 수 있는 경험명제다.

(3) 가설(hypothesis)

가설이란 그 진위를 아직 확인하지 않은 상태의 가정적인 경험명제다. "모든 까마귀는 검다"라는 명제는 검증하기 전까지는 가설이다. 까마귀마다 색을 살펴보아 모두 검다는 것이 확인이 되면 진(眞)인 경험명제가 될 것이나 한 마리라도 흰 것이 나타나면 그 순간 이 가설은 부정된다.

가설은 경험연구에서 연구의 출발점이 된다. "민주주의체제를 갖춘 나라는 전쟁을 시작하지 않는다"라는 가설을 세워놓고 이 내용이 경험적 관찰에 비추어 진인지 거짓인지를 규명하는 연구를 할 때 심증을 일단 명제로 만들어 제시해 놓고 연구를 시작하는 경우에서처럼 가설의 입증, 부정을 통하여 경험적 지식을 얻는 연구가 흔하다. 이런 경우 가설을 잘 정립하면 연구기획의 반은 성공한 셈이 된다.

(4) 법칙(law)

"보편개념간의 불변의 관계를 나타내는 보편명제" 중에서 진(眞)이라고 입증된 것(더 정확히는 거짓이라고 밝혀지지 않은 것)을 법칙(law)이라 한다. 법칙은 보편개념간의 관계를 나타내는 명제로서 개념의 보편성으로 말미암아 관계를 일반화(generalization)하는 힘을 가진 명제다. 또한 그 관계가 불변임으로 주어진 조건 아래서는 항상 진(眞)이라고 주장할 수 있는 명제다. "사람은 죽는다"라는 명제는 '사람', '죽는다'가 모두 하나 이상인 집합을 지칭하는 보편개념이고 관계가 불변이므로 법칙이라 할 수 있다. 이 명제의 보편적인 진(眞)의 관계에서 특정한 대상(김선생님, Mr. Smith)이 '사람'이라는 집합 속에 포함된다는 것만 입증할 수 있으면 '죽는다'는 것을 예측할 수 있게 되는 것이다.

법칙을 "보편개념간의 진인 불변의 관계"라고 할 때, 그 관계가 진(眞)임을 어떻게 입증하는가? 관계의 특성에 따라 진의 근거를 달리한다. 개념과 개념 간의 관계(relation)에는 여러 가지가 있다. 몇 가지의 전형적인 관계를 소개하면 아래와 같다.

동연(同延)관계(coextensive relation) : 만일 X면, Y다. 하나의 현상의 존재와 다른 현상의 존재가 같은 범위에 걸쳐 있게 되는 관계를 말한다.

결정적 관계(deterministic relation) : 만일 X면 반드시 Y다. X와 Y현상 간의 예외 없는 공존관계를 말한다.

조건부 관계(contingent relation) : "특정조건이 충족될 때에 한해서 만일 X면 Y다"라는 관계다.

필요관계(necessary relation) : X일 때만 Y다. 즉 X가 Y의 필요조건인 관계다.

충분관계(sufficient relation) : X이면, 다른 조건과 관계없이 반드시 Y다. X는 Y의 충분조건관계다.

순차적 관계(sequential/diachronic relation) : X면, 그 후에 Y다. X가 Y에 항상 선행하는 관계다.

대체(代替)적 관계(substitutional relation) : X면 Y이고 Z여도 Y다. X가 Z를 대체해도 같은 Y가 되는 관계다.

추계(推計)적 관계(stochastic relation) : "X면 일정확률 범위 내에서 Y다"라는 관계. X와 Y가 1대 1로 꼭 묶인 관계는 아니고 일정확률 범위 내에서 대응하는 관계일 때를 말한다.

법칙(law)은 경험세계에서 많은 관측결과를 집적하여 일반화하여 추정하나 엄밀한 뜻에서는 이를 확증할 수는 없다. 존재하는 모든 대상을 모조리 관측한 경우에는 확증이 가능하나 표본관측인 경우는 관측하지 않은 대상 중에서 관계를 부인하는 사례가 나올 수 있기 때문이다. 그래서 보통 '법칙 같은 일반명제'(lawlike generalization)라고 표현하기도 하나 관행에서는 그냥 법칙(law)이라고 통용하고 있다.

(5) 이론체계(A system of theory)

이론(theory)은 "진위를 검증할 수 있는 법칙적 경험 명제를 하나 이상 포함하는 체계적으로 연계된 명제들의 집합"(A systematically related set of propositions, including one or more lawlike assertion, that is directly or indirectly testable)이다.[20] 여기서 체계적으로 연계되어 있다는 의미는 법칙명제의 성립조건으로 다른 명제들이 전제되는 관계를 말한다. 그리고 이러한 이론들이 서로 연계되어 특정현상을 설명, 예측, 처방 등을 할 때는 전체를 묶어 이론체계라 부른다. 전쟁원인에 관한 심리학 이론, 행동과학이론, 체제이론… 등을 모두 합쳐 전쟁원인 설명 이론체계라 부르는 것과 같다.

4. 경험 · 규범 · 정책이론 간의 관계

이론에는 성격을 달리하는 세 가지 유형이 있다. 이론의 목적에 따라 나눈다.

경험이론(empirical theory) : 인간이 오관(五官)으로 감지할 수 있는 경험세계의 현상들을 설명(explain)하거나 예측(predict)하기 위한 이론이다. 이 이론의 평가기준은 객관성(objectivity)이다. 좁은 뜻에서의 이론은 경험이론만을 지칭한다.

규범이론(normative theory) : 현상과 현상 간의 관계를 인간의 의지로 연계시키는 처방(prescription)을 담은 이론이다. 이 이론은 당위(sollen)를 정하는 이론으로 경험적으로 입증할 대상이 아니다. 도덕체계나 법체계는 모두 규범이론이다. "사람의 생명은

---

20) *Ibid.*, p. 381.

소중하다. 따라서 사람의 생명은 집단의 의지로 보호해야 한다. 그러기 위해서 타인의 생명을 해친 자는 처벌해야 한다"라는 이론 구성은 전형적인 규범이론이다. 규범이론에서는 '정의'(justice)에 부합하는 가를 좋은 이론인가를 판정하는 평가척도로 삼는다.

정책이론(policy theory): 내버려두면 일어날 현상을 우리가 원하는 다른 현상으로 바꾸려는 인간의 의지적 노력을 체계화하는 이론이다. 여기서는 효율성(efficiency)이 가장 중요한 고려대상이 된다. 전쟁예방을 위해서는 어떤 조치들을 연결하여 취하여야 하는가를 연구하여 정교한 행위체제를 유도하는 지침적 이론틀을 만들어 낼 경우 우리는 이런 틀을 정책이론이라 부른다. 그러나 엄격한 뜻에서는 정책이론은 이론이라고 보기보다는 '행위지침체계'라고 해야 한다. 다만 일상에서는 정책이론으로 부르고 있다.

경험이론, 규범이론, 정책이론 간의 관계를 좀더 쉽게 설명하여 보기로 한다[그림 2-1 참조].

현실에서 일어나고 있는 현상에 대하여 이 현상이 어떻게 일어나고 또 왜 일어나는지, 그리고 어떻게 변해갈지를 밝히는 연구

[그림 2-1] 경험이론, 규범이론, 정책이론 간의 관계

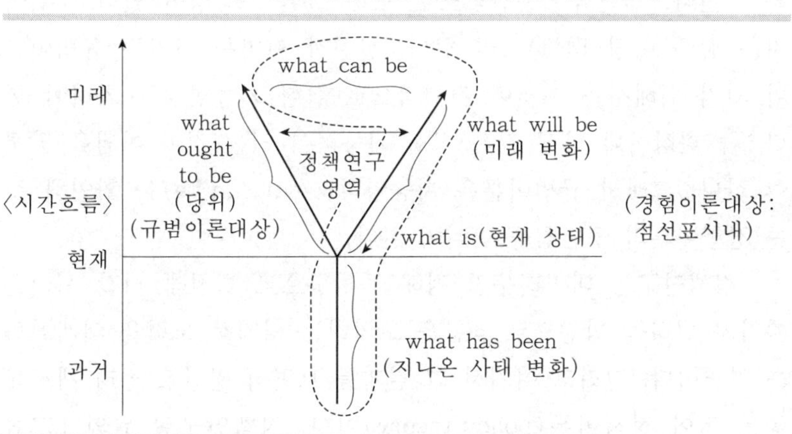

가 경험연구이다. 현상의 역사(what has been)를 분석하고 현재 상태(what is)를 관측분석하여 원리를 밝혀내고 이를 토대로 미래예측(what will be)을 해보는 연구들이다. 이런 연구에서는 연구자의 가치관이 개입되어서는 안 된다. 객관성이 보장되어야 과학적 지식으로 되기 때문이다. 이런 연구에서 만들어지는 이론들이 경험이론(empirical theory)이다.

어떤 현상을 그대로 놓아두면 제갈길(what will be: sein)로 발전해 나가겠으나 사람의 욕심이 그 현상이 다른 '바라는 방향'으로 발전해 나가기를 원하는 경우 "이렇게 되어야 겠다"(what ought to: sollen)라는 희망을 전개하게 된다. 이런 연구를 규범연구(normative study)라 하며 여기서 그 희망을 설득력 있게 체계적으로, 그리고 논리적으로 만들어 제시할 때 규범이론(narmative theory)이 된다. 규범이론은 인간의 '꿈'의 표현이다. 그러나 그 꿈이 허황된 것이면 인간행위의 지침이 될 수 없다. 꿈에는 세 가지가 있다. 객관적으로나 주관적으로나 실현 가능성이 없다고 생각되는 꿈을 환상(幻想 : fantasy)이라 한다. 객관적으로는 실현 가능성이 없는데 주관적으로는 가능하다고 믿는 꿈을 망상(妄想)이라고 한다. 객관적·주관적으로 모두 실현 가능성이 있다고 믿어지는 꿈을 이상(理想)이라 한다. 실천적 의미를 가지는 규범이론이 되기 위해서는 이것이 경험적으로 실현 가능한지를 가려야 한다. 즉 환상이나 망상 같은 실현 가능성이 없는 것이 아님을 밝혀야 한다. 그래서 규범이론은 가능영역(what can be)을 확인해 주는 경험이론의 뒷받침을 받아야 한다.

정책연구는 내버려두면 정해진 방향으로 발전해 나갈 사태를 자기가 원하는 방향으로 흐름을 고치려는 의지적 노력을 체계화하는 연구이다. 그리고 여기서 그 결과를 보편적 원리로 정리 제시해 놓은 것이 정책이론(policy theory)이다. 정책연구란 위의 [그림

2-1]에서 본다면 'what will be'와 'what ought to be' 사이의 간격을 좁히는 방법에 대한 연구이다. 따라서 정책연구는 경험연구와 규범연구가 전제가 되어야 한다.

이 책에서는 국제관계이론을 이 세가지 이론으로 나누고 여기에서 국가간 갈등과 협력 및 국제질서 유지에 관련되는 경험이론과 정책이론만을 소개한다. 규범이론은 별도의 책에서 다루려 계획하고 있다.

5. 가설연역법

규범이론, 정책이론은 엄격한 뜻에서는 이론이 아니다. 진위를 경험적으로 밝혀내야 하는 이론들이 아니기 때문이다. 그래서 여기서는 경험이론만을 설명하려 한다.

이론은 어떻게 만드는가? 자연과학에서나 사회과학에서나 다루는 대상이 자연현상과 사회현상(문화현상)으로 서로 다를 뿐이지 이론 정립 과정은 같다. 다만 사람을 대상으로 하는 사회과학에서는 자연과학에서와 달리 실험을 할 수 없는 경우가 많기 때문에 실험 아닌 관측을 중심으로 하는 가설연역법(假說演繹法 : hypothetico-deductive method)이 일반으로 활용된다. 그 과정은 아래와 같다.

우선 알고 싶은 현상에 대하여 많은 관측결과를 모아 개념간의 관계를 추정한다. 이 과정은 귀납(induction)과정이라 할 수 있다. 개념간에 존재하는 관계에 대한 심증(心證)이 서면 이것을 가설(hypothesis)로 정립한다. 예를 들어 기온과 아이스크림 판매량간의 관계기록을 면밀히 검토한 결과 "낮 최고기온이 섭씨 10도에서 40도 사이에서 변화하는 상황에서는 기온이 5도 올라갈 때마다 아이스크림 판매량은 2배로 뛴다"라는 심증을 얻었을 때 이를 일단 가설로 설정한다.

다음 단계로는 이 가설을 경험적으로 검증한다. 이 가설은 보편명제이므로 이 명제에서 특수 명제를 도출, 즉 연역(deduce)할 수 있다. "10도 때보다 15도 때의 판매량은 2배라든가 25도 때보다 30도 때면 다시 2배가 된다"… 등의 명제들을 도출해 낸다. 이 명제들은 모두 일반명제(보편명제)에서 연역한 것들이므로 가설이 진(眞)이라면 반드시 진이어야 한다. 이렇게 연역해 낸 명제들을 경험 관측과 대비하여, 즉 표본으로 선정한 가게의 매상을 실제로 조사하여서, 진위를 밝히는 과정이 검증과정이다.

도출된 명제가 모두 경험적으로 진으로 밝혀지면 가설은 진(眞)의 지위를 계속 유지하게 되나 만일 하나라도 진이 아님이 입증되면 사정은 달라진다. 즉 그 명제가 가설에서 연역된 것이 아니든가 아니면 가설이 진이 아니든가 두 가지 중 하나라는 결론에 이르기 때문이다. 이때 후자인 경우면 가설은 부정된다. 이렇게 가설-연역-검증-가설의 진위판정의 순서를 밟아 가설이 진(眞)이라고 경험적으로 입증되게 되면 그 가설은 법칙(law)이 되는 것이다. 이것이 가설연역법에 의한 법칙정립과정이다.

6. 이론에 의한 설명과 예측

이론의 목적은 현상의 설명과 예측이다.

설명(explanation)이란 어떤 현상에 대하여 궁금해 하는 부분에 대한 언어학적 대응(any linguistic response made to a question that serves to abate puzzlement)[21]이라고 정의되나, 과학에서는 이 중에서 그 현상이 왜(why) 생기는가 하는 질문에 대한 대답만을 의미한다. 왜라는 질문에 대한 대답으로는 그 현상이 우리가 알

21) *Ibid.*, p. 381.

고 있는 일반적 현상에 속하는 것(deductive model of explanation)이라고 밝히는 방법도 있고 조건과 결과 간에 존재하는 법칙을 원용하여 조건의 존재를 보여줌으로써 설명하고자 하는 현상(explanandum)의 당연한 존재를 밝히는 방법 등이 있다.

(1) 사회과학에서의 설명유형

사회과학에서 '설명'이라는 말을 쓸 때는 일반적으로 설명되는 현상(explanandum)이 일어난 이유, 즉 왜 그런 일이 일어났는지를 듣는 사람이 납득하게 해 주는 일 모두를 말한다. 브라운(Robert Brown)은 설명을 9가지로 구분하고 그 중에서 여섯 가지가 사회과학에서 사용하는 '설명'이라고 소개하고 있다. 그리고 그 중에서 '일반화에 의한 설명'을 흔히 '과학적 설명'이라고 한다고 했다.[22] 이 여섯 가지 설명을 소개한다.

(가) 발생학적(genetic) 설명

현상(events)이 시간적으로 순차적으로 일어나온 연계(sequence of events)를 소개함으로써 설명하고자 하는 현상이 앞선 현상의 연속으로 일어날 수밖에 없음을 보여 주는 설명방법이다.

(나) 의도(intentions)제시형 설명

인간행위는 목적을 가진 계획적 행위라는 전제 아래 그 행위자의 목적을 밝혀줌으로써 그 행위를 선택할 수밖에 없었음을 보여주는 설명방식이다. 행위는 목적달성의 수단이라는 전제가 있을 때만 가능한 설명이다.

(다) 성향(dispositions)제시형 설명

인간이 가진 성격, 버릇 등 일반적인 자극에 대한 반응성향을

22) Robert Brown, *Explanation in Social Science*, Chicago: Aldine Publishing Co., 1963. 이 책은 서두에서 설명의 유형구분 근거를 설명한 후 여기서 소개하는 여섯 가지 설명을 하나씩 설명하고 있다.

알려줌으로써 특정 행위가 그 성향의 결과라고 인식하게 해주는 설명방법이다.

㈑ 이유(reasons)제시형 설명

의도제시형과 유사하나 조금 더 넓게 행위동기를 밝히는 방법이다. 행위에는 모두 이유가 있게 마련이다. 배가 고파 먹을 것을 훔쳤다고 설명하는 절도범의 경우 훔친 행위의 이유, 즉 배가 고프면 법을 어겨서라도 음식을 확보한다는 그의 결단을 토대로 절도행위의 이유를 제시하는 식의 설명이다.

㈒ 기능(functions)제시형 설명

어떤 물건이 어떤 일을 하는 도구임을 보여준다든가 어떤 행위가 어떤 일을 성취하는 과정에 필수적인 단계임을 보여주는 방식의 설명이다. 타자기 자판에서 〈shift〉라는 키가 무엇이냐고 설명할 때 이 키는 영어의 소문자를 대문자로 바꾸어주는 기능을 하는 것이라고 설명한다든가, 왜 태극기를 게양했느냐고 물었을 때, 오늘이 광복절이어서라고 대답하는 것이 이러한 기능제시형 설명의 예이다.

㈓ 경험적 일반화(empirical generalization)에 의한 설명

잘 알려진 법칙을 바탕으로 설명하고자 하는 현상이 그 법칙으로 이미 알고 있는 보편현상의 일부분임을 보여주는 방법으로 설명하는 것이 경험적 일반화에 의한 설명이다. 법칙이 경험적으로 입증된 일반적 관계이므로 법칙이 옳다면 이 법칙이 적용될 수 있는 특수관계도 옳아야 한다는 상식을 바탕으로 하는 설명이다. "이 새는 왜 검은가?"하고 물었을 때 "이 새는 까마귀야"라고 설명하는 방식이다. 까마귀는 까맣다는 "경험적으로 입증된 보편명제"가 전제가 되어 설명이 가능해진다.

보통 이 경험적 일반화에 의한 설명을 '과학적 설명'이라고 한다. 이 책에서는 이 설명만을 해설하려 한다.

(2) 과학적 설명의 논리구조

과학적 설명은 이론에 의한 설명이다. 이론 자체가 "현상을 설명하고 예측하려는 목적으로 변수간의 관계를 구체적으로 밝혀줌으로써 현상에 대한 체계적인 견해를 갖게 해 주는 상호연결된 개념, 정의, 명제의 집합"이므로 결국 이론은 설명을 위한 것이고 설명은 이론에 의한 것이어야 되는 것이다.

과학적 설명은 연역적 설명의 형태를 가진다. 법칙과 조건을 연결하여 설명되어야 할 현상이 법칙에서 연역될 수 있는 것임을 보여주는 방법으로 설명하는 방법이다. 그 구조를 도식화하면 다음의 [그림 2-2]와 같다.

"순수한 물은 0℃ 아래로 내려가면 얼음이 된다"라는 법칙(L_1)이 있을 때 이곳에 있는 액체가 순수한 물이고(C_1), 현재의 온도가 −5℃(C_2)라고 한다면 우리는 왜 물이 얼었는지(E)를 설명할 수 있게 된다.

설명이 일어난 결과(E)에 대한 이해를 위해 그 결과가 일어날 수밖에 없는 이유(C, L)를 밝히는 것인데 비하여 예측은 법칙(L)과 조건(C)을 가지고 일어날 현상(E)을 미리 아는 것이다. 설명과 예측은 관심과 목적은 다르나 논리구조는 똑같다. 다만 C, L,

[그림 2-2] 과학적 설명의 논리구조

$L_1, L_2, \cdots\cdots, L_n$ (일반법칙) $C_1, C_2, \cdots\cdots, C_m$ (조　　건)	} 설명요소 (explanan)
↓ 연역(deduction) ∴ E (설명되는 현상)	} E : 피설명대상 (explanandum)

* 여기서 $L_1, L_2, \cdots\cdots, L_n$은 법칙을 말하며 $C_1, C_2, \cdots\cdots, C_m$은 조건들을 말한다.

E 중에서 어느 것을 알고 어느 것을 모르고 있느냐는 차이만 있는 셈이다.

설명과 예측을 가능하게 하는 것은 법칙을 포함한 이론이다. 설명과 예측이 과학의 목적이라면 결국 과학화한다는 것은 이론을 정립, 응용하는 지적 활동을 통하여 현상을 설명, 예측하는 것이라 할 수 있다.

이론의 설명, 예측 역량, 즉 이론에 의하여 설명하고 예측할 수 있는 힘은 이론이 포함하고 있는 법칙에 달려 있는데, 그 법칙의 성립조건이 간단할수록 적용범위가 넓어지게 된다. 그 좋은 예로 물체의 낙하(落下) 법칙을 들 수 있다. 갈릴레오(Galilei Galileo)는 1천 번이 넘는 실험을 통하여 물체가 자유낙하할 때 가속도가 생기는 관계를 $S=4.9mt^2$(낙하거리=4.9m×낙하시간(sec)의 제곱)이라고 밝혀내었다. 1초 뒤에는 4.9m 아래, 그리고 2초 뒤에는 19.6m 아래까지 떨어진다는 것을 밝혀내었다. 이 법칙은 아주 훌륭한 경험법칙이나 어떤 상황에서 이러한 관계가 이루어지는지를 모르기 때문에 달이나 화성에서도 그대로 적용될지는 알 수 없었다. 그러나 같은 낙하공식을 뉴턴(Isaac Newton)의 만유인력법칙, 즉 모든 물체간에는 인력이 작용하고 그 인력의 크기는 두 물체의 질량을 곱한 것에 비례하고 거리 제곱에 반비례한다는 법칙에서 유도해 내었을 때는 사정이 달라진다. 낙하현상은 물체와 지구간의 인력작용으로 이해할 수 있고 따라서 지구의 질량을 알면 계산이 가능해진다. 만유인력의 법칙에서 유도되는 낙하공식은 $S=\frac{1}{2}gt^2$(g는 중력계수/낙하거리=½중력계수×낙하시간의 제곱)인데 지구의 중력계수가 980㎝/sec니까 $S=4.9mt^2$가 되어 결국 갈릴레오의 공식과 같아지나 설명력은 훨씬 강하다. 이 공식으로 우리는 달(지구 질량의 49분지 1)에서의 낙하공식을 쉽게 만들어 낼 수 있게 되기 때문이다.

마찬가지로 "개구리가 울면 1시간 후에 비가 온다"는 경험법칙과 오늘날의 기상학에서 기압, 기온, 습도, 풍속, 지형 등을 연결하여 만들어 낸 강우예측공식은 설명력에서 크게 차이가 난다. 개구리법칙은 알래스카나 자바섬에서나 다 통하는가 묻는다면 대답할 수 없으나 강우예측공식은 지구상 어디서나 통용되는 보편성을 가진다. 법칙의 설명력은 법칙이 주장하는 변수간의 관계가 객관성, 보편성, 합리성을 가지면 가질수록 커진다고 할 수 있다. 그리고 법칙을 구성하는 개념이 명료하고 분명(klar und deutlich)할수록 정확도는 높아진다.

제 4 절 이론의 분류

국제관계학이론은 관심에 따라 얼마든지 다른 각도에서 분류해 볼 수 있으나 여기서는 국제관계학 초보이론을 다루는 학부학생들을 대상으로 하기 때문에 간단히 네 가지 시각에서만 분류해 보기로 한다.[23]

1. 이론화 정도에 따른 분류

보통 국제관계학이론이라고 통칭해서 부르지만 그 속에는 이론화 과정에서 볼 때 완전한 이론의 형식을 갖춘 것도 있고, 아직 완전한 이론의 형식을 갖추지 못한 채 기본이 되는 생각들만 모아 놓은 것도 있다. 이렇게 이론화의 정도에 따라 분류한다면 다음과 같이 세 단계의 이론이 있음을 알게 된다.

23) Hoffmann은 국제관계학 이론화 작업을 이론화의 수준, 영역, 목적 등으로 명쾌하게 분류하고 있다. Stanley Hoffmann, *The State of War*, New York: Praeger, 1965, pp. 5-7을 볼 것.

(1) 이론적 틀(theoretical frame)의 단계

아직 이론이라고 부르기 어려운 초보적인 발상단계에 있는 이론틀이 있다. 막연히 "한 나라의 정치체제 유형과 전쟁을 시작하는 확률과는 관련이 있음직하다"는 생각에서 이론화를 위한 기초작업을 하고 있는 정도의 이론들이다. 즉, 이론의 틀을 잡아가는 단계에 있는 사고들의 집합이다. 이 정도 수준의 이론들은 설명과 예측에 정교하게 활용하기는 어려워도 기술(記述)의 방향, 이론모형의 탐구 등에는 큰 기여를 하고 있다.

(2) 예비이론(豫備理論 ; pre-theory)의 단계

로즈노우(James N. Rosenau)는 외교정책분야와 비교정치분야의 이론을 접합하는 새 영역에서 한 나라의 국내체제상태와 대외행위 유형을 연결지우는 이른바 연계이론(linkage theory)을 제시하면서[24] 이것을 스스로 예비이론(pre-theory)이라고 불렀다. 완전한 형식이론의 규격을 갖추지 못한 상태의 이론이라는 뜻에서였다. 본인들이 이름 붙이는 것과 관계없이, 객관적인 평가를 한다면 현재 국제관계학에서 통용되는 이론은 거의 모두가 이러한 예비이론 수준에 있다고 보아도 무리가 아닐 것이다. 예비이론은 이론틀과 정형이론 사이의 단계에 있는 이론들이라고 보면 된다.

(3) 정형이론(定型理論 ; formal theory)

앞서 소개한 이론의 정의에 완전히 맞는, 모든 요건을 갖춘 이론이 정형이론이다. 럼멜(R. J. Rummel)의 사회장이론이라든가, 리차드슨(Lewis F. Richardson)의 군비경쟁과 전쟁과의 관계를 밝

24) "Pre-theories and Theories of Foreign Policy," R. Barry Farrell, ed., *Approaches to Comparative and International Politics*, Evanston: Northwestern University Press, 1966, pp. 27-92. 이 책 제15장에서 해설한다.

히는 이론[25]과 같은 것이 거의 이런 정형이론의 규격에 맞을 정도고, 그 밖에는 정형이론에까지 이른 국제관계이론은 별로 없다. 우리가 다루는 주제가 워낙 복잡하다는 것과 자연과학에서처럼 잘 발달된 정교한 인위적 개념(예 : 질량, 비중 등등)이 부족하다든가, 알고자 하는 대상현상이 너무 특수한 것이라든가(예 : 한반도에서 전쟁이 또 날까? 같은 질문), 국가대외행위에 미치는 영향요소가 너무 많다거나 하는 이유 등으로 아직 국제관계학에서는 이러한 정형이론이 출현하고 있지 못하다.

2. 이론화 목적에 따른 분류

우리가 이론을 만드는 목적(object)에 따라 이론을 경험세계(empirical world)의 여러 현상을 설명하고 예측하기 위하여 개발하는 경험이론(empirical theory), 인간행위의 규범을 도출해 내는 규범적 이론(normative theory), 어떤 목적을 달성하기 위하여 구체적 행위단계를 설정하려고 만드는 정책이론(policy-oriented theory) 등으로 분류해 볼 수 있다. 이미 이론체계 설명에서 소개했으나 분류 유형으로 다시 한번 정리한다.

(1) 경험이론

이 이론은 존재(Sein) 세계에서의 이론이다. 국제관계학에서 관심을 가지는 여러 대상현상들이 과거에는 어떠했으며, 현재는 어떻게 되어 있고 앞으로는 어떻게 되어갈 것인가 하는, 인간의 가치가 개재할 여지없는 객관적인 현상설명을 위한 이론들이다. 전쟁원인에 관한 이론, 국가통합에 관한 이론 등은 모두 이에 속

25) Lewis F. Richardson, *Arms and Insecurity: A Mathematical Study of the Causes and Origins of War*, Pittsburgh: Boxwood Press, 1960을 볼 것.

한다.

(2) 규범적 이론

이 이론은 존재의 세계가 아닌 당위(Sollen)의 세계 내에서 인간이 마땅히 해야만 하는(ought to do) 행위규범을 도출해 내는 이론이다. 일반으로 법학이론 중 형벌이론은 거의 모두 이런 규범적 이론에 포함된다. "전쟁을 없애기 위해 주권국가를 해체해야 한다"라고 주장한다든가, "국가간 협조증진을 위해서는 인종적 편견을 가져서는 안 된다"고 주장하는 이론들은 규범적 이론이다.

규범적 이론은 당위를 논하는 이론이지만 경험이론을 밑바탕에 깔고 비로소 설 수 있다는 점에 유의하여야 한다. 현실의 상태를 무시한 규범이 규범다와질 수 없다는 것을 생각하면 자명한 이야기다. 또한 경험이론이 몰가치 또는 가치중립적이고 객관적인 이론이라고는 하나 규범이론이 제시하는 가치명제가 앞서지 않고는 의미있는 이론이 되지 못한다. 무엇을 연구할까 하는 관심은 바로 무엇을 이룩하겠다는 가치지향적인 동기에서 연유되기 때문이다.[26)]

(3) 정책적 이론

정책이란 당위로서 설정해 놓은 미래상태(what ought to be)와 내버려두면 이르게 될 상태(what will be) 사이의 간격을 좁혀 나가려는 인간의 조직적 노력을 위한 계획을 말한다. 따라서 정책이론은 이 간격을 좁히기 위해 취해 나갈 가장 효과적이며 합리적인 행위단계를 설정하는 지침을 주기 위한 이론이라고 할 수 있다. 우리의 통일정책에 관련된 이론들을 생각해 보면 될 것이다.

---

26) Hoffmann은 규범이론을 philosophical theory로 부르고 있다. Hoffmann, *op. cit.*, p. 6.

3. 대상의 현상수준에 따른 분류

국제관계현상을, 일어나는 무대에 따라 구분하고 이 구분에 의해 각각의 현상을 다루는 이론도 함께 구분하는 분류다.[27)]

(1) 국제정치체제수준이론(system-level theory)

국가 및 이에 준하는 행위주체들이 모여 구성하는 국제정치체제(international political system)의 상태, 그리고 이 체제와 국가와의 관계를 중심으로 해서 국가행위를 다루는 이론들이다. 앞으로 소개할 카플란의 체제이론(제13장 참조)은 대표적인 체제수준의 이론이다. 이 이론들의 특색은 국가가 변전하는 국제체제라는 환경 속에서 적응하는 과정에서 항상 생각할 수 있는 가장 이성적인 행위를 취한다는 전제를 가지고 있다는 점이다. 그래서 일반으로 국가내부의 조건은 무시된다.[28)]

체제수준이론에는 체제의 범위를 몇 개 국가만을 포함하는 지역체제로 잡는 지역수준이론(regional-level theory)과 전세계의 모든 국가를 포함하는 전세계적 체제로 잡는 전세계적 수준이론(global-level theory) 등으로 다시 세분하기도 한다.

(2) 국가행위자수준이론(national-actor-level theory)

국제관계에서 가장 중요한 행위주체인 국가를 분석의 중심대

---

27) 연구대상의 현상수준을 Singer는 국제체제수준과 국가수준으로, Waltz는 개인과 국가수준으로, Allison은 개인, 조직체, 국제체제수준으로 각각 나눈다. J. David Singer, "The Level-of-Analysis Problem in International Relations," in Klaus Knorr and Sidney Verba, eds., *The International System: Theoretical Essays*, Princeton: Princeton University Press,1961, pp. 77-92; Kenneth N. Waltz, *Man, the States and War: A Theoretical Analysis*, New York: Columbia University Press, 1965, 그리고 Graham T. Allison, *Essence of Decision*, Boston: Little, Brown & Co.,1971 등을 볼 것.

28) Singer, *op. cit.*, p. 23 참조.

상으로 삼는 이론들이다. 역사적으로 가장 오래된 분석방법이며 현재도 가장 보편적인 분석방법이기도 하다. 국가행위자의 특성, 목표, 능력 등을 토대로 국가들이 어떻게 행위하는가를 추적하는 이론들이다. 이 이론들에서는 국가라는 주체를 의인화(擬人化)하여 다루는 것이 상례다. "일본의 대(對)중국 접근에 러시아가 불만을 표시했다"는 표현은 이런 의인화의 단적인 예다. 국가행위자 수준이론에서는 그 국가 내부에서 구체적인 정책결정이 어떤 자연인들의 손을 거쳐 결정되는가 하는 것은 다루지 않는다.

이 수준의 이론을 조직체수준이론(organizational-level theories)이라고도 부른다. 국가가 아니어도 행위주체가 되는 조직체를 주된 연구대상으로 삼으면 모두 포함시키자는 배려에서 부르는 이름이다.

(3) 개인수준이론(individual-level theory)

이것은 어떤 국가의 대외행위도 궁극적으로 파고들면 정책결정에 참여하는 자연인에 의해 결정되는 것이라는 점에 착안하여 자연인과 자연인 간의 관계를 분석하여 국가의 대외행위를 논하는 이론들이다. 자연인수준분석이라는 뜻에서 personal-level의 이론이라고도 하고, 개인간의 타협·접촉, 영향력행사 등에서 의사작성이 이루어지는 데 주안점을 두고 political level, 즉 정치수준의 이론이라고 부르기도 한다. 보통 한 특정국가의 대외행위를 설명·예측하는 경우, 의사작성의 과정에서 특정 대외행위결정에 이르는 통로상의 문제들을 중심으로 분석할 때 이런 이론들이 많이 등장한다. 미국의 쿠바침공행위를 분석한 앨리슨(Allison)의 연구[29] 25)에 이 개인수준이론의 장·단점에 대한 논쟁이 잘 담겨져 있다.

---

29) Allison, *op. cit.*, pp. 144-244.

4. 행위설명양식에 따른 분류

국제관계현상의 핵심요소인 국가행위자의 행위를 설명함에 있어, 그 설명하는 요소(explananda), 즉 독립변수를 어디서 구하는가에 따라 이론을 몇 가지로 분류할 수 있다.

(1) 속성이론(attribute theories)

이것은 국가대외행위를 그 국가의 속성(attributes), 즉 특성(characteristics)에서 찾는 이론들이다. 국가의 호전성을 그 나라의 정치체제의 특질에서 설명한다거나 대외침략주의를 그 나라의 경제구조에서 찾는다거나 하는 이론들이 모두 속성이론이다. "저 애는 왜 남과 잘 싸우지 않나?", "원래 성격이 유순해서 그렇다"라고 답할 때 이것은 속성이론적 설명이라고 할 수 있다.

(2) 상호작용이론(interaction theories)

국가행위 중에는 어떤 대상국가를 정해 놓은 쌍자행위(dyadic behavior)가 많다. 이때 A국의 B국에 대한 특정행위 X를 설명할 때, B가 과거 A에 Y라는 행위를 했기 때문이라고 하는 식의 설명을 한다면, 이것을 상호작용이론이라고 한다. 즉, 한 국가의 대외행위를 대상국의 과거행위 또는 예상행위를 토대로(독립변수로 하여) 설명하는 행위다. 자극-반응 모형(stimulus-response model)을 중심명제로 하는 이론들은 모두 상호작용이론으로 분류할 수 있다. 로제크란스(Richard N. Rosecrance)의 작용-반작용이론은 이 분야 이론개척에서 큰 영향을 준 이론이라고 할 수 있을 것이다.[30] 그리고 제16장에서 소개하는 게임이론도 상호작용이론에

30) Richard N. Rosecrance, *Action and Reaction in World Politics*, Boston: Little, Brown, 1963.

속한다.

(3) 구조이론(structural theories)

국가의 행위를, 그 국가가 처해져 있는 환경구조의 특성에서 설명하는 이론을 구조이론이라고 한다. 어떤 체제 속에, 두 개의 적대국가만 존재할 때와 제3의 중립국가가 포함되어 있을 때는 국가의 행위양식이 달라진다. 이런 시각에서 국가행위를 설명하는 이론으로 카플란의 체제이론(제13장 참조), 해러리의 구조균형이론(제12장 참조) 등을 분류할 수 있을 것이다. 월츠의 신현실주의이론, 그리고 웬트의 구성주의이론들(제23장)도 물론 구조주의이론에 속한다.

이론의 분류는 우리의 관심의 초점에 따라 얼마든지 가능하다. 분석도구에 관심이 있다면, 수리이론인가 아닌가 하는 구분도 해볼 수 있고, 더 구체적으로는 미적분학을 활용한 이론, 선형대수학을 사용한 이론, 통계학을 이용한 이론 등으로도 나눌 수 있을 것이다. 또한, 대상현상 성격에 따라 갈등이론(conflict theory)과 협조이론(cooperative theory)으로 나누어 볼 수도 있을 것이다. 여기서는 더 이상의 분류가 의미 없을 것 같아서 생략한다.

제 5 절 국제관계이론 변천약사

동양에서는 중국의 춘추전국시대, 그리고 서양에서는 그리스의 도시국가시대부터 '국가간의 관계'를 다루는 이론들이 제시되어 왔었다. 그런 뜻에서 국제관계이론 발달사는 투키디데스(Thucydides : 460?~400?BC)의 『펠로폰네소스 전쟁사』나 『사기열전』(史

記列傳)부터 다루어야 한다고 하나, 현재 국제관계학의 주류를 형성하고 있는 영미학계의 전통을 중심으로 한다면 대체로 16세기 말 17세기 초에 걸친 시대, 즉 유럽에서 근대국가의 싹이 트던 시대의 논의들부터 다루는 것이 통례다.

이론의 발전은 여러 가지 영향 속에서 이루어져 왔으나 그 시대의 당면과제라고 하는 시대적 관심에 의하여 대체로 이론의 주된 명제가 결정되어 왔었다. 전쟁양태의 규제가 관심의 초점이 되었던 시대에는 전쟁규제방법에 관한 이론들이 발전하였고, 국가간 경제거래의 공정성이 가장 큰 문제로 되는 시대에는 이에 관련된 이론들이 학계의 각광을 받게 된다.

제 1 장에서 국제관계학의 발전사는 이미 소개했으므로 여기서는 국제관계이론의 변천만을 해설한다.

1. 고전적 이론의 형성과정

시대를 지배하는 정신은 인간관심의 초점을 결정한다. 그리고 그 시대정신은 시간의 흐름에 따라 변전(變轉)하고, 변전하는 정신에 따라 관심의 초점도 변한다. 한 시대의 인간들이 깊은 관심을 가지고 추구하고 이루어 놓은 체제는 그 자체가 생명력을 가진 존재로 되어 그 속에 사는 인간들의 정신을 뒤바꾸어 놓는 일이 많다. 이런 뜻에서 인간은 주체적 자기사상과 객체적 자기산물인 '인간축조물'(human establishment) 사이에서 변증법적으로 발전해 나가는 시대적 과제를 좇아 생각하고 살아간다. 국제관계학에서의 이론발전과정도 이와 같은 길을 걸어왔으며, 또한 그렇게 걸어가고 있다.

16세기, 유럽에서 근대적인 국제사회가 형성되기 시작할 때부터 국제관계의 규제를 위한 학적 관심은 싹트기 시작했었다. 그 당시의 역사발전 추세는 봉건국가들이 종교의 지배에서 벗어나 세속적 권력이 지배하는 국가로 발전해 가던 시대여서 '정치의 탈종교화'가 시대적 관심의 핵심이 되고 있었다. 이에 따라 국제관계에서도 종교에서 해방된 실정법(實定法)적인, 그리고 이성적 판단에 기초한 특정의 규칙과 규제방법을 찾는 데 관심의 초점이 모였었다. 젠틸리(Alberto Gentili)가 『전쟁법』(*De Jure Belli*, 1598)을 쓰고, 그로티우스(Hugo Grotius)가 『전쟁과 평화의 법』(*De Jure Belli Ac Pacis Libri Tres*, 1625)을 쓰던 때의 관심의 초점은 인간의 이성적인 사회속성에 기초한 자연법과 국가 간의 상호이익을 전제로 한 동의에 기초한 국제법을 융합하여 전쟁을 일정범위 내로 규제하는 데 모여졌었으며, 특히 종교의 이름으로 행하는 전쟁을 규탄하는 데에 주안점을 두고 있었다.[31] 18세기는 이성의 시대로, 루소(Jean Jacques Rousseau), 칸트(Immanuel Kant) 등은 그 시대의 흐름에 따라 전쟁을 없애는 순수이론을 인간의 속성에서부터 출발하여 정립하려는 노력으로 관심을 표명했었다.[32]

1648년부터 1914년의 제 1 차 세계대전까지의 유럽역사는 외교와 세력균형과 국제법이 지배하던 시대였다. 이 시대에는 주권국가간의 질서유지가 지식인들의 관심의 초점이었고, 국제관계이론가들은 법적 규제를 토대로 한 평화질서의 구축이라는 이상주의적인 이론정립에 관심을 모으고 있었다.[33] 이러한 유토피언적 노

31) 이 시대의 국제관계이론에 대해서는 M. G. Forsyth et al., *The Theory of International Relations*, New York: Atherton Press, 1970 참조. 이 책에서는 Gentili, Grotius 외에 Vattel, Rousseau, Kant, Brougham, Cobden, Treitschke 등의 글을 소개하고 있다.

32) J. J. Rousseau, "Abstract of the Abbe de Saint-Pierre's Project for Perpetual Peace"; I. Kant의 "Perpetual Peace: A Philosophical Essay" 등을 참조할 것. 영문 번역본은 위의 Forsyth의 책에 수록되어 있다. K. Holsti는 특히 루소와 칸트의 공헌을 중시하면서 오늘날의 국제정치이론체계의 기본틀로 작용하는 '고전적 전통'을 이들 두 사람의 저작에서 찾고 있다. 그의 책, *The Dividing Discipline*, Boston: Allen & Unwin, 1985, Ch. 2를 참조할 것.

33) James E. Dougherty and Robert L. Paltzgraff, Jr., *Contending Theories of International Relations*, Philadelphia: Lippincott, 1971, pp. 1-13에 국제관계

력은 윌슨 대통령의 국제연맹 구상에 상징적으로 표현되었었고, 그 관심은 계속 제 2 차 세계대전 때까지 지속되어, 1920년대의 국제관계이론의 중심을 국제법과 국제기구론에 쏠리게 하였었다. 카아(E. H. Carr)는 그의 유명한 저서 *The Twenty Year's Crisis, 1919-1939*(1939)에서 그 당시의 유토피어니즘의 특질을 다음과 같이 지적하고 있다. ① 유토피어니즘은 I8세기 계몽시대의 낙관주의, 19세기의 자유주의, 20세기의 윌슨식 이상주의의 후계사상이고, ② 정치인은 자유로이 외교정책을 택할 수 있다는 영·미의 정치전통과 결부되어 있고, ③ 인간이 실제로 어떻게 행위하느냐 하는 것보다 어떻게 행위해야 하는가 하는 데 더 중점을 두고 있으며, ④ 세력균형, 국제정치에서의 힘의 사용 등을 부도덕한 것으로 여기고 대신 국제법적 권리, 의무, 국가이익 간의 자연스러운 조화 등에 의하여 국제평화는 지켜질 수 있다고 믿었으며, ⑤ 인간 이성의 능력에 크게 기대하고 있었다고 해설하고 있다.

이러한 유토피어니즘은 1930년대의 현실 정치, 즉 히틀러의 출현, 무력위협에 의한 국제질서의 변경 등 이상주의와 거리가 먼 현실에 봉착하여 그 반동으로 현실주의(realism)의 사조를 불러일으켰었다. 국제관계에서의 현실주의 입장은 유토피어니즘과는 정반대이다. 현실주의자들은 국제관계에서 이상보다는 권력과 이익을 더 강조하고, 현상유지적이며, 경험적이고, 역사의 교훈을 존중하며, 국제평화에 대해서는 비관적이며, 국제관계를 포함한 사회과학일반에서 권력만이 기초개념이 될 수 있다는 견해들을 갖고 있다.[34)]

제 2 차 세계대전 이후에는, 전쟁이 가져온 현실적 감각과 동서냉전의 무자비성 등에 자극받아 국제관계를 보는 눈은 더 현실

이론의 변천에 대한 간략하나 선명한 해설이 실려 있다.

34) *Ibid.*, p. 7 참조.

적이 되었으며, 국제관계를 '권력정치'로 보는 이론들이 와이트(Martin Wight), 슈바르젠버거(Georg Schwarzenberger)를 거쳐 모겐소(Hans J. Morgenthau)에 이르러 일단 하나의 틀을 완성하게 되었다. 그러나 핵전(核戰)위협이라는 전대미문(前代未聞)의 공포 속에서 평화질서를 구축하려는 관심은 그 어느 때보다 높아졌고, 이에 따라 옛 유토피어니즘의 기본정신이던 법과 기구를 통한 평화건설이라는 노력도 병행하게 되었다.

아마도 오늘날 국제관계이론을 모든 관련 학문의 합성으로 집대성하여 수립하려는 노력의 시초로서는 롸이트(Quincy Wright)를 꼽아야 할 것 같다. 1955년에 출판된 그의 교과서 *The Study of International Relations*는 그런 뜻에서 새 시대의 국제관계이론의 모체라 하여도 과언이 아닐 것이다. 이 책에서 롸이트는 국제관계라는 학문분야의 연구영역을 새로 확정하고 연구목적을 밝히고, 현실적 분석에 관한 접근법, 이론적 분석에 관한 여러 접근법을 소개·검토한 후, '통일된 국제관계학'의 정립을 위한 이론체계를 제시하고 있다.

모겐소(Hans J. Morgenthau)의 현실주의이론이 냉전시대 국가 외교정책의 수립에 있어서 국제질서의 강력한 제약이라는 새로운 현상을 수용하면서 발전되어 나온 것이 월츠(Kenneth N. Waltz)의 신현실주의이고, 다시 한발 더 나아가 국가를 기속(羈屬)하는 국제질서는 결국 각 국가의 관습화된 행위전형의 축적에서 형성된 것이라고 보는 구성주의이론까지 이어져 나왔다.

2. 행태주의의 출현

1950년대는 국제관계학에서 과학화 운동이 거세게 전개되던 시대이기도 하다. 과거의 추상적 이념적이던 국제관계학을 구체적 현실에까지 내려다가 실제사회에서 매일 겪는 국제관계현상을 설명하고 예측하는 작업을 할 수 있는 지식으로 만들어 보자는 것이 이러한 과학화운동의 동기였었다. 그러나 이러한 이론화운동은 국제관계학 자체의 다양한 전통 때문에 하나의 체계를 이루지 못하고 각자가 익숙한 인접과학에 근거를 두고 전개되었던 관계로 각양각색이 되었다. 몇 개의 예를 들면, 맥클리런드(Charles A. McClelland)와 카플란(Morton A. Kaplan)은 여타 과학에서 과학의 통일화를 위해 발전시킨 시스템개념을 도입하여 국제관계학의 체계를 만들어 보려는 노력을 시작했고,[35] 로제크란스(Richard N. Rosecrance)는 행동과 행동이 불러일으키는 반작용을 연결하여 정형화하는 노력을,[36] 도이취(Karl W. Deutsch)는 사회커뮤니케이션 모델로 국제관계를 분해·재구성하려는 노력을,[37] 그리고 노이만(John von Neumann), 라포포트(Anatol Rapoport) 등은 게임이론을 도입, 국제관계를 형성하는 각개 행위자의 기대행위를 계산하려 시도했었다.

이러한 여러 가지 과학화 움직임은 새로운 연구기술인 통계학, 선형대수학 등의 수리적 방법과 전산기의 활용 가능성 등에 자극받아 계량화 추세와 합세하여 상당한 기세로 퍼져나갔다. 이러한 과학화·계량화의 추세를 통틀어 행태주의(behavioralism)라 부르고 있으나 아무튼 이 추세가 그냥 진행된 것은 아니었다. 불(Hedley Bull)의 전통주의적 입장에서 가한 신랄한 비판과 카플란(Morton A. Kaplan)의 반박은 이 행태주의를 밀고 나가는 측과 이에 반발하는 측의 이른바 대논전(大論戰)시대(The Great De-

35) Charles A. McClelland, *Theory and The International System*, New York: McMillan, 1966; Morton A. Kaplan, *System and Process in International Politics*, New York: John Wiley, 1957.

36) *Action and Reaction in World Politics*, Boston: Little, Brown, 1963.

37) Karl W. Deutsch, *The Nerves of Government*, New York: Free Press, 1964.

bate Period)를 이루었었다.[38)]

국제관계이론은 1960년대의 행태주의와 그 비판간의 대결을 통하여 새로운 경지에 도달하여 1970년대로 이어졌다. 즉, 1970년대의 행태주의 이후 시대(the post-behavioralism period)는 과학화운동의 관심과 전통적 국제관계이론의 관심의 변증법적 승화라 해도 좋을 것이다. 행태주의에서 나타난 연구추세가 이론, 개념틀, 방법론 등을 여러 다른 과학에서 도입 정비하여 활용하려는 경향, 이런 이론틀에 의해 정립된 이론을 현실에 적용 실험하여 확인해 가는 방향으로 이해한다면, 행태주의 이후 시대에도 이러한 경향은 계속 심화되어가고 있다고 보아도 좋다.

1970년대부터 자리잡힌 행태주의 이후 시대의 국제관계학 이론의 발전 추세를 일별해 볼 때 다음의 몇 가지가 눈에 띈다. 타학문의 영향에 휘둘리지 말고 국제관계학 고유의 독립성을 찾자는 주장이 새로이 대두되었으며 인간속성과 사회속성 그리고 정치전통과 이념적 요소를 중시하던 전통주의를 다시 살려내려는 노력이 가미되어 국제관계이론 내용을 풍부하게 만들었고, 지나친 기계론적 접근법에 인간을 다시 포함시킴으로써 과거 수백년 내려오던 고전적 이론과 연결하였다는 점 등이다. 그런 뜻에서 '행태주의 이후 시대'의 국제관계학 이론들은 전통주의와 과학주의의 성공적 결합이라고 볼 수 있을 것 같다.

1970년대 후기는 이러한 새 관심, 즉 전통주의-이상주의적 관심과 과학주의의 관심의 융합이 개화하여 새 경지의 국제관계이론이 정립된 중요한 시기로서 새로운 교과서와 저서들이 나오기 시작했다.[39)]

---

38) 이 때의 논전을 대표하는 글들은 Klaus Knorr and James N. Rosenau, eds., *Contending Approaches to International Politics*, New Jersey: Princeton, 1969에 모두 실려 있다.

39) 새로운 형식의 교과서로는 Michael P. Sullivan, *International Relations:*

가장 의욕적인 저서로는 1981년에 완간된 럼멜(R. J. Rummel)의 거작 *Understanding Conflict and War*[40]를 들 수 있는데, 이 책은 철학적 인간관, 문화전통을 모두 포용하는 거대한 틀 속에서 인간의 심리, 사회구조, 국제사회의 계층구조, 그리고 국가체제특성 등을 모두 하나의 체계로 연결하여 갈등과 전쟁의 발생, 진행, 통제에 대한 방대한 이론을 수립한 저서이다. 모두 다섯 권으로 된 이 책에서 럼멜은 첨단적 과학주의, 연구방법론 등을 모두 활용하고 있으면서, 플라톤 이래의 모든 고전적 이론과 사상을 의미있게 재구성하여 포함하고 있다.

3. 탈냉전시대의 국제관계이론

제 2 차 세계대전 종결부터 1989년 몰타(Malta)회담까지 근 반세기동안 지속되었던 냉전시대에는 미국 진영과 소련 진영 간의 치열한 체제경쟁에 모든 국가간의 관계가 매몰되어 국제관계이론은 오직 체제경쟁 해설에 그쳤으며 그 결과로 이론화 작업은 오랜 '암흑기'를 겪었다. 그러나 탈냉전시대에 접어들면서 냉전의 질곡에서 풀려난 국가들의 자유로운 대외활동이 재개되고 국제관계이

Theories and Evidence, Englewood Cliffs: Prentice-Hall, 1976; Richard Rosecrance, *International Relations: Peace or War*, New York: McGraw-Hill, 1973, 그리고 다소 오래된 것이지만 David v. Edward, ed., *International Political Analysis: Readings*, New York: Holt, Rinehart & Winston, 1970; Romano Romani, ed., *The International Political System: Introduction & Readings*, New York: John Wiley & Sons, 1972; Morton A. Kaplan, ed., *New Approaches to International Relations*, New York: St. Martin, 1968 등이 좋은 참고가 된다.

40) Vol. 1, *The Dynamic Psychological Field*(1975); Vol. 2, *The Conflict Helix* (1976); Vol. 3, *Conflict in Perspective*(1978); Vol. 4, *War, Power, Peace* (1979) 그리고 Vol. 5, *The Just Peace*(1981) 등이 Halstead Press(New York)에서 출간되었으며, 이 다섯권의 내용을 일반이 읽을 수 있게 쉽게 풀어 쓴 책 *In The Minds of Man*이 1984년에 서강대학교 출판부에서 출간되었다.

론도 다양해지고 있다.

우선 경험이론에서는 국가간 갈등보다 경제적 협력을 중심으로 하는 국가간 협조양식에 대한 관심이 높아짐에 따라 상호의존이론(interdependency theory)이 새롭게 각광을 받기 시작하고 있다. 코헤인(Robert O. Keohane)에 의해 시작된 상호의존모형은 모겐소(Hans Morgenthau) 등의 현실주의 이론을 구체적 현실에 맞추어 발전시킨 것으로 국가를 단순한 하나의 집합적 행위자로 보지 않고 행위 영역별로 다른 모습, 다른 힘을 가진 '여러 얼굴'을 가진 주체로 보고, 행위결정에 있어서도 군사력과 같은 단순한 힘 이외에 다양한 영향력을 변수로 포함시켰으며 '강자의 약자 지배'의 단순논리에서 서로가 서로에 영향을 주는 상호의존의 관계로 파악하여 이해하려 하고 있다.[41)]

고전적 현실주의에서는 주권국가는 모두 평등하다는 전제로 국제질서를 설명하는 이론을 정립하려 했다면 신현실주의에서는 이러한 허구에서 벗어나 세계질서를 지배하는 패권국가(hegemon)의 존재를 인정하고 국제질서를 보려한다. 길핀(Robert Gilpin)은 이러한 시각에서 국제질서의 안정은 패권국가의 확실한 질서장악 능력을 전제로 한다는 패권안정이론(Hegemonic Stability Theory)을 발전시켰는데[42)] 탈냉전시기에 들어서면서 세계질서가 미국지배의 단극체제로 되어감에 따라 다시한번 관심의 대상으로 떠오르고 있다. 미국이 내세우는 Pax Americana질서와 이에

---

41) Keohane의 상호의존이론에 대해서는 그의 글 *After Hegemony*, Princeton: Princeton University Press, 1984; Robert O. Keohane and Joseph S. Nye, "Power and Interdependence Revisited," *International Organization*, Vol. 41, No. 4, Autumn 1987 등을 참조할 것, 이 이론을 간단히 평가 분석한 글로는 김병국의 논문이 있다. 그의 글 "자유주의", 이상우·하영선 공편, 『현대 국제정치학』, 서울: 나남, 1992; 1994, pp. 39-74의 제 3 항 pp. 53-63을 볼 것.

42) 그의 책 *War and Change in World Politics*, Cambridge: Cambridge University Press, 1981을 참조할 것. 제10장에서 소개한다.

대한 반동이 거세지면서 패권안정이론은 점차로 가치논쟁 차원으로 접어들고 있다.

규범이론 영역에서는 평화이론이 새롭게 관심을 모으고 있다. 냉전구조에서는 단일 보편 평화질서의 실현은 꿈꿀 수 없었으나 탈냉전시대에 접어들면서는 마치 제1차와 제2차 세계대전 사이의 시대처럼 평화질서 구축 가능성이 생겼다고 믿어지기 때문일 것이다. 세계 단일 보편 평화질서와 관련해서 미국은 자유민주주의와 시장경제체제의 세계적 보급을 통하여 세계를 하나의 '시장경제체제의 단일 민주공동체'(the community of free market democracy)를 구현하려고 나서고 있다.[43] 그러나 이러한 미국의 의도에 모든 국가가 호응하는 것은 아니다. 점차로 '아시아인'의 자각을 심화시켜가고 있는 중국을 위시한 동아시아 국가에서의 저항도 만만치 않다. 이와 관련하여 아직 깊이 있는 이론적 대결까지로는 진전되고 있지 않지만 21세기의 세계질서는 어떤 것이어야 하는가에 대한 다양한 견해들이 나타나기 시작하고 있다. 아직은 평가하는 것이 시기상조이지만 아마도 10년 후쯤이면 이 영역에서 다양한 규범이론이 출현하리라 생각된다.

정책이론 영역에서는 복합안보정책이론이 다양하게 표출하고 있다. 냉전시대 안보정책의 핵심은 어떻게 미소간의 핵전쟁을 방지하는가였으나 탈냉전시대에 들어서서는 핵확산금지, 대량살상무기제한, 미사일의 제한 등과 같은 군비통제이론 이외에 경제, 환경, 인권 등을 다 포함하는 포괄적 안보라는 새로운 개념과 함께 협력안보라는 개념 등이 등장하여 새로운 안보이론들이 개발되고

43) Joseph S. Nye, Jr., *Bound to Lead*, New York: Basic Books, 1990; "China's Re-emergence and the Future of the Asia-Pacific," *Survival*, Vol. 39, No. 4, winter 1997-98, pp. 65-79 및 "A National Security Strategy of Engagement and Enlargement," Washington, D.C.; The White House, February 1995 등을 참고할 것.

있다. 그러나 아직은 내세울만한 이론은 없다.

특히 2001년 9월 11일의 알 카에다의 워싱턴과 뉴욕에 대한 테러공격 이후 안보정책이론은 새로운 방향으로 발전하고 있다. 위협의 원천이 국가라는 행위주체가 아닌 테러집단이 되면서 위협 성격, 대응방법, 대응할 수 있는 수단 등이 모두 달라지면서 안보 정책이론에서도 근본적인 이론 재구성이 불가피해진 것이다. 비대 칭억지전략이론 등이 대표적인 예이다.

탈냉전시대에는 냉전시대와 비교할 때 국제질서를 구성하는 네 가지 요소가 모두 크게 바뀌고 있어 이론구성도 크게 달라지고 있다.

우선 질서를 지배하는 기본이념이 바뀌었다. 자유민주주의의 확산으로 국가 중심의 보수주의보다 개인중심의 자유주의가 질서를 지배하는 추세에 있다. 개인의 삶의 질을 범세계적 차원에서 향상시켜야 한다는 세계시민의식의 확산은 국제관계관에서 보편주의관(觀)을 부각시켜가고 있다. 이 추세대로라면 국가 중심의 웨스트팔리아 체제를 전제로 하는 이론들은 퇴색될 것이다.

질서의 핵심은 규범이다. 지금까지의 국제질서에서는 주권 국가간의 합의만이 규범으로 존중되어 왔으나 새로운 시대에 들어서면서 국가의 합의가 아닌 공공규범이 점차로 늘어가고 있다. 국제연합도 제한적 범위에서 국제질서를 규제하는 공공규범을 창출하는 기능을 가지기 시작하고 있고, 또한 각종 레짐(regime)도 규범 창출기능을 갖기 시작하고 있다. 따라서 국제관계이론도 이러한 새로운 흐름을 반영하지 않을 수 없을 것이라 생각한다.

질서 내에서 규범이 지켜지게 하기 위해서는 힘과 힘을 창출, 유지, 적용하는 조직이 있어야 한다. 그 동안 국제질서에서는 초국가적인 조직체가 없었기 때문에 질서유지의 힘은 구성국가의 힘, 그리고 힘의 관리 및 적용은 국가들간의 합의로 대체되어 왔었다.

그러나 점차로 국가들의 통합(예 : 유럽연합)이 진행되고 또한 국제연합이 강화되면서 다국적군의 활용 등 폭력의 공공화(公共化)도 서서히 진행되고 있으며 통합 안보기구의 출현도 거론되기 시작하고 있다. 이러한 경향도 또한 국제관계이론의 내용을 크게 바꾸어 놓게 되리라 생각된다.

참고도서

1. A. James Gregor, *An Introduction to Metapolitics: A Brief Inquiry into the Conceptual Language of Political Science*, New York: The Free Press, 1971.

복잡한 과학의 철학(philosophy of science)을 정치학 연구에 맞추어 간략하게 재정리한 책으로 아주 논리적이고 체계적인 책. 뒤에 용어해설이 붙어있어 아주 유용하다.

2. Richard S. Rudner, *Philosophy of Social Science*, Englewood Cliffs: Prentice-Hall, 1966.

사회과학의 인식론적 기초를 이해하는 데는 아주 좋은 책이나 너무 압축하여 해설하고 있어 학부생에게는 좀 어렵다.

3. Abraham Kaplan, *The Conduct of Inquiry: Methodology for Behavioral Science*, San Francisco: Chandler, 1964.

미국에서 가장 널리 사용되는 「과학의 철학」 교과서이다. 이 책 하나면 정치학도로서는 인식론을 이해하는 데 족하나 역시 너무 어렵다. 관심 있는 장만 골라 읽을 것.

4. Eugene J. Meehan, *The Theory and Method of Political Analysis*, Homewood, Illinois: The Dorsey Press, 1965.

전문적인 과학철학 교과서이다. 정치학을 제대로 하려면 읽어두면 좋은 책이다.

5. Fred N. Kerlinger, *Foundations of Behavioral Research*, New York: Holt, Rinehart and Winston, 1964.

대학원에서 학위논문 쓰는 학생들의 필수교과서이다. 특히 계량적 분석을 하려는 학생들에게는 좋은 길잡이가 된다.

6. May Brodbeck, ed., *Readings in the Philosophy of the Social Sciences*, London: Macmillan, 1968.

사회과학 철학의 주요 논문들을 모아 놓은 책. 어떻게 과학적 지식을 얻는가에 대한 깊이 있는 논의들이 다루어지고 있다. Weber, Nagel, Mannheim, Hempel, Merton, Kaplan 등 거장들의 글이 다수 실려 있다.

7. Ernst Nagel, *The Structure of Science*, New York: Harcourt, Brace & World, inc., 1961.

과학적 설명, 법칙, 이론 등에 대한 깊이 있는 해설서이다. 너무 전문적인 책이어서 학부 학생들에게는 권하지 않지만 인식론의 특별한 개념에 대하여 관심 있는 학생은 그 부분만 골라서 읽기를 권한다.

8. 김광웅, 『방법론 강의』, 서울: 박영사, 1996.

국문으로 씌어진 가장 완벽한 방법론 교과서이다. 각종 통계 방법을 예를 들어 해설하고 있어 연구 기획할 때 큰 도움을 얻게 될 것이다.

9. 오명호, 『현대정치학이론』, 서울 : 박영사, 1990의 제 1 편.

정치학 이론 이해에 필요한 기초지식을 간결하게 소개하고 있다. 이론의 기본구조와 주요 접근법에 대한 해설이 잘 되어 있다.

10. Hans J. Morgenthau, *Politics Among Nations: The Struggle for Power and Peace*, 4th edition, New York: Alfred A. Knopf, 1967 중에서 Part I, "Theory and Practice of International Politics" (pp. 3-22).

Morgenthau의 이 책은 이제는 역사적 고전이 되어가고 있다. 이 첫부분에서 Morgenthau는 국제정치의 이론화 가능성을 잘 논하고 있다. 특히 현실주의(realism)시각에서의 이론적 기초가 잘 다루어져 있다.

11. Quincy Wright, *The Study of International Relations*, New York: Appleton Century Crofts, 1955 중에서 Part I, "The Meaning of International Relations" (pp. 3-61).

지금까지 미국에서 출판된 국제관계학 교과서 중에서 가장 완벽하고 수준 높은 책이 이 책이라고 감히 말하고 싶다. 이 책의 첫부분에서 국제관계학에 대한 discipline으로서의 여러 특성을 잘 다루고 있다. 국제관계학을 전공하는 학생은 이 책 전체를 읽어 둘 것을 권한다.

12. James N. Rosenau, ed., *International Politics and Foreign Policy*, revised edition, New York: Free Press, 1969 중에서 Part I, "International Politics and Foreign Policy as a Subject of Study" (pp. 1-69).

이 중에서 Charles A. McClelland, J. David Singer, Stanley Hoffmann과 Harold and Margaret Sprout는 꼭 읽을 것.

13. J. W. Burton, *International Relations: A General Theory*, London: Cambridge University Press, 1967.

이 책은 미국적 시각에서 벗어나 약간 눈을 넓혀 보기 위해 읽어두면 좋을 책이다. 지금까지의 전통적 사고에 대한 조직적인 비판이 괄목할 만하다. 초급자는 읽지 않아도 무방하다.

14. Charles A. McClelland, *Theory and The International System*, New York: Macmillan, 1966 중에서 Ch. 1, "Theory: Its Place and Function" (pp. 1-32).

아주 쉽게 쓴 책이어서 소화하기 쉽다. 다른 책을 구할 수 없는 학생은 이 책만 읽어 두어도 된다. 이 책에는 각 장마다 관련 문헌소개가 있어 더 읽으려는 학생들에게는 좋은 지침이 된다.

15. Robert J. Lieber, *Theory and World Politics*, Cambridge: Winthrop, 1972의 Ch. 1, "Possibility of Theory"(pp. 1-17).

이 책은 앞의 McClelland 책보다 뒤에 나왔기 때문에 이론에 대한 새로운 감각이 잘 다루어졌다. 역시 장마다 참고문헌 소개가 붙어 있다.

16. Keith R. Legg & James F. Morrison, *Politics and the International System: An Introduction*, New York: Harper & Row, 1971의 제 1 장 "The Scientific Approach to the Study of International Politics" (pp. 1-36).

국제관계이론에서의 과학화 운동과 이론의 분류에 대하여 도움이 되는 정보를 얻을 수 있을 것이다. 역시 각 장 뒤에 참고문헌이 붙어 있다.

17. James E. Dougherty & Robert L. Pfalzgraff, Jr., *Contending Theories of International Relations*, Philadelphia: Lippincott, 1971(번역서가 있다. 최창윤 역, 『국제정치론』, 서울 : 박영사, 1977)의 제1장과 제13장.

제 1 장에는 국제관계이론 일반에 관한 개관, 그리고 제13장에는 1970년대 이론의 발전흐름이 간결하게 잘 다루어져 있다.

18. Kenneth W. Thompson, *Understanding World Politics*, Notre Dame: University of Notre Dame Press, 1975.

이 책은 Thompson 교수가 그 동안 써 온 이론관계 논문을 모두 모아 한 권으로 묶은 것이다. 대학원 수준의 학생들에게 권하고 싶은 책이다.

19. William T. R. Fox, ed., *Theoretical Aspects of International Relations*, Notre Dame: University of Notre Dame Press, 1959.

좀 오래된 책이나 국제관계학이론에 대한 관심이 한창 높던 1950년대에 당대의 최고 권위들이 쓴 이론 관계 논문을 한 권에 모은 것이어서 손쉽게 그 당시의 이론화 운동의 여러 면모를 알 수 있게 되어 있다. 역시 대학원급 학생들에게 권할 책이다.

20. M. G. Forsyth, H. M. A, Keens Soper & P. Savigear, eds., *The Theory of International Relations*, New York: Atherton Press, 1970.

이 책은 Gentili, Grotius, de Vattel, Rousseau, Kant, Brougham, von Gentz, Cobden 및 von Treitschke 등의 국제관계이론의 밑바당이 되는 '기본사고'를 일별하는 데는 가장 좋은 책이라 생각된다. 대학원생들이 읽을 수 있는 수준의 책이다.

21. James N. Rosenau, Kenneth W. Thompson & Gavin Boyd, eds., *World Politics: An Introduction*, New York: Free Press, 1976 중에서 pp. 1-11.

이론화 노력을 다각적으로 간결하게 분류해서 각각의 위치를 명확하게 밝혀 주고 있다. 꼭 읽어 두기를 권한다.

22. Herbert Butterfield & Martin Wight, eds., *Diplomatic Investigations: Esssays in the Theory of International Politics*, London: George Allen & Unwin, 1966.

고전적 이론의 핵심적인 이론을 다룬 12개의 논문을 모은 책이다. 두 저자 외에 Hedley Bull 등의 논문, "The Grotian Conception of International Society"(제 3 장) 등은 아주 중요한 글이다.

23. K. J. Holsti, *The Dividing Discipline: Hegemony and Diversity in International Theory*, Boston: Allen & Unwin, 1985.

국제관계이론의 고전적 전통, 그리고 이에 대한 Neo-Marxist의 도전과 지구적 세계사회시각의 도전 등을 간결명료하게 다룬 책. 영·미 외에 프랑스, 캐나다, 인도, 한국, 일본, 오스트레일리아의 대표적 교과서 내용을 분석하여 국제관계이론의 다양성 분포 등을 보고하고 있고 전체적인 '감'(感)을 잡는 데 보탬이 되는 책이기도 하다.

24. Trevor Taylor, ed., *Approaches and Theory in International Relations*, New York: Longman, 1978.

1970년대까지 발전되어 온 이론들을 약 10개 영역으로 묶어 종합적으로 해설한 책이다. 관심영역의 이론 발전현황을 일별하는 데 아주 도움이 되는 책이다.

25. Margot Light & A. J. R. Groom, eds., *International Relations: A Handbook of Current Theory*, Boulder: LRP, 1985.

새로운 이론시각들을 영역별로 정리한 책. 특히 각 장 뒤의 참고문헌목록은 좋은 길잡이가 된다.

26. William R. Thompson, eds., *Contending Approaches to World System Analysis*, Beverly Hills: Sage, 1983.

1980년대 초에 나온 최신 이론을 소개한 책. 특히 경제적 측면을 강조하는 계급이론 소개가 뛰어나다.

제 3 장

세계관과 국제관계이론

사회과학은 인간들이 만들어 놓은 사회질서에 대한 학문이다. 인간간의 관계, 인간과 사회와의 관계, 사회단위체간의 관계가 어떻게 형성되며, 작동하는가, 그리고 어떻게 되어야 좋은가? 바람직한 관계가 되도록 하려면 어떤 노력이 필요한가? 등을 다루는 과학이다. 국제관계학도 사회과학의 일부이므로 인간들이 이루는 사회질서 연구의 일부이고 다만 그 연구범위를 국가와 국가 간의 관계, 국가들이 이루는 '국가들의 사회'질서로 좁혀 심도있게 연구하는 학문이다. 그래서 국제관계학은 사람을 떠나서 생각할 수 없다.

사회과학은 사회현상에 대한 인식에서 출발한다. 그런데 인식은 인식주체인 인간이 사람과 세상을 보는 눈에 영향을 받을 수밖에 없으므로 결국 사회과학 자체가 과학자의 인간관(人間觀), 세계관(世界觀), 가치정향(價値定向)의 영향을 받게 된다. 인식(認識 : perception) 그 자체는 객관적이라고 할 수 있을지 모른다. 외부자극을 오관(五官)을 통하여 인지하여 얻어지는 인식소(認識素 : perceptile)가 인식의 기초가 되기 때문이다. 그러나 인식은 이 인식소를 바탕으로 선험적(先驗的 : apriori)으로 갖추고 있는 인식자의 고유한 인식틀(perception frame)이라는 문화적 걸름틀

(cultural matrix)이 작용하여 비로소 인식으로 받아지게 되므로 인식은 인식자의 가치정향에서 자유로울 수 없다.

인간의 가치정향은 현상을 보는 시각(視角 : perspective)을 결정해 주며, 관심영역 선택에 영향을 주고 나아가서 질서구축의 기준을 정하여 준다는 점에서 사회과학에서는 절대적인 의미를 가진다고 해도 지나친 말은 아니다. 인간관계를 지배와 피지배관계로 인식하고 사회를 지배집단의 피지배집단 착취도구로 인식하는 사람은 사회현상을 모두 계급시각에서 인식, 설명하려 한다. 사회를 개인들의 합의에 의해 만들어진 임의적 조직체로 보는 자유주의 시각을 가진 학자들은 사회현상을 모두 개인의 삶의 질을 출발점으로 해서 인식하려 하는가 하면 반대로 사회를 하나의 유기체로 보고 인간을 이 유기체의 구성요소로 낮추어 인식하는 사람들은 전체주의 시각을 가지고 모든 사회현상을 분석하려 한다.

국제관계학 연구에서도 학자들의 기본 가치정향과 세계관은 아주 중요한 의미를 가진다. 기본시각이 결정되기 때문이다. 국제관계학을 연구하는 학자들의 다양한 가치정향을 모두 다룰 수는 없으나 몇 가지의 대표적인 흐름은 알아두어야 이 책에서 다루는 이론들을 바로 이해할 수 있을 것이라 생각되어 국제현상을 보는 세 가지 시각과 자유주의와 전체주의라는 두 가지 지배이데올로기만을 선택하여 간단히 소개한다.

제 1 절 국제현상을 보는 세 가지 시각

국가와 국가 사이의 관계는 무엇에 의하여 결정되며, 또한 규제되는가? 한 국가는 다른 국가에 대하여 특정 행위를 선택할 때 무엇을 고려하는가? 국가들이 모여 이룬 국제사회에는 어떤 질서가 존재하는가? 나아가서 세계질서는 어떻게 되어야 옳다고 생각하는가? 이러한 질문에 대한 답은 사람마다 다르다. 국가간 관계를 보는 시각(視角 : perspective)이 다르기 때문이다. 그리고 그러한 시각은 보는 사람의 도덕관, 가치관과 국가간 관계 역사에 대한 지식 정도 등등에 따라 결정된다.

국제관계를 보는 시각 또는 관(觀)은 주관적이다. 그러나 그러한 관(觀)은 국제관계의 어떤 국면(aspect)에 어느 정도의 관심을 가지는가를 결정하게 되므로 국제관계이론을 다룸에 있어서 관(觀)은 1차적 관심이 된다. 이론마다 이론을 제시한 사람의 관이 반영되어 있기 때문에 그 관을 이해하지 못하면 이론의 이해가 어려워지기 때문이다.

현실 국제관계는 복잡하고 유동적이다. 서로 다른 관을 가진 사람들이 내어놓은 서로 다른 것을 목표로 하는 처방에 따라 나타난 성격을 달리하는 제도가 공존하는 상태에 있기 때문이다.

국제사회에는 국내사회와 달리 모든 구성행위자의 행위를 통제하는 중앙 권력기구가 없다. 국가는 주권(主權)을 가진 존재이며 주권은 그 이상의 권위체를 인정하지 않는 최고 권위이다. 즉 행위자인 국가의 주권을 넘어서는 상위의 권위체가 없는 사회다. 마치 서부 개척시대의 미국 서부지역에서처럼 자기의 생명과 재산을 스스로의 힘으로 지켜야 하는 무정부적 사회다. 징기스칸이 통일 원(元)제국을 건설하기 이전의 몽골 고원에서는 몽골, 타타르, 옹기라트, 메르키트 …… 등의 부족들이 경계도 없는 초원에서 삶을 위한 무력 쟁패전을 계속했었다. 그들간의 행위를 규제하는 준칙도 없었고 또한 그들간의 질서를 강요할 제도도 없었다. 이러한 무제한의 국가간의 투쟁은 20세기에도 진행되고 있다. 이라크의 쿠웨이트 침공이나 크로아티아-세르비아 간의 전쟁 등은 몽골 부족간의 전쟁과 다를 것이 없다. 국제질서를 이렇게 인식하는 시각을 홉스적 시각, 즉 현실주의라 한다.

초국가적 권위체가 없는 국제사회에서도 서로간의 약속을 바탕으로 하는 법적 질서가 오랫동안 존재해 오고 있다. 삼국시대 고구려, 백제, 신라, 그리고 왜(倭)나 당(唐) 등과의 관계에서는 사신(使臣)의 교환, 약속, 행위준칙 등의 합의 등이 이루어졌었다. 중세 유럽 각국간의 관계도 마찬가지였으며, 특히 웨스트팔리아 조약(1648) 이후의 기독교 왕국간의 관계는 '법에 따른 질서'의 형태를 유지해 왔었다. 그리고 20세기 후반에 이르러서는 조약에 의한 국가 행위 규제라는 법질서가 보편화되고 있다. 이렇게 보는 시각을 합리주의적 시각이라 한다.

명(明), 청(淸) 시대에 중국 천자를 중심으로 하는 이른바 조공체제(朝貢體制 : tributary system)는 세계를 하나의 보편질서로 인식한 체제였다. 천자는 각국의 통치자(王)의 권위를 부여하는 권리를 행사하고 각국은 천자(天子)가 정한 행위준칙에 따르는 형태의 보편질서였으며 천자는 그 질서를 유지하는 책임을 지고 있었다. 16세기말 일본이 조선을 침공하여 그 질서에 도전하였을 때 명은 파병하여 이를 저지하였다. 이러한 보편질서 개념은 20세기에 국제연맹, 국제연합을 통하여 점차로 자리잡아가고 있다. 이러한 시각이 한발 더 나아가 하나의 보편적 질서로 통합된 체제가 바람직하다고 보면 이상주의 시각이라 한다.

20세기말의 국제사회는 무정부적 속성, 법의 질서, 보편질서의 모습을 다 지닌 복합질서를 이루고 있으며, 각개 국가는 여러 가지 다른 생각에서 발전해 온 행위준칙에 따라 행위선택을 하고 있다. 이러한 복합질서를 이해하기 위해서는 주된 흐름을 이루는 몇 가지 국제관계관을 정리해 둘 필요가 있다.

마틴 와이트(Martin Wight)와 그의 제자 헤들리 불(Hedley Bull)은 국제질서관을 크게 세 가지 전통(tradition)으로 묶어 정리하여 제시하고 있다.[1] 그 세 가지는 현실주의, 이상주의, 합리주의이다.

1. 현실주의 전통(The Realist Tradition)

마키아벨리안 전통(Machiavellian tradition) 또는 홉스적 전통(Hobbesian tradition)이라고도 부르는데 홉스(Thomas Hobbes), 헤겔(G. W. F. Hegel), 카(E. H. Carr), 모겐소(Hans Morgenthau) 등도 모두 이 전통을 따르는 학자들로 분류한다.[2] 이들의 기본적인 국제질서관은 "국제사회는 무정부상태이며, 주권국가 간의 갈등관계가 본질이다"라고 요약할 수 있다. 이런 관을 가지게 되면 '국제사회'란 존재하지 않게 된다. 국제법체제, 외교관행, 국제연합질서 등은 모두 허구적인 것이라는 인식을 갖게 된다. 각 국가의 행위처방은 '국가 이익의 추구'이고 국제적 도의라는 것은 문제되지 않게 된다.

현실주의 전통은 국제사회를 주권국가의 집합으로 보고 주권의 속성상 국가의 행위를 규제하는 어떠한 상위체제도 없는 한 국제사회는 무정부적일 수밖에 없다는 생각에 바탕을 두고 있다. 도덕, 세계평화질서 등의 공공재(公共財)를 위한 자기 희생은 국가 이익과 부딪히면 무산된다는 냉혹한 현실인식이 깔려 있는 관(觀)이다. 국가를 최고형태의 인간 조직으로 보는 국가주의 사상이 아직도 풍미하는 현실에서는 수긍하지 않을 수 없는 믿음들이다.

홉스적 전통에서는 국가는 어떠한 도덕이나 법적 제약에도 구

---

1) Martin Wight, *International Theory: The Three Traditions*, London: Leicester University Press, 1991 및 Hedley Bull, *The Anarchical Society: A Study of Order in World Politics*, New York: Columbia University Press, 1977을 볼 것. Wight의 책은 1950년대의 강의내용을 후에 그의 제자 Brian Porter가 정리한 것이다.

2) Hedley Bull, "International Theory," in Wight *Ibid.*, p. xi.

애받지 않고 다른 나라와의 관계에서 자국의 목표를 추구할 자유를 가진다고 생각한다. 도덕이나 법은 국가 내의 사회에서만 의미를 가질 뿐이고 국제관계는 이러한 사회의 밖에서 이루어지는 것이므로 구애받을 필요가 없다는 주장이다. 국가는 대외행위의 선택에서 오직 냉철한 분별력과 편의(prudence and expediency)만을 생각할 뿐이며 때로는 도덕과 법을 추구할 때가 있지만 그것도 편의 때문일 뿐이라고 생각한다.[3)]

현실주의적 시각에서 국제관계현상을 분석하는 학자들이 모두 이렇게 비정한 생각을 가진 것은 물론 아니다. 국제관계라는 현상이 비정한 것이지 현실주의자가 비정한 것이 아니다. 현실주의 학자들은 비정한 국제관계를 있는 그대로 바로 인식하여야 바른 처방이 나올 수 있다는 믿음에서 이런 시각으로 문제에 접근하고 있을 뿐이다. 현실주의 시각을 가진 학자들 중에서 이상주의자와 자유주의자가 많은 것은 이런 이유에서다.[4)]

2. 이상주의 전통(The Idealist Tradition)

칸트(Immanuel Kant)적인 '사해동포(四海同胞)주의'에 기초하고 있다고 해서 칸트주의적 전통(The Kantian tradition) 이라고도 부른다. 이들의 생각은 국가지위에 대한 상대적 인식에서 출발한다. 인간은 삶의 필요에 따라 조직을 만드는데 국가라는 조직도 그 중의 하나일 뿐이라는 생각이다.

국가가 있고 인간이 이에 속한다고 주장하는 국가주의자들과 달리 인간이 있고 국가가 있다는 생각이다. 국가는 어디까지나 인간들이 자기들의 삶의 편의를 위하여 만들어 낸 여러 가지 체제의

3) Bull, *The Anachical Society, op. cit.*, p. 25.

4) 가장 대표적인 현실주의 학자인 Morgenthau가 현실주의 시각을 가지는 이유를 참조할 것. 이 책 제 8 장에서 소개한다.

하나에 불과하다는 생각이다.

국가의 절대성을 부인하는 생각을 가진 사람들이 본다면 국제관계란 표면적으로는 국가와 국가 간의 관계이지만 실질에 있어서는 국가를 이루는 인간들간의 관계일 뿐이다.[5] 실제 존재하는 것은 인류공동체(the community of mankind)이다. 온 세계 인류가 함께 만드는 하나의 보편질서가, 아직 실재하지는 않지만, 출현해야 할 마지막 질서다. 따라서 국제관계는 인류공동체의 시각에서 분석하고 평가해야 한다는 생각에 이르게 된다.

이상주의 전통은 원래 와이트(Wight)가 혁명주의 전통(the Revolutionists tradition)이라고 부르던 것이다. 후에 불(Bull)이 다시 이상주의 전통으로 고쳐서 분류했다. 이 전통에는 보편적 종교에 바탕을 둔 것(The Protestant Reformists), 개인의 존엄성 존중정신에서 출발한 것(The Ideology of the French Revolution), 그리고 사회유기체설에 뿌리를 둔 것(The Communist ideology) 등 여러 가지 유형이 있으나 공통된 것은 국가라고 하는 허구적인 탄압조직에서 인간을 해방하여야 한다는 혁명적 사상이다.[6]

이상주의 전통은 원래 국왕의 세속적 권위에 대한 저항에서 생겨난 전통이다. 국왕의 전제정치에서 인간을 해방해야 한다는 16, 17세기의 칼빈(John Calvin 1509-1564)주의자들과 예수회(the society of Jesus) 등의 저항정신이 '국가'라는 압제기구를 혁파하고 온 세계의 인류가 참여하는 하나의 인류공동체를 만들어야 한다는 혁명주의에서 출발했었다. 1789년의 프랑스 혁명정신도 이 맥을 이은 것으로 독재왕정에 대항하는 인간해방의 혁명정신이 국

---

5) Bull은 Kantian 전통을 요약해서 "the essential nature of international politics…… lies in the transnational social bonds that link the individual human beings who are subjects or citizens of states"라고 정의하고 있다. Bull, *op. cit.*, p. 25.

6) Wight, *op. cit.*, p. 8.

가를 초월한 만민의 공동체 사상으로 발전했으며, 20세기의 볼셰비즘도 같은 맥락에서 혁명주의가 인류보편사회 건설의 이상주의로 발전하게 된 것이다.

이상주의 시각은 국가간 관계가 아닌 인류공동체적 시각에서 국제관계를 본다는 점에서는 공통이나 뒤에서 설명하는 자유주의 시각 및 전체주의 시각과 각각 결합하게 되면 전혀 상반되는 시각으로 변모한다. 개개인의 인권을 존중하고 개인의 삶의 질을 앞세우는 자유주의 시각에서 발전한 이상주의적 국제관계관은 전세계 인류가 구성원이 되는 세계적 차원의 하나의 민주질서를 지향하는 민주공동체 시각으로 되지만, 전체주의와 결합된 이상주의는 하나의 '제국'을 지향하는 반자유주의적인 시각으로 발전한다.

알렉산더(Alexander The Great)나 징기스칸(Genghiskhan)이 꿈꾸던 세계 단일 제국과 같은 발상을 가진 단일 세계 소비에트를 지향하던 볼셰비즘(Bolshevism)적 세계관도 이상주의 전통을 잇고 있다고 할 수 있다. 한마디로 다양한 코스모폴리타니즘이 모두 이상주의 전통에 포함된다고 할 수 있다.[7)]

3. 합리주의 전통(The Rationalist Tradition)

와이트는 휴고 그로티우스(Hugo Grotius)를 합리주의 관을 대표하는 학자로 꼽고 있으며 그래서 합리주의 전통을 그로티우스적 전통(The Grotian tradition)이라고도 부른다. 이 전통을 따르는 사람들은 주로 국제법 학자들인데 그 외에도 로크(John Locke),

---

7) Bull은 Kant적 전통을 보편주의 전통(universalist tradition)이라 부르면서 다음과 같이 요약하고 있다. "The Kantian view is that there are moral imperatives in the field of international relations limiting the action of states……but that these imperatives enjoin not coexistence and co-operation among states but rather the overthrow of the system of states and its replacement by a cosmopolitan society." *op. cit.*, p. 26.

버크(Edmond Burke)도 여기에 포함시킨다. 그래서 웬트(Alexander Wendt)는 그로티우스 대신 로크적 국제질서관이라 명명하고 있다.

합리주의 국제관계관을 가진 학자들은 국제사회가 무질서상태가 아니며 국가간의 갈등과 협력이 체계적으로 이루어지는 질서를 갖춘 '사회'라고 인식한다. 국제사회에는 국내사회에서 보는 것과 같은 구성원을 초월하는 통치 구조가 존재하지 않는다는 점에서 무정부상태이지만 무질서상태는 아니며 국제사회도 외교관행, 국제법, 세력균형체제, 국가연합체제 등의 여러 가지 제도에 의해 교류, 협력이 관리되는 엄연한 '사회'로, 각 국가는 다른 국가에 대한 행위에서 도덕적·법적인 규제를 받고 있다는 사실을 들어 '사회'의 기본 요건을 모두 갖추고 있다고 본다. 그리고 각 국가는 각 국가들의 행위를 규제하는 체제를 유지하는 것이 자국의 이익이 된다고 판단하기 때문에 체제 유지에 기여하려 노력한다고 본다. 이러한 시각은 국가들이 자율적으로 행위 규제 체제를 만들어 질서를 유지하려 한다는 국가들의 이성적 판단을 신뢰한다는 점에서 합리적 전통이라 부른다.

국제주의 전통(Internationalist tradition)이라고도 부르는 합리주의 전통은 홉스적 전통과 이상주의 전통의 중간쯤 되는 시각을 보여준다. 홉스적 전통에서처럼 국제정치의 주된 행위자를 국가로 인정하나 국가들은 서로 싸우기만 하는 것이 아니라 공동규칙을 존중하면서 서로 협조도 한다고 보고 있다. 이상주의자와 다른 점은 국제사회가 개인을 구성단위로 하는 조직이 아니라 국가를 구성단위로 하는 사회라고 본다는 점이다.

합리주의 전통은 국제사회를 '국가들의 사회'(society of states)로 인식한다. 마치 개인이 구성체가 되어 사회를 이루는 것처럼 국가가 구성체가 되어 이루어지는 사회가 곧 '국가들의 사회'가 되는 셈이다. 그리고 사회가 공동이념, 규칙, 규칙의 실천을 보장하는 조직으로 구성되는 것처럼 '국가들의 사회'도 공동이념, 규칙, 조직에 의한 질서를 가지고 있다고 본다. 다만 사회발전의 단계가 국내사회보다 뒤쳐져 아직 근대화되지 않은 원시상태에 머물고 있다고 본다. 폭력의 공공화가 이루어지지 않아 각자가 무장하고 살던 때의 국내질서처럼 현재의 국제질서도 각국이 무장한 채 최소한의 질서를 유지하고 있다고 본다. 그런 뜻에서 국제질서는 무정부상태이지만, 무질서상태는 아니라고 보고 있다.

현실 국제사회의 작동양태를 볼 때 오늘의 국제사회는 완전한 무질서상태도 아니며 또한 완성된 단일 보편질서도 아니다. 현실은 합리주의 시각에서 인식하고 있는 상황에 부합한다. 다만 단일 보편질서적 성격이 급속히 강화되는 흐름이 확인되고 있다.

현실주의, 이상주의, 합리주의 국제관계관은 서로 배타적이 아니다. 오히려 상호 보완적이다. 모두가 현실 분석에 도움을 주는 시각들이기 때문이다. 어떤 구체적인 현상이나 정책은 현실주의적 시각에서 나타난 것이며, 또한 또 다른 현상과 정책은 이상주의적 생각에서 나타나고 있는 것이라는 것을 명확히 인식할 때 우리의 국제관계 이해는 깊이를 더하게 된다. 그런 뜻에서 국제관계관을 이론 연구에 선행하여 잘 이해해 두는 것이 절대로 필요하다.

제 2 절 지배이데올로기와 국제관계인식

이데올로기란 사회질서가 어떻게 되어야 하는가에 대한 믿음으로 하나의 가치정향(價値定向)이라 할 수 있다. 이데올로기는 이상(理想)으로 생각하는 상태에 대한 구체적인 비젼과 그러한 이상상(理想像)에 비추어 본 현실에 대한 비판적 인식, 그리고 현실과 이상상을 이을 수 있다는 확신을 가지게 되는 이론적 지식, 끝으로 현실을 타파하여 이상을 이루는 행동체계 등을 갖춘 신념체계이다. 이데올로기는 현실에 대한 객관적 인식과 가치에 대한 선택이라는 주관적 판단의 결합으로 형성된다.

한번 형성된 이데올로기는 사물인식과 행동선택, 가치판단의 틀을 제공해 준다는 점에서 국제관계이론을 이해하는 데 아주 중요한 의미를 가진다. 이론을 만들어 낸 사람의 이데올로기적 정향이 그 이론의 기초가 되기 때문이다.

역사상 다양한 이데올로기가 부침했으나 여기서는 이 모든 이데올로기에 공통 분모가 되는 인간과 사회의 관계에 대한 기본인식을 자유주의와 전체주의로 묶어 논의하고자 한다.

1. 자유주의적 인식

인간을 자기 완성적 존재인 개인(individual)으로 인정하고 개개인의 기본인권을 존중하고 개개인이 자기가 원하는 삶을 추구할 수 있는 자유를 극대화할 수 있도록 사회질서를 만들어야 된다고 믿는 신념체계가 자유주의다. 자유주의 시각에서는 사회란 어디까지나 개인들이 자기의 삶의 질을 높이고 지키는 데 필요하다고 생각해서 만들어낸 조직에 불과하다. 즉 개인이 1차적, 본원적인 존재이고 사회란 사람이 만들어 낸 2차적 존재일 뿐이다.

자유주의 시각에서는 개인과 집단 간의 관계는 간단하다. 집단은 개인을 위하여 존재하는 것이며 개인의 자유, 개인의 삶의 질을 유지, 향상시키는 데 어느 정도 기여하는가에 따라 평가받는 존재이다. 자유주의 시각에서는 국가의 절대성이 부정된다. 국가는 개인이 만든 집단 중 하나일 뿐으로 국가간 관계란 구성원인 개인이 국가단위로 행위하는 것에 지나지 않는 것이다. 국제관계란 구성원의 집합적 거래인 셈이다.

2. 전체주의적 인식

전체주의에서는 인간을 사회적 존재(social being)로 본다. 인간은 개개인으로는 존재할 수 없고 유기체로서의 집단의 한 구성소로 존재할 뿐이며 집단이 부여한 임무를 성실히 수행할 때 비로소 존재가치를 인정받게 된다.

개인과 집단 간의 관계에서는 항상 집단이익이 개인이익에 선행한다. 개인의 이익은 전체이익으로 승화하게 되며 전체의 안전, 번영, 발전을 통하여 개인도 안전을 누리고 번영의 결과를 즐기고 자기 발전을 이룬다. 개인의 자유란 개인과 전체와의 바른 관계가 이루어진 상태를 말하며, 정의란 전체의 바른 작동과 건강한 삶에 기여하도록 개인의 행위를 규제하는 준칙이다.

전체주의의 유형에 따라 유기체적 기본단위를 상정하는 것이 다르다. 공산주의에서는 코뮨(commune)이며, 나치즘, 일본의 군국주의에서는 국가이다.[8] 국가 중심의 전체주의에서는 국가란 절대적인 존재로서 도덕의 상징, 행위의 주체, 가치실현의 단위가 된다. 따라서 국가간의 관계를 보는데 있어서도 국가 우선의 시각을 유지하게 되며 초국가적 권위체, 초국가적 도덕체란 인정할 수 없게 된다.

8) 북한의 지배 이데올로기인 「김일성 주체사상」도 전형적인 전체주의 이데올로기이다. '사회유기체론'(社會有機體論)을 바탕으로 국가사회를 하나의 유기체로 인식하고 있다. 「주체사상」에 대한 간단한 해설은 다음 글에 실려 있다. 이상우(李相禹), 『북한정치입문』(개정증보판), 서울: 나남, 2000의 제 7 장 '주체사상,' pp. 121-131. 더 상세한 내용에 대해서는 다음 글들을 볼 것. 신일철, 『북한주체철학 연구』, 서울: 나남, 1993; 허정호, 『주체사상에 기초한 남조선 혁명과 조국통일 이론』, 평양: 사회과학출판사, 1975; 및 김정일, 『주체사상에 대하여』, 동경: 조선로동당출판사, 1982.

자유주의와 전체주의가 현실주의, 이상주의와 각각 결합하면 다양한 국제관계관이 출현하게 된다. 전체주의와 현실주의가 결합하면 국제관계란 국가간의 경쟁과 투쟁의 관계로 인식하는 전투적 국제관계관이 되고 전체주의와 이상주의가 결합하면 세계적 차원의 제국주의 논리가 잉태된다. 반대로 자유주의와 이상주의가 결합하면 코스모폴리타니즘이 출현하고 자유주의와 현실주의가 결합하면 그로티우스적인 합리주의로 발전하여 국제관계를 국가들이 구성소로 되는 국가들의 사회(society of states)로 보는 이론을 낳게 된다.

이데올로기는 역사적 산물이다. 역사발전의 한 시점에서 개인 또는 집단이 사회 속에서 누리는 상대적 지위에서 이데올로기가 형성되는 것이 보통이다. 그리고 이데올로기는 대체로 현실 부정의 혁명적 논리로 발전해 왔다. 계급착취가 심한 사회에서 못 가진 자의 논리로 혁명적인 레닌주의가 발전해 나왔으며, 제 1 차 세계대전의 패전으로 가난과 무기력이 풍미하던 독일 사회에서 반동적인 국가사회주의가 자라 나왔고, 절대왕조의 전제정치 속에서 자유주의가 성장하였다. 이데올로기는 역사적 산물이므로 역사적 환경이 바뀌면 이데올로기도 변신하게 된다.

제 2 차 세계대전 이후 반세기동안 지속되었던 냉전체제는 극단의 전체주의 제국주의인 스탈린이즘과 자유주의 간의 투쟁이라는 이데올로기 투쟁이 국제체제간의 투쟁으로 발전한 특이한 예이다. 이데올로기 투쟁은 다른 모든 차원의 투쟁을 압도하는 투쟁이다. 국가간 관계 양식 자체를 규정하는 기준이 서로 다른 인간들간의 관계여서 협동 자체가 어렵기 때문이다.

오늘날 종교와 문명이 국가간 갈등의 중요한 요소로 부각되고 있다. 종교는 이데올로기이고 문명도 강한 이데올로기적 요소를 가지고 있으므로 종교갈등, 문명갈등 또한 냉전체제처럼 격심한 갈등을 빚어낼 가능성이 높다.[9] 그 밖에 인종주의도 새로운 이데올로기 갈등을 빚어낼 수 있다.

국제관계이론은 어떤 형태로든지 이데올로기를 반영하고 있기 때문에 완전한 보편적 이론체계란 존재하기 어렵다. 규범이론과 정책이론은 직접적으로 이데올로기를 반영하므로 말할 것도 없지만 객관성을 생명으로 하는 경험이론도 이론을 만든 사람의 이데올로기가 내재(內在)하고 있기 때문에 이데올로기를 떠나서 논의하기 어렵다.

국제관계이론 연구에서는 항상 그 이론 형성의 배경을 이루는 이데올로기를 주목하여야 한다. 그래야 비로소 그 이론의 진의를 바로 터득할 수 있게 된다.

참고도서

1. Martin Wight, *International Theory: The Three Traditions*, London: Leicester University Press, 1991.

이 책은 Wight교수의 강의안을 정리하여 출판한 것으로 앞에 Hedley Bull의 요약 논문이 붙어 있다. 좀 전문적이지만 국제정치학을 관통하고 있는 세 가지 전통에 대하여 깊이 있게 다루고 있다.

2. Hedley Bull, *The Anarchical Society: A Study of Order in World Politics*, New York: Columbia University Press, 1977, Ch. 2, "Does Order Exist in World Politics?," pp. 23-52.

Wight가 제시한 세 가지 전통을 발전시켜 다시 정리한 국제정치관이 소개되고 있다. Wight 책보다 먼저 읽어 두는 것이 좋다.

---

9) Samuel P. Huntington, *The Clash of Civilizations and the Remaking of World Order*, New York: Simon & Schuster, 1996, p. 13 참조.

3. Alexander Wendt, *Scocial Theory of International Politics*, Cambridge: Cambridge University Press, 1999.

이 책 제 7 장 "Three Culture of Anarchy"에 현실주의, 이상주의, 합리주의 세계관에 대한 해설이 잘 되어 있다.

제 4 장

21세기 세계질서와 국제관계이론

제 1 절 과학기술 발전과 국제질서 변화

1. 자연 지배 능력의 발전과 추구가치 변화

인간의 역사에 있어서 과학기술의 발달은 역사 발전의 원동력이 되어 왔다.[1] 과학기술 수준의 향상은 인간의 자연 지배 능력을 확대시켜 왔으며, 그 결과로 인간의 질서 자체가 변화해 왔다.

인간의 자연 지배 능력이 한정되어 있던 시대에는 인간의 최대 관심사가 어떻게 먹을 것, 입을 것, 그리고 살 집을 마련하는가 하는 것이었다. 이에 따라 누가 무엇을 누구에게 어떤 기준으로 어떻게 나누어주는가 하는 문제가 그 시대의 최대의 정치적 과제가 되었으며, 나아가서 어떻게 부족한 물자를 확보해 나갈까 하는 것이 모든 사회 집단의 최대의 연구 과제였었다.

모자라는 물자를 구하는 가장 간단한 방법은 남의 것을 빼앗는 방법이다. 남의 것을 빼앗으려면 남을 제압할 무력을 갖추어야

1) 마르크스-레닌주의의 이론 체계에서도 역사 발전의 원동력은 인간의 기술 혁신(technological innovation)이라고 했다. A. James Gregor, *A Survey of Marxism*, New York: Random House, 1965, pp. 83-94 참조.

한다. 강한 무력을 갖추려면 일사불란한 조직을 가진 국가가 필요하다. 그래서 인간 역사가 시작된 이래 인간들은 부국강병(富國強兵)을 삶의 수단으로 삼아 왔다. 형태와 구조는 조금씩 달랐지만 원시 부족 시대 이래 20세기까지 이르는 긴 역사에서 이 부국강병의 삶의 방식은 변함없이 유지되어 왔다. 그리고 이러한 집단적 무력의 크기로 강대국과 약소국을 가르고 그 힘의 균형을 바탕으로 국가간의 관계를 규정하는 국제질서를 생각해 왔었다.

20세기에 꽃을 피운 과학기술 문명과 그 결과로 인간이 얻게 된 엄청난 자연 지배 능력은 그 동안 수천년 동안 유지해 오던 사람들의 삶의 양식, 추구 가치를 바꾸어 놓았으며 사회 조직, 정치체제, 세계질서도 변화시키고 있다.

우선 사람들은 모든 시간을 일에 바치지 않고도 삶에 필요한 물자를 충분히 얻을 수 있게 되었다. 이러한 여유는 인간이 추구하는 가치에 변화를 가져오고 있다.

사람들이 추구하는 가치는 크게 네 가지로 나누어 볼 수 있다.[2)]

첫째는 자기의 생명과 신체의 완전성을 지키는 것이다. 이것은 생명을 가진 사람으로서는 가장 원초적인 추구가치가 된다(기본 가치 1 : Value 1=V−1). 사람들은 모든 것에 앞서 이 가치의 충족을 위해 노력한다.

---

2) 인간이 사회 구조 속에서 추구하는 보편적인 기본 가치가 무엇인가에 대해서는 합의된 표준이 없다. 학자마다 필요에 따라 제시하고 있다. 예를 들어 Richard Falk 등이 세계질서 모형연구(World Order Model Project)를 할 때 제시한 기본 가치는 (1) peace (2) welfare (3) human rights (4) ecological preservation 등 네 가지였으며, 한국미래학회에서 "Korea 2000"연구를 진행할 때 제시했던 기본 가치는 (1) 자유 (2) 안전 (3) 복지 (4) 민주 참여였고 R. J. Rummel은 freedom with dignity로 단순화했다. 구체적으로 설명을 곁들어 질서의 기본가치를 제시한 사람은 Hedley Bull인데 그는 (1) life (2) truth (3) property 등 세 가지를 꼽았다. 그의 책 *The Anarchical Society: A Study of Order in World Politics*, New York: Columbia University Press, 1977, p. 53을 볼 것. 여기서는 이러한 여러 제안들을 감안하여 본인이 다시 정리한 기본 가치를 제시해 본다.

둘째는 삶을 유지하는 데 필요로 하는 물자 및 조건을 안정적으로 확보하는 보장 장치를 확보하는 것이다(기본 가치 2 : V-2). 내일의 양식을 걱정하는 상황에서는 다른것을 생각할 겨를이 없다.

셋째는 인간 존엄성이 보장되는 자유(freedom with dignity)의 확보이다. 모든 사람은 다 사람으로 대접받고 자기의 삶의 양식을 스스로 결정할 수 있기를 원한다(기본 가치 3 : V-3).

넷째로 사람들은 자기의 꿈, 이상을 실천하는 자기 실현의 기회를 가지고 싶어한다(기본 가치 4 : V-4). 인간은 억만 겁(劫) 시간 속에서 단 한번 태어나 짧은 인생을 살고 가는 존재다. 단 한번 주어지는 이 소중한 삶을 스스로가 보람 있는 것이라 생각하는 그런 삶으로 만들고 싶어하는 것은 인간의 자연 속성이라 할 수 있다. 남이 못한 것을 이루고 싶어하는 욕망, 남이 우러러보는 일을 성취하려는 욕심 등은 모든 사람이 가진 본성이다.

사람들은 기본 가치 1을 성취하면 2를, 그리고 다시 여유가 생기면 3과 4를 차례로 추구하게 된다. 즉 네 가지 기본 가치는 추구하는 강도에 있어 서열화되어 있다.

인간의 자연 지배 능력에 한계가 있어 먹고 살기 어렵던 시대에는 사람들은 개인의 자유를 희생하면서도 강한 규율이 지켜지는 전체주의적 국가를 받아드렸다. 그 길이 기본 가치 1과 2를 확보할 수 있는 유일의 방법이었으므로 개인들은 이를 감수하였다. 20세기는 많은 인구가 좁은 지구 위에서 서로 살려고 발버둥치던 시대였고 그래서 서로 자기가 살아남기 위해 남의 것을 빼앗는 생활양식이 최고로 발전한 시대가 되었으며, 그 결과로 부국강병의 생활 양식이 보편화되었고 인류 역사상 가장 강한 전체주의 국가들이 등장했던 세기가 되었었다. 일본의 군국주의, 독일의 나치즘, 이탈리아의 파시즘, 소련의 볼셰비즘 등은 따지고 보면 부국강병의 생활 양식이 최고조로 달했던 때에 자연스럽게 나타났던 전제주의 전체주의(專制主義 全體主義)체제였다고 할 수 있다. 개인의 희생을 바탕으로 집단의 의지를 손쉽게 결정하기 위하여 구성원에 대하여 책임을 지지 않도록 만들어 놓은 지배자의 자의적 의사결정체제가 전제주의(專制主義)이며, 전체의 이익을 구성원 개인의 이익에 앞세우는 논리가 전체주의(全體主義)인데 이 두 가지 체제는 약육강식의 부국강병책을 추구하는 과정에서는 불가피한 선택이었다.

아무튼 전체주의 강대국들간의 충돌로 20세기에는 제 1 차 세계대전과 제 2 차 세계대전이라는 엄청난 전쟁이 일어났었고, 제 2 차 세계대전이 종결된 1945년 이후에는 강대국간의 결승전이라 할 미·소 양 진영 간의 냉전이 지속되었다. 그러나 이 냉전은 결국 열전(熱戰)으로 번지지 않고 미국의 부전승(不戰勝)으로 끝나고 말았다. 소련 제국이 자체모순으로 붕괴되었기 때문이다. 민족국가들이 부국강병 정책을 통해 강대국으로 성장할 수 있도록 만들어 주었던 과학기술 발전이 역으로 바로 그 부국강병책을 삶의 수단으로 쓸 수 없도록 만들었고 또한 불필요하게 만들었을 뿐만 아니라 전체주의 정치체제의 유지를 불가능하게 만들어 이러한 이변을 낳게 된 것이다.

2. 추구가치 변화와 국가체제

20세기에 등장한 강대국들은 19세기부터 발전되어 온 산업기술과 국가 단위의 피라미드형 사회 통제 체제의 결합의 산물이다. 단편적인 과학기술은 국가 계획에 의해 조직화되어 산업기술로 발전되었으며 이 산업기술을 이용한 생산조직으로 대형 산업체가 등장하였고, 이러한 산업체에서 내연 기관을 장착한 무장 운송체와 총포를 대량 생산해 냄으로써 강대한 무력을 창출하였다. 그리고 국가는 전 사회의 인력과 자원을 동원할 수 있는 통치 제도를 발전시켜 이러한 체제를 유지하였다.

산업 기술 능력이 곧 국력이 되는 상황에서 강대국들은 과학기술의 고도화를 위해 교육 수준을 높이는 데 전력을 다 했으며, 그 결과로 사회 구성원들의 기술자로서의 능력향상도 이루어졌을 뿐만 아니라, 이들의 정치적 자각도 높이게 되었다. 교육의 보편화로 정치적 자각을 갖게 된 시민들은 국가의 부국강병 정책이 가져온 과실로서의 물질적 풍요를 누리면서 서서히 제 3 의 기본 가치, 즉 "인간 존엄성이 보장되는 자유"를 추구하기 시작하였다. 이제 인간들은 개인의 인권 보장과 자유 신장에 최대의 관심을 모으기 시작하였다. 이것이 20세기 후반을 휩쓴 정치 민주화 흐름을 일으킨 힘이 되었다.

생명의 안전, 생존에 필요한 물자의 안정적 공급 등을 위해서는 강한 국가가 필요했었다. 특히 약육강식의 쟁탈전을 통해서만 이러한 안전과 안정을 확보할 수 있었던 시대에는 더욱 그러했다. 그러나 개개인의 인권 신장과 자유의 증대를 위해서는 정부의 사회통제능력을 약화시켜야 한다는 역설적 필요가 생겼다. 강한 전제 정부는 개인 자유 확대에 방해 요소가 되기 때문이다. 즉 제 1 과 제 2 의 가치를 충족시켜 주기 위해 강화했던 국가 조직은 제 3 의 가치 실현을 방해하는 요소가 되는 역설적 현상이 생긴 것이다. 불과 반세기만에 후진 농업국이던 러시아를 세계 최강의 미국과 대결할 수 있는 소련 제국(蘇聯 帝國)으로 건설할 수 있었던 소련의 전체주의 전제 정권은 바로 내부의 시민 저항으로 스스로 붕괴되었으며, 동원 체제를 구축하여 강한 군대를 가진 부국을 만들었던 나라들은 모두 이와 같은 내부 저항으로 자멸의 길을 걸었다.

전제적 동원 체제로 급격한 경제성장을 이룬 나라와 달리 시민의 자율성을 계속 높여 가며 점진적으로 경제건설을 해 왔던 나라들은 제 2 의 가치와 제 3 의 가치의 조화 속에서 비록 속도는 늦었으나 착실한 사회 발전을 이루어 왔다. 20세기를 마감하는 역사적 시점에서 전체주의가 몰락하고 자유민주주의 국가가 세계사의 주역으로 등장하게 된 것은 이를 증명해 주는 것이다.

자유민주주의 국가의 부상은 20세기에 이룬 과학기술 문명의 덕분이다. 산업기술이 낮은 시대에는 경제적 산출은 노동의 양에 비례했었으며 따라서 많은 노동력을 동원하여 산업에 투입할 수 있었던 전제주의 국가가 빠른 속도로 경제 역량을 키울 수 있었다. 그러나 산업기술이 고도화되어 감에 따라 점차로 경제적 산출은 노동의 양이 아닌 질에 따라 결정되게 되었다. 노동의 양은 동원으로 확보할 수 있으나 노동의 질은 개개인의 창의와 성취 동기에서만 확보될 수 있다. 노동의 질은 전제주의 동원 체제로는 만들어낼 수 없다. 오직 개인의 자율성을 보장하는 자유민주주의 체제에서만 극대화할 수 있다. 20세기 전반과 중반에 빛을 보았던 전체주의 국가들의 경제 건설 능력은 20세기 말에 와서 끝을 보게 된 것은 바로 이런 이유에서였다. 인간의 자연 지배 능력의 변화가 인간이 추구하는 가치의 변화와 더불어 국가 통치 체제 변화를 가져오고 있음을 우리는 확인할 수 있다.

3. 부국강병 시대의 종언

20세기의 과학기술 문명은 무기의 살상력을 상상을 초월할 정도로 증대시켰다. 특히 핵무기의 등장은 전쟁의 기본 양식을 바꾸어 놓았다. 부국강병 시대에는 전쟁이 가장 중요한 국책 수단이었다. '일방적 승리'가 전제될 때에는 전쟁은 남을 굴복시키는 가장 확실한 수단으로 될 수 있었다. 그러나 핵전쟁은 이러한 '일방적 승리'의 가능성을 배제하였다. 어느 쪽이 먼저 전쟁을 시작하든 결과적으로 양측이 모두 멸망하게 되는 '쌍방공멸'(雙方共滅)의 전쟁 양상이 예상될 때는 전쟁은 국익 수단으로 사용할 수 없게 된다. 소련이 미국과의 경쟁에서 최후 순간에 이르러서도 전쟁이라는 수단을 쓸 수 없었던 것은 바로 무기의 고도화가 가져온 '일방적 승리'의 가능성 소멸 때문이었다.

과학기술의 발전은 인간을 빈곤에서 해방시켰으며, 나아가서 남의 것을 빼앗지 않고도 살 수 있는 생존 양식을 가능하게 했을 뿐 아니라[3] 무력으로 남의 것을 빼앗을 수 있는 방법을 더 이상 쓸 수 없게 만들었다. 인간이 부족 국가를 세워 집단적 생활을 시작한 이래 약 1만년간 유지해 왔던 생존 양식인 부국강병의 생존 양식은 20세기를 끝으로 막을 내리게 되었다.[4] 이제 인간들은 아직 한번도 경험해 보지 못했던 새로운 삶의 양식을 개척하면서 새로운 질서를 만들어 가게 될 것이다.

20세기에 이룬 과학기술의 발전, 즉 인간의 자연 지배 능력의 경이적 발전은 인간이 추구하는 가치의 변화, 정치 체제의 변화, 국가간 대결 수단의 변화를 가져왔으며 그 결과로 세계 질서는 본질적인 변화를 겪게 되었다고 할 수 있다. 부국강병 시대가 끝나고 새로운 형태의 국제질서가 지배하는 시대가 시작되게 된 것, 이것

3) 20세기 초만 해도 옷은 천연 섬유로만 만들 수 있었고, 내연 기관은 석유가 있어야 가동이 가능했고, 자동차 타이어는 천연 라텍스로만 만들 수 있었다. 이러한 원자재가 없는 나라는 공업화가 불가능했으며 유일의 대안은 산지를 점령하여 원자재를 직접 확보하는 것이었다. 그러나 지금은 옷은 인조 섬유로, 석유가 없으면 석탄 액화로, 타이어는 천연 라텍스 대신에 인조 고무로 만들어 쓸 수 있게 되었다. 이제 쟁취하지 않고도 살 수 있는 길이 열린 것이다.

4) 무기의 살상력이 너무 높아져서 전쟁의 피해가 커진 것도 전쟁 포기의 이유가 되겠지만 무기 가격의 상승으로 전쟁 비용이 너무 커진 것도 전쟁을 포기하게 만드는 이유가 되고 있다. Hannah Arendt도 과학기술 발전이 폭력 사용을 무의미하게 한다고 다음과 같이 지적했다: "…the technical development of the implements of violence has now reached the point where no political good could conceivable correspond to their destructive potential or justify their actual use in armed conflict." 그의 책 *On Violence*, New York: Harcourt, Brace & World, inc., 1969, pp. 3-5.

이 아마도 20세기에서 21세기로 넘어가는 이 시대에 인간이 겪게 되는 최대의 변화가 아닐까 생각된다.

제 2 절 21세기의 세계질서

1. 현존 국제질서의 특색

현존 국제질서는 국가를 단위로 하는 국가간의 합의에 의한 질서, 즉 '국가들의 사회'(society of states)라는 모양을 갖추고 있다.[5)]

(1) 구성단위

현존 국제질서의 구성 단위는 주권국가이다. 개인은 오직 소속 국가를 통하여서만 국제질서에 참여할 수 있을 뿐이다. 국제질서 구성원으로서의 국가들은 20세기 후반에 와서야 모두 동등한 지위를 누리는 행위 주체가 되었다. 그전에는 주권 평등의 구호는 있었으나 실질상으로는 국력, 특히 군사력의 크기에 따라 국가들의 국제사회에서의 자리매김이 이루어지던 위계적 질서로 작동했었다.[6)]

---

5) Society of states란 표현은 Hugo Grotius의 것이다. 이 책 제 3장 참조. 자족적(自足的)인 주권 국가들을 구성 단위로 하는 하나의 사회, 즉 합의된 행위 준칙에 따라 국가들이 서로의 관계를 유지해 가는 질서를 말한다. 이러한 질서관은 전세계를 하나의 인류 공동 사회로 보는 Kant적인 보편주의 전통(the universalist tradition)이나 국제사회를 국가간의 힘에 의한 무법의 각축장으로 보는 Hobbes적인 현실주의 전통(the realist tradition)과 구분되는 견해이다. 유럽의 경우 1648년의 Westphalia 조약 이후의 체제는 바로 Grotius가 말하는 국가들의 사회의 모습을 갖춘 것이었다. Society of states에 대한 해설과 Grotius의 생각에 대해서는 다음 자료를 볼 것. Headley Bull, 앞의 책, pp. 3-76 및 Cornelius F. Murphy, Jr., *The Search for World Order*, Dorrecht: Martinus Nijhoff, 1985, Ch. 1 "The Grotian Vision of World Order," pp. 1-28.

6) 통칭 "주권 평등의 국가들의 사회"라고 하는 Westphalia 체제는 실제에 있어

20세기 국제질서의 목표는 질서의 안정성 그 자체였다. 인권을 유린하는 독재국가도 주권국으로서의 지위를 보장받았으며, 국가간의 합의가 지켜지는 한 국가 상호간에는 내정에 대한 간섭을 할 수 없었다.[7)]

질서의 안정성 자체가 국제질서의 목표였으므로 아무도 질서의 안정성을 깰 수 없도록 하는 장치, 예를 들어 세력균형체제라든가 집단안보체제 등이 질서유지의 방식으로 존중되었다.

20세기 국제질서는 구성원인 주권국가 이상의 권위를 지닌 중앙 통제의 권위체를 가지지 않은 질서이며 모든 폭력은 구성원인 각국이 그대로 보유하는 질서였다. 즉 폭력의 공공화(公共化)가 이루어지지 않은 상태의 자율 질서였다.

(2) 규범 체계

현존 국제질서의 행위 규범은 구성원들간의 합의로 이루어지는 쌍무조약(雙務條約) 또는 다자조약(多者條約) 체계이다. 질서 자체로는 입법 기구를 가지고 있지 않다. 이런 뜻에서 이 질서는

서 이원구조를 가지고 있었다. 즉 유럽 제국(諸國)을 지칭하는 '문명국'간에는 대등한 구성원의 지위를 서로 인정해 주었으나 '비문명국'에 대해서는 구성원으로서의 주체성을 인정하지 않고 오직 외교 대상물로만 다루었었다. 이에 따라 유럽국 간의 조약은 '약속'으로 존중되었으나 유럽국과 기타 지역국과의 조약은 지키지 않아도 되는 것으로 간주되었다. Westphalia 체제는 "universe composed of sovereign states each with exclusive authority within its own geographic boundaries"로 정의된다. Stephen D. Krasner, "Compromising Westphalia," 한국국제정치학회와 한국일보 공동 주최의 학술 회의 "Middle Powers in the Age of Globalization," 1995. 10. 27-28, Seoul에서 발표한 글을 참조할 것.

7) 제 2 차 세계대전 종결을 계기로 새로운 국제 질서를 창안하면서 만들어 낸 국제연합도 헌장에서 내정불간섭 원칙을 명시하였다. 헌장 제 2 조 7항에서는 "본 헌장의 어떠한 규정도 본질상 어느 국가의 국내 관할권에 속하는 사항에 간섭할 권한을 국제연합에 주지 않으며 또 그러한 사항을 본 헌장 하에서 기인하여 '헌장에 맡겨' 해결하도록 회원국에 대하여 요구하지도 않는다"고 규정하고 있다. 20세기 후반에 와서 인권에 대한 인식이 높아짐에 따라 점차로 주권국가 내의 인권문제에 대한 국제적 간섭이 늘어나고 있는 추세가 뚜렷해지고 있으나 아직 이러한 간섭은 '질서에 대한 예외'로 여겨지고 있다.

자율 규제 질서라 할 수 있다.

현존 국제질서의 질서 교란자에 대한 응징은 각국의 자구노력(self-help)에 의존하도록 되어 있다. 질서 관리조직이 가지고 있는 폭력은 없다. 다만 최근에 와서 각국의 군사력을 일정 기준에 따라 차출하여 '공동의 군사력'으로 사용하는 관례를 축적해 가고 있을 뿐이다.[8)]

이상과 같은 현존 국제질서는 국내의 정치 질서와 비교해 본다면 근대화 이전의 원시 형태의 질서라 할 수 있다. 중앙 정부도, 공권력도, 강제 법규도, 입법 기구도 없는 질서이기 때문이다.

2. 새 질서의 모습

과학기술의 발달이 세계 질서의 변화를 강요하는 시대에 접어들면서 새 세계질서에 대한 논의가 활발해 지고 있다. 이상주의자들은 현존의 국가 중심 체제를 타파하고 하나의 세계정부를 세울 것을 주장하는가 하면 보수주의자들은 현존의 국가 중심 체제의 골격을 그대로 유지하면서 공동 강제 규범의 제정, 국가들의 연합체인 국제연합이 고유의 공권력을 가지게 하는 등의 보완 장치를 마련하자고 주장하고 있다.

그러나 적어도 앞으로의 세계질서는 개개인의 인권과 복지가 보장되고 평화가 이루어지고 또한 지켜지며 평화 파괴자에 대한 응징력이 갖추어지는 그런 질서여야 된다는 데는 대체로 견해를 같이하고 있다.

학자들의 제안 중에서 가장 구체적 모습을 갖춘 미래의 세계

---

8) 국제연합 헌장 제 7 장에는 "…국제적 평화와 안전의 유지 또는 회복에 필요한 공군, 해군 또는 육군에 의한 행동을 취할 수 있다"(제42조)고 규정하고 있으며 나아가서 합동군을 편성할 수 있는 길을 열어놓고 있으나(제44조 및 45조) 국제연합 자체의 군(軍)을 보유할 수는 없게 되어 있다.

질서상(秩序像)은 '세계질서 모형연구'(World Order Model Project)라 부르는 이른바 WOMP 모형이다.[9] 이 모형은 한마디로 현재의 주권국가를 지방 정부로 하는 하나의 세계 연방을 만드는 것이다. 연방 정부의 상원에 해당하는 국가 대표들의 회의체와 인구비례의 대의(代議) 기구를 함께 두며 여러 국제 기능 기구들도 구성체로 참여하게 하는 느슨한 형태의 세계연방정부를 이들은 제시하고 있다.

그리고 현실을 감안하여 현재 각 국가가 보유하고 있는 절대적 권위로서의 주권을 점차로 일부씩 세계 연방 정부에 이전하는 점진적 방법으로 무리 없는 전이를 이룬다는 방법을 제시하고 있다.

미래의 세계질서 모습을 그릴 때 가장 문제가 되는 것은 세계 각 지역간의 발전 격차이다. 이미 물질적 풍요를 누리며 인간 존엄성 구현과 각 개인의 자기 실현 기회를 마련해 주는 것을 국가 목표로 삼고 있는 선진국이 있는가 하면 아직도 생명의 안전을 보장하여 주는 기초 질서도 확보 안된 상태에서 공포의 나날을 보내는 전근대적 국가와 궁핍에 허덕이는 후진국들이 공존하고 있다. 또한 민족의 자주 독립을 지상의 목표로 하는 소수 민족과 세계화의 전단계(前段階)로 지역 통합을 추진하는 국가들이 공존하고 있다. 이렇게 다른 발전 단계에 있으면서 서로 다른 국가 목표를 가진 나라들이 평화롭게 공존할 수 있는 범세계적 단일 정치 질서를 구축한다는 것은 쉽지 않은 일이다.

발전 격차에서 오는 다양한 민족적 요구를 반영하면서 모든 인류가 희구하는 범세계적 평화질서를 구축하기 위해서는 적어도 다음의 몇 가지 기본 원칙이 지켜져야 한다고 생각한다.

첫째로 범세계적 단일 안보 체제를 구축하여야 한다. 현존의

9) WOMP 모형에 대한 해설은 다음 책을 볼 것. Richard Falk, Samuel S. Kim & S.H. Mendlovitz, eds., *Toward a Just World Order*, Boulder: Westview Press, 1982.

국제연합을 보강하던지 아니면 대체 기구를 창설하던지 초국가적 권위를 가지는 기구를 만들어 폭력의 공공화(公共化)를 이루어 나가야 한다. 현재의 무기들의 파괴성을 생각할 때 더 이상 대규모 전쟁을 허용해서는 안 된다. 어떠한 정의의 실천도 전쟁으로 이루려는 생각은 버리도록 만들어야 한다. 전쟁은 온 인류 사회의 멸절(滅絕)을 가져올 것이기 때문이다.

군사력 사용은 오직 초국가적 기구의 주도 아래서만 이루어져야 한다. 국제질서 교란자에 대한 응징에 한하여 주권국가 대다수의 합의로만 군사력은 사용하여야 한다. 어떤 강대국도 독자적 군사력 사용을 할 수 없도록 규제하여야 한다.

대량살상무기는 점진적으로 폐기시켜 나가야 한다. 지배를 위한 군사력에서는 대량 파괴 능력이 중시되었으나 질서 유지를 위한 군사력으로는 비살상 전쟁(非殺傷戰爭 : non-killing war)을 위한 정확하고도 기동력 있는 무기만이 필요해질 것이므로 핵무기, 화학무기, 생물학무기는 배제되어야 한다.

둘째로 국가간 분쟁 및 모든 정치 집단간의 갈등을 권위적으로 조정 해결할 수 있는 범세계적인 분쟁 조정 체제가 구축되어야 한다. 현재의 국제사법재판소(International Court of Justice)와는 달리 모든 분쟁에 대한 강제 관할권을 가진 사법 기구가 있어야 하며, 이러한 기구에서 이루어진 결정을 강제 실천할 수 있는 수단이 마련되어야 한다.

셋째로 모든 소수 민족의 자결권은 존중되어야 한다. 모든 식민지는 해방되어야 하며 다수 민족 지배 국가 내의 소수 민족의 자율권은 국제적 지원을 통하여 수호하여야 한다. 또한 시민의 자유를 억압하는 모든 전제 정치 체제의 해체를 위하여 국제적 노력을 펴야 한다. 전쟁과 함께 정치적 폭력은 인류를 위협하는 또 하나의 큰 죄악이기 때문이다.

넷째로 지역간, 집단간의 발전 격차를 좁히는 일에 범세계적으로 공동 노력을 펴야 한다. 지역간, 집단간의 발전 격차가 존속하는 한 진정한 평화질서 구축은 불가능하다. 이러한 노력은 선진국이 행하는 시혜(施惠)적 차원의 원조로 전개되어서는 안 되며 전 인류의 공존 공영을 위한 선진국의 의무라는 인식 아래 펼쳐져야 한다.

21세기에 어떠한 질서가 형성될지 모르나 적어도 위에서 예시한 원칙이 반영된 질서가 되지 않으면 그 질서는 안정되지 못할 것이다. 역사의 흐름이 온 인류가 사해동포(四海同胞)가 되는 하나의 공동체 구축을 강요하고 있기 때문이다.

3. 혼돈과 질서의 갈림길

20세기를 마감하면서 인류는 엄청난 과학기술을 갖추게 되었다. 이 과학기술은 현명하게 활용하면 전세계 인류의 복지를 약속할 수 있을만큼 엄청난 것이지만, 반대로 파괴적으로 쓰면 인류 멸절의 무기도 생산할 수 있게 된다. 현재의 과학기술은 인류가 통제하기 어려운 정도까지 발전되어 있다.[10)]

이러한 과학기술의 축적은 인류 사회에 생사의 선택을 강요하는 요소가 되고 있다. 인류가 지혜를 모아 과학기술을 선용하여 새로운 평화 질서를 창출한다면 새 세기에는 온 인류가 자유, 복지, 자기 실현의 기회 등을 누리는 역사상 최초의 완전 질서 속에서 살게 될 것이나, 반대로 이러한 노력에서 실패한다면 과학기술의 희생자가 되어 인류는 역사의 종말을 자초할지 모른다. 현재 세계

---

10) Winston Churchill은 1946년의 연설에서 과학기술의 위험과 공헌을 다음과 같이 표현했다. "…The Stone Age may return on the gleaming wings of science, and what now shower immeasurable material blessings on mankind may lead to his total destruction." Nixon의 위의 책, p. 19에서 재인용.

질서는 혼란과 질서의 갈림길에 놓여 있다. 혼란 확대의 추세도 존재하며 질서 구축의 노력도 강화되고 있다. 예를 들어 핵무기를 억제하는 범세계적 억지 체제(deterrence system)가 자리잡혀 가는가하면 그 그늘에서 소규모의 무장 갈등과 테러라는 새로운 질서 교란 행위가 점증하고 있으며 각 국간의 경제 갈등도 심화되고 있는가 하면 반대로 지구 환경 보전을 위한 협력, 인권 보호를 위한 국제적 공동 규제 노력 등도 강화되고 있다.

새 평화질서 구축 노력은 이 갈림길에서 바른 선택을 해야만 하는 인류의 공동 과제임을 알아야 한다. 이 시대를 살아가는 인류의 최대의 역사적 과제라 인식해야 한다.

이 갈림길에서 인간은 어떤 선택을 하게 될까? 아무도 자신있게 예언하지 못한다. 다만 몇 가지 선택지(選擇枝)를 시나리오로 제시하고 있을 뿐이다.[11] 가장 구체적인 시나리오인 로즈노우(James N. Rosenau)의 네 가지 모형[12]을 소개하면 다음과 같다.

로즈노우는 질서 변화의 원동력으로 (1) 기술 발전이 가져오는 개인 능력의 향상, (2) 새 기술이 가져오는 새로운 문제들(대기 오염, 테러리즘, 마약 거래 등), (3) 국가와 정부의 문제 해결 능력 약화, (4) 국가 내의 여러 집단의 힘의 증대로 일어나는 권위 분화(decentralization) 및 (5) 이러한 변화에 따르는 개인의 태도, 의

---

11) 예를 들면 Paul Kennedy는 미국, 러시아, 중국, 일본, EU 등의 다섯 강대국이 "5각 균형"을 이루는 질서를 내다보면서 각국의 힘의 기복으로 그 균형의 모양은 변하리라고 보고 있다. 국가 중심 체제가 그대로 지속된다고 전제하는 것이 다른 미래학자와 다르다. 그의 책, *The Rise and Fall of the Great Powers*, New York: Random House, 1987, pp. 536-540.을 볼 것. 이와 대조적으로 Hedley Bull은 국가 중심 체제는 허물어지고 대신 국가도 포함하여 다양한 주체들이 구성하는 새로운 단일 보편 세계정치체제(the World Political System)가 등장하리라고 조심스럽게 예언하고 있다. 그의 앞의 책, Ch. 11, "The Decline of the States System?," pp. 257-281을 볼 것.

12) James N. Rosenau, *Turbulence in World Politics*, Princeton: Princeton University Press, 1990.

식, 정향의 변화 등 다섯 가지를 꼽고 이러한 추동력에 의해 출현할 가능성이 있는 국제 질서 모형을 네 가지로 나누어 설명하고 있다.[13)]

전지구적 사회(The Global Society) : 범세계적인 하나의 틀 속에 국가, 기타 조직체 등이 권위를 나누어 가지면서 다양한 범세계적 규율을 지켜가는 느슨한 단일 공동체질서.

재생된 국가 중심 체제(Restored States-System) : 지금까지의 질서와 마찬가지로 주권국가들이 지배하는 질서로 다양한 비국가 조직은 이 질서에 종속하는 체제.

다원주의 질서(The Pluralist Order) : 주권국가가 그대로 존속하나 초국가적 기구가 지배적 지위를 가진 질서로 개인은 그들의 조직을 통하여 국가 규제를 넘어 자기들의 이익을 추구하는 질서

이원체제(Enduring Bifurcation) : 기존의 국가 중심 질서와 다양한 비국가 조직체들이 이루는 질서가 공존하면서 때로는 협조하고 때로는 갈등을 일으키는 복합 질서.

그러나 로즈노우도 이 네 가지 시나리오 중 어느 것이 가장 현실화 될 가능성이 있는지에 대한 판단은 유보하고 있다. 이 시대를 살고 있는 사람들의 선택에 따라 달라질 것이기 때문이다.

제 3 절 국제관계이론의 발전방향

30년 전쟁을 종결하면서 맺은 웨스트팔리아 조약(1648)을 흔

13) 위의 책 p. 447의 표 16. 1에서 제시하고 있는 모형에 대한 축약적인 소개임. 한승주는 같은 맥락에서 세계질서의 가능 모형을 (1) Hegemony by Empire, (2) Balance of power, (3) Concert of power, 및 (4) World government로 나누고 앞으로의 질서는 이 네 가지의 모형의 특성들이 섞인 새로운 질서가 되리라고 내다보고 있다. Sung-Joo Han, “Korea and the World 20 Years After,” *Korea & World Affairs*, Vol. 20, No. 1, spring 1996, pp. 4-17.

히 현대국제체제의 시작으로 본다. 일정한 경계 안에서 배타적인 권위를 행사하는 주권국가(sovereign state)들이 협의에 의하여 창출한 '법에 의하여 규제되는 질서'로 국제체제가 탄생하였기 때문이다. 주권절대의 원칙과 내정불간섭의 원칙, 그리고 주권국가간의 합의를 존중한다는 약속으로 이루어진 이 웨스트팔리아 체제는 20세기가 끝나고 21세기가 시작되는 현재까지 큰 변화없이 국제질서의 근간으로 존속하고 있다.

웨스트팔리아 모형은 그 동안 모든 국제관계이론의 전제가 되어왔다. 국가는 마치 '자주적이며, 통일된, 이성적 행위자'처럼 여겨져 왔으며 국제관계이론에서는 국가를 기본행위자로 다루어왔다. 그러나 자세히 들여다보면 웨스트팔리아 체제는 현실과는 거리가 있어 왔다는 것을 알 수 있다.

크라스너(Stephen D. Krasner)가 지적하듯이 웨스트팔리아 체제는 현실에 존재하는 실체라기보다 이론을 만들기 위한 하나의 이념형(ideal type) 또는 기준으로 삼기 위하여 만들어 놓은 준거모형(convention)에 지나지 않는다.[14] 웨스트팔리아 체제는 영토(territory)와 자주권(autonomy)을 기초로 한 권위체로서의 국가를 전제로 하는 모형인데 현실에 있어서는 영토와 분리된 권위체도 존재하고(European Union) 영토의 밖에 존재하는 권위체의 정책간섭도 항상 있어 왔고 또한 자주권도 외부간섭에 의하여 항상 침해되어 왔었다.

교황의 낙태금지 칙령이 천주교 국가 내의 정책을 좌우하는가 하면 강대국의 압력으로 원하지 않는 조치를 취하지 않을 수 없는 약소국이 항상 존재해 왔다.

---

14) Krasner, *op. cit.*, p. 2. 그는 다음과 같이 표현하고 있다. "…… The Westphalian model has never been more than a reference point or convention ; it has never been some deeply confining structure from which actors could not escape."

특히 최근에 와서는 인권, 환경 등과 관련하여 외부 강대국의 간섭이 점차로 늘어나고 있고, 경제제도에 관한 국제기구(IMF 등)의 간섭 또한 늘고 있다.[15)]

크라스너에 의하면 웨스트팔리아 체제의 원칙파괴는 협약(convention), 계약(contract), 강압(coercion) 및 강요(imposition)의 형태로 이루어진다.[16)] 주권국가의 주권을 침해하는 이러한 행위의 원천은 그 동안 주로 군사대국이었으나 20세기 후반에 이르러서는 다양한 주체로 확대되고 있다. 국제연합과 같은 국제기구, 세계여론, 국제압력단체, 종교단체 등도 주권절대의 원칙을 깨는 '간섭'을 하고 있다.

21세기의 질서는 웨스트팔리아 체제의 원형을 그대로 유지할 수 있을까? 당분간은 그러리라고 본다. 앞서 소개한 로즈노우의 예측모형에서도 '전지구적 사회'외의 세 모형, 즉 '재생된 국가 중심 체제,' '다원주의 질서,' 및 '이원체제'는 모두 국가가 기본단위가 되는 웨스트팔리아 체제의 변형들이다. 그리고 '전지구적 사회' 모형도 국가의 지위가 상대적으로 약화되었을 뿐 완전히 웨스트팔리아 체제를 일탈한 것은 아니다.

왜 국가 중심 체제가 당분간 지속된다고 예측하는가? 이유는 간단하다. 아직 국가를 대체할만한 포괄적 단위체가 없기 때문이다. 수십억 인구를 가진 세계공동체에서 개인이 직접 자기의 이익을 내세울 수는 없으며, 이익을 대표해 줄 수 있는 단위체를 가져야만 하는데 국가만큼 모든 이익을 대변해 줄 수 있는 조직은 아직 없다.

만일 21세기에도 웨스트팔리아 체제가 근간이 되는 국제질서가 존속한다면 국제관계이론도 크게 달라질 것이 없다. 국가간 갈

15) 1997년 12월의 금융위기로 한국정부는 IMF가 제시한 경제구조 개혁을 충실히 이행했다. IMF의 금융지원을 얻는 대가였기 때문이다.

16) Krasner, *op. cit.*, p. 4.

등의 예방 및 관리에 관한 이론들이 계속 연구될 것이다. 그러나 위에서 예측한 것처럼 과학기술의 발전이 인간의 삶의 양식을 근본적으로 바꾸어 놓게 되면 새로운 영역의 연구대상이 나타나게 된다.

첫째로 국가간 갈등 못지 않게 국가간 협력에 관한 이론연구가 활발해질 것이다. 자원과 단순 노동력은 무력으로 쟁취할 수 있으나 고도 산업사회가 필요로 하는 과학기술은 상대의 자발적 협조가 없으면 얻을 수 없다. 따라서 쟁취보다 협력을 얻어내는 기술이 앞으로의 질서에서는 주된 관심이 된다.

둘째로 전쟁연구의 초점이 바뀔 것이다. 대량살상무기의 등장이 인류공멸의 가능성을 현실화시킨 결과로 역설적인 이야기가 되나, 대규모 전쟁의 가능성은 희박해지고 있다. 오히려 첨단과학무기의 등장으로 인명살상을 하지 않고 상대의 힘의 원천을 파괴하는 새로운 '비살상전' 형태의 전쟁(non-killing war)과 소규모 내전이 주된 전쟁양상으로 될 것이므로 이러한 비전면전(非全面戰), 내전(內戰), 저강도전(低強度戰) 대테러전 등을 다루는 이론이 중요한 안전보장이론으로 등장하게 될 것이다.

셋째로 평화질서 연구가 새롭게 각광을 받을 것이다. 20세기까지의 평화연구는 '현존 질서의 안정적 유지'라는 강대국 이익을 반영하는 것이 주류를 이루어 왔었다. 평화를 '폭력없는 상태'라고 소극적으로 정의하고 힘으로 현질서에 대한 폭력적 도전을 막는 방법에 연구의 초점을 맞추어 왔었다. 그러나 대등한 국가들간의 안정된 공존질서가 모든 국가들의 공통된 이익으로 되는 21세기 질서에서는 공존보장양식으로 평화체제를 적극적으로 다루게 될 것이다. 평화는 "공존에 대한 자발적 합의"로 재정의되고 어떻게 공공재(公共財)로서의 평화체제를 창출, 유지, 관리해 나갈까 하는 규범적, 정책적 연구가 평화이론을 이끌어 나갈 것이다.

넷째로 국가간의 관계가 국제 질서의 기본 구조로 남는다 하더라도 비국가적 행위주체가 급속히 그 기능을 확장하고 있는 오늘의 추세를 감안할 때 국제기구(IGO 및 NGO), 다자조약체제, 레짐(regime) 등에 대한 이론들이 연구자의 관심을 끌 것이다. 다층복합질서[17]로 발전해 나가는 21세기 국제질서 구조에서는 국가 못지 않게 비국가적 행위주체의 역할도 커질 것이기 때문이다.

다섯째로 개인의 인권과 삶의 질 보호를 위한 국제협력 또한 연구의 관심영역으로 크게 자리잡게 될 것이다. 국내질서에서 인권이 국가권력으로도 규제 못하는 천부적 권리로 인정받는 추세를 감안한다면 국제사회에서도 인권문제는 내정불간섭의 원칙이라는 고전적 웨스트팔리아 체제 원칙을 벗어나는 '인류공동의 관심사'로 인정받게 될 것이며 이에 따라 인권의 국제적 보장, 인권탄압 국가에 대한 국제적 공동제재 등이 주요 관심사가 될 것이다. 그리고 환경보호문제라든가 생존을 위협하는 가난 등도 '국경 내의 문제'가 아닌 '인류 사회 공동 관심사'로 등장하여 국제관계연구 영역에 들어올 것이다.

여섯째로 세계여론, 세계시민의식(世界市民意識), 정치문화 등 개개인의 생각, 의사, 믿음 등에 대한 연구가 활발해질 것이다. 세계 인류공동체의 일원이라는 자각을 가진 개인들의 참여활동이 각 국가의 행위에 크게 영향을 미치는 시대가 오기 때문이다. 한나라의 인권 탄압 정책을 시정하는 데 있어서 이웃나라의 전차사단보다 세계여론이 더 큰 힘을 가지게 되는 시대가 이미 오고 있으며, 세계 보편적인 인권장전을 조약화하는 데는 세계시민의식이 몇몇 강대국의 정책의지보다 더 큰 기여를 하는 시대가 눈 앞에 다가와 있다.

21세기는 세계화시대여서 국제관계라는 학문영역이 쇠퇴할 것

17) 규제대상범위와 규제기능을 서로 달리하고 작동형식이 서로 다른 여러 개의 질서가 다층적으로 동시에 작동하는 질서를 말한다. 예를들어, 이미 안보질서, 경제질서, 환경보호질서 등은 서로 독자적 질서로 동시에 작동하고 있다.

이라는 주장은 속단이다. 오히려 국제관계연구가 전성기를 맞게 되리라 내다본다.

참고도서

1. 대통령자문 21세기위원회편, 『21세기의 한국』, 서울 : 서울 프레스, 1994.

이 책은 각계 인사 48명이 5년간 공동작업을 통하여 2020년의 국내외 환경과 한국의 발전방향을 정리하여 만들어 낸 보고서인데 이 중에서 미래세계를 예측한 제 1 편 제 1, 2장과 제 2 편의 1장, 제 4 편의 1장, 제 5 편의 제 2 장 등을 참고할 것.

2. John Naisbitt, *Megatrends*, New York: Warner Books, 1982; 1984.

21세기로 역사가 전개되면서 일어날 변화를 10개의 주요 추세로 정리·제시한 책.

3. John Naisbitt, *Megatrends Asia*, London: Nicholas Brealey, 1995.

*Megatrends*의 저자 Naisbitt가 아시아의 변화와 관련하여 제시한 8가지 추세 해설. 저자가 아시아 각국을 방문하여 전문가들과 폭넓은 회견을 하여 모은 자료를 정리한 책이다.

4. Paul Kennedy, *Preparing for The Twenty-First Century*, New York: Random House, 1993.

정세 변화의 추세와 각 지역에 미칠 영향, 그리고 이에 대한 대비책을 제시한 책이다.

5. Peter F. Drucker, *Post-Capitalist Society*, New York: Harper Business, 1993.

사회, 정치체제, 지식 등 세 영역에 있어서의 거시적 변화를 심도 있게 논한 책이다.

6. 다니엘 벨(Daniel Bell)저, 서규환 역, 『2000년대의 신세계질서』, 서울 : 디자인하우스, 1991.

저자가 일본서 발행되는 『月刊朝日』에 연재했던 기고문을 엮은 책으로 21세기의 질서상과 함께 지역별 잇슈, 미국의 지위변화, 경제체제와 사회체제 변화 등 다양한 주제를 다루고 있다.

7. 日本國際政治學會編, 『21世紀の 日本, アジア, 世界』, 東京 : 國際書院, 1988.

1996년 일본국제정치학회가 주최한 국제 세미나에서 발표된 논문을 일본어로 번역 출간한 책인데, 21세기 국제질서의 여러 국면에 걸친 논의를 다양하게 다루고 있어 21세기 이해에 많은 도움이 된다.

8. 세계체제관리위원회 편저, 유재천 역, 『세계는 하나, 우리의 이웃』, 서울 : 조선일보사, 1995.

이 책은 The Commission on Global Governance가 편찬한 *Our Global Neighbors*, Oxford: Oxford University Press, 1995.의 한국어 번역판이다. 21세기를 내다보면서 진정한 세계평화를 위해 풀어나가야 할 과제들을 선정하여 분석하고 처방을 제시한 책이다. 세계 각국을 대표하는 29명의 석학들이 몇년간 여러 번의 모임을 가지고 공동으로 내어놓은 처방들이란 점에서 주목을 끌고 있는 책이다. 한국에서는 이홍구(李洪九) 박사가 참여하였다. 범세계적 안목에서 현 시대의 문제를 이해하는 데는 아주 좋은 길잡이가 된다.

제 2 부

국가간 갈등원인에 관한 경험이론

제 2 부 국가간 갈등원인에 관한 경험이론

[개 요]

이론은 목적에 따라 세 가지로 나뉜다. 경험이론(empirical theories), 규범이론(normative theories)과 정책이론(policy theories)이 그 세 가지이다. 어떤 현상이 어떻게 일어나서 어떻게 진행되는가를 밝혀 그 현상을 설명하고 예측하는 데 쓰는 이론이 경험이론이다. 경험이론은 가치중립적이다. 있는 그대로를 밝히는 이론이기 때문이다. 경험이론의 생명은 객관성이다.

규범이론은 당위(當爲)의 명제를 설득력 있게 제시하는 이론이다. 행위자가 무엇을 하여야만 한다는 것(ought to do)을 제시하는 이론이다. 규범이론의 판단기준은 정의(justice)이다. 어떤 규범이 얼마나 인간의 보편적 가치관에 부합하는가를 보여주는 이론이다. 정책이론은 현실과 목적을 연결시켜 주는 가장 효율적인 방법을 제시해 주는 이론이다. 정책이론은 효율성, 합리성으로 평가된다. 그리고 정책이론은 구체적인 행동지침을 도출할 수 있는 선명한 기준을 제시해 줄 때 '좋은 이론'으로 평가된다.

제 2 부에서는 갈등과 전쟁의 원인을 규명하는 경험이론들을 소개한다. 갈등(conflict)행위는 인간의 다른 행위와 마찬가지로 인간의 의지적 선택의 결과이므로 사람의 마음에서 생겨난다. 인간의 어떤 심리적 속성이 갈등행위를 만들어내는가를 밝히면

갈등원인의 파악에 도움이 된다. 이러한 생각에서 갈등원인을 인간본성과 연계해 보는 이론들이 있다. 그 중에서 가장 대표적인 이론으로 로렌쯔(Konrad Z. Lorenz)의 '공격본능이론'을 소개한다(제 5 장). 로렌쯔는 인간의 본성에는 유전적으로 전승되어 내려오는 공격본능이 잠재되어 있어 갈등은 '계기'만 주어지면 언제나 나타난다고 본다. 로렌쯔의 이런 주장에 대하여 '본능'은 공격적이라도 발현형식은 교육에 따라 조정된다는 점에 더 역점을 두는 밴두러(Albert Bandura)의 학습이론도 있다. 함께 제 5 장에서 다룬다.

인간의 행위는 조직 속에서는 조직특성을 반영한다. 개인행위가 조직의 맥락 속에서는 다른 모습을 보인다는 사회학적 이론들에 기초하여 국가라는 조직의 대외행위를 국가조직특성에서 설명하려는 이론들이 있다. 제6장에서는 이런 논의들을 '럼멜(R. J. Rummel)의 자유주의 평화이론'으로 묶어 소개한다. 전체주의, 군주제, 민주주의 체제 등의 국가정치체제마다 행위특성을 가지는데 민주주의 정치체제의 국가들만이 "전쟁을 시작하지 않는다"는 것을 보여주는 자유주의 평화이론을 중심으로 소개하면 관련되는 다른 국가속성이론도 쉽게 이해가 되리라 생각해서다.

제 7 장에서는 레닌(V. I. Lenin)의 '제국주의 전쟁이론'을 소개한다. 마르크스주의의 세계관은 계급을 사회구성의 핵심으로 보는 시각에서 출발한다. 국가의 대외 행위설명에서도 국가 내의 계급모순 해결을 위하여 고도 자본주의 국가는 제국주의 전쟁을 하지 않을 수 없다고 마르크스주의자들은 주장한다. 레닌은 이러한 이론을 체계화하였다. 자본주의가 고도화하면 국내에서 계급 갈등이 폭발단계에 이르게 되는데 이를 피하기 위하여 자본가들을 대표하는 정부는 해외에 식민지를 확보하여 착취

하면서 '초과이윤'을 만들어내어 그 일부를 프롤레타리아 계급에 나누어 줌으로써 그들의 혁명 성향을 누그러뜨리려 한다고 레닌은 분석하면서 이런 이유 때문에 고도 자본주의 국가들의 식민지 경영은 불가피한데 식민지는 유한하므로 자본주의 국가간의 식민지 쟁탈전, 즉 제국주의 전쟁은 불가피하다고 결론내리고 있다. 제 2 차 세계대전 이후에는 레닌의 계급시각을 국제사회 내의 선진국과 후진국간의 계급관계로 확장한 네오-마르크시즘이 풍미했다. 제 7 장에서는 이들의 시각도 간단히 소개한다.

모겐소(Hans Morgenthau)의 '현실주의 힘의 정치이론'(제 8 장)은 국가의 존재목적에서부터 국가의 행위전형을 도출하고자하는 행위다. 국가는 국민들의 안전, 번영을 확보하기 위하여 존재하는 조직체인만큼 '국가이익'을 극대화하는 행위를 하려하게 되며, 모든 국가들이 이렇게 자국의 이익을 극대화하려 하므로 결국 각국간의 '힘 겨루기'가 불가피해지는데 이런 힘 겨루기에서 국가의 행위들을 설명할 수 있는 '힘의 정치'(power politics)의 법칙들을 찾아낼 수 있다고 주장한다.

각국의 힘은 시간의 흐름에 따라 변화한다. 한 때 국제질서를 힘으로 지배하던 국가의 힘이 상대적으로 약해지면 지배받던 다른 강대국이 이에 도전하여 새로운 지배국가가 되려고 한다. 이 과정에서 전쟁이 일어난다고 주장하는 오간스키(A. F. K. Organski)의 '힘의 전이이론'과 같은 맥락의 길핀(Robert G. Gilpin)의 '패권전쟁이론'을 각각 제 9 장과 제10장에서 소개한다.

인간사회는 위계사회다. 높은 자리에 있는 자가 있고 낮은 자리에 있는 자가 있다. 이러한 위계질서에서 누구나 높은 자리로 가려고 노력하는 것은 당연하다. 높은 위계를 지향하는 인간의 일반적 속성에서 인간행위 전형을 도출하고 다시 이런 성향들이 서로 얽혀서 나타나는 2차적 행위전형을 법칙화하려는 노력들이 있다. 라고스(Gustavo Lagos), 갈퉁(Johan Galtung), 럼멜(R. J. Rummel) 등의 이론들을 묶어 제11장 '라고스, 갈퉁, 럼멜의 위계이론'으로 소개한다.

제12장에서는 해러리(Frank Harary) 등의 '구조균형이론'을 해설한다. 구조균형이론은 사회심리학적 이론을 국제정치에 응용한 것인데 "나의 적의 적은 나의 친구이다"라는 상식적인 이야기를 정교하게 체계화하여 이론화한 것이다. 비록 간단한 논리이지만 국제정치 현상을 설명하는 데 많은 도움을 주는 이론이다.

국가들의 행위는 국제질서라는 시스템 속에서 이루어진다. 그래서 이 시스템의 상태에 따라 행위정향이 달라지게 된다. 하나의 패권국가가 전체 질서를 힘으로 지배하는 시스템 속에서는 다른 나라들은 행위 선택의 자유가 사실상 없다. 국제질서가 두 개의 초강대국이 각각 지배하는 두 개의 진영으로 구성된 시스템인 양극체제(bipolar system)에서는 진영 내의 규율과 진영간의 대결논리가 각국의 행위를 묶는다. 그런가 하면 모든 나라가 전부 질서파괴능력을 가지는 전단위거부권 보유체제(the unit veto system)에서는 모든 국가들의 전원 일치의 의견합의가 이루어지지 않으면 아무도 질서 변경을 시도할 수 없게 된다. 여러 개의 강대국들이 서로 동맹관계를 조정하면서 독점적 지배권자의 출현을 막는 세력균형체제가 되면 이들 강대국들은 이 체제유지를 위한 행위선택들을 하게 된다. 이렇게 시스템의 상태 특성에서 각국의 행위정향을 찾아내려는 신현실주의적 노력이 카플란(Morton Kaplan)에 의해서 시도되었다. 제13장 '카플란의 체제이론'에서 이 이론을 해설한다.

제14장에서 소개하는 '럼멜의 동태균형이론'은 제 9 장 및

제10장에서 소개하는 오간스키와 길핀의 이론과 같은 시각에서 제시된 이론이다. 현존 국제질서(status quo)는 국제질서 시스템 내의 각국간의 힘의 균형을 바탕으로 만들어진 계약에 의한 기대구조(structure of expectation)인데 시간이 흐르면 각국의 힘이 변하고 이에 따라 힘의 균형도 바뀌나 한번 만들어진 질서는 변하지 않으려는 관성을 가지게 되므로 질서와 이를 뒷받침하는 힘의 균형간에 괴리(乖離)가 생겨나고 이때 이 격차를 급속하게 좁혀 새로운 힘의 균형에 맞는 새로운 계약을 만들어내는 행위가 전쟁이라는 것이 럼멜의 주장이다. 따라서 전쟁을 예방하려면 질서를 힘의 균형 변화에 맞추어 부단히 '진화'(evolution)시켜 나가야 한다는 처방이 럼멜의 이론에서 도출된다.

국가행위는 위에서 논한 여러 이론에서처럼 국가 내부요인만으로, 그리고 국가 외의 환경변수만으로는 충분히 설명할 수 없다. 국내외 변수는 서로 '연계'(link)되어 있기 때문이다. 로즈노우(James Rosenau)는 이 연계에 착목하여 연계의 유형이 가져오는 특정행위를 이론화하려는 노력을 펴면서 하나의 예비이론(pre-theory)으로 '연계이론'(linkage theory)를 제시하였다. 제15장에서 소개한다.

국가들의 행위는 '합리적 선택'의 원리에 따라 나타난다고 한다면 주어진 조건 속에서 각 국가가 선택할 행위를 예측할 수 있게 된다. 이러한 합리적 선택행위가 체계화된 것을 전략(strategy)이라 한다. 제16장에서 소개하는 쉘링(Thomas C. Shelling)의 '전략이론'은 국가들이 주어진 조건에서 최대이익을 얻으려할 때 예상되는 행위를 밝히는 이론이다. 국제질서는 결국 각국들이 자국 이익을 극대화하기 위해 최선의 노력을 하는 '게임'의 결과로 이루어진다고 보는 이론이다. 라포포트(Anatol

Rapoport)의 '게임이론'이 이 이론의 바탕이다.

제 2 부에서 다루는 경험이론들은 국가간 갈등과 전쟁원인을 규명하는 여러 유형을 모두 다루고 있는 것이 아니고 특색 있는 접근들을 고루 이해시키기 위하여 선택한 몇가지만을 '사고(思考)의 흐름'을 중심으로 소개한 것이다.

제 5 장

로렌쯔의 공격본능이론

제 1 절 마음 속의 공격본능

유네스코(UNESCO)헌장 서문에 적혀 있는 유명한 문구, "전쟁은 인간의 마음 속에서 비롯되니, 평화의 수호도 인간의 마음 속에서 이루어져야 한다"(Since wars begin in the minds of men, it is in the minds of men that the defense of peace must be constructed)는 말을 어떻게 받아들여야 할까? 전쟁은 인간집단간의 무력투쟁이다. 이러한 집합적 행위도 파고들어가 보면 개인행위로 분해될 수 있다. 인간행위는 그것이 의도적인 것일 경우, 인간심리의 표출이라 볼 수 있으니 결국 전쟁의 원천은 인간의 마음이라는 이야기를 부인할 수는 없을 것이다.

사람 일의 발단은 마음 속, 즉, 인성(人性)에서 비롯된다는 믿음은 아주 오래된 것이다. 맹자(孟子)시대의 성선설(性善說), 성악설(性惡說) 논쟁도 모두 갈등에 대한 인간본성이론의 계보에 속한다고 할 수 있다. 『실락원』(失樂園 : *Paradise Lost*, pp. 254-255)에서 밀튼(John Milton)은 인간의 마음 속에서 천국을 지옥으로, 그리고 지옥을 천국으로 만들 수 있다고 갈파하였다.

럼멜(R. J. Rummel)은 인간간의 갈등이란 본질적으로 사람들의 마음들간의 갈등이며, 인간들의 인식, 욕구, 이익, 기대, 도덕관 등의 차이에서 빚어지는 갈등이므로 모든 갈등은 인간의 마음 속에서 형성되며 또한 진행되고 끝난다고 보았다. 그리고 평화란 것도 결국 인간의 마음간의 관계라고 해석하고 있다.[1)]

전쟁이 인간의 마음 속에서 비롯된다고 보는 견해도 크게 두 가지로 나누어 볼 수 있다. 하나는 인간이 대를 물려 유전받아 온 인간본성 자체가 공격적이어서 싸운다는 주장(本性論 : the nature view)이고 다른 하나는 인간 본성을 공격적으로 만드는 환경조건 때문에 인간은 공격적이 된다는 주장(養育論 : the nurture view)인데 후자의 주장은 환경조건만 개선해 주면 사람들을 비공격적으로 순화할 수 있는 길을 내포하고 있기 때문에 훨씬 더 낙관적이라고 할 수 있다. 또한 이 두 가지 견해의 중간쯤 되는 것으로 인간 본성은 때에 따라 선할 수도 있고, 악할 수도 있어 악성(惡性)에서 전쟁이, 그리고 선성(善性)에서 평화가 연유한다고 보는 주장도 있다.

전쟁의 근원을 선천적인 인간의 본성 그 자체에서 찾는가 아니면 인간 본성이 행위로 되어 나오는 조건에서 찾는가에 따라 전쟁을 예방하고 평화를 지키는 처방은 근본적으로 달라진다. 만일 전쟁을 선천적인 인간본성에서 비롯되는 것이라고 본다면 "악한 자도 싸울 수 없는 체제"를 만드는 처방을 생각해 내야 한다. 그러나 인간본성 그 자체가 아니라 인간본성의 발현조건에 따라 인간행위가 공격적이고 침략적이 된다고 본다면, 평화를 위한 처방은 조건의 개선에서 찾을 수 있을 것이다.

종교차원에서라면 인간본성의 순화에 더 큰 관심을 가지겠지

---

1) R. J. Rummel, *In the Minds of Men*, Seoul: Sogang University Press, 1984, p. 10.

만 정치현실에서는 인간본성의 개조보다는 결과로서의 평화질서에 궁극적 관심을 둔다. 그러하기 때문에 전쟁과 인간본성을 연결하는 데 있어서도 인간본성 그 자체가 문제인가, 아니면 본성이 갈등행위를 낳는 조건이 문제인가 하는 것은 따지지 않고 어떤 체제에서라면 갈등이 합리적으로 그리고 비폭력적으로 해소될 수 있을 것인가 하는 데에 주된 관심을 두고 연구노력을 집중하고 있다.

월츠(Kenneth N. Waltz)는 국가간 갈등의 원천을 인간본성에서 찾는 여러 학자들 중에서 스피노자(Benedict de Spinoza), 성(聖) 오거스틴(Saint Augustine), 니이버(Reinhold Niebuhr)와 모겐소(Hans J. Morgenthau) 등 네 사람의 주장을 분석 · 대비하고 소개한 후 "인간본성은 변경 불가능하지만 사회 · 정치적 기구들은 바꿀 수 있으므로" 결과로서의 평화질서를 추구하는 정치학에서는 평화를 위한 체제에 연구관심을 두어야 한다고 결론을 내리고 있다.[2] 그러나 인간본성이 어떠하며 어떻게 갈등을 일으키는지 그 과정에 대한 바른 이해가 있어야 평화체제에 대한 바른 설계가 가능하다는 점에서 본성(本性)-갈등(葛藤) 연계에 관한 이론적 연구는 아주 중요한 의미를 갖는다.

이 장(章)에서는 '갈등의 인성(人性)이론' 중에서 가장 대표적인 것으로 로렌쯔(Konrad Z. Lorenz)의 공격본능이론(攻擊本能理論)을 간략히 소개한다.

제 2 절 로렌쯔이론의 개요

로렌쯔(Konrad Z. Lorenz)는 1977년판 『사회심리학요람』[3]

2) Kenneth N. Waltz, *Man, The State and War*, New York: Columbia University Press, 1965, p. 41.

3) Gerdner Lindzey and Elliot Aronson, eds., *The Handbooks of Social Psy-*

에 스물 네 곳에서 인용될 정도의 저명한 생리학자인데, 특히 1973년 노벨상(생리/의학부문)을 수상함으로써 세계적 명성을 얻은 석학이다.

그의 저서 *On Aggression*[4]은 일반대중에게도 널리 읽힌 책으로, 이 책에서 로렌쯔는 "인간은 고칠 수 없는 공격본성을 가졌다"고 단언함으로써 세상에 많은 충격을 주었다.

이 절(節)에서는 로렌쯔의 주장을 그의 저서를 바탕으로 간략히 소개한다.

1. 공격본능의 정의

로렌쯔는 그의 이론의 핵심개념인 공격본능, 즉 aggression을 다음과 같이 정의한다.

> "동물이나 인간이 동종(同種)의 대상에 대하여 싸우려는 본능"(The fighting instinct in beast and man which is directed against members of the same species).[5]

여기서 다루는 aggression 개념은 우리말로는 침학(侵虐)이란 말에 더 가까우나 생소한 단어일 것 같아 다소 뜻을 달리하지만 공격이란 말로 받아서 쓰기로 한다. 이 aggression 개념의 두 가지 주목할 점은, 이 개념 자체가 동물이나 인간의 마음 속에 내재하는 본능을 가르킨다는 점과, 이 개념은 동종(同種)에 대한 공격성을 뜻하지 타종(他種)동물에 대한 공격성은 의미하지 않는다는 점이다.

---

chology, 2nd edition, Reading: Addison-Wesley, 1977.

4) K. Z. Lorenz, *On Aggression*, New York: Harcourt, Brace & World, 1966.

5) *Ibid.*, p. 9.

로렌즈는 본능(instinct)을 동물이나 인간의 중앙신경계 내에서 조정되는 고정행위정형(固定行爲定型 : fixed action pattern)으로서 신경생리학적으로 자극되어 발동하는 행위이고 행위자의 경험이나 외적 자극과는 관계없는 순수한 유기체 내부현상이라고 보고 있다.

2. 이론명제

로렌쯔의 공격성이론 명제는 아주 간단하다.

> "공격행위는 유전적(系統發生學的)으로 물려받은 본능적 행위이다"(Aggression is phylogenetically programmed, and, therefore, ineradicably instinctive behavior).[6]

이 이론명제의 특색을 사뮤엘 김(Samuel S. Kim) 교수가 명쾌하게 정리해 주고 있어 이를 소개한다.[7]

(1) 공격본능은 계통발생학적으로 이미 사전에 프로그램되어 있기 때문에 고칠 수 없다.

(2) 공격심리는 자연발생적이다. 특정 행위를 지향한 에너지가 동물의 본능중추(本能中樞)에 축적되어 어느 한계에 도달하게 되면 이를 발산하기 위하여 스스로 자극을 찾아 나서게 된다고 본다.

(3) 공격행위는 개인과 종족의 보존을 위해서도 없어서는 안 되는 행위일 뿐만 아니라 인간의 창조적 능력의 확보를 위해서도 필요하다.

(4) 발산되지 않은 공격충동은 병으로 된다.

---

6) *Ibid.*, p. 237.

7) Samuel S. Kim, "The Lorenzian Theory of Aggression and Peace Research: A Critique," in Richard A. Falk & Samuel S. Kim, eds., *The War System: An Interdisciplinary Approach*, Boulder: Westview Press, 1980, pp. 82-115. 여기서는 그대로 번역하지 않고 더 간략하게 요약하였다.

(5) 넘치는 공격충동을 정화(淨化)시키는 것만이 전쟁을 예방하는 근본적 처방이 된다.

로렌쯔이론의 가장 두드러지는 특색은 인간의 공격본능은 유전되는 본성의 하나라는 주장이다. 로렌쯔는 이 본능은 인간이 유인원(類人猿)일 때부터 대를 이어 오면서 조상으로부터 유전받아 오는 것이라고 주장하고 있으며, 바로 이러한 본능을 갖추었기 때문에 인류는 적자생존의 어려운 환경 속에서 적응·진화를 해 올 수 있었다고 보고 있다.

로렌쯔는 공격본능을 단순히 파괴적이라고 규정하는 것은 잘못이며, 인간이 창조적이 되도록 만드는 원동력에 해당된다고 했으며 나아가서 "가장 높은 인간의 목표를 달성하는 데 있어서 불가결(不可缺)의 요소"가 된다고도 했다. 로렌쯔는 말하자면 인간의 성취동기를 공격본능에서 찾고 있는 셈이다.[8]

로렌쯔는 프로이드(Sigmund Freud)와 마찬가지로 발산되지 않은 공격충동은 병(病)으로 발전된다고 보았다. 그는 "오늘날의 문명인들은 그들의 공격충동을 충분히 발산하지 못해 많은 고통을 받고 있다"고 주장하면서[9] 이러한 공격본능을 가진 사람들이 모여 살면서 서로간에 폭력적 갈등이 폭발하지 않게 하려면 결국 공격충동을 승화시키거나 의식화(儀式化)시키든지 또는 방향전환을 시켜주는 수밖에 없다고 주장하고 있다. 왜냐하면 공격충동은 본능이어서 인위적으로 없앨 수는 없고 오직 방향만을 바꾸어 줄 수 있기 때문이다. 그래서 로렌쯔는 평화질서 유지를 위한 공격본능의 정화(淨化 : catharsis)에 많은 관심을 표시했었다. 로렌쯔는 스포츠야말로 국가간 전쟁의 확률을 낮추는 좋은 '공격본능의 정화'수단이라고 찬양하였다. 이 견해는 현대 올림픽 게임을 창안한 쿠베르탱

8) Lorenz, *op. cit.*, p. 278.
9) *Ibid.*, p. 244.

(Pierre de Coubertin, 1863-1937) 남작의 생각과 똑같은 것이다.

공격충동은 본능(instinct)이라고 하지만 좀 더 상세히 살펴보면 공격충동이 일어나서 표출되는 과정에서 어느 부분이 선천적(innate)이며 어느 부분이 후천적인가를 갈라 보아야 한다. 로렌쯔는 공격충동을 부추기는 요소(instigation)도 생래적(生來的)이고 또한 그 충동을 억누르는 요소(inhibition)도 미리 타고난 것이라고 보는데 프로이드는 부추김은 생래적이나 억제는 태어난 후 유아기에 배움을 통하여 얻어지는 후천적인 것이라고 보았다. 이렇듯 로렌쯔는 공격심리의 작동의 온 과정을 모두 생래적인 것으로 철저히 못박는 결정론적 입장을 고수함으로써 더 유명해졌다.[10]

제 3 절 몇 가지 변형

인간의 공격행위를 설명하는 이론에는 로렌쯔의 생리학이론 등을 포함한 생물학적 본능이론(biological-instinctual theories)외에도 좌절반응이론(response-to-frustration theories) 및 사회문화적 학습이론(socio-cultural learning theories) 등이 있다.

본능이론은 위에서 소개한 바와 같이 공격충동은 생래적(生來的)인 본능의 하나이기 때문에 그 자체를 어떻게 바꾸어 볼 여유를 전혀 주지 않는 순수한 생리학적 · 생물학적 이론이라 한다면, 나머지 두 유형의 이론들은 이를 좀 더 발전시켜 다른 변수를 추가한 발전형 이론들이라 할 수 있다.[11]

---

10) 로렌쯔와 프로이드의 간략한 비교는 다음 글에서 찾을 수 있다. Edwin I. Megargee & Jack E. Hokanson, eds., *The Dynamics of Aggression*, New York: Harper & Row, 1970의 Ch. 1 "Theoretical Formulations," pp. 1-21을 볼 것.

11) Samuel. S. Kim, *op. cit.*, p. 94 참조.

1. 돌라드와 버코위쯔의 좌절반응이론

로렌쯔의 생물학적 본능이론대로라면 사람은 외부자극과 관계없이 주기적으로 남을 공격하는 행위를 하게 된다. 마치 물이 병에 고여서 차게 되면 넘쳐흐르듯이 공격충동도 쌓여가다가 일정한 수준에 이르면 공격행위로 발산된다고 주장하기 때문이다. 과연 그렇다고 믿어도 될까?

이러한 단순한 기계적 모형에 회의를 느끼는 많은 사람들은 좀더 그럴 듯하다고 믿을 만한 가설들을 생각해냈다. 돌라드(John Dollard)와 버코위쯔(Leonard Berkowitz) 등은 공격은, 비록 생래적(生來的)인 잠재적 본능에서 비롯될지라도 아무 때나 나타나는 행위가 아니고 오직 하려고 하는 일을 방해받아 좌절을 느낄 때만 취하게 된다고 '좌절(挫折)-반응(反應)'이라는 행위발현조건을 첨가하였다.[12)]

공격심리 영역에서 가장 큰 영향을 끼친 돌라드와 그의 예일대학 동료들의 공동저서 *Frustration and Aggression*이 1939년에 출판된 이래 좌절-반응 모형은 이제 공격충동에 관한 전형(典型) 같은 학설로 굳어져가고 있다. 돌라드의 이론을 간단히 소개한다.[13)]

돌라드 등은 우선 "공격행위는 항상 좌절의 결과다"(aggression is always a consequence of frustration)라는 기본 가정 위에 그의 이론을 구축하고 있다. 여기서 좌절은 "행위연속상의 어떤 적절한 시점에서(기대를 갖도록) 부추김을 받은 목표-반응의 발생을 방해받는 일"(An interference with the occurrence of an insti-

12) 이 두 사람의 이론은 다음 책에서 찾아볼 것. (1) J. Dollard, *et al., Frustration and Aggression*, New Haven: Yale University Press, 1939. (2) Leonard Berkowitz, *Aggression: A Social Psychological Analysis*, New York: MacGraw-Hill, 1962.

13) Dollard 이론의 요약은 Megaree & Hokanson, *op. cit.*, pp. 22-32에 실려 있다.

gated goal-response at its proper time in the behavior sequence) 이라고 정의하고 있는데, 한마디로 얻고 싶어하는 목표상태를 방해받았을 때의 상태를 말한다.

이론의 정밀성을 위해 돌라드는 관련되는 모든 개념을 모두 다시 정의했는데, 예를 들면 공격행위(aggression)는 "목표 충족이 어떤 유기체에 대한 상해(傷害)가 되는 행동"이라고 정의했다. 돌라드의 좌절-반응 가설은 다음과 같다.

> "공격행위의 발생은 항상 좌절의 존재를 전제하고, 반대로 좌절의 존재는 항상 어떤 형태의 공격행동을 일어나게 한다."[14)]

돌라드 가설은 로렌쯔이론보다 공격행위 발생의 경우를 좌절이란 조건으로 대폭 좁힌 셈이다. 즉, 공격행위를 좌절이라는 어떤 사태에 직면했을 때만 일어나는 현상으로 국한시켰다. 그러나 다시 일어나는 회의는 좌절을 겪게 되면 늘 공격행위를 취하게 되는가 하는 점과 좌절에는 비공격적 대응은 안 일어나며 또한 좌절이 원인이 아닌 공격행위는 안 일어나는가 하는 점이다. 바로 이러한 회의에 답을 주기 위하여 버코위쯔는 좌절-반응 모형을 수정・보충하였다.

버코위쯔의 수정(修正)은 다음과 같다.

(1) 좌절은 공격행위와 직결되는 것이 아니고 공격행위를 할 상태를 만든다.

(2) 좌절은 공격행위를 선택할 계기(契機)나 단서(端緖)가 있을 때 비로소 공격행위를 유발한다.

(3) 좌절과 공격행위를 매개하는 중간변수로는 '분노'와 '행위자의 사태해석'의 두 가지를 꼽을 수 있다. 좌절을 겪고도 분노를

---

14) 의역, 영문 원문은 다음과 같다. "The occurrence of aggression behavior always presupposes the existence of frustration and, contrariwise, the existence of frustration always leads to some form of aggression."

느끼지 않으면 공격행위로 반응하지 않고 또한 당사자가 사태를 공격반응을 보일 형편이라고 판단하지 않으면 그런 행위는 취하지 않게 된다.

버코위쯔는 객관적 사태와 개인의 반응 사이에 개재하는 두 개의 매개변수군(媒介變數群)으로 '분노'와 '당사자의 사태해석'을 넣는 수정을 가하는 조건에서 돌라드의 좌절-공격 가설의 타당성을 인정한다고 선언했다.[15]

2. 밴두러의 사회학습이론

위의 두 이론, 즉 로렌쯔이론과 돌라드·버코위쯔이론들에서는 인간의 공격행위 자체는 생래적인 것으로 일단 전제되었었다. 돌라드·버코위쯔 변형에서는 다만 공격행위가 어떤 상태에서 일어나게 되는가 하는 상황조건이 추가되었을 뿐이었다.

밴두러(Albert Bandura)는 이러한 전통적 이론에 근본적인 수정을 가하고 있다.[16] 그는 종전의 인성불가변설(人性不可變說), 즉 인간의 본능은 변화시킬 수 없다는 설에 도전하는 새로운 주장을 내세웠다. 그는 "인간의 내적 자극에 기인하는 공격적 행동은 여러 가지 외적 자극이나 보강적(補強的) 통제 등에 의하여 그 형태나 방향을 쉽게 바꿀 수 있다"[17]고 주장하면서 인간의 공격행위란 학습된 사회행위라고 하였다.

종전의 공격행위이론들은 행위결정요소로 내적 요인들에 관심을 두어왔는데 밴두러는 본능(instincts), 생리적 필요(needs), 충동(impulses), 욕구(drives) 등의 내적 요인들보다 사회적 맥락

15) Falk & Kim, *op. cit.*, p. 135.

16) 그의 저서, *Aggression: A Social Learning Analysis*, New York: Prentice-Hall, 1973에 그의 이론이 제시되고 있다.

17) Falk & Kim, *op. cit.*, p. 80의 S. S. Kim 해설 참조.

(social contexts), 목표(targets) 등 외적인 결정소(決定素)에 더 관심을 두어야 한다고 주장하였다. 이 주장은 공격본능이론에서 전제하고 있는 홉스적 인간상을 부정하는 것이며, 오히려 인간 본성이란 끊임없이 조정·변경시킬 수 있다는 가정을 전제하는 것이다. 밴두러는 공격행위가 내적 요인에만 기인한다고 본다면 한 가지 행위가 다른 상황, 다른 대상, 다른 시간에 따라 여러 가지 다른 모습으로 표현되는 것을 설명하기 어렵다고 주장한다.

밴두러는 인간의 공격행위가 외부환경 영향에 의해서만 결정된다는 이른바 환경결정론도 부정한다. 오웰(George Owell)의 소설 『1984년』에서 그리는 사회에서처럼 인간은 외부의 적응훈련과 통제로 완전히 규격품이 되지는 않는다고 보고 있다.

밴두러 등의 사회학습이론에서는 공격행위 결정에 미치는 두 가지 요소군(要素群), 즉 내적 충동과 외적 환경자극을 단순한 독립된 두 개의 변수군으로 보려 하지 않고 서로 상호작용하는 동태적인 변수군으로 보려하고 있다. 밴두러에 의하면 환경은 어디까지나 '잠재적 가능성'이지 고정된 결정요소는 아니다. 인간행위가 환경을 만들고 새로 만들어진 환경이 다시 행위에 영향을 주고 ……하는 식으로 공격행위에 관련된 내적 요인들과 외적 요인들은 상호작용하면서 행위를 발전시켜 나간다.

이상과 같은 발상에서 밴두러는 공격행위에 대한 학습이론의 주요 명제를 아래와 같이 구성·제시하였다.

> "인간의 공격행위는 자극(刺戟), 보강(補強), 인식(認識)의 세 가지 영역에서 통제되는 학습된 행위이다."[18]

사회학습이론에서는 인간의 행위규제 시스템을 세 가지로 보

---

18) 영문 원문은 다음과 같다. "Human aggression is a learned conduct that, like other forms of social behavior, is under stimulus, reinforcement, and cognitive control."

고 있다. 첫째는 선행유인(先行誘因 : antecedent inducements)이다. 행위를 결심하기에 앞서서 그 사람으로 하여금 그런 행위를 하도록 유인하는 여러 가지 요소를 통제·조절함으로써 행위 결심을 통제할 수 있다. 다음으로 자기 행위의 결과가 반사되어 올 때 이에 대한 반응을 조정·통제함으로써 행위를 통제할 수 있다. 상벌이 이 과정을 이용한 행위규범의 전형(典型)이다. 끝으로 인식과정(cognitive processes)의 통제로도 행위를 규제할 수 있다. 사람은 자기 행위와 그 결과를 인식체계 내에서 연결할 수 있을 때만 행위와 결과를 묶어서 인식한다. 그리고 이러한 인식이 전제되어야 상벌도 가능하다. 이 인식과정의 통제는 행위 조정에 결정적 영향을 준다.

밴두러는 이러한 세 가지 행위규범 체제를 통한 학습으로 계속 변화해가는 공격행위를 상정하여 위와 같은 명제를 내세운 것이다. 세 가지 행위조정 규제요소에 대한 그의 설명을 추가한다.

(1) 자극통제(stimulus control)

어떤 행위를 하게 되면 처벌을 받게 되거나 보상을 못 받게 된다고 확신시키는 자극을 주게 되면 사람들은 그 행위를 하지 않으려 한다. 즉, 행위가 억제된다. 반대로 그 행위가 허용되며 나아가서 보상이 따르게 된다는 것을 의미하는 자극을 받게 되면 사람들은 그 행위를 더 하려 하게 된다.[19)]

그러므로 자극을 조정·통제함으로써 인간의 공격행위를 조정·통제할 수 있게 된다.

19) "Stimuli indicating that given actions will be punished or unrewarded tend to inhibit their performance, whereas those signifying that the actions are permissible or rewardable facilitate their occurrence."

(2) 보강통제(reinforcement control)

인간은 자기 행위의 결과를 보고 행위에 대하여 자성(自省)하게 된다. 어떤 특정행위가 남이 알아주지도 않고 또한 벌을 유발하게 되는 것을 보게 되면 앞으로 그런 행위는 하지 않으려 하게 되며, 반대로 자기 행위가 좋은 결과를 자기에게 되돌려 주는 것을 보게 되면 같은 행위를 더 강하게 더 잘 하려 하게 된다. 이렇듯 행위의 결과에 따라 인간들은 특정행위, 더 엄격히 말해 특정자극에 대한 특정반응을 강화하거나 포기하거나 하게 된다. 이러한 피드백(feedback) 과정의 통제로 인간의 행위는 규제·조정할 수 있다.

(3) 인식통제(cognitive control)

인간은 자기의 인식 능력에 따라 자기 경험에서 배운다. 같은 경험에서도 더 많은 교훈을 얻는 사람이 있고 덜 얻는 사람도 있다. 사람들은 환경에 대해서 교훈을 얻은 만큼 그 환경의 영향을 받는다. 위에서 말하는 두 가지 통제기능도 인간의 인식능력이 전제된 것이다. 그렇기 때문에 우리는 인간의 인식능력 자체를 조정·통제함으로써 행위자의 행위선택경향을 통제·조정할 수 있게 되는 것이다. 공격행위 통제도 이렇게 해서 가능해진다.

북한과 같은 공산폐쇄사회는 자기 인민들을 교화(敎化)·세뇌(洗腦)시키는 방법으로 정보를 차단하고 정보 내용을 조작하여 인식범위를 좁히고 왜곡되게 만드는 일들을 하는데 이것이 바로 인식통제의 예이다.

공격행위이론의 변형과정에서의 밴두러의 공은 크다. 특히 인간 갈등과 전쟁을 연구하는 사람들에게 많은 시사점을 주고 있다. 만일 인간의 공격행동이 생래적인 본성에만 기인하는 것이라면 우리는 그 행위 자체의 조정·통제는 할 수 없게 되며 오직 공격적

본성을 가진 인간들을 얽어매어 평화롭게 살게 만드는 틀을 연구할 수 있을 뿐이다. 그러나 밴두러의 가설에서처럼 인간의 공격행위를 학습과정의 통제를 통하여 사전에 조정·순화시킬 수 있다면 평화를 위한 인간의 노력범위도 넓어진다. 사람 자체를 평화지향적으로 순화할 수 있는 길이 열리기 때문이다.

제 4 절 촌 평

인간이 인간을 해치는 개인간·집단간의 폭력적 갈등, 국가간의 갈등, 온 인류가 고통을 받는 전쟁 등을 다루면서 학자들은 인간 갈등의 시원(始源)으로써의 인간 공격행위를 다룬 생물학적·심리학적 이론에 많은 관심을 보이고 있다. 로렌쯔의 공격본능이론은 이 영역에서의 최초의 체계적 이론이고 버코위쯔, 밴두러의 수정이론들은 최근의 발전형이어서 여기서 간략하게 소개했다.

한 사회를 뒤엎는 혁명도, 온 인류를 공포에 몰아넣는 전쟁도 모두 인간의 행위이고, 인간의 공격성·침학성(侵虐性)의 결과임에는 틀림없다. 따라서 갈등시원(葛藤始源)으로서의 인간의 공격심리를 분석하지 않고서는 갈등연구, 전쟁연구, 평화연구가 완성될 수 없다. 그런 뜻에서 갈등심리의 하나로서의 공격심리 연구는 아주 중요한 의미를 가진다.

로렌쯔의 공격본능이론은, 인간에게도 동물들이 가지고 있는 생래적(生來的)인 공격본능이 있다는 점의 확인에 있어서, 그리고 그 본능이 여러 가지 경로로 인간행위를 지배한다는 원리의 발견에 있어서 큰 기여를 하였다. 특히 많은 후학(後學)들이 이 영역연구에 참여하도록 자극을 주었다는 점에서는 어떤 학자보다 큰 공헌을 했다고 본다. 그러나 그의 단변수이론(單變數理論)으로는 인간의 복잡한 사회행위를 설명하는 데는 많은 문제가 있다.[20] 우선 본능의 확인은 접어두고라도 본능 외의 여러 조건변수 없이는 현실 행위를 설명할 수 없다는 경험적 관찰이 너무 많아 그의 이론은 보편타당성을 주장하기 어렵게 되어 있다. 로렌쯔 스스로도 그의 이론은 동물관찰로 '입증'(立證)한 것이며 인간 행위에 유추(類推)한 것임을 자인하면서 사람의 행위로는 아직 경험적으로 증명하지 못하였음을 시인하고 있다.

로렌쯔의 본능이론의 변형인 돌라드와 버코위쯔의 좌절반응이론은 훨씬 더 세련된 이론이나 좌절과 무관한 공격행위, 도구적 공격행위(instrumental aggression) 등의 설명이 어렵다는 실증적 취약점을 가지고 있다. 밴두러의 사회학습이론은 가장 현실과 부합되는 타당성이 높은 이론이나 로렌쯔의 본능이론에서는 아주 거리가 멀어진 변형이 되어 버렸다. 왜냐하면 본능과 같은 내적 요인보다는 환경요인과 같은 외적 변수의 비중이 훨씬 더 커졌기 때문이다.

밴두러이론은 한 때 심리학적 접근에 쏠리던 갈등 연구자들의 관심을 다시 갈등의 현장인 사회와 국제사회로 되돌려 보내는 데 큰 기여를 하고 있다. 그러나 갈등행위는 본능과 환경과의 변증법적 상호작용을 한다는 점을 밴두러는 강조함으로써 심리학적 연구를 배제한 제도적 접근만으로는 평화연구가 불가능하다는 것도 강력히 시사해 주고 있다.

인간의 사회행위를 모두 '심리학화'(psychologization)해버리

20) 심리학자들조차도 전쟁을 불가피하게 하는 인간본성의 존재에 대해 회의를 표시하고 있다. Quincy Wright는 인간본성과 전쟁과의 관계를 논하면서 1932년 미국 심리학회 회원들에게 설문한 바를 소개하고 있는데, "심리학자로서 당신은 국가간 전쟁을 불가피하게 하는 불변의 인간본성이 있다고 믿습니까?"라는 질문에 대하여 528명의 회원 중 346명이 "아니오"라고 했고 오직 10명만이 "그렇소"라고 했으며, 150명이 답하지 않았다고 한다. Q. Wright, *A Study of War*(요약본), Chicago: The University of Chicago Press, 1964, p. 317.

면 더 이상의 이론화 작업은 불가능해진다. 그리고 인간행위는 신비화(神秘化)되고 불가지(不可知)의 영역으로 날아가 버린다. 반대로 심리적 측면을 배제하게 되면 사회과학은 공학이 되어버린다. 고른 관심을 가지고 연구하여 주기를 바란다.

참고도서

1. Konrad Z. Lorenz, *On Aggression*, New York: Harcourt, Brace & World, 1966.

이 장의 대본이다. 이 장은 이 책의 내용을 중심으로 로렌쯔의 이론을 소개했다. 이 이론에 흥미를 느끼는 학생은 직접 읽어 보기를 권한다.

2. Richard A. Falk & Samuel S. Kim, eds., *The War System: An Interdisciplinary Approach*, Boulder: Westview Press, 1980의 Part 2, "Ethological and Psychological Inquiries."

이 부분에는 Lorenz, Berkowitz, Bandura의 책의 주요 부분이 실려 있고 동시에 평도 곁들여 있다.

3. Edwin I. Megargee & Jack E. Hokanson, eds., *The Dynamics of Aggression*, New York: Harper & Row, 1970.

인간의 공격행위에 관련된 주요 문헌의 주요부분을 발췌 수록한 책으로 일별하면 이 영역에 대한 개괄적인 지식을 얻을 수 있다.

4. Kenneth N. Waltz, *Man, the State and War: A Theoretical Analysis*, New York: Columbia University Press, 1954의 제2, 제3장, pp. 16-79.

특히 제 2 장에 국가간 갈등과 인간행위 이론과의 관계에 대한 예리한 평이 압축되어 실려 있다.

5. R. J. Rummel, *Understanding Conflict and War Vol. 1: The Dynamic Psychological Field*, New York: Halsted Press, 1975.

갈등연구에 관한 심리학적 연구를 깊이 있게 다룬 책으로 대학원 이상 학생들이 이 영역을 전공할 때 한해서 읽기를 권한다.

제 6 장

럼멜의 자유주의 평화이론

제 1 절 조직 속의 인간행위

사람은 개인으로 행동할 때와 집단, 또는 조직으로 행동할 때와는 서로 다른 행위유형을 나타낸다. 개인행위에 있어서는 그 사람의 판단이 그 행위의 결정요소이지만, 집단이나 조직 속에서는 사람은 하나의 부분이 될 뿐이며 개인의 의사는 전체 행위 결정의 한 요소가 될 수는 있어도 그 자체가 집단, 조직의 행위를 결정하는 주체는 될 수 없다. 집단의지, 조직의지라고 하는 것이 형성되어 이에 따라 행위가 결정되기 때문이다.

집단(group)이란 구성원 사이에 남과 구별지어지는 공동특성이 있다고 인식되고 또한 그들간에 공동으로 추구하는 목표가 있다고 믿는 사람들의 집합을 의미하며, 조직(organization)은 좀 더 체계적인 인간집합을 말하는데 대체로 다음과 같은 네 가지 공통특색을 가진 집합을 말한다.[1)]

1) Bernard Berelson & Gary A. Steiner, *Human Behavior*, Shorter Edition, New York: Harcourt, Brace & World, 1967, pp. 53-55.

(가) 공식구조(公式構造 : formality)

명시적으로 표현된 규칙, 절차, 규정, 정책 등을 가지고 있다.

(나) 위계질서(位階秩序 : hierarchy)

집합체 내에서 누가 어떤 권위를 가지는가가 결정되어 있으며 이 권위의 고하에 따라 누가 누구의 의사를 따라야 하는가가 결정되어 있다.

(다) 규모(規模 : size)

서로가 직접 얼굴을 알고 개인간의 관계를 설정할 수 없을 만큼 큰 집합이다. 개인적 고려나 관계를 넘어서는 비인간적 요소가 도입될 수밖에 없는 규모의 집합이다.

(라) 존속기간(存續期間 : duration)

구성원의 수명보다 보통 더 긴 존속기간을 가진다.

사람은 특히 큰 조직 안에서는 행위 선택의 자유가 많이 제한된다. 조직의 의사작성 체계의 성격에 따라 많이 다르지만 조직은 하나의 거대한 유기체처럼 구성원인 개인의 의사를 모은 것이 아닌 조직 자체의 의사를 가지고 조직의 행위를 결정하기 때문이다.

조직은 대체로 두 가지 목표를 성취하기 위하여 행동한다.[2] 하나는 조직의 존재의의와 관련되는 일을 해 내고, 당면문제를 해결하고, 일의 능률을 올리는 등 조직 자체의 생산성(productivity) 증대이며, 다른 하나는 조직원의 사기, 주체성인식, 참여의식 등을 만족시켜 주는 일이다. 즉, 전자는 유형적(有形的), 물질적(物質的)인 것이고 후자는 정감적(情感的)인 것이다.

사람들은 개인의 미래에 대한 꿈을 현실적으로 자기 힘만으로 성취하기 어렵다고 판단할 때는, 자기가 소속하고 있는 조직의 장래에 자기의 꿈을 투영(投影)하는 경향이 있다. 그래서 자기 조직의 영광과 번영과 승리에서 자기 만족을 찾게 된다. 이러한 집단심

2) *Ibid.*, pp. 54-55.

리, 자기의 연장으로서의 조직을 생각하는 심리 등이 작용하게 되면 조직의 행위결정은 집단 단위의 전체주의적 방식으로 결정된다. 민족의 영광, 국가의 번영, 종족의 생활공간…… 등이 민족국가의 행위 기준이 되는 것은 이런 이유에서다.

조직의 행위는 개인의 본성의 집합적 표현이라는 측면도 있으나 반대로 집단과 조직이 구성원의 품성 자체에 영향을 주어 이에 변혁을 일으킨다는 측면도 무시할 수 없다. 인간은 태어날 때는 악하지도, 선하지도 않았는데 사회조직 속에서 자라는 동안 점차로 선하게도 악하게도 변질한다는 주장이 있다. 즉, 사회가 인간의 질을 낮추기도 하고 또한 높이기도 하는 도덕적 함양체(涵養體)라 보는 주장도 많다.[3] 특히 루소(J. J. Rousseau)는 "인간의 행위와 성품은 그가 살고 있는 사회의 산물"이라고 보며 "사회는 조직적 권력으로만 지탱되는 조직"이기 때문에 인간의 행위는 천성(天性)의 연구, 곧 정치권력 연구와 분리할 수 없는 일이라고 말하면서 "나쁜 정치는 인간을 나쁘게 만들고, 좋은 정치는 인간을 선하게 만든다"고 선언하고 있다.[4]

전쟁은 국가라고 하는 조직체간의 폭력을 수반하는 갈등이다. 그런 뜻에서 가장 전형적인 조직행위라 할 수 있다. 또한 국가라는 조직은 그 어떤 다른 조직보다도 집체성(集體性)이 강한 조직이기 때문에 그 구성원의 의지와 가장 먼 조직의지를 가질 수 있게 되며 따라서 전쟁을 결정하는 국가행위는 구성원 개개인의 행위만으로는 도저히 설명할 수 없게 된다. 국가조직 자체의 행위를 분석하

---

3) Kenneth N. Waltz, *Man, The State and War: A Theoretical Analysis*, New York: Columbia University Press, 1959, pp. 4-5. Waltz는 Plato와 Rousseau의 인성사회귀책설(人性社會歸責說)을 여기서 소개하고 있다.

4) *loc. cit.* Waltz는 Rousseau의 주장을 다음과 같이 소개하고 있다. "Man is born and in his natural condition remains neither good nor bad. It is society that is the degrading force in men's lives, but it is the moralizing agency as well … a bad polity makes men bad, and a good polity makes them good."

여야 전쟁행위의 설명은 가능해진다.

마찬가지로 평화질서 구축에서도 국가의 조직특성이 큰 영향을 미친다. 구성원 개개인은 평화를 위하여 자기 희생을 감수할 생각을 가질 수도 있지만 구성원의 안전과 생존을 책임지고 있는 국가는 국가 존립의 의의라 할 수 있는 국민의 생명과 생존을 위해서는 평화보다 전쟁을 택하는 수도 있다. 특히 국가 조직이 국민의 의사를 반영하는 양식이 아니라 몇 사람의 지도자가 의사를 결정하는 체제로 되어 있는 경우는 국민 개개인의 의사와 관계없이 국가가 전쟁과 평화의 행위결정을 하게 된다.

이러한 뜻에서 전쟁과 평화행위를 설명하기 위해서는 국가 속성을 분석해야 한다.

제 2 절 전쟁주체로서의 국가

전쟁은 국가를 포함하는 정치집단간의 무력투쟁이다. 전쟁의 정의는 사람마다 다르다.[5] 그러나 "적어도 하나의 국가를 포함한 정치집단간에서 상당 규모의 군대를 동원하여 상대방에게 자기의지를 강요할 목적으로 취하는 무력행동"이라고 전쟁을 정의해 두면 모든 정의에서 크게 벗어지지는 않을 것이다.

전쟁은 국가간 무력투쟁이므로 전쟁원인의 규명은 국가라는 조직행위 분석에서 시작되어야 한다는 것이 '전쟁의 국가조직이론'

5) 몇 가지만 예시하면 다음과 같다.

① Quincy Wright, "War is a conflict among political groups, especially sovereign states, carried on by armed forces of considerable magnitude for a considerable time (*International Encyclopedia of Social Science*), ② Raymond Aron, "armed conflict between political units" (*Peace & War*), ③ Carl von Clausewitz, "War is an act of vio once intended to compel our opponent to fulfill our will" (*On War*).

의 주장이다. 국가만이 전쟁을 한다면, 국가는 다른 여러 조직들과 어떤 점에서 다른가? 국가의 일반적 속성을 간단히 살펴보기로 한다.

20세기 후반에 이르러 인류는 민족국가라는 조직에 1차적으로 매어서 살게 되었다. 온 지구의 육지에서 남극대륙을 제외한 모든 육지는 민족국가의 영토로 분할되어 있고, 온 인류는 약 200개의 민족국가의 국민 또는 거주자로 강제 분속되어 있다. 이제 사람들은 어느 민족국가의 국민 또는 거주자로 태어나고 또한 민족국가의 권위체계 속에서 평생을 보내고 민족국가의 명에 따라 싸움터에 나가 죽고 하는 신세가 되었다. 이렇듯 민족국가는 모든 인간의 삶과 죽음을 관리하는 지상(至上)의 권력을 갖춘 조직이 되어 있다.

국가는 두 가지 특색을 가진 조직이다. 국가는 주권(sovereignty)을 가진 조직이고 또한 민족주의(nationalism)라는 인간의식이 바탕이 되어 운영되는 조직이라는 점에서 다른 여러 가지 조직과 다르다.[6]

주권은 "시민과 신민에 대한 국가의 최고권위"를 말한다.[7] 오늘날처럼 온 인류가 민족국가에 분속되어 있는 상황에서는 국법이 곧 모든 인간에게 적용되는 최고의 법이 된다.

주권은 최고의 권위이기 때문에 어떠한 상위의 권위도 국가위에 설 수 없으며, 주권국가들이 모여서 이루어진 국제사회는 '무정부'상태가 될 수밖에 없다. 최고권위들간의 관계이기 때문에 합의와 동의 외에는 국가의 행위를 규제할 수 있는 어떠한 힘도 논리적으로 구축할 수 없다.

6) 여기서는 국가의 특성에 대하여 John Stoessinger의 소론(所論)을 기초로 하여 논한다. 그의 글 "The Anatomy of the Nation State and the Nature of Power," in Michael Smith, Richard Little & Michael Skackleton, eds., *Perspectives on World Politics*, London: The Open University, 1981, pp. 25-36을 볼 것.

7) Jean Bodin의 *De la Republique* (1576)에서의 정의이나 지금도 통용된다.

민족국가의 또 하나의 특색은 행위지침으로서의 민족주의의 뒷받침을 받는다는 점이다. 민족주의란 "공통의 과거경험과 공통의 미래전망을 나누어 가짐으로써 집합적 운명을 느끼게 되는 인민들의 감각"이라 할 수 있는데[8] 이러한 공통운명에 대한 인식은 국가단위의 목표, 행위를 설정하는 기준이 된다.

민족국가는 일정 영토와 하나의 정부를 가진 집단적 인간군(人間群)이며 흔히 언어, 문화전통, 관습 등을 공유하기도 한다.

공통운명을 느끼는 인간집단이 이끄는 국가의 행위목표 중 가장 중요한 두 가지는 민족국가 그 자체의 안전확보와 번영이다. 국가는 마치 동물들이 스스로의 생명과 신체의 안전성을 보존하기 위하여 어떤 투쟁도 감행하는 것과 같이, 국가존립과 자주성 보존을 위해서는 어떠한 행위도 감행한다. 또한 국가는 그 자체와 소속원의 번영을 위한 일에 관한 한 상황이 허용하는 범위 내에서는 최선을 다한다.

국가의 전쟁행위는 어떻게 설명할까? 현실주의 입장에서는 국가의 윤리성 또는 선성(善性)에 대한 기대는 별로 하지 않는다.[9] 국가는 오직 자기의 존재이유에 충실한 행위를 하려 할 뿐이라고 본다. 국가는 스스로의 안전과 번영을 추구하는 과정에서 무력행사 방법 외에 더 나은 방법이 발견되지 않으면 무력을 쓰게 된다는 주장이다.

현실주의 입장에서 본다면 국가간의 분쟁을 권위적으로 해결하여 줄 어떠한 중심적 권위체도 없는 무정부적인 국제사회 질서 속에서 냉혹하게 국가 이익만 추구하는 도덕중립적인 국가들간에

---

8) *Ibid.*, p. 26. 민족주의에서 인종은 민족적 동질성을 높이는 요소는 되지만 필수 불가결한 요소는 아니다.

9) Hans J. Morgenthau, *Politics Among Nations*, the fourth edition, New York: Alfred A. Knopf, 1966, p. 10. 그의 현실주의 이론의 여섯 원칙 중 제5원칙을 참조할 것.

는 전쟁이란 항상 있을 수 있는 상태이며 오직 이러한 각 국가의 전쟁행위를 물리적으로 억제하는 제도적 장치만이 평화질서 유지의 방법이 된다고 볼 수 있다. 국가는 국가존재목적인 안보와 번영의 확보를 위하여서만 전쟁을 하는가? 다른 목적을 위해서도 전쟁을 하는 수가 있다고 주장하는 사람도 많다. 그 한가지 설(說)은 내부단결 목적설이다.

전쟁은 대부분의 경우에 있어서 참전국의 내부단결을 가져온다. 그래서 내부분쟁에 시달리는 국가는 내부평화를 가져다 줄 전쟁을 찾아 나서게 된다고 하는 주장이다.[10] 그러나 이 논리는 경험적으로 입증되지는 못한 주장이다.[11]

전쟁상황에 놓이게 되면 모든 국가가 다 똑같이 전쟁행위를 선택하는가? 그렇지 않다고 보는 견해가 지배적이다. 전쟁행위를 포함한 국가의사결정은 각 나라마다 다른 과정을 거쳐 이루어지는데 의사결정 과정에 관련된 국가구조 유형이 전쟁결정과 직결된다고 보는 견해가 지배적이다.

---

10) Waltz, *op. cit.*, Waltz는 여기서 Bodin의 소론(所論)을 다음과 같이 인용하고 있다.

"……the best way of preserving a state, and guaranteeing it against sedition, rebellion, and civil war is to keep the subjects in amity one with another, and to this end, to find an enemy against whom they can make common cause."

11) R. J. Rummel은 국가속성과 대외갈등행위 간의 관계를 점검하는 체계적 경험연구를 통하여 "한 나라의 국내불안은 그 나라의 대외갈등행위와 별로 관계가 없다"는 결론을 얻었다. 이 연구에서는 ① 230개의 속성변수로 82개국의 속성을 측정하여 이 자료를 사용, factor analysis를 통하여 얻어진 '불안정성요인'(instability factor)의 factor score와 ② 94개 행위변수로 모은 자료를 factor analysis하여 얻은 '대외갈등요인'(foreign conflict behavior factor)의 factor score를 상관시켜 얻어낸 결과로 가설들을 검증한 것이다. 그의 글, "The Relationship Between National Attributes and Foreign Conflict Behavior," in J. David Singer, ed., *Quantitative International Politics: Insights and Evidence*, New York: The Free Press, 1968, pp. 187-214를 볼 것.

제 3 절 국가조직유형과 전쟁

국가조직의 결함, 또는 국내정치 상태가 대외갈등행위 또는 전쟁과 연관이 있다면 어떤 결함이 어떤 방법으로 어떠한 행위로 연결되는 것일까? 이 물음에 대한 대답은 아주 다양하다. 월츠(Kenneth N. Waltz)는 이 중에서 자유주의자들의 견해를 중심으로 이 문제를 논의하고 있다.[12] 여기서는 개인과 국가 간의 관계와 어떤 유형의 국가가 평화지향적인가 하는 문제만을 자유주의자들의 견해를 기초로 한 월츠의 글[13]을 중심으로 소개한다.

홉스(Thomas Hobbes)에 의하면 '자기보존'(自己保存 : self-preservation)이 인간의 원초적인 관심인데, 자연상태에서는 이기적 개인들간의 끊임없는 경쟁 때문에 인간들은 이러한 문제를 집합적으로 해결하기 위해서 국가를 만들었다고 보는 것이다. 이러한 견해를 따른다면 인간은 자기의 자유의 상당부분을 희생하고 국가에 의존하여 자기보존의 이익을 보장받는다는 이야기가 된다.

홉스적인 인간관에서 출발하면 국가의 기본임무는 간단히 정해진다. 트라이츄케(Heinrich von Treitschke)가 선언한 대로 국가의 기본임무는 자국 시민의 이익을 보호하기 위하여 군대를 유지하는 것과 시민사회의 질서 유지를 위해 법을 유지해 나가는 것의 두 가지로 보면 된다. 그리고 국가는 자국민의 이익보호를 위해

12) 평화의 전제조건으로 국가내부조직을 고쳐야 한다는 주장은 많다. K. Marx는 사회주의 혁명이 나라마다에서 이루어지면 국가 자체가 소멸할 것이므로 국가간의 폭력적 갈등이라 정의되는 전쟁은 자연히 없어질 것이라 보았으며, I. Kant는 모든 나라가 공화정(共和政)만 된다면 각 나라는 국가간 합의로 만들어지는 법을 따르게 되어 전쟁은 없어질 것이라 믿었다. W. Wilson은 각국이 모두 민주조직을 갖게 되면 전쟁가능성은 줄 것으로 믿었다. Waltz, *op. cit.*, pp. 83-84 참조.

13) *Ibid.*, Ch. 4, Ch. 5.

다른 나라와의 분쟁을 해결함에 있어 필요한 수단으로 전쟁을 당연한 것으로 받아들여야 한다는 논리가 서게 된다.

국가의 도덕성에 기초를 두지 않은 국제질서관을 가지게 되면 이기적인 국가들의 자연스러운 전쟁 추세를 억제하는 것은 '힘'밖에 없게 되며 따라서 전쟁 발발 여부는 그 당시의 국제정치질서를 뒷받침하는 힘이 존재하는가 여부로 결정된다는 전쟁관을 가지게 된다. 즉, 전쟁의 원인은 국가조직에서의 결함에서 찾아지는 것이 아니라 국제질서의 결함에서 찾아지는 것이다.

자유주의자들의 생각은 인간 본성에 대한 믿음에서부터 반(反)홉스적이다. 자유주의자들은 1차적으로 인간의 선성(善性)을 믿는다. 그리고 설사 인간들이 이기적으로 행동한다 해도 서로의 행동이 상호 조화되어 인간사회는 안정되고 질서 있는 발전적 사회로 가게 되어 있다고 믿는다.[14)]

이러한 인간관 및 자연조화에 대한 믿음에서 출발하게 되면 국가관에 있어서도 '최소기능국가'를 이상으로 삼는 생각으로 발전하게 된다. 이기적 동기에서 출발한 다양한 행위들이 자연스럽게 조화될 수 있게 하려면 자연스러움을 막는 공권력의 개입이 없어야 되고 따라서 국가의 간섭은 최소화되어야 조화로운 질서가 가능해진다는 논리가 서기 때문이다.

19세기 자유주의자들[15)]의 국가관에서 출발하여 '전쟁'을 보게 되면 어떤 결론이 날까? 우선 자유주의자들은 '이기적 인간행위의 자연조화'가 국제사회에서도 똑같이 적용되리라고 가정하고 있기 때문에 "한 나라의 이익의 추구는 다른 나라의 이익을 희생하여 얻어질 수도 없고 또한 그렇게 해서도 안 된다"는 밀(J. S. Mill)과 같은 국제관계관으로 연장된다. 상호의 필요에 의하여 이루어

14) *Ibid.*, pp. 85-86.

15) 여기서 자유주의자들이라고 표현하는 사람들은 Adam Smith, John Stuart Mill, James Mill 등을 말한다.

지는 자유무역이 무역당사자 모두에 이익을 주듯이 국가간에는 필요의 조화 속에서 모두에게 이익을 주는 평화질서가 가능하다고 믿고 있다.

그러나 자유주의자들도 이러한 이성적인 판단에 기초한 국가들의 합리적 행위만을 기대하기 어려운 현실을 이해하고 있다. 각 나라의 행위는 그 나라의 정책결정자들의 결정으로 이루어지는데, 정책결정자들이 자국민 전체의 합리적 이익보다 그들 소수의 이익을 앞세우는 비이성적 행위를 하게 되면 각국 이익의 자율조화를 가져올 평화질서는 깨어지고 폭력이 개재되는 "일국(一國)의 일방적 이익", 더 정확히는 "일국의 소수 정책결정자들의 이익"을 극대화하는 비이성적 행위인 전쟁이 일어나게 된다고 본다. 그러므로 자유주의 평화이론을 수용하면 전쟁은 국가 조직의 비민주화에서 연유한다는 결론을 얻게 된다. 그리고 나아가서 국제평화의 조건으로 모든 주권국가의 민주화를 주장하게 된다.

전제군주제가 전쟁의 원인이라는 주장은 이미 17세기부터 대두되었었다. 라 브루이에르(La Bruyere)는 왕실의 영광은 전쟁을 통하여 얻어질 수 있으나 진정한 인민의 이익은 오직 평화를 통하여서만 추구될 수 있다고 했다. 그리고 몇 사람의 군주나 제후들의 야망을 충족시키기 위하여 대다수의 인민들은 고통을 받는다고도 했다.[16]

자유주의 전쟁이론을 정리하면 다음과 같다.[17]

(1) 각국이 자국 인민의 이익을 극대화하는 방향으로 행위하면 각국의 이익들은 서로 조화되어 모두에게 이익을 주는 국제평화체제가 이루어진다.

(2) 모든 나라의 인민들의 이익은 평화에서 구해지지 전쟁에서

16) Waltz, *op. cit.*, pp. 97-98.

17) Waltz의 해설을 취합하여 재정리한 것이다.

얻어지지 않는다.

(3) 전쟁은 인민의 이익보다 소수 지배자의 이익을 추구하는 전제정부에 의하여 일어나는 비이성적 행위이다.

(4) 전체 인민이 주권을 행사하는 민주정치체제를 가진 정부는 인민의 이익을 앞세운 이성적 행위를 선택하기 때문에 전쟁은 일어나지 않는다.

(5) 민주주의는 평화를 보장하는 국가조직 형태이며, 인민에 의한 정책통제는 평화를 가져온다.

인민의 이익은 평화에 있고, 인민의 뜻을 따르지 않는 지배자가 전쟁을 한다는 믿음은 자유주의자들의 기초적 신념이었으며 프랑스 대혁명을 전후하여 많은 식자(識者)들이 여러 가지 형태로 이 주장들을 펼쳤다. 페인(Thomas Paine)은 "인류의 적(敵)이며, 만악(萬惡)의 원천인 군주주권제는 철폐되어야 한다. 만일 전 유럽에 걸쳐 군주주권제가 없어진다면 전쟁의 원인은 없어질 것이다"라고까지 강하게 글을 썼다.[18)]

이러한 자유주의 전쟁이론에 대한 반론도 없지 않다. 국제관계는 매우 복잡한데 이러한 복잡한 관계에서 한 나라의 국익을 결정하며 또한 그 국익을 합리적으로 추구하는 방안을 짜내는 일은 아주 고도의 전문성을 요하는 일이어서 아무나 할 수 없는 일이다. 이런 실정을 감안한다면 아무 것도 모르는 국민 일반의 뜻에 따라 외교정책을 다루는 민주주의 정부는 무책임한 정부이며, 이러한 무책임한 군중의사에 따른 국가행위들 때문에 전쟁과 같은 비이성적 현상이 일어날 수 있다. 그런 뜻에서 통치와 정책입안에 전문지식을 가진 소수가 참여하는 절대군주제 국가나 전제정(專制政)을 펴는 일당지배의 독재국가 등이 오히려 평화적이라고 주장하는

18) 그의 책, *The Right of Man*에 수록된 문구인데, Waltz의 책 p. 101에서 재인용.

'반동(反動)학설'도 있다.[19]

또한 전쟁원인을 국가의 정치조직이 아닌 경제적 조직의 결함에서 찾는 이론도 있다. 별도의 장(章)에서 상세히 다루겠지만(제 7 장), 레닌주의적 전쟁이론에서는 전쟁의 원인을 강대국 내의 자본주의 경제구조에서 찾고 있다. 자본주의-민주정치 체제는 그 경제구조의 모순 때문에 식민지 쟁탈전을 벌일 수밖에 없고, 오직 사회주의-민주정치체제를 가진 국가들만이 평화지향적일 수 있다고 레닌주의자들은 주장한다.[20]

아무튼 이러한 반론들에도 불구하고 자유주의 전쟁이론은 오늘날의 자유민주주의자들 거의 모두가 인정하는 이론으로 굳어가고 있다.

제 4 절 럼멜의 이론과 경험적 검증

앞에서 소개한 자유주의 전쟁이론을 좀 더 체계화하여 제시한 사람으로 럼멜(R. J. Rummel)을 꼽을 수 있다. 럼멜은 10년에 걸쳐 집필한 그의 거작(巨作), *Understanding Conflict and War*라는 책[21]에서 전쟁원인에 대한 방대한 이론체계를 수립하고 나아가서

19) Waltz, *op. cit.*, p. 120. "… monarchies are peaceful: democracies are irresponsible and impulsive and consequently foment war."

20) *Ibid.*, pp. 120-121. "… Not political but economic organization is the key: capitalist democracies actively promote war, socialist democracies are peaceful."

21) Beverly Hills: Sage Publications. 전부 다섯권으로 되어 있다.
Vol. 1: *The Dynamic Psychological Field*, 1975.
Vol. 2: *The Conflict Helix*, 1976.
Vol. 3: *Conflict in Perspective*, 1977.
Vol. 4: *War, Power, Peace*, 1979.
Vol. 5: *The Just Peace*, 1981.

평화를 증진하는 처방까지 제시하고 있는데, 그의 '전쟁의 사회장(社會場) 이론'(the social field theory of war) 체계 안에서 국가조직과 대외갈등행위 간의 관계도 다루고 있다. 그 내용은 전통적 자유주의 전쟁이론의 승계발전이라 할만큼 철저히 자유주의적이어서 여기서 그의 이론을 간략히 소개하려 한다. 그리고 럼멜은 여기서 제시한 이론명제를 경험자료를 수집하여 검증하고 있어[22] 그 결과도 함께 소개하기로 한다.

1. 이론개요

럼멜은 사회를 개성을 가진 개인들과 그들이 이루는 집단으로 구성된 집합으로서, 구성원인 개인이나 집단이 자유롭게, 제뜻대로 행위할 수 있으면 행위자들간의 상호행위들이 하나의 사회장(社會場 : social field)[23]을 이룬다고 정의한다.

이 장(場)이란 개념의 반대개념은 '조직'(organization)이다. 조직 내에서는 행위란 명령되는 것이며, 조직의 목표성취를 위해 계획되고 통제된다. 그래서 조직을 '반장'(反場 : anti-field)이라고도 한다. 이러한 반장(反場) 내에서는 장(場)에서와 달리 구성원 간의 관계는 자유롭게 형성되지 못한다.

사회장(社會場)은 조직과 달리 누가 기획하여 만들어낸 것이 아니라 다양한 사람들이 자유롭게 행위하고 살아가는 동안에 자연스럽게 진화하여 생겨난 것이다.

민족국가 단위의 사회는 여러 가지 유형으로 분류할 수 있다.

22) R. J. Rummel, "Libertarianism and International Violence," *Journal of Conflict Resolution*, Vol. 27, No. 1, March 1983, pp. 27-71.

23) "The free and spontaneous interactions among actors, whether individuals, or groups, form a *social field*." R. J. Rummel, *In The Minds of Men*, Seoul: Sogang University Press, 1984, p. 176.

개인자유와 시민의 기본권을 존중하며, 구성원들이 경쟁적·공개적 선거를 통하여 지도자를 선출할 수 있는 권리를 가진 '자유주의 국가'(libertarian state)도 있고, 반대로 사회 전체가 하나의 잘 조직된 '조직'을 이루고 있는 전체주의-전제주의 사회도 있다. 자유주의 국가사회는 사회장(社會場)의 모든 특성을 가지고 있고 전체주의 사회는 반장(反場 : anti-field)의 특색을 대개 갖추고 있다.

자유주의 사회 내에는 서로 상치(相馳)하는 이해를 가진 다양한 엘리트 집단들이 존재한다. 이들의 이익은 서로 부딪치며 서로 억제하는 관계에 있다. 또한 이러한 사회 내에서는 각 개인은 동시에 다양한 차원에서 그 차원의 규칙에 따라 위계를 갖게 되므로 한 위계 차원에서는 높은 지위를, 그리고 다른 위계(位階) 차원에서는 낮은 지위를 동시에 누리게 될 수 있게 된다. 그래서 개인들을 모든 차원에서 높은 지위를 가지는 집단과 반대로 모든 차원에서 낮은 지위를 가지는 집단으로 나누는 계급(class)으로 나눌 수 없게 된다.

이러한 자유주의 사회에서는 정부가 개인의 행위영역을 간섭하지 않는 것을 원칙으로 한다. 정치권력은 한 개인이나 한 집단에 집중되어 있지 않고 분산되어 있다. 자기의 뜻을 펴고 다른 사람을 내뜻에 따르게 하는 권력에는, 물리적 제재(制裁)를 기초로 하는 강제력(coercive power), 상대방의 존경심 등 상대방의 승복심리를 기초로 하는 권위적 힘(authoritative power), 그리고 상대방의 대가에 대한 기대를 기초로 하는 교환적 힘(exchange power) 등이 있는데[24] 자유주의 사회는 주로 교환적 힘에 의존하여 개인이나 집단의 영향력이 행사된다.

자유주의 사회에서는 정치지도자들의 권위가 국민들의 지지에 의하여 지탱된다. 국민들이 지지하지 않으면 정치지도자로서의 정

24) *Ibid.*, ch. 16. "The Trisocial Principle," pp. 121-138을 볼 것.

통성을 유지할 수 없다. 그런데 또한 이러한 사회에서 국민들은 전체 국민들이 공감하는 특수한 공통과제가 닥치지 않는 한 대외적 모험이나 전쟁 등을 치르는 추가부담(징병, 세금 등)을 지려고 하지 않기 때문에 자유주의 국가의 정부는 대외적 무력사용, 전쟁 등을 결정하는 데 어려움을 겪는다. 이 점은 국민에게 책임질 필요가 없는 전제정(專制政)국가의 정부지도자들의 입장과 다르다. 이러한 이유로 한 국가는 더 자유스러울수록 다른 국가에 대하여 공공폭력을 쓰는 경우가 덜해진다. 즉, 자유주의 국가는 대외무력사용, 전쟁을 회피하려 한다.

자유주의 국가간에는, 비(非)자유주의 국가간과는 달리 여러 차원의 접촉과 상호거래가 있게 마련이다. 강압적인 정부의 제약을 받지 않는 자유로운 개인과 집단들이 상대국의 개인이나 집단과 자유롭게 거래할 수 있기 때문이다. 또한 자유주의 국가의 국민들이 이러한 자유 질서에 대하여 가지는 자부심이 다른 자유주의 국가에 대한 호의적 견해를 낳기 때문에 자유주의 국가간에는 상호간에 호의적 인식이 형성된다. 이런 이유로 자유주의 국가간에는 적대행위나 폭력적 갈등의 발생이 억제된다.

이상과 같은 논리를 바탕으로 럼멜은 두 개의 자유주의 평화이론 명제를 제시하고 있다.[25)]

(1) 쌍방 자유주의 사회간 행위명제(雙方自由主義社會間行爲命題)

"자유주의 체제간에는 상호간에 폭력을 배제하는 경향이 있

25) Rummel, "Lebertarianism ……," *op. cit.*, p. 29. 여기서는 편의상 의미를 살려서 새롭게 문장을 만들었다. 참고로 두 명제의 원문을 소개한다.

① *Joint-Freedom Proposition*: Libertarian-systems mutually preclude violence(violence will occur between states only if at least one is nonlibertarian).

② *Freedom Proposition*: Freedom inhibits violence(the more libertarian a state, the less it tends to be involved in violence).

다. 폭력은 최소한 어느 일방의 국가가 비(非)자유주의 국가일 때만 일어난다."

(2) 자유주의 국가 행위명제(自由主義國家行爲命題)

"자유는 폭력을 억제한다. 한 나라가 더 자유스러울수록 그 나라는 폭력에 덜 휘말린다."

2. 경험적 검증

어떠한 이론도 실제로 현실 세계에서 검증을 통하여 진(眞)임을 입증 받아야 비로소 이론으로서의 지위를 누리게 된다. 국가조직의 특성과 그 나라의 대외행위 경향간의 관계에 대한 자유주의 전쟁이론 명제들은 과연 가설의 단계를 벗어나 이론의 지위를 얻고 있는가? 럼멜은 자기가 제시한 위의 두 가지 명제를 사실과 대비하는 정교한 검증을 실시하여 명제가 진(眞)임을 입증하고 있다. 럼멜의 논문내용을 간단히 소개한다.

(1) 개념의 조작적 정의와 자료출처

럼멜은 명제의 주된 개념의 측정을 위하여 다음과 같이 몇 가지 개념에 대한 조작적 정의(操作的 定義 : operational definition)를 내리고 측정 척도를 정하였다.

① 정치적 자유＝시민적 자유권＋정치적 권리

② 자유＝정치적 자유＋경제적 자유

정치적 권리 : 정치지도자를 선출하는 공개적 · 경쟁적 선거제도에 의해 보장되는 권리. 제도가 완전히 갖추어져 있으면 1, 완전히 없으면 7, 그리고 그 사이는 주관적 판단에 의하여 7등급 수치로 평가.

시민적 자유권 : 표현의 자유와 정부의 간섭을 받지 않는 언론 매체의 존재; 법원에 의한 인권의 보호; 구속의 위협을 받지 않고 개인 의사를 발표할 수 있는 권리; 종교, 직업, 거주지, 교육 등에 관한 사권(私權)의 존중; 정치활동에 자유롭게 참가할 수 있는 권리 등을 감안하여 1부터 7까지의 7등급 척도로 측정.

◇ **정치적 자유도**(自由度) 위의 두 가지 측정치의 합계. 그러므로 자유도(自由度)는 2부터 14까지의 등간척도(等間尺度)로 측정된다. 즉, 자유가 제일 높은 나라가 2, 제일 낮은 나라가 14가 된다.

정치적 자유도의 측정치는 Freedom House에서 매년 발간하는 *Freedom At Issue*라는 간행물에서 매겨놓은 평가치를 쓰기로 하였다.

경제적 자유 : 경제체제의 특성, 즉 산업화 정도, 중앙집중도, 기획의 정도 등을 감안하여 1부터 14까지의 등간척도(等間尺度)를 만들어 가장 자유로운 나라를 1, 가장 부자유(不自由)한 나라를 14로 측정함.

◇ **자유도**(自由度) 정치적 자유도의 측정치와 경제적 자유도 측정치의 합계. 3부터 28까지의 등간척도 측정치가 됨.

③ 갈등/폭력 : 17개의 갈등/폭력 변수의 각각을 0부터 8까지(두 개는 예외로 0부터 9까지)의 수치로 평가하여 합산한 숫자를 지수(指數)로 함. 17개 변수는 모든 갈등변수를 factor analysis를 하여 구한 기초차원(basic dimensions)의 지시변수(指示變數 : indicator variables)로서 비난, 위협, 군사충돌, 사상자 수의 log치 등등이 있다. 여기서는 설명을 생략함. 여기서의 측정단위는 행위국과 행위대상국을 묶은 쌍자(雙子 : dyad)임.

◇ **대외갈등지수** 위에서 측정한 17개 변수별 측정치를 특수하게 따로 만든 변환표(變換表 : foreign conflict scale transformation chart)[26]에 대입하여 대외갈등지수(foreign conflict scale)로 한다.

대외갈등자료는 *New York Times, Time* 등의 주요 신문잡지의 뉴스를 원자료(原資料)로 직접 수집하여 사용하였다.

(2) 검증결과

럼멜은 위에 제시한 두 개의 명제, '쌍방 자유주의 사회간 행위명제'와 '자유주의 사회 행위명제'를 검증하기 쉽도록 다음과 같은 세 가지 검증가설로 고쳤다.

가설 1 : 자유주의 국가간에는 전쟁이 존재하지 않는다.

가설 2 : 한 국가의 자유도(自由度)가 높을수록 대외폭력은 적어진다.

가설 3 : 두 국가의 자유도(自由度)가 높을수록 그 국가간의 상호폭력은 적어진다.

이 가설의 검증을 위하여 우선 1976년에서 1980년에 이르는 5년간의 갈등 사례를 조사하여 얻은 자료에 대하여, 자유도(自由度)에 따른 국가유형별 분류와 폭력도(暴力度) 간의 연관을 chi-square test와 binominal test로 검증하였다. 그 결과는 '깊은 상관도'(相關度)의 존재의 입증으로 나타났었다.[27] 그리고 상관분석 결과도 가설을 입증하는 것이었다.

럼멜은 Small과 Singer의 전쟁기록[28]에 나타난 50여개의 전쟁에 관련된 325개의 쌍자(雙子)에 대하여 다시 검증을 했었는데 역시 결과는 세 가지 가설을 강하게 뒷받침하는 것이었다.[29]

---

26) *Ibid.*, p. 36에 표가 실려 있다.

27) 자세한 검증결과 수치는 *Ibid.*, Table 1-12를 볼 것.

28) J. David Singer and Melvin Small, *The Wages of War, 1816-1965*, New York: John Wiley, 1972.

29) 50개의 전쟁에 관련된 325개의 쌍자(雙子)관계 중 11개의 예외적 쌍자를 제외하고는 자유주의 국가간의 전쟁은 없었다. 여기서 예외적이라 함은 자유주의

럼멜은 이러한 경험적 검증을 토대로 "두 국가간에 폭력이 발생하는 필요조건은 최소한 일방이 부분적으로나 전반적으로 비(非)자유주의 국가일 것"이며 따라서 "자유주의 국가간에는 폭력이 일어나지 않는다"고 결론을 내리고 있다. 그리고 이러한 연구를 기초로 럼멜은 "평화를 원하면 자유를 증대하라"(promote freedom)는 평화처방을 제시하고 있다.[30)]

3. 러셀의 추가적 검증

"민주주의국가끼리는 거의 전쟁을 하지 않았다"(Democracies have almost never fought each other)라는 럼멜의 자유주의 전쟁이론에서 제시한 것과 거의 같은 화두(話頭)를 내세우고 러셀(Bruce Russett)이 쓴 책이 *Grasping The Democratic Peace*(『민주평화의 이해』, 1993)라는 책이다. 크지 않은 이 책에서 러셀은 이 명제를 경험적으로 입증(고대 그리스, 제 2 차 세계대전 이후, 산업화되지 않은 사회 등 세 가지 자료로)하고 이 이유를 설명하였다.

러셀은 이 연구에서 '민주주의'를 "인구의 상당수가 참여하는 보통선거로 투표를 거쳐 정부의 책임자를 선출하거나, 정부의 행정책임자가 국민이 선출한 의회에 책임지는 정치 체제"[31)]라 정의하고, '전쟁'을 "천명 이상의 사상자를 내는 조직적으로 수행되는 치명적 폭력"[32)]으로 정의한다. 그리고 제 2 차 세계대전 이후(1945-1986)의 사례연구에서는 무력분쟁을 더 세분해서 위협, 힘의 현시, 무력사용, 전쟁으로 나누어 검증했으며 총 131개의 사례

정의와 관련, 불분명한 자유주의 국가들이 포함된 11개 쌍자를 일컫는 것이다. 그러므로 사실상 진정한 자유주의 국가간에는 전쟁이 없었다고 해도 된다.

30) Rummel, *In The Minds of Men, op. cit.*, ch. 30, pp. 277-280.

31) Bruce Russett, *Grasping Democratic Peace*, Princeton: Princeton University Press, 1993, p. 14. 편의상 의역했음.

32) *Ibid.*, p. 12.

를 연구에 포함시켰다.[33] 물론 검증결과는 "경험적으로 입증"이다.

러셋은 왜 민주국가간에는 전쟁을 하지 않는가 라는 질문에 대한 답으로 문화적/규범적 이유와 구조적/조직적 이유로 나누어 다음과 같이 설명하고 있다.[34]

우선 문화적/규범적 이유로서는 ① 민주국가의 의사결정자들은 국내 정치과정에서 발전시킨 평화적 분쟁해결 절차를 국제관계에도 적용하려 하며 ② 그들은 다른 민주국가의 지도자들도 자기들과 같은 규칙과 절차를 따르리라는 기대를 갖게 되기 때문에 민주주의 국가간에는 전쟁 아닌 평화적 협상으로 분쟁을 해결하게 된다고 러셋은 설명한다.

구조적/조직적 이유로는 ① 민주주의 국가 내의 의사결정구조는 견제와 조화, 권력분립 등의 제약과 대규모 군사력 사용을 위한 결정을 내리기 위해서는 대중의 지지를 획득 해야 한다는 제약이 있고 ② 다른 민주국가의 지도자도 같은 제약을 받으리라는 기대가 있어 ③ 분쟁해결의 충분한 시간이 있다는 것을 알기 때문에 폭력으로 해결하려 하지 않게 된다고 러셋은 설명한다. 이상의 설명이 설득력을 가지는가는 각각의 판단에 따를 것이나 적어도 이 연구에서 경험적으로 도출한 설명은 아니고 러셋의 직관적인 설명이라는 점만 밝혀 둔다.

아무튼 러셋은 이 책에서 제 2 차 세계대전 이후의 사례를 통계적으로(Gamma test) 처리한 후 다음과 같이 결론을 내렸다. "이 연구결과는 국제정치에서 민주주의를 확산함으로써 국가간의 폭력적 갈등을 축소할 수 있다는 것을 보여 준다."

---

33) *Ibid.*, p. 79. 당사자끼리 묶은 쌍자(雙子 : dyad)를 단위로 하면 총 714쌍이 된다. *Ibid.*, p. 21. 표 1, 2 참조.

34) *Ibid.*, p. 35와 p. 40.

제 5 절 촌 평

국가조직 유형이 그 나라의 대외행위 유형을 결정하는 중요 변수임을 우리는 확인할 수 있다. 특히 전체주의 국가, 전제주의 국가만이 대외 폭력행위를 시작(initiate)한다는 사실도 인정할 수 있다. 이론적인 타당성으로 보나 경험적 검증을 통하여서도 우리는 이러한 이론을 받아들일 수 있다. 민주주의 국가는 오직 남의 공격을 받았을 때 자위(自衛)를 위해 전쟁을 할 뿐임을 알게 된 이상 평화에의 처방은 간단히 얻어낼 수 있다. 즉, 모든 국가를 자유민주국가로 개혁하는 길이 가장 정확한 세계평화에의 길임을 자유주의 전쟁이론은 우리에게 일러주고 있다.

그러나 문제는 여기서 끝나는 것이 아니라 여기서부터 시작된다는 것을 알아야 한다. 어떻게 다른 나라의 민주화를 성취할 수 있을까 하는 문제가 남기 때문이다. 17세기 자유주의자들도 바로 이 문제에 부딪혀 전쟁의 원인을 규명해 놓고서도 평화의 처방을 내리지 못해 고민했었다.

다른 나라의 민주화 개혁 처방을 놓고 고전적 자유주의자들은 '낙관적 비(非)간섭주의자'(the optimistic noninterventionists)와 '구세주(救世主)적 간섭주의자'(the messianic interventionists)로 나뉘었다. 칸트(Immanuel Kant), 콥덴(Richard Cobden), 브라이트(John Bright) 등이 전자에 속하고, 페인(Thomas Paine), 마찌니(Giuseppe Mazzini), 윌슨(Woodrow Wilson) 등이 후자에 속했다.[35)]

비(非)간섭주의자들은 한 나라의 민주개혁은 교육을 통하여 스스로 이루어 나가도록 해야 하며 앞선 나라가 힘으로 간섭하여

35) Waltz, *op. cit.*, pp. 103-106.

이루어지게 해서는 안 된다고 주장하면서 비록 시간이 걸리겠지만 민주화가 정도(正道)이므로 언젠가는 그렇게 진화할 것이라고 믿었다. 콥덴은 민주화를 위한 간섭은 비논리적이며 불필요하고 또한 위험하다고까지 주장하였다.[36]

간섭주의자들의 주장은 다르다. 이 세계에 비(非)자유주의 국가가 있는 한 그들에 의한 전쟁도전은 피할 수 없으며 따라서 전쟁가능성은 늘 남는다. 따라서 전 세계의 평화를 위해서는 전 세계의 민주화가 꼭 이루어져야 하고 이러한 대의(大義)를 위해서는 자유주의 민주국가들이 비(非)민주국가의 민주화를 위해 전쟁도 감수해야 한다고 주장한다. 평화와 정의를 위한 전쟁은 불가피하며 또한 필요하다는 것이 이들의 주장이다.[37]

20세기가 끝나가는 현재의 세계도 17세기 자유주의자들이 걱정하던 세계와 기본구조에 있어서 별로 달라진 것이 없다. 이기적인 민족국가들이 세계를 분할하고 있으며 전 세계적인 초국가조직은 아직도 형성되어 있지 않다. 뿐만 아니라 세계에는 자유주의 민주국가보다도 비(非)자유주의 전체주의 국가들의 수가 더 많은 상태이다. 그리고 끊임없는 소규모 전쟁 속에서 또 한번의 세계대전을 걱정하면서 살고 있다. 자유주의 전쟁이론에 따른다면 아직도 우리는 비(非)자유주의 국가들의 자유화를 위해 무엇을 해야 할까 고민해야 한다.

자유민주국가들은 스스로의 민주주의를 지키기 위해서만 전쟁

---

36) *loc. cit.*

37) 미국은 2001년 9월 11일의 알 카에다 테러를 겪은 후부터 강력한 대테러전과 더불어 비민주국가의 민주화에 적극 나서고 있다. 부시 독트린(Bush Doctrine)이라고 부르는 민주화를 위한 적극적 개입정책의 정당화의 근거로 라이스(Condoleezza Rice) 국무장관은 바로 이 민주평화이론을 제시하고 있다. 라이스는 악의 축(axis of evil)인 전제정치의 전진기지(outpost of tyranny)가 되어 있는 비민주국가들을 그대로 두고서는 세계평화가 불가능하며 세계 모든 국가가 민주화되어야만 전쟁이 예방된다고 주장하면서 "민주국가는 전쟁을 시작하지 않는다"는 민주평화이론을 인용하고 있다.

을 해야 한다는 소극적 비(非)간섭주의를 따를 때도 있고 전 세계의 민주화를 위해 전쟁을 감수해야 한다고 나서는 간섭주의를 따를 때도 있다. 어느 쪽도 정당화의 논리를 갖추고 있다.

한 가지 분명한 것은 전쟁의 가능성은 계속 남아 있다는 점이며, 전쟁억제를 위해서는 각국의 국가조직의 개혁에 앞서서 전쟁하려는 국가들을 힘과 제도로 억제하는 국제적 차원의 노력을 체계화하여야 한다는 점이다.

이런 뜻에서 전쟁과 평화의 논의는 다시 국제정치질서의 영역으로 옮아가지 않을 수 없다. 국제사회의 무정부적 상태를 전제로 하는 이론과 처방의 연구가 그래서 아직도 국제관계연구의 주대상으로 남게 되는 것이다.

참고도서

1. Kenneth N. Waltz, *Man, The State and War: A Theoretical Analysis*, New York: Columbia University Press, 1959의 제 4 장, pp. 80-123.

국가조직의 유형과 대외행위의 연계를 논한 가장 훌륭한 교과서이며, 반드시 읽어 두어야 할 고전.

2. R. J. Rummel, *In the Minds of Men: Principles Toward Understanding and Waging Peace*, Seoul: Sogang University Press, 1984.

럼멜의 자유주의 전쟁이론을 가장 쉽게 설명해 놓은 입문서. 쉬운 영어로 씌어진 책이어서 학부학생도 쉽게 읽을 수 있다.

3. R. J. Rummel, *Understanding Conflict and War: War,*

Power, Peace, Vol.4, Beverly Hills: Sage, 1979.

럼멜이론의 종합적 해설을 다룬 책이나 너무 전문적이고 어려워서 대학원생에게만 권한다.

4. R. J. Rummel, "Libertarianism and International Violence," *Journal of Conflict Resolution*, Vol.27, No.1, March 1983, pp. 27-71.

럼멜의 자유주의 평화이론을 스스로 사실자료로 검증한 결과를 보고한 논문.

5. Bruce Russett, *Grasping The Democratic Peace*, Princeton: Princeton University Press, 1993.

민주평화이론과 관계된 책으로 가장 많이 인용되는 책. 제1, 2장에서 Russett이 이론적 설명을 하고 제3, 4, 5장에서는 세 가지 사례를 각각 다른 사람이 경험적 검증을 한 후 제 6 장에서 Russett이 결론을 내리고 있다.

6. 이상우(李相禹), 『럼멜의 자유주의 평화이론』, 서울 : 오름, 2002.

이 책은 럼멜의 민주평화이론을 이해하기 위한 여러 논문들과 럼멜이 이 이론을 발전시켜 온 과정에 대하여 쓴 자전적 에세이들을 모은 것이다. 특히 그의 자전적 에세이는 이 이론의 핵심이 되는 "자유가 평화의 원천"이라는 생각에 이르기까지의 사상의 발전과정을 소상히 밝히고 있어 그의 이론을 이해하는 데 큰 도움이 된다.

제 7 장

레닌의 제국주의 전쟁이론

제 1 절 들어가는 말

국가간 전쟁의 원인을 설명하는 하나의 이론으로 제국주의 전쟁이론(帝國主義 戰爭理論)이 있다. 이 이론은 레닌(Vladimir I. Lenin)이 마르크스(Karl Marx)이론을 토대로 제 1 차 세계대전의 발생원인을 체계 있게 설명하려는 의도에서 1916년에 쓴 논문인 『자본주의 최고단계로서의 제국주의』(*Imperialism, The Highest Stage of Capitalism*)[1]에서 개진한 전쟁이론으로서, 그 후 지금까지 공산세계에서의 전쟁이론의 중심을 이루고 있다. 예로 중국의 마오쩌뚱(毛澤東)사상 체계에서의 전쟁이론도 바로 이 제국주의 전쟁이론을 토대로 하고 있다.

제국주의 전쟁이론이 이론적으로 설득력을 가진 '의미 있는 이론'인지 아닌지에 대한 평가는 후술하겠지만, 여기서 이 이론을 소개하려는 뜻은, 이 이론이 오랫동안 사회주의 세계에서 실제로 전쟁을 분석하는 데 활용되어 왔으며, 나아가서 그들의 국제정세

1) V. I. Lenin, *Imperialism, The Highest Stage of Capitalism*, 北京 : 外文出版社, 1965.

관, 전쟁관, 그리고 대외정책에 강력하게 반영되었었으므로, 이 이론을 모르고는 구 소련 등 사회주의권 국가의 대외전략을 바로 이해하기 어렵다고 판단되었기 때문이다.

레닌은 제국주의 전쟁이론을 제시하면서, 홉슨(J. A. Hobson)의 제국주의에 관한 학설을 많이 참고하였음을 밝히고 있다.[2] 그런 뜻에서 제국주의의 생태 자체에 관한 한, 레닌의 독창성을 주장할 수는 없다. 또한 자본주의가 고도화하여 프롤레타리아 혁명을 불가피하게 한다는 혁명이론 자체도 마르크스의 이론을 거의 그대로 인용하고 있어 역시 레닌의 독창성을 인정할 수는 없다. 그러나 자본주의가 고도로 발달한 서구의 여러 사회에서 마르크스가 예언한 혁명이 일어나지 않게 된 이유, 그리고 이러한 고도(高度)자본주의 국가가 제국주의로 되는 과정과 그 결과로서 제국주의 국가간에 전쟁이 불가피해진다고 하는 주장 등에 있어서는 레닌의 독창성을 인정해야 한다.[3]

이 장에서는 레닌의 제국주의 전쟁이론을 그의 주장대로 간략히 소개하고, 다른 마르크스주의자들의 이론과 비교한 후 이 이론의 이론적 · 실증적 문제점을 몇 가지 소개하려 한다.

이 장(章)에서 레닌의 논문을 다룸에 있어서는, 저자가 러시아어를 읽지 못하기 때문에 영문번역을 사용했다는 점, 그리고 마오쩌뚱(毛澤東), 린빠오(林彪) 등의 글도 원문을 구할 수 없어 영어 번역을 읽었다는 점을 미리 밝혀둔다. 따라서 간혹 원저서의 뜻과 좀 상이한 해석이 있을지도 모른다.

---

2) *Ibid.*, 서문 참조. 제국주의에 대한 대표적인 고전인 홉슨의 제국주의 책은 우리말로도 번역되어 있다. J. A. Hobson, *Imperialism: A Study*, Ann Arbor: The University of Michigan Press, 1967(신홍범 · 김종철 공역, 『신제국주의론』).

3) Josef Stalin은 레닌주의를 제국주의 시대의 마르크스주의(Leninism is Marxism in the Age of Imperialism)라 했다.

제 2 절 레닌의 제국주의 전쟁이론 요지

레닌의 제국주의 전쟁이론을 이해하기 위해서는 그 기초가 되는 마르크스의 유물사관(唯物史觀), 혁명이론, 그리고 고도자본주의의 내부모순 해결방법으로서의 제국주의화 과정을 이해하여야 하므로 이러한 기초사항을 간단히 소개한 후, 그의 주장을 정리 소개한다.[4)]

1. 마르크스주의의 유물사관

마르크스의 유물사관은 유물적 세계관을 전제로 한다. 마르크스는 "외부세계는 물질(matter)로 구성되어 있고, 이 물질은 인간의 의식과 무관하게 객관적으로 존재하며……시간적으로 영원하고 공간적으로 한정되지 않고, 태초(太初)부터 존재해 왔으며, 현재도 존재하고 있고, 또한 앞으로도 존재할 것이며……창조될 수도 없고 또한 파괴될 수도 없다"[5)]고 전제하고, 인간의 마음(mind)은 동적(動的)상태에 있는 이 물질들을 모사(模寫)하는 감각기관을 통하여 이 외적 실재를 반영한다고 주장했다.

레닌도 이러한 마르크스의 유물론, 즉 인간의식과 독립하여 존재하는 사물의 객관적 실재에 대하여서는 의견을 같이하나 그

---

4) 마르크스 레닌주의의 핵심을 쉽게 이해하려면 다음 책을 보면 된다. 양호민, 『현대공산주의의 궤적』, 서울 : 효형출판, 1995의 제 1 부 마르크스-레닌주의, pp. 7-168; 양호민 등 공저, 『마르크스-레닌주의』, 서울 : 고대 아세아문제연구소, 1982; Alfred G. Meyer, *Leninism*, New York: Praeger, 1962; 그리고 Melvin Rader, *Marx's Interpretation of History*, New York: Oxford University Press, 1979.

5) A. James Gregor, *A Survey of Marxism* (New York: Random House, 1965), p. 83. 저자의 의역(意譯).

인식방법에 있어서는 마르크스의 이른바 모사설(模寫說 : copy theory)에 대하여 다른 견해를 가지고 있었다. 즉, 그는 감각만이 인간의 의식과 외부세계를 연결하는 유일의 직접적 연계가 되는 것은 사실이나 인간의 외부세계에 대한 인식과정은 그렇게 단순한 기계적 모사는 아니며, 삶에서 우러나오는 환상(幻想 : fantasy from life)이 포함되는 복잡한 과정을 겪는 것이며, 따라서 역사의식은 객관적 생활조건의 단순한 반영만으로는 형성될 수 없고, 전체 역사의 흐름을 깨달은 선각자의 깨우침을 받아야 생기는 것[6]이라고 주장하고 있다.

마르크스의 역사이론은 아무튼 이러한 유물론에 입각, 인간의 물질적 생활 조건에서 역사발전의 원동력을 구하고 있다. 마르크스의 역사이론을 요약하면 대체로 다음과 같다.[7]

(1) 인간은 사회적 생산과정에서 인간 상호간에 그들의 의지와 관계 없고, 또한 피할 수도 없는 특정한 관계를 갖게 된다.

(2) 이러한 생산관계(relations of production)는 인간의 물질적 생산력(material productive forces)의 발전단계에 대응하게 된다.

(3) 생산관계의 총화(總和)는 그 사회의 경제구조(economic structure of society)를 형성하게 된다.

(4) 경제구조를 토대로, 그 위에 법률, 정치 등의 상부구조(super-structure)가 서게 되며, 이 상부구조는 사회의식을 결정하게 된다. 이런 인과적 연계에 따라 물질적 생산양식이 사회적·정치적·지적(知的) 생활을 지배하게 되며, 인간의 의식이 그들의 존재를 결정하는 것이 아니라, 그들의 사회적 존재가 그들의 의식을 결정한다고 할 수 있다.

(5) 한 사회의 물질적 생산력이 발전하게 되면, 새로운 생산력

6) Lenin의 모사설의 줄거리는 *Ibid.*, pp. 83-94를 볼 것.
7) *Ibid.*, p. 158. 이것은 저자의 초역(抄譯)이다.

은 기존의 생산관계와 갈등을 빚고 …… 이에 따라 사회혁명의 시대로 들어가게 된다.

결국 이러한 논리에서, 역사란 연속되는 사회혁명을 거쳐 발전해 나간다는 것이 마르크스의 역사발전이론인데, 이렇게 본다면 결국 생산력의 변화가 곧 역사발전의 원동력이 되는 것이다. 그러면 생산력은 어떻게 해서 변화하는가? 마르크스는 기술발전과 인간의 창의력이 생산력의 변화를 가져오는 원동력이라고 하고 있다. 마르크스의 역사발전이론을 인과관계 순으로 재정리하면 다음과 같이 된다.

(1) 기술발전은 물질적 생산능력의 결정적 요소로서 역사발전의 원동력이 되며,

(2) 이 기술발전은 인간의 의지와 관계없이 일어나는데,

(3) 기술수준은 이에 상응하는 생산관계를, 그리고 나아가서는 경제구조를 결정하여 주고, 이에 따라 그 사회의 사회 관계 및 의식도 결정해 주므로, 결국 기술발전에 따라 역사는 발전하게 된다.[8)]

마르크스의 주장에 따르면 혁명은 불가피하다. 또한 자연발생적이다. 기술은 인간의 의지와 관계 없이 발전하는데, 이에 따라 생산관계 및 이를 기초로 한 상부구조, 즉 법적 · 정치적 구조물 및 의식체계가 바뀌어야 하나, 앞단계에서 형성된 생산관계와 상부구조는 기술발전에 기인한 생산력 발전을 제한하게 되므로 이 사이에서 갈등이 일어나게 되고, 이에 따라 심해진 갈등이 폭발하여 새로운 기술수준에 맞는 새로운 생산관계를 형성하는 혁명이 일어나게 된다고 보기 때문이다.[9)]

8) *Ibid.*, p. 161참조. 여기서 제시한 요약은 저자의 종합이다.

9) 마르크스주의에서는 결정론(determinism)과 주의주의(voluntarism)를 특이하게 합성하여 활용하고 있다. 이들의 주장에 따르면 역사는 인간이 만드는데, 그 인간은 자기가 원하는대로 역사를 만드는 것이 아니고 그 인간이 처해 있는 환경, 특히 사회구조 속에서의 계급적 지위에 따라 역사를 만들도록 강요당한다고 본다. 즉 역사는 인간이 만드나 인간의 역사창조 행위는 환경에 의하여 결정

혁명은 인간이 생활여건을 개선하기 위하여 하는 의식적 행위이다. 따라서 혁명이 일어나려면, 인간에게 혁명의식이 형성되어야 한다. 마르크스의 논리에 따르면 인간의식은 처해진 생활 환경에 따라 자생적으로 생긴다고 했다. 마르크스와 엥겔스(Friedrich Engels)의 공저(共著)인 『공산당 선언』(1848)에서는 두 개의 혁명의 필요충분조건으로서, ① 프롤레타리아의 점증하는 궁핍(immiseration)과 ② 그들의 궁핍의 원인에 대한 프롤레타리아 자신들의 명확한 인식을 들고 있다.[10]

레닌은 마르크스의 혁명의식 자생론(革命意識 自生論)을 부정하고, 프롤레타리아의 혁명의식은 역사적 사명감을 가진 소수정예 엘리트로 구성된 혁명전위(革命前衛)로서 당(黨)이 일깨워 주어야 한다고 했다. 레닌의 소론(所論)은 이렇다. 노동계급은 당면한 생활조건 개선이라는 눈앞에 보이는 이익에 따라 움직이지, 궁극적으로 노동계급을 해방한다든가 하는 거대한 이익에는 쉽게 따라 나서지 못하기 때문에, 이론가들이 이들의 의식을 계발해 주어야 한다는 것이다. 레닌은 혁명이란 대중의 물리적(物理的) 파괴력(physical destructive force of the mass)과 당 엘리트의 지적(知的) 파괴력(intellectual destructive force of the party elites)이 합쳐져야 비로소 가능하다고 주장했다.[11]

된다고 본다. 이렇게 보기 때문에 혁명은 선택적 행위가 아니라 필연적인 것이 되는 것이다. Meyer, *op. cit.*, p. 21.

10) 마르크스는 프롤레타리아의 계급의식을 강조하면서도 이 의식을 불어넣을 당의 필요성은 거론하지 않았다. Communist Manifesto, Ch. 2, in A. P. Mendel, ed., *Essential Works of Marxism* 및 양호민 등 공저, 『마르크스-레닌주의』, *op. cit.*,의 제 3 장, 김영준, "공산주의 정치이론," pp. 140-194를 볼 것. 김영준은 레닌의 당의 중요성 강조를 다음과 같이 표현하고 있다. "… 레닌에 있어 당은 혁명, 탈권, 그리고 체제유지를 위한 선봉이다. 당은 프롤레타리아트의 전위(前衛)이며, 소련을 비롯한 모든 공산국가에 있어 생활의 길잡이다. … 당은 마르크스주의의 해석자며 그 수호자이다." 그의 책, p. 152.

11) 레닌은 당은 인텔리겐챠인 직업혁명가로만 구성하여야 하고, 이들 당원들은 선동자, 조직자, 선전자 및 이데올로기 전파자여야 한다고 강조했다. 김영준,

2. 자본주의의 발전단계

마르크스는 역사발전 단계에서, 분업의 이론에 의해 생산에 직접 참여하는 자와 생산수단을 소유하는 자가 분리된 생산관계를 기본으로 하는 경제구조를 가진 단계를 자본주의 시대라 정의한다. 그러나 이 자본주의도 계속되는 생산력 향상에 따라 여러 단계로 변질되어 나아간다고 보았다. 레닌은 19세기 중엽부터 이 자본주의가 거쳐나가는 과정, 즉 산업자본주의-금융자본주의-독점자본주의의 변천과정을 그의 논문에서 소상히 다루고 있다. 레닌은 각종 통계자료를 제시해 가면서 어떻게 자본주의는 독점자본주의로 되어 나갔는가를 입증하고 있다.

레닌에 따르면 1860-1870년 사이가 자유경쟁의 최고 절정기로서, 독점현상의 태동기(胎動期)에 해당하고, 1873년 이후 오랜 기간 지속되면서 카르텔에 의한 독점이 진행되어 왔는데, 이 과정이 절정에 달한 것이 1900-1903년이고, 이 때부터 독점자본주의는 제국주의로 변질하기 시작했다고 보고 있다.[12] 독일의 경우 카르텔의 수는 1905년에 385개에 이르고, 이 카르텔에 참여한 회사는 1만 2천개에 이르렀다고 쓰고 있다. 그리고 이들은 전(全)독일의 동력(증기와 전력)의 반(半) 이상을 사용하는 상황이었으며, 이들 카르텔은 매점, 대금결제방법 등을 서로 정하고 시장의 배분, 생산량 할당, 가격의 결정, 이윤의 분배 등을 결정했다고 한다.

레닌은 이 결과로 생산은 사회화가 된 셈이었다고 주장한다. 자본주의나 기술자들은 자유경쟁에 의해 투자하고 고용되고 하는 것이 아니고 카르텔에 의해 의지에 관계없이 통제되고 동원되는 상태에 이르렀기 때문이다. 그러나 이와 같이 사회화된 생산수단

Ibid., p. 153.

12) Lenin, *op. cit.*, pp. 20-21.

은 몇몇 사인(私人)에 의해 소유·지배되고 있었다. 그리고 이러한 독점 산업카르텔 체제하에서는 원자재 생산자들은 자유경쟁시대와는 달리 산업자본가들의 지배하에 예속되기 때문에, 착취당할 수밖에 없고, 산업자본가들은 여기서 막대한 이윤을 얻어 낼 수 있었다. 아무튼 레닌의 표현에 의하면 독점이야말로 "자본주의 발전과정의 최후단계"라 할 수 있다.

산업자본주의 시대에는 상품이 수출된다. 그러나 독점자본주의 시대에는 자본이 수출된다. 자본가의 독점이윤이 극한에 달하게 되면 이 자본은 필연적으로 투자할 곳을 찾아 외국으로 수출되며, 이에 따라 수출된 곳에 자본주의를 발전시킨다. 자본수출에서는 항상 수출국이 유리하다. 특히 자본수입국에 대해 자본수출국 상품을 사게 하기 때문에, 세계시장에서도 자유경쟁은 사라지고 자본수출국이 독점 지배하게 된다. 이렇게 되면 마치 국내 시장에서 벌어졌던 것처럼, 다시 국제적 카르텔이 형성되어 시장분할, 세력권(勢力圈) 책정 등이 일어나게 되며, 이와 같은 초(超)카르텔(supercartel)형성으로 자본주의는 최고단계에 이르게 되는 것이다.[13]

3. 제국주의로의 이행

고도화한 자본주의가 국제시장에서 시장확장, 시장독점을 위해 노력하는 과정에서, 각국 정부는 무관할 수가 없다. 정치적으로 이를 뒷받침하게 된다. 여기서 각국은 식민지 또는 준(準)식민지에 해당하는 이른바 세력권 확보를 위한 투쟁을 벌이게 되는데, 이것이 곧 제국주의다. 레닌에 의하면, 자본주의의 고도화는 필연적으로 제국주의를 불러오게 된다는 것이다. 레닌은 주판(A.

13) *Ibid.*, p. 79 이하를 볼 것.

Supan)의 『구주(歐洲) 식민지의 영토적 발전』(1906)이라는 책을 인용하여, 1900년에는 아프리카의 90.4%, 폴리네시아의 98.9%, 아시아의 56.6%, 오스트레일리아의 100%, 그리고 미주(美洲)의 27.2%가 모두 서구 제국(諸國)의 식민지로 된 것을 상기시키고 있다.[14)]

20세기에 접어들면서 이와 같이 식민 가능지역이 더 이상 남아나지 않게 됨에 따라 제국주의는 새로운 양상을 나타내게 되었다. 즉, 이제는 세계가 완전히 분할되었기 때문에 식민지 재분할만이 특정 자본주의 국가의 제국주의화를 가능하게 해 줄 수 있게 해주는 방법으로 남게 되었다. 그래서 자본주의는 식민지 재분할을 위해 필연적으로 제국주의 전쟁을 유발하게 된다고 레닌은 주장하고 있다.

'현명한 경제정책'으로서의 제국주의에 대하여 레닌은 로드(Cecil Rhode)의 견해를 길게 인용하고 있다. 레닌이 인용한 로드 경(卿)의 제국주의 불가피론은 대체로 다음과 같다. "4천만의 영국 시민들을 빵을 위해 다투는 피비린내 나는 내전으로부터 구하는 길은 남아도는 인구를 안주시킬 새로운 땅과 공장 및 광산에서 생산되는 상품에 대한 새 시장을 확보하는 길 뿐이다. 제국(Empire)은 곧 빵과 버터의 문제이다. 내전을 피하기를 원한다면 당신은 제국주의자가 되어야만 한다."[15)] 레닌은 바로 이 로드 경(卿)이 1895년의 보아(Boer)전쟁의 장본인이었음을 여기서 다시 상기시키고 있다.

레닌은 산업자본주의가 완성되고 독점자본주의 시대로 넘어가던 1876년과 제 1 차 대전이 일어나던 1914년 사이의 선진국들의 식민지 확장 통계를 휘브너(Huebner)의 『지리통계제표』(地理統計

---

14) *Ibid.*, pp. 89-90.
15) *Ibid.*, pp. 93-94.

諸表)라는 저서를 토대로 소개하면서 자본주의 성숙도가 높은 나라(영국)가 더 급속히 식민지를 획득하였음을 보여주면서 자본주의 발달과 제국주의화 경향 간의 밀착된 관계를 경험적으로 입증하고 있다. 특히 레닌은 금융자본주의 하에서는 당장 유용한 땅이 아닐지라도, 남아도는 자본의 투자 때문에 미래에 가치를 가질 땅까지도 식민화하게 되어 식민지 획득열을 더욱 가속시켰음을 지적하고 있다.

4. 전쟁의 필연성

이상에서의 이론적 논의를 종합하여 레닌은 "제국주의란 자본주의 독점단계"라고 정의하고 있다. 레닌은 독점을 '자유경쟁을 기초로 한 자본주의를 제국주의로 이행시키는 전이매체(轉移媒體)'로 인식하고 있다.

레닌은 결국 제국주의는 자본주의의 최고단계에서 필연적으로 나타나는 현상이며, 이 제국주의는 더 이상 '무주'(無主)의 식민지가 남아 있지 않은 상태에서는 전쟁을 통한 식민지 재분할을 필연적으로 야기시킨다고 봄으로써 그의 '제국주의 전쟁이론'을 완성하고 있다. 특히 레닌은 제 1 차 대전이야말로 가장 완벽한 '식민지 재분할'을 위한 제국주의 전쟁이라고 지적하고 있다.

원래 마르크스는 자본주의가 성숙되면 곧 자연발생적으로 혁명이 일어나서 자본주의가 자멸하게 된다고 주장했었다. 그러나 현실에서는 자본주의가 갈 수 있는 최고 절정에 이르렀던 영국 등의 국내에서 혁명이 일어나지 않았으며 오히려 자본주의는 더욱 번창해 가고 있었다. 마르크스이론에 입각한 현실 예측이 현실과 동떨어지는 이러한 사태를 설명할 납득할 만한 설명을 찾기 위해 레닌이 제국주의론을 제시했다고 보는 것은 타당하다. 레닌은 한

마디로 제국주의화 때문에 고도 자본주의 사회에서 혁명이 일어나지 않는다고 본 것이다.

레닌에 의하면 제국주의는 세계의 분할을, 그리고 일국에 의한 타국의 착취를 의미하는 것인데, 이러한 착취에서 몇몇 극소수의 부강한 나라에 독점이윤이라는 초이윤(超利潤)을 주게 되고, 이러한 부국들은 이 이윤을 활용하여 자국 내의 프롤레타리아 계층의 상층부를 매수·부패시키는 경제체제를 창출하게 되고, 이들 '프롤레타리아 귀족'들에게 기회주의를 조성하여 주게 된다고 한다. 즉, 제국주의는 노동자 내에 특권층을 창출하며, 이들을 일반 프롤레타리아 대중에서 떼어내게 하며, 이들의 의식을 임금인상 등의 당장의 이익만을 추구하는 노동조합원적 의식으로 타락시켜, 혁명을 방지하게 한다고 주장했다. 레닌은 이런 분석을 토대로 프롤레타리아 혁명에 대한 몇 가지 결론을 도출해 냈는데, 그 내용은 대체로 다음과 같다.

첫째, 독점자본주의 하에서는 선진국의 프롤레타리아 중에서 일부 밖에는 혁명에 동원할 수 없으며(대다수는 자본가에게 매수되었으므로),

둘째, 따라서 선진국은 최초의 공산혁명이 일어날 곳이라 할 수 없고,

셋째, 프롤레타리아 혁명은 세계적으로 보았을 때 제국주의의 수탈을 제일 많이 당하는 변방 국가에서 먼저 일어나게 되리라는 것이다.[16)]

그래서 혁명은 식민지 해방 전쟁부터 시작해야 한다고 레닌은 전략적 처방을 내렸었다.

---

16) "공산혁명은 캘커타와 베이징을 거쳐 런던으로!"가 레닌이 내린 상징적 구호였다.

제 3 절 몇 가지 이견과 변형

1. 다른 마르크스주의 이론가들의 견해

레닌은 제국주의이론의 창시자는 아니다. 레닌의 제국주의 전쟁이론은 그에 앞서 제국주의 이론을 편 홉슨(J. A. Hobson), 힐퍼딩(R. Hilferding), 룩셈버그(Rosa Luxemberg), 카우츠키(Karl Kautsky), 부하린(N. Buharin) 등의 이론을 토대로 엮은 것이다.[17)] 레닌은 이들의 분석을 토대로 고도 자본주의가 제국주의화되는 과정을 체계적으로 설명하려 했으며 나아가서 제국주의가 전쟁을 일으키게 되는 불변의 역사법칙을 세우려 했던 것이다.

레닌은 다른 마르크스주의 이론가들과 마찬가지로, 고도 자본주의 사회에서 혁명은 필연적으로 일어난다는 마르크스의 이론적 주장이 현실에서 부정되는 실정을 감안하여 설득력 있는 '변명'(辨明)을 내어 놓으려고 제국주의이론을 발전시켰으며 그래서 그의 관심의 초점은 이론적 정확성보다는 현실 설명의 설득력에 두어져 있었다. 한마디로 레닌의 이론은 과학적이라고 하기보다는 이념적인 측면이 강하다.

레닌과 다른 마르크스주의 이론가들이 답을 주어야 했던 치명적 문제는 고도 자본주의 국가에서의 프롤레타리아 혁명 불발이었다. 왜 자본주의는 세계적 차원의 프롤레타리아 혁명을 촉발하지 않는가? 그의 제국주의이론은 이 문제에 답을 주기 위해 개발한 것이다.

---

17) J. A. Hobson, *Imperialism: A Study*, London: Allen & Unwin, 1902; R. Hilferding, *Finance Capital*(in Russian), Moscow, 1912; R. Luxemberg, *The Accumulation of Capital*, 1913; K. Kautsky, *Notebooks on Imperialism*, 1914; N. Buharin, *Imperialism and World Economy*(in Russia), Moscow, 1917.

힐퍼딩, 룩셈버그, 카우츠키, 부하린 등이 차례로 발전시켜 놓은 이론의 핵심은 다음과 같이 요약될 수 있다.[18]

원래 마르크스이론에 따르면 자본주의는 자체의 내적 모순과 긴장으로 말미암아 혁명으로 이를 수밖에 없으나, 자본주의는 막다른 골목과 같은 이 숙명에서 탈출하는 새 길을 식민지에서 찾는다. 한 나라의 자본주의는 고립된 폐쇄체제가 아니라 개방체제이다.[19] 값싼 원자재 공급처로서, 그리고 상품과 잉여 자본의 수출시장으로서, 더 중요하게는 값싼 노동력의 공급처로서 기능할 식민지를 찾아 경영하게 되면 자본주의가 고도화하면서 일어나는 내적 긴장은 탈출구를 갖게 된다. 이러한 자본주의의 외적 팽창을 제국주의라 부르는데 바로 이 제국주의가 혁명과 자본주의 쇠퇴를 막기 때문에 제국주의 시대에는 자본주의 사회의 멸망은 오지 않는다.

레닌은 이러한 제국주의 이론의 핵심에 관한 한 다른 마르크스주의자와 견해를 같이 한다. 레닌은 룩셈버그가 주장하는 바처럼 "제국주의란 독점적 초이윤을 얻기 위하여 생산력 발전 단계에서 앞선 나라가 뒤처진 나라를 착취하는 제도"라는 견해에도 전적으로 동의하고 있으며 부하린의 견해인 "제국주의적 병탄은 자본의 집중경향성의 한 예"라는 주장에도 뜻을 같이 한다.

레닌은 그러나 제국주의를 자본주의의 불가분의 '속성'으로 보기 때문에 제국주의를 자본주의 국가의 '정책'으로 보는 카우츠키와는 전혀 견해를 달리한다. 레닌은 그의 제국주의론에서 카우츠키를 철저하게 비판하는데 가장 격심하게 비난하는 부분이 바로 제국주의 '정책'론이다.

카우츠키는 제국주의를 다음과 같이 정의한다. "제국주의란 고도로 발달된 산업자본주의의 산물이다. 제국주의는 모든 산업자

18) Alfred G. Meyer, *Leninism*, New York: Praeger, 1957, pp. 240-241 참조.
19) Rosa Luxemburg의 표현. V. G. Kiernan, *Marxism and Imperialism*, New York: St. Martin's Press, 1974, pp. 17-18.

본국들이, 그곳에 어떤 민족이 거주하든 상관없이 큰 농토를 자기 통제 아래 두거나 병탄하려는 노력을 펼 때 선택하는 정책이다." 이와는 대조적으로 레닌은 "제국주의란 자본주의의 독점단계다"라고 정의하고 있다. 카우츠키는 제국주의를 경제발전의 단계로 보아서는 안 되며 금융자본가들이 선택하는 정책이라고 보아야 한다고 주장한다. 이에 대해 레닌은 "카우츠키의 정의는 틀렸을 뿐만 아니라 비(非)마르크스적이다"(Kautsky's definition is not only wrong but un-Marxist)라고까지 혹평한다.

제국주의를 경제발전의 한 단계로 보면 제국주의는 피할 수 없는 자본주의의 숙명적 진로가 되지만 정책으로 보면 자본주의 국가가 자의로 선택하거나 선택하지 않을 수 있는 것이 되어 '역사적 우연'이 되어 버린다. 이 차이는 매우 중요하다. 왜냐하면 제국주의가 정책이라고 한다면 전쟁과 필연적으로 연계를 갖지 않게 되기 때문이다. 카우츠키 자신은 제국주의의 결과로 전쟁이 일어날 가능성은 크나 그러나 전쟁은 제국주의 필연성보다는 정치적 고려에 의해 선택되는 것이라고 주장했다.[20] 이렇게 되면 제국주의가 전쟁을 일으킨다는 이론 자체가 허물어지게 되는 것이다.

전쟁과 제국주의의 관계에 대하여 카우츠키와 레닌은 정면으로 대립하고 있다. 카우츠키는 레닌의 전쟁불가피론에 대하여 처음부터 회의적이었으며 비판적이었다. 카우츠키는 "순수한 경제적 시각에서 본다면 제국주의자들은 서로 전쟁하는 대신 전 세계적 규모의 제국주의자들의 연합인 초제국주의(超帝國主義 : Super Imperialism)를 형성하여 '국제적으로 연합된 금융자본'에 의한 합동착취의 단계로 접어들 수도 있다"고 하면서, 이럴 경우 전쟁은 없을 것이라고 주장했다. 이에 대하여 레닌은 제국주의자들만의 평화적인 동맹은 잠정적으로는 가능하나 영속적인 것은 못된다고 반

---

20) *Ibid.*, p. 13.

박하면서 각국의 힘은 시간에 따라 상대적으로 변하며, 새로 강해진 국가는 변해진 힘에 상응하는 몫을 요구하게 되므로 동맹은 깨어질 수밖에 없다고 했다. 그리고 각국의 힘의 상대적 변화는 대체로 전쟁에서 일어나며 또한 변한 힘의 분포에 따르는 새로운 식민지 분배도 결국 전쟁을 거쳐야만 가능하기 때문에 카우츠키의 주장은 비현실적이라고 반박했다.

2. 중국에서의 제국주의 전쟁론

중국 공산당의 세계관·전쟁관은 원칙적으로 레닌의 제국주의 전쟁이론에 기초하고 있다. 1969년 4월에 있었던 제 9 차 전당대회(全黨大會)에서 린빠오(林彪)가 행한 정책보고의 일부분을 읽어 보는 것으로도, 중국의 전쟁관과 레닌의 제국주의 전쟁이론과의 관계를 충분히 짐작할 수 있을 것이다.[21)]

린빠오(林彪)는 다음과 같이 보고하였다. "레닌이 지적하기를 제국주의란 전쟁을 의미한다. ……제국주의 전쟁은, 생산수단에 있어서 사유재산 제도가 잔존하는 경제체제에서는 절대적으로 불가피하다(『레닌 선집』, 중국어판, 제22권, p. 182). ……제국주의 전쟁은 사회주의 혁명의 전야(前夜)를 뜻한다(같은책 25권, p. 349). 이러한 레닌의 '과학적 명제'들은 결코 아직 낡았다고 할 수 없다." 린빠오(林彪)는 이어서, "최근 마오쩌뚱(毛澤東) 주석이 지적하기를 세계전쟁에 관한 한, 다만 두 가지 가능성밖에 없는데, 그 하나는 전쟁이 일어나 혁명을 일으키게 되는 경우이고, 다른 하나는 혁명이 전쟁을 방지하게 되는 것이라고 했다. 그 이유는, 오늘날 세계는 다음과 같은 네 가지 주된 모순이 있기 때문이다. 피

21) Winberg Chai, ed., *Essential Works of Chinese Communism*, New York: Bantam Books, 1972, pp. 437-477에 전체 영어번역이 실려 있다.

압박민족을 한편으로 하고, 제국주의자들과 사회주의-제국주의자(소련을 지칭하는 말)들을 다른 한편으로 하는 모순; 자본주의 국가와 수정주의 국가 내의 프롤레타리아와 부르조아지 간의 모순; 제국주의 국가와 사회-제국주의 국가 간, 그리고 제국주의 국가들 간의 모순; 그리고 사회주의 국가(중국 등)를 한편으로 하고 제국주의 국가와 사회-제국주의 국가들을 타방으로 하는 모순 등이 바로 이 네 가지 모순이다. 그리고 이러한 모순들이 존재하고 또 발전되어 나가기 때문에 혁명은 일어나고야 만다. 제 1 차 및 제 2 차 세계대전의 역사적 교훈에 따르면, 만일 제국주의 국가, 수정주의 국가 및 반동(反動)국가들이 세계인민들에게 제3의 전쟁을 강요한다면, 이러한 모순들은 격화되고 세계인민들을 자극하여 혁명을 촉진하게 할 것이 분명하다….”[22]

이상의 린빠오(林彪) 보고를 분석해 보면, 중국에서는 레닌의 주장처럼 자본주의가 제국주의 전쟁을 일으키게 된다는 점도 인정하고 있으나, 더욱 중요한 것은 사회주의 국가도 수정주의로 타락하면 제국주의화 한다고 주장함으로써 자본주의의 발달로 제국주의 전쟁이 불가피해진다는 점은 부인되고 있다는 점을 알 수 있다. 더 나아가 이것은 제국주의를 강대국 또는 패권국의 ‘지배욕’에서 연유하는 일반적 현상으로 이해하고 있지, 자본주의의 발달이 가져오는 특수한 현상으로 보고 있지 않다는 것을 알 수 있다.

중국은 특히 1960년대에 들어서서 악화된 중·소 관계에서 당시의 소련을 사회주의-제국주의 국가로 비난하였는데, 이것은 레닌의 제국주의 전쟁이론과 대비하여 볼 때 전혀 상반되는 주장이라고 할 수 있다. 즉, 자본주의가 아닌 사회주의 국가도 제국주의로 될 수 있으며 따라서 제국주의는 각국의 정책결정자들의 생

22) 이 부분은 저자가 간추려 의역(意譯)한 것이다. 여기서 사회주의-제국주의란 소련을 지칭하는 말이다.

각에서 생기는 것이지 자본주의의 발달로 생기는 것이 아니라는 이야기가 된다.

중국은 소련을 비난하면서 레닌의 명구(名句)인 "말로만의 사회주의, 행동에서의 제국주의"라는 표현을 즐겨 쓰고 있는데,[23] 1970년 4월호 *Peking Review*지(誌)에 실린 사설에서는 다음과 같은 중요한 주장을 제시하고 있다. "역사의 교훈은, 정치권력이 일단 수정주의자들에게 쥐어지면 사회주의 국가는 소련처럼 사회주의-제국주의로 변하든가 아니면 체코슬로바키아나 몽골처럼 종속국가 또는 식민지로 전락하게 된다. ……소련은 프롤레타리아 국제주의라는 허울 좋은 이름으로 다른 사회주의 국가들을 자유롭게 착취하고 있다."[24] 이것은 분명 고전적인 레닌식 제국주의론을 이론적으로 부인하는 표현이다.

레닌의 제국주의 전쟁이론은 같은 공산주의 국가에서조차도 '당당한 이론'으로 받아들이지 않고, 다만 편의를 위한 명분으로 이용되고 있음을 알 수 있다.

3. 신마르크스주의자들의 견해

자본주의가 발전하면 불가피하게 제국주의로 발전한다는 것이 마르크스의 주장이었다. 그리고 제국주의에 이른 선진자본국가들 간의 식민지와 시장 확보경쟁이 그들간의 전쟁을 불가피하게 만든다고 레닌은 주장했다. 이것이 레닌의 제국주의 전쟁이론의 핵심이었다.

신마르크스주의자들은 마르크스가 분석한 자본주의의 무자비성과 자본주의의 제국주의화의 필연성을 인정하는 선에서 그들의

---

23) Lenin의 논문 속의 소제목, "Socialism in Words, Imperialism in Deeds."

24) 전문(全文)이 W. Chai, *op. cit.*, pp. 477-489에 실려 있다.

논리를 출발시키고 있다는 점에서는 마르크스주의자들이지만 관심이 한 나라 내에서의 자본주의와 선진자본주의 국가 간의 경쟁에서 벗어나 세계체제 내에서의 문제로 옮겨졌다는 점에서 새로운 학파를 형성하고 있다. 마르크스는 하나의 국가사회라는 폐쇄체제 내에서의 자본주의 문제를 다루었지만 신마르크스주의자들은 세계체제를 하나로 보고 한 나라의 자본주의가 세계체제에는 어떤 영향을 미치는가를 분석하고 있다.[25)]

신마르크스주의가 '세계체제에서의 자본주의 문제'를 다루는 시각은 크게 양분된다. 한 나라의 자본주의는 다른 나라의 생산력 개발에 긍정적으로 영향을 미쳐 궁극에 가서는 세계 모든 나라를 자본주의화 한다고 보는 시각이 있고, 다른 한편에는 한 나라의 자본주의는 후진국의 착취를 가져오고 그래서 '후진국의 저개발'을 발전시킨다고 보는 시각이 있다. 즉 '저개발의 발전'(development of underdevelopment)이라는 부정적 효과에 더 큰 관심을 가지는 시각이 있다. 이 두 가지 시각은 강조점이 다를 뿐 사실은 같은 현상을 지적하는 시각이라 할 수 있다. 자본주의는 분명히 전 세계적 차원에서 기술과 경제의 발전을 가져온 것도 사실이고 또한 동시에 경제발전에서 엄청난 지역간 격차를 가져와 세계를 선진국과 후진국으로 갈라놓은 것도 사실이다.

고전 마르크스주의자들은 자본주의가 고도화함에 따라 값싼 자연자원과 노동력을 공급받기 위하여 국외로 확산하게 되는데,

---

25) 신마르크스주의 제국주의 이론에 대한 가장 '선명한' 해설서로는 다음 책을 추천할 만 하다. Anthony Brewer, *Marxist Theories of Imperialism*, London: Routledge & Kegan, 1980. 이 책에서 Brewer는 Karl Marx, Rosa Luxemburg, Rudolf Hilferding, Nikolai Bukharin, Nikolai Lenin 등의 고전 마르크스주의자들의 제국주의론과 더불어 Paul Baran, Andre Gunder Frank, Immanuel Wallerstein, Pierre-Philippe Rey, Giovanni Arrighi, Arghiri Emmanuel 및 Samir Armin 등의 신마르크스주의자들의 제국주의론도 다루고 있다. 이 장에서는 Brewer의 해설을 기초로 논의한다.

이러한 자본주의의 확산은 그 지역에서 똑같이 자본축적, 자본주의 경제체제의 성장을 유발하여 결국 자본주의의 확산은 여러 자본주의 국가를 만들어 내고 그들간의 경쟁을 가져온다고 보았다.

제 2 차 세계대전 종결 후 이러한 고전적 마르크스주의 시각에 대한 '도전적'인 견해가 나오기 시작하였다. 프랑크(Andre Gunder Frank)와 월러슈타인(Immanuel Wallerstein)은 자본주의는 단순히 한 사회 내의 계급간의 특수관계로 파악되어서는 안 되며 '교환이 이루어지는 세계체제 속에서의 이익추구를 위한 생산'(production for profit within a world system of exchange)과 '〔선진〕 지역의 다른 지역에 대한 착취'(the exploitation of some areas by others)로 이해되어야 한다고 주장했다.

즉, 자본주의란 세계적 규모에서 일어나는 '독점적 교환 체제'(a system of monopolistic exchange)로 이해되어야 그 본질이 이해된다고 했다.[26)]

프랑크 등의 주장은 세계자본주의의 중심부(metropolis, center, core)가 주변부(periphery)를 직접 착취하거나 비대등 교환(非對等交換 : unequal exchange), 그리고 교역에 대한 독점적 통제를 통하여 착취함으로써 세계자본주의 체제는 작동하고 그러므로 후진국들은 이 체제에 종속되어 있는 한 발전할 수 없고 오직 세계 자본주의 체제에서 독립하여야 발전의 기회를 가진다고 처방하고 있다.[27)]

프랑크 등은 이러한 선진국의 후진국 착취는 선진자본주의의 이익을 대표하는 국가가 후진국 지배의 정치적 틀을 짜고 이를 실현시키는 일을 하기 때문에 가능해진다고 보고 있다. 이런 논리에서 자본주의는 선진국의 제국주의 정책을 낳는다는 고전 마르크스

---

26) *Ibid.*, p. 17 및 p. 159.
27) *loc. cit.*

주의 명제를 옹호하고 있다.

신마르크스주의자들은 제국주의가 곧 전쟁으로 이어진다고 주장하지는 않는다. 그러나 두 가지 점에서 제국주의는 전쟁과 같이 취급되어야 한다고 생각하고 있다. 선진국은 특정지역의 제국주의 지배를 위하여 '방해를 제거하기 위한 전쟁'을 하게 되며 또한 제국주의적 지배는 지배받는 나라의 국민들에게 '전쟁에 못지 않은 고통을 주기 때문에' 전쟁과 같이 다루어야 한다고 보고 있다. 영국은 과거에 인도를 지배하는 데 필요하다고 생각해서 인도에 이르는 안전한 통로를 확보하기 위해 지중해 연안의 여러 나라에 대해서 군사적 행동을 취했음을 상기하고 또한 제국주의 국가들의 식민지 지배의 가혹성을 생각한다면 그들의 주장도 타당하다고 하겠다.[28)]

1989년 소련이 이끌던 공산진영이 붕괴되어 반세기에 걸친 미소 냉전이 공식으로 종식되었다. 냉전기간동안 냉전의 승리를 위하여 자제하던 미국의 '제국주의적 정책'은 탈냉전의 '대미무저항'(對美無抵抗)의 시대에 다시 전개되었다고 보는 신마르크스주의자들이 많다. 미국은 탈냉전의 세계질서를 '미국주도의 평화질서'(Pax Americana)로 구축하려하고 있는데, 새 질서의 이상상(理想像)으로 '자유민주주의와 시장경제체제를 갖춘 국가들이 형성하는 하나의 보편질서'로 정해놓고 있으며 이런 질서를 만들기 위해 미국은 '누구도 도전 못하는 군사력'과 '세계최강의 경제력'을 활용하여 아직 자유민주주의를 받아들이지 않는 국가를 '민주화'시키고 또한 아직 시장경제체제에 편입되지 않은 국가를 이 체제에 '편입'시키겠다는 「개입과 확대 전략」(engagement and enlargement strategy)를 공개선언하고 있다.[29)] 신마르크스주의 시

---

28) *Ibid.*, p. 2 참조.

29) 미국의 「개입 · 확대전략」에 대해서는 다음 글을 참조할 것. 이상우(李相禹)

각에서 본다면 미국의 이러한 정책을 '제국주의 정책'이라고 볼 수도 있다. 미국의 압력에 의해 '민주화'와 '세계시장경제체제 편입'을 당한 동남아시아, 한국 등이 1997년 여름에 겪었던 금융위기와 경제위기가 이들 주장을 뒷받침하고 있기 때문이다.

경제적 동기, 특히 자본주의 확장 동기가 전쟁의 원인이라는 제국주의 전쟁이론은 그러나 이론으로서는 문제가 있다. 신마르크스주의 학자들의 분석이 모두 옳다고 하더라도 제국주의가 전쟁원인이라고 주장하기에는 무리가 있기 때문이다.

제 4 절 이론적 문제점과 현실과의 괴리

레닌의 제국주의 전쟁이론은 마르크스주의의 이론체계를 연장하는 선에서 발전시킨 이론으로 경제구조의 변화가 숙명적으로 전쟁을 가져온다는 일종의 역사적·결정론적 이론이다. 이 이론은 그러나 논리적 정연성(整然性)보다도 19세기 후반부터 20세기 전반에 걸쳐 일어났던 구체적인 사례들이 이 이론이 제시하는 명제들을 경험적으로 입증하여 주었다고 주장하였기 때문에 더 관심의 대상이 되었던 것이다. 그러나 바로 이 '경험적 입증'이 레닌의 제국주의 전쟁이론의 보편적인 타당성을 부정해 주고 있다.

제국주의는 자본주의 시대 훨씬 이전의 고대의 제국에서부터 있어 왔었으며 또한 20세기 후반까지도 일부 존재하고 있다. 그러나 이러한 제국주의는 힘으로 남을 지배하여 이득을 얻겠다는 일반적인 인간속성에서 비롯된 것이지 꼭 자본주의 경제체제의 생리와 연결시킬 수는 없는 것이다. 특히 위에서도 지적했던 바와 같이

편저, 『21세기 동아시아와 한국』 제 1 권, 서울 : 오름, 1998, 제 1 장 개관 : "21세기 동아시아 질서," pp. 7-35.

역사상 가장 호전적인 제국주의는 자본주의와 거리가 먼 공산주의 국가이던 소련이 제국주의국가였던 점을 상기한다면 제국주의를 자본주의 경제체제와 직결시키는 것은 무리한 이야기다.

20세기 초의 강대국 식민주의가 독점자본주의자들의 압력으로 강화되었을 가능성은 충분히 이해할 수 있다. 그리고 경험적 사실이 그 당시의 식민 세력과 독점자본주의 세력이 일치하였음을 보여준다는 것도 인정한다. 그러나 그것은 역사상의 우연의 일치이지, 그 두 가지 현상 사이에 논리적 필연성을 주장할 수 있게 해줄 만한 것은 되지 못했다.

제국주의가 전쟁으로 발전한다는 주장은 제 1 차 대전 원인 규명에서는 수긍할 수 있는 부분이 있을지 모르나 시대를 초월하는 보편적 필연성을 가지지 못하고 있다. 경험적 사실이 뒷받침하지 못하고 있기 때문이다.

1945년부터 1995년까지의 반세기 동안 일어났던 국제무력충돌 292개를 발생원인별로 분석해 보면 제국주의가 전쟁으로 번진 예는 사실상 없다고 할 수 있다.[30] 이 292개 분쟁을 발생원인(분규의 원인)별로 나누어 보면 ① 영토분규(122건), ② 자국안전보장(71건), ③ 독립쟁취(46건), ④ 이념투쟁(31건), ⑤ 인종분규(18건), ⑥ 자원분규(4건) 등으로 분류할 수 있는데, 순수 경제적 이유로 분쟁이 생긴 것은 없고, 자원과 연관된 영토분쟁 4건도 시리아-이스라엘(1951), 오만-사우디아라비아(1955), 말리-부르키나파소(1985-86), 이집트-수단(1992) 등으로 제국주의 전쟁과는 아주 거리가 먼 것뿐이다. 더구나 이 기간 중에 자본주의 국가의

30) Jacob Bercovitch and Richard Jackson, *International Conflict: A Chronological Encyclopedia of Conflicts and Their Management 1945-1995*, Washington, D.C.: Congressional Quarterly Inc., 1997, pp. 13-14를 볼 것. 이 자료집에는 "직접적인 무력적 적대행위 또는 중요한 무력 시위가 있었던 국가 간의 분쟁"을 기준으로 2차대전 종결 이후 1995년 연말까지 사이에서 일어난 분쟁 292개가 수록되어 있다.

'최고형태'로 발전한 미국은 경제적 이익을 위한 전쟁에 참여한 적이 전혀 없다. 결국 292개 분쟁 그 어느 것도 제국주의 전쟁이론으로 설명할 수 있는 것은 없는 셈이다.

이러한 이론과 현실의 괴리(乖離)에서 얻을 수 있는 논리적 판정은 다음의 두 가지 중 하나이다. 첫째는 오늘날의 자본주의가 레닌이 상정했던 대로 발전되고 있지 않았기 때문에 자본주의는 예정코스인 제국주의로 치닫지 않았다는 것이고, 둘째는 제국주의와 전쟁은 논리적으로 반드시 연결되는 것이 아니라는 것이다. 그 어느 것이든 제국주의 전쟁이론 자체는 20세기 초에는 몰라도 적어도 20세기 후반의 전쟁을 설명하는 데는 부적당한 이론이라고 평가될 수밖에 없다.

오늘날의 자본주의가 20세기 초의 자본주의와 달라진 것은 사실이다. 영국의 자본주의는 이제 사회주의로 바뀌었고, 미국의 자본주의는 각종 독점방지를 위한 인위적 노력으로 제약·수정·변질되고 무제한의 독점 자본주의로 달리지 못하게 되어 있다. Anti-trust법, 카르텔 방지법은 물론 누진세(累進稅), 금융제도 등 수많은 방법으로 정부가 간여하여 소위 '자본주의의 제죄악'(諸罪惡)은 상당히 제거되었다. 그러나 축적된 자본이 해외에 수출되며 경제적 낙후지역에 대하여 불평등 거래로 이득을 얻는 사례는 아직 상당수준 잔존하고 있다.

제국주의가 전쟁을 불러일으키지 못하게 만드는 수많은 새로운 조건이 제약으로 등장하였다. 교육과 기술의 보급으로 과거의 식민지역이 자각하고 성장하여 독립을 성취하였으며, 계속 산업화하기 시작하여 식민 시대에 종지부를 찍게 하였고, 더구나 제2차대전 이후의 냉전체제 속에서 공산주의의 팽창하는 세력 앞에 자본주의국가들이 한가롭게 제국주의 전쟁을 할 수 있는 여유를 가질 수도 없었다. 뿐만 아니라 다국적 기업이라는 신종의 자본결합체가 등장함으로써, 카우츠키적 초(超)카르텔이 부분적으로 기능하게 됨으로써 전쟁 아닌 자활책을 찾아 나가고 있다. 그리고 서구제국(諸國)은 유럽연합(European Union)이라는 초(超)국가집단을 형성하여 자본주의 국가간의 과당경쟁을 지양하고 상호 자제와 협조를 해 나가는 기반을 갖추어 가고 있고, 다시 미국-유럽공동체-일본의 삼각협조체제라는 '초(超)공동체'를 구상하여 세계경제를 함께 '지도'해 나가려는 움직임마저 있어, 이제는 제도적으로도 제국주의 전쟁은 예방되고 있다. 만일 현재와 같은 추세대로, 선진공업국들이 결합하여 나가고, 이에 맞서 후진국들이 결속하게 된다면 자본주의 국가 상호간의 제국주의 전쟁보다는 오히려 선진공업국가 대(對) 후진 제국(後進諸國), 즉 '북'과 '남' 간의 분쟁이 격화될 가능성이 높아질 것이다. 따라서 후진 제국(諸國)들이 선진국들의 경제적 예속에서 벗어나려는 도전은 예상할 수 있으나 이 경우 현실적으로 국력 차이로 인해 전쟁으로 발전할 가능성은 거의 없다.

결국 이렇게 본다면, 적어도 현실에 있어서 레닌의 제국주의 이론이 타당할 수 있는 여건은 거의 없어진 셈이다. 그런 뜻에서, 최대한으로 그 이론을 두둔한다 해도, 레닌의 제국주의 전쟁이론은 20세기 전반까지의 역사를 설명하는 전쟁이론은 될 수 있어도 현실 국제정치에서 전쟁을 설명하는 '살아 있는 이론'으로는 평가하기 어려울 것이다.

일찌기(1919) 슘페터(Joseph A. Schumpeter)는 『제국주의와 사회계급』(*Imperialism and Social Classes*)이라는 책에서 레닌의 제국주의 전쟁이론을 논리적으로 비판했었다. 여러 가지 지적 중에서 슘페터는 국가의 공격적 태도를 인민의 구체적 이익만으로 설명할 수 있을까 하는 의문에서 시작하여 전쟁선언의 이유(reason)와 전쟁을 하게 되는 원인(cause)을 구별할 것을 강조하면서, 제국주의란 반드시 어떤 구체적인 이익의 성취(독점자본주의의 탈출구를 위한 식민지 획득 등)을 위해서만 생기는 것이 아니고 세력팽창을 위한 국가속성 일반에서 생길 수 있음을 지적하고 있다. 슘페터는 그래서 제국주의를 "국가가 무제한의 강제적 팽창을 하려하는 목적 없는 경향성"[저자 의역]이라 정의했다.

모겐소는 제국주의를 "국가간의 힘의 위계질서를 정해 놓은 현존 체제(status-quo)를 깨는 것을 목적으로 하는 정책"(a policy that aims at the overthrow of the status-quo at a reversal of the power relations between two or more nations)라고 정의한다.[31] 이렇게 제국주의를 넓게 정의하게 되면 모든 전쟁은 제국주의의 결과라는 이야기가 된다. 전쟁은 현존 질서를 깨기 위한 행위에서 비롯되기 때문이다.

모겐소는 제국주의 정책이 나타나는 '전형적 상황'으로 다음 세 가지를 꼽고 있다.[32]

전쟁의 승리 : 전쟁이 현존 질서 유지를 위한 방어적인 것이었을 경우라 할지라도 전쟁의 승리가 확인되면 전쟁 종결을 위한 평화조약에서 패전국의 재도전을 허용하지 않는 더 확실한 체제로 현존 질서를 영원히 고치려 한다. 전쟁의 승리는 그래서 제국주의 정책을 낳는다.

전쟁에서의 패배 : 패전국은 승자에 의하여 강요된 불리한 현존 체제에 만족할 수 없다. 그러므로 기회만 생기면, 그리고 조건만 갖추어지면 현존 질서를 타파하려 한다. 그래서 전쟁의 패배는 제국주의 정책을 낳는다.

정치적 공백의 존재 : 주변에 약한 국가나 정치적 공백이 생기면 그곳으로 자국 세력을 확장하여 자국의 국력을 증대하려는 유

31) Hans J. Morgenthau, *Politics Among Nations*, 4th edition, New York: Alfred A. Knopf, 1967, p. 42.

32) *Ibid.*, pp. 50-52.

혹을 받게 된다. 그럴 때 제국주의 정책이 나타난다. 약한 대한제국(大韓帝國)의 존재가 일본의 제국주의를 유발한 것과 같은 경우다.

모겐소처럼 제국주의를 국가들의 현존 질서 타파 정책으로 확대 해석하는 시각에서는 레닌의 제국주의 전쟁이론과 같은 경제적 동기를 강조하는 제국주의이론은 '근시안적인 시각'으로 비판된다. 모겐소는 경제적 동인에 기반을 둔 제국주의 이론을 세 가지로 분류하는데,[33] 어느 것이나 모두 역사적 사례에 비추어 볼 때 타당하지 않다고 주장한다. 역사상 몇 개의 예외에 근거를 둔 이론들이라고 혹평한다. 19세기 말 20세기 초에 몇 개의 전쟁은 경제적 동기에 의해 일어났으나(보어전쟁 1899-1902, 차코전쟁 1932-35) 그 외는 경제적 동기로 전쟁을 설명할 수 없다고 지적하고 전쟁의 대부분은 정치적 목적이었다고 모겐소는 보고 있다.[34] 나아가서 모겐소는 제국주의 자체가 경제적 동기로 생겨나는 것이 아닐 뿐 아니라 'devil'이론에서처럼 자본가가 정부에 영향을 주어 전쟁을 일으키게 한다는 것도 역사적 사례에 비추어 보면 그렇지 않다고 주장한다. 역사적 사례는 정치가 경제를 지배하지 경제가 정치를 지배하는 것은 아니다 라고 모겐소는 결론짓고 있다.

제 5 절 촌 평

모겐소의 비판을 제쳐두더라도 레닌의 제국주의 전쟁이론은 이미 위에서(제 4 절) 보았듯이 실증적으로는 부정된다. 그러나 국제정치이론 발전에는 아주 큰 기여를 했음을 부인해서는 안 된다.

33) *Ibid.*, pp. 44-50. Morgenthau는 The Marxist, Liberal, 'Devil'이론 등으로 분류한다.

34) *Ibid.*, p. 46.

첫째로 국제정치라고 하는 불투명한 현상 속에 내재되어 있는 경제적 행위구조를 밝혀 내어 학계에 새로운 분석시각을 제시했다는 점에서 레닌의 제국주의 전쟁이론은 큰 이론적 기여를 했다. 인간의 생산기술 수준이 낮은 상태에서는 사람들은 모든 사람의 삶을 지탱해 주는 기초적인 물자를 확보할 수 없어 '만성적 궁핍상태'에 머물게 되며 이러한 역사발전 단계에서는 인간의 최대 관심사가 '모자라는 물자의 배분'에 집중되게 되고 그래서 경제가 정치의 핵심 과제가 된다. 그럼에도 정치는 추상적 가치로 호도되어 그 실상이 노출되지 않는다. 마르크스주의자들의 가장 큰 학문적 공헌은 이러한 '역사적 진실'을 표출시키는 새로운 시각의 도입이라고 할 수 있으며, 레닌의 제국주의 전쟁이론은 이러한 시각의 국제관계이론으로의 도입이라는 점에서 그 가치를 인정해 주어야 한다.

둘째로 레닌의 이론은 논리적으로 아주 잘 짜여진 체계를 갖추고 있어 그 이후의 이론정립에 많은 교훈을 주었다고 본다. 레닌은 인간본성, 보편적 인간행위 성향 등에 대한 가정에서 출발하여 법칙적 보편 명제를 도출하였으며, 현실 사례에 비추어 검증할 수 있는 수준까지 발전시켰는데, 현실 적실성 여부를 떠나 이러한 이론구성은 사회과학 영역에서는 선구적인 것이었다. 다만 너무 지나친 단순화로 현실과 떨어지는 주장으로 되었을 뿐이다.

셋째로 레닌의 제국주의 전쟁이론은 제 1 차 세계대전을 설명하는 '적실성 있는 이론'으로 받아들여져 전후 질서구축에서 제국주의 정책들을 규제하는 많은 장치를 도출해 냈다는 점에서, 그 이론의 옳고 그름과 관계없이, 각국의 정책에 큰 영향을 미쳤으며, 이런 영향을 생각할 때 그 역사적 공헌을 인정해 주어야 한다. 제 2 차 세계대전 종결 후 서구 열강이 보유하고 있던 많은 식민지를 독립시키게 만든, '반식민주의' 세계여론은 레닌의 제국주의 전쟁이론에 의하여 크게 고무되었었다는 점을 우리는 인정하여야 한다. 식민지 착취의 지속이 또 한번 세계대전을 일으킬 수 있다는 주장이 식민지배 종식의 도덕적 당위를 내세운 어떤 주장보다 훨씬 더 설득력이 있었다고 본다.

레닌의 제국주의 전쟁이론은 경험이론으로서는 성공하지 못했으나 규범적인 기여를 크게 한 이론으로 기억될 것이다.

결국 제국주의 전쟁이론은 제국주의의 한 유형과 전쟁원인의 한 가지를 일반화하여 그 부분을 타당하게 보이게 하는 특정시대의 특정의 사례로 입증해 보인 불완전한 전쟁이론이라고 할 수 있을 것이다. 그러나 문제는 이러한 이론이 현재까지도 좌파학자들의 세계정세관을 지배하고 있다는 사실 그 자체에 있다. 이론적으로 납득할 수 있는가 아닌가보다는 그렇게 믿고 있는 사람들이 상당수 있다는 점에서 레닌의 제국주의 전쟁이론은 아직도 무시할 수 없는 이론이며, 따라서 국제정치학자로서는 충분히 소화하고 넘어가야 할 대상이라고 생각한다.

참고도서

1. James E. Dougherty & Robert L. Pfaltzgraff, Jr., *Contending Theories of International Relations*, New York: Lippincott, 1971(최창윤 역, 『국제정치론』, 서울 : 박영사, 1977)의 제 6 장, "제국주의와 전쟁에 관한 경제적 이론," pp. 238-269.

여기에서 저자는 마르크스, 엥겔스, 홉슨 및 레닌의 제국주의 이론에 관련된 주장과 오늘날의 혁명이론들에 대하여 간략하게 소개하고 있다.

2. Robert L. Pfaltzgraff, Jr., ed., *Politics and the International System*, 2nd edition, New York: Lippincott, 1972, 14, pp. 203-207.

레닌의 제국주의 이론의 중요 부분이 발췌 · 수록되어 있다.

3. V. G. Kiernan, *Marxism and Imperialism*, New York: St. Martin's Press, 1974, 제 1 장, pp. 1-68.

힐퍼딩, 카우츠키, 부하린, 룩셈버그, 레닌의 제국주의이론을 아주 간결하게 잘 정리하였다.

4. Alfred G. Meyer, *Leninism*, New York: Praeger, 1957, 제 11장, pp. 236-256.

레닌의 제국주의 이론을 아주 명쾌하게 해설하면서 예리하게 비평을 가하였다.

5. Anthony Brewer, *Marxist Theories of Imperialism*, London: Routledge & Kegan Paul, 1980.

가장 종합적인 마르크스주의 제국주의론의 해설이다. 이 책에서는 고전적 마르크스주의 이론(Marx, Lenin, Rosa Luxemburg, Hilferding, Bukharin 등)뿐 아니라 현대 마르크스주의 이론(Baran, Frank, Wallerstein, Rey, Arrighi, Emmanuel, Amin)도 해설하고 있다. 분석이 예리하고 쟁점이 선명하다.

제 8 장

모겐소의 힘의 정치이론

제 1 절 현실주의 국제정치관

한스 모겐소(Hans J. Morgenthau)가 1948년에 첫 출판한 교과서 『국가간의 정치 : 권력과 평화를 위한 투쟁』(*Politics Among Nations: The Struggle for Power and Peace*)은 국제관계학에서 가장 유명한 고전으로 정착하였다. 한 국제정치학자는 20세기 후반의 반세기 동안의 국제정치학사를 "모겐소와 그와의 대화"(Morgenthau and dialogue with him)라고 표현했는데 좀 과장된 표현이라 할 수 있을지 모르나 그만큼 모겐소가 국제관계이론에 끼친 영향이 지대하다는 것을 말해 준다.

모겐소는 이 책을 쓰는 목적을 "경험적으로 실용성을 검증할 수 있는 국제정치이론을 제시하기 위한 것"이라고 선언하고 있다. 그리고 그 이론을 '국제정치학의 한 현실주의이론'이라고 이름지었다.[1] 그래서 모겐소의 이론을 모두 현실주의이론이라 부르고 고전

1) Hans J. Morgenthau, *Politics Among Nations: The Struggle for Power and Peace*, 4th edition, New York: Alfred A. Knopf, 1967, p. 3. 이 책의 제 1 장의 제목이 "A Realist Theory of International Politics"이다.

적 현실주의의 고전(古典)으로 자리매김하고 있다.

모겐소는 그의 현실주의 국제정치관을 책의 서두에서 분명하게 밝히고 있다. 그의 현실주의 관점은 당시 풍미하던 이상주의 국제정치관에 대한 대응으로 출발한 것이다. 모겐소는 정치의 본질을 논함에 있어서 가장 핵심이 되는 인간본성, 사회의 본질, 정치의 참모습에 대한 이상주의자들의 가정(假定)이 너무 비현실적이어서 그들이 개발해 놓은 이론이나 주장은 현실정치를 이해하는데 아무런 도움을 주지 않는다고 이상주의를 비판하고 있다.

모겐소는 이상주의자들의 주장을 다음과 같이 요약하고 있다.

> "……그들은 보편적으로 타당한 추상적 원리들로부터 연역해낸 합리적이고도 도덕적인 정치질서가 존재한다고 믿고 있으며 그러한 질서는 지금 당장 성취될 수 있다고 확신한다. …… 그들은 인간의 본성이 선하다고 전제하고 사회질서가 합리적 기준에 이르지 못하는 것은 무지와 오해, 그리고 시대에 뒤떨어지는 사회제도나 소수의 개인 또는 집단의 부패 때문이라고 비난하며 …… 교육, 개혁, 그리고 간헐적인 힘의 사용으로 이러한 결함을 고칠 수 있다고 믿는다."[2)]

모겐소는 이상주의자들의 인간본성론, 사회본성론, 정치본성론이 모두 비현실적이라고 보고 있다. 모겐소는 이어서 이상주의에 대립되는 현실주의자들의 생각을 대비하여 소개하고 있다.

> "현실주의자들은, 합리적 시각에서 본다면 못마땅하겠지만, 세상사라는 것은 인간본성에 내재하는 여러 가지 힘들이 섞여져서 빚어내는 것들이라고 믿는다. 그러므로 좋은 세상을 만들려면 인간본성에서 나타나는 여러 가지 힘들을 있는 그대로 인정하고 다루어 나가야지 그러한 힘들을 부인해서는 안 된다. 세상사는 본질적으로 다양한 힘들간의 대립되는 이해와 갈등으로 이루어지는 것이

---

2) *loc. cit.* 이해의 편의를 위하여 의역하였다.

므로 도덕적 원리는 절대로 완벽하게 실현될 수 없고 오직 다양한 이해의 임시적 균형이나 갈등의 불안정한 타결로 도덕적 원리에 접근시킬 수 있을 뿐이다. 현실주의자들은 견제와 균형체제를 다원사회에 적용할 수 있는 보편적 원리로 받아들인다. …… 이들은 추상적 원리에 얽매이지 않고 역사적 선례(先例)를 따르려하고 절대선(絶對善)의 실현보다 차선(次善)의 실현을 목표로 삼으려 한다."[3)]

모겐소는 이러한 견해를 바탕으로 있는 그대로의 인간본성과 실제로 일어난 역사적 사례를 그대로 수용하려는 이론적 접근을 현실주의라 부르고 자기가 제시하는 이론이 이러한 현실주의이론 접근에서 출발한다고 선언하고 있다. 즉, 그의 현실주의는 도덕적 판단을 떠나 선성(善性)과 악성(惡性)을 모두 갖춘 현존하는 인간들이 만들어내는 정치질서를 있는 그대로 설명, 예측하는 이론, 그리고 그러한 이론을 바탕으로 하는 처방을 연구한다는 실용주의적 현실주의라 할 수 있다.

제 2 절 현실주의의 여섯 가지 원칙

모겐소는 그의 '힘의 정치이론'의 바탕을 이루는 현실주의 시각을 여섯 가지 원칙으로 묶어 제시하고 있다.[4)] 모겐소는 자신도 그의 책에서 밝힌 것처럼 이 원칙들의 옳고 그름을 다투려하지 않고 오직 자기가 제시하는 현실주의를 선명하게 설정하기 위해 이 원칙들을 만들었다.

3) *Ibid.*, pp. 3-4. 역시 의역했다.
4) *Ibid.*, pp. 4-14.

제 1 원칙 : 인간본성에 근거한 객관적 법칙 정립은 가능하다.

정치적 현실주의(political realism)에서는 "정치는 인간본성에 근거한 객관적 법칙에 의해 지배된다"라고 믿는다. 그러므로 사회를 개선하기 위해서는 무엇보다 먼저 사회의 작동을 지배하는 법칙을 알아야 한다. 이러한 법칙은 인간이 도전하여 바꿀 수 없다.

현실주의에서는 객관적 법칙을 포함하는 합리적 이론을 개발할 수 있다고 믿는다. 그리고 현실과 동떨어진 편견, 선입감에 의한 주관적 판단과 구별되는 현실이 뒷받침하고 이성적으로 수용할 수 있는 객관적이고도 합리적인 진실을 밝혀낼 수 있다고 믿는다. 정치이론들은 불변의 인간본성에 근거하고 있으므로 시대를 초월한 이론이 있을 수 있다고 믿는다.

이론은 경험과 이성에 바탕을 둔 논리 등 두 가지 측면에서 검증되어야 한다. 즉 이론은 경험적 사실에 부합하여야 하고 또한 이성적 판단에 어긋나지 않아야 한다. 이론은 경험적·분석적 검증을 거쳐야 실용적 이론으로 인정받는다.

제 2 원칙 : 국제정치는 권력으로 정의되는 국익추구행위다.

모겐소가 제시하는 현실주의 이론의 제2원칙은 국제정치의 핵심개념에 관한 것이다. 모겐소는 국제정치를 "권력으로 정의되는 국익추구행위"로 규정하고 이 개념(interest defined in terms of power)을 국제정치의 핵심개념으로 내세우고 있다. 권력개념으로 모겐소는 정치학을 다른 학문과 구분짓는다. 즉 권력을 연구하는 학문이 정치학이다.

모겐소는 정치지도자는 권력이라 정의되는 국가이익을 생각하고 이에 따라 행동하는 사람들이다. 그리고 역사적 선례는 이러한 주장이 옳다는 것을 입증해 주고 있다. 이런 가정이 서기 때문에 우리는 정치지도자가 무엇을 국익이라고 생각하는지를 짐작할 수 있으며 그가 무슨 행위를 할 것인지를 알 수 있게 된다.

정치지도자는 권력으로 정의되는 국익을 기준으로 행동하므로 그의 동기나 이념적 정향과 관계없이 그의 행위선택을 설명, 예측할 수 있는 이론을 만들어 낼 수 있다. 그리고 무엇을 해야만 할지를 정하여주는 규범이론도 만들어 낼 수 있다.

제 3 원칙 : 국익의 내용은 시대에 따라 변하나 국익추구의 국가속성은 불변이다.

권력으로 정의되는 국가이익의 내용은 시대와 국가가 놓여있는 처지에 따라 달라진다. 고정된 것이 아니다. 이익과 권력은 역사의 맥락 속에서 다른 내용을 가지게 된다. 그러나 국가이익이라고 하는 생각(idea of interest)과 정치란 권력추구 행위라는 그 사실 자체는 불변이다.

특정의 역사적 시점에서는 국가이익은 그 시대의 정치적 · 문화적 맥락 속에서 결정되나 국가이익을 추구하는 것을 외교정책의 지침으로 삼는다는 사실은 불변이다. 권력의 경우도 마찬가지다. 권력의 내용과 권력을 쓰는 방법은 정치적 · 문화적 환경에 의하여 결정되나 권력이 "인간이 다른 인간을 통제하는 힘"이라는 사실과 그러한 힘을 추구하는 것이 정치의 목적이라는 사실은 불변이다.

권력으로 정의되는 국가이익을 추구한다는 현실주의의 이론적 가정은 이 가정을 진(眞)으로 만드는 정치적 · 문화적 조건을 미리 상정하지 않는다. 그러나 시대적 환경이 한 국가의 국가이익이 무엇인지를 결정하게 되면 그 국가는 그 이익을 추구하기 위하여 움직이리라는 것을 예측할 수 있다. 현실주의 권력이론은 이러한 불변의 국가이익 추구 성향을 바탕으로 세워진다.

제 4 원칙 : 국가는 국가의 안위를 지키는 것을 최고 덕목으로 삼는다.

현실주의자들도 도덕의 중요성을 잘 알고 있다. 그리고 성공적인 정치행위는 때로는 도덕적 · 윤리적 기준과 상충한다는 것도 잘 알고 있다. 그러나 국가행위에 있어서는 추상적 · 보편적 도덕원칙이 그대로 적용될 수 없으며 특정 시간과 장소의 구체적 상황에 비추어 선택적으로 수용되어야 한다고 생각한다.

개인은 "세상이 무너져도 정의를 세워라"라는 추상적 도덕률에 따라 행동을 결정할 수 있지만, 국민들의 이름으로 국가정책을 결정하는 정치지도자들이 자의적으로 자기의 개인적 도덕관을 앞세워 그렇게 결정할 권리를 가지고 있지 않다. 즉 개인은 도덕 원칙을 위하여 자기희생을 해도 좋으나 국민을 대표하는 국가는 도덕 원칙을 위하여 국민을 희생할 수가 없다. 국가는 국가와 국민 전체의 안위를 지키는 것을 지상의 의무로 삼고 있기 때문에 현실주의자들은 정치에 있어서는 국가이익을 지키기 위한 사려 깊은 조치(prudence)를 최고의 도덕적 가치(the supreme virtue)로 생각한다. 추상적 윤리는 도덕적 법칙에 부합하는지 여부로 행동을 평가하나 정치적 윤리에서는 행동이 가져올 정치적 결과로 행동을 평가한다(Ethics in the abstract judge action by its conformity with the moral law; political ethics judges action by its political consequences).

국가도 개인처럼 도덕원칙, 윤리적 당위에 따라 행위 선택을 한다면 객관적인 국가행위이론을 만들어 낼 수 없다. 그러나 국가는 국가 안위를 우선적으로 고려하는 행위를 하기 때문에 객관적 이론의 정립이 가능하다고 모겐소는 보고 있다. 조금 무리가 가는 주장이나 현실주의 권력이론 체계에서는 피할 수 없는 전제이기도 하다.

제 5 원칙 : 특정국가의 도덕적 열망은 국가이익으로 환원된다.

특정국가가 내세우는 도덕적 열망(moral aspirations)을 모든 국가들을 지배하는 보편적 도덕원칙(the moral laws that govern the universe)과 동일시해서는 안 된다. 국가는 그들의 행위를 정당화하기 위하여 보편적 도덕원리로 그들의 행위를 미화한다. 그러나 그러한 분식(扮飾)을 걷어내면 결국 '권력으로 정의되는 국가이익'만 남는다. 도덕적 열망에 따른 행위도 사실은 그 국가가 추구하는 국가이익에 지나지 않는다. 보편적이 아닌 도덕 원리에 현혹되면 국가들의 행위의 전형을 도출하는 이론 작업은 불가능하다. 객관적인 행위법칙은 각 국가가 '권력으로 정의되는 국가이익' 이라는 객관적 행위 목적에 따라 행위할 때만 정립할 수 있다. 그리고 이러한 객관적 행위 목적이 전제되어야 각국은 다른 국가의 국가이익이 무엇인지를 알고 대응하는 행위를 할 수 있게 된다. 이 점은 중요하다. 현실주의 권력이론에서는 각 국가가 자국의 이익 이외에 타국의 이익도 확인할 수 있어야 이익에 기초한 협력 등의 행위 법칙을 도출해 낼 수 있기 때문이다.

제 6 원칙 : 정치적 현실주의는 현실적인 사고 기준을 가짐으로써 독자성을 갖는다.

정치적 현실주의는 다른 학문영역과 확연히 구분되는 독자적 학문영역을 이룬다. 각 학문영역은 각각 독자적 생각의 표준(standards of thought)과 생각의 틀을 가지고 있다. 경제학자는 '부(富)로 정의되는 이익'을 생각의 표준으로 삼아 생각하며, 법학자는 '행위자의 규칙 부합성'을, 그리고 도덕주의자는 '행위의 도덕원칙 부합성'을 기준으로 삼아 생각한다. 정치적 현실주의자는 '권력으로 정의되는 이익'을 기준으로 사고한다.

정치적 현실주의자들이 다른 사고 기준이 있음을 모르는 것이 아니다. 각각의 생각들이 다르다고 생각할 뿐이다. 정치적 현실주의자들은 체계화된 이론틀을 생각하고 있기 때문에 독자적인 사고 기준을 정립해 놓고 있는 것이다. 즉, 인간 속성 중에서 정치적 속성에 주의를 기울이고 정치적 행위에 초점을 맞추어 분석하려 하는 것이며 결코 인간 속성의 다른 국면을 부정하는 것이 아니다.

제 3 절 주요 개념과 명제

모겐소의 현실주의 권력정치이론, 즉 힘의 정치이론은 몇 개의 핵심개념과 이 개념들을 이어놓은 법칙적 명제들로 구성된다. 방대한 그의 저서에서 몇 개의 기본 개념과 관심있는 명제들을 선택하여 해설한다.

1. 정치권력의 개념

모겐소의 이론은 political power라는 개념에서 출발한다. 이 개념은 '정치적 힘'이라 번역하든가 아니면 '정치권력'이라고 번역하여야 하는데, 두 가지 모두 꼭 들어맞는 번역어는 되지 못한다. power란 말이 적용 범위에서는 힘과 더 가까우나 지칭하는 내용에서는 권력에 더 가깝기 때문이다. 그래서 power politics는 '힘의 정치'로, political power는 정치권력으로 번역하여 쓰기로 한다.[5)]

5) 우리말의 '힘'은 변화를 일으키는 모든 에너지를 뜻한다. 영어의 force에 제일 가깝다. power는 아직 작용하고 있지 않으나 변화를 일으킬 수 있는 힘, 즉 force를 일으키는 원천으로서의 힘을 말하는데 "힘"을 만드는 지위, 위치를 뜻한다고 보면 된다. 문장의 맥락에 따라 power를 어떤 때는 힘, 또 다른 때는 권

모겐소는 '힘'(power)을 "다른 인간의 마음과 행동에 대한 인간의 통제"(man's control over the minds and actions of other men)라고 정의하고 '정치권력'(political power)은 "공직 또는 공공의 권위를 가진자들 간의 상호 통제관계 및 공직자와 일반시민 간의 상호통제관계"(the mutual relations of control among the holders of public authority and between the latter and the people at large)라고 정의한다.[6] 모겐소의 정의를 잘 이해하기 위해서는 그가 이 정의에서 사용하고 있는 몇몇 개념을 잘 아는 것이 중요하다.

'힘'의 핵심은 통제(control)이다. 통제란 상대의 의지와 관계없이 나의 뜻대로 상대가 어떤 행동을 하게 하거나 하지 못하게 할 수 있는 것을 말한다. 상대방이 앞으로 걸어가기 싫어하는데도 내가 가게 시킬 수 있으면 나는 상대의 의지와 행동을 통제할 수 있다고 하며 나아가서 "내가 상대에 대하여 힘을 가지고 있다"(I have power over him or her)라고 할 수 있다.

정치권력은 이러한 통제력의 원천이 공적 권위(public authority)에 있을 때를 말한다. 경찰관이 내가 운전하는 차를 멈추도록 지시하면 나는 서야 한다. 그 경찰관의 물리적 힘이 나의 힘보다 크기 때문이 아니다. 경찰관이라는 그의 공직(公職)이 그에게 부여하는 공적 권위를 내가 인정하기 때문에 내가 그의 명령을 따르는 것이다. 공직이 부여하는 통제력은 그 공직에 따라 결정된다. 상명하복(上命下服)의 관계에 있는 두 공직자의 통제력간에는 역시 상하의 관계가 성립한다. 높은 공직자의 통제력이 낮은 공직자의 통제력을 통제할 수 있게 된다. 모겐소는 정치 권력을 공직이 부여하는 통제력으로 보고 있다.

력으로 번역하는 것이 의미 전달에 더 정확을 기할 수 있어 이 글에서는 그때 그때에 맞추어 골라 쓴다.

6) Morgenthau, *op. cit.*, p. 26.

정치권력의 원천을 이루는 공적 권위에서 공적(公的), 즉 '공공'(public)이란 국가권력을 말한다. 국가가 가진 최고의 권력인 주권에 근거를 둔 권위가 공적 권위(public power)이므로 이러한 권위를 행사할 수 있는 지위가 공직(公職)이다. 국제정치(international politics)는 국가간의 권력관계를 말한다.

권력의 작동은 통제받는 사람의 마음에서 이루어진다. 통제의 영향이 피통제자의 마음에 전달되어 피통제자가 특정한 행위를 하거나 하지 않게 되는 과정을 통하여 권력이 행사된다.

통제자의 영향력의 원천, 즉 권력의 원천은 세 가지다. 혜택의 기대(the expectation of benefits), 불이익에 대한 공포(the fear of disadvantage) 및 통제자 또는 통제기관에 대한 존경심 또는 사랑(respect or love)이 그것이다.[7] 이 세 가지의 영향력에 대응하는 권력은 교환적 권력(bargaining or exchange power), 강제력(coercive power), 권위(authority)이다.[8]

권력이 전달되는 양식은 명령(orders), 위협(threat), 설득(persuasion), 권위(authority) 또는 카리스마(charisma : 威光) 등이다.

국가가 가지는 힘이 국력(national power)이다. 국가는 공통의 특성을 가진 인간들의 집합으로 이루어지는 추상적 집단이다. 이러한 집단이 권력을 가진다는 말은 이 집단을 대표하는 개인이 그 권력을 행사한다는 말이 된다. 국제사회에서 미국이 가지는 힘은 실제로는 미국을 대표하는 자연인이 행사하는 힘이다.[9]

---

7) *Ibid.*, p. 27.

8) R, J. Rummel, *In the Minds of Men*, Seoul: Sogang University Press, 1984, pp. 121-124. Morgenthau와는 조금 다른 시각에서 권력을 원천에 따라 분류하고 있으나 내용은 같다. 피통제자는 통제자가 혜택, 불이익을 주리라는 기대 때문에 통제에 따르거나 통제자의 지시가 옳다고 생각하기 때문에 따른다는 점에서는 같다.

9) Morgenthau는 자기 책에 1개장(제 8 장 pp. 97-105)을 따로 두고 national

국력, 즉 한 나라가 다른 나라에 대하여 행사하는 힘은 어떤 요소로 구성되는가? 모겐소는 불변요소와 가변요소로 나누어 제시하고 있다. 불변요소로는 지리(크기와 위치)와 자원을, 가변요소로는 산업능력, 군사적 준비태세, 인구, 국민성, 사기(士氣), 외교의 수준, 정부의 효율성 등을 예시하고 있다.[10)]

2. 권력을 위한 투쟁

모겐소가 제시하는 현실주의 권력이론의 핵심명제는 "정치는 권력투쟁(politics [is] the struggle for power)이며 모든 정치는 권력의 유지(to keep power), 권력의 증대(to increase power), 권력의 현시(顯示 : to demonstrate power) 중 하나를 성취하기 위한 노력"이다.[11)] 이러한 정치행위가 국제정치에 투영되면 세 가지의 전형적 정책(typical politics)으로 나타난다. 그 셋은 현상유지정책(a policy of status-quo), 제국주의 정책(a policy of imperialism), 영예(榮譽)를 위한 정책(a policy of prestige)이다.

한 국가가 현재의 국력을 유지하려 하고 국가간의 힘의 분포를 자국에 유리하도록 변화시키는 것을 바라지 않게 되면 현상유지정책을 추구한다. 한 국가가 현재 가지고 있는 힘보다 더 큰 힘을 가지려 하고 현존의 국가간 힘의 분포를 자국에 유리하도록 변화시키려 하면 제국주의 정책을 추구한다. 한 국가가 국력의 유지, 증가를 위하여 가지고 있는 힘을 현시(顯示)하려 하면 영예정책을 추구하게 된다.

---

power를 다루고 있다.

10) *Ibid.*, pp. 106-144에 국력요소에 대한 해설을 하고 있다. Morgenthau가 제시한 요소는 영어로는 다음과 같다. geography, natural resources, industrial capacity, military preparedness, national character, national morale, the quality of diplomacy, the quality of government.

11) *Ibid.*, p. 36.

현상유지정책은 역사의 한 특정시점에서의 국가간 힘의 배분을 그대로 유지하는 것을 목표로 하는 정책이다. 국내정치에서의 보수주의 정책과 같다. 일반적으로 국제전쟁에서 전쟁 전의 강대국이 도전국을 패배시켰을 때 '전쟁 전의 상태'(status-quo ante bellum)를 회복하는 평화조약에서 이러한 현상유지 정책이 나타난다.[12)]

제국주의 정책은 강적을 패배시킨 강대국이 전쟁승리로 확보한 우월한 지위를 영속시키기 위하여서(victorius war), 또는 과거 전쟁에서 종속적 지위로 전락한 국가가 전쟁 전의 지위를 되찾기 위해서(lost war), 아니면 약한 국가가 힘의 공백이 존재할 때 이를 이용하여 미리 유리한 지위를 확보하여 자국의 강대국 지위를 유지하고자 할 때(weakness) 취하는 국가들의 정책이다. 제국주의 정책은 목표에 따라 세계제국건설 정책(world empire), 대륙지배 정책(continental empire), 국지적 우위확보 정책(local preponderance)으로 나누고 또한 추구하는 이익의 성격에 따라 군사제국주의(military imperialism), 경제제국주의(economic imperialism), 문화제국주의(cultural imperialism) 등으로 구분하지만 현상을 자국에 유리하게 변하시키고자 한다는 점에서는 마찬가지다. 그리고 모두가 '권력'이라는 국가 이익을 증대시키고자 한다는 점에서도 마찬가지다.[13)]

영예를 위한 정책은 국가의 위신을 현실화하기 위한 정책인데 권력추구 정책의 하나이면서도 추구 목표가 가시적인 물질이 아니며 또한 영예, 위신이라고 하는 것이 그 자체가 최종 목표가 되기보다는 현상유지 정책, 제국주의 정책 등을 실현하는 중간 과정의 조건이 되는 수가 많기 때문에 보통 주목을 받지 못하고 있다고 모겐소는 지적하고 있다. 영예(prestige)는 '사회적 인정'으로 얻어

12) *Ibid.*, pp. 36-40.
13) *Ibid.*, pp. 41-68.

지는 것이며 또한 다른 주체와의 관계설정에 큰 영향을 준다는 점에서 각 국가는 영예의 유지, 향상에 관심을 두고 있으며 또한 이를 얻기 위하여 지속적으로 노력하고 있다.[14)]

"국가는 권력의 유지, 증대, 현시를 위하여 투쟁한다"는 모겐소의 법칙적 명제는 국가행위를 설명하고 예측하는 데 유용한가? 이 물음에 긍정적인 답을 얻을 수 있으면 훌륭한 실용적 법칙이 된다.

3. 세력균형

각 국가간의 힘의 배분상태를 자국에 유리하도록 그대로 유지하려 한다거나 현존의 불리한 배분을 자국에 유리한 것으로 변화시키려 하는 각국의 권력에 대한 열망은 서로 부딪히면서 필연적으로 힘의 균형(balance of power)을 창출해 내게 된다.[15)]

세력균형정책과 달리 상태로서의 세력균형은 각 국가가 선택할 수 있는 정책이 아니다. 여러 대안(代案) 중에서 하나를 고를 수 있는 그런 것이 아니다. 모든 국가가 최선의 노력을 할 때 결과적으로 이루어지는 상태일 뿐이다(이 책 제20장 세력균형이론 참조). 세력균형은 질서를 안정되게 유지시키는 요소이다.

세력균형은 균형(equilibrium)을 말하며 균형은 자율적으로 작용하는 여러 가지 힘으로 이루어지는 체제의 안정된 상태를 말한

14) *Ibid.*, pp. 69-82. Morgenthau는 policy of prestige를 status-quo와 imperialism과 나란히 같은 수준의 분류가지로 올려 놓았는데 이것은 좀 문제가 있다고 생각한다. prestige는 주관적인 것이고 독립된 개념으로 쓰게 되면 '현실주의이론'의 정신과 어긋나게 되기 때문이다.

15) 원문은 다음과 같다. "The aspiration for power on the part of several nations, each trying either to maintain of overthrow the status quo, leads of necessity to a configuration that is called the balance of power and to policy that aim at preserving it." *Ibid.*, p. 161. 여기서 말하는 세력균형은 '상태'이다.

다. 균형이 외부의 힘이나 체제 내의 힘의 증감에 따라 깨어지게 되면 새로운 균형으로 이행한다. 균형을 인위적으로 추구하게 되면 세력균형은 정책이 된다. 균형정책은 체제 내의 주요 구성요소의 존속과 안정이라는 두 가지 지침에 따라 이루어진다. 한 요소가 지나치게 강하여 전체 균형을 깰 가능성이 있으면 이 요소를 억제하고 너무 취약해진 요소가 있으면 이를 보강시키면서 균형을 유지한다.[16)]

모겐소는 세력균형의 유형을 두 가지로 단순화시키고 있다. 경쟁하는 두 세력간의 직접적 대결(direct opposition)과 제3의 대상에 대한 지배권을 두고 다투는 경쟁(competition)이 그 두 유형이다. 이것은 세력균형 이론을 깊이 다루는 다른 학자들과 비교하여 볼 때 지나친 단순화가 아닌가 생각된다.[17)]

세력균형 정책의 실천방법에는 여러 가지가 있다. 모겐소는 분할통치(divide and rule), 보상(compensation), 군비조정(armament), 동맹(alliance) 등인데 이론적 논의에서 별로 중요하지 않기 때문에 해설은 생략한다.[18)]

세력균형과 관련된 모겐소의 이론명제는 간단히 정리하면 "각국은 자국 이익을 극대화하기 위하여 국가간의 세력균형을 유지, 변경하려 한다"라고 할 수 있다. 좀 막연하지만 어떤 이론이 각국가의 외교정책을 설명하고 예측하는 데 도움이 된다고 하면 그 이론은 훌륭한 보편이론이 되는데, 모겐소 스스로도 자기의 '힘의 정치이론'의 취약점, 즉 특수조건 아래서만 설명에 보탬이 된다고 하는 점을 인정하고 있다. '힘의 정치이론'을 적실성 있는 이론으로 개발하기 위해서는 많은 손질이 필요하다 하겠다.

---

16) *Ibid.*, pp. 162-163.

17) *Ibid.*, pp. 166-170. 세력균형의 여러 유형에 대해서는 이 책 제20장을 참조할 것.

18) *Ibid.*, p. 172.

제 4 절 촌 평

모겐소의 '현실주의 힘의 이론'은 적어도 두 가지 점에서 국제관계이론 정립에 기여하였다고 본다.

우선 모겐소는 국가의 대외행위를 설명하고 예측하는 일반이론을 만들어 내기 위한 체계적 노력을 의도적으로 펼쳤다는 점에서 후학들에게 많은 영향을 끼쳤다. 국제관계학에서도 자연과학에서처럼 보편이론의 정립이 가능하다는 것을 보여주려고 애썼으며 적어도 이론화 작업의 바른 접근법을 제시했다고 본다.

둘째로 국제관계학이론 정립에서 모겐소는 현실주의라는 정돈된 시각을 체계화하여 제시했다. 국제관계학에서는 분석자료를 이루는 대부분의 정보가 외교적 미사여구(美辭麗句)로 분식(扮飾)된 위장적인 문건이거나 진정한 의도를 숨긴 거짓 성명들이다. 모겐소는 이 모든 외형적 정당화를 제끼고 그 밑바닥에 깔려 있는 국가행위의 '진정한 동기, 목적, 고려'를 찾아내어 이론화하려 하였다. '권력으로 정의되는 국가이익'과 그러한 이익을 추구하면서 벌이는 투쟁이 곧 국가간의 행위체계라고 밝힌 모겐소의 용기는 이상주의 정치학이 풍미하던 20세기 전반기의 지적 풍토에서는 가히 혁명적인 것이었다고 할 수 있다.

모겐소의 '현실주의 힘의 이론'은 그러나 엄격한 뜻에서 의미있는 경험이론이 되기에는 미흡한 점이 너무 많다. 그런 뜻에서 이론 자체라기보다는 이론의 방향을 제시해 주는 예비이론(pre-theory)수준의 이론이라고 보아야 할 것이다.

우선 모겐소이론의 핵심을 이루는 개념인 국가이익, 권력은 객관적으로 측정하기 어려운 개념들이다. 엄격한 조작화(operationalization)가 이루어지지 않는다면 이들 개념은 측정이 불가능하다. 모겐소는 권력개념을 구성하는 많은 지시변수(indicator variable)를 제시했다. 그러나 모겐소가 제시하는 '요소'들은 어떤 비중으로 권력에 영향을 주며 또한 어떻게 측정해야 하는지에 대해서는 논의가 되어 있지 않기 때문에 지시변수가 될 수 없다.

둘째로 모겐소는 그가 제시한 명제를 실증하기 위하여 많은 역사적 사례를 나열하고 있으나 사례선택의 자의성(arbitrariness) 때문에 검증으로 볼 수가 없다. 객관적 기준으로 선택한 사례들 중에서 긍정, 부정의 비례를 계산한다든가 하는 방법론적 객관성을 전혀 고려하지 않고 수많은 사례 중에서 제시된 명제를 지지(support)하는 사례들만 선택하여 소개했기 때문이다.

모겐소의 '현실주의 힘의 이론'은 국제관계학이론의 의미 있는 출발로서의 지위를 영원히 간직할 것이나 실용할 수 있는 경험이론은 아니다.

참고도서

1. Hans J. Morgenthau, *Politics Among Nations: The Struggle for Power and Peace*, 4th edition, New York: Alfred A. Knopf, 1966.

국제관계이론에서 꼽는 가장 중요한 고전적 교과서. 이 책이 이 章의 대본이다. 제1장에서 현실주의의 여섯 가지 원칙을 해설하고 있다. 제 1 부에서 제 4 부까지(제 1 장에서 제14장까지)를 읽으면 이론부분은 이해된다.

2. 박재영, 『국제정치 패러다임』, 서울 : 법문사, 1996, 제 2 장 "현실주의 패러다임," pp. 34-281.

현실주의의 사상적 흐름, 주요 학자들의 논지, 그리고 현실주의 시각으로 분석했을 때의 주요 문제들을 소개함으로써 현실주의의 적실성을 검증하고 있다.

3. 김우상 등 공역, 『국제관계론 강의』 I, 서울 : 한울, 1997의 I. "현실주의" pp. 11-346.

주요 현실주의 학자 Morgenthau, Schelling, Allison, Waltz, De Mesquita, Organski, Modelski, Gilpin, Jervis, Levy 등의 글을 추려서 번역한 글. 현실주의 이론 연구의 기본 독서로는 충분하다.

4. 김상준, 『국제정치이론』 II, 서울 : 삼영사, 1980, 제 1 장 "현실주의 이론," pp. 11-92.

현실주의의 출현 배경으로부터 이 이론의 내용, 공헌, 비판까지를 상세히 다룬 글.

제 9 장

오간스키의 힘의 전이이론

제 1 절 정태모형과 동태적 변화

상전벽해(桑田碧海)란 말이 있다. 오랜 세월 속에서 뽕밭이 바다가 되었다는 말이다. 변하지 않을 것 같은 것도 변한다는 말이다. 세상에는 변하지 않는 것이 없다. 국제체제 구조도 마찬가지다. 한 시대에 국제체제를 지배하던 초대강국도 흐르는 시간 속에서 약소국으로 전락하고 만다. 서양사에서 보면 로마가 지배하던 시대(Pax Romana), 영국이 지배하던 시대(Pax Britanica), 그리고 미국이 지배하던 시대(Pax Americana)가 있었다. 로마나 영국은 지배적 위치를 잃을 것 같지 않았던 초대강국이었으나 결국 지배적 지위를 잃었다. 또한 미국이라는 신생국가가 건국 200년만에 세계를 지배하는 '수퍼 파워'(super power)로 등장했다. 20세기에 들어와서는 소련제국의 흥망을 우리는 지켜보아 왔다. 후진 농업국가이던 러시아가 불과 반세기 만에 세계최강의 미국과 패권을 겨루는 나라로 성장했다가 신기루처럼 사라졌다.

만일 각 나라의 국력이 크게 변하지 않고 따라서 국제체제 내에서의 국력 서열이 바뀌지 않는다면 아마도 모든 나라는 주어진 국제체제를 숙명으로 받아들이고 이에 순응하였을 것이다. 그러나 "하늘 아래 변하지 않는 것이 없다"는 대자연의 섭리를 믿기 때문에 개인도 국가도 패권에 대한 꿈을 버리지 않는다.

체제는 체제를 지배하는 기본 이념, 그 이념에서 도출되는 행위준칙, 그 준칙을 지키도록 강요하는 힘, 그리고 이러한 체제가 지속적으로 작동하도록 관리하는 조직 등으로 구성된다. 이념(ideology), 행위준칙(rules of conduct), 힘(power)과 조직(organization)이 체제의 4대 요소이다. 어떠한 체제도 체제를 지배하는 개인 또는 집단의 이익이 최대한으로 보장되도록 만들어지게 마련이고 따라서 누구나 지배적 지위에 오르려고 소망하게 마련이다. 이러한 불변의 인간, 집단의 소망이 체제변화의 가능성과 결합하면 패권을 가진 자와 패권에 도전하는 자 간의 끊임없는 도전－저항의 투쟁이 생겨나고 여기서 도전자가 승리하면 체제의 주인이 바뀌게 된다. 바로 이러한 발상에서 국제체제 변화를 설명하는 이론으로 오간스키(A. F. K. Organski)가 제시한 것이 그의 힘의 전이이론(轉移理論 : the power transition theory)이다.

정태적 모형과 동태적 변화를 연관시켜 체제변화를 이론화한 이론은 많다. 마르크스(Karl Marx)는 역사 변화의 원동력을 생산력 증대에서 찾았다. 생산력이 변하면 생산관계가 바뀌고 그리고 생산관계의 집합으로서의 경제구조, 즉 하부구조가 바뀐다. 그런데 하부구조의 토대 위에 서 있는 상부구조로서의 체제는 한번 정하여진 모습대로 존속하려는 관성이 있기 때문에 변하는 하부구조에 순응하지 못하고 저항하다가 붕괴되어 혁명이란 사태를 만들어 낸다고 보았다. 이러한 혁명을 국제체제 속에 대입시키면 전쟁이 된다. 결국 혁명과 전쟁을 통하여 사회체제는 변화한다는 것이 마르크스의 주장이었다.

다음 장(제10장)에서 논하는 길핀의 패권전쟁이론이나 제14

장에서 소개하는 럼멜의 동태균형이론도 발상에서는 모두 같다. 체제와 체제를 뒷받침하는 힘 간의 괴리(乖離)에서 모순이 생기고 그 모순의 급격한 폭발로 전쟁이 생긴다는 생각은 마찬가지다. 다만 각각 그 현상을 조금씩 다른 방식으로 설명하고 있을 뿐이다. 오간스키의 힘의 전이이론은 이러한 이론의 원조에 해당하므로 먼저 소개한다.

제 2 절 힘의 전이이론의 개요

국가간의 힘의 분포상태로 국제정치시스템의 상태를 설명하며, 그 속에서의 각국의 기대행위를 설명하려는 세력균형이론(the balance of power theory)이 역사의 한 시점에서 국제정치시스템을 다루는 정태적 이론이라 한다면 오간스키(A. F. K. Organski)의 힘의 전이이론(the power transition theory)은 시간의 흐름에 따라 변화하는 국가간의 힘의 분포상태의 변화에서 전쟁의 원인을 찾으려는 국제정치시스템의 동태적 변화양상을 설명하는 이론이라 할 수 있다.

오간스키는 그의 교과서인 *World Politics*[1)]의 제14장에서 힘의 전이이론을 개진하고 있는데, 여기서는 그 내용을 간결하게 추려서 소개하려 한다.

오간스키는 전쟁의 원인을 국제정치구조의 변화에서 찾고 있다. 국제사회는 주권국가들로 구성되어 있으며, 각 국가는 힘의 크기에 따라 최강의 지배국가로부터 최약의 종속국가에 이르기까지 계층적으로 나뉘어 있는 위계질서에서 일정한 위치에 놓여지게 되

1) A. F. K. Organski, *World Politics*, second edition, New York: Alfred A. Knopf, 1968, pp. 338-376.

는데, 전쟁은 국제정치질서를 지배하고 있는 기존의 강대국과 이 지배권에 도전하는 신흥강대국 간의 지배권 쟁탈전의 형식으로 일어나게 된다고 보는 것이다.

이 이론은 대체로 다음과 같은 '국제정치관'을 전제로 해서 전개된 것이다. 첫째로, 국제정치사회를 정치질서가 없는 무정부상태로 보고 있다. 국제정치사회를 제도적 제약이 없는 주권국가들의 자율행위의 무대로 보는 이런 견해는 고전적 이론의 전통적 국제정치관이기도 하다. 국가주권은 이론상 그 이상의 어떤 권위도 인정하지 않는 최상의 권위이고, 따라서 주권국가들의 집합으로 이루어진 국제정치사회는 어떠한 초국가적 권위도 작용 못하는 무정부의 상태, 즉 홉스(Thomas Hobbes)가 말하는 자연의 상태로 파악되는 것이다.[2)]

주권의 절대성과 국제사회의 무정부상태라는 두 가지 조건을 전제로 하여 전쟁을 막는 방안으로 제시된 것이 세계정부(world government)이론, 집단안보(collective security)이론, 세력균형(balance of power)이론 등이다.[3)] 세계정부론은 무정부상태가 곧 전쟁의 원인이므로, 주권국가들이 세계 단일주권정부를 세우는 사회계약을 체결해야 전쟁을 없앨 수 있다는 주장이고, 세력균형이론은 주권국가들간의 끊임없는 투쟁이 결과적으로 힘의 평형(equilibrium)을 이루게 되어 국제사회에서 전쟁을 막는 하나의 질서를

2) 즉, Hobbes의 *Leviathan*에서 상정하고 있는 자연의 상태, 또는 Jean-Jacques Rousseau의 *The State of War*에서 상정하는 상태. 이러한 국제사회의 무정부적 상태의 특징에 관해서는 Arend Lijphart, "International Relations Theory: Great Debates and Lesser Debates," *International Social Science Journal*, Vol. XXVI, No. 1, 1974, pp. 11-21 을 참조할 것. 국제사회에도 국내사회에 준하는 어떤 공통된 도덕적 규범이 행위의 준칙이 되어 각 주권국가의 행위를 한정한다고 보는 반대입장도 Hugo Grotius 등의 고전적 이론에서 발견할 수 있으나 그것은 소수이론이었다. 국제정치관에 대해서는 이 책 제 3 장을 참조할 것.

3) Lijphart, *op. cit.*, p. 15 참조.

이룬다는 주장이고,[4)] 집단안보이론은 불특정의 질서파괴국에 대하여 집단적 제재를 가하기로 국가들간에 합의한다는 뜻에서 부분적으로 주권을 제한하는 계약을 체결하되, 어떠한 중앙집권적인 권위기구도 창설하지 않는다는 점에서는 세계정부와 다르고, 본질적으로 주권국가들의 자구행위에 의해 전쟁을 억제한다는 점에서는 세력균형과 같은 발상이다.[5)] 클로드(Inis L. Claude)는 이 세 이론이 모두 국제사회를 주권국가들로 형성된 무정부상태로 보는 전제하에서 이루어진 것이고 다만 각 이론들이 추구하는 규범적 목표상태로서의 국제정치체제의 중앙집권적 양상의 정도 차에서 세 이론은 하나의 연속선상의 변형이라고 보고 있다. 즉, 세력균형이론은 최소한의 체제권력(사실상 영(零))을, 그리고 집단안보는 제한된 중앙권력을, 그리고 세계정부는 최고의 중앙권력을 이상으로 잡고 있다는 차가 있을 뿐, 모두가 국제정치 체제의 무정부적 상태(anarchy)에서 출발하고 있다고 보고 있다.[6)]

오간스키의 힘의 전이이론은 이런 기준에서 본다면 세력균형이론과 같은 정도의 힘의 집중, 즉 완전한 무정부상태를 상정하고 전쟁의 원인과 평화의 조건을 찾는 입장이라고 평가할 수 있을 것이다.

힘의 전이이론의 두번째의 전제는, 국제정치질서는 그 시점에서 가장 강한 국가와 그 국가를 지지하는 국가군(國家群)이 힘으로 유지하는 것이며, 그 질서는 최강의 지배국에게 가장 큰 이익을 주도록 되어 있어, 모든 나라는 가능하기만 하다면 국력을 늘려 위

4) 이 책 제20장 참조.

5) 이 책 제21장 참조.

6) Inis L. Claude, Jr., *Power and International Relations*, New York: Random House, 1962, p. 9. Claude는 "…these concepts (balance of power, collective security, and world government) are related to each other as successive points along a continuum, differing most fundamentally in the degree of centralization of power and authority which they imply."라고 쓰고 있다.

계적 국제정치구조의 최상계층에 올라서려 한다는 것이다. 즉, 각국은 본질적 속성으로 지배권 장악을 위한 위계상향적 성향을 가지고 있으며, 각국간의 끊임없는 지배권탈취를 위한 힘의 투쟁의 결과가 국제정치질서라 보고 있다. 이 전제가 암시하는 바는 약육강식의 무정부적 국제사회에서 강대국은 약소국을 착취하기 위한 제도로 국제정치질서를 형성·유지·보존하려 한다는 것이다. 국가의 본원적 속성으로서의 지배욕을 하나의 보편적 성향으로 전제할 때라야 오간스키의 힘의 전이이론은 타당성을 갖게 된다.

세번째의 전제는, 각국의 국력은 시간에 따라 변한다는 것이다. 국가간의 힘의 차의 가변성이야말로 힘의 전이이론의 핵심이 되는 '힘의 전이'를 가능하게 하여 주는 전제이다. 힘의 전이이론은 국력변화에서 지배권을 가진 강대국과 지배를 받던 국가 간의 지위전복, 그리고 이에 따르는 국제정치질서의 변경을 상정하고, 바로 이러한 지배권 쟁탈전이 전쟁의 원인이라고 보는 이론이다.

오간스키는 그의 힘의 전이이론에서, 이상에서 열거한 세 가지 전제로 요약되는 '국제정치관'에 입각하여, 현상유지를 도모하는 현재의 지배국과 이에 도전하는 피지배의 신흥강대국 간의 대결로 전쟁의 발생과정을 설명하며, 이러한 분석에 따라 평화의 조건을 도출해 내려 하고 있다.

오간스키는 국제정치현상을 설명하는 데 있어, 시간을 초월하는 보편적 이론은 있을 수 없다고 주장한다. 즉, 국제정치정세는 시대변천에 따라 본질적으로 다른 양상을 띠게 되므로 각 시대의 특질에 맞는 특수이론은 있을 수 있어도, 보편적 이론은 있을 수 없다고 보고 있다. 오간스키는 세계역사를 산업화의 진행을 기준으로 3기(期)의 시대로 구분하고 있다. 제1기는 대략 1750년 이전의 시대로서 산업화 이전의 왕조시대이다. 이 때는 국가란 곧 왕이고, 정치는 스포츠에 가까왔으며, 국제사회는 거의 균등한 힘을 가진 국가들로 이루어져 있었고, 각국은 주로 현명한 외교, 동맹, 군사적 모험으로 국력을 키울 수 있었던 시대였다. 균등한 힘을 가진 국가들이, 국내의 상태변화에서보다 주로 국제적 활동으로 국력을 증가시킬 수 있던 상태에서는 세력균형이론이 각국의 행위와 국제정치상태를 묘사·설명·예측하는 데 아주 유용한 이론이었다. 각국간의 힘의 균형에서 평화질서가 유지될 수 있던 상황이었기 때문이다.

오간스키는 제 2 기를 산업화가 시작된 1750년경부터, 산업화가 진행중인 국가와 이미 산업화가 끝난 국가들이 병존하는 현재까지로 잡고 있다. 이 시대에서는 각국의 산업화 진행정도에 따라서 각국의 국력차는 계속 바뀌어가고 따라서 국제질서의 지배권을 장악하는 국가도 계속 교체될 가능성이 있다. 이 시대의 국제정치는 바로 여기서 소개하는 힘의 전이이론으로 가장 적절히 설명될 수 있다는 것이 그의 주장이다. 제3기는 모든 국가가 산업화를 마친 시대인데, 아직 오지 않은 시대이다. 제3기가 오면 산업화에 의한 국력차 변화는 오지 않을 것이며, 이 때의 국제정치는 힘의 전이이론으로 설명할 수 없고, 새로운 특수이론이 개발되어야 한다고 오간스키는 주장하고 있다.[7] 힘의 전이이론은, 이런 뜻에서 현세대에만 적용되는 시한적 이론이라 할 수 있다.

제 3 절 국력의 변화

오간스키는 힘의 3대요소로 ① 부(富)와 산업능력, ② 인구 및 ③ 정부조직의 효율성을 들고 있다.[8] 이 세 가지의 증가가 국

7) Organski, *op. cit.*, p. 345.

8) *Ibid.*, p 340. 국력을 어떤 변수로 측정할까 하는 데 대해서는 수많은 논란이

력을 늘려 준다고 한다. 그리고, 이 중에서는 산업능력의 증강이 주도적 역할을 한다고 보고 있다. 즉, 산업화가 진행되면 인구도 늘고, 경제적 · 교육적 수준도 높아져 결과적으로 정치도 개혁되고 정부의 효율성도 높아진다고 보고 있다.

오간스키는 산업화의 진행에 따라 한 국가는 세 가지 단계를 거쳐 강대국이 되어 간다고 본다. 이 세 단계란 ① 잠재적 힘의 단계(the stage of potential power), ② 힘의 전환적 성장단계(the stage of transitional growth in power), ③ 힘의 성숙단계(the stage of power maturity)이다.

첫 단계인 잠재적 힘의 단계에서는 그 국가는 아직 산업화(공업화)되어 있지 않은 상태다. 인구의 대부분은 농업에 종사하며 도시인구는 적다. 경제적 생산성은 낮고, 대부분의 인구는 아주 낮은 생활수준을 유지하고 있다. 기술과 교육수준이 낮고, 정치적으로는 원시적 통일을 이루고 있을 정도이며 대체로 외국 정복자나 소수 귀족에 의하여 통치되고, 정부의 효율성은 아주 낮다. 국민들은 세금을 내는 이외에는 정치에 거의 참여하고 있지 않다. 결과적으로 이러한 나라는 안정된 국력을 유지하나 매우 낮은 수준에 머물러 있게 된다.

이러한 나라가 인구나 영토의 크기가 크면 잠재적 힘을 갖게

있어 왔다. Ray S. Cline은 다음과 같은 국력 측정방법을 제시하였다. 계량화하여 이론검증에 쓸 수 있도록 고려한 정의이다.

$P_p = (C+E+M) \times (S+W)$

P_p = 인식된 국력(Perceived Power)

C = 크기(Critical Mass) = 인구 + 영토

E = 경제능력(Economic Capability)

M = 군사능력(Military Capability)

S = 전략적 목적(Strategic Purpose)

W = 전략 추구의지 강도(Will to Pursue National Strategy)

그의 책 *World Power Assessment 1977*, Boulder: Westview Press, 1978 및 이 책의 개정판 *World Power Trends and U.S. Foreign Policy for the 1980s*, 1980에 해설과 각국별로 계산된 지수가 실려 있다.

된다. 이러한 나라는 산업화를 통하여 거대한 힘을 장차 가질 수 있게 되기 때문이다. 인도, 인도네시아, 브라질 등은 아직 갖추지 않았으나 공업화하면 갖출 '내일의 힘'을 이미 행사하고 있는데 다른 모든 나라가 그 잠재적인 힘을 알아주고 있기 때문에 이러한 '외상'(外上)이 통하는 것이다.

둘째 단계인 힘의 전환적 성장단계는, 한 나라가 산업화 이전 단계(pre-industrial stage)에서 산업화단계로 전이하고 있는 과정의 단계를 말한다. 이 단계에서 각국은 국내에서 본질적인 변화를 겪게 된다. 공업 생산능력이 늘고, 많은 인구가 농촌에서 도시로, 농업에서 공업 또는 서비스업으로 움직이며, 생산성과 국민총생산이, 그리고 국민의 생활수준이 높아진다. 정치적으로는 중앙정부의 권력이 강화되고 정부기구가 확장되며, 국민의 정치참여도가 높아져서, 때로는 정부형태까지 변화를 겪게 되기도 한다. 이런 국내사회에서의 급속한 변화는 그 나라의 대외영향력의 증가를 가져온다. 1980년대의 한국, 1990년대 이후의 중국이 대표적인 예라 할 수 있다.

셋째 단계는 힘의 성숙단계다. 이 단계는 한 나라의 산업화가 완성된 단계다. 기술혁신, 경제성장은 계속되나 GNP의 증가율은 그전보다 떨어진다. 정부의 기구는 계속 보강되고, 능률은 향상되며, 관료제도 계속 발전한다. 생활수준은 계속 향상되고 부의 분배가 점차로 이루어져 모두 높은 생활수준을 유지하게 된다. 그러나 성숙된 단계에 있는 국가에서는 산업화과정에 있는 나라에서처럼 새 도시가 생겨나고, 몇 년마다 국민소득이 배로 늘고 하는 기적은 더 이상 없다. 미국, 독일, 영국, 일본 등이 이 단계에 이른 나라들이다.

성숙기에 든 강대국의 힘은 '상대적'으로 감소한다. 국제정치에서의 힘이란 절대적인 것이 아니고, 다른 나라와의 상대적 관계에서 의미를 가지는 것인데, 산업화가 한창 진행되고 있는 전환적 성장단계에 있는 나라의 힘의 신장 속도만큼의 성장속도를 유지 못하는 성숙기의 강대국은 자연히 힘의 전환적 성장단계에 있는 국가들과의 힘의 격차를 계속 높이 유지할 수 없게 되는 것이다. 즉, 절대적인 힘의 우위는 계속 확보하더라도 상대적인 우위는 줄어들게 되는 것이다.

산업화의 속도에 따라 전환기의 국가와 성숙기의 국가의 국력 차이가 줄어든다는 것은 역사적 사실이다. 서구 열강과 동아시아와의 관계변화, 특히 중국의 고도성장이 가져온 국력신장이 이러한 주장을 잘 입증해 주고 있다. 산업화가 시작되던 1820년에 아시아는 전세계의 GDP의 58%를 차지했었는데, 약 120년이 지난 1940년에는 19%로 하락하였다. 그러나 세계 제2차대전 이후 동아시아 국가들의 고도성장으로 1997년에는 아시아의 세계 GDP 기여도가 다시 37%에 이르렀고, 2025년에는 57%로 산업화가 시작되던 때로 회복되리라고 아시아개발은행(ADB)은 예상하고 있다.[9)]

나이(Joseph S. Nye)는 1977년의 예측에서 중국의 1인당 소득을 구매력 평가치(purchasing power parity)로 환산하면 1995년에 1,700달러(미화)로 총 GNP는 2조 달러가 되는데 이렇게 되면 10년 내에 중국의 GNP는 미국의 GNP를 넘어서게 된다고 했다. 나이(Joseph Nye)는 2002년에 출간한 그의 책 *Paradox of*

---

9) 여기서 소개하는 수치는 Joseph S. Nye가 Asian Development Bank서 낸 *Emerging Asia,* Manila: ADB, 1977; Dwight Perkins, "How China's Economic Transformation Shapes Its Future," in Ezra Vogel, ed., *China-US Relations in the Twentieth Century,* New York: American Assembly, 1977, Ch. 4; Richard Bernstein and Ross H. Munro, *The Coming Conflict with China,* New York: Alfred Knopf, 1977 등에서 재정리하여 제시한 것이다. Nye의 글 "China's Re-emerging and the Future of the Asia-Pacific," *Survival,* Vol. 39, No. 4, winter 1997-1998, pp. 65-79도 참조할 것.

*American Power*에서 중국이 미국의 도전세력이 될 것인가에 대해 상세히 논하면서(pp. 18-22) 중국이 앞으로 계속 6%의 GDP 성장률을 유지하고 미국이 2%를 유지한다면 2020년경에 중국의 GDP가 미국과 같아질 것이지만 아직 미국에 도전할 국력을 갖추지는 못할 것이라고 분석했다. 미국과 일본의 협력, 미국의 군사우위 등 다른 요소가 많기 때문이다. 그러나 후진국이던 중국이 미국과 힘을 겨루는 대국으로 성장한다는 '국력변화'에 대해서는 오간스키의 주장을 확인해 주고 있다.

좀 더 보수적인 예측치를 내놓은 ADB는 2025년에 중국의 1인당 GNP가 미국의 38%에 이르러 전체 GNP는 미국의 몇 배에 이르리라고 내다보고 있다. 아무튼 여러 전문가들의 전망은 앞으로 몇 십년 이내에 중국을 비롯한 아시아의 전환적 성장단계의 국가들은 미국을 위시한 성숙단계의 국가들에 큰 도전세력으로 등장할 것이라는 점에 귀일한다.

힘의 전이이론은 바로 이 현상, 즉 전환적 성장을 하고 있는 국가와 힘의 성숙기에 접어든 국가와의 힘의 격차가 좁아지는 현상을 포착하여, 여기서 전쟁의 원인을 찾아내려 하는 이론이다. 현재 지배권을 장악하고 있는 강대국은 그 지배권의 유지를 위해 힘의 격차를 좁히며 쫓아오는 제 2의 강대국군(群)이 도전을 못하게 하려고 최선을 다하고, 후발, 추적 강대국은 지배국의 저지를 뚫고 최강의 국력을 확보하여 기존 지배국의 지배권을 탈취하려는 데서 갈등, 그리고 전쟁은 발생한다고 보는 것이다.

지배권을 가진 현재의 강대국은 도전하는 강대국의 도전을 막을 수 있는가? 오간스키는 세 가지의 대안이 있으나 모두 유효하지 않다고 지적하고 있다.[10] 첫째 방법은 원조, 통제력 행사 등을 통해 도전할 나라의 산업구조를 농업 내지 경공업 위주로 전향시

10) Organski, *op. cit.*, pp. 348-349.

키는 방법인데, 도전국 정부가 이에 순응하지 않으면, 그 정부를 전복시키고 새 정부를 세우며, 그것도 잘 안 되면 예방전쟁을 해서 더 강해지지 못하게 한다. 한 때 강경한 대외정책을 주장하던 미국 지도자들이 구 소련과 중국에 대해 선제, 예방전쟁을 주장한 것도 바로 이런 발상이었다고 오간스키는 지적하면서, 그러나 이 방법은 무모한 것으로 현실적으로 택하기 어렵다고 결론을 내리고 있다.

두 번째 방법은 도전국의 산업화를 지연시키는 방법이다. 자국 및 자국의 동맹국을 동원하여 도전국이 필요로 하는 물자의 공급을 차단하며, 새로운 기술의 도입을 방해하는 방법이 택해진다. 미국은 구 소련에 '전략물자 공급 제한'을 구실로 한 때 이런 정책을 썼으며, 중국에도 한 때 이 정책을 적용했었다. 그러나 이 정책은 시간을 지연시킬 수는 있어도 도전자의 강대화를 결코 막지는 못한다고 분석하고 있다.

세 번째 방법으로, 지배국이 앞장서서 도전국의 산업화를 원조제공 등으로 도와줌으로써 도전자가 이에 대한 고마움을 느껴 지배국의 지배권을 계속 존중하도록 해 주는 방법이 논의되고 있다. 그러나 오간스키는 어떤 나라도 자국이익이 앞서면 타국에 대한 의리를 무시하게 되는 상정(常情)을 들어 이 방법도 그렇게 유용하지는 않다고 평가하고 있다. 역사상으로 보더라도, 영국은 미국의 성장을 계속 지원하여, 미국이 영국을 대체로 우호적으로 대해 왔으나 수에즈 운하에서의 영국의 군사행동에 대하여 미국이 제재를 가한 것처럼 이익이 직접 상충할 때는 시혜(施惠)에 대한 보은(報恩)만으로는 지배국과 도전국 사이가 늘 좋게 이루어지지는 않는다. 오간스키는 이상의 분석에서, 각국의 국력변화 과정을 제시하고, 지배권을 장악하고 있는 강대국과 도전국 사이의 힘의 대등화는 하나의 필연의 법칙으로 이루어지게 마련이라는 결론을 도출하고 있다.

제 4 절 국제정치구조로서의 힘의 위계질서

무정부상태의 국제사회에서는 각국의 지위를 정해주는 어떠한 초국가적 권위도 없으며 오직 각국은 자국의 힘에 따라서 서열을 정해 받게 되어 있다고 오간스키는 보고 있다. 즉, 국제정치구조는 힘의 강약에 따라 위계적으로 구성되어 있다고 보는 것이다.

오간스키는 각국은 이러한 위계질서에 따라 대체로 다섯 개의 계층구조에 분포되어 있다고 보고 있다. 즉, 최상부의 지배권을 행사하는 '지배국'(dominant nation), 그 다음의 '강대국'(great powers), 그 밑의 '중급국가'(middle powers), 다시 그 아래의 '약소국'(small powers), 그리고 제일 밑의 '종속국가'(dependencies) 등이 그 다섯 개의 계층인데, 어떤 기준으로 각국을 이 다섯 개의 계층에 분류, 포함시키는 지에 대해서는 논하고 있지 않다. 다만 오간스키는 강대국, 중급국가, 약소국의 순으로 그 수가 많아진다고 암시하면서, 이 구조는 하나의 피라밋형을 이룬다고 보고 있다. 그의 '피라밋형' 계층구조는 [그림 9-1]과 같다.

최상위에 있는 지배국은 국제정치질서를 지배하며, 그 질서는 그 지배국에게 최대의 이익을 주도록 통제된다. 지배국과 그 이하의 나라들과의 관계는 국제정치질서마다 다르다. 미국이 지배국이 되었을 때와 소련이 지배국이 되었을 때의 차이를 생각해 보면 그 차이는 쉽게 느낄 수 있다. 흔히 지배국과 그 이하의 국가들과의 힘의 격차는 크며, 그 격차가 클수록 그 국제질서는 안정을 유지한다.

지배국의 바로 밑에 있는 강대국들은 지배국만큼의 혜택은 못 받아도 현존의 국제정치질서의 유지에서 상당한 혜택을 받는 나라들이다. 이들은 지배국만큼의 힘은 못 가져도 상당한 국력을 가진 나라로 지배국은 적어도 이들 중 몇 나라의 도움을 얻어야 국제정

[그림 9-1] 국력에 의한 국제정치의 위계구조

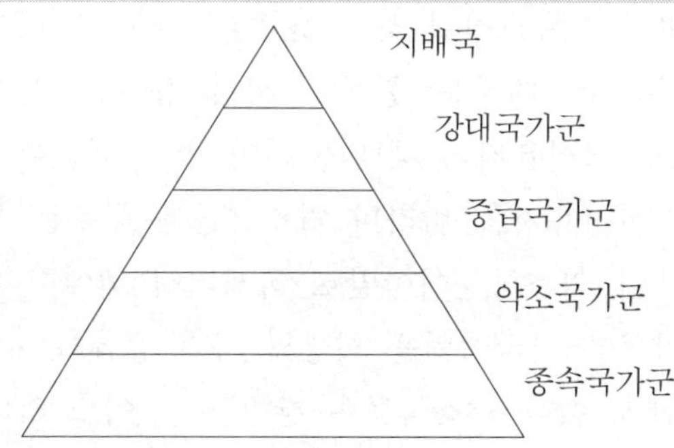

자료 : A. F .K. Organski, *World Politics*, p. 365.

치질서를 유지해 나갈 수 있으며, 흔히 몇몇 강대국은 지배국과 동맹관계를 유지하고 있다.

그 밑에 있는 중급국가들과 약소국은 대부분 지배국과 몇몇 강대국이 지배하는 국제질서를 때로는 순순히, 때로는 어쩔 수 없어 수용하고 있다. 그리고 그 밑에 있는 종속국가들은 지배국 또는 강대국에 그 존재를 의존하고 있으므로 국제정치질서에 묶여 있게 된다.[11)]

위계별로 각 계층에 분속되어 있는 모든 나라가 다 국제정치질서에 만족하고 있는 것은 아니다. 지배국과의 특별한 관계로 특혜를 누릴 수 있는 몇몇 강대국들과 중급, 약소 제국(諸國)들을 제외하고는 불만스러우나 힘이 없어 그대로 승복하고 있는 수가 많다. 오간스키는 각국의 현존 국제질서에 대한 만족·불만족을 함께 고려하여 국가들을 다음의 네 부류로 분류하고 있다. 즉 ① 만족해 하는 강대국, ② 불만스러워 하는 강대국, ③ 만족해 하는

11) *Ibid.*, pp. 367-368. Organski는 한국을 이러한 종속국가의 예로 들고 있다. 이 교과서가 쓰인 연대를 미루어 보아 1950년대의 한국을 의미하는 것이라고 믿어진다. 한국은 1980년에는 중급국가, 1990년대는 강대국가로 분류할 수 있을 것이다.

군소국, ④ 불만스러워 하는 군소국이 그 네 가지다.[12] 최강의 지배국은 항상 만족스러워 하는 것으로 분류되고 있다.

강대국들은 대부분 현재 질서의 유지를 만족스럽게 여긴다. 상대적으로 질서유지의 혜택을 많이 받기 때문이다. 중급국가들의 상당수도 현상유지를 바라나 약소국들은 대부분 불만스러워 한다. 왜냐하면 이 약소국들이야말로 국제질서 내에서 강대국이 누리는 특별한 이익을 자국이익을 희생해 가며 공급하는 나라들이기 때문이다. 그래서 이들 약소국들은 강대국 중 어느 하나가 지배국에 도전하게 되면 그 도전자 편에 서려 한다. 국제정치의 계층구조를 보여주는 [그림 9-1]에 만족·불만족의 구분을 함께 표시해 보면 [그림 9-2]와 같이 된다.

[그림 9-2] 만족국가와 불만족국가의 분포상황

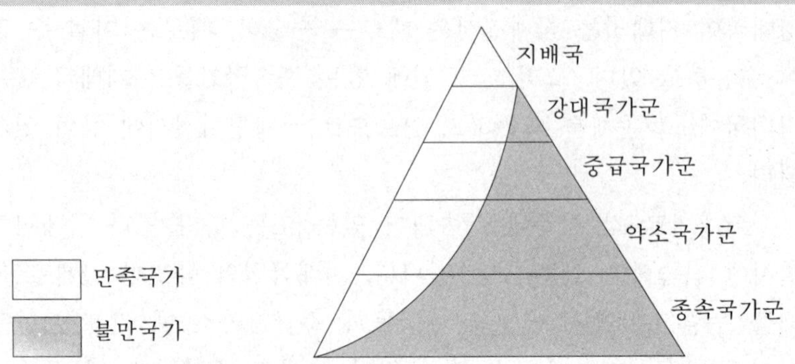

자료 : A. F. K. Organski, *World Politics*, p. 369.

오간스키는 국력변화의 움직일 수 없는 역사법칙과 만족·불만족 국가의 배분을 결정짓는 구조적 특질을 서로 연결시킴으로써 부분산업화 시대인 1750년부터 20세기 말경까지의 국제정치를 지배하는 국제정치이론, 즉 각국의 행위성향과 전쟁의 원인을 규명

12) *Loc. cit.*

하려 하고 있으며, 그 일환으로 힘의 전이이론을 제시하고 있는 것이다.

제 5 절 전쟁의 원인과 평화의 조건

오간스키가 분석하고 있는 국제정치구조와 국력변화의 추세를 함께 고려하면, 전쟁의 원인은 자명해진다. 즉, 전쟁은 현 체제에 불만을 가진 강대국이 산업화를 추진하여 국력을 키우고, 또한 불만스러워하는 많은 국가들의 지지를 확보하여 현존 지배국에 지배권 쟁취를 위한 도전을 하게 될 때 일어나게 되어 있다. 그리고 오간스키의 주장에 따르면 이러한 전쟁은 하나의 역사적 흐름의 당연한 귀결이기도 하다.

전쟁의 원인과 평화의 조건에 대하여 오간스키는 다음과 같이 말하고 있다. "평화는, 강대하며 현존 질서에 만족해 하는 강대국들과 그들의 동맹국들의 힘이 도전세력의 힘보다 훨씬 강할 때, 즉 현상유지를 지지하는 국가들의 힘이 너무 강대하여 어떠한 군사력 도전으로도 현실개혁을 바랄 수 없게 될 때, 유지될 가능성이 가장 높다. 그리고 반대로 불만을 가진 도전국과 그의 동맹국들의 힘이 현상유지를 지지하는 국가들의 힘과 거의 균등해질 때 전쟁의 가능성은 가장 높아 진다."[13]

오간스키의 이론적 주장을 요약하면 다음과 같다.

평화의 조건 : 현존 질서의 지배국의 국력이 도전국의 국력을 압도하고 있는 동안 평화는 유지된다.

전쟁 가능성 : 현존 질서의 지배국의 국력과 도전국의 국력의

13) *Ibid.*, p. 370. 이것은 Organski의 글을 의역한 것이다.

격차가 좁아져서 도전국이 전쟁으로 지배국의 지위를 확보할 수 있다고 믿을 만한 상황에 이르면 전쟁 가능성이 높아진다.

오간스키는 이에 덧붙여 여기서 논하는 평화란 정의(正義)와 일치시켜서는 안 된다고 강조하고 있다. 지배국이 추구하는 것은 그들의 이익뿐이지 여타 국가들을 포함한 전 세계의 국가들의 복지가 아니다. 따라서 지배국이 유지하려는 국제질서가 반드시 정의로운 것이 될 수 없다. 도전자가 정의를 반드시 대표한다고 할 수 없는 것도 같은 이유에서다. 도전자는 현존 체제에서 혜택을 못 보는데 불만을 가지고, 지배국을 타도하여 혜택을 누릴 수 있는 질서로 전환하려 하는 것이지, 국제사회 전체의 이익을 위해 투쟁하는 것은 아니다.

평화는 현상유지와 동의어일 수 없다. 각국의 국력은 시간에 따라 변하며, 이에 따라 국제사회 내에서의 힘의 분포상황도 바뀐다. 끊임없이 바뀌어 가는 현실에서, 고정된 국제질서를 계속 유지한다는 것은 불가능할 뿐 아니라 불합리하기도 하다. 변전하는 현실사태 속에서 지배국이 힘으로 불변의 국제질서를 유지시켜 나간다는 것은 부도덕한 것이며, 이러한 '강요된 부전(不戰)상태'가 진정한 평화일 수는 없다. 따라서 현상유지를 하려는 것이 곧 평화수호이고, 현존 질서를 개혁시키려 하는 도전이 곧 평화파괴라 단정할 수는 없는 것이다. 오히려 변해가는 현실여건을 무시하고 폭력으로 현상을 지키려 하는 현상유지 지지국들이 평화파괴의 책임을 져야한다는 논리도 가능하다.

평화를 비폭력적 수단에 의하여 분쟁을 해결하며, 정의를 실현할 수 있는 제도적 보장이 확보된 사회상태라 한다면 평화는 국제질서의 유지보다 비폭력적인 구조개편의 허용에서 찾아져야 할 것이다. 그러나 현실에 있어 지배권을 장악하고 있는 국가가 신흥강대국에게 지배권을 평화적으로 인계한다는 것은 극히 드문 일이다. 역사상 제 2 차 세계대전이 끝난 후 영국이 미국에게 지배국의 지위를 평화적으로 물려준 것을 유일한 예외로 꼽을 수 있을 뿐이다. 그 외는 거의 모두 전쟁으로 지배권 교체가 이루어졌다.

산업화시대 직전의 유럽에서는 프랑스가 최강의 국가였다. 산업혁명을 처음으로 겪은 영국은 축적된 국력을 토대로 프랑스에 도전하여 나폴레옹 전쟁에서 결정적 승리를 거두어 지배국에 나섰었다. 그후 영국은 압도적인 공업능력을 발판으로 19세기의 국제정치질서를 지배했었다. 1900년에 이르러서는 영국은 3천 100만 평방킬로가 넘는 식민지와 3억 6천만명 이상의 인구를 다스리는 사상 최대의 제국을 건설하였다. 19세기 중엽부터 산업화를 급속히 추진해 온 미국과 독일은 성숙기에 먼저 진입한 영국과 프랑스에 서서히 도전하기 시작하였다. 미국의 경우는 영국과의 특별한 관계에서 평화적으로 이권과 세력권을 승계하면서 지배적 지위의 교체가 진행되었으나 독일과 프랑스 사이에서는 전쟁으로 교체와 저항이 반복되었다. 1866년부터 1871년의 프러시아-프랑스 전쟁에서는 국력이 비슷한 상태에서 독일이 1차적 승리를 거두었다. 제 2 차 세계대전 발발 직전의 독일은 프랑스를 국력에 있어서 훨씬 앞질렀으므로 만일 프랑스가 지배국이었다면 독일은 도전자로 쉽게 지배권을 쟁취하였을 것이었지만 불행히도 영국과 미국이 지배권을 행사하던 시대였고, 독일은 국력에서 이들에 못 미쳤으면서도 도전했다가 제 2 차 세계대전의 패전을 겪은 것이다.

제 2 차 세계대전을 계기로 서구세계에서는 미국이 완전한 지배권을 장악하여 미국 주도의 국제정치질서를 형성하였으나 신흥 강대국인 소련의 도전을 받기 시작하여 전쟁일보전의 대결을 계속 반복하였다. 뿐만 아니라 공산 진영 내에서는 다시 신흥의 중국이 소련의 지배권에 도전하여 심각한 대립을 지속하였다. 다만 소련이 국내체제의 결함으로 내부에서 체제붕괴를 겪어 도전국의 지위에서 탈락함으로써 미국은 부전승(不戰勝)을 거두고 다시 세계질서를 주도하는 지배국의 지위를 지킬 수 있었다.

지난 1세기 동안의 전쟁의 역사를 일별해 보면 주요한 전쟁은 거의 전부가 세계최강국 및 그 동맹국들이 산업화로 강대해진 신흥도전국과 싸워온 것임을 알 수 있다. 따라서 오간스키가 주장하는 전쟁원인으로서의 힘의 전이이론은 경험적으로 입증된 것이라 해도 무방하다. 그리고 평화의 조건에 있어서도 오간스키가 주장하는 지배국, 즉 현상유지를 지지하는 세력의 힘이 도전자의 힘을 훨씬 능가할 때 평화가 유지된다는 것도 경험적으로 입증된 셈이다. 세력균형론을 주장하는 사람들의 일부가 주장하는 바와 같이 대립된 세력간의 힘의 균등화가 전쟁을 방지하는 것이 아니고 힘의 격차가 전쟁을 방지한다는 힘의 전이이론은 오늘날의 국제정치 풍토를 살펴보면 더욱 타당하다는 것을 알 수 있다.

오간스키는 전쟁 원인으로써의 힘의 전이이론을 더욱 구체화하기 위하여 전쟁을 일으키는 도전국의 속성적 특색과 기타 부대상황을 세밀하게 열거해 주고 있다.[14)]

첫째는 도전국의 크기다. 도전국의 잠재적 힘이 처음부터 커야 전쟁의 가능성이 생긴다. 아무리 급속도로 산업화하여 국력이 최단시간 내에 늘어난다 하더라도 그 나라의 크기가 작으면 지배권 쟁탈을 위한 도전은 불가능하기 때문이다. 유럽의 작은 나라들, 즉 네덜란드, 벨지움, 덴마크, 스웨덴, 노르웨이 등은 성공적인 산업화 추진으로 놀라울만큼 국력신장을 이룩했지만 영토나 인구의 크기에 있어서 도저히 심각한 세계정상 도전자가 될 수 없다. 이에 비해, 중국이나 인도는 비록 아직 국력이 그렇게 늘어나지 못했지만 앞으로 의미 있는 도전국이 되어 전쟁을 일으킬 소지를 안고 있다고 보아도 좋을 것이다. 아직 산업화가 덜 진행되어 도전세력

14) *Ibid.*, pp. 372-374.

으로 분류하기 어렵지만 그 크기 때문에 주목받는 나라로 브라질, 러시아, 인도, 중국이 꼽히고 있다. 이 네 국가를 합쳐 BRICs (Brazil, Russia, India, China)라고 부른다.

둘째로 도전국의 국력신장속도가 문제된다. 도전국의 국력 신장 속도가 일정속도 이하라면 지배국이 서서히 도전국의 요구를 수용해 나가면서 기존 국제정치체제를 새 도전국의 성장에 맞도록 개편해 나감으로써 전쟁을 방지할 수 있지만, 미쳐 손쓸 사이 없을 정도로 도전국의 성장속도가 빠르면 전쟁가능성은 훨씬 더 높아진다.

셋째로 지배국의 위계구조변화 수용태세가 전쟁가능성을 높여주는 데 큰 영향을 준다. 현명한 지배국은 대세의 흐름을 적시에 포착하여 신흥강대국의 도전을 받기 전에 스스로 길을 틔어 주어 불만의 요소를 미리 제거해 준다. 제2차 세계대전 이후 영국은 식민지 독립전쟁이 시작되기에 앞서 그들의 식민지를 스스로 독립시켜 주어 왔다. 인도의 독립도 그 예의 하나다. 영국은 스스로 지배권을 포기함으로써 전쟁 없이 평화적으로 힘의 전이를 자연스럽게 추진시켜 온 셈이다. 특히 영국이 미국에게 세계정상의 자리를 평화적으로 물려 준 것은 '평화적 정권교체'를 성취한 특기할 만한 일로 꼽을 만하다.

넷째로, 지배국과 잠재적 도전국과의 우호관계도 도전의 단계에서 전쟁의 가능성을 줄이는 데 큰 영향을 끼치고 있다. 특히 지배국과 도전국이 구상하는 국제정치질서가 같은 것이면 평화적 지배권 양도가 쉬워진다. 영국과 미국은 다같이 자유민주주의 정치질서를 이상으로 하는 나라들로서 자유민주주의 정치질서의 세계적 보급이라는 국가목표를 공유하고 있었기 때문에, 영국은 쉽게 지배권을 미국에 양도할 수 있었다. 제 2 차 대전 직전의 신흥 나치스 독일의 도전에 영국이 유럽에서의 지배권을 쉽게 양도하여 줄 수 없었던 것은 나치스식 전체주의를 영국이 용납할 수 없었기 때문이다. 소련의 추적을 받으면서도 미국이 소련을 수용하는 타협의 길을 모색하지 못했던 이유도 소련이 추구하는 공산세계 건설의 꿈을 미국으로서는 도저히 받아들일 수 없었기 때문이었다.

오간스키의 힘의 전이이론이 암시하는 '세계평화의 길'은 상대적 가치관을 가지고 있는 자유민주주의 수호국이 누구도 추종 못하는 막강한 힘을 가지고 세계를 지배하는 길이다. 민주적 초대강국이 초국가적 권위로 국제정치질서를 정립해 나간다면 마치 개인이 강력한 중앙정부의 힘이 보장하는 법질서 속에서 안전과 자유를 함께 누리며 행복해질 수 있듯이 세계 모든 국가도 자유와 안전을 누리며 살아갈 수 있는 세계적 차원의 민주정치체제가 형성되어 전쟁 없는 평화의 질서가 국제정치를 지배할 수 있게 된다는 논리다. 그러나 공산제국 건설을 추진하던 구(舊) 소련과 같은 나라가 국제정치질서를 지배하는 지배국이 된다면, 그리고 누구도 추적 못할 막강한 힘으로 전 세계 모든 국가 위에 군림하게 될 때는 전쟁의 발생은 억제될 것이지만, 전 세계가 강압적 전체주의적 통치 밑에서 모두 종속국가로 전락하고 말게 될 것이다. 그런 상태는 전쟁이 없다는 소극적 의미로서는 '평화'의 상태라 불리울지 모르나 모든 국가가 소망하는 비폭력적 분쟁해결능력을 가진 정치체제를 뜻하는 진정한 '평화'는 오히려 더 멀어지게 된다.

제 6 절 실증적 연구사례

오간스키의 힘의 전이이론은 그 주장하는 내용이 일반인의 상식과 일치되어 비교적 쉽게 받아들여졌으며, 특히 제 1 차 세계대전 및 제 2 차 세계대전의 설명, 그리고 소련의 대미(對美) 도전설명에 아주 유용하여 널리 통용되어 왔다. 그러나 상식적 수용이나 광범한 통용만으로 이론의 진리성이 입증되는 것은 아니다. 경험적으로 실증이 되어야 비로소 이론으로 정착되는 것이다.

오간스키는 그의 제자인 쿠글러(Jacek Kugler)와 함께 *The War Ledger*라는 책을 쓰면서[15)]그의 힘의 전이이론을 실증적으로 검증하고 있다. 그의 검증 노력을 간단히 소개하기로 한다.

1. 이론모형

오간스키는 전쟁원인변수로 국가간의 힘의 분포상태와 정책결정 엘리트의 의사작성과정을 꼽으면서 이 중에서 후자는 우선 접어두고 전자, 즉 국가간의 힘의 분포상태와 전쟁을 연결하는 세 가지 모형을 제시하고 이들을 역사적 현실에 비추어 어느 것이 가장 현실과 맞는가를 검증하고 있다. 오간스키는 국가간의 힘의 분포상태가 어떠할 때 가장 전쟁의 가능성이 높은가에 대하여 지금까지 주장되어 온 서로 다른 견해들을 세력균형(the balance of power), 집단안보(collective security)와 힘의 전이(the power transition)라고 하는 세 모형으로 압축하여 다음과 같이 정리하였다.

(1) 세력균형 가설

세력균형이론의 주장을 요약하면, “힘이 강대국들간 또는 주요 동맹국들간에 고르게 분포되면 평화가 지속된다”라고 정리할 수 있다.[16)]이 주장에 의하면 지배국의 힘이 강대해져서 상대국을 압도하게 되면 이 우세한 힘으로 상대를 공격하여 굴복시키려 하

15) A. F .K. Organski and Jacek Kugler, *The War Ledger*, Chicago: The University of Chicago press, 1980.

16) “When power is more or less equally distributed among great powers or members of major alliances peace will ensue.” *Ibid.*, p. 14.

기 때문에 전쟁이 일어난다는 것이다. 그래서 다음과 같은 세력균형이론 모형이 성립된다.

> "힘의 균형은 평화유지에 도움을 주며, 힘의 불균형은 전쟁을 유발한다. 힘이 강한 측이 공격자가 된다"(Equality of Power is conducive to peace; an imbalance of power leads to war; the stronger party is the likely aggressor).[17)]

(2) 집단안보 가설

집단안보는 침략자에 대한 모든 여타 구성원들의 동맹적 대항, 즉 "All against one"의 원리에 기초하여 침략자의 침략행위를 사전에 예방한다는 개념이다.[18)]

집단안보로 평화가 유지되려면 가상 침략국에 대항하는 동맹국들의 힘이 압도적으로 강해야 한다. 그렇지 못하면 침략국을 제압하지 못할 뿐만 아니라 그런 상태에서는 동맹 자체가 형성되지 않기 때문에 집단안보는 작동하지 못한다. 이 논리는 앞서 소개한 세력균형이론의 논리와 반대되는 셈이다. 집단안보론적 주장을 요약하면 다음과 같은 가설이 된다.

> "힘의 불균형분포(방어자의 힘이 침략자보다 훨씬 강한 형태로)는 평화유지에 기여하며, 균등 또는 거의 균등한 힘의 분포는 전쟁을 촉진한다"(A lopsided distribution of power will support peace; an equal or approximately equal distribution of power will mean war).[19)]

17) *Ibid.*, p. 15. 세력균형이론에 관한 더 상세한 논의는 이 책 제20장에서 다루고 있다.

18) 집단안보이론에 대한 상론(詳論)은 이 책 제21장에서 다루고 있다.

19) *Ibid.*, p. 18.

(3) 힘의 전이이론 가설

이 이론의 주장들은 위의 집단안보이론의 것들과 아주 비슷하다. 다만 전쟁을 일으키게 되는 과정에 대한 설명만이 다르다. 이 이론의 논리적 기초에 대해서는 이미 앞의 절들에서 논의했으므로 주장을 그대로 요약한다.

> "서로 대결하고 있는 국가집단 간에 정치, 경제, 군사역량의 균등분포가 이루어지면 전쟁의 확률은 높아진다. 평화는, 특권을 누리는 국가집단과 불리한 지위에 놓인 국가집단 사이에 국력의 불균형이 이루어져 있을 때 가장 잘 유지된다. 침략국은 불만을 가진 강대국들로 구성된 소수 집단에서 생긴다. 그리고 강자가 아닌 약자가 공격자가 된다"(An even distribution of political, economic, and military capabilities between contending groups of nations is likely to increase the probability of war; peace is preserved best when there is an imbalance of national capabilities between disadvantaged and advantaged nations; the aggressor will come from a small group of dissatisfied strong countries; and it is the weaker, rather than the stronger, power that is most likely to be the aggressor).

2. 경험자료

오간스키와 쿠글러는 위에서 새로 정리한 세 가지 가설을 놓고 실제로 역사상 일어났던 전쟁기록을 조사하여 어느 가설이 가장 현실부합도가 높은가를 보았다.

오간스키 등은 우선 이 검증을 위한 자료수집을 위해 관련 변수 및 조사대상 현상으로서의 전쟁당사자의 정의 등 작업을 벌였다. 힘의 분포상황 및 그 변화를 독립변수로, 그리고 개전(開戰)행위를 종속변수로 잡고 나라의 힘의 측정지수로 국민총생산액(Gross National Product)을 택하였다.[20]

이 검증에서 오간스키 등은 '주요 전쟁'을 규정하기 위하여 이탈리아, 프랑스, 오스트리아-헝가리제국, 독일(프러시아-독일-서독), 영국, 소련(러시아제국-소련), 일본, 미국, 중국 등 9개국을 '주요 강대국'으로 선정하고 이들이 참여한 전쟁을 '주요 전쟁'으로 분류하였다. 그리고 '지배권 쟁탈전'을 규정하기 위해서 세계최강국과 최강국 국력의 80%이상을 보유한 국가들을 '지배권 경쟁국'으로 정의하였는데 다만 최강국 국력의 80% 이상의 국력을 갖춘 나라가 없는 시대는 단순히 제일 강한 3개국을 '경쟁국'으로 잡았다. 여기서 소개하는 검증에서의 경쟁국들은(괄호 속은 이 자격을 갖추고 있던 시기) 러시아/소련(1860-1975), 영국(1860-1975), 프랑스(1860-1890), 독일(1890-1945), 미국(1945-1975), 일본(1950-1975) 등 6개국이다. 즉, 이들이 최강국 및 최강국을 포함한 동맹에 대하여 전쟁을 하게 되면 그 전쟁은 지배권에 대한 도전으로 보는 것이다.[21]

이 검증에서의 분석단위는 전쟁의 상대가 된 두 국가로 구성된 쌍자(dyad)이다. 동맹전(同盟戰)일지라도 분해해서 분석단위로 한다. 분석대상기간으로 잡은 1860년부터 1975년까지의 115년간에는 보불전쟁(1870-1871), 러일전쟁(1904-1905)과 제 1 차, 제

---

20) 나라의 힘의 원천은 노동과 전투에 참여할 수 있는 나이의 인구수와 그들의 생산성인데 이 생산성(productivity)은 곧 국민총생산에 기여할 수 있는 개인능력으로 측정할 수 있으므로 국력측정공식은 국력=노동가능인구수×GNP/노동가능인구=GNP가 되므로 GNP를 지수로 선택하였다고 한다. *Ibid.*, pp. 33-34.

21) *Ibid.*, p. 45의 표 1.3. 괄호 속의 시기는 이들 국가들이 경쟁국, 즉 도전국의 지위에 있던 기간을 말한다. 도전국이 아니더라도 '중심국가'이던 시기까지 포함하면 훨씬 해당 기간이 길어진다. 또한, 이 연구는 1975년을 연구대상 기간의 끝으로 잡았기 때문에 끝이 모두 1975로 되어 있다.

2차 세계대전 등 4개의 '주요 전쟁'이 있었으며, 이 전쟁에 참여한 지배권 경쟁국 쌍(雙)은 모두 126이었다.

힘의 분포측정은 전쟁대상으로 쌍을 이루는 두 나라의 GNP 비례를 취함으로써 계산했다. 우선 전체 연구 대상 기간을 6개의 '시기'로 나누고,[22] 각 '시기' 내의 매년 GNP비례(약국(弱國)의 것을 분모로 함)를 계산하여 평균한 것을 그 시기의 '힘의 분포치'로 삼는다.

또한 이렇게 계산된 GNP비례치가 시기 내에서 80%이내로 변하면(0.8~1.2) '힘의 균등분포'로 간주하고 이 수치를 넘으면 불균형으로 간주한다.

이 검증에서 가장 중요한 의미를 가지는 '힘의 전이'에 대해서는 "각 시기 개시년도의 약국(弱國)의 GNP가 시기 종결년도에 강국(強國)의 것을 앞지르면" 전이 또는 추월(overtaking)이 일어났다고 본다.

3. 검증결과

오간스키와 쿠글러는 위와 같은 작업준칙에 따라 생성해낸 자료로 '전쟁발발'과 '힘의 분포'라는 두 변수간의 결합도를 조사하였는데 그 결과를 간추리면 다음과 같다.

(1) 우선 전쟁과 힘의 분포상태 그 자체와는 별로 관련이 없다는 것을 확인하였다. 즉, 힘의 분포가 균등할 때도 불균등할 때도 전쟁은 일어났었으며 또한 반대로 힘의 분포상태와 관계없이 전쟁

22) 6개의 시기는 대체로 주요 전쟁을 중심한 10-20년으로 잡았고 제 1 차 및 제 2 차 세계대전기간은 제외했다. ① 1860-1880(1870년 프러시아-프랑스 전쟁), ② 1880-1900, ③ 1900-1913(1904년 러일전쟁, 1913년 제 1 차 세계대전), ④ 1920-1939(1939년 제 2 차 세계대전), ⑤ 1945-1955(1950년 한국전쟁), ⑥ 1955-1975.

이 안 일어나기도 했다. 이 조사결과는 [표 9-1]과 같다.

[표 9-1] 전쟁과 국가간 힘의 단순분포

		힘의 분포	
		불 균 등	균 등
전쟁	없었음	81(86.2%)	26(81.3%)
	있었음	13(13.8%)	6(18.8%)

N=126쌍
Tau C=.06
not significant

자료 : Organski & Kugler, p. 50에서 전재.

(2) 만일 힘의 분포에서 힘의 추월 여부를 고려하여 위의 표를 세분하게 되면 새로운 사실을 발견하게 되는데 "강대국간에서 힘의 균형이 안정이 안 되어 있을 때만, 즉 일국이 타국의 힘을 앞지르는 과정에 있을 때만 전쟁이 일어난다"는 사실이다.[23] 이 사실은 [표 9-2]와 같은 조사결과를 토대로 도출해 낸 것이다.

[표 9-2] 전쟁과 힘의 전이

		힘의 분포		
		불균등	균등, 비전이	균등, 전이
전쟁	없었음	81(86.2%)	11(100%)	15(71.0%)
	있었음	13(13.8%)	0	6(29.0%)

N=126쌍
Tau C=.05
not significant

자료 : Organski & Kugler, p. 50에서 전재.

(3) 이러한 현상은 나라의 크기와 국제사회에서의 지위와는 상관이 없는가? 있다. 오간스키 등은 앞의 자료를 주변약소국가군(群), 중심권의 지배국가군 및 중심권의 지배권 경쟁국가군으로 나누어 다시 분석하였는데 그 결과는 전쟁당사국의 국제정치질서

23) "Wars occur if the balance of power is not stable---if, and only if, one member of the pair is in the process of overtaking the other in power." Organski & Kugler, *op. cit.*, pp. 50-51.

속에서의 지위가 힘의 분포와 전쟁관계를 연결하는 주장에서는 아주 중요한 중간변수 역할을 한다는 것을 발견하였다. 즉, 약소국가군 내에서는 힘의 불균등분포, 즉 국력에서 짝이 기울 때만 전쟁이 일어났음을 알 수 있으나 지배권 경쟁국가군에서는 "일국이 상대의 국력을 앞지르는 과정에 있을 때만 전쟁이 일어난다"는 사실을 발견하였다. [표 9-3]은 이 결과를 도출한 분석결과이다.

[표 9-3] 지배권 경쟁국가군에서의 전쟁과 힘의 전이관계

		힘의 분포		
		불균등	균등, 비전이	균등, 전이
전쟁	없었음	41(100%)	6(100%)	5(50.0%)
	있었음	0	0	5(50.0%)

N=20쌍
Tau C=.50
significant
at. 01

자료 : Organski & Kugler, p. 52에서 전재.

결국 이 조사결과를 중심으로 판단한다면 세력균형가설은 약소국군에서만 맞고, 국제사회의 지배권을 다투는 강대국가군 내에서의 전쟁행위에 대해서는 힘의 전이이론의 가설만이 맞는다고 할 수 있다.

이 실증연구는 변수선정, 측정, 분류, 결합도 측정방법 등등에서 많은 문제점이 있어 여기서 제시한 것처럼 자신 있는 판정을 할 수는 없다고 보나, 이론이 제시하는 가설들을 어떻게 검증을 하는가 하는 것을 학생들에게 보여주기 위해서 소개하였다.

제 7 절 촌 평

오간스키의 힘의 전이이론은 국제정치학에서 널리 통용되던

주장, 즉 전쟁이란 현 체제에 불만을 가진 국가가 국력을 축적하여 지배국에 도전할 만하게 되면 일어난다는 주장을 체계적으로 정리한 것이다. 그런 뜻에서는 별로 새로울 것이 없다고 할 수 있다. 그러나 국제정치 현상을 설명하는 보편적 이론을 정립하기 위하여 쏟은 노력에 대해서는 그 공을 인정해 주어야 할 것이다.

오간스키의 힘의 전이이론은 국제정치학 이론에서 하나의 획을 긋는 이론이라고 할 만하다. 많은 소장학자들이 그의 이론을 출발점으로 하여 더 세밀한 이론을 정립하려고 노력했다는 점에서 그러하다. 길핀의 패권전쟁이론(제11장)이나 럼멜의 동태적 균형이론(제14장) 등도 그 발상은 오간스키의 힘의 전이이론에서 영향받은 것이다.

오간스키의 힘의 전이이론은, 다른 국제관계이론과 마찬가지로 '힘'의 정의 문제 때문에 더 이상 발전하지 못했다. 경제학은 '돈'이라고 하는 분명한 단위개념을 중심으로 발전할 수 있었으나, 정치학은 그 핵심개념인 '힘'의 보편적 정의가 어려워 아직 이론화에서 크게 진전 못하고 있다. 오간스키도 '힘'을 객관적으로 정의하려고 많은 노력을 했지만 결국은 실패한 셈이다.

20세기가 끝나고 21세기로 접어들면서 '국력'의 의미와 내용이 급격히 바뀌고 있다. 그리고 국제관계가 '경쟁'중심에서 '협동'중심으로 그 모양을 바꾸어가고 있다. 이렇게 상황이 바뀌면 오간스키의 힘의 전이이론은 더더욱 현실이론으로 발전시키기 어려워진다. 그러나 힘의 전이이론은 국제관계이론을 연구하는 학생들은 반드시 소화하여야 할 중요한 이론이다. 그 이론이 담고 있는 여러가지 국제질서관에서 많은 것을 배울 수 있기 때문이다.

참고도서

1. A. F .K. Organski, *World Politics*, 2nd edition, New York: Alfred A. Knopf, 1968, Ch. 1, "The Power Transition," pp. 338-376.

힘의 전이이론을 체계적으로 소개한 글로서, 이것만 읽어도 대개 이 이론의 요체는 터득할 수 있다.

2. A. F .K. Organski & Jacek Kugler, *The War Ledger*, Chicago: The University of Chicago Press, 1980, Ch. 1, "Causes, Beginnings and Predictions: The Power Transition," pp. 13-63.

힘의 전이이론과 세력균형이론 등과의 비교, 그리고 경험자료를 기초로 한 이론의 검증과정 등이 수록되어 있어 읽어둘 만하다.

제10장

길핀의 패권전쟁이론

프린스턴 대학의 아이젠하우어 석좌교수인 길핀(Robert G. Gilpin, Jr.)교수가 1981년에 출간한 *War & Change in World Politics*라는 책은 국제정치이론을 연구하는 학생들에게 '이론적 접근'을 어떻게 하는 것인지를 보여 주는 대표적 교과서로 꼽히고 있다. 길핀은 이 책에서 국제체제의 변화를 체계적으로 다루는 이론틀을 제시하고 있는데, 이 장에서는 '변화' 중에서 가장 급진적인 변화를 가져오는 전쟁에 초점을 맞추어 논하고자 한다. 길핀이 그 전쟁을 패권전쟁(覇權戰爭 : hegemonic war)라고 부르고 있어 여기서도 편의상 길핀의 패권전쟁이론(覇權戰爭理論)이라 이름 붙여 소개한다.

제 1 절 사회학적 이론과 경제학적 이론

길핀은 그의 국제체제변화이론을 제시하면서 서두에 자기가 택하고 있는 이론화(理論化) 접근 방법을 상세히 논하고 있다. 길핀은 사회과학에서 창출된 많은 이론들은 사회학적 이론

(sociological theory)과 경제학적 이론(economic theory)으로 우선 양분한다.[1)]

사회학적 이론은 사회맥락 속에서 개인의 행위를 설명하는 이론으로 "개인의 행위는 체제의 성격과 체제 내의 그 개인의 위상으로 설명된다"(individual behavior is explained by the nature of the system and one's place in it)고 전제하고 개인의 행위를 설명하는 이론적 접근들을 말한다. 개인은 사회체제 속에서 행위를 결정하는데 사회체제는 그 개인이 특정 규범과 가치관을 가지도록 사회화(socialization)하고 또한 개인 행위를 여러 가지로 제약하므로 사회체제가 개인행위의 1차적 결정요소가 된다는 것이 사회학적 이론의 정당화 논리이다.

경제학적 이론은 합리적 선택이론(rational-choice theory)이라고도 부르는데 "개인의 행위는 개인의 합리성에 의하여 전적으로 결정되며 개인들은 가능한 한 최소의 비용으로 특정 가치나 이익을 극대화하려는 합리성을 가지고 있다"는 전제를 가지고 행위를 설명하려는 이론이다. 개인은 비용과 효과(cost/benefit), 수단과 목표(means/ends)를 대비한 계산에 근거하여 행위하는 합리성을 가지고 있으며 개인들은 비용이 실제로 얻어지는 효과와 같아지는 균형점에 이르기까지 지속적으로 목표를 추구한다는 것이 이들의 주장이다.

길핀은 국제체제 변화를 설명하는데는 경제학적 이론이 더 유용하다고 주장하고 있다. 길핀은 경제학적 이론이 적어도 두 가지 점에서 다른 이론들 보다 유리하다고 보고 있다.

첫째로 길핀은 '변화'라는 현상을 다루는 데 있어 경제학적 이

---

1) Robert G. Gilpin, Jr., *War & Change in World Politics*, Cambridge: Cambridge University Press, 1981의 서문. 이 절에서 논하는 길핀의 합리적 선택 이론의 논리적 구조와 장점은 모두 이 서문을 근거로 한다. 제23장에서 Wendt의 사회학적 이론을 다루고 있다. 함께 참조할 것.

론, 즉 합리적 선택이론이 더 적실성을 갖고 있다고 보고 있다. 체제의 현재의 상태는 체제를 유지하는 힘을 가진 행위자가 자기에게 가장 유리하도록 만들어 놓은 결과인데, 체제를 개선할 힘을 새롭게 갖춘 행위자가 자기가 추구하는 이익이 더 잘 반영되도록 구조적 변화(a new type of institutional arrangement)를 시도하여 성공하면 체제는 새로운 모습으로 변화하게 된다. 그리고 변화된 체제의 새로운 상태는 새로운 힘의 균형을 반영하는 새로운 균형점에서 안정을 유지하게 된다. 그러므로 체제변화는 행위자의 합리적 선택의 결과라 할 수 있고, 이러한 변화를 다루는 데는 합리적 선택이론, 즉 경제학적 이론이 유용하다고 길핀은 주장한다.

합리적 선택이론이 변화를 설명하는 데 유용한 두 번째 이유는 이미 경제학 영역에서 잘 발전시켜 온 합리적 선택이론들의 업적을 원용할 수 있기 때문이다. 경제학에서는 '돈'이라고 하는 공통의 단위로 이익을 표현할 수 있고 또한 경제행위를 비용/효과의 대비에서 최대 이익을 추구하는 행위로 단순화할 수 있어 이미 많은 이론들이 법칙화되어 있다. 이러한 풍부한 이론적 축적을 정치행위에 적용하려면 정치행위 설명도 같은 형식, 즉 합리적 선택으로 설명하는 것이어야 한다.

국제체제 변화이론을 합리적 선택이론으로 정리하면 그 이론적 얼개는 대체로 다음과 같은 모양을 갖추게 된다. "어떤 집단이나 국가는 변화하는 조건 속에서 자기에게 유리하도록 정치적 조건을 변경시키는 힘을 증대시키고 또한 그 비용을 줄일 수 있도록 체제 자체를 변화시키려 시도하며 그러한 체제변화가 가져올 이익과 그 변화를 이루기 위해 투입해야 할 비용이 균형을 이룰 때까지 체제 변화 노력을 지속한다."

합리적 선택이론은 인간의 '합리성'을 전제로 한다. 인간은 누구나 그리고 어떤 사회, 어떤 역사적 시점에 있어서도 자기의 이익을 극대화하려 하고 이러한 이익을 성취하는 비용을 되도록 줄이려는 합리성을 가지고 있다는 인간합리성의 보편성을 전제로 한다. 그러나 정치행위설명에 있어서는 추구하는 이익의 내용과 수단선택에서의 문화적 제약이 있기 때문에 이익 인식과 수단선택에 영향을 주는 사회학적·문화적 맥락을 고려하지 않을 수 없고, 그래서 길핀은 국제체제변화이론에 있어서는 합리적 선택이론틀을 근간으로 하되, 사회학적 이론을 가미하여야 한다고 결론을 내리고 있다.

제 2 절 체제변화이론과 전쟁

개인 또는 단체는 공통의 정치적·경제적 및 기타 이익을 추구하기 위하여 서로 '사회적 관계'를 맺고 공통의 '사회구조'를 창설한다. 그러나 사회구조 속의 개인이나 단체의 이익은 모두 같을 수가 없다. 그리고 그러한 다양한 이익이 똑같이 충족될 수도 없다. 이익은 상호 충돌하게 마련이며 어떤 개인이나 단체의 이익은 다른 개인이나 단체의 이익보다 더 존중되게 마련이다. 사회를 구성하는 개인이나 단체의 힘은 같지 않다. 그래서 결국은 가장 강한 구성원의 이익이 최대로 존중되게 마련이다. 이때 불만을 가진 다른 구성원이 힘을 축적하여 자기에게 더 유리한 체제로 체제변화를 시도하게 되며 체제유지를 원하는 구성원의 힘보다 변화시도 구성원의 힘이 더 강해지면 체제는 변화한다. 구성원의 힘의 변화는 왜 생기는가? 흐르는 시간 속에서 힘의 구성요소가 되는 경제역량, 기술수준, 기타 사회관리능력 등이 변하기 때문이다. 개혁은 어떤 방향으로 이루어지는가? 도전하는 구성원의 이익이 더 잘 충족될 수 있는 방향으로 이루어진다. 변화된 새 체제는 새로운 구성원간 힘의 배분상태를 반영하는 것이 된다. 체제변화의 전제조건은 기존의 사회체제와 힘의 배분 간의 부조화(不調和)이다. 이상이 길핀의 체제변화이론의 기본틀이다.[2)]

국제체제와 국내체제의 변화원리는 다른가? 같다. 국제체제 내에서 각 국가가 추구하는 이익은 안전(security), 경제적 이득(economic gains), 이념적 목표(ideological goals) 등이며 각국은 국제체제를 자국이 추구하는 이익을 극대화하기 위하여 개혁하려 한다. 그리고 그 개혁의 성패는 누가 현존 체제를 지배하고 있으며 그 기득권세력의 상대적인 힘의 강도가 어느 정도인가에 따르게 마련이다. 이런 점에서 국제체제변화도 일반적인 사회체제변화와 같은 과정을 밟는다.[3)]

길핀은 국제체제변화를 다섯 개의 가정(assumptions)을 엮어 이론화하고 있는데 이 다섯 가지 명제를 길핀은 겸손하게 '가정'이라고 했으나 그의 주장(assertion)이라고 이해하면 된다. 다섯 가지 명제를 소개한다.[4)]

---

2) *Ibid.*, p. 9. 길핀의 논리를 간략하게 재구성하였다.

3) *Ibid.*, p. 10 참조.

4) *Ibid.*, pp. 10-11 길핀의 기본 가정을 약간씩 의역하였다. 원문을 참고로 소개한다.

1. An international system is stable(i.e., in a state of equilibrium) if no state believes it profitable to attempt to change the system.
2. A state will attempt to change the international system if the expected benefits exceed the expected costs(i.e., if there is an expected net gain).
3. A state will seek to change the international system through territorial, political, and economic expansion until the marginal costs of further change are equal to or greater than the marginal benefits.
4. Once an equilibrium between the costs and benefits of further change and expansion is reached, the tendency is for the economic costs of maintaining the status quo to rise faster than the economic capacity to support the status quo.
5. If the disequilibrium in the international system is not resolved, then the system will be changed, and a new equilibrium reflecting the redistribution of power will be established.

가정 1 : 어떤 국가도 체제변화를 시도하는 것이 이익이 되지 않는다고 믿으면 그 국제체제는 안정을 유지한다.

가정 2 : 어떤 국가가 체제변화에서 얻어질 이익이 변화를 이루는 데 드는 비용보다 크리라고 기대하게 되면 체제변화를 시도한다.

가정 3 : 국가는 체제변화와 관련하여 한계비용이 한계효용과 같거나 커질 때까지 영토 · 정치 · 경제적 확장을 통하여 국제체제의 변화를 모색한다.

가정 4 : 개혁과 확장의 추진에서 비용/효과 간의 균형이 이루어진 다음부터는 현존 체제유지능력보다 현상유지비용이 더 빨리 증가하는 경향이 있다.

가정 5 : 만일 국제체제 내의 불균형이 해소되지 못하면 체제는 변하고 힘의 재분배를 반영하는 새로운 균형이 형성된다.

이러한 다섯 가지 가정 아래서 국제체제변화가 일어나는 과정을 순차적으로 설명하면 다음과 같이 된다. 우선 가장 강한 국가가 기존체제가 마련해 주는 영토적 · 정치적 · 경제적 안배(按配 : arrangements)에 만족하면 그 체제는 균형 속에서 안정을 유지한다. 불만국가가 체제수정을 원할지라도 이에 따르는 비용 때문에 변화를 시도하지 못한다. 이 때 이러한 안정체제는 정통성(legitimacy)도 갖게 된다. 정통성이란 관계되는 주요국가가 승인하는 체제상태이기 때문이다. 그리고 정통성을 가진 체제는 변화의 비용이 많이 들기 때문에 아무도 쉽게 도전하지 못하며 따라서 안정을 유지하게 된다.

모든 국제체제는 지속적인 변화를 겪는다. 정치적 · 경제적 · 기술적인 변화가 특정국가의 이득을 더 크게 해주고 또한 다른 국가의 이익을 위협하기도 하게 되기 때문에 수시로 이러한 부조화를 해결하기 위하여 체제변화를 시도하게 된다. 그리고 이러한 소규모 변화가 꾸준히 지속되는 점진적 적응(incremental adjustments)은 계속 균형을 고쳐 나가기 때문에 체제 자체는 안정을 지속하게 된다.

그러나 체제를 구성하는 국가들간의 국력격차가 급격히 바뀌면 양상은 달라진다. 길핀은 여기서 국력 요소로 군사력, 경제역량 및 기술 능력 등 세 가지를 꼽고 있는데, 이 요소들은 나라마다 다른 발전 속도를 갖게 되기 때문에 일정 시간이 지나면 국가간 힘의 배분에 큰 변화를 가져오게 마련이다. 이러한 국가간의 힘의 배분변화와 체제가 마련해 주는 이득 배분 사이의 부조화가 격심해지면 체제는 위기 국면으로 접어들고, 이러한 부조화를 일거에 해소하는 해결방법으로 전쟁이 일어나게 된다. 즉 어떤 국가가 체제를 지배할까를 결정하는 전쟁이 일어나게 되며 그런 전쟁을 패권전쟁(hegemonic war)이라 한다.

길핀은 국제체제변화를 변화내용에 따라 크게 세 가지로 나누고 있다.[5] 체제변화(system change), 체제적 변화(systemic change) 및 절차적 변화(interaction change)가 그것이다. 체제변화는 체제구성요소, 즉 주된 구성국 기타 행위자의 지위가 근본적으로 바뀌어 체제성격이 전혀 새롭게 되는 변화를 말한다. 체제적 변화란 국제체제의 지배양식(the governance of the system)의 변화를 말한다. 즉 체제는 그대로인데 각 국가간의 위계변화가 와서 지배국가가 달라지는 경우를 말한다. 절차적 변화는 좀더 낮은 수준의 변화로 행위자간의 정치, 경제적, 기타 관계형식과 절차가 바뀌는 것을 말한다. 즉 국가행위를 규제하는 규범, 각국의 권리 등이 바뀌는 것을 말한다.

일반으로 절차적 변화는 같은 체제 내에서 점진적으로 일어남

5) *Ibid.*, pp. 39-44.

으로 체제 자체에는 큰 영향을 주지 않는다. 이러한 변화는 흥정(bargaining)으로 이루어진다. 같은 체제를 가진 국가들간의 힘의 변화가 와서 일어나는 체제적 변화의 경우도 일반적으로 협상에 의하여 변화가 이루어진다. 영국이 지배적 지위를 미국에 인계한 경우와 같다. 그러나 이념이나 국내정치 체제가 서로 다른 강대국간의 경쟁에서 그 승패로 이루어지는 변화는 일반적으로 체제변화를 가져온다. 냉전종식으로 양극체제가 단일보편체제로 전환한 것이 그런 예이다. 이러한 급격한 체제변화는 일반으로 패권전쟁(hegemonic war)으로 이루어진다.

제 3 절 패권전쟁

국제체제의 지배권, 즉 패권(覇權 : hegemony)을 두고 싸우는 전쟁이 패권전쟁이다. 패권전쟁은 신흥강대국이 기존의 패권국가에 도전함으로써 일어난다.

패권국가는 지배권 유지를 위하여 많은 자원을 투입하여 여러 가지 제도를 창설하여 운영한다. 그러나 일정시간이 지나면 도전국가의 도전이 커지게 되고 이러한 도전을 이겨내기 위하여 패권국가는 더 많은 자원을 투입하여 더 많은 커미트먼트를 하게 된다. 이러한 과정이 지속되면 패권국가가 더 이상 패권지위 유지에 들어가는 자원부담을 감당할 수 없게 된다. 이럴 경우 패권국가는 두 가지 선택 중 한 가지를 하게 된다. 첫째는 자국의 능력의 기반을 깍아서 대외적 지위 유지를 위한 자원투입을 더욱 증가하는 것이다. 국내 소비를 희생해서 대외 커미트먼트를 지켜나가는 길이다. 둘째는 반대로 대외 커미트먼트를 줄여나가는 길이다. 이 두 가지 선택 모두가 패권국가의 지위를 위협한다. 첫째 선택은, 당장에는 패권지위 유지를 가능하게 한다는 점에서, 합리적 선택이라 할지 모르나 장기적으로는 패권국가 자체의 힘을 약화시키기 때문이다. 두 번째 선택은 패권국가의 국제체제 내에서의 지위를 직접 약화시키게 된다. 그래서 패권국가는 패권위기를 맞게 된다.[6)]

패권국가들은 자국의 부담을 줄이면서도 국제체제 속에서 패권을 유지하기 위하여 동맹을 활용한다. 미국은 냉전후기부터 탈냉전까지 이른바 '고통분담'(burden sharing)의 명목으로 독일, 일본, 한국에 방위비와 국제평화질서 유지를 위한 무력개입(peace keeping operation)비용을 분담시키는 정책을 고수하고 있는데 바로 이러한 전략이 '부담전가전략'이라고 할 수 있다.

반대로 패권국가가 패권유지 비용의 일부를 떼어 신흥도전국가에 혜택을 베풀어 도전국의 체제 만족도를 높여줌으로써 도전의욕을 줄이려는 '유화정책'(appeasement)을 쓰는 수도 있으나 역사적으로 성공한 예가 거의 없다. 도전국가는 패권국가의 '양보'를 '굴복'이라고 간주하기 때문이다. 1938년 영국이 나치독일에 취했던 유화정책, '뮌헨 유화정책'(Munich Appeasement)은 오히려 나치독일의 도전의욕을 고취시키는 역효과를 가져왔을 뿐이다. 1998년 이래 한국정부가 북한에 대하여 취하기 시작한 '햇볕론'도 한반도 내의 제한된 지역 내에서의 패권유지를 위해 취한 정책이나 결과적으로 한국의 대북한 지위의 상대적 약화만 가져왔을 뿐이다. 한국의 양보를 북한은 '굴복'으로 해석했기 때문이다.

국제체제구조와 강대국 사이의 힘의 분포간에 부조화가 일어났을 때 이를 극복하는 방법으로 가장 많이 취해졌던 수단이 전쟁,

6) *Ibid.*, pp. 187-88. 같은 맥락의 논리를 강대국의 흥망사를 검토하여 개진한 책으로 이미 고전적인 지위를 가진 Paul Kennedy의 책이 있다. *The Rise and Fall of the Great Powers*, New York: Random House, 1987. Paul Kennedy는 역사상 세계적 차원의 제국을 건설했던 여러 강국들은 over-extension 때문에 자멸했다고 진단하고 있다.

즉 패권전쟁이었다.

역사상 등장했던 국제체제는 모두 패권전쟁의 결과물이었다는 점에서 패권전쟁은 국제체제변화의 가장 보편적인 동인(動因)이었다고 할 수 있을 것이다.

패권전쟁의 가장 중요한 결과는 새로운 힘의 분포에 맞는 새로운 체제로 국제체제를 바꾸어 놓는 것이다. 패권경쟁은 체제구성국의 위광(威光 : prestige) 서열을 바꾸어 놓고, 어느 국가가 새 질서를 주도하면서 최대의 국익을 확보하게 되는가를 결정해 준다. 또한 패권전쟁은 영토의 재분할, 새로운 규제행위규범창출을 통하여 힘의 분포에 맞는 안정된 질서를 새로 만들어 낸다.[7)]

패권전쟁은 다른 전쟁과 대비할 때 어떤 특성을 가지는가? 몇 가지 특징을 예시한다.[8)]

첫째, 패권전쟁은 패권국가와 도전국 간의 전쟁으로 양국이 모든 힘을 전쟁에 쏟아붓는 총력전(total war) 양상을 갖추게 되며 체제 내의 대부분의 국가가 직접 또는 간접으로 전쟁에 말려들게 된다. 국제체제 자체의 개편을 두고 벌이는 전쟁이므로 구성국 모두가 그 결과에 영향을 받게 되기 때문이다.

둘째로, 패권전쟁은 체제의 지배권(governance)을 다투는 전쟁이다. 그래서 패권전쟁은 무제한의 투쟁으로 발전한다. 또한 패전국의 사회조직, 정치조직, 경제조직을 모두 변경시켜 도전불능으로 만들어야 패권에 대한 재도전을 예방할 수 있기 때문에 패권전쟁은 패전국의 체제 자체를 변경시키는 철저한 전쟁이 된다. 로마가 카르타고를 완전히 황폐화시킨 것이나, 제 2 차 세계대전 이후 미국이 독일과 일본의 정치, 경제 체제를 완전히 파괴하고 두 나라를 모두 미국식의 자유민주주의와 시장경제체제를 갖춘 나라로 개

7) *Ibid.*, p. 198 참조.
8) *Ibid.*, pp. 199-200.

조한 일 등이 그 예이다.

셋째로 패권전쟁에서는 전쟁의 수단도 제한받지 않는다. 걸려 있는 전쟁목적이 패권국, 도전국의 생사를 가르는 것들인 만큼 수단을 가리지 않는다. 또한 전쟁지역도 제한받지 않는다. 온 세계가 전장(戰場)이 된다. 패권전쟁은 속성상 세계전쟁으로 발전할 수밖에 없다. 펠로폰네소스 전쟁, 로마와 카르타고 간의 제 2 차 포에니 전쟁, 30년 전쟁(1618-1648), 프랑스 혁명과 나폴레옹 전쟁(1792-1814), 그리고 제 1 차, 제 2 차 세계대전 등이 대표적 패권전쟁으로 꼽히고 있다.

패권전쟁은 역사적 우연으로 일어나는가? 길핀은 그렇게 보지 않고 있다. 국제체제를 본질적으로 변화시켜 온 패권전쟁은 국제체제 변화 원리라고 하는 내재적 발전논리에 의하여 생기므로 주기성을 가진 불가피한 현상에 가깝다고 보고 있다. 바로 이러한 생각을 더 체계화시킨 것이 모델스키(George Modelski)의 장주기이론(長週期理論 : The long cycle theory)이다.[9] 모델스키는 주기를 "한 체제의 존재기간 속에서 나타나는 반복되는 정형(定型)의 사건배열"이라 정의하고[10] 한 체제가 일정한 기간이 지나면 다시 원점에 돌아오는 규칙적이고 예측 가능한 행위체계를 보여줄 때 그 현상을 주기적(cyclic, periodic)이라고 했다. 그리고 국제체제는 이러한 주기성을 가진다고 주장했다. 특히 모델스키는 국제체제는 약 100년을 주기로 변하고 매 주기는 전쟁을 통하여 다음 주기로 넘어간다고 주장하면서 1500년 이래 다섯 번의 주기가 있었음을

9) George Modelski, *Long Cycles in World Politics*, Seattle: University of Washington Press, 1985 참조.

10) George Modelski, "The Long Cycle of Global Politics and the Nation-State," *Comparative Studies in Society and History*, Vol. 20, No. 2, April 1978, pp. 214-234. Modelski의 Cycle의 정의를 한국어로 의미가 통하도록 의역하였다. 원문은 다음과 같다. "A cycle [is] a recurrent pattern in the life of a system."

사례를 통하여 보여주고 있다.[11] 국제체제란 하나의 유기체와 같이 생로병사(生老病死)의 과정을 거치는 것이라는 암시가 모델스키의 논문에 깔려 있는데, 그렇다면 패권전쟁도 이 주기성을 벗어나지 못한다는 이야기가 된다. 만일 모델스키의 장주기 이론이 맞는다면 세계체제는 2030년경에 또 한번의 패권전쟁을 겪고 새로운 체제로 바뀌리라는 예측이 가능해진다.

제 4 절 존 평

길핀의 패권전쟁이론은 가장 설득력이 있는 전쟁이론으로 꼽히고 있다. 이론을 구성하고 있는 전제들과 논리구조는 우리들의 상식으로 모두 수긍할 수 있는 것이어서 타당성을 부인하기 어렵다는 점이 그 첫째 이유이고, 그가 제시하는 이론으로 지나간 역사에서 발견되는 패권전쟁들을 훌륭히 설명할 수 있다는 것이 두 번째 이유이다.

길핀은 겸손하게 그의 이론은 아직 미래 예측에 활용할만큼 정교하지 않다고 스스로 밝히고 있다. 사실 지금까지 구축해 놓은 이론틀로서는 예측이 어렵다. 왜냐하면 패권전쟁이 일어나는 과정의 여러 가지 현상간의 관계는 규명해 놓았지만 각 현상의 존속기간이라는 시간 요소는 규명하지 못했기 때문이다. 그래서 길핀은 조심스럽게 경향(trend)이란 말로 앞을 내다보고 있다.

길핀의 패권전쟁이론은 많은 학자들에게 영향을 주었다. 앞서

---

11) George Modelski & William R. Thompson, "Long Cycles and Global War," in Manus I. Midlarsky, ed., *Handbook of War Studies*, Boston: Unwin Hyman, 1989. 국문번역본은 다음에서 볼 것. 김우상 등 공역, 『국제관계론 강의 I』, 서울 : 한울, 1997, pp. 229-269. 이 논문에서는 여러 학자의 전쟁주기론을 검토 · 제시하고 있다.

간단히 소개한 것처럼 모델스키는 길핀의 패권전쟁이론에 그의 주기이론을 연계시켜 전쟁의 주기성을 실시간(實時間)으로 밝혀보려고 노력하고 있다. 만일 모델스키의 노력이 성공을 거두었다면 길핀의 패권전쟁이론은 엄청난 이론으로 발전하였을 것이다.

길핀이론을 관통하고 있는 역사관은 다분히 변증법적이다. 한 나라의 국력이 어떻게 최고정점에서 쇠퇴의 길로 들어서는가 하는 설명도 변증법적이고 하나의 패권국가가 어떻게 패권의 정점에서 도전국가에 패권을 물려주지 않을 수 없는가 하는 점을 설명하는 데 있어서도 그의 변증법적 역사관을 읽을 수 있다.

국제체제는 국가간의 힘의 분포를 바탕으로 하는 하나의 상부구조(Überbau: upper structure)이며 그 자체는 그대로 존속하려 하는 관성을 가지는데 국가간의 힘의 균형은 계속 변하여서 어느 시점에 가면 상부구조와 국가간 힘의 균형 간의 모순은 임계점을 지나게 되어 전쟁으로 그 모순 극복이 이루어진다고 보는 점에서 럼멜의 동태균형이론(이 책 제14장을 볼 것)과 완전히 일치하며 이 두 가지 이론은 또한 마르크스의 역사발전론과도 궤를 같이하고 있다.

길핀의 패권전쟁이론은 아직 경험적인 검증을 할 수 있을 만큼 세련되지 않은 상태에 있다. 그런 뜻에서는 예비이론단계에 있다고 보아도 된다. 이 틀을 바탕으로 많은 이론이 발전하리라 예상된다.

길핀의 책은 유려하고 간결한 문체로 되어 있어 학생들이 쉽게 이해할 수 있게 되어 있다. 국제정치이론을 연구하는 학생들은 꼭 읽어보도록 권한다.

참고도서

1. Robert Gilpin, *War & Change in World Politics*, Cambridge: Cambridge University Press, 1981.

길핀의 대표작이다. 국제체제 변동을 이론화하는 과정을 상세히 논한 책으로 모든 학생이 읽기를 권한다. 패권전쟁이론만을 읽으려면 Preface, introduction과 제 5 장만을 읽어도 된다.

2. 김우상 외 공역, 『국제관계론 강의 I』, 서울 : 한울, 1997, 로버트 길핀, "패권전쟁이론," pp. 270-294.

길핀이 쓴 논문 "The theory of hegemonic war"의 번역문이다. 패권전쟁이론을 이해하는 데 충분한 논문이다.

3. Paul R. Viotti & Mark V. Kauppi, *International Relations Theory*, New York: Macmillan, 1987, pp. 141-145.

Gilpin의 hegemonic war 이론을 간략하게 소개하면서 그 시각을 비판한 글이다. Gilpin의 이론을 평가하는 데 도움이 된다.

4. 윤영관, "패권국가와 국제정치경제 질서," 이상우 · 하영선 공편, 『현대 국제정치학』, 서울 : 나남, 1994, pp. 267-290.

Gilpin의 이론을 포함하여 패권이론(전쟁이론, 안정이론)을 깊이 있게 비판한 글이다. 시야를 넓혀 Gilpin을 객관적으로 평가하는 데 도움이 된다.

제11장

라고스, 갈퉁, 럼멜의 위계이론

제 1 절 위계이론의 기본시각

역사의 주체는 민족국가인가? 특정집단인가? 아니면 하나하나의 개인들인가? 현재 인류사회가 당면하고 있는 가장 큰 문제는 개개인의 삶의 질의 향상인가? 인류사회 전체의 안정유지인가? 국제사회는 국가들이 기본단위가 되는 하나의 공동체로 보아야 할 것인가? 아니면 국경을 무시한 전체 인류사회가 이루는 하나의 세계사회로 보아야 할 것인가? 이러한 문제들은 보는 사람의 가치관·세계관에 기초한 철학적 인식문제에 해당되나 국제관계를 이해하며 연구하는 데 있어서 기본방향을 설정하여 주는 지침이 된다는 점에서 관심을 가지지 않을 수 없다.

국제사회를 주권국가들의 집합으로 인식하고 국제관계에서의 기본행위주체를 국가로 보고 국제관계를 다루어 오던 전통적 접근법에 대한 강한 반동으로서 두 가지의 새로운 시각이 1950년대 이후 대두되기 시작하여 오늘에 와서는 국제정치학 연구의 새로운 흐름을 추가하고 있다. 그 하나는 1950년대 말부터 시작되어 1960년대에 극에 달했던 행태주의(behaviorism)로 표현되었던 과학적 접근법이었고, 다른 하나는 신마르크스주의(neo-Marxism)의 도전이었다.[1] 행태주의의 도입은 그러나 시각의 재조정이라는 점에서보다는 연구방법에서의 과학화라는 데에서 큰 충격을 주었으며, 이미 1970년에 들어와서는 이른바 행태주의 이후 시대(post-behaviorism)의 새 정치학 흐름 속에서 전통적 연구접근방법 속에 용해되어 버렸다. 이에 비해서 신마르크스주의의 연구접근은 전통적 시각 자체에 대하여 발상에서부터 근본적으로 다른 시각을 제시하여 주었기 때문에 그 충격은 가히 혁명적이라고 할 수 있을 만큼 컸었다.

이 장에서 소개하려는 위계이론(位階理論)은 바로 이러한 새로운 시각, 즉 네오-마르크스주의적 시각에서 국제갈등을 분석하려는 연구경향에서 출발한 것이므로 이론의 해설에 앞서 이 이론이 기초하고 있는 국제정치관을 먼저 간단히 소개하기로 한다.

1. 네오-마르크스주의적 국제질서관

불(Hedley Bull) 교수는 그의 교과서인 *The Anarchical Society: A Study of Order in World Politics*[2]에서 국제정치질서를 보는 기본시각을 세 가지 흐름으로 요약·정리하여 놓고 있다.

첫째는 홉스적 전통(The Hobbesian tradition)이라고 이름지은 현실주의적 국제질서관이고, 두 번째가 칸트적 전통(the Kantian tradition) 또는 보편주의 국제질서관이며, 세 번째가 그로티우스적 전통(the Grotian tradition)이라고 부르는 국제주의 국제질서관이다(제 3 장 참조).

1) K. J. Holsti, *The Dividing Discipline: Hegemony end Diversity in International Theory*, Boston: Allen & Unwin, 1985의 제 1 장-4장을 참조.

2) New York: Columbia University Press, 1977.

현실주의 전통(the realist tradition)에서는 국제정치질서를 무정부적 상태로 본다. 어떠한 법적 · 도덕적 통제도 받지 않는 주권국가들이 자국의 이익추구를 위해 자유롭게 타국과 경쟁하는 질서라고 본다. 국제사회란 주권국가들이 벌이는 투쟁의 마당이라고 보며 국가와 국가관계는 제로섬 게임(zero-sum game)과 같은 순수한 갈등관계라고 전제하는 견해이다.

보편주의 전통(the universalist tradition)에서는 국제정치질서를 국경을 초월하는 인간들의 관계로 이루어지는 인류공동체(the community of mankind)의 질서로 본다. 국제정치는 국가간 관계로 표면상 보이지만 실제는 인류사회의 모든 인간들간의 관계이며, 언젠가는 국가가 소멸하고 세계에 보편적 단일질서가 서리라고 내다보는 시각이다. 이 시각은 이상주의 전통(the idealist tradition)이라고도 부르는데, 현존하는 국가 중심 질서로부터 인류를 해방시켜 더 이상적인 질서에서 살게 하겠다는 강한 이념이 깔려있는 시각이기 때문이다.

국제주의 전통(the internationalist tradition)은 위의 두 시각의 중간쯤의 생각들의 흐름이라 할 수 있다. 이 전통을 따르는 사람들은 국제사회질서를 '국가들의 사회'(a society of states) 또는 '국제사회'(an international society)라고 보고 있다. 즉, 주권국가들이 구성원이 되어 이루는 공동체라고 보고 있다. 각 국가는 이 공동체가 정하는 규칙과 이 공동체가 만들어 놓은 제도적 장치가 요구하는 준칙 등을 따르면서 서로 공생해 가는 사회라 보고 있다. 이 시각을 가지고 앞을 내다본다면 국가가 소멸되고 생겨날 하나의 인류사회가 국제질서의 이상적 미래상이 아니고 화목하게 공생하는 주권국가들의 사회가 이상상(理想像)이 된다.

계층, 위계이론(stratification/status theories)의 바탕이 되고 있는 네오-마르크시즘적 시각은 위에 든 세 가지 질서관 중에서 칸트적 전통, 즉 보편주의적 국제질서관에서 출발하고 있다. 이들은 현존 질서는 국가간의 관계로 이루어지고 있는 것처럼 보이지만 깊은 저변을 살펴보면 실제에 있어서는 국가를 구성하는 개인들간의 관계임을 알게 된다고 주장하고 있다.[3)]

고전적 마르크시즘과 네오-마르크시즘에서는 모두 계급(class)을 국경을 초월하는 기본행위자로 보며 인류사회의 기본갈등은 국가간의 것이 아니고 계급간 투쟁으로 본다. 이 시각에서는 세계가 국가로 분할되어 있다고 보기보다는, 대립되는 두 계급으로 나뉘어 있다고 본다.[4)]

네오-마르크시즘은 인간사회를 계급적 시각에서 본다는 점에서는 고전적 마르크시즘과 같다. 그러나 고전적 마르크시즘의 계급시각이 한 민족사회 단위 내에서의 계급갈등에 한정되어 있고 국가간의 질서로까지 확장되지 못하였던 데 비하여 네오-마르크시즘에서는 국가를 단위로 하여 구성된 세계질서에 있어서도 한 사회 내의 질서에서와 마찬가지로 계급관계가 존재한다고 보는 점에서 더 보편적인 계급시각이라 할 수 있다. 고전적 마르크시즘에서는 각 나라에서의 자본주의 발달은 오직 시간차의 문제로 보고 있

3) Hedley Bull, "Martin Wight and The Theory of International Relations," *British Journal of International Studies*, Vol.2. No.2, July, 1976 참조. 네오-마르크스적 접근시각에 대해서는 Tony Thorndike, "The Revolutionary Approach: The Marxist Perspective," in Trevor Taylor, ed., *Approaches and Theory in International Relations*, London: Longman, 1978, pp. 54-99를 볼 것.

4) Thorndike, *op. cit*, p. 61. Neo-Marxist들은 class를 transnational actor로 보며 세계는 'states'로 분할되어 있다기보다는 'class antagonisms'로 분열되어 있다고 보고 있다. Martin Wight는 이런 견해를 다음과 같이 표현하고 있다. It was only at a superficial and transient level that international politics was about relations among states at all; at a deeper level it was about relations among human beings of which states were composed. The ultimate reality was the community of mankind, which existed potentially, even if it did not exist actually, and was destined to sweep the system of states into limbo." *ibid.*, p. 62에서 재인용.

다. 예를 들어 영국은 1850년에 기술의 성숙으로 독자적 산업화를 추진할 수 있는 수준에 이르렀고, 미국이 1900년, 독·불이 1910년에 그 경지에 이르렀으며, 자본주의가 후진지역으로 번져감에 따라 그들 국가들도 점차로 어느 시점에 이르러서는 자본주의 산업국가로 될 것이라고 보았다. 이렇게 선진국과 후진국은 발전의 시기적 선후로 나눠는 것이라고 보기 때문에, 선진국의 후진국 착취는 발전의 역사적 시차에 의해서 생기는 자연발생적 현상으로 파악하였다.

그러나 네오-마르크시즘에서는 그렇게 보지 않는다. 국내사회에서 자본주의의 고도화가 빈익빈 부익부의 궁핍화과정(process of immiseration)을 거쳐 구조적으로 프롤레타리아 계급에 대한 착취를 불가피하게 만들었듯이, 국제사회에서도 선진국과 후진국 사이의 비대칭(非對稱)교환, 불평등교환을 통하여 빈국과 부국 간에 빈익빈 부익부의 현상이 일어나 선진국의 후진국 착취가 구조화되게 되어 있어 후진국은 선진국이 될 수 없다고 본다. 즉, 세계는 하나의 계급사회, 하나의 자본주의체제로 되어 있어 중심국가의 발전자체가 주변국의 저발전을 가속화한다고 본다.[5] 이런 점에서 네오—마르크시즘은 고전적 마르크시즘의 국제적 확장이라고 이해해도 좋을 것이다.[6] 그러나 네오-마르크시즘은 온 세계인류 전체의 실질적 평등을 추구한다는 점에서는 칸트적 인류공동체 시각에 입각한다고 할 수 있겠으나 현 단계의 민족국가 시대에는 국가간

5) A. G. Frank는 이를 "Underdevelopment is the reverse of the development. The development of the core 'underdevelops' the periphery"라고 표현하고 있다. Holsti, *op. cit.*, p. 65에서 재인용.

6) 네오-마르크시즘은 그 밖의 고전적 마르크시즘의 기본적인 시각은 거의 모두 공유하고 있다. 역사발전의 변증법적 이해, 사적유물론, 역사발전의 주역으로서의 계급, 사회갈등의 창조적 · 진보적 기회창출기능 인정, 그리고 생산양식 구조에 바탕을 두고 행위자의 행위전형을 설명하려는 체제중심적 시각 등은 모두 고전적 마르크시즘에서 물려받고 있다. 자본주의 작동공간을 한 나라에 한정하던 시각을 국제화한 점에서 가장 큰 차이를 보일 뿐이다. *loc. cit.* 참조.

의 불평등을 문제삼는다는 점에서 오히려 그로티우스적인 국가들의 공동체라는 시각에 더 가깝다고 할 수 있다. 와이트(M. Wight), 불(H. Bull) 등은 이들의 궁극적인 관심에 따라 칸트적 시각으로 분류하고 있다.

네오-마르크시즘의 이러한 새로운 시각은 국제관계 이해에 아주 큰 변화를 가져왔다. 세계를 하나의 구조로 파악하고 이 구조적 특성이 이 구조를 이루는 각각의 국가의 행위를 결정하는 요소로 파악하는 네오-마르크시즘적 시각은 국제사회를 자유로운 행위선택의 능력을 가진 주권국가들의 집합으로 이해하려는 전통적 국제질서관에 대해서는 큰 도전이 되는 것이다. 예를 들어, 전통적 시각에서 본다면 한 나라가 잘 살고 못 사는 것은 그 나라의 탓이었다고 볼 수 있었지만, 네오－마르크시즘적 시각에서 본다면 그렇지 않다. 세계질서의 구조적 특성 탓이라고밖에 볼 수 없다. 후진국들은 세계적 차원의 자본주의체제의 부분으로 남아 있는 한 독자적으로 선진국과 같은 경제발전단계를 거쳐 발전할 수 없다. 발전 저해요인은 그 나라의 내부적인 것이 아니다. 세계자본주의체제의 구조적 특성 때문에 발전이 저해받는 것이다.[7)]

위계이론, 계층이론 등은 이러한 새로운 국제질서관을 기초로 하고 있기 때문에 전통적 국제정치이론들과는 구조나 발상에서부터 전혀 다르다.

---

7) *Ibid.*, p. 66-68. 이러한 시각에서 본다면 인간평등의 이상은 한 나라 안에서의 사회주의 혁명만으로 이루어질 수 없다. 그래서 네오-마르크스주의자들은 세계적 차원의 자본주의 체제를 세계적 차원의 사회주의 체제로 전환시켜야만 평등은 이루어질 수 있다고 주장하고 있다. 이 점이 고전적 마르크스주의와 가장 두드러지게 차이나는 네오-마르크스주의의 특이한 시각이다. 1997년 가을에 있었던 동아시아 지역의 금융위기는 세계적 규모의 자본주의 질서 속에서 강대국 자본이 발전도상국의 경제를 어떻게 지배하는가를 잘 보여주고 있다.

2. 계층, 위계와 사회변화의 동력

사람은 개인으로나 집단으로나 남보다 잘 살기를 원하며, 잘 살 수 있는 조건을 확보하기 위하여 남들과 협조도 하고 또한 경쟁도 한다. 조건이 한정적일 때는 서로 그 조건을 자기에게 유리한 것으로 만들려고 투쟁도 벌인다. 이러한 노력이 사회를 움직이는 힘이 되며 사회변화를 일으키는 동력이 된다. 잘 살 수 있는 조건을 확보하기 위한 투쟁에서 유리한 지위를 이미 확보하고 있는 개인 또는 집단은 그들의 기득권을 지키기 위하여 부단히 노력하며, 반대로 불리한 지위에 놓여 있는 개인과 집단은 유리한 지위 확보를 위하여 꾸준히 노력할 것이므로 사회변화와 발전의 힘이 생겨나는 것이다.[8)]

개인 또는 국가 등의 집단의 행위를 설명함에 있어서, 그 개인이나 집단이 조직 내에서 차지하고 있는 지위에서 비롯되는 기초행위력(a basic behavioral force)에 의존하는 이론들을 보통 위계이론(status theory)이라고 부른다. 즉, 어떤 행위주체의 행위는 그 주체가 차지하는 사회계층 구조 내에서의 상대적 위치에 따라 결정지어지며 행위자와 행위대상 간의 위계차(位階差)가 그 행위를 일으키거나 한정시켜 주는 힘이 된다고 주장하는 모든 이론들을 위계이론이라고 한다. 이러한 위계이론은 국제정치영역에서는

---

8) Dale L. Johnson, ed., *Class & Social Development,* Beverly Hills: Sage, 1982의 Introduction, p. 12 참조. Johnson은 이러한 사회동력의 생성과정을 다음과 같이 간결하게 표현하고 있다. "……The fundamental placement of individuals in the global structure is into social classes. Class positioning presents people their 'life chances'. Class within nations and on an international scale are the main forces of social development … and of underdevelopment. Dominant classes constantly face the problem of organizing and reorganizing their hegemony. Subordinate classes suffer exploitation and as circumstances permit, act in response to the problems of oppression and everyday existence."

아직 흔하지 않지만 사회학 영역에서는 열거하기 어려울 정도로 많다. 마르크스(Karl Marx)나 베버(Max Weber) 외에도 벤딕스(Reinhard Bendix), 데이비스(Kingsley Davis), 호만스(George Homans), 립셋(Seymour Martin Lipset), 머어튼(Robert K. Merton), 소로킨(Pitirim Sorokin), 페블렌(Thorstein Veblen), 갈퉁(Johan Galtung), 글레디취(Nils Peter Gleditsch), 하인츠(Peter Heintz), 잭슨(Elton Jackson), 라고스(Gustavo Lagos), 렌스키(Gerhard Lenski), 젤디취(Morris Zelditsh, Jr.), 럼멜(R.J. Rummel) 등의 이론들은 모두 이 유형에 속한다고 할 수 있다.[9)]

위계이론의 공통된 사회구조 인식을 간단히 정리하면 다음과

---

9) 참고로 여기서 소개한 사람들의 저작들을 열거하면 다음과 같다. 이름은 본문서 다 소개했기 때문에 성만을 쓴다. Bendix, "Social Stratification and Political Power," *APSR*, Vol. 46, June 1952, pp. 357-375; Davis, "Some Principles of Stratification," *American Sociological Review*, Vol. 10, April 1945, pp. 242-249; Homans, *Social Behavior: Its Elementary Forms*, New York: Harcourt, 1961; Lipset (& Bendix), *Social Mobility in Industrial Society*, Berkeley: University of California Press, 1962; Merton, *Social Theory and Social Structure*, Glencoe: Free Press, 1957; Sorokin, *Society, Culture and Personality: Their Structure and Dynamics*, New York: Harper, 1947; Veblen, "The Theory of Leisure Class," in Bendix and Lipset, eds., *Class, Status, and Power: Social Stratification in Comparative Prospective*, New York; Free Press, 1966; Galtung, "A Structural Theory of Aggression," *Journal of Peace Research*, Vol. 1, No. 2, 1964, pp. 95-119; Gleditsch, "Rank theory, Field Theory, Attribute Theory: Three Approaches to Interaction in the International System," *DON Research Report*, No. 47, Honolulu, 1970; Heintz, *Ein Soziologisches Paradigma der Entwicklung mit Besonderer Berucksichtigung Lateinamerikas*, Stuttgart: Ferdinand Euke Berlag, 1969; Jackson, "Status Consistency and Symptoms of Stress," *American Sociological Review*(ASR), Vol. 27, August 1962, pp. 469-480; Lagos, *International Stratification and Underdeveloped Countries*, Chapel Hill: University of North Carolina Press, 1963; Lenski, "Status Crystallization: A Nonvertical Dimension of Social Status," ASR, Vol. 19, August 1954, pp. 405-413; Zelditch (and Bo Anderson), "On the Balance of a Set of Rank," in Berger, *et al., eds., Sociological Theories in Progress*, Vol. 1, Boston: Houghton Mifflin, 1966; Rummel, *Understanding Conflict and War*, Vol. 1-5, Beverly Hills: Sage, 1975-1979.

같다.[10)]

우선 모든 사회체계(social system)는 분업(division of labor)과 서로 다른 사회적 제(諸)특성을 기초로 하는 다양한 계층체계(stratified systems)로 파악한다. 계층(stratification)이란 누구나 바라고 원하며 존중하는 지위에 따라 개인이나 국가의 서열을 매겨 정해 준 순서를 말하며, 이때 각개 단위가 서열배치에서 차지하는 지위가 곧 그 단위의 위계(status)다. 위계를 설정하는 가치체계는 다양하다. 그러나 모두가 공통으로 높은 위계를 차지하기를 원하는 가치체계만을 위계차원(status dimension)이라 하기 때문에 생각처럼 많지는 않다. 상식으로 꼽는 위계차원으로는 부(wealth), 권력(power) 및 영예(prestige)의 셋을 들 수 있다. 이 세 가지에 관한 한 보통 사람들은 모두 높은 위계에 올라서고 싶어한다고 생각할 수 있기 때문이다.

개인이나 국가가 이러한 위계차원에서 차지하는 지위를 위계라 하며 이러한 여러 위계의 종합, 즉 총체적 위계(total status)를 기준으로 서열(序列)을 매기면 그 서열상의 값을 계서(階序 : rank)라 한다. 계서는 한 행위단위의 종합 위계 측정 지수가 된다고 할 수 있다.

위계차원은 어느 쪽이 더 좋고 바람직한가에 대한 보편적 합의(universal consensus)가 이루어져 있는 연속변량(連續變量)인데, 이러한 위계차원들도 자세히 검토해 보면 '주어진 위계차원'(ascribed status dimension)과 '성취할 수 있는 위계차원'(achieved status dimension)으로 나눌 수 있다. '주어진 위계차원'이란 개인이나 국가가 한 세대 내에 상대적 위계를 크게 변화시킬 수 없는 차원이고, '성취할 수 있는 위계차원'이란 노력 여하에 따라 지위

10) 위계, 계층, 계서, 계급 등의 용어에 대한 정의와 용례는 너무도 다양하기 때문에 표준화하기 어렵다. 여기서는 Rummel의 정의에 따른다. 그의 책, *Field Theory Evolving*, Beverly Hills: Sage, 1977, p. 203참조.

를 고칠 수 있는 위계차원이다. 이러한 구분은 위계차가 행위와 연결 될 때 큰 차이를 나타낸다. 주어진 위계가 성취된 위계보다 낮을 때 일반으로 그 행위자는 외향성 공격성향을 나타내며 반대로 주어진 위계차원의 지위보다 성취위계차원의 지위가 낮을 때는 자책행위(intra-punitive behavior)를 취하게 된다.

계층, 위계와 관련된 용어 중 계급(class)이란 개념이 있다. 이 계급이란 단어처럼 많은 뜻을 가진 단어도 드물지만 여기서는 럼멜의 정의를 따라 쉽게 이해하려 한다. 계급이란 집단 내의 지위에 따라 나뉜 두 개의 집합으로써, 이중 한 집합은 타집합을 지휘할 수 있는 권리를 인정받고 있는 지배층이 되고, 반대로 다른 한 집합은 타집합의 명령에 복종할 의무를 가진 피지배층으로 되는데 이 집합들을 계급이라 한다.[11] 간단히 정의하면 계급이란 조직 내에서 명령할 수 있는 계서를 가진 집단 및 명령을 따라야만 하는 집단을 말한다.[12]

계급이란 그 자체가 힘이다. 물리학에서 말하는 '위치 에너지'처럼 계급에 속하는 것만으로도 힘을 가질 수 있기 때문이다. 사람은 누구나 지배하려 하며 지배할 수 있는 계급에 속하려 하는 것은 이런 이유 때문이다. 지배계급은 자기에게 지배권한을 부여하는 현존 질서(status quo)를 지키려고 하며 피지배계급은 지배적 지위로 올라서기 위해 현상을 타파하려 한다. 그런 뜻에서 계급이란 그 자체가 갈등성향을 지닌 집단이다.[13]

---

11) Rummel, *In The Minds of Men*, Seoul: Sogang University Press, 1985, p. 93. "Positions within groups devide people into two classes: those who have the legitimate right to command and those who are obligated to obey."

12) *Ibid.*, p. 142. "……one rank consists of those with authority in the group to give commands that are backed up by legitimate sanctions; the other comprises the remaining members who can only obey. A class is the rank that commands in a group, or the larger rank that obeys.

13) *Ibid.*, p. 223. "Classes are dispositional conflict-groups."

국제정치에서 국제질서를 계층구조로 파악하고 이러한 구조적 특성에서 각 국가의 행위를 설명하려는 위계이론체계도 행위에 영향을 주는 요소를 구조 속에서의 위계 그 자체에서 찾는가 아니면 여러 위계간의 부조화 내지는 불균형에서 찾는가 혹은 행위국과 대상국 간의 위계차에서 찾는가 하는 데 따라서 크게 세 가지 유형으로 분류해 볼 수 있다.

이 책에서는 이 세 가지 유형의 이론들 중에서 각각 하나씩을 선택하여 소개하려 한다. 이론화가 비교적 잘 되어 있는 다음의 세 가지 이론을 선택하였다. 구조 속의 위계 자체에서 행위유발요인을 찾는 이론 중에서 라고스(Gustavo Lagos)의 아티미아(Atimia)이론,[14] 한 국가의 위계 불균형에서 행위동기를 찾는 이론 중에서 갈퉁(Johan Galtung)의 공격행위의 구조이론,[15] 행위국과 대상국 간의 위계불일치에서 행위전형을 도출하려는 이론 중에서 럼멜(R.J. Rummel)의 위계(位階)-장이론(場理論)[16]이 선택한 세 이론이다. 이 이론들은 모두 각각 저자들이 발전시키고 있는 이론체계 중에서 일부분에 해당되는 것이며, 국가간 갈등과 전쟁에 관련되는 것에 한한 것이므로 그들 이론 전체로 오해 없기를 바란다.

---

14) 그의 책, *International Stratification and Underdeveloped Countries*, Chapel Hill: The University of North Carolina Press, 1963; 그의 논문, "The Resolution of Being: A Preferred World Model," in Heraldo Munoz, ed., *From Dependency to Development: Strategies to Overcome Underdevelopment and Inequality*, Boulder: Westview Press, 1981, pp. 123-160에서 제시된 아티미아이론.

15) 그의 논문, "A Structural Theory of Aggression," *Journal of Peace Research*, Vol. l, No.2, 1964, pp. 95-119에서 제시된 이론.

16) 그의 책, *Field Theory Evolving*, Beverly Hills: Sage, 1977에 소개된 이론.

제 2 절 라고스의 아티미아론

1. 세 가지 위계차원

라고스(Gustavo Lagos)는 국제관계의 기본구조를 경제발전, 국력, 그리고 영예의 세 가지 변수군이 형성하는 위계차원에 따라 계층화된 체계로 파악하고, 각 국가가 이 세 가지 차원의 위계척도상에서 가지는 값으로 그 나라의 국제적 지위를 측정하고 있다.[17] 라고스는 국가들 중에서도 후진국의 상대적 지위에 특히 관심을 가지고 있어서, 이러한 위계변수의 값으로 후진정도를 규명하려 했다.

라고스는 이 세 가지 위계차원이 왜 가장 중요한지에 대해서는 스스로 분명하게 밝히지 않고 있다. 그러나 아마도 앞선 연구결과에 의존하여 결정한 것이 아닌가 생각된다.[18] 어떻게 선정했던

---

17) Gustavo Lagos & Horacio H. Goody, *Revolution of Being: A Latin American View of The Future*, New York: The Free Press, 1977, pp. 12-13. "The position of a country within a stratified international system can be expressed in terms of economic status, power, and prestige: three determine its real status."라고 표현하고 있다.

18) 각 국가의 속성변수(attribute variables)를 수학적으로 의미있게 대표성을 가지는 소수의 지수로 압축하여 보려는 시도가 많았었다. 예를 들면 Raymond B. Cattell은 factor analysis 기법을 써서 기초차원을 추출하려 했었다. 그의 논문, "The Principal Culture Patterns Discoverable in the Syntal Dimensions of Existing Nations," *Journal of Social Psychology*, Vol.32, 1950, pp. 215-253을 참조할 것. Rummel은 1950년에서 1965년간의 자료를 91개의 속성변수를 써서 113개국에 걸쳐 자료를 수집한 후 역시 factor analysis 기법을 써서 wealth, totalitarianism, authoritarianism, size, power, catholic culture, domestic conflict 등 7개의 주요 factor를 추출했는데 이 중에서 status, 즉 위계변수로 볼 수 있는 것은 부와 권력 등 2개이다. 각개 요인의 해설은 다음 자료에 실려 있다. R.J. Rummel, Sang-Woo Rhee, George Omen & Peter Sybinsky, *National Attributes and Behavior: Data, Dimensions, Linkages and Groups, 1950-1965*, Beverly Hills: Sage, 1979, pp. 40-53.

이 세 가지 위계차원은 우리의 상식에 부합하기 때문에 그 후의 위계이론에서는 대개 이 세 가지 위계차원을 널리 쓰고 있으며 그 점에서 라고스는 중요한 기여를 하였다고 할 수 있다. 다만 영예는 부(경제발전)와 권력(국력)의 복합변수로 볼 수 있기 때문에 독립된 위계차원으로 인정하지 않는 수도 있다.[19]

라고스는 그가 선정한 세 가지 위계차원(status dimensions)의 구성요소를 다음과 같이 제시하고 있다.[20]

(1) 경제위계(economic status)

그 나라의 경제 및 기술의 발전정도, GNP로 측정한 경제역량, 사회발전의 정도(평균생활 수준으로 측정) 등 세 가지 변수로 측정한 수치의 총화로 한 나라의 경제위계를 표시한다.

(2) 국력위계(power status)

그 나라의 기술의 성숙도, GNP에서 국방비가 차지하는 비율, 방위비 중 군비경쟁의 기술요소에 투자하는 경비의 비례의 세 가지 측정치의 총화로 측정한다.

(3) 영예(prestige)

군사 및 경제적 위계의 합과 국제적 처신과 국제 사회의 기본원칙/가치와의 조화정도 등 두 가지 지수의 합계로 측정한다.

---

19) 예로 Rummel의 위계-장이론(Status-field theory)을 들 수 있다. Rummel은 prestige를 economic development와 power의 linear combination으로 보고 있다. prestige는 이렇게 정의된다. "Prestige is the image that one has of an individual of a group, when this image is associated with a positive evaluation of the qualities of the individual or group. Prestige exists when the image is imbued with social esteem, honor, or admiration," Lagos(1963), *op. cit.*, p. 19.

20) Lagos, *Revolution of Being*. *op. cit.*, pp. 13-15.

이상의 라고스의 위계차원 구성변수들 중에는 우리의 상식으로는 좀 받아들이기 어려운 것도 포함되어 있으나 라고스가 관심을 가지고 설명하려는 라틴아메리카 국가들의 인식체계를 전제로 한다면 수긍할 수도 있다. 다만 보편이론으로 발전시키려면 위계측정 변수를 좀더 보편적인 것으로 바꾸어야 할 것이다.

2. 아티미아 현상

모든 사람은 신 앞에, 그리고 법 앞에 평등하다는 만민평등 사상은 이제 보편적인 상식이 되었다. 그러나 이러한 '형식적 평등'이 모든 사람의 '실질적 평등'을 보장하여 주는 것은 아니다. 사람들은 부나 권력, 그리고 영예 등에 있어서 실질상 같지 않다는 것을 잘 알고 있다. 그리고 부와 권력을 많이 가진 사람이 덜 가진 사람을 '실질적으로' 지배한다는 것도 알고 있다. 그래서 사람들은 실질적으로 부, 권력, 영예의 추구에서 남보다 앞서거나, 최소한 같아지려고 노력한다. 그리고 뒤쳐지게 되면, 특히 남의 도움을 받지 않고는 자기의 삶을 꾸려가지 못하게 되면 좌절을 느끼고 낙담한다.

하나의 주어진 사회체계 안에서는 정해진 규칙에 따라 사람들은 위계 경쟁을 하는 셈인데, 사람들은 자기의 타고난 재능과 가정배경 그리고 노력성과 등에 따라 성취도에 차이가 나게 되며 따라서 자기는 그 자리에 머물러 있어도 남이 앞지르기 때문에 상대적으로 지위저하를 겪게 된다. 이러한 차등발전에 의한 위계저하(loss or deterioration of status)를 라고스는 아티미아(atimia)라는 새 개념을 만들어 지칭하고 있다.

이미 앞서 소개한 대로 라고스는 세계질서를 계층구조로 파악하고, 경제역량, 국가권력 및 영예의 척도로 잰 각국의 위계로 그 나라의 세계질서 상에서의 지위를 가늠한다고 하였다.[21] 모든 국가는 주권을 가진 존재로 형식적으로는 서로 대등하다. 그러나 각 나라의 실질적 위계(the real status)는 차등발전과 세계체계 안에서의 역할분담 등의 과정을 거쳐 결정되게 되어 있다. 그리고 이러한 위계분화로 세계체계는 계층구조를 가지게 되고 이에 따라 국가 간에는 지배(superordination)와 종속 또는 복종(subordination)의 관계가 설정되게 된다.[22]

자국영토 내에서의 최고권위, 그리고 대외적으로 어떤 힘에도 구속받지 않는 자유 등을 의미하는 주권(sovereignty)이 국가의 형식적 위계(the formal status)의 동등을 나타낸다면, 실질적 계층구조를 가진 현재의 국제질서 속에서는 오직 몇몇의 소수 국가만이 형식위계와 실질위계의 일치를 이룰 수 있을 뿐 나머지 나라들은 모두 형식위계에 못 미치는 실질위계에 머물 수밖에 없게 된다. 왜냐하면 이들은 위계가 높은 나라에 복종적 관계에 서 있게 되어 주권평등의 형식지위는 이미 그 의미를 잃어버리게 되기 때문이다. 바로 이 현상이 아티미아 현상이고, 이렇게 되어가는 과정이 '아티미아 과정'(atimic process)이다.[23] 아티미아는 각 나라사회의 진화, 또는 사회변화의 진행에서 생겨나는 현상이라 할 수 있다.

라고스는 총체적 아티미아(total atimia) 현상은 한 나라가 경제 및 기술에서의 성숙단계에 이를 수 있는 필요한 능력을 개발하지 못하였을 때 일어난다고 했다.[24] 라고스는 로스토우(W. W.

21) ……the nations of the world can be considered a great social system composed of different groups interacting and these national groups occupy various positions within the social system. These positions can he ranked in terms of economic stature, power, and prestige, and they constitute the status of the nation," Lagos, *International Stratification*……, *op. cit.*, pp. 7-9.

22) *Ibid.*, p. 23.

23) "…atimic process [is] the evolution or social change that ends in a state of atimia," *Ibid.*, p. 24.

24) "…total atimia occurs when a nation has not been able to develop the

Rostow) 교수의 경제발전 5단계 구조[25] 중에서 성숙지향단계를 특히 중시하여 이 단계 도달 여부로 한 나라의 '위계개변'(位階改變) 가능성을 논하고 있다.

기술의 '성숙단계'에 이르면 그 나라는 독자적 계획에 따라 자원을 활용해 나갈 수 있게 된다고 보고 따라서 선진국과의 비등가(非等價) 교환을 강요당하지 않게 된다고 보았다. 그런데 문제는 선진국들이 후진국들이 기술의 성숙단계에 이르도록 내버려두지 않는다는 데서 생겨난다. 현재의 선진국들은 모두 방해를 할 앞선 나라들이 없는 상태에서 기술성숙 단계에 도달했으나[26] 현재의 개발도상국들은 선진국들이 이미 만들어 놓은 세계적 차원의 자본주의 체계 내에서 경제거래를 할 수밖에 없으므로 선진국들이 지정해준 역할 이상은 담당할 수 없고 그래서 아티미아 현상은 세계적 자본주의체계가 깨어지기 이전에는 피할 수 없다고 보고 있다. 이러한 라고스의 네오-마르크시스트적 시각에 의한 국제관계분석은 그 후 1970년대를 풍미한 종속이론(dependencia theories)에 크게 영향을 미쳤다. 그래서 라고스를 종속이론의 대부(代父)로 부르기도 한다.

3. 계급과 민족국가

산업화가 급속히 진행되던 19세기의 유럽사회에서 가장 큰 사

---

necessary capacities to reach economic and technological maturity." *loc. cit.*

25) Rostow의 경제발전 5단계는 ① the traditional society, ② the pre-conditions for take-off, ③ the take-off, ④ the drive to maturity, ⑤ the age of high mass consumption. 상세한 것은 그의 책, *The Stages of Economic Growth*, New York: Cambridge University Press, 1960, p. 4를 볼 것.

26) Rostow가 판정한 각 선진국의 기술성숙단계 도달 시기는 다음과 같다.
영국=1850년, 미국=1900년, 독일=1910년, 프랑스=1910년, 스웨덴=1930년, 일본=1940년, 소련=1950년, 캐나다=1950년.

회문제로 등장한 시대적 과제는 인간불평등 문제였다. 제약없는 자유경쟁을 허용하던 초기 자본주의는 철저한 '우승열패'(優勝劣敗)의 원칙과 '사유재산 존중의 원칙'이라는 두 가지 원칙이 지배하는 생산양식을 정립시켜 놓았다. 이러한 경제구조는 급속한 경제성장과 함께 빈익빈 부익부의 가속화를 가져와 '가진 소수'와 '못가진 대다수' 간의 갈등이 첨예화되었다.

마르크시즘은 이러한 19세기 유럽적 풍토에 대한 대안(代案)적 시각으로 발전되어 나온 사상체계이며 또한 혁명이데올로기였다. 그리고 주어진 여건을 감안할 때 마르크시즘이 사회구성의 기본 조직단위로 종전까지의 '민족국가' 대신에 '계급'을 택한 것은 이해할 만하다. 그리고 이러한 새로운 시각이 20세기에 들어와 자본주의의 확산과 더불어 전 세계적으로 퍼져나가 하나의 큰 흐름을 이루게 된 것이다.

그러나 계급적 시각 못지 않게 강한 흐름을 이룬 또 하나의 시각이 민족주의적 시각이다. 경제활동의 범위가 국경을 넘어서서 국제화되어감에 따라 국가 단위의 이익투쟁이 점차 첨예화되었으며 이에 따라 국가 단위의 민족주의가 강한 정치이데올로기로 성장하였다. 식민시대 선진 강대국들은 다른 강대국과 식민지 쟁탈전을 벌이면서 강한 민족주의적 자각을 가지게 되었으며, 식민지역에서는 강대국의 식민정책에 대항하여 자주권을 수호하거나 회복하기 위한 투쟁을 벌이면서 민족해방 지도자들의 선도로 식민지 인민들은 강력한 저항민족주의를 발전시켜 나갔다.

민족이나 계급은 모두 자기 정체성(identity)의 상징이다. 쉽게 표현하면 내가 누구이며 우리라고 인식할 수 있는 집단은 무엇인가를 결정하는 단위이다. 한국의 경우는 이미 삼국시대 이래 국가가 가장 중요한 정체성의 단위로 되어 왔으며, 그 뒤로도 민족국가에 대한 충성심이 모든 다른 집단에 대한 충성심을 넘어서는 전통이 유지되어 왔었다. 이에 비해 유럽의 경우는 민족국가의 형성이 일천(日淺)하고 이에 따라 국가에 대한 충성심도 강하지 못했었다. 그러나 유럽에서도 위에서 지적한 대로 19세기 이후는 민족국가가 1차적인 정치적・경제적 정체성 준거의 단위로 되어 왔다. 20세기는 이런 뜻에서 민족국가와 계급이라는 두 개의 대립되는 정체성 준거단위가 서로 제1차적 정치단위의 지위를 다투어 온 시대라고 말할 수도 있다.

정통 마르크시즘에서는 한 민족국가 내에서의 불평등문제에 도전하기 위해서 계급시각을 도입했었다. 그리고 프롤레타리아 계급의 초국경적인 공통이익을 토대로 민족국가 단위를 대체하는 사회집단 구분단위로 범세계적 계급연대를 제시했었다. 그러나 선진산업국에서나 후진국에서나 프롤레타리아 계급의 범세계적 연대의식은 형성되지 못했었다. 선진국의 노동계층에 속하는 사람들은 나라 전체의 부의 증대에서 많은 혜택을 받고 있어 후진국 노동자와의 공통이익을 발견할 수 없었고 후진국의 프롤레타리아 계급도 국가 자체의 후진성에서 받는 고통이 국내계급간의 불평등 구조에서 받는 고통보다 큰 상황에서 선진국의 노동자와 같은 아픔을 겪는다는 인식을 가질 수 없었다.

20세기의 현실은 실제로 민족주의가 계급인식을 누르는 모습을 보여 주었다. 바버(Bernard Barber)가 지적하였듯이 현재의 세계질서에서는 민족주의는 오히려 국내의 여러 계급간의 연대성을 강화하는 요소로 작용하고 있다. 민족주의는 국내에서의 계급간의 이익의 대립을 초월하여, 국가사회의 공통이익을 수호하기 위한 대외투쟁에서, 모든 민족사회성원을 단결시키는 요소로 작용하고 있다.[27]

---

27) Bernard Barber, *Social Stratification*, New York: Harcourt Brace, 1957, p. 259. E. H. Carr도 같은 견해를 보여주고 있다. 그의 글, "Socialization of

20세기 후반에 들어서면서 라틴아메리카를 중심으로 하는 개발도상국들에서는 불평등 문제를 국제사회의 계층구조에 연결시켜 생각하는 시각이 대두되었다. 즉, 전 세계적 차원의 자본주의 체계 속에서 선진국들과 후진국들 간의 계급관계에서 인간불평등의 시원적(始原的) 원인을 규명하려는 시각이 정립되기 시작하였다. 라고스의 이론은 이러한 시각에서 구축된 것이며, 그의 아티미아론은 이론 자체로서의 논리성보다도 바로 이러한 새로운 시각의 확산이라는 점에서 큰 의의를 가지는 이론으로 평가되고 있다.[28) 1970년대에 풍미하던 종속이론은 바로 라고스가 확산시킨 네오-마르크시즘적 시각에 기초하고 있음은 이미 지적한 바 있다. 계급문제를 국내사회구조에서의 적용에서 국제사회구조에의 적용으로 관심을 돌리게 함으로서 라고스는 국제관계이론의 새로운 영역을 여는 데 큰 기여를 했다고 할 수 있다. 계급문제를 국제사회에서의 민족국가간 계급문제로 발전시키면 '계급'과 '민족주의'가 대립에서 통합으로 되기 때문에 강한 이데올로기로 승화하게 되는데 라고스는 이 작업을 해낸 것이다.

라고스의 분석에 의하면 세계경제의 중심부를 구성하는 선진국과 변두리에 처져있는 후진국 간의 갈등은 구조적인 것이어서 쉽게 해결할 수 없는 문제가 된다. 특히 국제적 계급의식과 민족주의와의 결합으로 후진국의 선진국에 대한 '증오'가 전쟁으로 발전할 정도로 심화되지만 힘의 격차로 도전은 사실상 불가능한 것이

Nationalism," in Ivo D. Duchacek, ed., *Conflict and Cooperation among Nations*, New York: Holt, Rinehart and Winston, 1960, pp. 60-64를 볼 것.

28) 라고스의 국제관계관은 그의 주된 명제인 "Diverse international actions take place and their total orientation is the elevation of the real status of the underdeveloped nations"에 잘 나타나 있다. 국제정치질서를 민족국가단위로 된 경쟁으로 파악하고 각국이 높은 위계를 차지하려고 벌이는 투쟁행위를 각 국가의 행위를 결정하는 기본행위 원인으로 보고 있다. Lagos, *International Stratification* ……(1963), *op. cit.*, pp. 29-30.

현실이다. 이 때 쌓이는 좌절감이 다양한 형태의 혁명투쟁으로 발전하게 된다고 라고스는 암시하고 있다. 쿠바의 카스트로의 혁명, 체게바라의 국제연대적 게릴라투쟁 등은 라틴아메리카 국민들의 이러한 아티미아적 심리상태에서 일어난 일들이다.

라고스의 아티미아이론은 전쟁 자체의 발발원인을 설명하는 이론이 아니다. 선·후진국 간의 갈등이 증폭되는 현상을 설명하는 이론이다. 좌절된 후진국의 민족주의는 21세기에 들어서면서 '비대칭억지'의 논리로 전개되는 각종 테러전의 바탕이 되고 있다는 점에서 라고스의 주장을 다시 한번 깊이 있게 음미해 볼 필요가 있다.

4. '질서의 혁명'과 종합가치로서의 평화

제 2 차 세계대전 이후의 세계질서는 미국과 소련이 각각 대표하는 자본주의국들과 공산주의국들 간의 첨예한 대립과 동시에 선진국과 후진국 간의 점증하는 빈부격차로 특징지어지고 있다. '동·서 갈등'이라 부르는 미·소 간의 적대관계는 온 세계의 인류를 핵전(核戰)의 위협 속에서 살게 만들었으며, 한편 '남·북 갈등'이라 부르는 선진국과 후진국(개발도상국이라고도 부르나 그것은 위선적 명칭에 불과하다. 다른 나라보다 발전이 뒤졌으면 후진국이다) 간의 부의 격차는 불평등에 대한 후진국 국민들의 불만을 고조시켜 선·후진국간의 관계를 끊임없는 긴장 속에 몰아 넣고 있다.

선진국의 기술과 자본의 도입으로 후진국도 선진국과 같은 경로를 거쳐 발전할 수 있다는 자본주의의 '학습이론'은 현실에서 진리가 아님이 이미 입증되었다. 선진국의 존재 자체가 후진국발전에 많은 제약을 가하기 때문에 후진국은 반세기 또는 한 세기전의 선진국들이 걸었던 똑같은 길을 걸을 수 없어 후진국들은 계속 후진 상태에 처지게 되어 있다. 자본주의는 전 세계 인류의 평균적 부의 증가에는 크게 기여하였지만 부의 평균적 향유를 가져오는 데는 오히려 방해가 되었다.

공산주의(전체주의적 사회주의)도 세계적 차원의 불평등을 감소시키는 데 아무런 공헌을 하지 못했다. 특히 공산국가의 민족주의화가 진행되면서 공산국가의 공산국가 착취가 심화되는 현상까지 벌어져 인간사회의 불평등해소의 처방으로서는 이미 의미를 잃어버렸다. 결국 자본주의도 공산주의도 제3세계국가들이 겪는 아티미아 과정을 정지시키지 못했다.

라고스는 이런 실정을 지켜보면서 세계평화질서 구축을 위한 '존재의 혁명'[29]을 주장했다. 그의 견해에 따르면 자본주의나 사회주의는 모두 '소유의 혁명'을 추구하는 이데올로기이다. 모두가 부의 축적과 분배에만 관심의 초점을 맞춘 이념들이다. 그래서 소유의 혁명(revolution of having)이라 부른다. 이 두 가지 이념들은 모두 'GNP라는 종교'의 화신이 되어 경제적 동기만을 인간행위의 주된 추진요소로 보고 있다. 이렇듯 국제관계를 경제라고 하는 단일 위계차원에서만 규정하고 인식하게 되면 갈등은 영원히 풀릴 수 없는 과제로 남을 수밖에 없다. 외길에서 서로 앞서려 하면 충돌밖에는 있을 수 없기 때문이다.

라고스는 "소유하기 위해 사는 것이 아니라 존재하기 위해 사는 것이 현대적이라는 것의 의미"[30]라는 대전제를 세워놓고 국가

---

29) Lagos, "The Revolution of Being"(1981), *op. cit*, p. 135. 이에 관련되는 그의 표현은 직접 인용하면 다음과 같다. "The revolution of being implies a new conception of modernity, inspired neither in capitalism nor in socialism, both of which have meant in historical terms the revolution of having, the expression of the acquisitive spirit, the predominance of money, of trade, of business, that is, of economic motivation as the drifting force of human activity, incarnated in the religion of GNP."

30) *loc. cit.*, "Being modern is not living to have but living to be."

관계를 다양한 위계차원으로 확산하는 '존재의 혁명'을 미래평화질서의 지침으로 제시하고 있다. 그에 의하면 존재의 혁명에서 추구되어야 할 목표는 인간의 종합적 발전(integral development of man)이며, 각 국가의 행위지침이 될 가치들은 평화(peace), 복지(economic welfare), 사회정의(social justice), 참여(participation), 인간과 자연 간의 조화(harmony between man and nature) 및 자유(liberty)이다.[31)]

라고스는 평화를 종합적 가치(a synthesis value)로 규정한다. 평화란 여러 가지 가치가 실현되어야만 비로소 얻어지는 것이기 때문이다. 평화는 위에서 열거한 경제적 조건, 사회정의, 참여, 인간과 자연 간의 조화 등의 가치가 실현되지 않은 상태에서는 이루어질 수 없다는 것이 그의 주장이다. 그러므로 라고스가 말하는 포괄적 가치로서의 평화는 국내 및 국제사회질서에서 물리적 폭력과 구조적 폭력이 배제되는 경우에만 성취될 수 있는 '적극적 평화'(positive peace)를 뜻한다.

이상에서 간략하게 소개한 라고스의 '존재의 혁명론'이나 '종합적 가치로서의 평화' 등의 개념은 다소 환상적인 것이기는 하지만 국제사회질서를 계층조직으로 파악하는 시각을 잘 나타내 주기 때문에 여기서 소개하는 것이다.

제 3 절 갈퉁의 계서불균형이론

갈퉁(Johan Galtung)은 이미 1960년대 초에 위계이론 영역의 가설들을 발표하여 전통적 국제정치이론의 세력균형론적 사고에 참신한 시각을 보여 주었으며, 그 이후도 '중심-주변 이론'(center-

31) *Ibid.*, p. 133.

periphery theories)계열의 많은 논문들을 발표하여 1970년대에 풍미하던 종속이론의 선구자 중 한사람으로 꼽히고 있다. 갈퉁은 국제관계를 가진 자와 못 가진 자, 또는 많이 가진 자와 덜 가진 자로 나뉘어지는 다차원의 계층체계 속에서 이루어지는 상호작용 체계라 인식하며, 각 나라는 각각의 위계차원에서 특정 지위를 부여받거나 쟁취하거나 그 위치에 머물도록 강요받거나 한다고 상정하고 있다.[32]

갈퉁의 이러한 국제관계관은 다음과 같은 '상식'에 기초하고 있다.[33]

첫째로, 조직 속의 각 요소들은 항상 똑같은 과업을 수행하지 않는다는 뜻에서 '노동분업'(division of labor)이 일어나게 마련이다. 서로 다른 과업을 수행하게 되면 이에 따라 서로 다른 보상을 받게 되며, 각 요소의 '부를 향유하는' 형편은 같지 않게 된다. 그리고 그 결과로 각 요소들은 체계 내에서 다른 지위를 갖게 된다.

둘째로, 체계 내에서의 위치를 평가하는 기준에 따라 서로 다른 각 요소의 체계 내 지위간에 서열을 부여할 수 있게 된다. 체계 내의 지위를 평가하는 기준이 되는 변수가 위계(status)변수이다.

셋째로, 각 요소가 각각의 위계변수에서 가지는 값, 즉 각 위계차원상의 위치는 일정기간 안정(stability)을 유지한다.

이상과 같은 전제가 국제사회에서 성립되면 국제사회는 다차원의 위계질서가 복합적으로 병존하는 행위체계로 이해될 수 있는 것이다.

사회조직을 위계구조로 인식하게 되면 이에 따라 사회 내의 여러 가지 현상, 행위구조를 모두 이에 맞추어 해석·설명할 수

32) Galtung, *op. cit.*, p. 96.

33) *loc. cit.*, 갈퉁의 표현을 다시 우리들에게 친숙한 표현으로 고쳐서 열거한다. 또한 갈퉁은 우리가 이 장에서 쓰는 status의 뜻으로 rank를 쓰는 경우가 많아 용어통일을 위해 필요할 때는 그의 rank를 status로 바꾸어 표현하려 한다.

있게 된다. 예로 사회의 보상(報償)체계도 "축적이라는 과정을 통하여 상위자가 자기 몫 이상으로 가치를 취득하게 되어 있는, 하위자로부터 상위자로의 가치전이구조"[34]라고 볼 수 있다. 이에 따라 계층체계는 착취체계로 연결시킬 수 있게 된다.

갈퉁은 한 나라가 국제사회의 행위체계를 이루는 여러 개의 위계차원 위에서 차지하는 지위간의 관계를 계서균형(rank-equilibrium)과 계서불균형(rank-disequilibrium)이라는 개념으로 표현하고, 이러한 균형 · 불균형을 행위주체의 공격행위의 한 원인으로 보는 그의 '공격행위의 구조이론'(a structural theory of aggression)으로 발전시켜 내어 놓았다.

갈퉁이론의 주요 가설은 다음과 같다.

"공격행위는 행위자가 계서불균형의 사회적 지위에 있을 때 가장 택하기 쉽다. 그 공격행위는 개인들로 구성된 사회체계에서는 범죄의 형태로, 집단으로 구성된 체계에서는 혁명의 형태로, 그리고 국가들로 구성된 체계에서는 전쟁의 형태로 나타난다."[35]

여기서 공격행위(aggression)란 "타인의 의지에 반하여서라도 변화를 일으키려는 충동 및 그 행위"[36]라고 정의되고 있다. 이 정

34) *loc. cit.* "……the reward structure of society is a built-in transfer of value from underdog to topdog where the latter inevitably gets more than his due through a process of accumulation."

35) *Ibid.*, pp. 98-99. 원문은 다음과 같은 데 이해를 돕기 위해 의역했다. "Aggression is most likely to arise in social positions in rank-disequilibrium. In a system of individuals it may take the form of crime, in a system of groups the form of revolutions, and in a system of nations the form of war.

36) *Ibid.*, p. 95. 원문은 다음과 같다. "drives toward change, even against the will of others." 여기서 drive는 충동, 욕구를 뜻하나, 이 이론의 적용영역을 살펴보면 이러한 충동에 의해 행해진 행위도 지칭하는 것으로 해석해야 할 것 같다. Galtung은 자기의 '공격'개념 정의를 표준적인 몇 개의 정의와 비교하고 있는데, Dallard의 정의인 "any sequence of behavior, the goal-response to which is the injury of the person toward whom it is directed"라든가 Berkowitz의 정의인 "the will to assert and to test our capacity to deal with external forces" 등과의 상세한 비교는 생략한다. 대신 이 책 제 5 장의 정의를

의는 너무 넓은 뜻을 가지고 있어 우리 상식과는 거리가 있으나 이론체계를 꾸려나가는 데 있어서는 큰 문제는 없을 것 같다.

이 이론의 핵심개념인 계서불균형은 "한 행위자가 여러 위계 차원에서 차지하는 지위들간의 불균형"을 말한다. 가령 부와 권력과 위신이 세 가지 위계차원이라고 하고 각 위계차원에서의 지위, 계서를 상위계서(T: topdog)와 하위계서(U: underdog)로 양분한다고 하면 TTT, UUU의 지위를 가진 행위자는 계서균형의 상태에 있다고 보며 TUU, TUT, UTU, UUT, TTU 등의 상태에 놓이게 되면 계서불균형 상태에 있다고 본다.

갈퉁 가설의 핵심은 행위자의 계서불균형 상태가 공격행위를 유발한다는 것인데, 이 관계를 어떻게 설명할까? 갈퉁은 계서불균형은 개인 또는 국가의 생활양식에 불안정을 가져오며 또한 스스로의 모습, 즉 자기 상(像)에 대한 인식에 있어서 불균형(unstable self-image)을 가져오게 되며, 이러한 불균형의 심리상태가 공격행위, 즉 균형회복으로의 변화추구 행위를 일으킨다고 본다. 갈퉁은 "계서불균형 상태에 있는 행위자는, 스스로 타인과의 접촉을 차단한 폐쇄상태로 물러나 있지 않는 한, 계서불균형 상태인 채 마음 편하게 지낼 수 없다"고 설명하면서 이러한 불안정상태에서는 행위자는 현존 상태를 파괴·변화시키는 심리적 힘과 또한 자기행동을 정당화시키는 내적 논리를 모두 갖추게 된다고 주장한다.[37)]

갈퉁 가설은 아직 완전한 것은 아니다. 이 가설의 검증을 위해

참고할 것.

37) *Ibid.*, p. 100. Rummel도 갈퉁의 가설과 같은 계서불균형 원인설의 논리적 타당근거를 당사자의 심리적 좌절에서 찾고 있다. 그의 책, *Field Theory Evolving, op. cit.*, p. 204. Rummel은 계서불균형 가설을 다음과 같이 간결하게 정리하여 제시하고 있다. "Status disequilibrated individuals or nations … those high on some statuses and low on others … will be frustrated and under stress, potentially leading to internal or external conflict. The group of disequilibrated individuals is a pool of potential suicides, radicals, aggressors or innovators."

서는 우선 위계차원을 결정하여야 하고 각각의 위계변수를 설정하고 측정을 위한 작업화를 해야 한다. 갈퉁 스스로는 소득수준 등 몇 개의 위계차원을 상정했었지만 검증에 쓸 수 있을 정도로 구체화하지는 않았다. 그럼에도 불구하고 갈퉁의 이 계서불균형이론 가설은 많은 후학들에게 영향을 끼쳤다. 밑에 깔려 있는 생각의 흐름이 조직적이고 또한 타당한 것이어서 갈등 이해에 크게 기여를 했기 때문이다.

제 4 절 럼멜의 위계불일치이론

국가의 갈등행위(conflict behavior)를 국제정치질서의 계층구조의 특성을 바탕으로 설명한다는 점에서는 럼멜(R. J. Rummel)의 사회장이론(社會場理論 ; social field theory)도 위계이론의 계보에 속한다고 할 수 있다.[38)]

럼멜의 사회장이론은 갈퉁의 계서이론보다 적용범위를 넓힌 국가행위 전반에 걸친 보편이론으로서 국가간의 모든 행위체계를 행위자와 대상자 간의 속성차의 체계에 연결시키는 종합이론이다. 여기서는 이 복잡한 사회장이론을 모두 소개하려는 것이 아니라 위계이론과의 연관에서 행위자와 대상자 간의 특정 위계변수에서의 위계차가 그 행위자의 대상자에 대한 갈등행위의 원인이 된다고 주장하는 부분만을 분리하여 위계이론의 이해를 도우려고 한다.

위에서 살펴본 바와 같이 라고스는 한 나라의 종합적인 계서 자체가 특정현상(atimia)이나 행위의 원인이 된다고 본 데 대하여 갈퉁은 분화된 여러 위계차원에 걸친 한 행위자의 계서 간의 불균

38) Rummel, *op. cit.*에 사회장이론의 구조, 검증결과 등이 모두 수록되어 있다. 특히 제 9 장 "A Status-Field Theory of International Relations," pp. 199-255를 볼 것.

형이 공격을 유발하는 원인이 된다고 하였다. 럼멜은 이에 덧붙여 행위자의 위계와 대상자의 위계의 차, 즉 두 당사자간의 위계불일치(status incongruence)가 행위자의 대상자에 대한 지향성(指向性)행위를 결정하는 요소가 된다고 하였다. 이것은 위계 이론구조에서 새로운 유형이라고 할 수 있다.

럼멜이론체계 중 위계불균형, 위계불일치와 위계 관련 갈등행위 등에 관계되는 공리, 정의, 부속명제 및 정리들을 추려보면 다음과 같다.[39]

[공리(公理)-3] : 국제관계는 하나의 계층화된 사회체계다.

[정의(定義)-2] : 국제질서에서의 위계차원은 경제발전(economic development)과 국력(power)이다.

[정리(定理)-4] : 국가들은 위계를 높이기를 원한다.

[정리(定理)-5] : 두 위계차원의 위계간의 불균형이 존재하는 상태에 있는 국가들은 두 차원의 위계가 균형되기를 원한다.

[공리(公理)-6] : 두 나라의 계서가 높으면 높을수록 그들의 행위는 더 협조적이 된다.

[공리(公理)-7] : 높은 계서(rank : 모든 위계의 종합)의 국가들은 현존 국제질서를 지지한다.

[공리(公理)-8] : 국가들은 상호행위에 있어서 그들의 계서가 높아 다른 국가들을 지배할 수 있는 위계차원을 앞세우며 또한 대상국이 낮은 계서에 머물러 있는 위계차원을 앞세우려 한다.

[부속명제-5] : 위계불균형은 인식의 불일치(不一致)를 일으킨다.

[부속명제-6] : 국가간에 위계가 같아지면(同水準 位階) 그들 사이에 공통이익이 형성되고 또한 의사소통의 길이 열린다.

---

39) *Ibid.*, pp. 252-255에 모든 공리(9개)와 정리(13개)가 수록되어 있다.

[부속명제-7] : 두 나라 사이의 위계불일치가 커지면 커질수록 그들 사이의 관계는 불확실해지며 그들 사이의 상호기대도 멀어진다.

[공리(公理)-9] : 두 나라 사이의 경제발전 차원에서의 위계가 비슷할수록 그들 사이의 관계는 협동적이 된다.

[정리(定理)-7] : 두 나라 사이의 위계불일치는 그들 상호간의 위계결정 갈등행위(status dependent conflict behavior)와 상관되어 있다.

[정리(定理)-10] : 경제가 고도로 발전된 나라의 타국에 대한 위계결정 협동행위 및 갈등행위의 정도는 그 나라와 대상국과의 국력 차의 불일치 정도의 함수이다.

[정리(定理)-11] : 경제적 후진국의 특정대상에 대한 위계결정협동행위 및 갈등행위의 정도는 그 나라와 대상국과의 경제발전의 불일치정도의 함수이다.

위에서 소개한 공리, 정의, 부속명제, 정리들을 일별하면 럼멜의 위계이론적 국제질서관은 분명해지는데, 이 중에서 우리가 관심을 가진 위계불일치와 갈등행위 간의 관계는 부속명제 6, 7과 정리 7, 10, 11 이다.

럼멜은 기본 위계차원으로 국력(power)과 경제발전(economic development)의 두 개를 들고 있다[정의-2]. 그리고 국가의 여러가지 협동과 갈등행위 중에서 위계에 따라 결정되는 행위와 그렇지 않은 행위를 구분한다. 나아가서 경제적 선진국과 후진국의 행위원인을 구분한다. 럼멜은 선진국의 위계결정 행위들은 주로 국력불일치에 따라 결정되고[정리-10] 경제적 후진국의 위계결정 행위들은 주로 경제발전차원에서의 위계불일치에 의해 결정된다[정리-11]고 보고 있다.

럼멜의 위계(位階)-장(場)이론의 여러 정리들은 그 후 여러 사람에 의해 검증되었는데 대체로 경험적 타당성을 인정받는 결과를 얻었다.[40] 럼멜은 그 후 그의 이론을 더 다듬고 확장하여 종합이론체계로 발전시켰는데, 그 내용은 학부학생 수준에서는 이해하기 어려워 생략한다. 다만 위계불일치를 단순히 높고 낮은 것으로 양분하는 단순화를 탈피하여 위계변수를 연속변량으로 다루어 세밀한 이론으로 발전시켰다는 것만 지적해 둔다.

제5절 촌 평

이 장에서 소개한 라고스, 갈퉁, 럼멜의 위계이론은 제23장에서 소개하는 구조주의이론의 선행이론으로 보면 된다. 국제사회의 구성이 국제사회의 구성국들의 행위를 결정하는 큰 영향변수임을 보여주는 이론이라는 점에서 그렇다. 위계이론은 원래 사회학, 심리학에서 발전되어온 이론이다. 라고스나 갈퉁도 사회학자들이다. 위계이론은 사회학에서 개인 또는 특정집단의 행위양태를 설명, 예측하기 위하여 발전시켜온 이론들인데 국제사회가 점차로 사회성을 띠어가니까 자연스럽게 사회학이론들이 국제정치 영역으로

40) 미국 대외행위에 대한 검증은 Rummel이 직접 행했으며 그 결과는 "U. S. Foreign Relations: Conflict, Cooperation, and Attribute Distances," *ibid.*, pp. 259-299에 보고되어 있고, 소련의 대외행위에 대해서는 최창윤이 검증을 하여 그의 논문 "The Contemporary Foreign Behavior of The United States and Soviet Union: An Application of Status Field Theory,"(1973) *ibid.*, pp. 403-463에 그 결과를 정리하였다. 중국의 대외행위에 대한 검증은 이상우가 실시했으며 그 결과는 아래 논문에 수록되어 있다. Sang-Woo Rhee, "Communist China's Foreign Behavior: An Application of Field Theory Model II" (1971), *ibid.*, pp. 315-369. 및 Sang-Woo Rhee, "China's Cooperation, Conflict and Interaction Behavior Viewed From Rummel's Field Theoretic Perspective,"(1973) *ibid.*, pp. 371-401.

확산된 것이다.

라고스, 갈퉁, 럼멜의 위계이론에서는 국제사회의 위계적 구조와 그 구조 속에서 형성된 국가간의 위계차이를 국가행위를 설명하는 독립변수로 다루고 있다. 그러나 국제사회 구조도 결국은 각 국가의 행위들의 반복적 누적에서 생겨난 것이므로 국가의 행위가 국제사회 구조를 결정하는 독립변수가 된다. 이런 시각에서 접근하는 것이 구성주의이론이다.

지구상에 국가가 많지 않고 또한 각 국가간에 제한된 접촉밖에 없던 시대에는 국가간의 위계질서란 존재하지 않았다. 각 국가는 자국의 절대이익(absolute interest)에만 관심을 가졌지 다른 나라와의 상대적 성취는 의미가 없었고 그래서 관심을 두지 않았다. 접촉이 밀접해지고 또한 위계차원 내의 계서(階序)가 국가간의 관계를 규정하는 상태가 되면서 국가들은 위계상승을 국가목표로 삼아 행위하게 된 것이다. 국가간 위계차이가 의미를 가지는 국제사회의 구조가 존속하는 한 위계이론은 적실성이 높은 이론으로 존속할 것이다.

참고도서

1. Gustavo Lagos, *International Stratification and Underdeveloped Countries*, Chapel Hill : The University of North Carolina Press, 1963.

이 책은 Lagos의 위계이론을 이해하는 데 있어 첫걸음이 되는 책이다. 특히 라틴 아메리카학자들의 시각을 이해하는 데 좋은 길잡이가 된다.

2. Gustavo Lagos & Horacio H. Goody, *Revolution of Being : A Latin American View of the Future*, New York : The Free Press, 1977.

1990년대를 내다보는 미래질서관을 다룬 World Order Model Project의 *Preferred Worlds For the 1990s* 전집 중 남미시각을 다룬 책. Ch.1을 꼭 읽을 것.

3. Gustavo Lagos, "The Revolution of Being," in Heralds Munoz, ed., *From Dependency to Development*, Boulder : Westview Press, 1981, pp. 123-160.

Lagos의 '존재의 혁명' 논리가 가장 잘 압축되어 있는 논문.

4. Johan Galtung, "A Structural Theory of Aggression," *Journal of Peace Research*, Vol.1, No.2, 1964, pp. 95-119.

Galtung의 공격행위의 구조이론이 처음 발표될 때의 논문으로 내용도 내용이지만 이론을 만들어가는 방법에 대하여서도 많이 배울 수 있는 논문.

5. R. J. Rummel, *Field Theory Evolving*, Beverly Hills : Sage, 1977.

Rummel의 사회장이론, 그리고 위계이론 등이 발전되어 오는 과정에서 발표되었던 여러 논문들과 그 이론들을 승계·발전시켰거나 검증을 했던 논문들도 모두 포함된 논문집.

6. 김세원, "제3세계와 신국제경제질서", 『현대이념연구』(건국대학교 현대이념비교연구회) 제 4 집, 1986. pp. 73-88.

위계이론적 시각에서 국제관계를 보기 시작하면서 국제사회에서의 '남북대립'은 이제 하나의 상식으로 되어가고 있다. 특히 '남'의 강력한 요구에 의한 '신국제경제질서'(NIEO: New International Economic Order)에 대한 관심은 점차 강해지고 있다. 이 논문은 NIEO 이해에 도움을 주는 간략한 개설이다.

7. 안청시·정진영, "제 3 세계의 국제정치경제학", 이상우·하영선 공편, 『현대국제정치학』, 서울 : 나남, 1992, pp. 291-318.

종속이론의 발전과정과 주요 내용에 대한 간결한 해설이 포함되어 있다.

8. 김우상 등 공역, 『국제관계론 강의 II』, 서울 : 한울, 1997.

이 책 제III부 '글로벌리즘'에 사미르 아민(Samir Amin), 임마뉴엘 월러슈타인(Immanuel Walerstein) 등 종속이론의 대표적 학자들의 글이 번역되어 있다.

9. 박재영, 『국제정치 패러다임』, 서울 : 법문사, 1996.

이 책 제 4 장 "구조주의 패러다임"에서 네오-마르크시즘적 시각에서 국제정치를 다루는 종속이론, 세계체제이론, 구조주의적 제국주의 이론 등을 상세하게 다루고 있다.

제12장

해러리의 구조균형이론

제 1 절 사회심리학적 이론과 국가행위

모겐소(Hans J. Morgenthau)는 그의 책 *Politics Among Nations*에서 그때까지의 전통을 떠나 새로운 이론작업의 길을 열었다. 모겐소의 의도는 "우리의 구체적 경험이, 현실적으로 존재하는 보편적 현상을 지배하는 일반적 명제의 한 특수한 예들임을 보여주자"는 것이었다. 모겐소는 일반적 명제로서의 행위이론 개발이 이론화의 목표로 되어야 한다고 주장하였으며, 많은 학자들이 이에 호응하여 국제정치학에는 새로운 이론화 전통이 서게 되었다. 이 새로운 전통은 그 후 반세기가 지난 오늘날까지도 지켜지고 있다. 국가행위를 설명할 수 있는 일반적 명제로서의 보편이론의 정립을 위하여 국제정치 이론가들은 국가간 행위의 반복되는 행위정향을 추정하여, 각 국가의 행위정형과 국가간 관계의 정형(세력균형체제 같은)을 이루게 하는 원천적 요소를 찾아내고, 그렇게 함으로써 전쟁의 원인과 평화의 조건을 발굴해 내려고 노력해 오고 있다.[1)]

1) Morgenthau가 이론화 작업 경향 설정에 끼친 기여에 대해서는 K.J. Holsti,

국가들의 집단 속에서 국가간의 행위정형이 형성되는 데 대한 일반명제에 관심을 가지게 되면서 국제정치학자들이 사회심리학의 집단구조이론(group structure theory), 즉 집단심리이론에 눈을 돌리게 된 것은 극히 자연스러운 귀결이라 하겠다. 사회심리학은 이미 집단 내에서의 개인간의 행위정형을 규명하는 이론화 작업의 성과를 다양한 이론의 형태로 축적해 놓고 있었으므로 국제정치학자들은 이들의 이론을 섭렵하여 국가간 행위정형을 찾는 데 응용하기 시작했다. 여기서 소개하는 구조균형이론(構造均衡理論)도 바로 이러한 사회심리학 이론의 도입 예(例)에 불과하다.[2)]

집단 내의 인간간의 관계를 관찰하여 보면 각 집단마다 인간간의 관계에서 특색 있는 일정한 규칙성들이 나타남을 알게 된다. 그래서 사회과학자들은 개개인의 인간성이나 특질과 관계없이 집단의 구조적 특성에 따라 정해지는 인간관계 정형에 관심을 가지게 되었고 집단구조이론이라는 새로운 영역의 이론들을 발전시켜 왔다.[3)]

이러한 집단구조이론들을 적용하여 각 개별국가의 속성과 관계없이, 즉 각국의 특성을 초월하는 국가 집단 구조의 보편적 특성에서 국가간 행위정향을 추출해 보려는 것이 국제관계학에서의 구조균형이론들이다.

"Retreat from Utopia: International Theory 1945-1970," unpublished mimeo, 1970을 참조할 것.

2) 국제관계의 사회심리학적 측면에 대한 해설에 대해서는 Amitai Etzioni, "Social Psychological Aspects of International Relations," in Gardner Lindzey and Eliot Aronson, eds., *The Handbook of Social Psychology*, Vol. 5, 2nd edition, Reading: Addison-Wesley, 1977, pp. 538-601; Richard A. Falk & Samuel S. Kim, eds., *The War System: An Interdisciplinary Approach*, Boulder: Westview Press, 1980의 Part 4와 Part 5, pp. 227-368을 볼 것.

3) 사회심리학에서의 집단구조이론 모델에 관한 간략한 해설은 Barry E. Collins & Bertram H. Raven, "Group Structure: Attraction, Coalition, Communication and Power," in Lindzey & Aronson, *op. cit.*, pp. 102-204를 볼 것.

사회심리학자 중에서 국제정치학에 가장 많은 영향을 끼친 사람들로는 짐멜(Georg Simmel),[4] 하이더(Fritz Heider)[5] 및 레빈(Kurt Lewin)[6] 등을 들 수 있는데, 여기서 소개하는 구조균형이론은 카트라이트(Dorwin Cartwright)와 해러리(Frank Harary)가 하이더의 논문(1946년 것)을 토대로 확대 발전시킨 것이다.[7]

제 2 절 구조균형이론의 기본구조

구조균형이론을 이해하기 위해서는 다음과 같은 몇 개의 기본개념을 알아야 한다.

1. 삼자구조

우선 삼자구조(三子構造 : triad)라는 말부터 알아야 하는데,

---

4) Simmel의 주요 저작들은 *Conflict*, Tr. by Kurt H. Wolff, *The Web of Group-Affiliations*, Tr. by Reinhard Bendix, Glencoe: The Free Press, 1955; *Georg Simmel, 1858-1918: A Collection of Essays with Translation and a Bibliography*, Tr. and ed. by Kurt H. Wolff from the German, Columbus: The Ohio State University Press, 1959와 *The Sociology of Georg Simmel*, Tr., ed., and intr. by Kurt H Wolff from the German, New York: Free Press, 1967 등이 있다.

5) Heider의 저작으로는 "Attitude and Cognitive Organization," *Journal of Psychology*, Vol. 21, 1946, pp. 107-112 및 *The Psychology of International Relations*, New York: John Wiley and Sons, 1958 등이 있다.

6) Lewin의 글들은 *Field Theory in Social Science: Selected Theoretical Papers*, New York: Harper & Row, 1964에 수록되어 있다.

7) Dorwin Cartwright & Frank Harary, "Structural Balance: A Generalization of Heider's Theory," *The Psychological Review*, Vol. 63, No. 5, 1956, pp. 277-293. 이 이론의 확장전개에 관해서는 박용옥의 학위논문 *The Structural Balance of The International System: 1950-1963*, University of Hawaii, 1975을 볼 것. 이 논문 참고문헌란을 보면 이 분야에 관한 주요 저작들은 모두 소개되어 있다.

이것은 행위분석 단위에서 행위자 하나만을 단위로 하는 단자(單子 : monad), 행위자와 행위 대상자의 둘을 묶어 하나의 분석단위로 잡는 쌍자(雙子 : dyad)에 대한 말로서 행위자-대상자-제 3 자의 셋을 한데 묶어 하나의 분석단위로 할 때 부르는 말이다.

삼자구조는 인간의 행위체계의 가장 기초가 되는 최소단위가 된다. 아무리 복잡한 관계도 결국은 행위자와 대상과 이 들 밖에 있는 제 3 의 존재와의 셋으로 분해할 수 있기 때문이다. 비유하자면 어떤 다각형도 다각형의 성질을 가진 최소다각형인 삼각형으로 줄여서 단순화해 볼 수 있는 것과 같다. 쌍자 관계는 행위자와 행위대상과의 관계를 담을 수는 있어도 두 당사자의 행위 관계에 영향을 주는 제3의 요소를 담을 수 없기 때문에 부족하다.

삼자구조 내의 관계는 행위자가 행위대상자에 어떤 특정행위를 하게 될 때 행위자의 제 3 자에 대한 관계, 또는 행위대상자의 제 3 자와의 관계를 의식하기 때문에 행위선택에 영향을 받는다는 그런 관계를 의미한다. 예를 든다면 내가 미워하는 X라는 사람을 O라는 여인이 좋아하기 때문에 내(P)가 O를 싫어하게 되어 언짢은 얘기(행위)를 O에게 하게 된다는 식이다. 이 때 X만 개재되지 않았으면 P와 O의 관계는 좋을 수도 있었을 것이다. 이러한 P-O-X 관계가 삼자관계의 기초가 된다.

삼자구조에서의 행위에 대해서는 이미 옛부터 많이 분석되고 논의되어 왔다.

예를 든다면 재판제도의 본질은 바로 이러한 삼자구조 행위의 전형이라 할 수 있다. 즉, 두 사람 사이에 직접 해결 할 수 없는 분쟁의 해결수단으로 제 3 자인 재판관이 개입하여 해결을 시도하게 되는데 이 때 두 당사자는 각각 제 3 자인 판사와의 관계 개선에 최선을 다하여 상대방과의 관계에서 2대 1의 승자 그룹을 만들려 하는 행위동기가 생기므로 재판이란 것이 진행될 수 있다고 보

는 것이다.[8)]

2. 그래프이론

집단의 구조적 특질에서 구성원의 행위정형을 찾으려는 사회심리학이론이 수리적 이론체계로 발전하게 된 계기 중의 하나는 그래프이론(graph theory)이라는 수학이론 영역의 모델들이 원용되었기 때문이다.

그래프 방법은 집단 내의 구성원(또는 구성물), 즉 element를 점으로, 그리고 이들간의 관계를 선으로 표시하여 집단구조를 그래프로 표현하는 것인데[9)] 여러 가지 모양의 선으로 관계를 표현하기도 한다. 예를 든다면 실선으로 우호적 관계를 그리고 점선으로 적대적 관계를 나타내기도 한다.

관계를 나타내는 선에 +와 -의 부호를 붙인 그래프(signed graph=S-graph라 한다)는 하이더, 카트라이트, 해러리 등에 의해 많이 소개되고 있는데, 구조균형이론에서는 이 S-그래프를 이론정립에 활용하고 있다.

이 S-그래프에서는 우호관계를 (+)선(실선으로 표시), 적대관계를 (-)선(점선으로 표시)으로 표시하고, 각 요소를 순차적으로 연결하여 다 이어진 상태를 싸이클(cycle)이라 한다. [그림 12-1]에서 요소 A, B, C, D, E, F, G를 AB, BC, CD, DE, EF, FG로 잇고 다시 GA를 이으면 하나의 싸이클이 된다.

이 싸이클의 안정(stability)과 불안정(instability)으로 구조

8) 법정의 기본개념을 triad논리로 분석한 논문에 Martin Shapiro, "Government Institutions and Process: Courts," in Fred I. Greenstein & Nelson W. Polsby eds., *Handbook of Political Science*, Vol. 5, Reading: Addison-Wesley, 1975, pp. 321-371이 있다.

9) 그래프 표현방법에 대한 간단한 해설은 Collins & Raven, *op. cit.*, p. 105 참조.

전체의 균형 여부를 판단하며, 안정되었을 때 균형이 이루어졌다고 보는 것이다. 이 때 안정은 싸이클 내의 모든 선의 부호의 대수적(代數的) 적(積), 즉 모두 곱한 것의 부호로 정한다.

[그림 12-1] S-그래프의 사이클

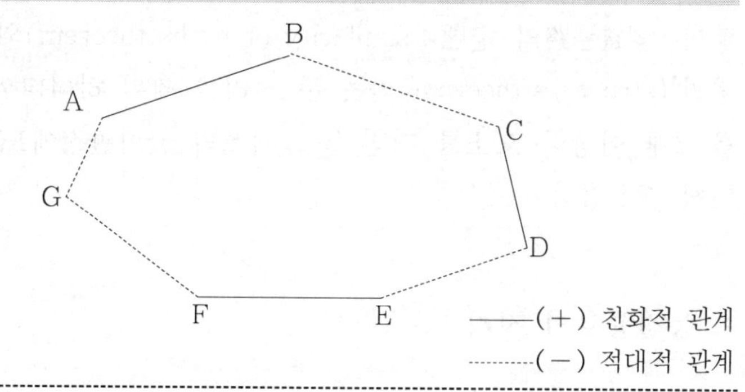

[그림 12-2] Triad의 안정과 불안정

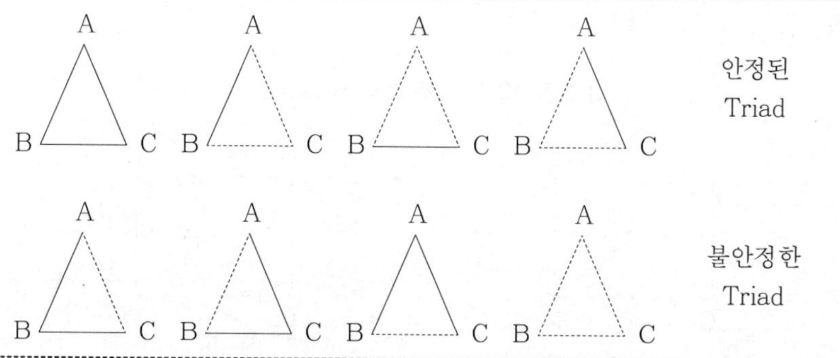

즉(+)가 하나이고 (−)가 둘이면

$$(+)\times(-)\times(-)=(+)$$

가 되어 그 싸이클의 전체 부호는 (+)가 되어 안정이 되는 것이다.

삼각구조의 경우, 각 선은 (+)와 (−)로만 구분되니까 각각

두 가지로 변할 수가 있고, 따라서 전체로서는 여덟 가지 상태가 있을 수 있는데 [그림 12-2]에서 보는 것처럼 이 중에서 반은 안정이고 반은 불안정이다.

하이더가 도입한 이 그래프 표현을 카트라이트와 해러리는 더 복잡한 구조에 적용시킬 수 있도록 확장시켰다. 즉, '동질통로의 정리'(同質通路의 定理 : similarity of paths theorem)와 '구조안정 정리'(structure theorem)라는 두 정리를 세워 하이더의 S-그래프를 3개 이상의 요소를 가진 S-그래프의 균형판정에도 적용할 수 있게 만들었다.

3. 동질통로의 정리

이 정리는 "연속하여 한 쌍을 이루는 두 점에 이르는 모든 통로가 같은 부호를 가질 때만 그 S-그래프는 균형이다"라고 되어 있다.

[그림 12-3] 두 개의 S-그래프

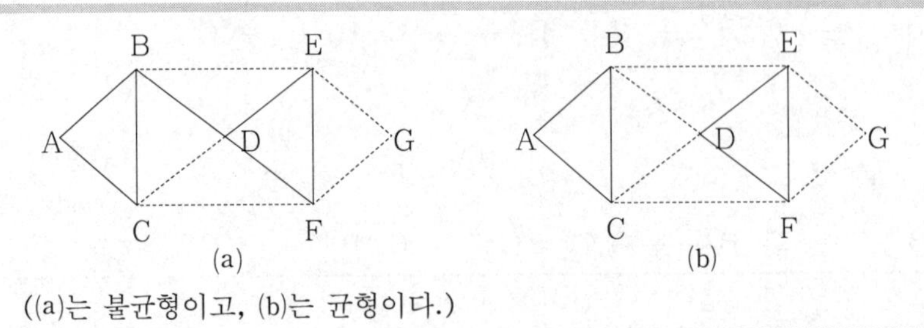

((a)는 불균형이고, (b)는 균형이다.)

이 뜻은 [그림 12-3](b)에서 B와 D를 포함하는 쌍, 즉 BD의 부호는 (−)인데 B에서 C를 거쳐 D로 이르는 통로, 즉 BC−CD의 부호도 (−)이므로 (BC가 +, CD가 −이니까 둘을 곱하면 − 가 된다) BD와 같은 (−)부호를 갖게 되어 균형이 되나, [그림

12-3](a)에서는 BD가 (+), 그리고 BCD가 (−)이므로 불균형이 된다는 이야기이다.

이 정리를 적용하면 [그림 12-3](a)는 전체적으로 불균형이고 [그림 12-3](b)는 전체적으로 균형이다.

4. 구조정리

이 정리는 "같은 subset 속의 두 점은 (+)선으로만 이어지고 다른 subset에 속하는 점들 간에는 (−)선으로만 이어지도록 서로 배타적인 두 개의 subset로 나뉠 수 있을 때에 한해서 그 S-그래프는 균형이다"라고 되어 있다.

[그림 12-3](b)에서 G가 없다고 치면 ABC와 DEF의 두 개의 subset로 나뉘어져서 구조정리에 의해 균형으로 판정된다. 즉, ABC의 각 점은 모두 실선(+)으로 연결되어 있으며, EDF도 마찬가지이고, 그 대신 이 두 subset간을 연결하는 BE, BD, CD, CF는 모두 점선(…)이기 때문이다.

[그림 12-4] 구조정리의 도식

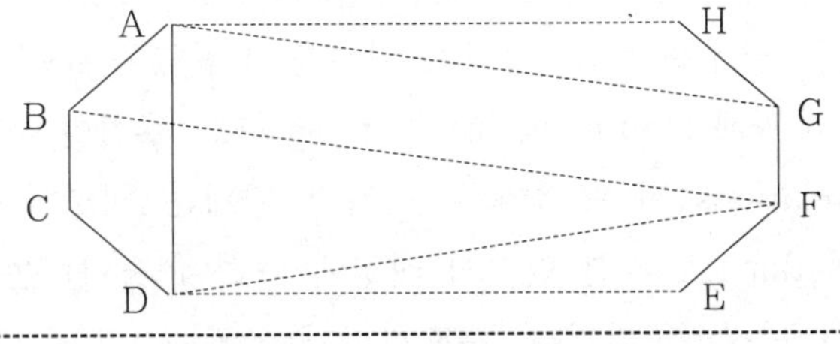

[그림 12-4]와 같은 복잡한 경우에도 이 정리에 의하면 쉽게 '균형'이라는 판정을 내릴 수 있다.

다음은 균형 자체에 대한 것인데, 원래 하이더는 구조 전체에서 단 하나의 싸이클이 불균형이어도 전체가 불규형이 되는 엄격한 논리에서 균형·불균형만 논했다. 그러나 카트라이트와 해러리는 이를 좀더 현실화하여 '균형의 정도'를 논했다. 즉, 전체구조 내의 균형싸이클 수와 총싸이클 수의 비례를 구하여 '균형도'(均衡度)를 계산한 것이다.

제 3 절 구조균형이론의 주요 가설들

구조균형이론의 궁극적 목적은 이상과 같이 파악한 구조의 균형·불균형에서 각 구성원의 행위정형을 찾아내자는 것이다. 즉, 균형된 구조 속에서는 각 구성원은 어떤 행위를 하게 되며, 불균형구조 속에서는 또한 각 구성원은 어떤 행위성향을 갖게 되는가를 밝히려는 것이다.

1. 하이더의 가설

하이더는 삼자(三子)관계에서 행위자가 다른 구성원(사람)에 대한 관계와 다른 비인격적 사물(물건 또는 일, 사건)로 인해 일어나는 관계를 구분하여 두 가지로 이론을 정립했는데 전자를 '정감적(情感的) 관계'(sentiment relations)라하고 후자를 '단위형성관계'(unit relations)라 불렀다.[10] 정감적 관계는 태도적 관계(attitudinal relation)로서 한 인간이 대상에 대하여 평가하는 관계로서 좋아한다거나 칭송한다거나, 사랑한다거나 하는 느낌을 말한다. 단위형성관계는 유사성(similarity), 근접성(proximity), 인과성(causality), 소유관계(ownership) 등 서로가 함께 한 구조 속의 단위로 소속된다는 것을 느끼는 관계를 말한다.

10) Heider의 triad관계 theory에 관해서는 박용옥, 앞의 책, pp. 48-52를 볼 것.

하이더는 이 두 관계에서 모두 각개의 관계에 대하여 포지티브(+)와 네거티브(−) 관계로 양분하였으며 이들을 표시하기 위하여 특별한 부호를 사용하였다.

우선 분석의 기본구조인 행위자(P), 대상자(O), 제 3 자적 사물(X)을 묶는 삼자관계를 P-O-X 단위라 부르고, 정감적 관계에서의 포지티브관계를 L, 네거티브관계를 ~L이라 부르고, 단위형성관계에서의 포지티브관계를 U, 네거티브관계를 ~U라 불렀다. 그래서 PLO라 하면 P가 O를 사랑한다든가, 좋아한다든가, 승인하는 관계를 나타내는 것이고, P~LO라 하면 P가 O를 싫어한다든가, 승인하지 않는 관계를 말하게 된다. 마찬가지로 PUX라 하면 P가 X를 소유하고 있다거나 관련되어 있다는 뜻이고 P~UX라 하면 P가 X를 소유하지 않고 있다거나 혹은 만든 것이 아니라거나 관련을 갖고 있지 않다는 의미가 된다.

하이더이론은 한 구성체 내에서의 각 구성원간의 관계는 상호의존적이어서 한 관계는 다른 관계의 영향을 받는다는 데서 출발한다.

예를 든다면, 만일 P가 O를 사랑하는데 O가 X를 소유하고 있거나, 책임지고 있다면, P는 X를 좋아하게 되거나 승인하게 된다는 주장이고, 만일 X가 정상적인 상황에서 나쁘게 평가되는 사물 또는 사건이라면 전체적인 P-O-X구성 자체가 긴장하게 되어 불균형상태에 들게 되는데 이 때에는 여기서 균형을 되찾으려는 압력이 생겨나서 P가 O를 싫어하게 되든가, O와 X를 재평가하게 되든가 하게 된다는 식이다.[11)]

하이더의 이론은 행위자 P의 인식의 장(cognitive field)에서 생기는 장력(場力 : field force)의 생성원인에 관한 것으로서 인식

---

11) 이 예는 Cartwright & Harry, *op. cit.*, p. 277에 나오는 것을 간단히 줄여 옮긴 것이다.

자는 마음 편하게 되고싶어 하는 속성이 있기 때문에 인식장(認識場)에서의 갈등을 해소하려 하는 동기를 갖게 된다는 논리를 근거로 하고 있다.

하이더 이론의 주된 가설은 "인식주체는 균형된 상태(balanced state)를 성취하려는 경향이 있으며, 균형이 이루어지지 않을 때는 균형을 이루는 방향으로 행동하도록 압력을 받는다"(의역)라는 것인데, 여기서 말하는 균형상태는 P-O-X 구조 내의 모든 관계가 L 또는 U가 되든지 아니면 두 개가 L 또는 U, 나머지 한 개가 ~L 또는 ~U가 되든지 하는 상태를 말한다. 이 조건을 S-그래프식으로 표현한다면 싸이클의 부호가 (+)가 되면 성취되는 것이다.

2. 뉴우컴의 가설

뉴우컴(T. M. Newcomb)은 하이더와 상당히 비슷한 접근법으로 어떤 구성체 내에서의 의견통일이 일어나는 커뮤니케이션 행위를 분석하였다.[12] 뉴우컴은 하이더의 P-O-X구조와 비슷한 A-B-X구조를 제시하면서 AB, BX, AX관계는 모두 상호의존적이라고 규정하고, A와 B는 X에 대하여 같은 태도를 가지려는 경향이 생기게 되는데 이것은 '대칭에로의 긴장'(strain toward symmetry)이 있기 때문이며, A와 B는 이 긴장해소를 위해 X에 대한 의견을 서로 교환하여 의견을 통일시켜 나가려 하게 되는데 이런 과정을 통하여 한 집단 내에는 지배적인 여론이 형성되어 가게 되며, 여기서 벗어나는 의견(deviates)은 배척되게 된다고 주장하였다.

뉴우컴의 이론구조는 하이더의 것과 아주 유사하다. 그의 '대

12) T. M. Newcomb, "An Approach to the Study of Communicative Acts," *Psychological Review*, Vol. 60, 1953, pp. 393-404.

칭에로의 긴장'은 곧 하이더의 '균형에로의 경향'(tendency toward balance)과 거의 같다. 뉴우컴은 A가 B와의 관계를 자유롭게 계속하거나 단절할 수 있는 경우에는 B에 대하여 X에 대한 의견이 합치할 때는 더 깊이 결합하여 가고, 의견이 달라질 때는 B와의 관계를 단절함으로써 마음의 갈등을 없애려 하게 된다는 가설을 세워 자기 이론의 중심명제로 삼았다.

3. 카트라이트와 해러리 가설

카트라이트와 해러리가 그래프이론으로 하이더의 구조균형을 표현했다는 것은 이미 위에서 소개했었다. 이와 같은 그래프식 표현은 단순히 하이더이론의 표현양식을 간단하게 한 것만이 아니다. 왜냐하면 S-그래프식으로 바꾸어 놓으면 하이더이론의 P-O-X의 삼각구조를 구성원이 많은 다각구조로 얼마든지 확장할 수가 있게 되므로 사실상 새로운 이론의 경지가 열린 셈이 되기 때문이다.

해러리는 하이더의 삼자구조이론을 일반적인 다각구조에 보편적으로 타당시키기 위해서 구조균형가설을 다음과 같이 고쳐서 제시하였다.[13]

> "균형을 이룬 구조는 균형을 이루지 못한 구조보다 훨씬 더 높은 안정성을 갖는다. 만일 어떤 구조가 균형을 이루지 못하게 되면, 그 구조 속의 행위자는 전체 구조의 균형을 성취하기 위하여 자기와 다른 구성요소와의 구조적 연대를 수정하려는 경향이 생긴다."

해러리는 이를 그래프이론에서 발전시킨 구조정리 등을 활용

13) Frank Harary, "A Structural Analysis of the Situation in the Middle East in 1956," *Journal of Conflict Resolution*, Vol. 5, No. 2, 1961, pp. 167-178.

하여 더 구체적인 가설들로 발전시켰는데, 몇 가지 예를 들면 다음과 같다.

분파 경향성 가설(tendency toward clustering) : 본질적으로 포지티브관계를 가진 구성원의 집단이 균형을 이루고 또한 그 구성원 중의 하나가 나머지 구성원들을 포지티브한 구성원들과 네거티브한 구성원들로 2개의 소집단으로 나눌 수 있으면, 구조정리에 따라 새로운 균형을 찾기 위해 각 구성원은 두 개의 소집단으로 재구성되는 방향으로 움직일 것이다.

완전 지향 가설(tendency toward completeness) : 집단구조는 완전해지려는 경향이 있다. 즉, 만일 두 개의 구성요소가 구조 내에서 아직도 상호관련을 맺고 있지 않다면, 그들간의 연대가 생기도록 유도되게 된다. 한국과 미국은 동맹관계에 있고 미국과 일본도 동맹관계에 있는데 한국과 일본은 아무 관계도 없다. 이럴 경우 한국과 일본은 서로 협조하도록 유도된다.

긍정적 경향 가설(tendency toward positivity) : 만일 집단 내의 상호관계가 본질적으로 긍정적일 경우, 그 집단 내의 개체는 부정적 연대보다는 긍정적 연대를 형성하려는 두드러지는 선호를 보이는 경향이 생긴다.

여기서 보는 바와 같이 해러리는 균형으로 옮아가는 구조변화의 동태적 측면에서 각 구성원간의 행위성향을 연역해 내려고 노력했다.

제 4 절 국제정치에의 적용

구조균형이론을 국가간 행위에 적용하여 특정국가의 행위를 설명하거나 예측하려는 첫 시도는 해러리에 의해서 이루어졌다. 해러리는 1956년의 스에즈(Suez) 운하사건을 계기로 중동 관련국가간의 관계가 바뀌어간 과정을 그가 발전시킨 구조균형이론의 여러 가설들을 적용하여 설명을 시도했었는데,[14] 그 중 몇 가지를 골라 소개함으로써 균형이론의 유용성을 간접적으로 보여주고자 한다.

[그림 12-5] 1956년 스에즈 운하 사건의 발생초기 4개국 관계 변천

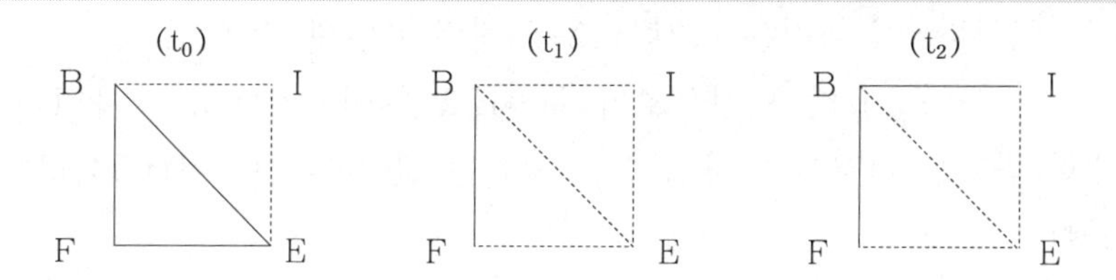

1956년의 스에즈운하 사건은 이집트(E)가 영국(B)및 프랑스(F)가 공동으로 소유하고 있던 스에즈운하를 국유화함으로써 발생되었던 사건인데 영국과 프랑스는 이집트의 조처에 보복을 할 목적으로 군대를 투입, 이집트에 진주했으며 그때 이스라엘(I)은 영·불의 편에 서서 이집트를 함께 공격하였었다. 이 과정을 S-그래프로 표현하면 [그림 12-5]와 같다. 즉, 사건 이전(t_0)에는 B와 F는 모두 E에 우호적이었었다. 그러나 E는 I에 적대적이었고, B도 I에는 적대적이었다(안정구조).

그런데 E가 B와 F가 가지고 있던 스에즈운하를 갑자기 국유화하자(t_1), 이 불균형의 관계를 시정하는 방향으로 각국은 행위를

14) *loc. cit.*

했다. 즉, B와 F는 E를 공격하였고, B와 I는 적대관계를 청산하고 우호관계로 옮아갔던 것이다(t_2).

[그림 12-6] 스에즈 사건에서의 미국의 개입효과

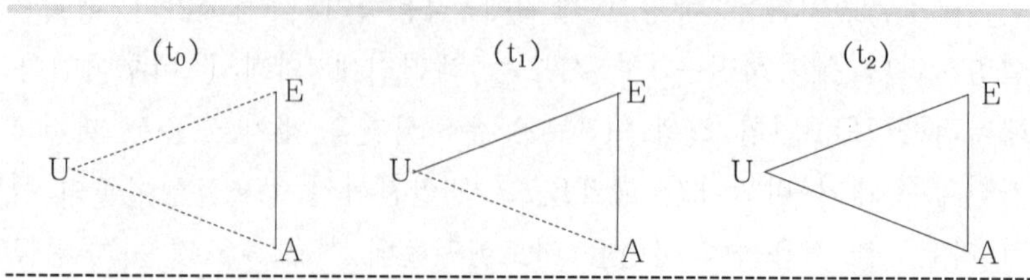

미국(U)은 이 때 영·불의 처사에 분개하여 이집트편을 들고 나섰는데 그 결과로 다른 아랍 국가(A)들도 미국과의 관계를 개선하였었다. 이 과정은 [그림 12-6]처럼 표현할 수 있다.

여기서도 t_0의 안정구조가 U→E로 깨어지자(t_1), A가 U에 대한 관계를 바꾸어 다시 안정을 되찾는 일이 일어난 것(t_2)이라고 풀이하는 것이다.

해러리는 이 밖에도 미·소관계, 미·인도관계, 그리고 모든 당사국 관계 등에 대하여 구조균형이론의 주가설인 '균형에로의 경향'을 S-그래프를 써서 훌륭히 설명해 냈다.

구조균형이론의 이러한 제가설을 한국주변의 여러 나라에 적용해 보면 우리 스스로도 그 이론의 타당성 여부를 경험적으로 검증할 수가 있다. 예를 들어 미·중·러 삼각관계의 변화라든가, 한국·북한·미국관계, 한·미·일관계… 등에 적용하여 우리가 그 동안 지켜보아 왔던 경험적 사실과 대조해 보면 이 이론의 매력은 쉽게 느낄 수 있을 것이다.

제5절 촌　평

구조균형이론은 이론의 기초를 이루는 인식장(認識場) 내에서의 균형성향이라는 보편적인 상식에서 출발하였기 때문에 우리에게 많은 공감을 주고 있다. 뿐만 아니라, 평소에 우리가 국제문제를 다루는 방법과 일치함으로 더욱 실감을 느끼게 한다.

이 이론의 핵심을 이루는 "친구의 친구를 친구로 대하면 마음 편하고, 친구의 적을 나도 미워하면 마음 편한데, 친구의 적을 내가 사랑하게 되면 마음이 편하지 않아서 마음의 갈등을 피하기 위해 사랑을 포기하든가 아니면 친구와 의를 끊든가 하게 된다"는 명제는 퍽 친근감을 준다. 그리고 이 명제가 S-그래프의 수학적 분석체계와 딱 들어맞게 배합됨으로써 그 분석체계의 힘으로 우리의 상식을 주먹구구로는 다룰 수 없는 복잡한 다각관계까지 확장할 수 있게 해 줌으로써 아주 유용한 국제정치이론 체계의 면모를 갖추고 있다.

그러나 구조균형이론은 아직은 실용성이 높은 이론이 되지 못하고 있다. 첫째로, 이 이론에서는 국가간의 어떤 차원에서의 관계가 가장 중요한 인식의 결정요소가 되는지를 밝히지 못하고 있다. 정치적 연계, 경제적 유대……등 무한히 많은 관계차원에서 어느 변수가 가장 결정적 요소가 되는지를 정해주지 못하고 있어 실제문제를 다루는 데 있어서 한계를 지어주고 있다.

둘째로, 이 이론에서는 관계의 판정을 호(好)·불호(不好)의 두 가지로밖에 구분 못하고 있다. 국가간 관계는 그렇게 딱 잘라서 얘기하기 어려운 경우가 많다. 오늘날의 미·중 관계처럼 갈등과 협조가 함께 작용하는 미묘한 관계도 있다. 이것을 이 이론으로는 다룰 수 없다. 또한 우호(友好)의 경우나 적대의 경우도 그 정도의 차가 심한데 이것도 다루지 못하고 있다.

셋째로, 각국의 행위성향에 미치는 행위속성을 반영하기 어렵다. 구조의 특성에서 구성원의 개성을 초월한 기대행위정형을 논하는 이론이지만 어떤 형태로든지 속성과 연관을 짓지 못하면 현실적인 국가행위를 설명하는 데서 큰 제약을 받게 된다.

이 이론은 이러한 약점을 가지고 있지만 이론의 발상이 상식과 잘 맞는다는 강점이 있어, 앞으로도 계속 관심의 대상이 될 것이며, 많은 노력을 기울여 점차로 약점을 보완해 나간다면 상당히 유용성이 높은 이론으로 발전될 소지를 가지고 있다고 본다.

이미 이 이론의 발전적 전개가 여러 사람에 의해서 시도되고 있다. 럼멜(R. J. Rummel)의 거작인 *Understanding Conflict and War*의 psychological field이론은 이러한 노력의 한 예라 할 수 있을 것이다.

아무튼 국제정치이론에 대한 사회심리학적 접근의 길을 열어 주었다는 점에서만도 구조균형이론의 공헌은 크다고 할 수 있겠다.

참고도서

1. 박용옥, "국제체계의 구조적 성격에 관한 개념적 고찰", 『국제정치논총』 제16집, 1976, pp. 57-73.

사회심리학이론으로 발전되어 온 구조균형이론을 국제관계영역에 도입하는 데 큰 공헌을 한 박용옥의 이 논문은 구조균형이론의 전체를 가장 잘 압축한 글이라 할 수 있다.

2. Yong-Ok Park, *The Structural Balance of the International System, 1950-1963*, unpublished Ph. D. dissertation, Honolulu: University of Hawaii, 1975.

박용옥의 학위논문인데 여기에는 구조균형이론의 여러 이론이 잘 소개되어 있고, 또한 어떻게 일반이론으로 확장되는가를 잘 다루고 있어 이 이론을 깊이 연구하려는 학생에게는 필수적인 책이다. 다만 수학적 지식이 있어야 소화할 수 있다.

3. Dorwin Cartwright & Frank Harary, "Structural Balance: A Generalization of Heider's Theory," *The Psychological Review*, Vol.63, No.5, 1956, pp. 277-293.

구조균형이론을 정형이론 수준으로 높여 놓은 가장 중요한 논문이다. 쉽게 이해할 수 있게 씌여 있다.

4. Frank Harary, "A Structural Analysis of the Situation in the Middle East in 1956," *Journal of Conflict Resolution*, Vol. 5, No.2(1961), pp. 167-168.

이것은 Harary가 자기가 개발한 구조균형이론 모델을 수에즈 사태에 적용하여 그 이론의 유용성을 입증한 흥미 있는 연구이다.

제13장

카플란의 체제이론

제 1 절 시스템적 사고

현상을 파악하여 이에 대처한다는 것은 바로 우리가 문제를 해결하는 전제가 된다. 그러나 현상파악이란 그리 쉬운 일이 아니다. 관계된다고 생각하는 모든 것을 보이는 대로 들리는 대로 그리고 느껴지는 대로 그냥 묘사해 놓았다고 해서 현상에 대한 '이해'(理解)가 되는 것은 아니다. 우리가 관심을 두고 있는 사태 · 상태 · 사물에 관련된다고 생각되는 현상을 그 관심 대상과의 관련을 의식하면서 기술해 놓아야 그 현상에 대한 이해가 가능해진다. 이해(understanding)란 대상물 또는 현상간의 관계를 알게 되는 것을 말하는데 병존관계, 생성관계, 원인결과관계 등 하나를 알면 연계된 다른 것의 존재를 알 수 있게 되는 것을 말하며, 따라서 이 관계를 기술해 주어야 이해가 가능해진다.

당면한 문제를 해결하기 위하여 우리는 '체계적으로' 문제에 접근하려 한다. 이 때 체계적(systematic)이라 함은 바로 위에서 지적한 대로 문제와 관련된 사항을 계통적으로 파악하여, 어디부터 손을 대어야 문제해결의 실마리를 잡아낼까를 알 수 있도록 한다는 뜻을 내포하고 있다. 예를 들어 보자. 현재 앉아 있는 방이 추워서 견딜 수가 없는 상황에서 이 문제를 해결하려고 시도한다고 가정해 보면, 우선 우리는 춥다는 현상에 관계되는 요소들을 추적해 나갈 것이다. 춥다는 것은 우리 체온과 실내온도와의 차가 어느 정도 이상이 되어 우리가 체온을 많이 빼앗기기 때문에 느껴지는 것이며, 이 경우에 문제를 해결한다는 것은 결국 체온을 덜 빼앗기게 하는 일이다. 체온을 덜 빼앗기게 하는 방법에는 우선 두 가지를 생각할 수 있다. 하나는 옷을 더 입어 열전도를 차단하는 것이고, 다른 한 가지 방법은 실내온도 자체를 높이는 방법이다. 실내온도는 실내에 장치된 발열장치의 기능을 높여서 높일 수 있고, 또 실외에 열을 덜 빼앗겨도 부분적으로 가능해진다. 현재의 상태가 창문을 닫는 정도로 해결된다면 그것으로 가능하나, 그렇지 못하면, 옷을 입거나 밖에 나가 그 방 아궁이에 불을 더 넣는 것으로 해결할 수밖에 없다. 이상과 같은 상식적인 얘기에서도 우리는 '체계적 접근'의 본질적 사고를 벌써 다 적용하고 있는 셈이다. 우선 해결하려는 문제에 영향을 주는 여러 요소가 서로 관련되어 구성되는 '시스템'을 파악하고, 이 시스템을 바탕으로 문제해결의 실마리를 찾아 나가는 것이 합리적이다. 이것이 곧 체계적 접근이다.

복잡한 문제에 접근할 때일수록 이러한 체계적 접근은 중요해진다. 가령 남북한간의 전쟁을 예방하려 하는 국가안보의 문제와 같이 거창한 문제일 때는 이러한 체계적 접근을 위의 예에서처럼 상식적으로 해 나가기는 어렵다. 미리 정립된 모델에 의한 체계적 접근이 아니면 이런 경우 문제해결의 실마리를 찾기 어렵기 때문이다. 우선 남북한의 전쟁이라는 현상이 일어나는 방대한 체계를 먼저 파악해야 이 문제의 해결은 가능해진다. 그런데 이 체계라는 것은 그리 단순하지가 않다. 한국과 북한의 내부정세, 그리고 남북한관계가 형성되는 국제정치 환경요소 등이 모두 얽혀 있는 아주 복잡한 체계다. 한국사회의 상태나 북한체제의 상태에 영향을 주는 요소는 수 없이 많다. 그러나 이 모든 요소에 대하여 정보를 수집한다는 것은 사실상 불가능하며, 또한 불필요하기도 하다. 어떤 지식이 필요할까를 정하는 것부터가 체계적 접근이 아니면 해결되지 않는 문제다.

체계적 사고의 첫번째 특징은 현상을 지배하는 체제를 파악하여 사태를 파악하려는 태도라 할 수 있을 것이다. 체계 즉, 체제(system)란 전체의 목표를 위하여 함께 작용하는 구성요소의 집합, 또는 어떤 목표를 성취하기 위하여 서로 관련되어 움직이는 부분의 집합이라 정의한다.[1] 체제를 구성하는 구성소(構成素)가 있고, 이 요소들이 서로 기능적으로 연결되어 있고, 이 전체가 주위 환경과 구분되어 하나의 덩어리로 확인되면 체제라 부른다. 이 체제는 기계처럼 고형(固形)의 부품으로 구성되어 있을 수도 있고, 추상적인 개념의 연결로도 구성될 수 있다. 아무튼 인과적으로 기능적으로, 또는 목적적으로 연결되어 있는 구획지을 수 있는 덩어리면 모두 체제로 이해한다. 현상을 체제로 묶어 이해하면 우리의 경험을 조직화하는 데도 편리해지며, 현상을 동태적으로 이해하는 데도 큰 도움이 된다. 체계적으로 사물을 파악하지 못하면 인간은 자극에 대한 단순반응 이상의 대응은 못할 것이다. 사태발전을 체제로 파악할 때만 비로소 직접 손이 닿지 않는 현상에까지 우리의 반응을 연결시킬 수 있다. 건물의 전기배선체제를 알면 현관에서 스위치를 켜는 조그마한 동작으로 10층 위의 방의 밝기를 조정할 수 있는 것처럼, 또는 식량공급·소비체제를 알면 10년 후에 닥칠

---

1) C. West Churchman, *The Systems Approach*, New York: Delta, 1968, p. 11 및 p. 29참조. 여기서 system은 다음과 같이 정의되고 있다. "Systems are made up of sets of components that work together for the overall objective of the whole," 또는 "a system is a set of parts coordinated to accomplish a set of goals."

기근에 대비하여 지금 비료공장을 세우는 대책을 세울 수 있게 되는 것처럼 고차원적인 반응도 할 수 있게 된다.

체계적 사고는 전체와의 관련하에서 부분을 생각하는 사고구조다. 사람을 달에 보내는 작업을 생각할 때, 우선 이 작업을 하나의 큰 체제로 파악할 수 있다. 로케트가 발사되려면 추진력을 내는 장치, 로케트의 방향을 원격 조정하는 커뮤니케이션장치, 타고가는 사람의 생명유지장치를 만들어야 하고, 그리고 타고 갈 사람의 훈련 등의 작업을 생각해야 한다. 이 네 가지 작업은 서로 연결되어 있다. 네 가지 요소는 모두 사람을 달에 보낸다는 하나의 목표로 연결되어 있다. 이 전체 체제는 다시 각각의 하위체제로 파악된다. 예를 들면 추진력체제는 다시 엔진, 연료, 폭발장치로 나눠게 되고 한 단계 더 내려가면 엔진에서도 연료배합장치, 산소공급장치로 나눠고……이렇게 체제는 다시 하위체제(subsystem)로 나눠고, 이 하위체제는 또 한 단계 낮은 하위체제로 구성분을 나누고…… 할 수 있다. 여기서는 이렇게 나눌 수 있다는 것이 중요하다기보다 이렇게 생각하는 자체가 중요하다. 이렇게 전체를 체제로 묶어 생각할 때라야 부분을 보면서도 전체와의 관련을 생각하게 되기 때문이다. 추진체의 하위체제에서 추진력을 내는 장치를 생각할 때도, 이것은 진공상태에서 사람을 달에 보낸다는 전체 계획과와 관련에서 생각하기 때문에 단순히 추진력만 생각하게 되지 않는다. 전체 목적에 대한 합당성이 전제되지 않으면 그 부분만은 아무리 훌륭한 체제가 되었다 해도 무의미해지는 것이다. 체계적 사고는 어떤 사태를 전체와의 관련하에서 생각한다는 특징을 갖는다.

체계적 사고는 어떤 사태를 이해함에 있어 어떤 부분이 본질적인 요소인가를 찾게 함으로써 지식의 절약을 가능하게 한다. 어떤 건물을 검사할 때, 우리가 만일 조명에만 관심이 있다면 전등의 배치, 전기의 배선, 채광, 유리창의 위치 및 크기 등에 대한 지식은 필요하지만, 그 건물의 벽의 두께 등은 알 필요가 없게 된다. 조명체제에는 벽의 두께가 구성요소로 포함되지 않기 때문이다. 남북한의 전쟁가능성에 대한 판단에서도 마찬가지다. 북한의 대남 무력침공 결정이라는 체제의 구성요소가 만일 한국군의 군비, 미국의 대한방위공약, 한국의 정치안정 등은 포함하나 북한의 강철 생산량, 북한의 행정조직 등은 본질적 요소로 포함하고 있지 않다면 우리는 한국군의 군비 등에 관한 지식은 북한침공 가능성 판단에 필요하지만, 북한의 행정조직에 대한 연구는 필요하지 않다는 것을 알게 되고 따라서 연구계획에서 이를 빼어 버릴 수 있게 된다.

체계적 사고의 또 하나의 특징은 체제와 환경을 구분하여 보려는 데서도 찾을 수 있다. 체계적 사고는 기계적 사고(mechanic thinking)와 구분된다. 기계적 사고는 위에서 지적한 체계적 사고와 모든 점에서 같지만, 체제를 자기완성적인 고립적인 것으로 보는, 즉 폐쇄적 체제(closed system)로 보는 입장이다. 체제의 작동을 각 부분과 부분 간의 관계만으로 파악하려 한다. 따라서 체제를 보는 눈이 정태적이고 체제의 변형도 찾지 못한다. 이에 반하여 체계적 사고는 체제를 개방체제(open system)로 본다. 체제는 환경(environment) 속에서 작동한다고 보고 체제의 각 부분은 환경과 부단한 상호교섭작용을 유지한다고 본다. 따라서 체제의 구조 자체는 그대로 일지라도 체제의 상태는 시시각각으로 바뀐다고 보는 것이다. 체제의 각 부분은 환경과 일정수준의 교섭을 계속하는 동안 전체체제 내에서의 제 기능을 발휘하나 어느 정도 이상의 교섭이 진행되면 부분 자체가 변질되고 이에 따라 전체체제는 새로운 체제로 변형(transform)된다고 보는 입장이다. 체계적 사고는 사태발전의 동태적 측면을 포착할 수 있는 '생각의 틀'이라 할 수 있다. 체제와 환경과의 교섭작용에서 환경에서 체제로 영향, 물질 등이 들어갈 때 이를 입력(input)이라 하고, 반대로 체제에서 환경으로 영향, 힘, 물질 등이 나올 때를 출력(output)이라 한다. 체제는 환경에서 계속 입력을 받고 이를 체제 내에서 정해진 방법에 따라 소화하여 출력으로 환경에 도로 내어 놓으면서 존재하고, 작동하고, 또한 변질해 나간다고 보는 입장이다.[2)]

체계적 사고는 한마디로 인간이 세상을 보는 하나의 시각인데, 현상을 독립하여 보는 것이 아니고, 서로 연결되어 작동하는 한정할 수 있는 덩어리로 보는 시각을 총칭한다 할 수 있다. 그리고 이 시각에서의 핵심적인 개념은 구성요소와 그 사이의 관계로 형성되는 체제이고 관심의 대상은 그 체제의 구성상태와 작동과정(process)이라는 두 측면이라고 할 수 있다.

제 2 절 국제관계의 연구와 체계적 접근

국제관계연구에서의 체계적 접근은 그렇게 오랜 역사를 가진 것은 아니다. 버탈란피(Ludwig von Bertalanffy)의 일반체제이론이 제시된 이후, 이 이론으로 국제관계학을 하나의 체계화된 학문분야로 엮어 보려는 노력에서 시도된 것이 그 시초다.

국제관계학은 제 1 장에서 소개한 바와 같이 그 발생·성장 과정에 있어서 다른 학문분야와는 다르다. 다른 학문분야는 학문의 세분화·전문화 과정으로 성장해 나왔기 때문에, 모(母)학문에서부터 고유한 분석틀을 승계해서 이를 발전시켜 나왔다. 그러나 국제관계학은 잡다한 학문분야에서 생성된 지식을 국가와 국가 간의

2) 체계적 사고의 가장 중요한 특징으로 체계의 개방성을 지적한 사람으로 Ludwig von Bertalanffy를 들 수 있다. 그는 체계적 사고를 모두 묶어 하나의 거대한 이론틀로서의 일반체제이론(general system theory)을 제시하였다. 그의 논문 "The General System Theory," in *General Systems I*, Part 1, Ann Arbor: Society for the Advancement of General Systems, 1956을 볼 것.

관계라는 대상현상에 부분적으로 적용하는 데서 점차로 하나의 독립학문분야를 이루어 나왔으므로 학문의 체계가 서 있지 않다. 국제관계학은 국가간의 법을 다루던 국제법을 수용함으로써 법학의 학문체계도 도입했고, 국가간의 정책결정과정에 기업가의 기업정책 결정에 적용하는 여러 경영학적 이론(예 : 게임이론모델)을 도입하다 보니 경영학적 방법론도 섞여 들어왔고, 국제사회의 '사회적 성격'을 토대로 많은 사회학적 이론을 적용하는 과정에서 사회학의 학문체계의 영향도 많이 받아 왔으며(위계이론, 집단행위이론), 최고결정권자의 의사작성과 관련이 많은 심리학적 접근법도 도입하였다. 이렇듯 잡다한 내용을 가진 국제관계학을 하나의 독자적 학문체계로 정리해 보려는 노력이 제 2 차 세계대전 이후부터 활발히 전개되어, 몇 가지 주요한 이론틀들이 개발되었다.

모겐소(Hans J. Morgenthau)의 권력이론(權力理論) 틀[3]은 이러한 노력의 가장 대표적인 결실이었다. 모겐소는 권력(power)이라는 핵심개념을 중심으로, 각 국가간의 관계를 권력의 교호작용으로 파악하는 이론모델을 정립하였다. 각국의 행위를 권력 극대화라는 주어진 행위정향 속에서 이해하며, 국가간의 행위를 행위당사국간의 힘의 배분상태에서 설명하려 하였다.[4] 그러나 모겐소의 노력은 일종의 기계론적 모델로, 국제사회 전체의 양태변화를 설명·예측하는 데는 못 미쳤다.[5]

국제관계학에 기여하고 있는 여러 타학문의 접근법들을 망라

---

3) Hans J. Morgenthau, *Politics Among Nations*, fourth edition, New York : Knopf, 1966의 part 1 및 이 책 제 8 장을 볼 것.

4) 권력이론 모델에 대해서는 제 8 장에서 상론(詳論)했으므로 여기서는 설명을 생략한다.

5) 이 평은 Charles A. McClelland의 것이다. 그의 논문, "Applications of General Systems Theory in International Relations," in David V. Edwards, ed., *International Political Analysis*, New York : Holt, Rinehart & Winston, 1970, pp. 226-240의 p. 231을 볼 것.

하는 이론 틀을 정립작업에서는 아마도 롸이트(Quincy Wright)의 노력이 가장 조직적이었다고 할 수 있을 것이다. 롸이트는 그의 유명한 고전적 교과서인 *The Study of International Relations*[6]에서 장(field)의 개념을 설정하여 국제관계연구의 기본 틀로 하려 하였다.[7] 이 장(場)의 개념은 그 사고에 있어서는 위에서 논한 체계적 접근을 그대로 같이 한다는 점에서 국제관계학의 최초의 체계적 접근 시도라 해도 좋다.

그러나 버탈란피의 일반체제이론을 그대로 도입하여 국제관계학을 재구성하려 했던 최초의 사람으로는 역시 맥클리런드(Charles A. McClelland)를 꼽지 않을 수 없다. 맥클리런드는 그의 저서 *Theory and International Systems*[8]에서 버탈란피의 체제이론에 입각하여, 국제사회를 각개 국가, 개인, 국제기구 등으로 형성되는 하나의 체제로 파악하고, 이 체제가 어떠한 상황에서 변형되는가 하는 것을 이론화하고 있다.[9] 맥클리런드는 특히 일반체제이론에서 발전되어 나온 개방체제(open system)개념에 주안점을 두고, 체제의 '지속상태'(steady state)의 유지와 변화에 대하여 관심을 집중시켰다. 국제정치체제는 어떤 요소에 대한 어느 정도의 입력을 포용하면서 원형의 체제를 유지할 수 있는가, 그리고 어느 한계를 넘으면 체제는 원형을 잃고 새로운 체제를 형성하는가 하는 체제변형이론(system transformation theory)을 세워보려 애썼으며, 이러한 이론을 국제관계의 여러 국소(局所)연구들을 내포하는 하나의 meta-theory로 발전시키려 했었다. 특히 그는 '등가최종상태'(equifinality)라는 개념[10]을 중시하여 체제의 환경적응과정을

6) New York: Appleton-Century-Crofts, 1955.
7) 장이론(場理論)에 대해서도 제 6 장에서 상론(詳論)하였으므로 여기서는 설명을 생략한다.
8) New York: Macmillan, 1966.
9) *Ibid.*, ch. 2 참조.
10) 과정은 달라도 최종의 결과상태는 같다는 개념.

분석하는 '개방체제의 적응적 동태원칙'(The principle of the adaptive dynamism of open system)을 찾아내려 노력했다.[11]

국제관계의 체제를 세우는 meta-theory가 아닌, 순수한 뜻에서의 정형화된 이론으로서의 국제체제이론은 카플란(Morton A. Kaplan)의 발명품이다. 카플란은 그의 대표적 저서인 *System and Process in International Politics*[12]라는 책에서 이념형으로서의 여섯 가지 국제체제(international system)를 설정하고, 각각의 체제의 구성, 특징, 그리고 변형과정을 치밀한 이론모델로 제시하고 있다. 다음 두 절에서 이를 상론한다.

제 3 절 카플란의 국제체제이론 개요

카플란은 국제체제이론(國際體制理論)을 제시하면서 "국제정치를 체계적으로, 그리고 이론적으로 분석하기 위한 기도(企圖)"라고 그 목적을 밝히고 있다.[13] 그는 여기서 '이론'을 과학의 철학(philosophy of science)에서 정의하는 대로 "시원적(始原的) 용어(primitive terms), 정의(definition) 및 공리(axiom)들의 집합으로서, 여기서 경험적으로 입증할 수 있는 정리(theorem)를 도출할 수 있는 하나의 분석체계"(analytic system)로 파악하고, '국제체제이론'도 국제정치현상을 설명할 수 있는 경험적인 법칙적 명제

11) McClelland, "Applications of General Systems Theory," *op. cit.*, pp. 232-233 참조.

12) New York: John Wiley & Sons, 1957. 그 이후의 그의 이론 전개과정을 보려면 그의 논문, "System Theory" in James C. Charlesworth, ed., *Contemporary Political Analysis*, New York: The Free Press, 1967, pp. 150-163. 그리고 "Some problems of International Systems Research," in Edwards, ed., *op. cit.*, pp. 272-298을 볼 것.

13) Kaplan, *Systems and Process, op. cit.*, Preface.

를, 즉 정리들을 도출 해 낼 수 있는 정형이론으로 제시한다고 밝히고 있다. 그리고 카플란은 이 이론으로 정치·경제 등의 다른 분야에서 통용되는 여러 변수들을 하나의 공통의 틀 속에 묶을 수 있다고 포부를 내세우고 있다.[14)]

카플란은 정치를 행동체제(systems of action)로 다룰 때 비로소 과학적인 정치학이 가능하다고 주장하면서 행동체제를 다음과 같이 정의하고 있다. "행동체제란 환경과 뚜렷이 구별되는 상호연관된 일련의 변수들로서 구성되며 기술가능한 행위의 규칙성으로 이 변수들의 상호간의 관계를 특징지을 수 있어야 하고, 또한 외부환경의 변수군들과의 관계도 특징지을 수 있도록 서로 연결되어 있는 것"이다.[15)] 이 행동체제는 일정시간 동안 동질성, 즉 고유의 모습(identity)을 유지하며, 이 모습은 체제상태(state of system)로 표현되는데, 이 상태는 그 체제의 각 변수들을 기술함으로써 표시된다고 그는 규정하고 있다. 한 마디로 카플란은 체제를 일련의 상호연관된 변수군(變數群)으로 규정하고, 그 체제를 구성하는 변수들이 환경변수들과 갖는 상호교섭작용에서 그 체제의 상태변화를 추적하려 한다. 카플란의 이론을 이해하려면 그가 쓰는 몇 가지 기초개념을 우선 알아야 한다.

(a) 체제상태(state of system) 각 체제변수가 일정한 값을 가졌을 때 그 값으로 체제상태를 표시한다.

(b) 평형(equilibrium)과 안정성(stability) 각 변수의 값이 일정범위 내에서 변화할 때 그 체제는 평형의 상태에 있다고 하며 그 체제는 같은 상태에 머물러 있다고 규정한다. 이 때 각 변수가 체제상태에 변화를 주지 않고 변할 수 있는 폭이 넓으면 넓을수록, 즉 평형의 폭이 넓을수록 체제는 안정을 이룬다. 쉽게 표

14) *loc. cit.* '이론'에 대한 일반적 해설은 이 책 제 2 장에 실려 있다.
15) *Ibid.*, p. 4.

현한다면 어떤 체제가 변화를 수용할 수 있는 포용력이 넓으면 그 체제는 높은 안정성을 갖게 되는 것이다. 구체적인 예를 든다면 정치체제(political system)의 경우, 데모와 같은 환경으로부터의 방해(disturbance)를 수용할 체제능력이 높으면 그 체제는 동질성을 잃지 않고 지속되나, 조그마한 방해도 수용 못하면 그 체제 자체가 변질하게 된다. 평형과 안정은 서로 상반관계에 있다. 체제가 외부자극에 따라 쉽게 새로운 평형점을 찾아 그 자극을 수용해 버릴 수 있으면 체제는 안정되나, 평형점이 쉽게 움직여지지 않는 경우, 즉 경직성이 높으면 체제 자체가 깨어지는 것이다.

(c) 평형의 변화(equilibrium change)와 체제변화(system change) 어떤 체제가 외부로부터 강력한 자극을 받았을 때는 그 내부의 여러 구성소간에 유지되던 평형이 새로운 평형상태로 변화하거나 체제 자체가 동질성을 잃게 된다. 일단 동질성을 잃으면 그 체제는 다시 원상회복을 못한다. 마치 탄력의 한계를 넘어 부러진 용수철과 같다. 이 때 전자를 평형의 변화라 하고, 후자를 체제변화라 한다.[16)]

(d) 행위기본원칙(essential rules of a system) 체제의 본질적 성격을 규정하는 행위원칙이다. 체제 내의 각 행위자간에 존재하는 행위원칙으로 이 원칙이 지켜지는 한, 그 체제는 동질성을 가지나, 그렇지 않으면 그 체제는 이미 체제변화를 일으킨 것으로 간주된다. 일부일처제라는 혼인체제의 기본적 행위원칙은 "한 남자가 한 여자와 결혼한다"는 것이다. 이 원칙이 깨어지면 그 혼인제도는 이미 '일부일처제'가 아니다. 한 조직체가 체제 구성요소로 하급자가 상급자의 명을 따르도록 정해진 행위원칙을 가지고 있을 경우(군대처럼)에 이 원칙이 지켜지지 않으면 체제가 붕괴한다. 행위기본원칙은 주어진 체제 내에서 기대되는 각 행위자의 행

16) *Ibid.*, p. 8.

위정향이라 생각하면 된다.

(e) 체제변형원칙(transformation rules of a system) 체제상태를 결정하는 기본변수의 값(values of parameter variables)과 기본행위원칙과의 사이에 존재하는 원칙이다. 즉, 기본변수의 값이 일정수준[臨界點]을 넘으면 행위기본원칙이 바뀌는데 이 때 그 변환방식을 지배하는 원칙이다. 이 원칙은 동태적 체제의 변화법칙이라 할 수 있다.

(f) 국제정치체제(international system) 국가, 국제조직체 등의 행위자의 행위로 연결된 체제로서, 각 구성행위자의 행위능력, 행위기본원칙 등의 변화에 따라 여러 평형상태를 갖게 된다. 카플란은 이 체제의 상태를 통합(integration)의 정도에 따라 여섯 가지 체제상태로 전형화(典型化)하였다. 다음 절에서 이를 각각 상론(詳論)한다.

제 4 절 여섯 가지 국제체제의 전형

국제체제는 체제에 속하는 국가들이 여러 가지 국면에서 기능적으로 서로 영향을 주고받는 행위체제다. 국가의 수도 많고 상호영향을 주는 국면도 다양한 복잡한 실제 국제체제의 상태를 그대로 나타내는 이론모델을 만들 수는 없다. 그러나 이 복잡한 체제의 기본 행위자를 강대국 중심의 국가군(國家群)과 유엔 등의 영향력 있는 몇몇 국제조직에 국한시켜 단순화시키고, 체제상태를 힘의 배분상태라는 단순화된 개념을 위주로 파악하여 전형화(典型化)해 볼 수는 있다. 이러한 이념적 전형(ideal types)으로서의 국제체제는 실제 국제사회체제의 기본구조를 표현하는 분석적 개념틀(analytic conceptual frame)이지, 그 자체가 현실 국제체제의 반영은 아니다.

이념적 전형으로서의 국제체제는 어디까지나 전형이다. 모든 조건을 다 갖춘 가상적인 완전한 형태의 체제다. 그러나 현실체제는 한 가지 체제의 특성의 일부와 다른 체제의 특성의 일부를 갖추고 있을 수도 있다. 마치 자(尺)로 천을 잴 때와 마찬가지로, 자는 정확한 길이를 가지고 있으나 천은 조금 길 수도, 짧을 수도 있으며, 자에 대어봄으로써 천의 길이가 대강 어느 눈금과 눈금 사이의 길이에 해당된다는 것을 알 수 있는 것처럼 국제체제의 이념전형도 현실 국제체제를 확인하며 분석하는 준거가 될 뿐이라는 점을 알아야 한다.

카플란은 이론적으로 가능한 국제체제 상태를 여섯 가지 전형으로 나누고 있다. 이 여섯 가지는, 위에서 지적한 대로 국제체제의 통합정도에 따라 나눈 것이며, 이 여섯 가지가 존재할 수 있는 모든 가능성을 다 포함한 것은 아니다.[17] 그리고 이 중에서 세력균형체제와 이완된 양극체제만이 실제 역사에 존재하던 체제이고 나머지는 "있을 수 있는, 그러나 아직 있어 보지 않은" 체제들이다.

(1) 세력균형체제(balance of power international system)

세력균형체제는 정치적 하위체제를 가지지 않은 국제사회체제다. 정치적 하위체제(political subsystem)란 체제 내에서 누가 무엇을 어떻게 해야 하는가를 결정하는 강제적이고도 위계적인 의사결정-집행체제를 말한다. 일반적으로 각 국가체제는 모두 정치적 하위체제를 가지고 있다. 그러나 국제사회는 정치적 하위체제를

17) *Ibid.*, ch. 2. Kaplan은 나중에 1970년대의 현실 국제정치체제의 특징을 포착하여 very loose bipolar system, the detente system, the unstable bloc system, incomplete nuclear system 등의 변형을 추가하고 있으나 역시 기본형은 최초에 제시한 여섯 가지의 전형이다. 추가된 전형에 대해서는 그의 새 논문, "Some problems ⋯," *op. cit.*,를 볼 것.

가지고 있지 않다. 한 사회체제 내에서 헌법 및 법률이 성공적으로 통용되면 정치체제는 존재한다고 보는데,[18] 국제체제에서 각 국가 행위를 규제하는 헌법과 같은 규범이 없다면 정치체제가 없다고 할 수 있다.

이 체제에서는 국가만이 행위자(actor)가 된다. 그리고 이 체제를 구성하는 그 국가행위자 중에 적어도 다섯 이상이 강대국[19] 이어야 이 체제가 작동하게 된다.

이 체제의 특징적 행위를 결정하는 행위기본원칙은 다음과 같다. ① 행위자(국가)는 자기의 능력을 증가하려고 행위하나 싸우기보다는 협상을 택하려 한다. ② 그러나 싸우지 않고는 능력 증강이 어렵게 되면, 싸움을 선택한다. ③ 다른 강대국(주요 행위자)을 제거하게 되는 상황이 되면, 싸움을 중단한다. ④ 어느 행위자도 한 강대국의 힘이 너무 커지거나, 또는 몇 강대국이 동맹을 이루어 강대해져서 전체 체제를 지배하게 되는 것에 반대한다. ⑤ 초국가적 조직원리에 따르려는 행위자를 견제한다. ⑥ 패배했거나 행동의 제약을 받고 있던 강대국이 이 체제 내의 주요 역할을 담당할 수 있도록 다시 국력을 회복하는 것을 허용하며, 과거에는 주요하지 않았던 행위자가 주요 행위자로 되는 것을 허용하며, 모든 주요행위자를 역할담당자로 똑같이 취급한다.

처음 두 행위원칙은 국제사회체제에는 정치적 하위체제가 존재하지 않으므로 주요 행위자들은 자위를 위해 스스로가 행동하지 않으면 안 된다는 것을 반영하는 것이다. 제3의 행위원칙은 다른 주요 행위자들을 잠재적 동맹대상국으로서의 가치가 있다고 보는 견해를 표현하는 것이다. 제4 및 제5 행위원칙은 독점지배권을 갖

18) Kaplan, *Systems and Process, op. cit.*, p. 14.

19) Kaplan, "Some Problems…," *op. cit.*, p. 275. 원래는 강대국(major power)이라는 표현 대신에 essential national actor를 쓰고 있으나, 쉽게 현실 정치에 적용하여 이해하는 데는 강대국이란 표현이 낫다.

는 행위자 또는 행위자 집단의 출현은 다른 국가행위자의 이익을 위협한다는 인식의 표현이다. 여섯째의 행위원칙은 세력균형체제의 지속성 보장을 위한 것이다. 주요 행위자의 수가 너무 적어지면 세력균형체제라는 평형상태는 지속될 수 없기 때문이다.

위에서 열거한 여섯 가지 기본행위원칙은 그 어느 하나도 충족되지 않으면 국제체제는 세력균형이라는 특이한 평형상태를 이루지 못한다. 세력균형체제는 동태적 균형체제다. 만일 어떤 상태변수가 변하여 구조변화를 일으키면, 예를 들어 한 주요국가의 국력이 약해져서 약소국이 되면, 다른 국가가 그 자리를 메워 전체적으로 체제는 평형을 유지한다. 그러나 이 평형회복 능력이 없어지면, 그 때는 체제변화가 일어나는 것이다.

이 여섯 가지 행위원칙은 각 국가의 행위성향을 설명하고 예측하는 기초가 된다. 즉, 국제사회의 구조가 세력균형체제를 형성하고 있다면, 그 체제 속에서는 각국이 이와 같은 행위성향을 갖는다는 것이다. 물론 각국은 이 성향에서 벗어나는 우발적 행위도 할 수 있다. 그러나 전체적인 '행위추세'는 이 원칙에 따른다는 것이다. 마치 열을 가하면 공기의 부피가 느는 일반적 성향을 예측할 수 있으나, 이 때의 각개 분자가 움직이는 궤적을 예측 못하듯이, 이 체제이론 전형에서도 각 국가의 일반적 행위성향은 설명·예측해 볼 수 있어도 개별적인 행동 그 자체는 예측할 수 없다. 그리고 각 행위자가 행위원칙을 따라야만 한다는 법도 없다. 각 행위자는 자국의 이익을 생각하고 움직이며 각국이 세력균형체제를 유지하는 것이 이익이라 생각되는 한 그렇게 움직일 뿐이다. 그러나 체제상태가 주는 제약이 행위자로 하여금 행위원칙대로 행위하는 것이 이익이라고 느끼도록 해 주어서 이런 행위성향이 기대된다는 것이다.

세력균형체제에서는 다음과 같은 현상이 기대된다. 동맹은 구체적인 목적(소련의 세력팽창을 억제한다든가 하는 식으로)을 가지며, 그 존립기간이 짧고 국가들은 이념보다는 이익에 따라 쉽게 동맹국을 바꾼다. 그리고 전쟁도 그 목적에서 극히 제한된다. 체제균형회복의 목적에 국한되는 것이 상례다. 세력균형체제는 '자율적' 균형체제로서, 균형은 각국의 행위의 조화로서 회복되게 되어 있다. 한 나라가 강해지면, 다른 나라들이 동맹을 이루어 견제하고, 다시 그 동맹이 지배적인 힘을 갖게 되면 분해되어 약화되고 하는 식으로 균형은 유지된다. 만일 '공산진영'처럼 이념적인 목적 때문에 자율적 균형회복을 위한 동맹교체 등이 어려운 상태가 생기면 세력균형체제는 균형회복능력이 없어져서 그 체제는 지속되지 못하고 체제변화를 일으켜 다른 체제로 바뀐다.

(2) 느슨한 양극체제(the loose bipolar international system)

이 체제는 구성에서부터 세력균형체제와 다르다. 느슨한 양극체제는 국가행위자, 유엔과 같은 초국가적 국제조직(supranational organization) 등의 보편적 행위자(universal actor)로 구성되며, 다시 국가행위자는 진영에 속하는 국가(bloc member)와 진영외 국가행위자(non-bloc actor)로 나뉘며 이들 각 행위자는 서로 다른 기능을 담당한다. 이 체제의 구성상의 특징은, 국가들이 두 개의 진영으로 분속되며, 각 진영 내의 국가는 극국가(極國家 : pole state)라는 초강대국을 중심으로 하는 통제체제를 갖추고 있다는 점이다. 두 진영 내에 속하는 국가군 외에 비진영국가행위자 및 초국가적 보편적 행위자(유엔, NATO 등)가 존재한다는 뜻에서 엄격한 양극체제가 아니라 '느슨한' 양극체제라고 부른다.

이러한 양극체제에서는 각 국가가 진영 내의 위치에 따라 서로 다른 역할 기능을 담당한다. 따라서 각국이 동등한 역할을 하는 세력균형체제보다 훨씬 복잡한 체제가 된다.

느슨한 양극체제의 작동상의 특성은 진영간의 관계, 그리고 진영 내의 구조에 따라 정해진다. 두 진영이 적대적으로 대립하고 있는 한, 각 국가는 진영을 넘는 동맹관계를 맺을 수 없다. 진영 내의 구조가 극국가(極國家) 중심의 위계적 질서로 되어 있으면 그 경직성은 더해진다. 대립된 두 진영 중 한 진영은 위계적으로 조직되어 있고, 다른 진영은 협조적인 상호의존관계로 조직되어 있는 경우, 전자의 조직의 경직성(어떤 나라도 진영에서 벗어나는 것이 허용 안 된다)이 후자의 개방성에 위협을 가하여 점차로 조직을 강화하게 한다. 두 진영 모두가 위계적으로 조직되어 있으면 진영간의 대립이 격화하고 융통성이 적어져 제3의 행위자(비(非)진영행위자 및 보편행위자)가 역할할 여지가 거의 없어져 다음에 논하는 경직된 양극체제로 체제변화를 일으키기 쉽다.

느슨한 양극체제의 행위기본원칙으로 카플란은 12개를 제시하고 있으나[20] 여기서는 이 중에서 몇 가지 중요한 것만 골라 소개한다.

① 두 진영은 서로 상대진영을 제거하려 한다. ② 두 진영은 모두 싸우기보다 협상을, 그리고 불가피해져서 싸울 때는 큰 전쟁보다 작은 전쟁을, 그리고 상대진영 제거의 기회를 놓치기보다는 큰 전쟁을 택하려 한다. ③ 두 진영은 모두 상대진영보다 더 강한 능력을 갖추려 한다. ④ 상대방이 더 강해지도록 허용하기보다는 전쟁을 택한다. ⑤ 각 국가는 보편적 행위자의 목표를 자국진영의 목표에 종속시키려 하며, 대신 상대방 진영의 목표는 보편적 행위자의 목표에 종속시키려 한다. ⑥ 비진영국가들은 그들의 국가이익을 보편적 행위자의 목표와 일치시키려 하며, 진영들의 목표를 보편행위자의 목표에 종속시키려 노력한다. ⑦ 비진영국가들은 진영 내의 전쟁위험을 줄이려 애쓴다. ⑧ 보편적 행위자는 진영간의 불상용성(不相容性)을 줄이려 노력한다. …… 등이다.

20) Kaplan, *Systems and Process*, *op. cit.*, pp. 38-39.

간단히 표현하면 느슨한 양극체제는 진영을 형성하고 있는 두 국가군 사이의 대결에 제 3 자적 위치에 있는 비진영 국가들과 보편행위자가 중재역할을 해나가면서 전체적인 체제균형을 이룩해 나가는 체제라 할 수 있다.

느슨한 양극체제하에서는 다음과 같은 사태가 예견된다. 동맹은 장기화하고, 전쟁가능성은 원칙적으로 무제한적이다. 그러나 핵전(核戰)공포 때문에 실제로는 전쟁은 제한전(制限戰)으로 나타나게 된다.

(3) 경직된 양극체제(the tight bipolar international system)

이것은 느슨한 양극체제의 변형으로서, 비진영국가행위자 및 초국가적 보편행위자의 존재가 사라졌거나 희미해진 체제다. 이 체제에서는 중재역을 담당할 제 3 자가 없어, 전체 국제체제는 통합이 어려워지고, 분해의 과정을 더 심화시켜 나가게 되며, 또한 두 진영간의 무제한의 대립은 균형을 쉽게 깰 가능성이 높아 체제를 불안정하게 한다. 1950년대 미소냉전이 극에 이르렀을 때의 국제정치체제가 이 전형에 아주 가까왔다.

(4) 보편적 단일국제체제(the universal international system)

이것은 쉽게 말해서 세계가 하나의 정치체제를 가지게 된 상태를 말하는 것이다. 앞서 논한 느슨한 양극체제에서 보편적 행위자의 역할이 극대화되면 보편적 단일국제체제가 된다. 모든 국가는 초국가적 행위자의 통제 아래서 질서를 유지하고 지내는 상태다. 이 체제의 구조적 특성은 정치적 하위체제를 가지고 있다는 점이다. 비록 국가행위의 모든 기능을 다 통제하지 못한다 하더라도 중요한 기능은 정해진 방법에 따라 전 세계적으로 규제되며, 국가간의 분쟁도 초국가적 조직체의 권위로 해결하게 되는 말하자면,

하나의 연방정부를 갖게 되는 상태다. 이 체제하에서는 사법적·정치적·행정적 통합이 진행되게 된다.[21] 그리고 각 국가행위자는 전체 체제의 제약 속에서 각각의 목표를 추구하게 된다.

보편적 단일국제체제의 기본행위원칙은 다음과 같다. ① 각 국가는 전체 체제에서 되도록 많은 혜택을 얻어내려고 경쟁적으로 노력하며, 또한 국제체제의 자원과 생산기초를 증가시키는 데 노력을 기울인다. ② 각 국가는 공헌정도에 따라 전체 체제에서 보상을 받지만, 어떤 특정국가에 대한 보상이 주어진 규칙대로 이루어져도 최저 수준에 미달할 때는 공헌과 관계없이 일정수준의 최소분배를 행하여 준다. ③ 각 국가는 그들의 목표를 평화적 방법으로만 성취하려 하며, 힘의 사용 또는 무력위협으로 성취하려 하지 않는다. ④ 국제체제의 조직체 내에서 일정한 역할을 담당하는 자연인(自然人)은 전체 국제체제의 필요만을 생각하면서 의사결정을 하며 그가 속한 국가의 이익을 고려하여 그 의사를 수정하려 하지 않는다.[22]

이상의 여러 원칙들은 각 국가가 가지고 있는 가치구조와 밀접한 관계를 가진다. 즉, 이 행위원칙들은 각국이 단일국제체제가 각국간의 이익을 조정하며 각국을 하나로 통합할 능력을 가졌다고 믿을 때에만 지켜지게 되며, 각 국가행위자가 이러한 가치구조를 가지지 않는 한, 이 행위원칙에 따라 행위선택을 하지 않을 것이다. 그리고 국제체제가 각 국가에게 혜택을 줄 수 있는 위치에 있어야 하며, 또한 그런 능력과 장치를 독자적으로 가지고 있어야 이 체제는 작동하게 된다. 만일 국제체제가 어느 한 나라의 부(富)를 다른 나라에 전해 주는 단순한 중개적 기능만 하게 된다면, 국제체제의 이런 배분행위가 관계 국가간의 분쟁만을 조장하게 되어 전

21) *Ibid.*, p. 46.

22) *Ibid.*, p. 47. 여기서는 Kaplan의 다섯 가지 원칙을 쉽게 이해할 수 있도록 재구성했다.

체체제는 극히 불안정하게 된다. 보편적 단일국제체제는 역사상 있어 본적이 없으며, 아직도 하나의 꿈으로만 존재할 뿐이다. 현재의 주권국가를 단위로 하는 하나의 민주정치체제가 범세계적 범위에서 형성된다면 그것이 바로 단일 국제체제라 할 수 있다.

(5) 위계적 단일국가체제(the hierarchical international system)

이 체제는 국가가 소멸하고 모든 인류가 하나의 세계정부를 갖는 상태라 표현해도 된다. 위계적 단일체제는 개인에 직접 작용되는 정치체제다. 이 체제하에서는 국가행위자는 독립된 정치체제가 아니라 국제체제의 지리적 구분에 해당될 뿐이다.[23]

위계적 단일체제는 민주적일 수도 있고 권위주의적일 수도 있다. 보편적 단일국제체제가 변형되어 국가의 기능이 약화되고, 국제체제가 통제하는 기능들이 다양화되고 또 확대되어 위계적 단일체제가 형성될 때는 민주적 형태를 가질 확률이 높다. 그러나 양극체제에서 어느 한 진영이 힘으로 다른 진영을 압도하여 전 세계를 하나의 체제로 통합하여 이 체제가 형성된다면 권위주의적인 형태를 가지게 될 수도 있다. 후자의 경우는 정복에 의한 세계통일이나 마찬가지다.

위계적 단일국제체제는 성격상 아주 안정된 체제가 된다. 그러나 이것이 과연 인류가 바라는 구원(久遠)의 평화적 세계질서인가는 알 수 없다. 인간이 민족단위사회에 갖는 소속감, 민족적 특수성을 유지하고 싶어하는 성향을 충분히 포용할 수 있도록 유지될지는 아무도 모르기 때문이다.

역사상 단일 국제체제를 구축하려 했던 영웅들이 많았다. 알렉산더(Alexander the Great), 징기스칸(Ginghiskhan) 등이 꿈꾸

23) *Ibid.*, p. 49.

던 세계제국도 단일국제체제이며, 칸트(Immanuel Kant)가 꿈꾸던 하나의 보편질서도 이 체제였다.

(6) 전단위거부권 보유체제(the unit veto international system)

이 체제는 홉스(Hobbes)적인 자연의 상태와 같다. 즉, 모든 국가행위자는 저마다의 이익을 추구하며, 이 이익들은 서로 상충하고, 이 국가들의 이익추구행위를 규제할 아무런 정치적 체제도 존재하지 않는 상태를 의미하기 때문이다. 이 체제는 각 국가행위자가 스스로의 행위를 자제하는 때에 한해서 질서가 유지되며 안정될 뿐이다.

이 체제가 가능할 수 있는 조건은 단 하나다. 그것은 '모든' 국가행위자가 비록 충분한 자기 방위능력은 못 가졌다 하더라도 자국을 공격하는 그 어떤 나라도 파괴해 버릴 수 있는 보복무기를 가졌을 때이다. 세계 각국이 강대국이든 약소국이든, 모두가 지금의 미국 수준의 핵공격 능력을 가진 상태를 상상하면 된다. 이 체제에서는 어떤 나라도 다른 나라에게 그 나라가 싫어하는 행위를 강제할 수 없다. 즉, 모든 나라가 전부 거부권(拒否權 : veto power)을 가진 셈이 된다. 이 체제의 이름은 이 상태를 상징하는 것이다.

전단위거부권 보유체제가 안정되는 조건은 모든 단위가 외부로부터의 위협에 저항할 수 있는 준비가 되어 있을 때이다. 어떤 국가행위자가 내부 사정에 의해 이런 능력을 상실하게 되면, 그 나라는 이 체제에서 제거되며, 이 체제 또한 체제 변화를 일으켜 다른 체제로 전이하게 된다. 이 체제는 아직 존재한 적이 없다. 다만, 핵무기가 발달되고, 또한 보유국 수가 늘어나면 언젠가는 존재하게 될지 모르는 체제이다.

제 5 절 촌 평

카플란의 체제이론은 주어진 국제체제의 구조적 특성에서 각국의 행위 정향을 도출해 내려는 이론으로 국제정치이론 발전에 큰 기여를 했다. 카플란이 제시한 여섯 가지 국제체제의 이념적 모형(典型)과 각 모형에서의 각국의 기대되는 행위(행위기본원칙)는 실제로 현실 국제정치에서 많이 응용되고 있다. 특히 세력균형체제와 양극체제는 현실 정치 분석에서 큰 도움이 되었다. 제 2 차 세계대전 종결 후 미국은 적대국이었던 독일과 일본이 다시 강대국으로 지위를 회복할 수 있도록 앞장서서 노력했는데 '세력균형체제 회복'의 행위 원칙에 따른 것이라고 설명이 가능하다.

1990년대에 들어서면서 국제질서는 냉전시대의 양극체제로부터 새로운 세력균형체제로 체제변형을 겪고 있다. 미국, 유럽연합(European Union), 중국, 일본, 러시아가 기본행위 주체가 되는 세력균형체제가 형성되고 있다. 이에 따라 각국의 외교정책이 바뀌고 있는데 이러한 정책 변화도 카플란의 세력균형체제의 행위기본원칙으로 설명이 가능해진다. 미국은 이념을 달리하는 중국이 강대국으로 부상하는 것을 못마땅히 여기면서도 세력균형체제의 안정화를 위하여 음으로 양으로 지원하고 있다. 과거 냉전시대의 주적(主敵)이던 러시아에 대해서도 미국과 유럽 연합은 러시아가 강대국으로 되돌아 올 수 있도록 지원하고 있다. 모두 카플란이론에 바탕을 둔다면 '예상할 수' 있는 일들이다.

카플란의 체제이론은 국제체제의 구조적 특성만을 독립변수로 보는 이론체계여서 현실 정치 설명에는 한계가 있다. 각 국가의 개성이라든가 문화적 특성 등 다른 중요한 변수들의 작용을 수용하지 못하고 있기 때문이다. 그러나 현실 정치에 대한 적실성이 낮다고 해서 체제이론의 이론적 가치가 떨어지는 것은 아니다. 현실 정치의 상당 부분을 설명할 수 있는 한 그 이론적 기여는 크다고 보아야 한다.

카플란의 체제이론은 그 자체보다도 이론화 과정의 제시에서 학생들에게 많은 도움을 준다고 생각한다. 어떻게 현상이해에 이론적으로 접근할 것인가, 그리고 어떻게 이론을 구축할 것이며 어떻게 복잡한 관계들을 개념화할 것인가 하는 데 대하여 많은 것을 배울 수 있기 때문이다.

체제이론은 완성된 이론이라기보다는 기존의 다양한 이론들을 엮어 의미있게 체계화 해 놓은 '이론틀'이라고 보면 된다. 이 틀을 출발점으로 해서 많은 이론들을 발전시킬 수 있으리라 생각한다.

참고도서

※ 여기서는 일반체제이론 소개가 목적이 아니기 때문에 국제정치 체제이론의 이해에 도움을 줄 책만 몇 권 소개한다.

1. Morton A. Kaplan, *System and Process in International Politics*, New York: John Wiley & Sons, 1967의 Part 1, Part 2, pp. 1-146.

체제이론에 대한 카플란의 주장, 해설이 모두 포함되어 있다. 제 1 부와 제 2 부만 읽어도 체제이론적 사고를 이해하는 데 큰 도움된다.

2. 김상준, 『국제정치이론』 제 1 권, 서울 : 삼영사, 1977의 제 3 장, "시스템이론과 국제시스템," pp. 231-367.

체제이론에 대한 해설서로는 그 어느 책보다도 완벽하고 또한 친절하다. 이 책만으로도 체제이론에 대한 이해는 충분하리라 믿는다.

3. 이용필, 『정치분석』, 서울 : 대왕사, 1978의 제 3 편 제 2 장 제 2 절, "체계론적 접근법," pp. 360-377.

직접 국제관계이론과 관련되지는 않지만 체계접근법의 사고, 유형 및 단점들을 잘 정리해 놓은 글이다. 좋은 참고가 되리라 믿는다.

4. Ludwig von Bertalanffy, *General System Theory: Foundations, Development, Application*, New York: George Braziller, 1968.

이 책은 전문적으로 일반체제이론을 연구하고자 하는 대학원생들에게 권하는 책이다. 학부수준의 학생들에게는 너무 어렵다고 생각한다.

5. *General Systems: Yearbook of the Society for General Systems Research.*

이 책은 1956년 이래 해마다 한 권씩 나오는 논문 모음으로서 중요한 체제이론관계 논문을 모두 모은 것인데, 훌륭한 논문이 많아 추천하고 싶지만 역시 너무 어려워서 대학원생들에게만 권한다.

6. Michael Haas, "The Future of International Relations Theory," in Michael Haas, ed., *International Systems: A Behavioral Approach*, New York: Chandler, 1974, pp. 351-376.

이 중에서 제 4 부 "Manifest Theory: Systems Analysis"를 읽을 것. 여기서는 체계분석을 넓은 뜻으로 이해하고 이 분야에 속하는 여러 이론적 접근을 간략하게 소개해 주고 있다.

第14장

럼멜의 동태적 균형이론

제 1 절 럼멜의 갈등이론의 체계

럼멜(R.J. Rummel)은 갈등과 전쟁의 원인을 행위자간의 힘의 균형변화와 기존질서와의 부조화에서 찾는다.[1)]

행위자들간의 힘의 분포를 바탕으로 한 그들간의 계약이 평화질서라고 럼멜은 주장한다. 럼멜은 평화를 한 체제를 이루는 구성원간의 약속이며, 이 약속은 서로의 힘에 대한 상호인정을 반영한 것이라고 보고 있다. 그런데, 각 행위자의 힘은 시간에 따라 변하며 이에 따라 행위자간의 힘의 균형은 계속 변하는 데 힘의 균형을 바탕으로 이루어진 현상질서(status-quo)는 이러한 힘의 균형의 동태적 변화를 제때에 반영하지 못하게 되므로 현실적 힘의 균형상태와 제도화된 질서 사이에 긴장이 조성되어 "새로운 힘의 분포에 맞는 새 질서구축운동"이 필연적으로 일어나게 되며 이 조정

1) 럼멜의 이론은 그의 주저인 *Understanding Conflict and War*, Vol.1-Vol.5, Beverly Hills: Sage, 1975-1981에서 상세하게 개진되어 있고 이론의 핵심은 다시 *In The Minds of Men(MOM)*, Seoul: Sogang University Press, 1984에 요약되어 있다. 이 장에서는 주로 요약본의 내용을 간추려 소개하려 한다. 이론차원에서 더 성숙된 구성이기 때문이다.

작업이 급격하게 일어날 때 이를 갈등이라고 한다고 했다.

럼멜의 이러한 동태적 균형이론(動態的 均衡理論)은 국제정치의 기존 이론인 세력균형이론(제20장 참조)적 국제질서관, 즉 무정부적 국가 중심 체제로서의 세계체제 인식에서 출발하고 있으나 한 시점에서의 행위자간 힘의 균형보다는 균형점의 동태적 변동에 더 중점을 두고, 질서와 힘의 변화 간의 괴리에서 갈등원인을 찾는다는 데서 발상을 달리한다. 럼멜이론은 오간스키의 힘의 전이이론(제 9 장) 및 길핀의 패권전쟁이론(제10장)과 발상을 완전히 같이한다.

럼멜의 갈등이론을 이해하는 데 필요한 기본개념과 시각을 간단히 먼저 정리해 두기로 한다.

1. 동태적 국제질서관

럼멜이 제시하는 갈등진행모형에 따르면 역사란 선형(線型)의 진화(linear evolution)로 이루어지는 것이 아니라 간헐적인 혁명적 변화를 거쳐 단계적인 불연속발전으로 이어져 나가는 것이다. 변화의 원천은 마음 편히 더 잘 살아보자는 인간의 마음에 있고, 사람들은 부단히 노력하는 존재이기 때문에 사람들 사이의 힘의 관계는 계속 바뀌는 데 비하여 한 시점에서의 힘의 관계를 기초로 합의해 놓은 결과인 인간의 제도 등의 ‘상부구조’는 그 자체가 자기 수호적 관성을 가지고 있어 불변을 고집하기 때문에 변화하는 힘의 균형과 불변의 제도 사이에서는 긴장이 축적될 수밖에 없어서 일정단계마다 급격한 변화를 거쳐 새 질서가 탄생하게 된다고 럼멜은 갈등원인을 분석하고 있다. 이 시각은 마르크스(Karl Marx)가 부단히 발전하는 생산력과 현상유지 성향을 갖는 상부구조 사이에서 혁명의 불가피성을 논하는 시각과 맥을 같이 한다고 할 수 있다.

럼멜은 갈등행위를 포함한 인간행위의 결정요소를 심리적 차원, 사회적 차원 및 집단구조차원(국제관계차원)에서 찾아 종합적으로 설명하려 하고 있다. 행위란 인간의 의지에서 출발하여 다른 사람과의 관계에서 조정되고 다시 행위의 틀이 되는 구조 속에서 적응과정을 거쳐 이루어지는 것이므로 이 세 차원 모두를 검토하지 않고는 설명될 수 없다는 것이 럼멜의 주장이다. 이 세 가지를 모두 관통하는 핵심개념으로 럼멜은 '힘'을 선택하고 있으며 이 힘을 능력(capability), 관심 또는 이익(interest), 그리고 의지(will)의 결합으로 파악하여 사용하고 있다.[2] 따라서 럼멜의 이론을 이해하기 위해서는 그의 힘(power)개념을 정확히 알아야 한다. 럼멜은 심리적 차원에서 형성되는 관심과 타인과의 관계에서 상대적으로 결정되는 관심추구능력과, 그리고 행위의 틀로 주어진 제도 속에서 현실적으로 조정된 행위결단으로서의 의지의 결합으로서 인간행위는 현실적으로 규정된다고 보고 있다.

2. 기대구조와 질서

인간의 모든 행위는 마음 속에서 비롯된다. 갈등행위도 협동행위도 마찬가지다. 갈등이란 근본적으로 마음과 마음 사이의 갈등이다. 사람들의 인식, 욕구, 관심, 의지, 기대, 도덕심 등의 충돌이다. 모두 마음 속에서 이루어지는 갈등이다. 평화도 결국 사람의 마음과 마음 사이의 조화로운 관계라 할 수 있다.[3]

---

2) Rummel의 Power공식은 다음과 같다.

$$\text{Power} = \text{Interests} \times \text{Capability} \times \text{Will}$$

이 공식의 특색은 곱셈표로 세 요소를 연결하고 있다는 점이다. 이 세 요소 중 어느 하나가 결여되어도 힘은 없어진다. Power개념에 대한 상론은 *MOM*, Ch. 9, pp. 65-74에 실려 있다.

3) *Ibid.*, p. 10 참조.

인간의 마음이 외계와 부딪히는 첫 단계가 인식(perception)이다. 현실(reality)에 대한 지식은 인식과정을 통하여 얻어진다. 인식이란 밖에 존재하는 현실이 인식하는 사람이 받아들이도록 강요하는 힘과 인식자 스스로가 알려고 '마중 나가는' 관심의 힘이 합쳐져서 이루어진다.[4] 인식은 외부세계의 자극 없이는 이루어질 수 없다. 그러나 인식하려는 노력 없이는 이루어지지 않는다. 그런데 인식자의 인식노력은 그의 선험적 또는 문화적 인식관의 영향을 받으므로 주관적일 수밖에 없다. 그래서 객관적 현실에 대한 주관적인 인식차가 생길 수 있다.

인간은 무엇을 달성하기 위해서 행위한다. 욕구의 충족, 목표의 성취, 이익의 확보, 감정적 만족 등을 위해 행동한다.[5] 의지(will)란 이러한 목표달성을 위한 행동을 선택하게 하는 힘이다.

인간의 행위결정과정은 자연현상의 결정과정과 다르다. 자연현상에서의 인과관계는 순시간적(順時間的)이다. 원인이 시간적으로 결과에 앞선다. 즉, 원인 현상이 있고나서 결과가 생긴다. 그러나 인간의 목표지향적 행위결정과정에서는 역시간적(逆時間的) 인과관계가 작용한다. 목표는 아직 일어나지 않은 현상인데도 지금의 행위선택을 결정하게 하여준다. 인간은 목표효과를 기대하고 행위를 결정하기 때문이다. 기대(expectation)는 인간행위의 지침

---

4) Rummel은 *Understanding Conflict and War(UCW)*, Vol.1, *op. cit.*, Part Ⅱ, pp. 81-128에서 인식에 대하여 구체적으로 해설하고 있으나 여기서는 생략하고 간략하게 소개한다. 다만 참고로 인식의 공식정의만을 인용한다. "Perception is a dynamic conflict between the attempts of an outer world to impose an actuality on us and our efforts to transform this actuality into a self-centered perspective. Perception is a confrontation between an inward-directed vector of external reality compelling awareness and an outward-directed vector of physiological, cultural, and psychological transformation. Where these vectors clash, where they balance each other, is what we perceive." *UCW*, p. 82.

5) *MOM*, p. 25.

이다.[6)]

기대는 미래현상에 대한 예측인데, 이러한 예측이 현실에서의 관측과 부합하는 것을 반복하여 경험하게 되면 기대에 대한 신뢰가 생기게 된다. 이러한 신뢰할 수 있는 기대들이 모여 하나의 기대구조(structure of expectation)가 형성된다.

인간은 매일 기대구조 속에서 살아가고 있다. 월요일 9시가 되면 어떤 교수가 어느 강의실에서 무슨 강의를 할 것이라는 기대를 가지고 7시에 집을 나서기도 하고 13:00에 부산행 KTX가 서울역을 출발할 것을 기대하고 11:45에 서울역을 향하여 떠나고, 1시간 후 집에서 저녁을 먹을 것이라는 기대를 가지고 집으로 향한다. 뿐만 아니라 내가 이러이러한 소리를 하면 상대방이 이런 반응을 보일 것이 기대되기 때문에 그 소리를 삼가게 되고……. 이렇듯 크고 작은 인간행위는 모두 기대 속에서 이루어진다.

기대는 질서의 토대다. 질서란 특정행위에 대한 특정결과를 예상할 수 있을 때 존립한다. 일정한 행위에 대한 일정한 결과를 기대할 수 있으면 그것이 바로 질서이다. 예를 들면, 범법행위(犯法行爲)에 대하여 미리 정해놓은 처벌규정이 있고 처벌이 확실히 실시되리라는 기대가 곧 형법질서이고, 푸른 등이 켜질 때만 모든 차가 진행하도록 규정하고 그 규정이 지켜지면 교통질서라 부른다.

국제정치질서도 마찬가지다. 국가간 관계에서 어떤 행위선택에 대하여 어떠한 반응이 올지를 기대할 수 있을 때 이를 국제질서라 부른다.

---

6) "Expectation guide your behavior," *MOM*, p. 39.

3. 장(場)과 반장(反場)의 세계

자유의지를 가진 행위자들이 한마당에 들어서게 되면 서로가 서로를 의식하게 되며 서로간에 행위를 주고받게 된다. 그리고 상대방의 반응을 기대하면서 행위선택을 하게 된다. 이 때 이들은 서로 자기의 관심, 능력과 희생을 감수할 각오의 정도로서의 의지 등이 복합하여 이루어지는 자기표현의 힘이 뒷받침하는 행위를 택하게 된다.

서로의 힘이 부딪히면 갈등이 생긴다. 이 갈등은 서로의 힘을 견주어 보는 시험과정이다. 몇 번의 충돌을 거치는 동안 행위자들은 서로의 힘을 인식하게 되고 그 결과로 힘의 균형(balance of power)이 서서히 이루어진다. 이처럼 균형을 찾아가는 과정을 힘의 균형모색(balancing of power)라 하는데 그 결과로 강한 자는 강한 지위에, 그리고 약한 자는 자기 힘에 맞는 지위에 포진하게 된다. 이렇게 되어서 하나의 안정된 질서가 자리잡게 된다. 이 질서 속에서 각 행위자는 안정된 기대를 할 수 있게 되고 이러한 기대구조는 모든 행위자의 행위준칙으로 작용하게 된다.

어떠한 제도적 · 조직적 제약이 없는 조건에서 자유행위자들이 자기의 힘에 따라 움직이는 무대를 사회장(社會場 : social field)이라 부른다.[7)] 자유행위자들간의 자연발생적 상호거래가 이루어지는 행위의 장(場)이 사회장(社會場)이다.

장(場)의 반대개념은 조직(組織)이다. 조직 내의 행위는 조직의 목적에 따라 명령되어지고, 계획되어진다. 구성원간의 관계는

7) "The free and spontaneous interactions among actors, whether individuals, or groups, form a social field. Balances and associated structures of expectations among actors are generally determined without outside coercion or force. These balances depend largely on the interests, capabilities, and will of those involved," *MOM*, p. 176.

자유스럽지 못하다. 정책결정자가 결정하는 데 맞추어 행위해야 한다. 처벌이 두려워서, 혹은 권위에 눌려서 자기행위를 조직이 요구하는 대로 조정한다. 조직은 그래서 장에 반대되는 개념인 반장(反場, anti-field)이라고 부른다.[8)]

국제사회는 하나의 사회장(社會場)이다. 국제사회는 모두 최소한 형식적으로나마 동등한 주권을 가진 국가들을 행위자로 하는 구성체이므로 장(場)이라 할 수 있다. 주권은 자주(自主)와 동등(同等)을 기본으로 한다. 법적으로 모든 국가의 주권은 동등이다. 주권국가들은 다른 어떤 국가의 권위에도 복종할 법적 의무를 가지고 있지 않다. 이러한 장(場)으로서의 국제사회에서는 오직 국가간의 힘의 균형에서 질서가 형성된다.[9)]

제 2 절 힘의 동태균형과 전쟁

위에서 상정한 사회장(社會場)으로서의 국제사회 속에서 전쟁이 일어나는 원인을 규명해 보기로 한다.[10)]

1. 전쟁원리

럼멜이 제시하는 전쟁원리(戰爭原理 : the war principle)는 다음과 같다.[11)]

---

8) *loc. cit.*

9) 적어도 논리적으로 그렇다는 말이다. 실제로는 국제법, 국제조직의 제약, 국제여론 등의 제약을 받는다.

10) *MOM,* 제23장, pp. 201-209에 실린 전쟁원리를 요약한다.

11) "The gap between the international status quo and power causes war," *MOM,* p. 20. 여기서는 뜻을 분명하게 하기 위하여 번역을 좀 고쳤다.

"국제질서의 현존 구조(現存構造)와 실질적 힘의 균형 사이의 괴리(乖離)가 전쟁을 일으킨다."

한 시점에서의 국가간의 힘의 균형은 하나의 기대구조를 형성한다. 이 기대구조 속에서 모든 국가들은 서로 협조하며 살아간다. 이것이 현존 구조(現存構造 : status-quo)이다.

그러나 시간이 흐름에 따라 각 국가의 관심과 능력과 의지는 변화한다. 이에 따라 국가간의 실질적 힘의 균형은 변화한다.

한 시점에서의 힘의 균형을 바탕으로 구축된 기대구조는 국제질서로 제도화되어 안정을 이룬다. 이 제도는 서서히 진화하기는 하나 제도의 생리상(生理上) 변화를 거부하는 보수성(保守性)을 가지게 된다. 왜냐하면 현존 질서는 강한 자에 혜택을 주는 질서이므로 혜택을 누리는 강국(強國)들은 이 제도의 수호를 위해 최선을 다하려 하기 때문이다.

시간이 흘러감에 따라 불변의 제도와 실질적 힘의 균형 간에는 점차로 간격이 벌어지기 시작한다. 그래서 어느 시점에 이르면 제도와 실질적 힘의 균형 사이에 긴장이 극에 달해 건드리기만 하면 터질 상태에까지 이른다. 이 상태를 갈등상태(葛藤狀態 : conflict situation)라 한다. 이 때 어떤 촉발작용(觸發作用), 즉 기폭제적(起爆劑的)인 사건이 일어나면 이 긴장은 폭발한다. 이것이 전쟁이다. 이 때 갈등상태를 전쟁으로 점화시키는 사건을 촉발사건(trigger)이라 부르고, 전쟁이 일어나면 기대구조는 파괴된다(disruption of structure of expectation).

전쟁으로 파괴된 기대구조는 전쟁을 통하여 새로 이루어지는 새로운 힘의 균형에 따라 새롭게 형성된다. 전쟁은 새로운 균형점을 찾는 탐색작업이라고 할 수 있다. 전쟁을 통하여 종래의 지배국이 종속적 지위로 전락하고 새로운 지배국이 등장하게 되면 이에

[그림 14-1] 전쟁의 원인과 갈등이 진행되는 국제관계의 장

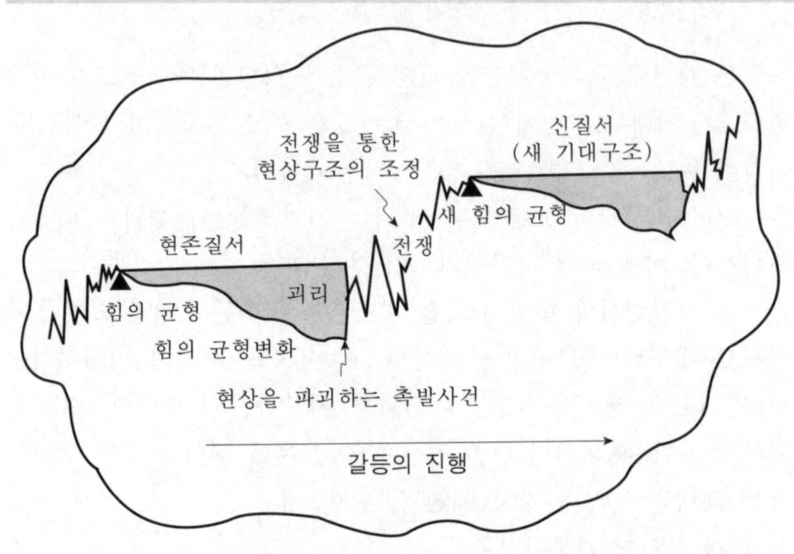

자료: R.J. Rummel, *In The Minds of Men,* p. 207에서 전재.

따라 새로운 기대구조, 즉 신국제질서가 형성되는 것이다.

이상에서 설명한 갈등진행과정과 전쟁발발의 과정을 그림으로 표현하면 위에 있는 [그림 14-1]과 같다.

2. 전쟁의 필요조건과 상황조건

전쟁원리에 기초하여 현실 국제관계에서 전쟁이 일어나는 데 필요한 필요조건과 전쟁촉진조건, 그리고 전쟁억지조건들을 몇 가지 소개하면 다음과 같다.[12]

---

12) *MOM,* p. 203에 이들 조건일람표가 실려 있다. 여기서는 이 중에서 몇 개만 골라서 소개한다.

(1) 전쟁필요조건(戰爭必要條件)

① 접촉과 상호간의 높은 관심(contact and mutual salience): 두 나라가 서로 접촉이 있고 또한 서로가 서로를 중요한 상대로 인식할 때만 전쟁은 일어난다. 서로 무관할 때는 전쟁은 있을 수 없다.

② 대립되는 이익(opposing interests): 어느 일방(一方)의 이익이 타방(他方)의 손해가 될 때 전쟁이 일어난다. 이익충돌이 없으면 전쟁은 안 일어난다.

③ 전쟁능력(war capability): 싸우고 싶어도 능력이 없으면 전쟁을 못한다.

④ 현존 질서의 붕괴(disruption of the status quo): 국가간의 힘의 서열이 분명하고 그 힘에 맞추어 이익이 안배된 상태에서는 전쟁이 안 일어난다. 현존 질서가 부당하다고 느끼는 새로운 강자가 나올 때, 또는 지금보다 더 나은 대우를 받아야 된다고 생각하는 국가가 생겨날 때 전쟁은 일어난다. 불만국가(不滿國家)들은 현존 질서를 인정하지 않기 때문에 질서의 행위구속력이 없어진다.

(2) 전쟁촉진조건(戰爭促進條件)

① 사회적 · 문화적 상이성(社會的 · 文化的 相異性, social and cultural dissimilarity): 전쟁의 조건이 성숙되어갈 때 두 나라 사이에 사회적 · 문화적 상이성(相異性)이 높으면 전쟁은 촉진된다.

② 강대국 간섭(強大國 干涉, big power intervention): 전쟁관계로 접어드는 두 나라 사이에 강대국이 개입하여 한편을 도우면 전쟁은 촉진된다. 능력이 모자라 전쟁을 하려하지 못하던 나라는 강대국의 힘을 얻으면 개전(開戰)하게 된다.

③ 지배국가의 허약성(weak status-quo-power): 현존 질서

를 유지하는 지도적 지위에 있는 강대국의 힘이 다른 나라를 통제하지 못할만큼 약해지면 질서에 대한 도전이 쉬워져서 전쟁은 촉진된다.

④ 힘의 대등관계(對等關係, power parity) : 서로가 자기측이 더 강하다고 믿을만큼 두 나라의 힘이 엇비슷할 때 전쟁은 쉽게 일어난다.

(3) 전쟁억지조건(戰爭抑止條件)

위의 조건의 반대조건들이 존재하면 전쟁가능성은 줄어든다. 설명을 생략하고 몇 가지만 열거한다.

① 사회적 · 문화적 상사성(相似性 : social and cultural similarity)

② 상호동맹관계(相互同盟關係 : mutual allies)

③ 강한 지배국의 존재(strong status-quo power)

④ 세계여론(世界輿論 : world opinion)

여기서 예시한 전쟁의 조건들은 각각 어느 정도와 강도로 전쟁발발에 영향을 끼치는가에 대해서는 경험적인 연구를 통하여 평가할 수밖에 없다. 이중 몇 가지 조건에 대한 단편적 연구들은 산재(散在)하나 여기서의 소개는 생략한다.

제 3 절 계약으로서의 평화

럼멜의 이론체계에서 평화는 어떻게 규정되며 평화증진의 길로는 어떤 것들이 모색되고 있는가를 참고로 덧붙인다.

1. 계약으로서의 평화

럼멜은 "국제평화란 하나의 사회계약이다"라고 설명한다.[13)]

평화란 갈등과 폭력 또는 전쟁이 없는 상태만이 아니다. 단순히 전쟁 없는 상태를 평화라고 할 때 우리는 그 평화개념을 '소극적 평화'(消極的 平和 : negative peace)라 한다. 우리가 정작 관심을 가지고 있는 평화는 인간이 추구하는 기본가치가 확보된 안정질서를 의미하는 '적극적 평화'(積極的 平和 : positive peace)이다. 이러한 적극적 평화는 최소한 안정된 기대구조를 갖춘 상태에서만 가능하다. 언제라도 갈등이 폭발할 수 있는 불안 속에서 다만 현 시점에서 전쟁이 없다고만 해서는 평화라고 할 수 없다.

전쟁원리를 설명하면서 기대구조는 힘의 균형의 반영이라고 했다. 그리고 힘의 균형이 변화하여 현존의 기대구조와 거리가 멀어지면 갈등, 전쟁이 일어난다고 했다. 또한 이러한 갈등과 전쟁을 통하여 새로운 힘의 균형점이 발견되고 이에 대응하는 새로운 기대구조, 즉 새 국제질서가 출현하게 된다고 했다.

이러한 전쟁이론을 전제로 한다면 갈등 · 전쟁은 새로운 기대구조를 만드는 협상이라고 할 수 있다. 즉, 국가들은 갈등을 통하여 새로운 기대구조에 대한 합의, 즉 하나의 사회계약을 만들어 낸다고 할 수 있다.[14)]

국가간의 협동도 힘의 균형을 반영하여 이루어진다. 국제분업, 국가간 역할분담 등은 그들의 상대적 힘에 따라 결정된다. 그러므로 한 시점에서의 질서란 그 시점에서의 힘의 분포의 반영이라 할 수 있다. 자기 힘에 대응하는 역할을 할당받았다고 믿는 국가들이 많을수록 그 질서는 안정을 이룬다. 그리고 그 질서에 대부분의 나

13) "International peace is a social contract," *MOM*, p. 211.
14) "Through conflict states negotiate a social contract," *loc. cit*.

라들이 승복하고 있는 동안은 전쟁과 갈등은 배제된다. 이때 각국은 '상대적 만족'(相對的 滿足)을 느끼게 되며 그런 뜻에서 제한적이나마 적극적 평화가 유지된다고 할 수 있다. 만일 어느 국가가 자기 힘에 비하여 부당한 처우를 받고 있다고 생각하여 질서개편을 바라고 있다면 그 질서는 이미 그 나라에 관한 한 평화질서라고 말하기 어렵다. 평화는 그런 뜻에서 각 나라의 주관적 평가라고 할 수 있다.

2. 평화 증대의 요건

힘의 균형과 질서, 즉 기대구조간의 괴리(乖離)가 전쟁의 원인이라면 그 간격을 계속 좁혀나가는 것이 평화의 길이 된다. 어떻게 좁힐 수 있는가?

각국의 힘은 시간에 따라 변화한다. 그러므로 힘의 균형점은 부단히 변화한다. 따라서 기대구조를 힘의 균형점 변화에 대응하여 부단히 수정·변화시키는 길이 곧 전쟁예방의 길이 된다. 결국 평화의 길은 조직의 유연성을 높이는 데서 찾는 수밖에 없다.

국제사회는 자유로운 행위자로 구성된 사회장(社會場)이다. 이 사회장에 인위적인 조직통제를 가하지만 않는다면 국제질서는 그 유연성을 살리면서 힘의 균형변화에 대응하는 진화를 해갈 수 있다.

국제질서에 조직적 통제를 가하여 현존 질서를 제도화하려는 노력이 지배적 지위에 있는 강대국들에 의해 행하여지는데, 이들이 스스로 국제질서의 자율진화(自律進化)를 허용해 주는 방향으로 노력하지 않는 한 국제질서는 유연성을 가지기 어려운 것이 현실이다. 지배국에 압력을 가하여 조직적 통제를 양보시킨다는 것은 현실적으로 불가능하기 때문이다. 바로 이 불가피성 때문에 인류사회는 반복되는 전쟁의 참화를 겪고 있다.

전쟁이 다가오는 것을 내다보면서 전쟁을 피하지 못하는 이 비극을 피할 수는 없는가? 현재 두 가지 방향의 노력이 전개되고 있다.[15] 하나는 전 세계를 하나의 인류보편사회(人類普遍社會 : a universal society of mankind)로 발전시키는 길이다. 마치 국내사회에서 평화질서를 이룩한 것처럼 주권국가를 해체하고 커다란 단일사회로 세계사회를 개편한다면 적어도 국내사회 수준의 평화질서는 구축할 수 있으리라는 기대에서 출발한 노력이다.

또 하나의 길은 주권국가를 단위로 하는 국제사회(a society of states)를 이룩하는 길이다. 오늘의 무정부상태를 지양하고 모든 국가들이 함께 존중하는 행위준칙을 합의하고 폭력의 공공화를 이룩함으로써 국가간의 무력에 의한 갈등해소를 없애고 '법치질서'(法治秩序)를 만들어 보자는 길이다.

위의 두 가지 논의는 모두 의의 있는 논의들이나 국제사회를 거대한 반장(反場)으로 만들어 "전쟁은 없으나 불의가 지배하는 독재질서"로 전락시킬 위험성도 있음을 알아야 한다. 폭력은 억제되나 개개의 인간이 자유롭지 못한 사회는 결코 평화질서라 할 수 없다. 인간존엄과 자유(freedom with dignity)가 보장되는 질서만이 진정한 평화란 점은, 국내질서에서처럼 국제질서에서도 진리이다.

제 4 절 촌 평

럼멜은 자유주의자(liberalist)이고 현실주의자(realist)이며 세

15) 이 논의들에 대해서는 Hedley Bull, *The Anarchical Society, A Study of Order in World Politics*, New York: Columbia University Press, 1977을 볼 것.

상을 보는 시각은 변증법적(dialectic)이다. 그러면서 철저한 박애주의자(humanist)이다. 서로 모순되는 것 같지만 그의 글들을 읽으면 이렇게 판단된다.

럼멜은 인간의 모든 제도와 규범, 조직은 인간이 만든 것들이고 인간들이 자기의 자유와 삶의 질의 향상을 위해 설계해서 내어놓은 창조물이라고 생각한다. 따라서 모든 제도는 그 자체로서의 의미가 없고 오직 인간의 자유와 행복증진에 기여 할 때만 의미를 가진다고 생각한다. 럼멜은 이렇듯 개개인을 역사의 주체로 보는 자유주의자이기 때문에 철저히 반 전체주의자이고 또한 반 전제주의자이다. 인간 존엄성이 보장되는 자유(freedom with dignity)가 럼멜에 있어서는 모든 제도 평가 기준이다.

럼멜은 현실주의자이다. 국제정치 현실을 잘 안다. 국제정치는 국내정치와 마찬가지로 힘의 질서이며 이기적인 인간들간의 흥정의 산물임을 잘 안다. 만인은 평등하고 모든 주권 국가는 평등하다는 것은 격(格)에 있어서 그렇게 보아야 한다는 것이지 현실에서 그렇게 되어 있다는 것이 아니라는 것을 잘 안다. 그래서 럼멜은 힘의 균형을 바탕으로 한 계약이 평화라고 했다. 서로 힘이 다른 주체간의 힘의 균형은 비대칭 균형이고 이를 바탕으로 한 계약은 불평등 계약인데 이를 평화질서로 수용한다는 것은 자유주의자인 럼멜의 가치관과는 상치하는 것이나 럼멜은 현실적으로 가능할 수 있는 최선이란 생각에서 이를 수용하고 있다.

럼멜의 역사관은 마르크스와 마찬가지로 변증법적이다. 대자연의 섭리가 그렇다고 받아들이고 있다. 럼멜은 불교적 우주관, 중국의 『역경』(易經)적인 변화관을 수용하고 있다. 럼멜의 동태적 균형이론은 이러한 럼멜의 변증법적 역사발전 인식을 표현한 것이다. 변화하는 힘의 균형과 관성을 가진 체제간의 모순에서 갈등이 빚어지고 그 모순이 극대화되면 혁명이나 전쟁을 통하여 모순 해결이 이루어진다는 인식이 그의 이론의 바탕이 되고 있다.

럼멜은 체제 속에서 고통받는 인간을 해방하려는 생각(liberation from human establishment)에서 갈등과 전쟁연구에 평생을 바쳤다. 전쟁이라는 비인간적 제도에서 인간을 살릴 수 없는가 하는 데서 전쟁연구를 시작했으며 전제주의의 질곡에서 인간을 살려내야 한다는 생각에서 나치즘, 일본 군국주의, 볼셰비즘을 연구했다. 제도의 이름으로 자국 국민을 학살하는 전체주의의 반인도주의적 현실을 고발하는 *Death by Government, Genocide, Mega-murderer* 등의 책을 썼다. 그리고 다시 이러한 자국민의 대량학살, 즉 데모사이드(democide)를 고발하기 위하여 여섯 권의 소설을 썼다. 제 1 권 *Democide*는 2005년 한국어판으로도 출판되었다.[16]

이론을 깊이 있게 이해하려면 이론을 만든 사람의 생각을 먼저 깊이 있게 분석해야 한다. 이론은, 표현된 것은 간단할지라도, 이론가의 삶이 모두 용해되어서 나타나는 것이기 때문이다. 국제정치 이론을 연구하는 학생들은 이론을 만든 사람을 종합적으로 이해하려는 노력을 게을리하지 말아야 한다고 권하고 싶다.

16) R. J. Rummel, 이남규 역, 『데모사이드』, 서울 : 기파랑, 2005.

참고도서

1. R. J. Rummel, *In The Minds of Men: Principles toward Understanding and Waging Peace*, Seoul: Sogang University Press, 1984.

어려운 사회장이론(社會場理論)을 아주 쉬운 영어로 풀어 쓴 개설서. 이 책만 읽어도 럼멜의 동태균형이론(動態均衡理論)은 이해할 수 있다.

2. R. J. Rummel, *Understanding Conflict and War*, Vol.1-Vol.5, Beverly Hills: Sage, 1975-1981.

방대한 다섯 권으로 된 저서여서 대학원생들에게만 권하고 싶다.

3. R. J. Rummel, "The Roots of Faith," in James N. Rosenan, ed., *In Search of Global Patterns*, New York: The Free Press, 1976, pp. 10-30.

Rosenau가 국제정치이론학자 43명의 자전적(自傳的) 글을 모은 책에 실려 있는 Rummel의 자기이론형성과정해설이다. 그의 이론을 깊이있게 이해하는 데 도움이 된다.

4. 이상우(李相禹), 『럼멜의 자유주의 평화이론』, 서울 : 오름 : 2002.

〈신아세아질서연구회 평화연구총서〉 제 1 집으로 출간된 책으로 럼멜의 자유주의 평화이론, 민주평화이론을 소개하는 논문들과 럼멜 본인이 쓴 자전적 에세이들이 실려 있어 그의 이론을 이해하는 데 도움을 준다.

제15장

로즈노우의 연계이론

제 1 절 들어가는 말

일반으로 '국가'라고 하는 추상적 행위주체가 국제사회에서 행하는 행위가 국제관계학의 연구대상 영역이며, 국가 내부의 상태를 다루는 것은 비교정치의 연구영역으로 간주되어 왔다. 그러나 국가의 대외행위가 국제사회의 시스템 상태라든가 다른 국가의 행위 등에만 반응하여 이루어지는 것은 아니다. '국가사회의 내부상태'가 원인이 되어 특정형태의 대외행위가 선택되는 수도 많다. 이러한 '대외행위에 대한 내부영향'(internal influences on external behavior)에 대한 연구 없이는 국제관계이론은 완전해질 수 없다.

또한 반대로, 국가 내부의 정치에도 국제환경의 영향이 커져가고 있다. 교통·통신수단이 발달함에 따라 국가간의 상대적 거리가 줄어들고 국경을 넘는 인간간의 교섭활동이 커져감에 따라 이제는 국경 밖에서 일어나는 사태가 반드시 일반 국민들에게 무관한 현상으로 될 수 없는 경우가 많아져 가고 있다. 월남(越南)에서 진행되던 전쟁이 미국 내의 여론에 영향을 주어 대통령 선거에까지 무시 못할 충격을 주었는가 하면 미국 국내정치에서의 여야간 싸움이 우리나라 정치에도 큰 상처를 주기도 한다. 이와 같이 이제는 '국내정치에 대한 외부영향'을 무시하고는 비교정치 연구가 완전하지 못하게 되어 가고 있다.

이렇게 국내-국외정치간의 상호연계 현상이 점차로 큰 비중을 가지게 되어감에 따라 '국내정치'를 주된 연구영역으로 삼던 비교정치학과 한 나라의 대외행위 및 관계를 주된 분석대상으로 하던 국제관계학이 서로 접하는 '국내-국외정치간 연계정치'라는 새로운 '학적 전선'(學的 前線)이 형성되게 되었다. 이 새 영역을 '연계정치'(linkage politics)라 통칭하며, 이를 분석 · 설명 · 정리하는 이론들의 계열을 보통 연계이론(linkage theory)이라 부른다.[1]

연계이론이 학계에서 관심의 대상이 되게 된 계기를 마련해 준 것은 역시 로즈노우(James N. Rosenau)라 해야 할 것이다. 물론 로즈노우 이전에도 국가의 대외행위를 설명하는 독립변수들을 국가의 내부사정에서 구하는 이론들이 많이 있었고, 또한 국내정치를 설명하는 데서도 외부 국제환경요소나 특정 외국의 영향을 원용하여 왔지만 '연계이론', '연계정치'라는 개념을 설정하고 체계적으로 이 영역을 다루려고 했던 것은 역시 로즈노우가 처음이 아닌가 생각한다. 뿐만 아니라 최초의 발상만이 아니라 1960년대 중반 이후 계속 이 착상을 이론적으로 발전시키는 데 헌신해온 공로를 보아서도 연계이론은 로즈노우를 떠나서는 논하기 어려울 것이다.

로즈노우는 1966년에 소위 linkage politics에 대한 '예비이론'(pre-theory)을 제시한 이래 기회가 있을 때마다 이것을 발전시킨

1) James N. Rosenau, "Pre-theories and Theories of Foreign Policy," in R. Barry Farrell, ed., *Approaches to Comparative and International Politics*, Evanston: Northwestern University Press, 1966, pp. 27-92참조. 이 논문에서 Rosenau는 위에서 소개한 것과 같은 비교정치학과 국제정치학의 연계영역이 미개발(未開發) 상태임을 지적하고, linkage politics라는 새 연구영역에 대해 관심을 가져줄 것과 아울러, 연구를 위한 분석틀을 제시하고 있다. 이 논문이 어떤 뜻에서는 linkage politics를 소개한 최초의 문헌이라 할 수 있다.

논문을 써 왔으며,[2] 또한 여러 동료들에게 연구를 권하고, 책을 내고 해 왔다.[3] 그러나 로즈노우 자신이 분명히 밝힌 바와 같이 '연계이론'은 아직도 형식을 갖춘 이론(theory)은 아니며, 아직도 이론화작업을 위한 전초적 접근틀의 단계라 할 '예비이론' 단계에 머물러 있다. 다만 여러 사람들이 그의 '이론 윤곽'을 의식하고 국내·국제정치가 서로 얽히는 영역에 대한 구체적 이론 정립에 노력하고 있다는 점에서 국제관계이론을 공부하는 학생들이면 알아두어야 한다고 생각되어 여기서 소개한다.

제 2 절 연계이론의 개요와 주요 착상

로즈노우의 '연계이론'을 주요 개념과 분석틀을 해설함으로써 간략히 소개해 보기로 한다.[4]

---

2) 각주 1의 논문. 여기서 Rosenau가 theory 아닌 pre-theory라고 표현했던 것은 아직 theory라고 할만큼 요건을 갖추지 못한 미숙한 형태의 이론착상에 불과했기 때문이었다. Rosenau는 "pre-theory"라는 말은 다음과 같은 뜻으로 쓰고 있었다. "By pre-theory is meant both an early step toward explanation of specific empirical events and a general orientation toward all events, a point of view or philosophy about the way the world is. Ideally pre-theories would be limited to the former meaning." *Ibid.*, p. 41의 각주 41을 볼 것. pre-theory란 말의 한글 번역이 쉽지 않아서 일단 숙제로 미루어 두기로 하고 여기서는 이론화작업에 앞서는 기초착상이라는 뜻을 살려 우선 임시로 '예비이론'이라고 해 둔다.

3) 주요 관계문헌은 다음 책들에 대개 수록되어 있다. James N. Rosenau, ed, *Linkage Politics: Essays on the Convergence of National and International System*, New York: The Free Press, 1969 ; Jonathan Wilkenfeld, ed., *Conflict Behavior & Linkage Politics*, New York: David Mckay Co., 1973 ; J. N. Rosenau, *Domestic Sources of Foreign Policy*, New York: Free Press, 1967. 이 중에서 특히 Rosenau의 이론적 해설을 보려면 *Linkage Politics* (1969)의 제 3 장으로 수록된 그의 논문, "Toward the Study of National-International Linkages"를 볼 것.

4) 여기서의 소개는 각주 3의 끝에 소개한 Rosenau의 논문을 토대로 한 것이다.

1. '연계'라는 개념

연계이론이 대상으로 하는 현상은 국가시스템과 국제시스템이 겹치는 부분에서 일어나는 제현상(諸現象)으로서, 그 자체가 본질적으로 어떤 고유특성을 가져서 하나의 독립 연구영역이 된 것이 아니고 순전히 현실에서 생겨난 경험적 사실들일 뿐이며, 다만 이것을 효과적으로 분석·처리하기 위하여 새로운 분석시각이 필요해진 것뿐이다. 즉, 국가시스템과 국제시스템 사이의 경계선을 중심으로 한쪽 시스템에서 연유하여 다른 쪽 시스템 속의 현상에 연결되는 반복되는 행위현상들을 확인하고 분석하려는 생각에서 '연계'(連繫)라는 개념을 새로 설정해 본 것이다. 로즈노우는 연계(linkage)를 분석 단위로 잡으면서 다음과 같이 정의하고 있다. "한 시스템에서 연유하여 다른 시스템 속에서 반응을 얻는 반복되는 행위계기(行爲繼起)를 연계라 한다."[5]

이와 같이 정의된 연계행위의 시초단계와 종말단계를 구분하기 위해서 산출(output)과 투입(input)이라는 개념을 쓰기로 한다. 즉, 한 시스템에서 행위가 시작되면 그 행위는 그 시스템의 산출이 되는 것이고, 이 행위가 다른 시스템 속에서 결과(反應)를 일으키면 그 반응을 일으킨 시스템 쪽에서는 투입(投入)이라 부르게 되는 것이다. 그리고 그 연계행위가 처음 시작되는 쪽이 정체(政體 : polity)인가,[6] 환경(環境 : environment), 즉 국제시스템인가를 구분하기 위하여 정체산출(政體産出 : polity output), 환경산

5) *Ibid.*, p. 45. 원문은 다음과 같다. "any recurrent sequence of behavior that originates in one system and is reacted to in another." 여기서의 두 시스템이란 물론 national system과 international system을 일컫는 것이다.

6) Rosenau는 국가사회 속의 정책결정기관인 정부 또는 이에 준하는 기관을 국가사회라는 좀더 큰 시스템과 구분하기 위하여 정체(政體), 즉 polity라는 용어를 쓴다고 밝히고 있다. 즉, polity는 national society 자체가 아니라 그 속의 하나의 subsystem으로서의 정책결정기구를 뜻한다.

출(環境產出 : environmental output) 등이라고 앞에 형용사를 붙이기로 한다. 따라서 정체산출이라 하면 그 행위가 정체 속에서 시작되어 국제시스템 내에서 반향을 일으키는 연계행위이고 환경산출은 한 정체의 외부환경을 이루는 국제시스템 내에서 시작된 행위로서 정체 내에서 반응을 일으키는 연계행위가 되며, 정체투입(政體投入 : polity input)이라 하면 환경산출이 야기시킨 정체 내의 일련의 행위들이 된다.

로즈노우는 다시 각 행위가 의도적인가 아닌가를 구분하여 반응을 예기하거나 또는 목적으로 행한 행위일 때를 직접적(direct), 그렇지 않고 의도와 관계없이 결과적으로 어떤 반응을 일으키게 된 경우를 간접적(indirect)이라는 말로 부른다. 예를 들면, 외교정책처럼 한 정체(政體)가 다른 시스템(國外의 어떤 대상)의 반응을 일으킬 것을 의도에 넣고 행한 행위일 때는 직접적 정체산출(direct polity output)이 되는 것이다. 그러나 쿠데타의 발생이 결과적으로 다른 나라에 어떤 영향을 미치게 된 것과 같이 외부의 특정반응을 목적으로 하지는 않았으나 결과적으로 영향이 미쳐버린 경우는 간접적 정체산출(indirect polity output)이 되는 것이다.

이렇게 정의된 산출과 투입들 간에 상호연계가 생기는 양태를 로즈노우는 다음과 같은 세 가지 '연계과정 기본유형'으로 정리하였다.

(1) 침투과정(penetrative process)

이 과정은 한 정체의 구성원들이 다른 정체의 정치과정의 참여자(participants)가 될 때 일어난다. 좀더 구체적으로 표현하면 이들은 침투된 정체 내의 구성원들과 함께 가치배분권위(authority to allocate the values)를 나누어 갖게 될 때 '침투'(浸透)라고 표현한다. 흔히 점령군, 원조국 사절단원, 국제기구 직원, 국제공산당과 같은 초국가적 정당의 요원들 등에 의해 침투행위라는 연계행위가 생기게 된다. 아무튼 이런 '침투연계'에서는 산출행위와 투입행위가 직결되게 된다.

⑵ 반응과정(reactive process)

이것은 침투과정의 정반대의 경우다. 여기서는 국가시스템 경계를 넘는 반복되는 반응행위의 계기(繼起) 때문에 연계가 형성된다. 당초 행위를 한 행위자는 대상시스템 내의 정치과정, 즉 가치배분 권위를 나누어 가지는 것이 아니다. 행위자는 초연한데, 반응자가 반응을 함으로써 연계가 생기는 경우다. '연계'가 생기는 가장 잦은 경우로서 외국의 대외원조 프로그램에 대한 반응, 외국에서의 전쟁에 대한 민심의 흔들림 등이 이 예에 속한다. 외원(外援)의 경우, 수원국(受援國)에서는 원조공여자가 의도하는 어떤 목적에 대하여서 특정반응을 나타내게 된다. 따라서 이 경우는 직접적 산출과 직접적 투입 간의 연계가 생기게 된다. 월남전이 미국 지방선거의 쟁점이 된 때와 같은 경우에는 간접적 산출(월남전 수행자가 미국 내 지방선거를 의식하고 전쟁을 하지는 않았으니까)과 간접적 투입 간에 연계가 형성되게 된다.

⑶ 모방과정(emulative process)

이 과정은 반응과정 중의 특수한 경우인데, 다른 시스템에서 산출된 행위에 대해 '똑같은' 행위를 하게 되는 경우이다. 이 경우 행위자는 닮아가는 자를 의식하지 않는 경우가 보통이므로 간접적 산출과 간접적 투입만을 연결시켜 주게 된다. 확산(擴散 : diffusion), 전시효과(展示效果 : demonstration effect)라 부르는 현상이 바로 대표적인 모방과정에 의한 연계형성의 예다.

그 밖에 특수경우로서 혼합연계(混合連繫 : fused linkage)라는 것이 있다. 이것은 S_1이라는 한 시스템에서 일어난 행위가 S_2라는 다른 시스템의 투입으로 되어 끝나는 것이 아니라, 다시 S_2의 산출이 되어 이번에는 원래 행위가 시작된 S_1시스템의 투입으로 돌아오고 다시 이것이 S_1의 새로운 산출로 연결되어 S_2의 투입으로 되돌아가고 하는 경우이다. 이런 경우에는 연계 형성과정이 위에서 제시한 세 가지 전형의 어느 하나에 국한되는 것이 아니라 잡다하게 섞여서 연계가 형성되기 때문에 혼합연계라 부른다.

연계개념과 관련하여 또 한 가지 주의를 해야 할 것이 있다. 연계행위는 '반복되는' 일련의 행위가 있을 때만 적용되는 것이지 단 한번 일어나는 행위가 다른 시스템에 영향을 줄 때는 적용되지 않는다. 즉, 일정한 행위계기(行爲繼起 : sequence of behavior)가 있을 때만 연계행위라 부른다. 1회적 행위만으로는 연계라는 일반정형(定型)을 밝혀낼 수 없기 때문이다.

행위가 투입인가 산출인가, 행위의 시원점(始原點)이 정체(政體)인가 환경(環境)인가, 그리고 그 연계가 직접적인가 간접적인가 하는 세 가지의 구분을 함께 적용하여 정치현상의 연구영역을 나누어 보면 연계행위가 차지하는 영역이 분명해지는데, [그림 15-1]에서 3, 4, 7, 8, 9, 10, 13, 14가 곧 연계현상이 일어나는 곳이 된다.

2. '연계의 틀'의 구성요소

로즈노우는 위에서 소개한 바와 같이 '연계'라는 개념을 토대로, 구체적으로 국제시스템의 어떤 국면이 어떤 환경(즉 국제시스템)과 연계되는 가를 밝히는 하나의 분류표(체크 리스트)를 고안하여 제시하였다.

로즈노우는 우선 국내시스템의 여러 국면을 24개의 항목으로

[그림 15-1] 국내-국제시스템 연계연구가 정치학 연구와 부합되는 영역

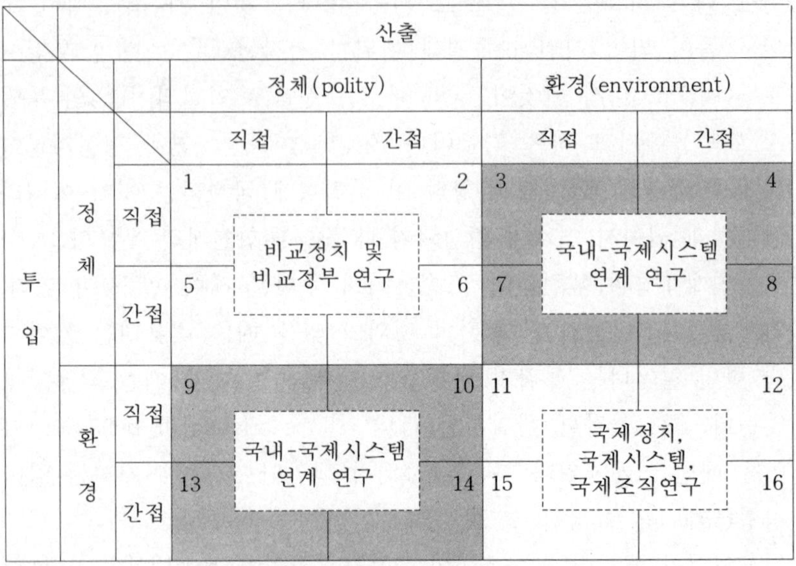

			산출			
			정체(polity)		환경(environment)	
			직접	간접	직접	간접
투입	정체	직접	1 비교정치 및 비교정부 연구	2	3 국내-국제시스템 연계 연구	4
		간접	5	6	7	8
	환경	직접	9 국내-국제시스템 연계 연구	10	11 국제정치, 국제시스템, 국제조직연구	12
		간접	13	14	15	16

자료: Rosenau, *Linkage Politics*, p. 50에서 전재.

나누어 세로로 나열시키고, 다시 환경을 접속환경(the contiguous environment), 지역환경(the regional environment), 냉전환경(the cold war environment), 인종적 환경(the racial environment), 자원환경(the resource environment) 및 조직환경(the organizational environment) 등 6개로 나누어 가로로 나열한 [표 15-1]과 같은 표를 만들었다. 이 표는 세로 24, 가로 6개의 항목이 있으므로 24×6=144, 즉 144개의 가로-세로 교차항이 생겨나게 된다. 이 각개 항은 모두 그 나름대로 이론화를 시도해 볼 연계현상 연구영역이 된다. 예를 들면 세로로 9번째인 정치문화와 가로로 2번째인 지역환경과 부딪히는 칸에 한 나라의 정치문화가 그 국가가 속한 지역시스템에 미치는 영향과, 반대로 지역환경의 어떤 현상이 그 국가의 정치문화에 지속적이며 반복적인 변혁을 일으키게 하는 과

[표 15-1] 로즈노우가 제안한 연계분석틀(Linkage Framework)

	환경산출과 투입 / 정체산출과 투입	접속 환경	지역 환경	냉전 환경	인종적 환경	자원 환경	조직 환경
행위자	1. 집행관리						
	2. 입법관리						
	3. 일반관료						
	4. 군(軍)관료						
	5. 정당						
	6. 이익집단						
	7. 엘리트 집단						
태도	8. 이데올로기						
	9. 정치문화						
	10. 여론						
기구	11. 집행부서						
	12. 입법기구						
	13. 관료						
	14. 군(軍)체제						
	15. 선거						
	16. 정당제도						
	17. 커뮤니케이션체제						
	18. 사회기관						
과정	19. 사회화 및 충원						
	20. 이익표출						
	21. 이익통합						
	22. 정책작성						
	23. 정책집행-운영						
	24. 통합-분화의 제과정						

자료: Rosenau, *Linkage Politics*, p. 52에서 전재.

정 등이 해당되는데, 이 한정된 범위를 대상으로 어떤 이론을 만들어 보는 노력을 해볼 수 있을 것이다.

이 표는 물론 예시적인 것이다. 국내시스템의 연계국면을 여기서 제시한 24개의 개념으로만 분류할 필요도 없고 또한 환경도 여기서처럼 꼭 6개로 분류할 필요도 없다. 얼마든지 수정해 나갈 수 있다. 이 표는 하나의 분류도식으로도 사용할 수 있고 또한 미개척 분야의 확인을 위한 체크 리스트로도 사용될 수 있을 것이다.[7] 아무튼 로즈노우는 이 표를 '연계분석틀'(linkage framework)이라고 부르고, 연계이론 개발의 지침으로 삼자고 제안했다.

3. 연구과제

로즈노우는 위의 '연계분석틀'을 활용하여 다음과 같은 구체적인 연구과제들을 동학(同學)들에게 제시하였다.

제 1 유형의 연구과제는 '연계'현상 자체에 관한 것인데, 연계의 시원점, 지속기간, 융통성, 안정성, 기능들을 여러 사례를 비교함으로써 정형화하는 작업이다. 이 때는 '연계'현상 자체의 생리를 밝히기 위해 이 연계 현상을 일으키는 관련 정체(政體)들의 유형은 무시하고 접근한다. 예를 들면, 접속환경이 각국 정당시스템에 미치는 영향을 냉전환경 하에서 정치유형이 다른 여러 나라의 정당들의 상호경쟁, 당원구성, 조직, 단결의 정도 등과 대비시켜 봄으로써 접속환경과 냉전환경이 국내정당 활동에 미치는 영향의 차(差)를 정형화할 수 있게 된다. 이 연구과제를 더 추구해 들어간다면 더 흥미 있는, 그리고 더 구체적인 이론을 개발시킬 수 있는 문제로 좁혀들어 갈 수 있다. 접속환경으로부터의 충격이 가령 냉

7) 이 분류틀의 유용성에 대해서 Rosenau자신은 총 6가지로 나누어 설명하고 있는데, 여기서는 해설을 생략한다. Rosenau, *op. cit.*(1969), pp. 53-56을 볼 것.

전환경으로부터의 영향보다 더 '정당의 분화'를 촉진하는가 라든지 "접속환경의 영향은 침투 또는 모방과정을 통해 정당의 분파작용을 촉진하는 데 반하여 냉전환경은 국내시스템의 반응과정을 통해 반발·반동·공통된 적의의 함양 등을 촉발함으로써 정당간의 통합·연합·협조를 증진시킨다"는 가설명제를 검증해 보는 식으로 연구를 좁혀갈 수 있게 된다.[8]

제 1 유형의 연구과제는 앞서 소개한 [표 15-1]의 '연계분석틀'에서 한 열을 택하여 6개 '행(行)'의 요소를 비교하거나, '행(行)'을 고정시켜 놓고 '열(列)'에 제시된 24개 요소를 비교하거나 나아가서는 제X_1열-제Y_1행과 제Xm열-제Yn행을 비교하는 등 '비교'를 통해 '연계현상' 자체의 여러 정형을 찾아내는 연구과제라 할 수 있을 것이다.

제 2 유형의 연구과제는, 주로 비교정치학도들의 관심사항이 될 것이지만, 연계현상을 하나의 정체(政體)를 중심으로 고찰하는 유형의 연구다. 하나의 정체가 산출행위를 통해 외부에 어느 정도의 연계효과를 내는가 라든지, 연계행위 산출은 주로 직접적(외원(外援) 등)인 것인가 아니면 간접적인 것인가 라든지, 정체 내에서 어떤 유형의 행위자가, 어떤 유형의 태도가, 그리고 어떤 종류의 기관이 외부로부터 '투입'에 대해 더 민감하게 침투 당하거나, 스스로 모방하게 되는가 하는 질문들이 이 계열에 속하는 연구과제의 전형들이 된다. 이 유형에 속하는 과제들은 그 밖에도, 한 정체가 연계현상을 나타내는 데 있어 어떤 환경(접속, 지역, 냉전 등)에 가장 민감하게 반응하는가, 환경 중 어떤 요소에 가장 민감한가 등의 과제들도 포함된다. 외교정책 연구 학도들에게 관심을 갖게 하는 과제들로는, 연계의 성격과 관련하여 외교목표를 설정

8) Rosenau는 이 밖에도 재미있는 연구과제를 많이 열거·제시했으나 여기서는 생략한다. *Ibid.*, pp. 56-57 참조.

하고 이를 실천해 나가는 정부의 능력이 증진 또는 저해를 받는 과정이 달라지는 현상을 추구하는 것 등이 있을 수 있다.

제 3 유형의 연구과제들은 제2유형의 과제들과 아주 밀접한 관련을 갖고 있는데, 이 유형의 과제들은 정체의 속성과 연계양태와의 관련을 추구하는 것들이다. 민주주의 국가들과 전제주의 국가들이 같은 환경과의 교섭에서 똑같은 연계양태를 보이는가 하는 과제들이 이 유형의 연구과제 예가 된다. 약체 정체가 강력한 정체와 똑같은 정도로 연계자극에 대해 침투당하는가? 작은 국가가 큰 국가보다 일반적으로 더 모방적인가? 라틴아메리카 국가들이 유럽제국(諸國)보다 더 지역환경과 높은 연계상태를 갖고 있는가? 부유한 국가가 가난한 국가보다 대외적으로 직접적 연계를 더 잘 관리·운영하는가? 등은 모두 이 유형연구과제들이다.

제 4 유형의 연구과제는, 연계현상을 중심으로 정체들을 분류·비교하는 일들이다. 로즈노우는 하나의 예시로서 [표 15-2]와 같은 분류표를 제시했다. 이 분류는 국가를 연계행위 산출의 고저(高低)와 연계행위를 받는 투입의 고저(高低)라는 2개의 변수로 4개의 국가유형을 정해 놓은 것이다. 로즈노우의 이 예시에 따르면 연계현상을 일으키는 행위산출도 많고 또한 밖으로부터의 투입도 많이 받는 국가들(이집트, 나이지리아), 산출은 같으나 투입은 별로 받지 않는 나라(미국, 소련), 산출은 약하나 투입은 많이 받는 나라(콩고, 사이프러스), 산출도 투입도 거의 없는 나라(스웨덴, 스위스)로 국가들을 분류할 수 있게 된다.

이런 분류를 일단 해 놓으면, 같은 부류에 속하는 국가들간에는 다른 어떤 공통점이 없나를 살펴볼 수 있게 된다. 로즈노우는 이와 관련하여 몇 가지 구체적 가설들을 제시했다.[9]

---

9) *Ibid.*, p. 58.

[표 15-2] 연계현상의 정도에 따른 정체(政體)의 분류(예시)

		산 출	
		고(高)	저(低)
투입	고	이집트, 나이지리아	콩고, 사이프러스
	저	미국, 소련	스웨덴, 스위스

자료: Rosenau, *Linkage Politics*, p. 59에서 전재.

(1) 연계와 관련한 행위산출이 많은 나라는 초대강국과, 이들 초대강국들이 서로 자기편으로 만들려고 경쟁하는 대상이 되는 중급국가들이다.

(2) 통일이 안 된 신생국가와 전통적으로 중립을 지켜 온 국가들은 일반적으로 산출이 적다.

(3) 신생국과 강대국들이 경쟁하는 대상이 되는 나라들에 투입이 높다.

(4) 강대국들과 전통적 중립국가들이 외부로부터의 투입을 덜 받는다.

제 5 유형의 연구과제들은 외교정책을 연구하는 학생들이 각별히 관심을 갖게 될 것들인데, 이것은 외교정책을 정부활동의 산출로 보고, 이에 연계되어 있는 외부영향을 추적하는 연구들이다. 정책선택 과정에서 정부는 다른 환경보다 접속환경으로부터 더 강한 영향을 받는가? 정부정책의 대외연계에서, 접속환경으로부터는 외교 및 경제적 활동을 통하여 주로 영향받고, 더 먼 환경, 즉 지역, 인종적 환경으로부터는 주로 군사적 및 선전적 활동을 통하여 영향을 받는다는 가설은 타당한가? 여론은 정부와 냉전환경과의 연계에는 깊이 영향을 미치나 접속환경과의 관례화된 연계행위에는 영향을 미치지 않는다든가, 대통령제의 정부보다 의원내각제 정부가 지속적인 대외연계를 맺는데 더 능동적이다라는 명제들이 사실인가? 하는 등의 문제들이 모두 이 제 5 유형에 속하는 과제들이다.

혼합연계와 관련하여 제 6 의 연구과제 유형을 생각해 볼 수 있다. 혼합연계는 정체와 환경과의 산출-투입이 서로 꼬리를 물고 이어지는 과정을 뜻하는 것으로, 이와 관련하여 어떤 정체가, 그리고 어떤 환경이 이런 혼합연계를 유발하는 데 더 적합한가 하는 의문들이 바로 이 유형에 속하는 과제들이 된다. 국제기구나 지역통합 현상에 관심을 가진 학생들이 특히 관심을 가지고 추적해 볼 과제들이 이 유형연구 도식에서 많이 발견될 것이라 믿는다. 정체 내의 특정 이익단체와 자원환경과의 밀착이 정부간의 관계에서 형성된 연계보다 더 안정적인가? 혼합연계가 일반 연계보다 더 지속적인 안정을 보장하는가? 정체간의 혼합연계의 수가 급증하면 통합도가 높은 국제정치시스템을 형성하게 되는가? 하는 의문들에 대한 실증적 답을 찾아낸다면 지역통합이론 연구에 많은 도움을 줄 것이다.

제 3 절 '침투된 체제'와 '체제간 분석'

로즈노우의 '연계이론'에 대한 집념은 대단하다. 그는 당초 국제관계 이론의 분석단위로서 국가만을 다루는 '허구성'에 대한 회의에서 연계이론 분야를 개척하기 시작하였다. 로즈노우는 국제관계는 법적 측면에서 국가간의 관계를 다루는 것이 아니라 '현실'을 다룬다는 것을 강조하면서 법적으로는 같은 주권국가이면서 현실에서는 완전한 자주적 결정을 할 수 없는 불완전한 주권국가가 많은 현실 국제정치 사회에서 국가를 동질적인 행위자로 간주하는 국제관계이론은 현실사태에 맞을 수 없다는 것을 주장하면서 국가

사회 내의 현상에 미치는 외부영향을 고려하여 '주체도'(主體度)가 다른 여러 가지 행위주체를 개념화하는 데 착수했는데, 그 첫번째 착상이 이른바 침투현상(penetration phenomenon)이었다.

로즈노우는 국제관계이론 정립에서 고려해야 할 새로운 유형의 행위주체로서 '침투된 정치체제'(penetrated political system)라는 개념을 소개하였는데, 그는 이 개념을 "국가사회의 구성원 아닌 자가, 그 사회의 구성원과 함께 취하는 행동을 통하여, 그 사회 내의 가치분배나 목표추진을 위한 지지의 동원에 직접적·권위적으로 참여하는 정치체제"라 정의했다.[10] 로즈노우는 이 '침투된 정치체제'를 일반적인 국제관계이론에서의 분석단위인 '국가체제'와 '국제체제'와 구별되는 제3의 특수 단위로 규정했으며, 이 체제의 특성은 '국가체제'와 '국제체제'의 접합이라는 현상에서 규명되어야 한다고 했다. 로즈노우는 이 개념을 소개하면서 많은 예를 들었는데, 베트남, 콩고, 제 2 차 대전 직후부터 점령 종식 때까지의 일본과 서독, 소련의 동구 위성국들, 1961년 이후의 쿠바, 1950년대의 중국 등이 이 예에 포함되었었다. '침투된 정치체제'는 정태적인 것이 아니고, 모체가 되는 국가의 능력, 태도 및 외부환경이 바뀜에 따라 새로 생겨나기도 하고 발전·소멸하기도 하는 동적 상태의 존재다. 그러나 단순히 한 국가사회의 진화과정에 불과한 것은 아니고 상대적으로 굳어진 하나의 정치조직이다. 그리고 '침투'는 반드시 외국의 정부만에 의해 이루어지는 것이 아니고 민간인들에 의해서도 이루어진다. 한 사회 내에서 '구성원 아닌 자'가 가치 배분에 직접 참여하기만 하면 족한 것이지 그 '구성원 아닌

10) 여기서 소개하는 정의는 의역이다. 원문은 다음과 같다. "A penetrated political system is one in which nonmembers of a national society participate directly and authoritatively, through actions taken jointly with the society's members in either the allocation of its values or the mobilization of support on behalf of its goals." Rosenau, "Pre-theories……," *op. cit.*, p. 65.

자'가 어떤 특정 외국이나 국제기구를 대표할 필요는 없다.

로즈노우는 이 '침투현상'을 깊이 분석하는 과정에서 앞서 소개한 '연계'라는 개념을 발전시켰으며, 다시 이 연계개념을 확산시켜 '체제간 분석'(across-systems analysis)이라는 좀더 넓은 분석틀을 제시하였다.[11] 그는 이제는 하나의 고전으로 된 싱어(J. David Singer)의 '분석수준론'[12]에 따라 정치학의 분석을 대상의 집합수준(levels of aggregation)을 기준으로 국내의 조직체, 국가사회, 지역체제, 범세계적 국제체제 등으로 나누어 국가수준의 분석, 국제체제수준의 분석 등으로 일단 구분하고, 서로 수준이 다른 체제간에 걸치는 현상에 대한 분석을 '체제간 분석'이라고 새로 명명했다. 그의 주장에 따르면, 지금까지의 정치학은 주된 관심에 따라 국가수준의 분석, 또는 국제체제수준의 분석 등으로 구분되어 각각 자기 수준 내에 머물면서 독립변수나 종속변수를 모두 같은 수준 내에서만 구하는 폐쇄적 연구를 해 왔기 때문에 현실정치를 설명하는 데 불충분했었다는 것이다. 현실에서 국가는 국제체제의 한 하위체제(subsystem)로서 외부환경을 이루는 국제체제로부터 끊임없이 영향을 받고, 또한 반대로 국제체제에 영향을 줄 뿐 아니라, 국가 내의 하위체제인 여러 집단, 구성요소와의 상호관계를 맺고 있기 때문에 국가행위를 국가수준의 분석틀만으로는 설명할 수 없다는 것이 그의 주장이었다.

로즈노우는 새로운 이론발전의 돌파구를 찾기 위해서는 체제간 분석, 즉 한 집합수준의 분석단위와 다른 집합수준의 분석단위를 연결하는 이론틀이 개발되어야 한다고 주장하고, 국가-국제체

11) J. N. Rosenau, "Theorizing Across Systems: Linkage Politics Revisited," in Wilkenfeld, *op. cit.*, pp. 25-56에서 확산된 새 분석틀에 대하여 소개하고 있다.

12) J. David Singer, "The Levels-of-Analysis Problem in International Relations," *World Politics*, Vol. 14, October 1961, pp. 77-92.

제간의 관계 중 중요한 몇 가지 연구영역을 예시적으로 열거하였다. 그가 제시한 '체제간 현상'(across-systems phenomena) 중 몇 가지만 간단히 소개하면 다음과 같다.[13)]

(1) 상호의존(interdependence)

체제간 현상 중에서 가장 흔한 것이나 아직 분석에서 의미있게 활용할 정도만큼 정확하게 정의되어 있지 않은 개념이다. "한 체제 내의 현상으로, 다른 하나 또는 복수의 체제 내에서 일어나고 있는 사태와 관련짓지 않고는 기능할 수 없는 것"을 다만 '상호의존'이라고 표현하고 있을 뿐이다. '상호의존'은 방향성, 규칙성, 목적 등이 반드시 포함된 행위관계여야 할 필요도 없다. 그리고 '상호의존'은 국가체제에서도, 국제기구에서도 시작되거나 끝날 수 있고, 또한 바람직한 것이 될 수도 있고 유감스러운 것도 있을 수 있다. 너무 막연한 현상이기 때문에, 이 상호의존 상태를 측정할 대표적인 변수도 아직 구체적으로 선정된 적이 없다. 그러나 한 수준의 체제에서의 현상이 다른 수준에서의 현상을 좌우할 수 있다는 것을 표현할 수 있는 하나의 맥락적 구실은 할 수 있는 개념이다.

(2) 통합(integration)

상호의존과 대조적으로, 가장 많은 연구 노력이 가해지고 있는 체제간 현상이 바로 통합현상이다. 이 현상에 대해서는 이론화 작업도, 자료도 많이 축적되어 있다. 이 현상에 대해서는 제22장에서 별도로 소개할 것이므로 여기서는 재론하지 않겠다. 한 가지

13) 상세한 설명은 Rosenau, "Theorizing……," in Wilkenfeld, *op. cit.*, pp. 33-46을 볼 것. 체제간 연구의 한 예로 Sang-Woo Rhee, "Local, Regional, and Global Balance of Power: A Study on the Inter-System Relations"가 있다. 이 논문은 1979. 8. 12-18 Moscow 세계정치학회(IPSA)에서 발표된 것으로, Sang-Woo Rhee, *Security and Unification of Korea*, Seoul: Sogang University Press, 1984, pp. 365-380에 실려 있다.

지적해 둘 것은 이 분야에서 많은 법칙적 명제들이 연구 제시되었지만 통합 자체가 초국가적인 높은 수준의 새 인류공동사회를 비강제적 방법으로 건설해야 한다는 당위적인 목표에 이끌려 거론되어 온 현상이기 때문에 이러한 당위적 목표에서 벗어나는 현실사태 자체에 대한 분석은 대체로 간과되고 있다는 점이다. 그런 뜻에서 통합이론계열의 연구는 '체제간 분석'의 넓은 영역 중 일부를 다루는 부분적 공헌만을 하고 있다고 할 수 있다.

⑶ 적응(adaptation)

적응이란 한 국가사회가 그들의 기본적인 사회, 경제 및 정치적 구조를 유지해 나가면서 외부의 영향을 '받아들일 수 있는 범위 내에서' 수용해 나가는 노력과 과정을 의미하는 말이다. 복잡한 환경 속에서 체제를 유지해 나가는 사회는 내부 및 외부로부터 여러 가지 자극과 요구를 받게 된다. 때로는 강압적인 방법으로 또 때로는 비(非)강압적인 방법으로 하나의 사회는 자체의 변화를 요구하는 압력을 받고 있다.

사회는 '받아들일 수 있는 범위' 내에서 이러한 요구를 소화하여 어떤 때는 구조의 일부에 수정을 가하고, 혹은 요구가 더 강해지면 구조변혁(transformation)까지 행한다. 이 때 이러한 요구를 '받아들일 수 있는 범위' 내에서 소화하려고 하는 노력을 적응이라고 부르는 것이다. 만일 외부압력이 지나치게 강하여 체제특성마저 바꾸지 않을 수 없게 되면 체제변혁이 일어나게 되는데 이렇게 되면 이미 적응의 범위를 넘게 된다.

적응에 관한 연구는 성격상 체제간 분석이 될 수밖에 없다. 내부압력의 원천으로서의 국내 하위체제, 외부압력의 원천으로서의 국제체제, 그리고 실제로 압력을 소화해 나가는 주체로서의 국가체제의 3개의 다른 집합수준간의 상호관계를 분석해야만 다룰 수

있는 현상이기 때문이다.[14)]

(4) 간섭(intervention)

간섭행위는 한 국가가 공개적으로, 그리고 의도적으로 다른 국가사회의 기본구조를 군사적 수단 또는 이에 준하는 강압적 방법으로 급격히 변경시키려 하거나 혹은 보전하려 하는 행위를 말한다.[15)] 간섭은 과정이 아니라 일련의 행동이다. 그리고 군사적 방법 또는 이에 준하는 강압적 방법에 의할 때만을 의미한다. 물론 로즈노우 자신도 인정했듯이 이 개념은 비군사적 방법에 의한 "다른 나라 국내문제에 대한 영향력 행사" 일체까지를 포함하는 넓은 뜻으로도 사용되고 있는 것이 사실이나 로즈노우는 이럴 경우 '영향력 행사'라는 개념과 다를 것이 없어진다고 위에서처럼 좁게 정의하고 있는 것이다.

아무튼 간섭은 국가체제와 국제체제 간의 관련에서 파악되고 분석될 수 있는 현상으로서 중요한 '체제간 분석'의 대상이 된다. 특히 오늘날처럼 강대국에 의한 약소신생국 간섭이 흔한 때에는 국제관계학도로서는 간과할 수 없는 중요한 연구대상이 되어가고 있다.

로즈노우는 이상에서 열거한 여러 체제간 분석을 모두 내포할 수 있는 넓은 분석틀로서 연계개념을 다듬어 나갔다. 그러나 어떤 완성된 틀도 제시하지 못하였기 때문에 연계개념이 확산되어 가고

14) 실제로 국가사회가 대내외의 압력에 적응해 나가는 양식은 여러 가지가 있을 수 있는데 Rosenau는 4개의 기본 양식과 12개의 가능한 양식변경을 들고 있다. J. N. Rosenau, *The Adaptation of National Societies: A Theory of Political System Behavior and Transformation*, New York: McCaleb-Seiler, 1970을 볼 것.

15) Intervention이라는 개념에 대한 상세한 해설은 J. N. Rosenau, "Intervention as a Scientific Concept," *Journal of Conflict Resolution*, Vol. 13, June 1969, pp. 149-171에서 볼 것.

있는 방향만 지적해 두고 확산된 내용에 대해서는 여기서 해설을 하지 않기로 한다.

제 4 절 국내갈등과 대외갈등과의 연계

로즈노우가 연계이론의 필요성을 역설하였기 때문만은 아니지만 대체로 1950년대 후반부터 국가간의 갈등·분쟁을 설명하는 과정에서 국내갈등·분쟁과의 연계를 생각하고 여기서 설명의 일부를 구해 보려는 노력이 성행하였으며, 이에 따라 연계이론이 주장하는 국가-국제체제간의 체제간 분석 중에서는 갈등현상을 중심으로 한 연구가 가장 많아서 여기서는 국가 내부갈등과 대외갈등(domestic conflict and foreign conflict)과의 연계에 대한 연구현황들을 결과 중심으로 소개함으로써 연계이론의 경험적 타당성을 부분적으로 검토해 보려 한다.

갈등이란 "배타적인 동기나 목표가 병존하는 상태"를 말한다.[16] 갈등은 개인의 심리 내부에서 일어나는 경우와 개인이 타인과의 접촉관계를 가질 때 일어나는 경우의 두 가지가 있다. 전자를 내적 갈등(inner conflict) 또는 심리적 갈등(psychological conflict)이라 하고 후자를 외적 갈등(outer conflict) 또는 사회적 갈등(social conflict)이라 한다. 내적 갈등은 "한 개인이 둘 이상의 상호 배타적인 행동을 취하려는 동기를 가진 상태"를 말하며,[17] 외적 갈등, 즉 사회적 갈등은 "특정가치나 지위, 권력 및 희귀한 자원에 대한

16) 갈등은 conflict를 번역한 말이다. 갈등에 대한 간략하나마 요령 있게 다듬어진 설명은 구영록, 『인간과 전쟁』, 서울 : 법문사, 1977, pp. 21-46에서 볼 것.

17) *International Encyclopedia of the Social Sciences*(1974)의 conflict항에서 Edward J. Murray가 내린 정의. 원문은 "a situation in which a person is motivated to engage in two or more mutually exclusive activities."

소유권 주장에 관련된 투쟁으로서, 서로 다투는 당사자들의 목표가 자기가 원하는 가치획득에 국한하지 않고, 경쟁 상대방을 중립화시키거나, 다치게 하거나, 제거하는 것까지 포함하고 있는 상태"[18]를 말한다. 이러한 갈등은 개인간, 집단간, 또는 개인과 집단간에서 일어날 수 있다.

국제관계학에서 주로 관심을 갖는 것은 사회적 갈등이며, 그 중에서도 국가라는 집단간의 갈등이 관심의 초점이 된다. 이 갈등의 원인, 발전양상, 갈등해소방법, 갈등이 분쟁이나 전쟁으로 되지 않도록 관리하는 방법 등이 결국 국제관계에서의 주된 연구관심이 되는 것이다.

국제체제이론적 시각이 이러한 국가간의 갈등행위를 국제체제의 구조적 특성에서 다루려는 것이라면 여기서 논하는 연계이론적 시각은 이를 국내상태와의 연결에서 보려는 것이라 해도 좋을 것이다. 특히 국가의 내적 갈등과 대외 갈등과의 연계를 찾으려는 노력은 내적 갈등의 대외 확산이라는 일반적 경향성의 발견으로 국가간 갈등을 설명해 보려는 시도라 할 수 있을 것이다.

그런데 문제는 개인이 아닌 국가라는 집단을 분석단위로 잡았을 때의 내적 갈등의 성격 때문에 어려워진다. 개인의 경우는 내적 갈등과 외적 갈등 간의 구분은 분명하다. 내적 갈등은 불상용(不相容)의 가치들 중에서 어느 것을 택하는가 하는 심리적 고충을 말하는 반면, 외적 갈등은 그 개인과 타인 또는 집단 간의 불상용성(不相容性)에서 나타나는 인간 대 인간의 사회적 대결을 뜻하는 것이 된다. 그러나 국가가 갈등의 주체가 되었을 때는 내적 갈등은 그 국가사회 내부의 여러 집단간의 사회적 갈등으로 파악될 수도

18) 위의 같은 책 같은 항에서 Lewis A. Coser가 내린 정의. 원문은 "a struggle over values or claims to status, power, and scarce resources, in which the aims of conflicting parties are not only to gain the desired values but also to neutralize, injure, or eliminate their rivals."

있고 또한 개인 심리적 갈등에 비유되는 집단의 내적 궁경(窮境 : quandary)으로 파악될 수도 있게 된다.

대내 · 외 갈등 연계이론에서는 주로 국가사회 내부의 사회적 갈등과 대외적 갈등 간의 연계를 밝히려 하고 있다. 특히 국가사회 내부의 정치구조에서 대내갈등 처리능력을 밝히고, 이러한 구조적 능력이 대외갈등 행위와 어떤 관련을 가지는가를 살피려 하고 있다. 그래서 대내 · 외 갈등연계 연구는 정부형태와 대외갈등과의 관계에서 시작되었었다.

일반상식 차원에서는 대내적인 혼란이 대외적 갈등행위를 조장한다고 믿고 있다. 그 논리 중 대표적인 것은 정책결정자, 즉 집권층은 국내에서의 여러 집단의 반발을 무마하는 수단으로 대외적인 갈등을 부각시켜 관심을 대외적으로 쏠리게 하려고 하기 때문이라는 것이다. 그래서 가령 중국이 내부에서 권력투쟁이 격화되면 외부적으로는 더 침략적이 될 것이라고 우려하며, 북한의 김일성이 6·25전쟁을 벌인 이유 중의 하나는 평양 정권 내에서의 파벌간 투쟁이 심하여져서 이 파벌싸움을 누르고 자기의 지위를 굳히려는 생각을 가졌었기 때문이라고 생각하기도 한다. 그리고 이와 같이 대내적 정치목적 때문에 대외갈등을 격화시키는 것은 민주정권보다 전제정권에서 더 흔한 것이라고 생각한다. 왜냐하면 민주정권에서는 정책결정자가 선거 때문에 국민여론을 무시할 수 없는데, 전제정권에서는 그럴 필요가 없고 또한 사태조작이 쉽기 때문이라고 보는 것이다.[19)]

한 국가의 경제적 낙후성도 대내갈등과 대외갈등 행위를 연계시키는 매체가 되고 있다고 보는 사람들도 많다. 예를 들면 로즈노우는 후진국 지도자들은 국내의 불만을 대외관계에서의 위기로 관

19) 국내정치구조와 대외갈등과의 관계에 대하여서는 R. Barry Farrell의 좋은 연구가 있다. 그의 논문, "Foreign Politics of Open and Closed Political Societies," in R. Barry Farrell, ed., *op. cit.*, pp. 167-208을 볼 것.

심을 돌려 해결하려는 경향을 갖고 있음을 지적하고 있다.[20] 그 밖에도 특정 이데올로기, 종교, 인종적 특성 등도 대내·외갈등 연계를 촉진 또는 둔화시킨다는 가설이 많이 있으나 아직 실증된 것은 거의 없다.

대내·외 갈등연계 연구에서 관심의 대상이 된 또 하나의 분야는 갈등 영역의 확인 문제다. 갈등은 여러 영역에서 일어날 수 있다. 갈등은 일어나는 영역에 따라 행위자에 주는 의미의 강도가 모두 다를 수 있다. 따라서 갈등 일반을 놓고 연계를 따지기 어려워진다. 갈등을 어떻게 의미 있게 분류할까 그리고 분류한 다음에는 어떤 종류의 대내갈등을 어떤 종류의 대외갈등과 어떤 양태로 연계할 수 있을까 하는 것을 밝혀야만 구체적인 대내·외갈등 연계가 규명될 것이기 때문에 갈등의 분류에 많은 학자들이 노력을 기울였었다.

1963년 럼멜(R. J. Rummel)은 그의 박사학위 논문을 간추린 논문인 "Dimensions of Conflict Behavior within and between Nations"[21]을 발표했다. 여기서 럼멜은 77개국에 대한 '자료'를 9개의 국내갈등변수와 13개 대외갈등변수에 걸쳐 수집하여 계량화한 후 상관분석, 요인분석, 중회귀분석 등의 방법에 의하여 처리하여 10개의 경험적 결론을 도출해 냈는데 10개 중 제6번째 결론은

---

20) J. N. Rosenau, *Domestic Sources……*, *op. cit.*, pp. 25.

21) 이 논문은 *General Systems Yearbook*, Vol. 8, pp. 1-50에 실렸던 것인데, 그 후 Wilkenfeld, *op. cit.*, pp. 59-106 등에 전재되었다. R. J. Rummel, *Field Theory Evolving* (Beverly Hills: Sage, 1977)에는 이 외에도 대내·외 갈등연계에 대한 실증적 보고가 많이 수록되어 있다. 여기에는 최창윤 교수의 논문 1편과 저자(李相禹)의 논문 2편도 실려 있다. Rummel이 어떻게 해서 대내·외 갈등연계에 관심을 가지게 되었는가에 대한 자신의 지적 편력에 대해서는 R. J. Rummel, "The Roots of Faith," in James N. Rosenau, ed., *In Search of Global Patterns*, New York: Free Press, 1976, pp. 10-30을 볼 것. 어떤 생각이 형성된 과정을 추적해 보는 것은 공부하는 학생들에게는 아주 중요한 일이라 생각되기 때문에, 이 글을 읽을 것을 권한다.

"대외갈등행위는 일반적으로 국내갈등행위와는 전혀 무관하다"는 것이었다.

당시 럼멜의 연구조교였던 탠터(Raymond Tanter)는 럼멜의 연구를 새로운 '자료'를 구해 반복 실험했는데,[22] 결과는 역시 마찬가지였다. 즉, 한 나라의 대외갈등 수준은 대내갈등 수준과는 관계가 별로 없다는 것이었다. 이 실증적 연구결과들은 그 당시 주장되고 있던 여러 이론적 가설들에 어긋나는 것이어서 상당한 주목을 끌었었다. 예를 들면, 전쟁에 관한 한 최대의 연구라고 하던 롸이트(Quincy Wright)의 거작 *A Study of War*[23]에서도 대내·외 갈등간의 연계를 확언하였으며, 로제크란스(Richard N. Rosecrance)도 국가사회의 엘리트들의 불안은 국가간의 불안정한 관계와 밀접한 상관관계가 있을 것이라고 했었었다.[24] 이론적 추리에서 나온 납득할 만한 가설들이 실증적으로 부인되었다는데서 관심 있는 학자들은 이를 본격적으로 파고들기 시작했었으며, 그 결과로 이제는 이 분야에 상당한 경험적 연구결과가 축적되어 있는데 여기서는 럼멜의 연구결과를 조금 더 소개하는 것으로 그치려 한다.

럼멜은 앞서 지적한 바처럼 대내·외갈등 연계에 대한 연구발표를 한 뒤 곧 자료를 확충하여 국내갈등뿐만 아니라 국가간 갈등에 관련된다고 주장하는 11가지 국내상황변수에 대하여 차례차례 검증해 나갔다.[25] 럼멜이 검증한 11개 가설은 다음과 같다(요지를

---

22) Raymond Tanter, "Dimensions of Conflict Behavior within and between Nations, 1958-1960," *Journal of Conflict Resolution*, Vol. 10(March 1966), pp. 41-64.

23) Q. Wright, *A Study of War*, Chicago: University of Chicago Press, 1942.

24) 그의 저서, *Action and Reaction in World Politics*, Boston: Little, Brown and Co., 1963, pp. 304-305를 볼 것. Rosecrance는 이 책의 결론에서 "If any major conclusion emerges from the preceding pages it is that there tends to be a correlation between international instability and the domestic insecurity of elites."라 했다.

25) 그의 논문 "The Relationship between National Attributes and Foreign

간추린 것임).

한 나라의 대외갈등 행위는 다음과 같은 것에 관련되어 있다.

가설 1 : 그 나라의 경제, 기술발전의 수준
가설 2 : 그 나라의 국제커뮤니케이션과 상호거래수준
가설 3 : 그 나라와 타국과의 협조량
가설 4 : 그 나라 정부의 전체주의적 특성
가설 5 : 그 나라의 힘(power)
가설 6 : 그 나라의 불안정성
가설 7 : 그 나라의 군사능력
가설 8 : 그 나라 국민의 심리적 동기
가설 9 : 그 나라의 가치관
가설 10 : 그 국가가 국경을 접하고 있는 국가의 수
가설 11 : 위의 특성들의 상호작용, 즉 경제발전, 불안정 및 전체주의의 복합 등

이상의 가설에 대한 검증 결과는 잘 알 수 없다는 결론을 낸 제10번째 것을 제외한 나머지 10개는 모두 부정적이었다. 즉, 여기서 가정한 어느 것도 한 나라의 대외갈등 행위 수준과 관련되는 것은 없다는 결과였다. 특히 제6번째의 가설은 한 국가의 대내·외 갈등의 상호연계를 말하는 것인데, 이 가설에 대한 부정은 앞서 소개한 1963년의 연구 결과와 같은 것이다. 참고로, 이 검증에서 사용한 국내 불안정도(不安定度) 측정변수는 암살, 폭동, 숙청, 데모, 게릴라전, 혁명의 빈도……등 9개였으며 대외갈등 행위변수는 항의, 외교관계 단절, 외교관 추방, 무력위협, 전쟁 등의 13개였는데, 이 두 변수군 간의 상관계수(product-moment correlation) 총

Conflict Behavior," in J. David Singer, ed., *Quantitative International Politics: Insight and Evidence*, New York: Free Press, 1968, pp. 187-214.

48개 중에는 r=0.30~0.38 사이의 것이 7개뿐이고 그 나머지 41개는 모두 0.30 이하였다.

럼멜은 그 후 갈등행위 이외에 로즈노우가 세웠던 일반적인 연계가설, 즉 한 나라의 대외행위는 그 나라의 경제발전, 크기, 정치체제(그 나라가 개방체제인가 폐쇄체제인가) 등 세 가지 특성과 연계되어 있다는 가설[26]도 국가차원연구프로젝트(Dimensionality of Nations Project)의 일부로 경험적으로 검증하였는데,[27] 여기서는 검증 결과가 긍정적으로 나타났었다. 즉, 로즈노우가 가정했던 세 국내속성변수인 경제발전, 나라의 크기, 정치성향 등이 대외행위의 변량(variance)의 27.2%정도를 설명하였을 뿐더러, 그 어떤 다른 변수들보다 이 세 변수의 설명기여도가 높았었다.

그러나 럼멜-탠터의 연구결과에 대해 수긍할 수 없다고 대내·외갈등 연계 검증을 해 본 사람이 많았다. 그 중에서도 빌켄펠트(Jonathan Wilkenfeld)는 ① 국가의 정치체제에 따라 대내불안정이 대외갈등에 연결되는 나라도 있고 없는 나라도 있을 것이며, ② 대외갈등도 그 종류에 따라 대내불안정과 연결되는 것도 있고 없는 것도 있을 것이라는 가정을 하고, 럼멜은 이런 구분을 하지 않았기 때문에 "실제로 존재하는 상관관계가 묻혀버려 보이지 않았을 것"이라고 전제한 다음 검증방법을 수정하여 분석을 다시 해 보았다.[28] 그는 밴크스(Arthur S. Banks)와 그레그(Phillip M.

26) 이 가설은 Rosenau의 1966년 논문("Pre-Theories……in Farrell," *op. cit.*) p. 47의 각주 45에서 제시된 것이다.

27) R. J. Rummel, "U. S. Foreign Relations: Conflict, Cooperation, and Attribute Distances," in Bruce M. Russell, ed., *Peace, War and Numbers*, Beverly Hills: Sage, 1972, pp. 71-113. 여기서 Rummel은 Rosenau의 linkage proposition을 Rummel의 status-field theory에 포용하기 위하여 그냥 단순한 attribute와 대외행위를 연결시키지 않고, 속성차 벡타, 즉 attribute distance vector로 고쳐서 canonical regression model로 해서 검증한 것이다.

28) Jonathan Wilkenfeld, "Domestic and Foreign Conflict," in Wilkenfeld, ed., *op. cit.*, pp. 107-123.

Gregg)가 Q-요인분석방법에 의해 정치적 속성을 기초로 분류해 놓은 전 세계국가들의 분류방식[29]에 따라 국가들을 나누고 다시 대내갈등 행위를 별도의 요인분석에 의하여 혼란(turmoil), 혁명적 행위(revolutionary) 및 침투행위(subversive)로 나누고 대외갈등을 전쟁(war), 외교(diplomacy)및 호전성(bellingerency)으로 나누어 각각 그 연계를 추적해 보았다. 빌켄펠트의 분석 결과는 그의 예상과 맞아, 럼멜에 의해 부정되었던 대내·외갈등간의 연계양태의 일부가 부각되었다. 즉, 라틴아메리카 국가군(國家群)들이 주로 포함된 '개인지배체제'(personalist)에서는 내부혼란이 외교적 갈등과 연계되어 있으며(r=.66), 주로 사회주의국가들이 포함된 '중앙집권체제'(centrist)에서는 내부혼란이 거의 모든 차원의 대외갈등과 연계되어 있고(.28, .40, .43), 서구 제국(諸國)이 주로 포함된 '다수지배체제'(polyarchic)에서는 혼란과 전쟁(.39), 그리고 혁명적 사태와 대외호전성(.45)이 연계되었음을 발견했다. 뿐만 아니라 이 연계의 방향검증(시차분석에 의하여 행한 것임)에서도 재미있는 현상을 발견했다. 즉, 중앙집권체제에서는 대외행위를 함에 있어 내부인민의 반향은 거의 무시하고 행하는 데 반해 다른 두 체제에서는 이를 의식하고 행위를 한다는 사실을 발견했는데 이 발견은 우리의 상식으로도 수긍할 수 있는 것이어서 더욱 흥미롭다.

아무튼 아직까지도 로즈노우의 연계이론적 여러 명제들은 경험적인 튼튼한 기반을 얻고 있지 못하지만, 국제정치와 비교정치에서 축적된 지식들을 의미있게 연결시켜 서로의 이론을 보완해 주는 계기를 공여해 주고 있는 사실만은 인정해 주어야 될 것이다.

---

29) Arthur S. Banks and Phillip M. Gregg, "Grouping Political Systems: Q-Factor Analysis of A Cross Polity Survey," *The American Behavioral Scientist*, Vol.9, Nov. 1965, pp. 3-6.

제 5 절 촌 평

한 나라의 국민들과 다른 나라의 국민들의 접촉, 거래가 주로 각각의 국가를 통하여 이뤄지던 전형적인 웨스트팔리아 체제에서는 국내질서 상태간의 연계가 의미 있는 연구과제가 되었으나 국경이 얇아지고 국가권력이 상대화되어 국민들간의 초국경적 거래와 왕래, 접촉이 비약적으로 증대된 21세기적 상황에서는 국내·국제정치질서간의 연계가 큰 관심이 되고 있지 않다. 당연한 일이기 때문이다. 더구나 인권문제에 있어서 한 나라의 국민에 대한 그 나라 정부의 인권탄압이 행해지는 경우, 범세계적 시민의식에 바탕을 둔 간섭은 당연한 것으로 여겨지고 있어 연계 여부를 따지는 것 자체가 무의미해졌다.

세계 각국의 발전단계는 모두 같지 않다. 앞선 민주주의 국가들의 국민의 표준적 의식은 인권보호를 위한 외국의 간섭은 상식으로 받아들이고 있으나, 아직도 주권절대의 원칙을 주장하는 민주화 전단계(pre-democratization)에 있는 나라에서는 이러한 내정간섭에 대해서 아주 부정적이다. 중국의 경우, 중국 내의 소수민족의 인권문제 등에 대하여 미국 등이 개입하려 하면 극단적인 방법을 써서라도 저지하려 한다.

21세기에 들어서서 국제사회가 단일 사회적 성격이 커가면 연계이론은 제23장에서 소개하는 사회학적 접근과 통합되어 새로운 형태로 발전하리라 본다. 한 사회 내의 조직 상호간의 조직침투(inter-penetration) 현상과 같은 맥락이 될 것이기 때문이다. 그러나 주권국가가 주된 행위자로 남아있는 동안은 연계이론도 독자적 영역을 지켜 나가리라 본다.

참고도서

1. James N. Rosenau, ed., *Linkage Politics: Essays on the Convergence of National and International Systems*, New York: The Free Press, 1969.

이 책은 Linkage theory에 관련된 그간의 연구를 추려 한데 모은 것이다. 이 책 중 제 3 장, "Toward the Study of National-International Linkages"(pp. 44-63)은 Rosenau가 직접 자기의 연계이론 내용을 소개한 것이다. 대체로, 이 책 한권이면 연계이론의 현 단계까지의 발전주류를 짐작해 볼 수 있게 된다.

2. James N. Rosenau, "Pre-theories and Theories of Foreign Policy," in R. Barry Farrell, ed., *Approaches to Comparative and International Politics*, Evanston: Northwestern University Press, 1966, pp. 27-92.

이 글은 Rosenau가 Linkage Politics에 대한 관심을 나타낸 최초의 것으로서 연계이론의 발전과정을 이해하는 데 도움을 주는 글이다. 특히 Rosenau의 Penetrated system개념이 잘 다루어져 있다.

3. Jonathan Wilkenfeld, ed., *Conflict Behavior & Linkage Politics*, New York: David Mckay, 1973.

이 책은 국내외갈등 문제 설명에서 연계이론적 사고를 채용한 도합 11개의 논문을 모은 것이다. 이 중 제 2 장, "Theorizing Across Systems: Linkage Politics Revisited"는 Rosenau가 Linkage이론의 영역을 넓혀가며 연계의 여러 양태에 대하여 새로 개념화시킨 주요 업적을 담은 중요한 논문이다.

4. 武者小路公秀(무샤고지 긴히데) 편저, 『國際學：理論と展望』,

東京：東京大學出版會, 1976의 제 2 장 제 3 절, pp. 145-172.

일본어를 아는 학생들에게 읽기를 권하는 논문인데, 여기서는 Rosenau의 연계이론의 골자를 간결하게 소개하고 있으며 아울러 Wolfram F. Hanrieder의 연계이론도 곁들여 설명하고 있다.

제16장

쉘링의 전략이론

제 1 절　전략적 사고

1. 합리적 행위선택과 갈등전략

의지에 따라 행동(action)이 이루어질 때 우리는 그것을 행위(behavior)라 한다. 잠자면서 팔 다리를 움직이는 경우 우리는 행위라 하지 않는다. 식사하려는 의지가 있어 식당으로 발걸음을 옮긴다면 그것은 행위이다.

합리적 행위(rational behavior)란 알려진 지식을 토대로 목적과 행위선택을 최선의 방법으로 연계시키는 행위를 말한다. 합리성(rationality)이란 "알려진 보편지식과 가장 잘 부합하는 것"을 말한다. 운동장을 가로질러 곧장 건너편 건물로 걸어가는 행위는 "삼각형의 2변의 합은 다른 한 변보다 길다"라는 잘 알려진 보편적 지식을 바탕으로 최단거리를 택하는 의식적 행위이므로 가장 합리적 행위라 평가한다. 그러나 만일 운동장에 발을 들여놓아서는 안 된다는 규칙이 있고 규칙을 어기는 것이 바람직하지 않다고 판단되는 상황이라면 운동장의 경계선 밖에서 최단거리가 되는 길을 따라 간다는 행위를 선택하게 될 것이다. 합리성은 목적, 상황, 행위비용 등을 모두 고려해야 판정될 수 있는 상대적인 것이다.

전략(strategy)이란 "목적성취를 위하여 가장 합리적인 행위를 선택하는 종합계획"이라고 정의할 수 있다. 전략은 목적을 전제로 한다. 목적 없는 행위는 전략의 대상이 아니다. 전략은 행위선택 계획이다. 선택이란 복수의 대안(代案 : alternative)이 있을 때 그 중에서 하나를 고르는 행위이다. 전략의 기초는 합리성이다. 알려진 보편지식이 행위선택의 기준이 된다.

쉘링(Thomas C. Schelling)은 갈등(conflict)이론을 다음과 같이 분류한다.[1] 개인간, 집단간, 그리고 국가간의 갈등을 하나의 병리현상으로 보고 원인을 규명하고 처방을 하는 이론들과 갈등은 다양한 생각과 이익을 가진 주체들간에는 자연 발생적으로 생겨나게 마련이라고 전제하고 이러한 갈등과 연계된 행위 자체를 집중적으로 분석하고 설명하려는 이론들로 나눈다.[2] 후자의 이론들 중에는 갈등행위에 관련되는 모든 상황을 다루는 이론들이 있고, 범위를 좁혀 합리적 · 의식적 · 기술적 행위에 초점을 맞추어 갈등행위를 분석하려는 이론들이 있다. 이 중에서 특히 경쟁상황에서 승리할 수 있는 바른 행위체계를 찾으려는 이론들이 있다. 이 이론들을 쉘링은 갈등전략(the strategy of conflict)라고 부르고 있다.

'경쟁상황에서의 승리'란 목적달성과 관련하여 다른 경쟁자의 의지적 행위가 개입되는 상황에서의 최선의 선택을 뜻한다. '승리'는 기대하는 최선의 결과를 뜻하고 그러한 승리를 얻는 일련의 행위체계를 게임(game)이라고 한다면 갈등전략은 곧 전략게임(game of strategy)이라고 할 수 있다. 게임에는 상대의 행위와 관

1) Thomas C. Schelling, *The Strategy of Conflict*, London: Oxford University Press, 1960, p. 3. 이 장에서는 이 책을 바탕으로 Schelling의 전략이론을 해설한다.

2) *loc. cit.*

계없는 기량게임(game of skill), 기회게임(game of chance)도 있기 때문이다. 내가 가진 여러 기량 중에서 무엇을 택하는 것이 최선인지, 그리고 어떤 기회에 행위를 행하는 것이 최선인지만을 다루는 게임은 전략게임과는 다르다. 전략게임은 다른 행위자, 즉 상대가 무슨 행위를 할 것인가를 고려하여 내가 최선의 행위를 택하는 '상대의 결정과 행위결과에 대한 상대의 기대를 고려한 최선의 행동선택'이기 때문이다.[3)]

쉘링은 갈등상황에서 갈등 당사자들이 승리하기 위하여 어떤 행위를 하게 되는지를 분석함으로써 갈등행위의 이해를 높이기 위해 '전략게임'이론이 필요하다고 연구목적을 선명히 밝히고 있다. 특히 국가간의 갈등을 이해하는 데서는 전략이론은 갈등상황에서의 국가행위전형(pattern)을 찾는 데 큰 기대를 하게 된다. 국가는 개인과 달리 감정적인 행위선택을 하기 어렵고 합리적 행위에 매달린다. 국가는 구성원에게 최선의 결과를 가져다 줄 의무를 가진 조직체이므로 정상적 국가라면 기분에 의한 자기희생을 할 수 없기 때문이다.

전략이론(戰略理論)은 외형상 '정책이론'으로 분류하는 것이 옳게 보일지 모르나 국가행위를 경험적으로 설명, 예측하기 위하여 제시된 이론이란 점에서 이 책에서도 제 2 부 경험이론에 포함해서 해설한다.[4)]

---

3) *loc. cit.* 각주 1참조. Schelling의 해설을 그대로 옮긴다. "…The term of games which distinguishes games of skill, games of chance, and games of strategy, the latter being those in which the best course of action for each player depends on what the other players do. The term is intended to focus on the interdependence of the adversaries' decisions and on their expectations about each other's behavior."

4) 현대게임이론의 선구자의 한 사람인 Oskar Morgenstern은 게임이론은 최적행위를 지시해 준다는 뜻에서 규범적이며, 아울러 실제의 행위의 분석모델이라는 뜻에서 기술적이기도 하다고 쓰고 있다. 『사회과학백과사전』(*International Encyclopedia of the Social Science*, 1974)의 game theory항의 이론 해설 부분

2. 전략 개념과 게임

전략은 "미리 정해진 목표의 달성을 위하여 자원을 투입하는 계획"(a plan for the employment of resources for the attainment of a predetermined end)라고 정의된다.[5] 전략은 목표선택, 주어진 환경조건에서의 비용·위험감수의 계산 등을 모두 포함하는 개념이다. 목표선택에서서는 선호도(選好度 : desirability)와 성취가능성(成就可能性 : feasibility)의 검토가 포함되며 비용·위험감수를 결정하는 환경조건 분석에서는 예상결과가 하나뿐인 확실한 조건(condition of certainty), 각개 행위의 확률분포를 모르는 2개 이상의 예상결과를 전제로 하는 불확실조건(condition of uncertainty), 그리고 각개 행위의 알려진 확률분포를 가진 다양한 예상결과를 전제로 하는 위험수준조건(condition of risk) 등의 분석을 모두 포함한다.[6]

전략을 체계적으로 정리 제시한 사람 중에는 레닌(Vladimir I. Lenin)을 빼 놓을 수 없다. 레닌은 마르크시즘 이념을 실천하는 정치질서를 구현하기 위한 혁명전략을 세우면서 전략 자체에 대하여 깊이 연구했으며 그가 세운 전략체계는 그 뒤에 소련의 군사전략체계의 근간이 되었다. 그런 뜻에서 전략연구를 하는 사람들은 그의 전략체계를 이해하여야 한다.[7]

에서 Morgenstern은 "…The theory is normative in that it aims at giving advice to each player about his optimal behavior: it is descriptive when viewed as a model for analyzing empirically given occurences."라 쓰고 있다.

5) Charles O. Lerche, Jr., & Abdul Aziz Said, *Concepts of International Politics*, Englewood Cliffs: Prentice-Hall, 1963; 1979, pp. 50-51.

6) *ibid.*, pp. 52-53.

7) 레닌의 전략체계를 가장 잘 정리해 놓은 짧은 글로는 다음을 들 수 있다. Joseph Stalin, "The Foundation of Leninism," in Arthur P. Mendel, ed., *Essential Works of Marxism*, New York: Bantam Books, 1961, pp. 209-296을 볼 것.

레닌은 전략을 다음과 같이 정의한다. "전략이란 혁명의 한 주어진 단계에서 주공(主攻)방향을 결정하고 혁명에 동원할 수 있는 힘(주력군과 부차적 보조군)의 세부적 배분계획과 이 계획을 실천해 나가는 실천행위를 마련하는 것이다."[8)]

레닌의 이 전략 개념정의에 따르면 전략요소는 다음의 네 가지가 된다. 첫째 전략목표 선정, 둘째 주력군 선정, 셋째 주공방향 결정 및 넷째 힘의 배분계획. 부연한다면 전략이란 성취목표를 세분하여 연계된 작은 목표로 재구성하고, 목표성취에 동원할 수 있는 힘의 핵심을 선정하고, 나아가서 이 힘을 어떻게 사용할까를 연계된 행동체계로 편성하고, 끝으로 동원할 수 있는 총역량을 시간·공간적으로 배분하는 종합계획이라고 할 수 있다.

전략은 목표달성을 위한 종합 행위계획 체계이지만 이 중에서 상대의 행위선택, 상대의 행위기대 등을 감안하여 최선의 행위를 선택하는 경우, 즉 상대의 선택과 나의 선택이 상호 연계되어 있는 상황에서 승리를 추구하는 일을 게임(game)이라고 한다. 그런 뜻에서 게임은 전략 중의 하나의 유형이라 할 수 있다. 게임은 남과 경쟁적으로 추구하는 목표가 있고, 나의 행위를 예상하고 '합리적'으로 대응하는 상대가 있는 그런 특수 전략환경이라고 보면 된다. 쉘링의 전략이론은 이러한 게임상황에서 각 국가가 선택할 합리적 행위선택을 설명·예측하려는 이론이다.

---

8) *ibid*, p. 269. 여기서는 편의상 의역하였다. 사회주의 혁명전략을 일반화하여 번역하였다. 영문으로는 다음과 같이 되어 있다. "Strategy is the determination of the direction of the main blow of the proletariat at a given stage of the revolution, the elaboration of a corresponding plan for the disposition of the revolutionary forces(main and secondary reserves), the fight to carry out this plan throughout the given stage of the revolution."

제 2 절 게임이론의 발전과정과 기초문헌

게임은 하나의 특수한 전략상황이다. "한 행위자의 최선의 행위선택은 그가 기대하는 상대방의 행위에 따라 결정되며, 또한 상대방의 행위는 내가 취하리라 상대방이 예상하는 행위에 따라 결정되는 전략상황"이 곧 게임상황이다. 이 상황의 핵심은 경쟁하는 행위자간의 상호 행위예측의 연계이다.[9]

게임이란 쉽게 표현한다면 승부를 겨루는 놀이(play, Spiel)이다. 정해진 게임규칙에 따라 게임 당사자는 최선의 행위선택을 해서 승리를 추구하는 놀이다. 놀이 중에는 화투패떼기(재수를 보기 위한 것 : 확률과의 대결), 또는 골프(함께 치는 사람과 자기 점수와는 아무 연관이 없다)처럼 상대방이 없는 것도 있고 장기나 바둑, 정구나 축구처럼 상대방이 있는 것도 있다. 상대방이 있는 게임에서는 이기고 지고 하는 것이 자기 결정에만 따르지 않는다. 상대방의 행위결정을 고려해서 자기가 최선의 행위결정을 해야 이길 수 있다.

상대가 있는 게임에서의 승부가 결정되는 데는 자기와 상대방의 능력(정구라면 기량), 처해진 상황(햇볕이 정면으로 비치는 코트 등) 등도 중요하지만 행위선택도 중요하다. 즉, 여러 가지 택할 수 있는 행위 중에서 어느 것을 택하는가 하는 것이 승리를 가져오는 요소가 될 수 있다. 장기나 바둑에서는 원칙적으로 주어진 능력(말의 수)은 같다. 다만 한 수 한 수(선택)를 어떻게 연결해 나가는가 하는 것에 따라 이기고 지고 한다. 이 때의 일련의 행위선택

9) Schelling, *op. cit.*, p. 86 원문은 다음과 같다. "It is a behavior situation in which each player's best choice of action depends on the action he expects the other to take, which he knows depends, in turn, on the other's expectation of his own."

계획을 전부 묶어 전략(strategy)이라 부르는 것이다. 그리고 전략이 승부의 결정요소가 되는 게임을 전략게임(games of strategy)이라 불러 다른 게임과 구분한다.[10]

우리가 국제정치학에서 논하는 게임이론은 바로 이 전략게임에서 어떻게 최선의 행위를 결정하는가, 그리고 실제의 게임에서 어떤 심리적 과정을 거쳐 행위를 결정하는가를 밝히며 나아가서는 복잡한 상황에서 제일 유리한 결정은 무엇이 될까 등을 제시해 주는 이론모델을 뜻한다.

게임이론은 독일수학자 라이프니쯔(Gottfried Wilhelm von Leibnitz, 1646-1716)에 의해 1701년에 처음 거론되고, 다시 2년 후 월드그레이브(James Waldegrave)에 의해 그 이론의 핵심개념인 미니맥스전략(a Minimax strategy)에 대한 논의가 제기되었다고 하나,[11] 본격적으로 게임이론이 체계적으로 개발되기 시작한 것은 폰 노이만(John von Neumann)이 미니맥스전략의 기본정리를 증명한 1928년부터라고 해도 좋을 것이다.

게임이론은 어떤 의미에서는 역사적 우연에서 발전한 것이다. 이 이론은 한 사람의 천재적 정치학자가 미묘한 인연으로 한 사람의 천재적 수학자와 만나 함께 일하게 된 데서 빛을 보게 되었기 때문이다. 위에서 본 바와 같이 원래 게임이론은 수학자들에 의해 수학적 관심에서 논의되기 시작한 것이었다. 수학에서 어떤 함수의 값의 최대최소를 정하는 문제들은 미분(differential calculus)이라는 훌륭한 분석도구로 해결해 왔다. 그러나 미분에 의해서 해

---

10) Thomas C. Schelling, *op. cit.*, Shelling은 game을 games of skill, games of chance, 그리고 games of strategy로 구분한다. 여기서 그는 games of strategy의 특성을 행위자의 행위결정과 상대방의 행위결정과의 상호종속관계에서 찾고 있다. 즉, 행위자의 행위가 최선인지 아닌지는 오직 상대방의 행위계획과 대조해 볼 때에만 판정할 수 있다는 점에서 전략게임의 특성을 밝히고 있다.

11) *loc. cit.*, 19세기의 여러 학자들의 업적도 위에 언급한 백과사전에 간단히 소개되어 있다.

결 못하는 최대최소의 문제가 있음을 수학자들은 알게 되었다. 그것이 바로 전략게임상황이었다. 전략게임상황에서는 최대최소가 일방적으로 주어진 조건을 충족함으로써 정해지는 것이 아니다. 상대방에 의한 행위결정이라는 특이한 상황에서만 최대최소가 의미있게 정해지기 때문이다. 수학자인 폰 노이만이 관심을 가졌던 것도 바로 이러한 수학적인 문제였다. 그런데 한편 정치학자인 오스카 모르겐슈테른(Oskar Morgenstern)은 경쟁, 흥정 등 경제적 의사결정에서 같은 문제를 가지고 해결을 구하고자 애쓰고 있었다.[12)]

폰 노이만은 헝가리계 미국인이다. 그는 1903년 헝가리에서 태어나 1923년 부다페스트(Budapest) 대학교에서 수학 박사학위를 받고 다시 스위스의 Federal Institute of Technology에서 화공학 박사학위를 받았으며 1926년부터 1929년까지 베를린대에서 강사로 있었고, 1929년에는 함부르크대 조교수가 되었었다. 그는 23세 때 *Mathematical Foundation of Quantum Mechanics*라는 유명한 저서를 세상에 처음 내 놓았다. 천재적 수학자였던 그는 1933년 미국에 건너간 이래 1957년에 암으로 죽을 때까지 프린스턴대학의 수학 교수로 있었다.

모르겐슈테른은 폰 노이만보다 한 살 위(1902년생)이며 독일에서 태어났는데 역시 스물 셋이던 1925년에 비엔나대에서 정치

---

12) Morgenstern은 marginal productivity에 대한 연구로 박사학위를 받았으며 1928년에는 *Wirtschafts Prognose*라는 책을 출판했다. 이 책에서 Morgenstern은 경제적 예측과 관련하여 경제문제에 있어서 두 가지 종류의 변수들이 있음을 주장했는데 그는 그 하나를 '죽은 변수'(dead variable), 다른 하나를 '산 변수'(live variable)라고 불렀다. 그는 다른 경제주체의 결정을 반영하는 변수를 산 변수, 반영하지 않는 변수를 죽은 변수라고 불렀으며, 죽은 변수만 작용할 때는 행위자가 자기 계획만으로 이익을 '극대화'할 수 있지만, 산 변수, 즉 다른 행위자의 의지, 행동을 대표하는 변수가 있을 때는 이 변수들이 행위자의 계획을 간섭하게 되기 때문에 전혀 다른 상황에 봉착한다고 지적하였다. Morgenstern은 이 문제의 해결을 위해 game, strategy 등을 벌써 논의했었다.

학박사학위를 받은 수재였다. 그는 1925년부터 1936년까지는 저널리스트로 일했으며, 1936년에는 국제연맹 통계전문가위원회의 회원이 되었고 1938년 나치에 쫓겨 미국으로 건너왔으며 그 때부터 1970년까지 프린스턴대의 정치경제학 교수로 있었고 그 뒤 뉴욕대 교수로 옮기면서 한편 프린스턴대에 'Mathematics'라는 연구소를 설립하여 이를 이끌어 오다가 1977년 7월 26일 세상을 떠났다.

폰 노이만과 모르겐슈테른은 1938년에 처음 만났으며 1939년 봄, 모르겐슈테른이 교수간담회 형식의 간략한 세미나에서 Business Cycle에 대한 발표를 한 것이 계기가 되어, 폰 노이만과 게임이론을 함께 논의하게 되었고 그 때부터 폰 노이만이 죽은 1957년까지 20년에 걸쳐 두 사람은 일심동체가 되어 게임이론 발전을 위해 노력하게 되었는데 그 최초의 노력의 결정이 1944년에 출판된 게임이론의 고전서, *Theory of Games and Economic Behavior* 이다.[13)]

게임이론이 하나의 체계화된 분석시스템으로 발전하게 된 근본계기는 폰 노이만의 미니맥스정리와 모르겐슈테른의 효용(utility)개념의 수리적 표현의 결합이었다. 미니맥스정리는 둘 이상의 행위주체가 있는 상황에서의 최대최소(또는 최적)를 결정하는 수학적 모델을 제공하였으며 효용개념은 극대화·극소화 또는 최적화할 대상으로서의 가치인식을 객관화하였기 때문에, 경제나 정치 등의 인간행위가 주축이 되는 가치현상을 다룰 수 있는 이론

13) Von Neumann과 Morgenstern은 거의 같이 살다시피하면서 함께 연구해 왔는데, 두 사람간의 협동에 대하여 Morgenstern이 회고한 글이 있다. 이 들은 게임이론을 떠나서 어떻게 학자간에 협동할 수 있나 하는 것과 또한 한 주제를 놓고 얼마나 학자들이 끈질기게 그리고 성실하게 추구하는가를 보여주기 위해서도 꼭 우리 학생들에게 읽히고 싶은 글이다. Oskar Morgenstern, "My Collaboration with John von Neumann on the Theory of Games," *Economic Impact*, No. 19, 1977, pp. 35-41.

모델이 형성될 수 있었던 것이다.

폰 노이만과 모르겐슈테른이 제시한 게임이론은 곧 경제학계에서 큰 반향을 일으켜 많은 후속연구가 나왔으나,[14] 국제정치학에 도입하여 국가간 행위에 적용시켜 발전시킨 선구자로는 아나톨 라포포트(Anatol Rapoport)와 토마스 쉘링(Thomas C. Schelling), 모톤 카플란(Morton A. Kaplan)등을 꼽을 수 있을 것이다.

라포포트는 수학 및 경제학의 어려운 용어와 수학공식 때문에 일반 국제정치학자들이 접근하지 못하던 게임이론을 아주 쉽게 풀어서 소개하여 국제정치학계에 이 이론의 유용성을 인식시켰으며,[15] 쉘링은 인간사회 내부 또는 국제사회에서 일어나는 갈등현상에 대처하는 최적행위선정을 위한 보편적 법칙을 추출하는 방법발견에 게임이론을 어떻게 활용할까 하는 실천적 문제를 폭넓게 다루어 국제정치를 이론화하는 데 하나의 골격을 집어 넣었고,[16] 카플란은 그가 발전, 제시한 국제체제이론모형과 관련하여, 각국의 체제내에서의 행위자들의 행위경향 발견에 게임이론을 적용하여, 국제체제의 운영원리와 변화원리를 찾음으로써 게임이론을 국제정치를 설명하는 보편적 이론으로 발전시켰다.[17]

---

14) 주요 연구업적을 수록한 책으로는 다음의 두 가지를 볼 것. Melvin Dresher, L. S. Shapley & A. W. Tucker, eds., *Advances in Game Theory* [*Annals of Mathematics Studies*, Vol. 32], Princeton University Press, 1964와 Harold W. Kuhn & A. W. Tucker, eds., *Contributions to the Theory of Games*, 4 Vols, Princeton University Press, 1950-1959.

15) 가장 쉽게 쓴 책은 *Two-Person Game Theory: The Essential Ideas*, Ann Arbor: The University of Michigan Press, 1966이다. 이 책은 게임이론의 기초를 이루는 Games, Utilities, Strategy, Game Matrix, Game Tree, Dominating Strategy, Minimax, Mixed Strategy……등에 관하여 간략하면서도 명료하게 해설하고 있어 게임이론을 처음으로 공부하려는 학생들에게는 아주 좋은 소개서 역할을 할 것이라 생각된다.

16) 그의 대표적 저서로 *The Strategy of Conflict*(각주 1 참조)가 있다.

17) 그의 저서 *System and Process in International Politics*, New York: John Wiley & Sons, 1964의 Part Four, "On Strategy"를 볼 것.

그 밖에도 게임이론의 부수현상이라 할 수 있는 행위자간의 동맹결성에 관한 연구를 개척한 윌리엄 라이커(William H. Riker)의 저작들,[18] 게임이론의 분지(分枝)라 할 자극-반응 모델(stimulus-response model)에 관한 논문들도 게임이론의 유용성과 적용범위를 이해하는 데 도움이 될 것이며, 슈빅(Martin Schubik)이 편저한 *Game Theory and Related Approaches to Social Behavior* (rational behavior)[19]도 게임이론의 다양한 측면을 이해하는 데 도움이 되는 책이라 생각된다.

제 3 절 게임이론의 기본구조

게임이론은 행위자의 합리적 선택에 바탕을 두고 있고, 게임, 효용, 전략을 핵심으로 하여 구성되어 있다. 각각을 간단히 해설한다.

1. 합리적 선택

게임이론은 이성적 행위, 즉 합리적 행위에 관한 이론이며, 이 이론에서는 행위자뿐만 아니라 상대방도 똑같이 합리적으로 행위하리라는 기대를 전제로 하고 있다. 여기서 합리적 행위(rational behavior)라 함은 각 행위자 모두가 잘 정의된 체계적인 기본목표(basic objectives)를 가지고 있으며, 이들은 이 목표달성을 위해 실수 없이 실제로 행위를 선택한다는 것을 의미하는 것이다.[20] 이

18) 그의 저서로, *The Theory of Political Coalitions*, New Haven: Yale University Press, 1962를 꼽을 수 있다.

19) New York: John Wiley & Sons, 1964.

20) John C. Harsanyi, "Game Theory and the Analysis of International Conflict," in James N. Rosenau, ed., *International Politics and Foreign Policy*, revised edition, New York: The Free Press, 1969, pp. 370-379의 p. 370 참조.

러한 합리적 행위가정은 실제로 현실세계에서는 기대하기 어렵다고 할 지 모른다. 왜냐하면 인간은 항상 실수하기 마련이며, 또 기본목표도 상황에 따라서는 바뀔 수 있기 때문이다. 뿐만 아니라 인간들은 행위선택에 있어서 항상 냉정하게 이성적으로 계산하고 의사를 결정하는 것은 아니다. 때로는 손해를 보는 줄 알면서도 감정 때문에 자해적 행위를 하는 수도 있기 때문이다.

일반적으로 인간의 사회행위 중에서는 경제행위가 가장 이성적이다. 경제에서는 이익이라는 것이 비교적 쉽게 정의될 수 있고 또 이익을 극대화한다는 기본목표도 쉽게 전제할 수 있으며, 돈이라고 하는 공통의 측정치(common currency)가 있어 쉽게 이익을 측정할 수 있고 또한 인간들은 경제적 이익이 걸려 있는 행위영역에서는 자해적 행위를 잘 하지 않기 때문이다.

경제행위 이외의 영역에서 가장 이성적 행위를 기대할 수 있는 영역은 국제정치라 할 수 있을 것 같다. 국제정치에서는 국내정치에서처럼 윤리적 고려에 의한 망설임이 적을 뿐더러 행위주체인 국가는 정치사상에 바탕을 둔 특정정책의 편파적 선택 등이 적고, 주로 그 국가의 이·불리(利·不利)에 따라 냉정하게 행위하기 때문이다. 대체로 이러한 이유 때문에 이성적 행위를 전제로 하는 게임이론은 경제학과 국제정치학에서 활발히 논의되고 있다고 볼 수 있다.

아무튼 게임이론은, 게임참가자 모두가 각각의 기본목표달성을 위해 노력을 다한다는 전제하에서만 가능하다. 이러한 행위자의 합리적 행위를 기대할 수 없는 경우에는 게임이론은 성립할 수 없다. 행위자의 행위를 예측할 수 있는 근거가 없어지기 때문이다. 장기에 있어서 두 사람 모두 이기기 위해 최선을 다한다고 가정할 때 비로소 다음 수는 무엇이 될 것이다라는 논의가 가능해지지만, 이기는 데는 관심이 없고 행위의 재미만을 위해 마구 둔다면 아무도 다음 수를 예측할 수 없는 것과 같다.

게임이론은 인간의 이성적 행위를 전제한다는 점에서 '상황의 이론'이지, 특정 속성을 갖는 행위자 고유행위에 관한 이론은 아니다. 즉, 어떤 개성을 가진 행위자일지라도 주어진 상황에 놓이게 되면 다 같은 행위성향을 나타낼 것이라는 전제하에서 '놓여진 상황' 속에서 '기대되는 행위'를 논할 뿐이다. 따라서 행위자의 고유한 속성은 무시된다.

게임이론은 인간의 합리적 선택을 전제로 한다. 합리적 선택이란, 결과가 다른 몇 개의 대안이 있을 때 기본목표달성에 더 적합한 행위를 택한다는 것을 의미한다. 따라서 '양보'가 전제되면 게임이론은 성립할 수 없다. 상대방이 A라면 택할 수 있는데 B라면 택할 수 없다고 한다면 행위자나 상대방의 속성(attributes)을 무시하는 게임이론에서는 행위선택을 예견할 수 있는 근거를 잃게 되기 때문이다.

게임이론은 보편적 행위이론이다. 상황만 같다면 누구에게도 적용될 수 있는 이론이다. '이성'은 만인공통이라는 가정을 스스로 내포하고 있다. 따라서 이성에 바탕을 둔 합리적 선택을 전제로 하는 게임이론은 누구에게도 적용될 수 있는 보편적 이론이 된다.

2. 게 임

확률이론이 기회의 게임(game of chance)에 관한 이론이라면 게임이론은 전략게임(game of strategy)에 관한 이론이다. 게임이론은 행위자가 합리적 행위선택을 할 때 기대되는 확정된 이익(pay-off)이 계산될 수 있는 이론이다. 불확실한 결과를 놓고 모험적으로 하나를 선택하는 기회의 게임과는 달리 정확히 예상되는 확정된 이익을 놓고 선호(preference)를 결정하는 게임에 관한 이

론이다. 게임이론에서 다루는 게임은 다음과 같은 속성을 가진다.[21]

첫째로, 게임은 최소한 둘 이상의 참가자를 필요로 한다. 상대의 행위선택을 전제로 나의 선택을 결정하는 경우만을 게임이라고 부른다. 혼자서 하는 '운수를 보는 화투패떼기' 같은 것은 게임이론에서 다루는 게임이 아니다.

둘째로, 게임은 하나 또는 그 이상의 참가 행위자의 전략선택으로 시작된다. 이 때 그 선택을 수(手 : move)라 부른다. 그리고 선택할 수 있는 대안들은 모두 구체적으로 결정되어 있어야 하고 2 이상의 복수여야 한다. 복수가 아니면 선택이 있을 수 없기 때문이다. 바둑의 경우 먼저 두는 사람에게는 361개의 선택이 주어지는 셈이다. 첫돌을 어디다 놓아도 좋기 때문이다.

셋째로, 첫 수가 선택되면 '상황'(situation)이 결정된다. 상황이란 다음 행위자가 선택할 수 있는 수를 말한다. 순차적으로 수를 택하여야 하는 장기나 체스, 바둑과 같은 게임에서는 앞의 수가 다음 수의 선택을 제한하게 된다. 또한 앞의 수를 선택하는 다음 행위자의 선택을 짐작하고 수를 고르게 된다. 그래서 게임에서는 선택의 상호의존이 이루어지는 것이다.

넷째로, 행위자가 선택한 수가 상대에게 알려질 수도 있고 알려지지 않을 수도 있다. 선택의 공개 여부는 게임규칙이지 게임의 본질은 아니다. 바둑 등에서는 선택은 완전히 공개되나 카드 게임의 대부분에서는 선택이 알려지지 않는다. 전자를 '완전정보게임'(game of perfect information)이라 한다.

다섯째로, 순차적인 선택게임에서는 종결규칙(termination rule)이 정해지기 마련이다. 각개의 수는 특정상황을 결정하는데, 더 이상 게임을 진행할 수 없는 상황에 도달하게 되면 게임은 끝난다. 장기에서 '외통수'가 되면 게임은 끝난다. 게임이 종료되면

21) Rapoport, *op. cit.*, (주15)의 pp. 13-21에 제시된 특성을 축약한다.

행위자는 각각 이득(pay-off)을 얻게 된다.

이상과 같은 속성을 가진 게임이 전략게임인데, 이런 전략게임이 게임이론에서 다루는 게임이다.

3. 효 용

전략게임에서 게임이 끝나면 참가자는 일정한 이득(pay-off)을 얻게 된다.[22] 이득은 '포지티브'일 수도 있고 '네거티브'(손실)일 수도 있다. 돈을 걸고 둔 바둑이라면 정확한 돈의 액수로 이득은 계산된다. 이 때의 이득을 효용(utilities)이라 부른다. 라포포트는 이 효용은 모두 등간척도(等間尺度 : interval scale)로 측정하여야 이론을 의미 있게 적용할 수 있다고 주장하고 있다.

효용은 참가자의 만족도 자체를 결정하는 것은 아니다. 만족도는 참가자의 심리적 선택이 개입되기 때문이다. 효용이 작으나 확률이 큰 경우와 효용은 크지만 확률이 적은 경우가 있을 때는 효용의 크기만으로는 만족도를 이야기할 수는 없다. 그래서 기대치(expected gain)라는 개념을 사용한다. 기대치는 효용에 확률을 곱한 것이다. 기대치가 효용측정의 기준으로 더 적합하기 때문에 보통 게임이론에서는 이 기대치를 이득계산의 단위로 쓴다.

기대치만으로 참가자의 만족도를 정확히 측정할 수 있는가? 만족도는 행위자의 주관적인 가치판단에 기초하기 때문에 같은 기대치라고 해서 만족도도 같다고 하기 어렵다. 베르누이(Daniel Bernoulli)는 인간의 돈에 대한 주관적인 도덕가치(The moral worth of money)에는 효용체감의 법칙(law of diminishing return)이 작용하기 때문에 기대치가 커지면서 만족도의 증가속도는 줄어

22) *Ibid*, pp. 22-38에 효용에 대한 상세한 설명이 있다. 여기서는 아주 간단히 축약한다.

든다고 보고 기대치의 대수(對數 : logarithm)를 택하여 효용측정치로 하자고 제안하기도 했다.[23)]

게임이론 전개에서 효용치를 계산하려면 최소한 행위자가 선택에 따른 결과에 대한 일관성 있는 선호(選好)를 결정할 수 있어야 하고, 기대치가 달라질 때 정확히 선호를 구분할 수 있기만 하면 된다고 이해하면 된다.

4. 전　략

게임 참가자가 순차적으로 선택하는 수(手 : move)를 모두 연결하여 부를 때 이를 전략(strategy)이라 한다. 게임은 둘 이상의 행위자가 참가하여 두 행위자가 모두 행위선택을 하고 또한 두 선택은 서로 영향을 주기 때문에 보통 전략을 쌍(pair)으로 묶어 다룬다. 즉 A가 a를 택하고 B가 b를 택했을 경우 그 결과는 어떻게 되는가 하는 식으로 게임에 접근한다.

나의 선택과 상대의 이에 대한 대응선택이 이루어지면 다음에 내가 선택할 수 있는 수는 제한된다. 전략은 상대에게 선택가능한 모든 수를 제공해 주는 계획(a strategy is a plan which provides for every possible choice on the part of the other player)[24)]으로 게임 진행에 따라 행위자의 선택범위가 줄어들게 된다. 전략은 매수마다 나의 효용치가 크고 상대의 효용치가 적어지는 선택을 해나가는 계획이라 할 수 있다.

전략은 한 게임에서 택하게 되는 여러 수의 집합, 즉 연계된 수의 전체를 말하는 것으로 전략의 총수는 엄청나게 커진다. 바둑의 경우 첫 수는 361가지의 선택이다. 두 번째 수가 359(나의 첫

23) Encyclopedia Britanica의 'Game Theory' 항목 중 p. 1122 참조.
24) Rapoport, *op. cit.*, p. 44.

수와 상대의 대응수를 뺀 것)가 되고, 세 번째 수는 357…… 이렇게 되는데 이 모두를 곱한 것이 전략의 총수가 되는 셈이다. 이 천문학적 선택대안 중에서 하나를 고르는 것이 전략이라 생각하면 된다.

전략은 일반으로 모든 가능한 수 중에서 하나를 미리 택하는 식으로 짤 수 없다. 상대의 응수마다 상황이 달라지기 때문이다. 그래서 보통 선택의 지침이 되는 원칙을 세우는 식으로 짜진다. 바둑에서 정석(定石)은 부분전략이기는 하지만 일정한 선택유형을 정형화해 놓은 것이다.

제 4 절 게임 분류

게임은 참가자 수, 참가자가 추구하는 효용치들간의 관계, 참가자간의 관계 등에 따라 몇 가지로 유형화하여 '모형'화하고 있다.

1. 제로섬 게임과 비제로섬 게임

게임 참가자 중 한쪽이 얻는 이득이 상대가 잃는 손실과 같은 경우 그 게임을 제로섬 게임(zero-sum game : 零和게임)이라고 부른다. 이긴 쪽의 이익과 진 쪽의 손실이 크기가 같고 부호가 반대이므로 둘을 합치면 항상 '0'이 되기 때문에 붙인 이름이다.

제로섬 게임은 나눌 수 없는 목표물을 서로 경쟁적으로 추구할 때 일어나는 게임이다. 이기고 지는 바둑, 축구 같은 게임은 전형적인 제로섬 게임이다. 바둑에서 한 쪽이 10집 이기면 다른 쪽이 10집 지니까 바둑은 제로섬 게임이다. 축구도 마찬가지다.

비영화(非零和) 게임, 즉 넌제로섬 게임(non-zero-sum game)

은 승자와 패자의 이익과 손실의 합이 '0'이 안 되는 경우를 말한다. 승자가 얻는 이익이 그대로 패자의 손실이 되는 것이 아닌 게임이다. 현실 국제정치에서는 이러한 넌제로섬 게임이 훨씬 더 많다.

'비제로섬' 게임의 가장 대표적인 예는 터커(A. W. Tucker)가 고안해 내었다는 수인(四人)의 딜레마 게임(game of the prisoner's dilemma)[25]이다. 두 사람의 용의자가 함께 범법했다고 의심받아 경찰에 갇혀 따로 심문을 받고 있는데, 경찰은 이들에게서 자백을 받아내기 위하여 다음과 같이 설명했다고 치자. A, B 모두가 자백하면 각각 5년형을, 그리고 한 사람이 자백하고 나머지가 자백하지 않으면 자백한 쪽은 무죄 석방하고 자백하지 않은 쪽은 10년형을, 그리고 둘다 자백하지 않으면 각각 1년형을 받게 된다. 이럴 경우 두 용의자는 딜레마에 빠지게 된다. 용의자 A의 경우 용의자 B의 행위를 예측하기 어려워 자백을 할 것인가 묵비권을 행사할 것인가 판단하기 어렵게 된다. 만일 B가 함께 자백하면 둘다 5년형이라는 무거운 벌을 받게 되나 B가 묵비권을 행사하면 A는 혼자서 자백함으로써 B에게 10년형을 받게 하고 자신은 석방될 수 있다. 그리고 B가 묵비권행사를 할 것을 기대할 수만 있다면 자기도 자백하지 않음으로써 B를 배신하지 않고도 둘다 함께 1년형이라는 가벼운 형을 받을 수 있다. 그러나 A의 생각에 B가 자기가 자백하지 않을 것을 기대하고 자기에게 10년형을 뒤집어 씌우고 석방되어 나가기 위해 자백해 버릴 것 같기 때문에 묵비권 행사를 하기에 불안해지게 된다. 즉, A의 경우 자백하면 5년형 또는 석방, 자백하지 않으면 10년형 또는 1년형이 기대되는데 최고의 기대인 석방을 노리다가는 5년형을 받을 가능성이 있고, 5년보다 짧은 1년형을 노리다가는 10년형을 받게 될 위험이 있어 어느 것도

25) James E. Dougherty & Robert L. Pfaltzgraff, Jr., *Contending Theories of International Relations*, Philadelphia: Lippincott, 1971, pp. 354-357(최창윤 역, pp. 467-471)을 참조.

택하기 어려워지는 것이다. 만일 이 때 두 용의자가 서로 교신이 가능해진다면, 그리고 둘이 서로 협력할 수 있다면 둘다 자백하지 않기로 하고 1년형을 함께 받을지 모르나, 남이야 어떻게 되든 나만 석방되면 되지 않느냐는 생각을 하게 된다면 자백의 모험을 할 가능성이 높다.

또 하나의 좋은 예는 군비경쟁이다. 군비축소는 서로의 평화를 위하여 바람직하지만, 상대방이 군축을 할 때 일방적으로 군비확장을 하게 되면 상대방을 예속시킬 수 있어 최대의 만족을 얻음과 동시에 자국안보에 위협을 느끼지 않아 좋다. 그러므로 어느 나라나 군비확장의 잠재적 의지는 있다. 그러나 공동의 이익을 위한다면 상호감군이 바람직하다. 만일 두 나라가 서로를 믿을 수 있다면 상호군축을 할 것이지만 일반적으로는 상대방에 의해 배반당할 경우를 생각해서 군비확장을 하지 않을 수 없게 되는데 이런 상태는 수인의 딜레마와 논리적으로 같은 것이라 할 수 있다.

2. 2인게임과 다자게임

게임의 참석자가 둘 뿐이면 2인게임(two-person game), 3인 이상이면 다자게임 또는 일반화하여 'N-인'게임(N-person game)이라고 부른다. 2인게임에서 '제로섬' 게임과 '비제로섬' 게임을 구분하듯이 'N-인'게임에서도 '제로섬' 게임과 '비제로섬' 게임으로 구분한다.

'N-인'게임이 2인게임과 달라지는 가장 두드러지는 특성은, 참가자간의 결탁(coalition)이라는 새로운 현상의 추가다. 2인게임에서는 두 참가자가 서로 적대하여 게임을 하는 것뿐이지만 참가자가 셋 이상이 되면 참가자중 일부가 편을 짜서 함께 공동적에 대처하는 결탁현상이 일어나게 된다. 'N-인'게임에서는 이 결탁현상이 사실상 중심적인 관찰대상이 된다. 누가 누구와 어떤 조건 아래서 결탁하게 되며, 결탁에 의해 얻어지는 이득은 어떻게 배분되는가 하는 것이 관심의 대상이 되며 게임이론에 대한 국제정치학자들의 관심도 바로 이 결탁현상 때문에 생긴 것이다. 아무튼 'N-인'게임에서 결탁이 가능한 경우 본질적 게임(essential game)이라 부르고, 그렇지 못한 경우를 비본질적 게임(inessential game)이라 부른다.[26)]

3. 협력게임과 비협력게임

게임참가자 사이에 서로 어떤 전략을 택할 것인가에 대하여 사전에 협의를 할 수 있는 경우를 협력게임(cooperative game)이라 부르고 사전 협의가 불가능하거나, 협의하지 않고 게임을 할 경우 비협력게임(non-cooperative game)이라 부른다.

2인 '제로섬' 게임에서는 원칙적으로 협상이 있을 수 없다. 득실이 서로 상반되기 때문에 협력의 여지가 없다. '비제로섬' 게임에서는 협력이 가능한 경우와 그렇지 않은 경우가 있다. 참가자가 택할 수 있는 전략이 2개 이상이고, 각 전략에 따라 돌아오는 이득이 상대방의 전략 여하에 따라 정하여질 때, 즉 어느 특정 전략을 택하는 것이 꼭 유리하도록 되어 있는 경우가 아닐 때는 두 참가자간에 협의에 의하여 둘 다 좋은 방향에서 전략선택을 합의할 수 있다. 그러나 한 참가자가 택할 수 있는 전략이 a_1, a_2, a_3, ……a_n 중에서 가령 a_2를 택하는 것이 항상 유리하도록 되어 있다면 이 때는 협력의 여지가 없다. 협력에서 얻어지는 이익이 없기 때문에 협력하려 하지 않을 것이다.[27)]

26) *International Encyclopedia of the Social Science, op. cit.*, p. 65 참조.

27) 상대방이 어떤 전략을 택하는 가에 상관없이 특정한 어떤 전략이 항상 유리하게 되어 있을 때는 그 전략을 우위전략(dominant strategy)이라 부른다.

'N-인'게임에서도 협력게임과 비협력게임이 있다. 그러나 'N-인'게임에서는 '공동승리'를 위한 참가자간의 결탁과 관련하여 협력게임이 주종을 이룬다. 'N-인'게임에서의 협력은 적대참가자간의 협력, 즉 타협(negotiation) 이외에 공동전선을 펴는 결탁자간의 협력 등 두 가지 협력이 있다.

제 5 절 게임이론과 전략이론

1. 국제정치의 게임이론적 접근

게임이론은 상대방의 이성적 판단을 전제로 하고, 주어진 상황에서 가장 합리적인 행동을 찾아내는 하나의 사고전형을 제시하는 이론이다. 게임이론적 사고는 라포포트 등이 이론화해서 정리하기 이전부터 전략적 사고를 하는 모든 정책수립자와 행위선택을 하는 자들의 사고에 포함되어 왔었다. 게임이론은 이러한 인간의 자연스러운 이성적 사고를 정형화하여 발전시킨 것뿐이다.

게임이론은 경영학분야에서는 널리 활용되고 있다. 시장경쟁에서의 전략, 비독점시장에서의 상품가격결정 등에서 게임이론은 상당한 도움을 주는 도구로 여겨지고 있다. 그러나 국제관계학에서는 아직 주목할 만한 적용례가 없다. 게임이론은 상대방과의 대결 또는 경쟁상태에서 유리한 결과를 얻으려 할 때를 상정한 이론이다. 따라서 국제관계학분야 중에서도 전쟁억지전략, 특히 핵억지전략분야에서 가장 활발히 논의되고 있다.

국제관계학 중 핵전략과 관련하여 게임이론의 일반이론을 적용하는 데 필요한 구체적인 이론화작업은 쉘링(Thomas C. Shelling)이나, 앨리슨(Graham T. Allison) 등에 의하여 상당히 진행되었다. 쉘링의 *The Strategy of Conflicts*[28]는 게임이론을 국제분쟁에 적용하는 데 필요한 개념분화, 분석틀 작성 등에 있어 하나의 기념비적인 책으로 여겨지고 있으며, 앨리슨의 *Essence of Decision*[29]은 쿠바 미사일 위기를 소재로 하여 게임이론적 사고로서의 이성적 행위자모델(the rational actor model)의 장·단점을 상세히 분석하여 제시해 준 의미 있는 역작이었다.

국제관계학에서의 게임이론은 이와 같이 아직도 적용을 위한 준비작업만이 논의되고 있지, 본격적으로 현실 문제의 설명·예측·해결책 제시 등에는 활용되고 있지 못하다. 다만 전쟁게임(war game)이라고 하는 순수 군사전략차원에서는 활발히 적용되고 있다. 미국의 RAND연구소에서 수행한 수많은 대소핵전략모델에 관한 연구라든가 미국합동참모본부에서 진행하고 있는 TEMPER (Technological, Economic, Military, Political Evaluation Routine) Project, 한국과 미국이 북한과의 대결에서 최선의 선택방법을 모색하기 위하여 매년 실시하는 Pol-Mil Game(Politico-Militiary Game) 등의 모델에 게임이론은 폭넓게 수용되고 있다.

게임이론을 국제관계학에서 활용할 때는 대개 흥정모형(bargaining model)으로 만들어, 흥정의 예상결과를 미리 산출하는 기초로 활용하고 있다. 게임이론은 주어진 상황 속에서 행위자가 취할 이성적 행위는 같다는 보편적 법칙을 그 사고의 기저로 삼고 있으므로 진행중인 갈등분쟁상황이나 예상분쟁상황에서 상대방의 행위를 예측하고 또한 이를 토대로 최적대응책을 발견하는 데는 중요한 기여를 하고 있다.

국제관계에서는 통제된 실험을 행할 수 없다. 실험삼아 전쟁을 해 보고 그 결과를 분석하여 다음 행위의 지침을 삼기 어렵다.

---

28) New York: Oxford University Press, 1960. 주1 참조.
29) Boston: Little Brown & Co., 1971.

따라서 실험에 준하는 모의실험, 즉 시뮬레이션(simulation)기법이 미래예측의 방법으로 많이 활용되고 있다. 게츠코우(Harold Guetzkow)의 Inter-National Simulation(INS), 스모커(Paul Smoker)가 개발 했던 International Process Simulation(IPS), 블룸필드(Lincoln Bloomfield)의 Political, Military Exercise(PME), 벤슨(Oliver Benson)의 Simple Diplomatic Game, 위에서 언급한 미합참의 TEMPER Project, 맥클리런드(Charles A. McClelland)의 World Politics Game(WPG), 그리고 이상우(李相禹) 등이 통일원 후원으로 1976년부터 진행했던 Simulated Model for Korean Unification(SIMOKU; 통일전략개발을 위한 모의실험계획) Project 등은 모두 최선의 전략을 발굴하기 위하여 미래상태를 예측하는 작업들인데, 이 모든 프로젝트의 핵심적 사고에는 게임이론적인 '이성적 행위'가정이 깔려 있다.[30]

이와 같이 게임이론은 간접으로 국제관계학에 많은 기여를 하고 있지만 아직도 그 자체로서 국제관계현상을 다루지 못하고 있는 데는 그럴 만한 이유가 있다.

---

30) 여기서 예시한 각종 Simulation Project들에 관한 간략한 소개는 국토통일원, 『통일정책전략개발시뮬레이션 타당성조사 종합보고서』, 국통정 76-12-135, 1976, pp. 23-52에 실려 있다. 그리고 SIMOKU Project에 의해 예측한 1980년대 한반도 정세예측에 대해서는 국토통일원간, 『한반도정세전개에 미치는 주변국가간의 정책연계성 분석: 미·일·중·소·한국·북한 등 6국 인간모의실험 결과보고서』, 국통정 78-7-1420, 1978을 볼 것.

게츠코우 교수가 자기의 INS Project를 자평한 글인 "Sizing up a Study in Simulated International Process"는 James N. Rosenau, ed., *In Search of Global Patterns*, New York: The Free Press, 1976, pp. 91-105에 실려 있고, 미합참의 TEMPER project에 관한 보고서로는 Clark C. Abt & Morton Gorden, "Report on Project TEMPER," in Dean G. Pruitt & Richard C. Snyder, eds., *Theory and Research on the Cause of War*, Englewood Cliffs: Prentice-Hall, 1969, pp. 245-262가 있다. 그 밖에 게임이론을 응용한 여러 가지 Simulation에 관한 연구들은 Cathy S. Greenblat & Richard D. Duke, *Gaming-Simulation: Rationale Design, and Applications*, New York: Halsted Press, 1975에 상당수가 실려 있다.

첫째, 국제관계현상의 지배적인 측면은 아직도 정치현상인데, 정치에서는 경제에서처럼 누구나 보편적으로 추구하는 가치[돈]로서의 공통화폐적인 효용단위가 없어서 게임이론의 주축을 이루는 개념인 효용치를 정하기 어렵다. 전쟁에서처럼 승부라는 단순한 게임효용치가 설정될 수 있는 경우에만 게임이론이 활용되고 있고 그 밖의 국제관계영역에서 별로 활용되지 못하고 있는 이유가 바로 여기에 있다.

둘째로, 국제관계영역에서의 효용치는 측정하기 어렵다는 난점이 있다. 도박에서처럼 10만원을 따는 것이 5만원을 따는 것보다 두 배 낫다고 할 수 있는 그런 효용치 측정방법이 국제관계영역에서는 별로 없다. 심지어 A국이 갑(甲)이라는 이득을 얻었는데도 그 상대방이 자기가 입은 손실인 갑을 손실로 간주하지 않는 수가 있다. 이러한 복잡한 상황에서는 정교한 게임이론의 도식이 타당할 수가 없다.

셋째로, 게임이론은 인간의 이성적 판단과 그 판단에 따른 정직한 행위를 전제로 하는데, 이러한 전제가 항상 상정될 수 없다는 데서 이 이론의 실효성에는 한계가 있다. 일반으로 핵전쟁과 같은 엄청난 피해가 걸려 있는 게임상황에서는 인간들은 최선을 다하기 위하여 이성적으로 행위하려 하지만 그렇지 않은 경우에는 비이성적인 동기에 의해 움직이는 수가 많다.

넷째로, 게임이론은 게임을 하는 장본인이 필요한 정보를 모두 가지고 사태를 정확히 판단하고 있다는 가정하에서 가능해진다. 상대방의 의도를 알아서 한다는 것이 아니라 객관적인 조건을 알고 있어야 한다는 말이다. 그런데 실제 정치상황에서는 정책결정자가 사실에 대하여 잘못 알고 있는 수가 많다. 이러한 경우에는 주관적으로는 가장 합리적인 판단을 했다 하더라도 객관적으로 볼 때는 합리적이 아닌 행위가 되고 마는데 이런 상황에서는 게임이론은 의미를 잃게 된다.

이러한 제약점 때문에 게임이론의 실제적용이 어렵다 하더라도 이론이 제시하는 사고방식은 우리가 실제문제를 다루는 데 있어 많은 도움을 주고 있다. 특히 전쟁 또는 일반적인 갈등관계에 있는 두 나라간의 행위를 설명하고 예측하는 데는 많은 시사를 주기 때문이다. 게임이론은 그 자체보다도 그 이론이 계발해 낸 여러 가지 이론적 사고방식이 다른 이론발전에 큰 공헌을 하고 있다고 보는 것이 아마도 현 시점에서의 게임이론에 대한 바른 평가가 될 것 같다.

2. 쉘링의 흥정이론과 억지이론

게임이론의 핵심은 행위자간의 '상호의존적 결정'(interdependent decision)이다. 행위자들이 모두 이성적이라는 전제 아래서 내가 택하는 행위가 상대방의 최선의 선택을 결정하게 되고 또한 상대방의 특정행위에 대하여 내가 택할 수 있는 최선의 선택—그러므로 현실적으로 가장 가능성이 높은 선택—이 무엇인지를 객관적으로 보여주는 게임이론은 주어진 상황에서 기대되는 행위자의 행위예측에도 도움을 줄 뿐 아니라 상대방의 행위를 강요하는 효과적인 정책도 도출해 주기 때문에 '국제정치학'에서 훌륭한 경험이론으로 발전시킬 수도 있고 또한 효과적인 정책이론으로 발전시킬 수도 있다.

쉘링은 게임이론의 이러한 유용성을 바탕으로 국제정치학에서 적용될 수 있는 흥정이론과 억지이론을 개발하고 있다. 흥정이론(bargaining theory)은 비제로섬 게임 중에서 협력게임상황에 임했을 때 상대방의 합리성을 활용하여 상대방이 특정행위를 선택하도록 유도하는 설득논리로 발전시킨 것이고,[31] 억지이론은 상대방이

31) Schelling, *op. cit.*, 제 2 장, "An Essay on Bargaining," pp. 21-52에서 상술

게임이론적 사고로 전쟁을 하는 것이 손해라는 것을 깨닫고 전쟁을 포기하도록 유도하는 나의 정책선택방법을 찾는 정책이론으로 발전시킨 것이다.[32)]

흥정이론의 요체는 내가 선택할 전략과 상대방이 택할 전략을 묶어서 검토할 때 상대방이 기여할 수 있는 최선의 전략이 무엇이 될지를 스스로 알게 함으로써 '타협'을 도출하게 만드는 지식을 제공하는 이론이다.

국제관계는 따지고 보면 국가간의 흥정으로 이루어지는 관계라고도 할 수 있다. 외교교섭은 성격상 모두 흥정이기 때문이다. 흥정이론을 발전시키면 외교학의 체계를 만들 수도 있을 것이다.

억지이론(deterrence theory)은 상대방의 특정 행위를 하지 못하도록 사전에 상대방의 행위선택을 제약시키는 '억지'방법을 제시해 주는 이론이다. 갈등관계에 있는 상대방의 행위를 통제하거나 영향을 미쳐 조정하려 할 때, 내가 통제할 수 있는 변수 중에서 어떤 변수가 상대방의 행위에 가장 영향을 주는가를 알려주는 이론이 곧 억지이론이다.[33)]

억지이론은 힘의 적용(application of force)을 다루는 전략이 아니라 잠재적 힘의 발굴(the exploitation of potential force)을 다루는 이론이다.[34)] 그리고 갈등이 고정손익게임(constant-sum game)이 아니라 가변손익게임(variable-sum game)임을 상대에게 알려 양측 모두 이익이 되는 선택을 상대방이 택하도록 유도하는

하고 있다.

32) *Ibid.*, 제 1 장, "The Retarded Science of International Strategy," pp. 3-20 참조.

33) *Ibid.*, p. 4. "We may wish to control or influence the behavior of others in conflict, and we want, therefore, to know how the variables that are subject to our control can affect their behavior." Schelling은 이런 경우에 억지이론이 필요하다고 말하고 있다.

34) *Ibid.*, p. 5.

이론이기도 하다.

억지이론에서 가장 중심이 되는 개념은 위협(threat)이다. 어떤 위협을 어떻게 신뢰할 수 있는 것으로 보여줄까 하는 것이 억지이론에서 분석하는 최대의 관심사다. 억지이론은 제18장에서 상론할 것이므로 여기서는 해설을 생략한다.

제6절 촌 평

게임이론은 경제적 이익의 극대화라든가 전쟁의 승리확보처럼 분명한 추구이익이 있을 때 최선의 선택을 할 수 있는 합리적 판단을 돕는 이론이다. 그래서 경영학이나 군사전략에서 많이 활용하고 있다. 그리고 국제정치에서도 국가간의 경제적 이익 다툼을 벌이던 식민지 쟁탈전시대, 그리고 죽고 사는 문제가 걸린 핵전략 개발에 관심이 집중되어있던 시대에는 많이 응용되었다. 그러나 국제정치에서 이념과 체제의 확산이라든가 국제공공질서의 구축, 환경의 보호, 인권보호 등이 관심의 주된 대상이 되는 21세기적 상황에서는 별로 활용되고 있지 않다. 이러한 추구가치들은 흥정의 대상이 아니기 때문이다.

게임이론은 그러나 국제관계이론 개발에 아직도 많은 공헌을 하고 있다. 전략적 사고를 돕는 합리적 판단 모형을 제공해 주기 때문이다. 그래서 지금도 군사전략을 다루는 고급장교의 교육프로그램에서는 게임이론을 반드시 가르친다. 특히 전투(combat)작전을 다루는 작전장교들의 훈련에서는 아주 유용한 교육 소재가 된다.

세상이 바뀌어도 사람은 바뀌지 않는다. 생각이 다른 사람들이 한 사회 속에서 살아가게 되면 갈등은 없을 수 없고 또한 경쟁도 피할 수 없다. 그리고 이러한 경쟁에서 이겨야할 경우도 수없이 많다. 앞으로 세상이 바뀌고 사회구조가 바뀌더라도 경쟁 속에서 개인이나 집단이 살아가야하는 한 게임이론의 유용성은 변하지 않을 것이다.

참고도서

※ 국제관계학에서의 전략이론 및 게임이론을 이해하는 데는 다음의 저서들을 읽으면 충분하다고 생각한다.

1. 김상준,『국제정치이론 I』, 삼영사, 1977의 제 2 장, pp. 62-288.

가장 포괄적인 게임이론의 해설이라 할 수 있다. 여기에는 게임이론의 개관, 발전사, 중요개념, 계산식, 모형 및 평가 등이 모두 포함되어 있다.

2. Anatol Rapoport, *Fight, Games, and Debates*, Ann Arbor: The University of Michigan Press, 1960.

게임이론의 고전이며 원전의 하나다. 그러나 학부 학생들에게는 조금 어려운 책이다.

3. Anatol Rapoport, *Two-Person Game Theory: The Essential Ideas*, Ann Arbor: The University of Michigan Press, 1970.

게임이론을 이해하는 데 가장 간편하고 손쉬운 책이라 생각된다. 모두 221페이지의 조그마한 paperback인데 games, utilities, strategy, the game tree and the game matrix, dominating strategy……등의 game theory의 중요한 개념들을 각각 장을 나누어 쉽게 해설한 책이다.

4. 關 寛治(세끼 히로하루),『國際體系論の基礎』, 東京 : 東京大學出版會, 1969, pp. 3-41.

일본어를 읽을 수 있는 학생에 권하고 싶은 것으로 여기서 세끼(關) 교수는 게임이론의 발전 상황과 주요골자를 아주 간결하게 잘 다루었다.

5. Oskar Morgenstern, "Game Theory: Theoretical Aspects," *International Encyclopedia of the Social Science* (1974년판), Vol. 6, pp. 62-69.

게임이론을 개발한 두 사람 중 한 사람인 Morgenstern이 직접 쓴 간략한 게임이론 해설이다. 일반인을 위해 쓴 것이기 때문에 아주 쉽다.

6. Thomas C. Schelling, *The Strategy of Conflicts*, New York: Oxford University Press, 1960.

게임이론을 국제관계에 도입하는 데 가장 큰 기여를 한 책으로 가장 조직적으로 엮어진 책이라 할 수 있다. 저자가 서문에서 밝혔듯이 수학지식 없이도 읽을 수 있는 책이다. 국제관계학도로서 게임이론을 논하려 할 때는 반드시 읽어야 할 책이다.

7. John C. Harsanyi, "Game Theory and the Analysis of International Conflict," in James N. Rosenau, ed., *International Politics and Foreign Policy*, revised edition, New York: The Free Press, 1969, pp. 370-379.

가장 간략한 게임이론 소개글인데, 그렇게 도움이 되지는 못하지만, 학생들이 가장 손쉽게 구해 볼 수 있는 글이기 때문에 권한다.

8. Anatol Rapoport, Melvin Guyer, and David Gordon, "Threat Games: A Comparison of Performance of Danish and American Subjects," in H. R. Alker, Jr., K. W. Deutsch, and A. H. Stoetzel, eds., *Mathematical Approaches to Politics*, San Francisco: Jossey-Bass, 1973, pp. 171-192.

게임이론을 응용한 실험예를 보여주기 위해 권하는 것뿐, 꼭 읽을 필요는 없다.

9. Morton A. Kaplan, *System and Process in International Politics*, New York: John Wiley & Sons, 1964의 Ch. 9, 10, 11, pp. 169-241.

Kaplan은 이 책에서 game theory를 현실 국제정치 문제를 다룰 수 있는 정확한 형식이론으로 발전시키려 노력했다. 제 9 장과 제10장에서 기존의 game theory를 소개하고 제11장에서 이를 확장하려 하였다. 어렵다고 생각되면 제 9 장과 제10장만 읽어도 된다.

제 3 부

갈등관리와 평화질서에 관한 이론

제 3 부 갈등관리와 평화질서에 관한 이론

[개 요]

국가간의 분쟁을 비폭력적으로 해결하고 갈등이 질서파괴로 이르지 않게 하고 전쟁을 예방하며 전쟁이 일어났을 경우 그 피해를 줄이려는 노력은 지난 수백년간의 국제관계학이 다루어 온 가장 중요한 연구과제였다. 국제관계학은 그런 뜻에서 평화질서의 창출과 유지관리학이라고 해도 된다. 더 줄여서 국제관계학은 평화과학이라고 해도 된다.

평화질서관리의 목적을 달성하기 위하여 개개의 국가는 어떤 대외정책을 세워야 하며 집합적으로는 어떤 것을 합의해야 하는가? 택할 수 있는 여러 정책 중에서 어느 것을 택하는 것이 가장 목적 성취에 효율적이며 원하지 않는 부작용을 최소화할 수 있는 선택이 될까? 이런 질문에 답하기 위한 것이 평화정책이론들이다.

제 3 부에서는 전쟁예방정책으로 제시되어 온 다양한 정책이론 중에서 대표적인 것 몇 가지를 골라 소개한다.

전쟁은 전쟁의지와 전쟁수단이 갖추어졌을 때 선택하는 국가행위이다. 따라서 의지나 수단을 제한하면 전쟁을 예방할 수 있다. 이 중에서 가장 간단한 것이 전쟁수단의 통제이다. 그래서 인류사에 전쟁이 등장했을 때부터 전쟁수단을 통제하는 군비통제 정책이 논의되어 왔다. 이러한 수단들에 대하여 양(量)과 질(質)에서 제한을 가하는 것이 군비통제의 핵심인데, 어떤 절차로, 어느 정도 통제하는 것이 가장 효율적인 전쟁예방 방법이 될까를 논하는 것이 군비통제이론들이다. 제17장에서 이 이론들을 다룬다.

화재가 일어났을 때 이를 효과적으로 진화하는 것은 아주 중요한 일이다. 그러나 화재 자체가 일어나지 않도록 예방하는 것이 더 중요하다. 마찬가지로 전쟁이 일어난 후 이를 빨리 종식시키는 것도 중요하지만 전쟁이 일어나지 않게 예방하는 것이 더 중요하다. 전쟁은 인간의 의지적 선택으로 행해지는 인간행위이므로 전쟁 예방의 가장 효과적인 방법은 전쟁의지를 억지시키는 일이다. 예상침략국에게 전쟁을 통하여 얻고자 하는 이익보다 입을 손실이 더 크다는 것을 사전에 충분히 인식시키면 국익추구를 위해 감행하는 전쟁은 예방할 수 있다. 이러한 전쟁억지의 이론들을 제18장에서 소개한다.

제19장은 제18장의 하나의 변형으로 제시해 본 이론이다. 일반적인 전쟁이론이 강대국 시각에서 강대국이 지배하는 질서에 대한 도전국의 전쟁의지를 꺾는 데 주안점을 둔 이론이어서 약소국이 자주권을 수호하기 위하여 강대국의 군사개입을 억지하는 데는 다소 적용의 문제가 있기 때문에 약소국이 강대국의 전쟁의지를 억지하는 문제를 따로 생각해 본 것이다. 고슴도치가 사자를 공격할 능력은 없으나 가시를 갖춤으로써 사자의 공격을 회피할 수 있는 것에 비유하여 '고슴도치'이론이라 이름 붙였다.

세력균형이론은 전쟁억지이론 중 가장 오래되고 또한 가장 널리 응용되어 온 이론이어서 제20장에서 소개한다. 세력균형정책은 국가간의 이익, 힘 등을 서로가 서로를 억지하도록 엮어 결과적으로 아무도 현존 질서를 깨지 못하게 만들려는 정책이다. 특히 패권국가가 등장할 위험이 있을 경우 패권국가의 힘을 견제할 수 있는 대응세력을 동맹을 통하여 만들어 내는 정책, 그리고 신흥 강대국이 기존 질서를 파괴하려 할 때 이 강대국을 고립시켜 도전할 수 없도록 공동억지의 동맹을 맺는 정책으로 세력균형 정책이 많이 거론되어 왔다. 제20장에서는 다양한 세력균형정책을 소개하고 각각의 논리를 해설한다.

집단안보(collective security)는 제 1 차 세계대전 종결 후 윌슨(Woodrow Wilson) 대통령 등 이상주의자들에 의해 하나의 평화질서구축 운동으로 전개된 평화질서 보장장치이다. 질서교란국가가 등장하면 나머지 평화질서 유지 희망 국가들이 자동적으로 동맹을 맺어 이를 응징하기로 미리 약속해 두면 효과적인 억지가 된다는 생각에서 출발한 평화질서 유지 방안이다. '불특정 질서 교란국에 대항하는 일반적인 자동 동맹'이 집단안보인데 이러한 집단안보의 효과적 전개방법을 제시하는 이론들을 제21장에서 소개한다. 집단안보체제는 국제연맹에서 시도되었으나 실패했고 다시 제 2 차 세계대전 종전과 더불어 발족한 국제연합의 안보질서로 채택되었으나 아직 기대했던 것만큼의 기능은 하지 못하고 있다. 국가간의 관계는 적에서 동지로 쉽게 관계를 전환시킨다든가 반대로 동지를 전체질서의 안정을 위해 적으로 돌리고 응징에 나선다든가 할 수 있는 유연성이 없기 때문에 집단안보는 그 이상(理想)은 모두 인정하면서도 실천에서 많은 어려움을 겪고 있다.

제22장에서는 '국가통합이론'을 소개한다. 주권국가들이 합의를 바탕으로 초국가적 조직체를 창출해냄으로써 국가간의 무

력충돌 가능성을 원초적으로 배제하자는 것이 국가통합을 통한 평화질서 운동이다. 전쟁은 국가간의 무력 투쟁인데 국가들이 초국가적 조직체의 일부로 용해되면 무력행사의 주체가 소멸되는 것이므로 전쟁은 당연히 없어지게 된다. 제22장에서는 제2차대전 종결 후 서유럽의 여러 나라들이 각국의 경제적 이득을 증대하기 위하여 발전시켜 온 유럽 공동체(European Community)가 유럽연합(European Union)으로 통합 정도를 높여가는 과정을 분석하여 보편적 이론으로 발전시키려는 노력들을 정리 제시한다.

갈등관리와 평화질서 구축 정책과 관련하여 제시된 이론은 많다. 모두 소개할 수는 없다. 그러나 이러한 여러 정책들을 관통하는 논리는 그다지 복잡하지 않다. 제3부에서 소개하는 이론들에 친숙해지면 다른 이론의 이해도 쉬워질 것이다.

제17장

군비통제이론

제 1 절 전쟁과 군비통제

전쟁이란 "적어도 1개 이상의 주권국가를 포함한 정치집단간에서 일어나는 집단적 무장투쟁"이다.[1] 전쟁은 집단적 무장투쟁이므로 '무장'은 아주 중요한 전쟁요소이다. 전쟁이라 하기 위해서는 '무장'이 반드시 전제되어야 한다는 이야기가 된다.

무장이란 투쟁에 사용되는 일체의 도구를 말한다. 직접 인명살상에 쓰는 무기뿐 아니라 투쟁을 용이하게 하기 위하여 사용하는 장비도 포함한다. 무장(armament)은 곧 인명살상용 도구를 말하는 무기(weapon)와 무기를 발사하는 장치, 운반장치 등을 말하

1) 전쟁의 정의는 다양하다. 몇 가지 정의를 소개하면 다음과 같다. ① Quincy Wright: "War is conflict among political groups, especially sovereign states, carried on by armed forces of considerable magnitude for a considerable time," ② Raymond Aron: "Armed conflict between political units," ③ Carl von Clausewitz: "War is an art of violence intended to compel our opponent to fulfill our will." 이러한 여러 가지 정의를 통합하여 새로 정의한 것이다. '주권국가'를 정의에 넣은 이유는 범죄집단 간의 무장투쟁 등과 구분하기 위함이고, 전쟁 목적을 정의에 포함시키지 않은 것은 투쟁 자체가 목적을 포함하고 있기 때문이다. 규모는 전쟁개념을 조작적 개념(operational concept)으로 바꿀 때 추가하면 된다.

는 장비(equipment)를 합친 용어다. 총포, 폭탄과 더불어 군용항공기, 장갑차, 군함 등이 모두 무장에 속한다.

군비(arms)는 좀 더 포괄적인 용어이다. 무장 외에 전쟁을 수행하는 데 필요한 지원시설(facilities)까지를 포함하는 개념이다. 항공기지, 군항, 수리창 등은 무장은 아니나 군비에는 포함된다. 전쟁이 간단한 무기로 수행되던 때에는 지원시설이 크게 문제되지 않았으나 전력(戰力)의 자본재(資本財) 구성비가 높아진 오늘날의 전쟁에서는 지원시설이 전력의 결정적 요소로 되어가고 있다. 그래서 그전에는 무기통제, 장비통제란 용어로 arms control을 논했으나 오늘날에는 arms control을 군비(軍備)통제란 용어로 논의하게 된 것이다. 즉 arms control의 대상범위가 넓어졌다.

군비통제 문제를 논의하는 문헌에서 유사한 용어가 많이 나와 혼란을 가져오는 수가 있어 두 가지 용어만 소개한다.[2)]

(1) 군비축소(disarmament: arms reduction)

군비통제 문제를 다루는 문건에서 제2차 세계대전 때까지는 주로 disarmament라는 단어를 썼다. 이 단어는 뜻 그대로라면 total elimination of armaments and armies 즉 모든 군비와 군대의 제거를 말하게 되나 실제로는 "the quantitative and qualitative reduction of armaments, the outlawing of inhumane means of warfare, and the demilitarization of geographic areas"를 말한다(Henry W. Forbes).

즉, 장비나 군대의 폐기가 아니라 "장비의 양적 · 질적 감축과

---

2) 용어에 대한 상세한 해설은 다음 글을 볼 것. Richard Dean Burns, ed., *Encyclopedia of Arms Control and Disarmament*, Vol. 1-3, New York: Charles Scribner's Sons, 1993의 Part 1 "defining the terms," pp. 2-12. 여기서는 이 해설을 원용한다. 용어에 대한 보다 상세한 해설은 다음 글에 실려 있다. 이상우, 『국제정치학강의』, 서울 : 박영사, 2005, pp. 220-223.

비인도적 전쟁수단의 불법화, 및 일정한 지역의 비무장화"를 말하는 것으로 썼다.

(2) 군비통제(arms control)

제 2 차 세계대전 이후 disarmament 대신 arms control이라는 말을 주로 쓰기 시작했는데 엄격히 따지면 다른 말이나 일상에서는 같은 뜻으로 통용해 왔다. 그러나 arms control이 좀 더 광의의 용어라고 할 수 있다. 군비통제(arms control)는 "all forms of military cooperation between potential enemies in the interest of reducing the likelihood of war, its scope and violence if it did occur, and the political and economic costs of being prepared for it"(Thomas C. Schelling & Morton H. Halperin)라고 좀 더 광의로 정의된다. 즉 "잠재적 적대국간에서 전쟁가능성을 줄이고, 전쟁이 일어났을 때 폭력의 범위와 강도를 줄이며 전쟁준비에 소요되는 경비를 줄이기 위해 이루어지는 모든 형태의 협력"을 군비통제라 본다는 이야기다.

전쟁의 발생을 미리 억제한다거나 전쟁이 발생하였을 때 불필요한 살상과 파괴를 줄이기 위해서는 전쟁의 도구인 군비를 통제하여야 한다는 처방은 원시시대부터 제시되었었다. 그러나 대체로 19세기말까지는 전력(戰力)에서 무장이 차지하는 비중이 적었기 때문에 군비통제보다는 병력통제가 주된 관심이었다. 창, 칼, 소총 등 개인무기가 주된 무기이던 시대에는 병력수가 곧 무기의 수와 같고 따라서 전력은 주로 전장(戰場)에 투입되는 무장병력수로 결정되었기 때문이다. 그러나 지난 100년간 과학기술의 발달로 무기가 고도화함에 따라 전력의 구성요소 중 무기가 차지하는 비중이 거의 100%가 되어감에 따라 통제의 주된 관심은 무기, 장비를 포함한 군비통제로 되어가고 있다.

군비통제는 두 가지 목적을 가진 정책이다. 첫째 목적은 불가피하게 전쟁이 일어났을 경우 피해의 규모를 줄이는 것이다. 전투원 이외의 인원에 대한 피해를 예방하고 전투원도 되도록 덜 희생시키자는 것이 군비통제의 목적이다. 무방수(無防守) 도시의 공격금지, 담담탄(납으로 만든 탄환)이나 독가스의 사용금지, 병원시설의 폭격금지 등은 모두 이런 목적에서 논의되어 온 군비통제다.

그러나 군비통제의 더 큰 목적은 전쟁 자체의 예방이다. 평화질서의 수호를 위하여 "자기방어에는 충분하나 남을 공격할 수 없도록 전쟁수단을 통제"하자는 것이 군비통제의 기본정신이다. 평화질서를 창설, 유지하는 적극적 평화노력에 미치지 못하나 소극적이나마 더 현실적인 방법으로 전쟁을 억지해보자는 생각이 군비통제정책을 관통하는 철학이라고 할 수 있다. 이 장에서는 주로 두 번째 목적인 전쟁예방에 중점을 두고 군비통제를 다루려 한다.

제 2 절 군비통제의 이해

1. 군비통제의 개념과 목표, 대상

군비통제를 전쟁억지와 관련하여 좀 더 상세히 정의하면 "전쟁의 억지, 집단안보가 가능하도록 각국의 전력의 규모, 종류, 배치를 인위적으로 조정하는 것"이라고 할 수 있다. 여기서 말하는 인위적 조정은 통제(control)라고 이해하면 된다.

통제는 축소와 확대 모두를 포함하는 개념이다. 그러나 군비를 줄여서 전쟁을 예방하는 것이 일반적인 조치이기 때문에 군비통제를 군비해제나 군비축소와 혼용해서 쓰고 있다. 군비통제가 그러나 군비축소만을 뜻하지는 않는다는 것을 분명히 알아야 한다. 예외적이나, 전쟁예상 당사자간의 균형을 통하여 전쟁을 억지하려 할 때 일방의 군비를 확장하여 균형을 맞추는 수도 있다. 그러므로 군비통제(arms control)는 군비해제(disarmament)나 군비축소(arms reduction)뿐만 아니라 특수한 경우에 군비확장(arms expansion)도 포함하는 포괄적 개념으로 써야 한다.

군비통제의 목표는 각국의 군사력을 공격에는 불충분하고 방어에 충분할 정도로 조정하는 것이다. '방어에 충분하게' 조정하다 보면 방어무기의 증가도 포함될 수 있으나 일반적으로는 '공격무기의 제한'을 목표로 하고 있다고 보면 된다.

군비통제의 통제대상은 전쟁수단과 관련된 모든 장비와 시설 이외에 전력구성, 운영체제 등과 같은 소프트웨어적인 것까지 모두 포함한다. 중요한 통제대상은 아래와 같다.

(1) 전력규모(size of armed forces)

병력 수나 장비의 수를 통제하는 것을 말한다. 궁극적 목적은 방위에 충분한 최소규모이다. 병력이라 함은 무장된 전투원을 말한다.

(2) 장비의 질(quality of armament)

장비의 성능을 통제하는 것을 말한다. 일정한 사거리(射距離) 이상의 유도탄을 가지지 못하게 한다거나 작전반경이 어느 정도 이상이 되는 전투항공기를 보유하지 못하게 한다거나 하는 것을 말한다. 일반으로는 대량살상무기제한과 공격무기제한이 문제된다.

(3) 배치(deployment)

전력구성요소의 위치를 지리적으로 통제하는 것을 말한다. 일정지역 내에 전투병력과 장비를 두지 못하게 하는 비무장지대

(DMZ: Demilitarized Zone)를 설치한다거나 미사일 기지를 전선에서 일정한 거리 내에 두지 못하게 하는 것 등이 그 예이다.

(4) 전력구성(composition of armed forces)

공격형 전력구성의 제한 등을 말한다. 방공포 부대는 방어전력, 폭격기 사단은 공격 전력 등으로 쉽게 구분되나 그 구분이 쉽지 않은 수가 많다. 그러나 전력구성은 전력규모 못지 않게 전력에 영향을 끼치므로 중요한 통제대상이 된다.

2. 군비통제의 실시단계

군비통제가 실천되기 위해서는 다음과 같은 조치들이 단계별로 성실히 이루어져야한다.

(1) 합의(agreement)

당사국간에 군비통제의 목적, 규모, 내용 등에 대한 합의가 이루어져야 한다. 명시적 합의가 없이 이루어지는 자발적인 자기 통제도 있으나[3) 예외적인 경우이고 대부분 당사자간의 합의를 토대로 군비통제가 시작된다.

(2) 신뢰구축조치(CBM: Confidence Building Measures)

군비통제는 상호신뢰가 이루어지지 않으면 이루어질 수 없다. 상호신뢰가 가능하도록 보조하는 여러 가지 조치들을 보통 CBM

3) 1960년대말 중국은 미국에 대한 전의(戰意)가 없음을 보여주기 위하여 스스로 대륙간 탄도탄 계획을 취소했으며, 한국은 1970년대 차세대 전투기 선정과정에서 당시의 소련을 자극하지 않기 위하여 작전 반경이 1,000km 이내인 기종을 일방적으로 선택하기로 결정했었다. 또한 냉전시대에 미국은 스스로 소련의 대륙간 탄도탄을 방어하는 ABM(Anti-Ballistic Missile)체제를 설치하지 않았다. 이것도 자발적인 통제라 할 수 있다.

이라고 부른다. 돌발적 사고가 신뢰를 깨는 것을 방지하기 위하여 양측 지휘관 사이에 직통전화(hotline)를 설치한다든가, 연습에 상대방 참관인을 초청하는 것 등이 모두 CBM들이다.

(3) 합의이행(implementation)

합의된 내용을 실천하는 것이다. 일정 수를 넘는 전차를 파괴하기로 합의했다면 실제로 합의된 수 이상의 전차를 파괴하는 행위를 말한다.

(4) 사찰(inspection)

합의내용의 이행 여부를 확인하는 행위가 사찰이다. 사찰을 용이하게 하기 위하여 군비의 증감조치 과정의 투명성(transparency)을 높이는 행위도 넓은 뜻의 사찰에 포함시킨다.

(5) 위반사항시정(supplementation)

사찰에서 지적된 사항을 보완하는 조치를 말한다. 위반사항이 경미하면 보완으로 끝날 수 있으나 위반사항이 중대한 것이면 기존의 합의는 사실상 무효화되고 새로운 합의를 위한 교섭을 다시 시작해야 한다.

군비통제는 위에 제시한 여러 단계를 거쳐 실천되는데 그 어느 단계에서 문제가 생겨도 실패하게 되므로 군비통제가 성공한 사례는 극히 드물다.

3. 군비통제의 사례

『군비통제와 군축 백과사전』[4]에는 그리스, 로마시대 이래의

4) Richard Dean Burns., *op. cit.* 주 2 참조.

다양한 군비통제사례가 실려 있으나 전쟁의 빈도와 비교해 볼 때 성공한 군비통제의 사례는 아주 희귀하다. 군비통제는 평화질서에 대한 공통이익을 인정하는 잠재적 당사자간의 공동노력으로 이루어지는데 전쟁에서 얻어지는 이익이 평화질서에서 얻어지는 이익보다 크다고 생각하던 시대에는 사실상 군비통제는 이루어질 수 없었다. 오직 성공한 사례들이 있었다면 승전국이 패전국에 일방적으로 강요하는 군비배제나 군비축소가 있었을 뿐이다.

공통이익을 전제하여 당사자 합의로 이루어진 군비통제의 최초의 성공사례는 아마도 1817년에 체결된 미국과 영국 간의 '부쉬-바고트조약'(The Bush-Bagot Agreement)이 아닌가 생각된다. 미국과 캐나다 사이의 미시간호 등 5대호(五大湖)에 양측이 해군을 두지 않기로 합의한 이 군비통제조약은 지금도 지켜지고 있으며 또한 지난 190년간 양측 모두가 어기지 않았다.

보편적인 군비통제를 시도한 가장 의미 있는 사례는 제 1 차 세계대전이 끝난 후 새로운 평화질서를 구축하기 위하여 1918년에 발족시킨 국제연맹의 군비통제조항들이다. 국제연맹규약(League of Nations Covenant)에는 군비통제에 관한 회원국 의무를 규정한 여러 가지 조항들이 포함되어 있는데 회원국들은 자국의 안전과 국제적 의무 수행에 필요한 최소한도까지 자국의 군비를 줄여야 할 필요성을 인정한다(제 8 조 1항)든가 무기생산의 통제(제 8 조 5항)와 무기거래제한(제23조 제 9 항)을 규정하고 있다. 그리고 구체적 실천방안은 별도 회의에서 정하기로 했었으나 1932년에서 1934년에 걸쳐 겨우 열린 군축회의도 아무 결실을 맺지 못하여 결국은 실패했다. 다만 1919년 베르사이유조약을 통하여 독일의 재무장을 규제하는 일방적 군비통제를 결정한 내용은 승전국들의 힘에 의하여 지켜졌다. 이 조약에 의하여 패전 독일은 병력을 10만명으로 줄였고 라인강 동쪽의 30km 이내의 방어시설을 파괴했고,

항공기는 전부 없앴으며, 해군함정은 전함 6척, 경순양함 6척, 구축함 12척(잠수함은 보유금지)으로 축소하였다.

잠재적 교전 당사자가 아닌 일반국가들의 합의로 시도된 가장 주목할만한 군축노력은 워싱턴 해군 군축회의였는데, 1921년에 시작해서 1939년 제2차 세계대전이 일어나 중지될 때까지 근 20년간 지속되면서 주요 국가의 해군 함정의 보유 허용 톤수, 무기의 제한 등에 대하여 많은 합의를 도출해 냈었다. 1921년 당시 미국은 130만톤의 함정을, 그리고 영국은 175만톤, 일본은 64만톤의 군함을 보유하였었는데 1922년의 합의로 미국, 영국, 일본, 프랑스, 이탈리아의 함정보유 톤수 비례를 5:5:3:1.75:1.75로 합의했었고, 전함의 크기도 3만5천톤을 넘지 못하게 하였다. 나아가서 1930년 런던에서 속개된 해군 군축회의에서는 항공모함의 보유 한계도 합의하였다(미국, 영국 각 135,000톤, 일본 81,000톤, 프랑스 및 이탈리아 각 60,000톤). 그러나 역사에 남을 세계적 군비통제협정인 이 해군 군축협정들도 1939년 제2차 세계대전이 일어나면서 모두 파기되었다.

전 세계적 차원의 보편적 군축협정은 아직 다시 시작되지 못하고 있으며, 냉전과 더불어 핵무기 시대가 시작되면서 군비통제의 관심은 모두 핵무기 제한, 핵군축으로 쏠리게 되었다. 핵무기는 재래식 무기와는 비교가 되지 않는 엄청난 파괴력을 가진 것이어서 국제질서에 미치는 영향도, 그리고 따라서 각 국이 가지는 관심도 달라 같은 논리와 같은 방식으로 논의될 수 없게 되었다. 핵군축 문제는 그래서 이론가들도 일반 군축문제와 달리 다루고 있다.

제 3 절 핵군축 문제

1. 핵무기와 국제정치

전쟁에 핵무기가 등장한 것은 제 2 차 세계대전이 끝나가던 1945년 8월이었다. 미국은 일본의 히로시마(8월 6일)와 나가사끼(8월 9일)에 각각 1개의 우라늄 폭탄과 플루토늄 폭탄을 투하하여 두 도시를 사실상 궤멸시켰다.[5] 단일 폭탄으로는 TNT를 폭약으로 쓰던 그전의 폭탄과 폭발력에서 비교가 되지 않는다. 폭발력이 TNT 2만톤에 해당하는 것이었기 때문이다.

제 2 차 세계대전 종전 후 미국과 소련 간의 군비경쟁이 새롭게 시작되면서 핵무기의 개발 경쟁이 일어나 1949년에 소련이, 그리고 1952년에 영국, 1960년에 프랑스, 1964년에 중국, 1974년에 인도가 원자탄을 보유하게 되었으며, 질적 경쟁도 병행하여 1952년에 미국이 수소폭탄[6]을 개발하였고, 이어 1953년에 소련,

5) 나가사끼에 투하된 폭탄은 약 20kt규모(TNT 2만톤 폭발력 상당)의 폭탄이었고 히로시마에 투하된 것은 14kt폭탄이었다. 히로시마에서는 78,000명 사망, 10,000여명 실종, 37,000명 부상, 도시의 60%가 파괴되었으며, 나가사끼도 거의 비슷한 피해를 입었다. 육군사관학교 전사학과 편, 『세계전쟁사』, 1993, p. 525. 및 Russell W. Howe, *Weapons*, London: Sphere Books, 1981, pp. 3-17을 참조할 것.

6) 원자탄은 우라늄 동위원소(U_{-235})나 플루토늄(Pu_{-239})과 같은 무거운 원자에 중성자를 흡수하게 하여 두 개의 다른 원자로 분열(fission)시킬 때 생기는 에너지를 무기로 쓰는 폭탄이며 수소탄은 중수소(D: 수소원자에 중성자가 2개 있는 동위원소, 즉 H_1^2가 산소와 결합하여 된 물 D_2O이 중수이다)와 중수소 또는 3중수소(T)가 융합(fusion)하여 헬륨(He)이 되면서 중성자와 막대한 에너지가 생기는 것($D_2O+D_2O \rightarrow He+n+$에너지)을 무기로 쓰는 폭탄이다. 수소폭탄에서 핵융합이 일어나려면 보통 1억도의 고열이 필요한데 그 열은 핵분열에서 얻으므로 분열-융합(fission-fusion)폭탄이라고도 한다. 핵폭탄에 관한 더 상세한 설명에 대해서는 다음 자료를 참고할 것. 국방부 편, 『핵문제 100문 100답』, 1994. 핵무기에 대한 보다 상세한 해설은 다음 자료에서 볼 수 있다. 이상우, 『국제정치학강의』, 서울 : 박영사, 2005, pp. 230-231에 실린 〈참고자료

1958년에 영국, 1967년에 중국, 그리고 1968년에 프랑스가 수소폭탄을 개발하였다.[7] 그리고 핵보유국 중 특히 미국과 소련은 엄청난 량의 핵폭탄을 제조하여 비축하고 또한 투발(投發) 수단으로 대륙간 탄도탄(ICBM: Intercontinental Ballistic Missile)과 장거리 폭격기, 잠수함 등을 갖추었다. 본격적인 감축계획이 시작된 1993년을 기준으로 미국과 러시아의 핵전력을 참고로 살펴보면 다음 [표 17-1]과 같다.[8]

[표 17-1] 미·소의 핵전력

	총 핵탄두수	ICBM	SLBM	폭격기
미 국	9,970	818 (2,282)	480 (3,840)	26 (3,848)
러시아	10,456	1,204 (6,320)	788 (2,652)	170 (1,484)

( ) 속은 탄두수 〈1993. 6 현재〉

각각의 핵탄두는 몇 10Kt부터 1.2Mt까지의 위력을 가진 폭탄이어서 미국과 러시아는 각각 상대방의 모든 도시를 파괴하고도 남는 엄청난 전력을 갖춘 셈이다. 특히 잠수함 발사 탄도탄(SLBM)의 경우 잠수함의 은밀성을 고려할 때 미국과 러시아는 모두 충분한 제 2 격능력(second-strike capability)을 갖추었다고 보아도 된다.

핵무기가 이 정도로 발전하게 됨에 따라 '정책수단으로서의 전쟁'이라는 전통적인 생각이 근본적으로 다시 검토되지 않을 수 없게 되었다. 전쟁은 이길 수 있을 때 정책 수단이 될 수 있지 아

7〉 "핵무기의 구조 및 폭발력".

7) 핵무기 개발과 관련된 실험 등에 대하여는 다음 글을 참조할 것. William Epstein, "The Non-Proliferation Treaty and the Review Conference," in Burns, *op. cit.*, pp. 855-875.

8) IISS, *Military Balance 1993-1994*, pp. 235-244.

무도 이길 수 없는, 싸우는 당사자가 함께 공멸(共滅)하는 상태에서는 정책이 될 수 없기 때문이다. 20세기 중반까지, 즉 핵무기가 등장하기 전까지도 전쟁은 반인도적(反人道的)이라는 비난을 받으면서도 국가간 분쟁의 '가장 확실한 해결방식'으로 간주되어 왔었다. 그러나 오랫동안 상식으로 받아들여졌던 전쟁관이 근본부터 허물어지게 됨에 따라 국제관계에 대한 전면적 재검토가 시작되었다. '핵 없던 시대의 국제관계'에서 '핵 있는 시대의 국제관계'로 국제관계이론을 다루는 학자들의 관심도 옮겨가게 되었다.

2. 핵군축 노력

핵무기의 가공할 파괴력은 미국과 소련의 극한대립과 연계되어 냉전시대에는 온 인류를 핵전쟁 공포에 떨게 하였다. 무제한의 핵군비경쟁이 지속되면 결국 인류 전체가 멸망하는 길로 갈 수밖에 없다는 인식이 확산되면서 핵무기에 대한 통제를 심각하게 생각하게 된 것이다.

핵무기는 개발과정에서 실험을 거치게 되는데 실험 자체가 우선 1차적으로 시험지역을 오염시키고 직접·간접으로 많은 사람에게 피해를 준다. 핵무기를 지상에서 폭발시킬 경우 20Kt의 표준폭탄일지라도 반경 5km 이내의 사람에게 1도 이상의 화상을 입히고 반경 2km 이내에서 폭발에 노출된 사람은 1개월 이내에 죽는다. 낙진에 의한 오염 반경은 약 40km가 된다. 폭탄이 10Mt이 되면 32km 이내에서 1도 화상, 약 5km 이내에서 1개월내 치사, 600km까지 낙진에 의한 오염이 발생한다.[9] 따라서 핵무기 실험 자체부터 통제하지 않을 수 없다는 것이 세계 여론이다.

핵무기 보유국의 수가 늘어나면 그만큼 핵전쟁 가능성은 높아

9) 국방부, 『핵문제 100문 100답』, 1994, pp. 54-55 참조.

진다. 특히 극한 대립을 하고 있는 국가들이 핵무기를 보유하게 되면 핵무기 사용 가능성은 높아진다. 그래서 핵무기 보유국 수가 늘어나지 않게 하는 즉, 핵무가 확산을 방지하는 노력이 필요해진다. 핵무기 보유국 수가 늘어나는 것을 수평적 확산(horizontal proliferation)이라 한다. 핵보유국 수의 증가를 막는 노력을 수평적 확산 방지라 한다.

핵무기는 과학기술 발달로 파괴력도 늘고 투발수단도 향상되고 또한 수량도 급격히 증가하고 있다. 앞에서 소개하였듯이 냉전 말기에 이르러 미국과 소련이 각각 1만개 전후의 핵탄두를 보유하였는데 이렇게 핵무기 보유국의 핵무기가 질적, 양적 발전을 하도록 내버려 두면 그것도 핵전쟁을 유발하는 요소가 된다. 핵무기 보유국의 핵무기의 파괴력, 투발수단의 확대 및 확산을 수직적 확산(vertical proliferation)이라 하는데, 이러한 수직적 확산도 막아야 핵전쟁 위협을 줄일 수 있게 된다.

핵무기 통제는 그래서 위에서 지적한 세 가지 통제를 중심으로 진행되어 왔다. 핵실험금지조약(Test Ban Treaty)의 체결 및 실천, 핵확산금지조약(Non-Proliferation Treaty: NPT)의 체결과 실천, 그리고 기존의 전략 핵무기의 제한(Strategic Arms Limitation Talk: SALT)과 전략무기의 감축(Strategic Arms Reduction Talks/Treaty: START)을 위한 노력 등이 세 가지 영역에서의 핵무기 통제의 핵심을 이루게 된다.

(1) 핵실험금지 조약

핵실험금지 노력은 1954년 미국이 태평양의 비키니(Bikini) 섬에서 15Mt급 핵폭탄을 공중 폭발하는 실험을 했을 때부터 시작되었다.[10] 이 실험은 예상하지 못했던 많은 피해를 냄으로써 전

10) 핵실험 금지 조약의 발전 경과에 대해서는 다음 글을 참조할 것. Benjamin

세계의 여론을 크게 자극했다. 방사선 낙진으로 마샬군도(the Marshall Islands) 전부가 오염되었고 일본의 원양어선 탑승자 23명이 크게 다쳤다(1명 사망).

핵실험금지에 대한 강한 반대여론에 밀려 1958년 10월 31일 제네바에서 미국, 소련, 영국 등 3국이 참여하는 핵실험금지회의가 시작되었으며, 그 후 복잡한 과정을 거쳐 1963년 7월 25일에 「대기 중, 우주공간 내 및 수중에서의 핵무기실험금지조약」(Treaty Banning Nuclear Weapon Test in the Atmosphere, Outer Space, and Under Water)이 체결되었고 같은 해 10월 10일 미, 영, 소의 비준으로 발효하였다. 보통 이 조약을 「제한핵실험금지조약」(Limited Test Ban Treaty: LTBT)라고 부른다. 이 조약은 그 뒤에 많은 나라들이 가입하여 1992년에는 가맹국 수가 125개를 넘어섰다. 그러나 중국, 프랑스, 쿠바, 북한, 월남은 이 조약에 가입하고 있지 않아 문제되고 있다.

핵실험금지조약은 '제한'을 없앤 「포괄적핵실험금지조약」(Comprehensive Test Ban Treaty: CTBT)으로 발전시키기 위하여 지난 30년동안 노력해 왔으나 2005년 현재 아직도 미결상태에 머물고 있다. 조약 자체는 1968년에 체결되었으나 2005년 현재 비준절차가 끝나지 않았다.

(2) 핵확산금지조약(Non-Proliferation Treaty)

핵무기는 나만 가지고 남이 가지지 않으면 제일 좋은 무기다. 싸우지 않고도 도전을 사전에 억제할 수 있기 때문이다. 그러나 핵무기 제조 기술을 독점할 수 있는 시대가 아니다. 내버려 두면 시간이 걸리겠지만 결국 세계 모든 나라가 핵무기를 가지게 될 것은 분명하다. 그러나 핵무기를 가진 나라가 늘어날수록 핵전쟁의 위

S. Loef, "Test Ban Proposals and Agreement," Burns, *op. cit.*, pp. 827-846.

협은 커지니까 핵무기 보유국 수가 늘어나지 않게라도 해야겠다는 것이 현재 국제체제를 주도하는 강대국들의 생각이다. 그리고 그 생각에서 시작된 것이 「핵확산금지조약」이다.

1945년에 미국이 최초로 핵무기를 개발한 이래 핵무기는 급속히 확산되어 소련(1949), 영국(1952), 프랑스(1960)가 핵무기 보유국 대열에 차례로 올라 섰으며 1964년에는 중국도 이에 합류하였다. 그리고 인도, 파키스탄, 이스라엘이 핵무기를 보유하고 있는 것으로 알려져 있고, 북한은 2005년에 스스로 핵무기 보유를 공표했다. 특히 중국의 핵무기 보유는 당시의 냉전 상태를 감안할 때 미국에게는 큰 충격을 주었다. 이러한 배경에서 1965년 유엔총회는 18개국으로 구성된 유엔 군축위원회에게 핵확산금지조약을 조속히 만들어 낼 것을 촉구하는 결의안을 채택하였다.[11] 이 결의에 따라 핵심적인 핵무기 보유국인 미국과 소련이 오랜 교섭을 거쳐 1968년에 조약시안을 18개국으로 구성된 유엔 군축위원회에 제출하였고 1968년 6월 12일에 유엔총회는 이 안을 승인하였다. 이어 이 조약안은 같은 해 7월 1일자로 회원국 서명을 위하여 개방되었으며 1970년 3월 5일에 발효하였다. 1995년까지 168개국 이상이 서명함으로써 역사상 가장 광범위한 조약 당사국을 가진 군축조약으로 되었다.[12]

핵확산금지조약은 핵무기 제거를 목표로 하는 '중간과정'적인 조치이다. 당장에 핵무기를 모두 폐기할 수 없는 현실을 감안하여 우선 핵무기 보유국 숫자가 늘어나지 않도록, 즉 수평적 확산(horizontal proliferation)을 막은 다음 핵무기 보유국들의 핵무기를 순

11) 핵확산금지조약의 발전과정에 대해서는 William Epstein, "The Non-Proliferation Treaty and the Review Conference," *Ibid.*, pp. 855-875.

12) NPT에 대한 상세한 정책적 검토를 한 보고서가 있다. Council on Foreign Relations에서 전문가를 구성원으로 연구팀을 만들어 작성한 것인데 NPT 이해에 도움이 된다. Stephen J. Hadley, et. al., *Nuclear Proliferation: Confronting New Challenges*, New York: Council on Foreign Relations, 1995.

차적으로 줄여서 궁극에는 모두 폐기한다는 이른바 수직적 확산(vertical proliferation)의 방지 내지는 핵무기 폐기조치를 취한다는 구상을 실현하는 중간조치에 해당되는 셈이다. 이 조약에서 핵비보유국은 핵무기를 생산, 보유하지 않는다는 약속을 하는 대신 핵의 평화적 사용을 하는 데 필요한 기술을 얻기로 하고, 핵무기 보유국은 비핵국에 핵무기 사용을 하지 않는다는 약속과 더불어 무기 제조기술의 이전과 핵물질의 이전을 하지 않는다는 것을 약속하고 있다. 핵확산금지조약은 1995년에 다시 유효기간을 25년간 연장하였다. 핵확산금지조약은 이 조약의 성실한 이행을 감시하는 국제원자력기구(International Atomic Energy Agency: IAEA)에 의한 사찰(inspection)제도를 포함하고 있어 조약 내용의 실천을 효과적으로 보장하고 있다.

그러나 문제는 핵확산금지조약 체제에서 탈퇴하고 핵무기를 개발하는 국가에 대한 효과적 제제수단이 없다는 점이다. 북한은 한때 NPT에 가입했었으나 IAEA의 사찰을 거부하고 나아가 NPT에서 탈퇴하고 핵무장의 길로 들어섰으며 2005년에는 공식적으로 '핵보유국'임을 선언하였다. 이러한 북한의 도전에 대하여 실효적인 응징을 할 방법이 없어 NPT 자체의 핵확산방지 효과도 약화되고 있다.

또한 급증하는 테러와 테러지원국 문제로 미국의 NPT 정책도 바뀌고 있다. 2001년 9월 11일의 알 카에다에 의한 미국 공격이 있은 이후 미국정부는 종전의 전략을 수정하고 적극적인 대테러전을 펴기로 하면서 대테러전을 위해 필요하다면 테러를 지원하는 악의 축(axis of evil) 국가에 핵무기 사용도 할 수 있다고 선언했다. "핵태세보고서"(NPR)에 담긴 이러한 미국의 새 정책은 NPT 체제 자체를 무의미하게 만든다. 비핵보유국에 대한 핵보유국의 핵무기 불사용 약속이 NPT의 핵심요소 중 하나인데 미국 스스로

이 조건을 철폐하면 NPT 체제는 존립이 위태로워진다.

(3) 전략무기제한협정(SALT)

1970년대 시작된 전략무기제한협상(Strategic Arms Limitation Talks)은 문자그대로 핵무기 제거가 아니라 제한을 목적으로 한 협상이었다. 그 제한의 목표는 미국과 소련이 보유하고 있는 핵무기를 서로가 서로의 전쟁 기도를 억지할 수 있도록 핵무기의 수량, 배치 등을 통제하여 어느 일방도 압도적 우세의 지위에 이르지 못하게 만드는 것이다. 즉, 미국과 소련이 서로 상대방을 파괴할 수 있는 능력을 보유함으로써 전쟁 발발을 억지한다는 상호확증파괴(Mutual Assured Destruction: MAD)를 가능하게 하도록 전략무기를 제한한다는 구상이 깔려 있는 전쟁억지 전략과 연계된 군비통제장치다.

제 1 차 전략핵무기제한협상(SALT-I)은 1969년 11월에 시작되었으며 1972년에는 미국과 소련 간에 「핵탄도미사일 방어망 제한에 관한 협정」(Treaty on Limitation of Anti-Ballistic Missile)과 「전략공격무기제한 잠정협정」(Interim Agreement on the Limitation of Strategic Offensive Arms)이 체결되었는데 이 협정들은 군비축소가 아니라 오히려 공포의 균형이 가능하도록 미소양국이 상대방을 확실히 파괴할 수 있는 능력을 보장해 주는 통제라고 할 수 있다. 예를 들어 ABM제한협정에 따르면 양측은 각각 100기를 넘지 않는 ABM망을 두 군데만 설치하도록 제한함으로써 다른 지역에 대한 핵공격에 대해서는 고의로 무방비 상태를 만들어 상대방의 공격이 가능하도록 내어놓자는 것이어서 이것은 군축이라기보다는 오히려 그 반대라고 할 수 있다.[13] 그리고 전략공격무기제

13) SALT의 진행과정에 대해서는 다음 글을 참조할 것. Seyom Brown, *The Causes and Prevention of War*, 2nd ed., New York: St. Martin's Press, 1994,

한 잠정협정에서는 미소의 핵공격 무기의 보유상한선을 규정하였는데, 미국은 1,054개의 ICBM, 656개의 SLBM(잠수함 44척), 그리고 소련은 1,618개의 ICBM, 740개의 SLBM을 허용받았다.

1972년에 시작된 제2차 전략핵무기제한협상(SALT II)은 SALT I을 보완하기 위한 것이다. 기술 발달로 한 개의 탄도탄에 여러 개의 핵탄두를 장착할 수 있게 됨에 따라(MIRV) 운반체 균형에 보완적 규정이 필요해졌고, 또한 유도탄의 정확도가 높아짐에 따라 소요 탄두수도 재조정이 필요해졌기 때문이다. SALT-II는 복잡한 협상 과정을 거쳐 1979년 6월 18일에 미소간에 조약이 체결되었다. SALT-II조약에서는 미소 양측의 전략 핵무기 운반체의 수를 각각 2,250개로 제한하고 그 중에서 1,200개만 MIRV화 할 수 있도록 허용하고 나머지 120개는 크루즈미사일 탑재 폭격기로 합의했다. 그리고 MIRV화 할 수 있는 1,200개의 미사일중 820개는 ICBM, 나머지는 SLBM으로 할 수 있도록 합의했다.[14]

(4) 전략무기감축협정(START)

SALT가 '균형을 위한 제한'이 목적이라고 한다면 START 즉 전략무기감축회담/협정(Strategic Arms Reduction Talks/Treaty)은 '감축'에 역점을 둔 군비통제 노력이라 할 수 있다. SALT-II가 미국을 위태롭게 하는 균형이라고 비판하던 미국 의회내의 강력한 반대로 비준 동의를 못 얻게 됨에 따라 1982년 레이건(Reagan)정부가 SALT-II를 대신해서 제시한 것이 START이므로

---

pp. 203-206. ABM협정은 1974년에 가서 다시 두 군데서 한 군데로 설치 제한을 강화하였다.

14) *loc. cit.*, MIRV는 Multiple Independently Targetable Re-entry Vehicle의 약자로 1개 유도탄에 여러 개의 탄두를 실어 발사하여 각개 탄두가 독립된 목표물을 타격할 수 있도록 설계된 유도탄 체계를 말한다. MIRV는 이제 mirv로 써서 동사로도 쓰고 있다. 즉 다탄두화라는 개조작업을 의미한다. MIRVed라 하면 이렇게 '개조된'이라는 형용사가 된다.

START는 SALT의 대체회담으로 보면 된다.

SALT에서 START로 진전된 데는, 그러나 더 중요한 이유가 있다. 소련의 막강한 대륙간 탄도탄의 공격을 막을 수 없는 상황에서 미국은 일차적으로 공포의 균형(balance of terror)을 유지하여 소련이 무모하게 선제공격을 못하게 하도록 하자는 데 역점을 두고 SALT를 추진해 왔었는데, 미국은 그 동안 새 기술을 확보하여 소련의 대륙간 탄도탄을 발사직후에 파괴할 수 있는 체제(Strategic Defense Initiative: SDI)를 구축할 수 있게 됨에 따라 대소 핵전략에서 근본적인 발상 전환이 왔기 때문이다. 즉 그전에는 "핵전은 이길 수 없다"(Nuclear war is not winnable)라는 전제에서 소련과 균형을 모색하여 핵전쟁을 예방하려 했으나 SDI에 자신을 가진 미국은 "핵전은 이길 수 있다"(Nuclear war is winnable)라는 생각을 가지게 되었고, 이러한 새로운 전제로 소련의 핵공격 능력을 무력화시키는 방향으로 핵군비 통제를 시도하게 된 것이다.

SDI는 인공위성망으로 소련의 ICBM이 Silo에서 나오는 순간 포착하여 우주 궤도를 비행하는 위성에서 레이저 등으로 즉시 파괴함으로써 소련의 핵 선제 공격을 효과적으로 방어할 수 있는 시스템이다. 성격상 SDI체제는 도시 등을 공격하는 공격무기가 아니고 어디까지나 방어무기이므로 핵전쟁을 하려 한다는 비난을 받지 않고도 소련의 핵공격 능력을 무력화시켜 소련이 미국에 더 이상 군사적으로 도전할 수 없도록 만들 수 있는 체제이다. 이 SDI 구상은 미국이 기술 경쟁을 통하여 전쟁을 하지 않고 소련을 군사적으로 완전히 굴복시킨 획기적인 '전쟁 아닌 전쟁'이라고 할 수 있다. 결국 SDI가 미소 군비경쟁에 종지부를 찍은 셈이다. 아무튼 이러한 배경에서 미국이 소련을 강압하여 '수직적 핵통제'를 하려고 내 놓은 것이 START라 이해하면 된다.[15]

---

15) *Ibid.*, pp. 206-207.

START는 3단계로 진행되고 있다. 제 1 단계, 즉 START-I은 1991년 7월 1일 미국의 부시(George Herbert Walker Bush) 대통령과 소련의 고르바초프(Mikhail Gorbachev) 대통령 간에 체결되었는데 핵탄두를 향후 7년 이내에 미국은 25%, 소련은 35% 감축한다는 내용이다.

START-II는 1993년 1월 3일 부시 대통령과 러시아의 옐친(Boris Yeltsin) 대통령 간에 조인되었는데, 미국과 러시아는 2003년까지 공격형 전략핵무기의 탄두를 모두 3분의 1로 줄이기로 하는 내용이다. START-II에 따르면 미국의 총 핵탄두 수는 9,862개에서 3,500개로, 그리고 러시아의 탄두 수는 10,909에서 3,000개로 줄게 된다.

START-II는 러시아의 어려움을 감안하여 목표연도를 2007년까지로 연기했으며 러시아가 START-II를 비준하면 곧이어 START-III을 시작하기로 되어 있다.[16)]

제 4 절 전쟁예방을 위한 군비통제이론

1. 이론의 발상

전쟁은 자기의 의지를 강요하기 위하여 무장력을 쓰는 집단적 행위이다. 전쟁은 의지, 능력, 환경의 세 가지 요소가 모두 갖추어졌을 때 감행되는 행위이므로 이 세 가지 중 하나인 '능력'을 통제함으로써 전쟁 가능성을 배제하자는 것이 군비통제이론이다. 그러나 '능력'을 통제하면 왜 전쟁이 일어나지 않는지, 그리고 어떻게

16) IISS, *Militaty Balance 1997-1998*, p. 285. 핵군축에 관한 상세한 해설은 김순규, 『현대 국제정치학』, 서울 : 박영사, 1997, 제 9 장, pp. 527-588 참조.

통제하면 전쟁의 가능성이 줄어드는지에 대하여는 서로 다른 의견이 맞서 간단하게 이야기하기 어렵다.

우선 가장 간단한 주장부터 논의해 보기로 한다. "전쟁 가능성이 있는 당사자 중 한 쪽의 군비를 제거하거나 방어능력 이하로, 즉 자국 내의 치안에 소요되는 능력 이하로 줄이면 전쟁은 예방된다"는 주장이 있다. 가장 오래된 군비통제이론으로 이러한 주장은 원시시대부터 존속해 왔고 또한 실제로 승전국마다 실천해 온 이론이기도 하다. 로마가 카르타고와의 전쟁에서 승리한 후 카르타고를 문자 그대로 폐허로 만들었는데 '도전 능력 배제'가 그 목적이었다. 12세기 징기스칸이 몽골 제국을 세울 때까지 몽골 초원에서 지속되었던 부족간의 전쟁은 전형적인 '패자의 도전능력 분쇄' 목적의 군비통제를 위한 전쟁들이었다. 그러나 이 주장에도 반론이 만만하지 않다. 첫째로 적대 세력간에 군비 격차가 심해지면 우세한 측이 쉽게 전쟁을 할 수 있기 때문에 오히려 "일방적 군축은 전쟁의 가능성를 높인다"는 반론이 가능해진다. 상대가 강하면 전쟁에서 승리하더라도 자기도 큰 피해를 입게 되므로 전쟁을 되도록 피하려 할 것이지만 상대가 아주 약해 손쉽게 승리할 수 있게 되면 강대국은 전쟁을 쉽게 결심하게 되므로 오히려 심한 군사 불균형을 가져오는 일방적 군축은 전쟁 요인이 된다는 것이 반대 주장의 핵심이다.

둘째로 일방적 군축의 강요는 패자의 저항의식과 적대의식을 극대화할 가능성이 있어 오히려 전쟁을 격화시킬 것이라는 반론이 있다. 힘은 의지와 능력을 곱한 것인데(power＝capability×will) 능력을 무리하게 줄이려 하다 의지를 강화시키는 결과를 가져올 수도 있다는 논리다.

다음으로 "쌍방간에 균형된 전력이 전쟁을 예방하므로 쌍방간의 불균형 전력을 통제하여 균형을 회복할 수 있도록 강자의 군비를 줄이고 약자의 군비를 늘이는 것이 전쟁예방을 위한 옳은 군축 방향이다"라는 주장이 있다. 전통적인 균형이론을 바탕으로 하는 군축이론이다. 이 논리는 세력균형을 다루는 장(제20장)에서 상세히 다룰 것이므로 여기서는 해설을 생략한다. 그리고 여기에 대한 반론은 길핀의 패권전쟁이론(제10장), 오간스키의 힘의 전이이론(제 9 장)에서 역시 다루었으므로 설명을 약한다.

세 번째로 군사력의 성격과 관련하여, "서로가 서로를 공격할 수 있는 무기를 제거하면 전쟁은 예방된다"라는 주장이 있다. 논리적으로는 타당한 이야기이나 현실에서는 문제가 많다. 제 1 차 및 제 2 차 세계대전 사이에 진지하게 논의되던 해군 군축회의가 바로 이런 주장을 반영한 것이었는데 합의의 어려움과 더불어 '공격무기'를 정의하기 어려워 실현에 많은 문제가 있었다. 특히 오늘날과 같은 장거리 유도탄이 발전된 상황에서는 더욱 그러하다. 그러나 전쟁 예방의 가장 확실한 방법이어서 오늘날의 군축 논의에서 주도적인 기층논리로 자리잡고 있다.

군축이론은 구체적인 군비문제를 놓고 개발되고 있으나 그 밑바닥에는 여기서 소개한 두세가지의 생각이 바탕이 되어 있다고 보면 된다.[17)]

---

17) 군축을 지지하는 논리와 반대하는 논리를 잘 정리해 놓은 글이 있다. 다음을 볼 것. Ken Booth, "Disarmament and Arms Control," in John Baylis, et. al., *Contemporary Stratety I*, New York: Holmes & Meier, 1987, pp. 140-186. Booth가 정리한 내용은 다음과 같다.

지지논리: ① 윤리적으로 전쟁은 받아들일 수 없다, ② 군대에 대한 불신, ③ 경제적 이유, ④ 무기축적은 전쟁을 유발.

반대논리: ① 더 큰 악을 제압하기 위해서는 전쟁이 필요, ② 군대는 정부통제 밑에 있기 때문에 위험하지 않다, ③ 군축이 경제적 부담을 반드시 줄여주지 않는다. 감시가 더 비용이 들 수 있다, ④ 무기 축적이 전쟁을 유발하는 것이 아니라 상황이 군비를 촉진하는 것이다, ⑤ 군축은 현실적으로 실행 불가능하다. 상세한 해설은 Booth의 원 논문에서 볼 것.

2. 군비통제이론과 억지이론

군비통제이론은 싸울 수 있는 수단을 통제하여 싸우지 못하게 하겠다는 이론이고 억지이론은 힘으로 힘을 견제하여 싸우지 못하게 하겠다는 이론이다. 전쟁예방 목적은 같으나 그 처방은 서로 반대된다. 군비통제, 즉 군축은 군비를 제거하는 처방이므로 비용은 덜 들지만 합의가 어렵고, 억지는 억지능력을 발휘 할만큼의 군비를 갖추어야 하므로 비용이 많이 드나 합의가 필요 없다는 점에서 전쟁예방 방법으로는 훨씬 효과적인 처방이라 할 수 있다.

군축과 억지는 처방에서 서로 반대가 되나 서로 모순 내지는 상극하는 관계는 아니다. 두 가지를 융합한 정책도 있을 수 있다. 핵무기 등장 이후에 논의되기 시작한 상호억지(mutual deterrence)이론은 바로 군비통제와 억지이론을 융합한 정책이론이다. 즉, 서로가 서로를 억지할 수 있도록 공포의 균형(balance of terror)을 이루게 양측의 군비를 합의를 통하여 통제한다는 이론이다. 전략무기제한회담(SALT), 전략무기감축회담(START) 등은 모두 군축 · 억지의 종합처방을 지침으로 한 것들이다.

3. 군비통제의 이론적 논의

정책이론으로서의 군비통제이론은 대체로 다음과 같은 세 가지 문제에 대한 논의로 집약된다. 첫째, 군비통제는 전쟁예방에 기여하는가? 그리고 국제평화질서 구축에 도움이 되는가? 둘째, 군비통제를 위한 당사자간 합의는 기대할 수 있는가? 일방적 감축 또는 통제가 상대방의 긍정적 대응을 유도하는가? 세째, 합의된 군비통제 내용의 실천을 보장할 수 있는가? 요약한다면 군비통제의 필요성, 가능성, 현실성 등이 논의의 핵심이 된다.

(1) 군비통제의 필요성

전쟁은 무기를 가지고 하는 투쟁이다. 따라서 도구인 무기를 통제하면 전쟁을 예방할 수 있다. 또한 예방에 실패하더라도 전쟁으로 인한 인명과 재산의 피해를 줄일 수 있을 뿐더러 평시에도 과다한 군사비 지출을 줄일 수 있어 경제적으로도 큰 이익을 가져오게 되므로 군비통제는 필요하다고 생각하는 것이 보편적 생각이다.

군비통제 주장 중 가장 극단적인 것이 보편 완전 군축(GCD: general complete disarmament)주장이다. 모든 국가가 군비를 모두 없애면 평화질서가 온다는 주장이다. 특히 핵무기에 관한한 GCD를 실천해야 한다는 주장은 1960년 이래 수 없이 제시되었다.[18] 그들은 핵무기가 국가의 손에 남아 있는 한 언젠가는 쓰게 되고 따라서 전면적 핵전쟁은 불가피하다고 주장하고 있다.

그러나 반대주장도 있다. 전쟁예방을 위해 군비통제를 한다는 것은 수레를 말 앞에 놓는 것과 같은 논리적 비약이라는 것이다. 상호간의 불신이 전쟁의지를 낳고 그 결과로 군사력을 증강하는 것이 현실이다. 군비는 전쟁의 원인이 아니라 정치불신이 낳은 결과일 뿐으로 군비통제로 전쟁예방을 한다는 것은 이야기가 되지 않는다는 주장이 있다. 뿐만 아니라 군비통제는 성실히 이를 지킨 쪽이 지키지 않은 쪽보다 불리해지므로 국가들은 서로 속이려 들기 때문에 오히려 불신의 골만 깊게 만든다는 주장도 있다. 전쟁억지이론을 주장하는 사람들도 억지와 연계되지 않은 군비통제 그 자체는 오히려 전쟁가능성을 높이는 결과를 가져오리라고 우려하

18) James E. Dougherty and Robert L. Pfaltzgraff, Jr., *Contending Theories of International Relations*, New York: Harper & Row, 1981, pp. 390-391 참조. 그리고 다음 글도 참고할 것. Philip Noel-Baker, *The Arms Race: A Programme for World Disarmament*, London: John Calder, 1958; Grenville Clark & Louis B. Sohn, *World Peace through World Law*, Cambridge, Mass.: Harvard University Press, 1958.

고 있다. 낮은 수준의 군사균형에서는 패전해도 큰 피해가 없기 때문에 오히려 전쟁을 쉽게 결심할 수 있기 때문이다.

(2) 군비통제의 합의 가능성

군비통제의 필요성은 인정한다 하더라도 군비통제의 합의를 이루어 낼 수 없다면 군비통제는 탁상공론에 그치고 만다.

군비통제에 이르는 길은 세 가지가 있다고 김재한은 설명하고 있다.[19] 일방적 감축, 묵시적 상호감축 및 공식적 군축협상이다. 일방적 감축은 동맹체결로 안보수준을 그대로 유지하면서 자국의 군비를 줄이거나, 가상적의 수가 줄어들어 군비의 수요 자체가 줄어들었을 경우에 스스로 군비를 줄이는 것을 말한다. 묵시적 상호감축(tacit bargaining)은 직접 협상을 하지 않으면서도 상대방의 상응 조치를 기대하고 군비를 스스로 줄이는 것이다. 그리고 공식적 군축협상(negotiation)은 관계당사국이 협상을 통하여 군비통제 내용을 조약화하는 것이다.

군비통제방식이 어떠한 모양으로 진행되든 군비통제가 이루어지려면 자국의 안보위협이 증대하지 않는다는 확실한 심증이 생겨야 군비통제를 하게 된다. 기술향상 등으로 자국의 안전을 지킬 수 있는 방어 역량이 현저히 증가했을 경우 넘치는 군비를 줄이는 것은 문제되지 않는다. 어려운 것은 '안보위협' 자체가 존속하는 가운데서 군비통제에 합의하는 것이다. 결국 당사국 쌍방이 통제에서 이익을 발견할 수 있을 때 통제합의는 이루어진다. 물론 그 이익은 각국 스스로가 판단하는 것이다.

쌍방의 공동이익(mutual self-interest)을 찾을 수 있는가? 게임이론적 사고를 하는 사람들은 적대관계국이 추구하는 안보이익은 상대적인 것이며 또한 비영화게임(非零和 게임 : non-zero-sum

19) 김재한, 『게임이론과 남북한 관계』, 서울 : 한울, 1995, pp. 110-121.

game)이므로 얼마든지 찾아낼 수 있다고 주장한다. 공격·방어 능력의 균형을 유지할 수만 있다면 낮은 수준에서 균형을 유지할 수 있도록 동시에 함께 군비를 줄이는 것이 쌍방의 이익이 되리라는 것은 누구나 쉽게 이해할 수 있다.

그러나 문제는 당사자 쌍방이 인식하고 있는 안보상황이 같지 않다는 데 있다. 역사적으로 적대국간에는 예외 없이 군비경쟁(arms race)이 벌어졌는데, 이유는 양측이 생각하는 '균형'이 서로 다르기 때문이다. 양측 모두 자국측이 약간의 우위가 보장되었을 때를 '균형'이라고 믿기 때문에 '균형'에 대한 견해 불일치가 일어나게 되고, 양측은 모두 '균형회복'이라는 이유로 자국의 군비를 증강함으로써 군비경쟁의 길로 들어서게 되었던 것이다. 군비통제에서도 똑같은 논리로 합의는 이루어지기 어렵다는 것이 비관론자들의 주장이다.

또 한 가지 문제는 제 3 국의 위협이다. 현재 대결하고 있는 상대국과의 균형만을 고려하여 군비를 감축하였을 경우 제3국의 군사위협에 노출될 수 있다. 오늘날의 세계에서는 세계 모든 국가가 하나의 체제 내에 존재하므로 체제 내의 다른 모든 나라의 군사위협 가능성을 감안하여 자국의 준비를 유지해야 한다. 상대방만 의식하여 일방적 군축을 하기는 어렵다.

(3) 군비통제의 현실성

어려운 협상으로 군비통제 방안에 해당국들이 합의를 이루어냈다 하더라도 그 합의 내용이 그대로 실천되는 데는 많은 문제가 있다. 합의내용 실천은 상대방도 실천한다고 확신할 때만 이루어지는데 상대방이 실천하고 있는지를 알려면 사찰(inspection)을 통한 확인(verification)이 있어야 한다. 그래서 군비통제의 현실성 문제는 효과적 사찰의 가능성 문제로 귀착된다.

하나의 예로 한국 휴전협정을 들 수 있다. 이 협정은 한반도에 새로운 무기를 도입하지 못하도록 하는 군비통제조항을 포함하고 있는데 사찰에 대한 신뢰성이 깨짐으로써 사실상 무효화되어 버렸다. 협정에는 중립국 감시단이 사찰을 하게 되어 있으나 실제로 북한이 중립국 감시단의 사찰을 허용하지 않음으로써 사찰이 불가능해졌기 때문이다. 더구나 북한은 중립국 감시단을 철수시켜버려 이제는 원초적으로 사찰은 불가능해졌다.

핵무기감축협정과 관련하여 가장 많은 논의가 있어왔던 부분이 바로 효과적 사찰 문제였다. 그러나 현실에서 이 논의는 논리성으로 사찰 가능성 여부가 판가름 난 것이 아니고 기술 발전을 통하여 해결되어 왔다.

군비통제의 논의는 아직 체계적인 이론단계에 이른 것이 사실상 없다. 군비경쟁 자체가 지속적인 과학기술 발전으로 형태를 달리하기 때문에 보편적 이론으로 다루기 어렵기 때문이다. 군비통제이론은 결국 구체적 상황마다 제시될 수밖에 없을 것이다.

제5절 존　　평

군비통제이론은 전형적인 규범이론, 정책이론인데 20세기 초반까지는 군비가 대체로 고정되어 있었기 때문에 보편적 원리로 접근이 가능하였다. 그러나 20세기 후반부터는 군비 내용이 시시각각으로 달라지게 됨에 따라 보편적 이론으로 대응할 수 없게 되었다. 예를 들어 핵무기 등장 이후에는 핵무기 등장 이전의 군비통제이론으로는 현실적인 군비통제를 설명할 수 없게 되었다. 전쟁의 목적, 정책 수단으로서의 전쟁의 의미가 근본적으로 달라졌기 때문이다.

군비경쟁은 민족국가가 주권을 가진 행위자로 군림하는 국제사회에서는 불가피하다고 본다. 국내질서에서 개인이 무장해제를 하게 된 과정을 살펴보면 폭력을 공공화(公共化)하여 국가만이 폭력을 보유, 사용하게 되었기 때문이다. 국가가 질서유지의 책임과 능력을 독점함에 따라 개인의 무장을 해제할 수 있었던 것이다. 마찬가지로 국제사회에서도 초국가적 통치기구가 등장하여 폭력의 공공화를 이룰 때까지는 각 국가는 자위권을 포기하지 않으려 할 것이며 따라서 보편적 완전 군축(GCD)은 기대할 수 없을 것이다.

군비통제는 그러나 상호 공동이익이 있는 영역에서는 계속해서 논의되고 또한 이루어질 것이다. 다만 그 내용이 계속 달라질 것이다. 군비통제이론은 고정된 이론이 아니라 움직이면서 발전하는 이론이다.

참고도서

1. Ken Booth, “Disarmament and Arms Control,” in John Baylis, et. al., *Contemporary Strategy*, 2nd edition, New York: Holmes & Meier, 1987, Ch. 6, pp. 140-186.

군비감축 및 군비통제에 대한 중요한 논의들을 체계적으로 잘 정리해 놓은 글. 특히 핵군축 활동에 대한 평가가 돋보이는 글이다.

2. Richard Dean Burns, ed., *Encyclopedia of Arms Control and Disarmament*, Vol. 1-3, New York: Charles Scribner's Sons, 1993.

역사상 있어 왔던 거의 모든 군비통제 사례를 모아놓은 백과사전인데 제 1 권의 서문에 군비통제 문제를 다루는 기본틀이 소개되어 있다.

3. Philip Noel-Baker, *The Arms Race*, New York: Oceana, 1958.

저자는 영국 외교관이었으며 평생 동안 군축 문제를 다루었다. 20세기 초반의 중요 군축회담과 1950년대까지의 핵군축 문제를 소상하게 다룬 책으로 본인의 경험이 많이 포함되어 있어 구체적 상황의 이해에 도움이 된다.

4. Seyom Brown, *The Causes and Prevention of War*, 2nd edition, New York: St. Martin's Press, 1994의 Ch. 10, "Arms Control," pp. 201-230.

핵군축의 여러 단계에 대해서 가장 잘 정리해 놓은 글이다. 특히 SALT, START에 대해서는 아주 잘 설명하고 있다.

5. 김순규, 『현대 국제정치학』, 서울 : 박영사, 1997, 제9장 "국제정치와 군비관리", pp. 528-588.

무기에 대한 해설부터 군비통제, 군축에 이르기까지 상세히 소개 분석하고 있다. 이 글만 읽으면 군축사는 이해할 수 있다.

6. 坂本義和(사카모도 도시가쓰), 『新版 軍縮の政治學』, 東京 : 岩波, 1988.

일본 정치학계의 원로인 저자가 핵군축 문제를 일본의 시각에서 평가해 놓은 책이다.

제18장

전쟁억지이론

제 1 절 억지의 철학

"평화를 원하거든 전쟁을 준비하라"(*Si vis pacem, para bellum*)라는 말은 로마시대부터 전승되어 내려오는 오랜 격언이다. 얼른 들으면 모순되는 것 같지만 그렇지 않다. 전쟁은 전쟁으로밖에 막을 수 없다는 뜻인데, 더 정확히는 전쟁의 준비로 전쟁의 발발을 막는다는 이야기다. 이것이 억지(抑止)의 철학이다.[1)]

억지는 어떤 행위, 현상의 발발을 미리 막는 것이다. 어떤 일이 벌어진 후에 이를 해결하는 것이 아니다. 억지는 인위적인, 목적적인 행위이다. 우연히 예상되던 일이 안 일어나게 된 것과 다르다. 억지는 상대방의 의지(意志)에 영향을 주어 상대가 하려던 일을 포기하게 만드는 일이다. 넘치려는 강물의 범람을 막기 위해 둑을 더 높이 쌓는 것은 예방(prevention)이지만 억지는 아니다.

조지(Alexander L. George) 등은 억지를 다음과 같이 정의하

1) 억지(抑止)란 영어의 deterrence를 번역한 단어다. 억제(抑制)라고도 번역한다. 어떤 일이 벌어지지 않도록 미리 막는다는 말이다. 여기서는 억지라는 번역을 쓰기로 한다. 여기서 소개한 로마 격언은 Clausewitz가 사용한 후 유명해진 것인데 원출처는 추적하기 어렵다.

고 있다. "억지란 상대방이 취하려는 행위의 비용이나 위험부담이 기대되는 이득보다 크다는 것을 상대방에게 설득하는 것이다(deterrence is the persuasion of one's opponent that the costs and/or risk of a given course of action he might take outweigh its benefits.)."[2] 억지의 핵심을 설득에 두고 있는데 설득이란 상대방의 의지변화를 유도하는 영향력 행사라고 할 수 있다.

자국의 안전을 지켜줄 공공질서가 작동하지 않는 국제사회에서 안전을 확보하여야 할 1차적 책임은 자기이고 따라서 어느 나라나 자위(自衛)를 가장 중요한 국가의 과업으로 삼고 있다. 이러한 환경에서 적대적인 관계에 있는 국가가 안전을 위협할 때 믿을 수 있는 것은 자기를 지켜낼 수 있는 자위적 군사력밖에는 없다. 그래서 오늘날 모든 나라가 상비군(常備軍)을 유지하고 있다.

전쟁에서는 이겨야 한다. 승자가 패자를 지배하게 되기 때문이다. 전쟁은 승전이 가져올 이득을 전제로 하는 계획적 행위이다. 상대방을 지배함으로써 얻어지는 경제적·정치적 이익, 그리고 자국의 안전의 확보 등 여러 가지 전승의 이익이 전쟁의 목적이다. 전쟁은 이기기 위해서 하는 행위이다.[3] 지기 위해 싸우는 나라는 없다. 그리고 전쟁에서 기대되는 이득이 있기 때문에 싸운다. 이득이 없는 싸움을 하려는 나라는 없다.

전쟁은 엄청난 비용과 희생이 따르는 행위이다. 패전국은 말할 것도 없고 승전국도 많은 비용과 희생을 안게 되어 있다. 패전국의 저항이 클수록 승전국의 비용과 희생이 커진다. 전쟁을 시작하는 나라는 전쟁으로 얻으리라 예상하는 이득과 감수해야 할 비

2) James E. Dougherty and Robert L. Pfaltzgraff, Jr., *Contending Theories of International Relations*, 2nd edition, New York: Harper & Row, 1981, p. 368에서 재인용.

3) 맥아더(Douglas McArthur)장군이 가장 강조하던 말은 "In War, there is no substitute for victory"였다. 인천에 있는 그의 동상 앞에도 이 말이 새겨져 있다. 전쟁의 의미를 가장 잘 함축하고 있는 말이다.

용 및 희생을 미리 계산해서 이득이 크다고 생각될 때 싸움을 시작한다. 반대로 이득보다 손실이 크리라 생각되면 전쟁을 삼가게 된다. 바로 이러한 전쟁 생리에서 억지전략이 생겨나는 것이다. 즉 상대에게 이득보다 손실이 크다는 것을 미리 확신시켜줌으로써 전쟁을 하지 못하게 막자는 생각을 하게 된 것이다. 이것이 억지이론의 발상이다.

상대가 무력으로 침공해 왔을 때 최선을 다하여 이를 격퇴하게 되면 이것은 큰 성공이다. 상대의 승전을 거부함으로써 상대가 얻으려는 이득을 못 얻게 하는 것이 되기 때문이다. 그러나 전쟁에서 승리하여 자국의 안전을 지키는 것은 패전보다는 낫지만 여기서 잃게 되는 손실도 엄청나다. 그래서 어느 나라나 싸움에서 이기는 것보다 아예 미리 상대가 도전하지 못하게 만드는 것이 훨씬 바람직하다고 생각한다. 일찌기 손자(孫子)도 이점을 강조하였었다. "싸우지 않고 적을 굴복시키는 것이 제일 좋은 전략"(不戰而屈人之兵 善之善)이라고 했었다. 그래서 모든 국가는 상대가 도전 못하게 미리 전쟁을 막는 전쟁억지를 안보전략의 핵심으로 하고 있다.

제 2 차 세계대전 때까지는 전쟁은 일방의 승리, 타방의 패배로 끝났다. 강한 자가 이겼고 약한 자가 졌다. 그러나 핵무기라는 대량 파괴 무기가 등장한 후부터는 새로운 사태가 벌어지고 있다. 핵무기를 대량 보유하고 있는 국가간의 전쟁, 특히 양측이 모두 제2격능력(the second strike capability)[4]을 갖춘 상황에서는 전쟁은 먼저 공격한 쪽이나 공격을 받는 쪽이나 함께 멸망하는, 즉 공멸(共滅)의 전쟁으로 될 가능성이 높아졌다. 그래서 "핵전쟁은 승리할 수 없다"(Nuclear war is not winnable)는 이야기가 나오고 있

4) 제2격능력이란 상대방의 선제공격을 받은 후 남아 있는 보복능력으로 상대를 공격하여 궤멸시킬 수 있는 '선제공격 받은 후의 잔존 보복 능력'을 말한다. 선제공격으로 파괴하지 못하는 잠수함 발사 탄도탄(SLBM: Submarine-Launched Ballistic Missile)이 가장 효과적인 제2격능력으로 여겨지고 있다.

다. 이러한 핵전쟁 시대에 들어서서는 억지전략은 새로운 의미를 갖게 된다. 서로가 이길 수 없도록 하는, 즉 일방적 승리의 거부를 목표로 하는 상호억지(mutual deterrence)가 관심의 초점을 이루게 된다. 이 장에서는 억지이론 일반을 소개한 후 핵억지이론을 중점적으로 다룬다.

제 2 절 억지의 일반이론

1. 억지의 정의

억지 개념은 아주 오래된 개념이다. 기록상으로는 투키디데스(Thucydides 471-401 BC)가 처음으로 사용했다고 하나 확인할 방법은 없다. 아무튼 그때부터 지금까지 억지개념은 똑같이 쓰고 있다. "상대방이 무엇을 하지 못하도록 겁을 주는 것"(an attempt to frighten the adversary into inaction)이다.[5] 베일리스는 이 개념을 더 구체적으로 다음과 같이 정의한다.[6]

> "억지란 한 정부가 상대국이 자기가 원하지 않는 행동을 하려 할 때, 만일 그런 행동을 하게 되면 감당 못할 손실을 입히겠다고 위협함으로써, 그 행동을 하지 못하도록 하는 시도이다"(Deterrence is an attempt by one government to prevent an adversary from undertaking a course of action that government regards as undesirable, by threatening to inflict unacceptable costs upon the adversary in the event that the action is taken).

5) Phil Williams, "Nuclear Deterrence," in John Baylis, et. al., *Contemporary Strategy*, 2nd ed., New York: Holmes & Meier, 1987, pp. 113-139의 p. 115.
6) *loc. cit.*

이 정의는 더 설명할 것도 없이 자명하므로 해설을 생략한다. 그러나 더 쉽게 '전쟁억지'를 다음과 같이 정의하여 두면 오히려 이해가 더 잘 될 것 같다. "억지란 전쟁을 통하여 얻으려는 이익보다도 전쟁에서 입게 될 피해가 더 크다는 것을 상대방에 확신시켜 전쟁을 포기하게 만드는 행위이다."

2. 억지의 요건

억지전략이 성공적이 되기 위해서는 몇가지 요건이 잘 갖추어져야 한다.

(1) 능력(capability)

억지는 힘으로 힘을 막는 것이다. 따라서 힘이 갖추어져 있지 않으면 억지란 불가능하다. 상대방이 전쟁을 일으켰을 경우 상대방에게 '감당 못할 피해'를 줄 수 있는 능력이 있어야 한다. 어느 정도의 피해를 줄 수 있어야 효과적인 억지가 가능할지는 객관적으로 결정할 수 없다. 공격자의 판단에 달려 있기 때문이다.

억지를 가능하게 하는 군사능력에는 두 가지가 있다. 우선 거부능력(denial capability)이다. 상대방의 공격을 무력화시킬 수 있는 능력이 거부능력이다. 공격군을 궤멸시킨다거나 공격군의 공격에서 피해를 입지 않도록 할 수 있으면 공격은 의미를 잃는다. 거부능력은 상대방 자체를 공격하는 것이 아니라 상대의 의도를 무력화시키는 소극적 능력이며 기본적으로 방어능력이다. 나폴레옹군이 러시아를 침공하였을 때 러시아는 후퇴하면서 나폴레옹군이 사용할 가능성이 있는 가옥이나 도로, 물품을 모두 파괴하는 초토작전(焦土作戰)을 썼다. 결국 프랑스군은 패퇴할 수밖에 없었으며 러시아를 굴복시킬 수 없었다. 마오쩌둥(毛澤東)의 인민전쟁(人民

戰爭)은 공간을 희생하여 시간을 버는 전쟁인데 중국처럼 영토가 큰 나라에서 효과적으로 쓸 수 있는 거부능력이다.

그러나 억지의 효과를 높이려면 적극적 보복능력(retaliation capability)을 갖추어야 한다. 상대가 제일 소중하게 여기는 것을 파괴할 수 있는 능력을 갖추어야 한다. 상대방의 인구 밀집 지역이나 산업시설 밀집지역에 대한 파괴능력을 갖추면 억지효과는 커진다.

억지에 필요한 군사 역량은 반드시 상대방의 총 전력보다 커야할 필요가 없다. 기관총으로 무장한 상대라 할지라도 상대의 심장을 정확히 찌를 수 있는 죽창을 가지고 있으면 억지전략으로는 충분하다. 냉전시대 프랑스는 핵탄두 1만개 이상을 보유한 소련에 대하여 핵 잠수함 2척에 장착한 100개도 안 되는 핵탄도탄으로 자체의 억지전력을 유지했다. 소련의 공격에서 프랑스가 살아남을 가능성은 없지만 2척의 핵잠수함으로 소련이 감당할 수 없는 피해를 줄 수 있으므로 프랑스의 핵전력은 훌륭한 억지전력으로 간주할 수 있었다.

고슴도치는 사자를 공격할 수는 없지만 가지고 있는 가시로 사자의 공격을 억지할 수는 있다. 사자는 한 점밖에 안 되는 고슴도치의 고기를 먹기 위해 수십개의 가시에 찔리는 손실은 피하려 하기 때문이다. 똑같은 논리로 약소국일지라도 강대국에 대항하여 효과적인 억지전력을 구축할 수 있다. 약소국이 확실한 공격거부능력을 갖추면 강대국의 공격을 억지할 수 있다.[7)]

(2) 의지(will)

힘이란 의지에 능력을 곱한 것(will×capability)이다. 아무리 큰 능력을 갖추고 있다 하더라도 이 능력을 쓸 의지가 없다면 힘

7) 이런 생각을 다듬어 정리해 놓은 것이 나의 "약소국 방위능력과 고슴도치이론"이란 논문이다. 『국제정치논총』, 제16집(1976), pp. 131-139에 실려 있다. 이 책 제19장에서 해설한다.

이 되지 않는다. 반대로 작은 능력일지라도 의지가 확실하면 큰 힘을 발휘한다. 예상 공격자에 대하여 확고한 저항의지를 가지고 있을 때 억지는 효과적이 된다.

의지의 강도는 의지의 관철을 위하여 감수하려는 희생의 크기로 측정할 수 있다. 월남전에서 본 것처럼 의지가 강하면 객관적인 군사전력 격차를 능히 극복할 수 있음을 우리는 안다. 월남의 군사전력은 세계 최강을 자랑하는 미국의 군사력에 비할 바가 못 되었지만 인구 모두를 잃어도 굴복하지 않겠다는 월남인의 의지가 몇만의 사상자도 참지 못하는 미국의 의지를 이겨냈다.

상대방이 하고자 하는 행위를 어느 정도의 강도로 거부할 것인가, 또한 반대로 상대방이 무엇을 하지 못 하도록 하는 데 있어 어느 정도의 자기희생을 감수할 각오를 가지고 있는가를 확실하게 밝혀 두는 것이 억지전략의 효율성을 높이는 데 결정적 역할을 한다는 것을 알아야 한다. 억지는 심리적 투쟁이므로 의지는 억지전략의 핵심 요소가 된다.

(3) 의사전달(communication)

상대방에게 어떤 행위를 하여서는 안 되는 지를 그리고, 하지 말라는 행위를 했을 경우 어떤 불이익을 받게 될지를 정확하게 알리는 일이 효과적 억지를 위해서 필요하다. 분명하고 자세한 의사전달은 억지전략의 가장 중요한 요소의 하나다.

의사전달의 수단은 다양하다. 공개적인 성명, 외교통로를 이용한 의사전달, 밀사를 통한 비공개 통보, 또는 의사표시로 알아볼 수 있는 행위 등이 있다.

적대국에 대하여 무력사용 의지를 보여주는 방법으로 힘의 현시(power projection)가 많이 사용된다. 상대방을 공격할 수 있는 거리 이내에 해군함정을 보낸다든가 지상군 병력을 이동 배치하는 것 등이 그 방법이다. 대만해협에 전운이 감돌면 미국은 예외 없이 항공모함 전단(戰團)을 이 해협에 항진시켰다. 대만에 대한 중국의 무력 공격에는 무력 대응을 하겠다는 미국의 의사전달 방법으로 취한 행동이었다.

(4) 신뢰도(credibility)

억지는 실제 일어난 일에 대한 대응이 아니라 모두 '가정'을 놓고 하는 게임이다. 공격한다면 상대가 저항하리라는 가정, 또는 공격받을 것을 예상하면 미리 하지 말라는 일을 하지 않을 것이라는 가정 등을 전제로 벌이는 싸움이다. 그래서 어떤 정책보다도 '믿음'이 중요하다. 신뢰도(credibility)가 억지의 생명이라 할 수 있다.

중국은 제한된 군사력을 효과적으로 사용하는 방법으로 '신뢰성에 기초한 억지'를 전통화(傳統化) 하였다. 상대에게 경고한 후 이를 어기면 아무리 자국의 피해가 클지라도 '반드시' 군사개입을 해왔다. 그래서 이제는 중국이 말로 무엇을 하지 말라고 경고하면 군사행동과 똑같은 효과를 얻을 수 있게 되었다. 몇 번의 희생으로 신뢰도를 높인 후부터는 말로 군사행동을 대체할 수 있게 됨으로써 전체를 평균하면 아주 값싼 '힘의 사용'을 할 수 있게 된 셈이다. 1950년 가을 한국전에서 유엔군이 38도선을 넘어 북진을 시작하였을 때 중국은 유엔군이 청천강(淸川江)선을 넘으면 참전한다고 경고했고 실제로 참전했다. 100만명이라는 엄청난 병력손실을 입었지만 신뢰도를 높이는 데 큰 기여를 했다. 1962년 인도와의 국경분쟁이 전쟁으로 발전했을 때도 그랬었고, 1979년 봄의 월남과의 전쟁에서도 그랬다. 이러한 전쟁에서 중국은 많은 인명손실을 입었지만 '신뢰도'를 높이는 데는 성공하였다. 이제 중국의 경고는 곧 전쟁을 의미한다고 믿을만큼 중국의 말은 존중받게 되었다.

반대의 경우도 있다. 냉전시대 미국은 우방국들에게 핵억지는 미국에 맡기고 무장하지 말라고 권했었다. 이른바 핵우산(nuclear umbrella)의 논리였다. 소련의 핵위협을 미국이 대신 막아주고 만일 소련에 의해 공격을 받으면 대신 보복하겠다는 약속이다. 이에 대해 프랑스는 미국의 보복약속을 신뢰할 수 없다고 선언하고 독자 핵억지력을 건설해 나갔다. 드골 대통령의 군사 보좌관이었던 갈로아(Galois)장군은 "……소련이 파리를 공격했을 때 미국이 핵무기로 소련에 보복할 것인가? 미국이 소련에 보복공격하면 소련이 제2격능력을 써서 미국을 공격하여 미국인 수천만명을 죽일텐데, 제정신을 가진 미국 대통령이라면 자국 국민 수천만명을 죽이게 된다는 것을 알면서 우방인 프랑스가 이미 입은 피해에 대한 보복으로 소련을 공격하라는 명령을 할 수 있겠는가? 미국의 핵우산은 믿을 수 없다. 미국의 호의, 미국의 능력은 믿을 수 있으나 미국의 보복약속은 신뢰할 수 없다"라고 상세히 미국 핵우산 약속에 대한 불신 이유를 설명했다.[8] 아무튼 미국의 신뢰도의 흠결이 억지의 효과를 낮춘 예라 할 수 있다.

억지전략은 병기의 발전수준, 환경 등에 따라 그 내용이 달라지겠으나 억지의 구조는 모두 같다. 여기서 소개한 네 가지 억지전략의 요건은 개인차원의 행위에서 재래식 억지전략, 핵억지전략에 이르기까지 모든 억지전략에 해당되는 일반요건이다.

---

8) 1976년 Pierre Galois장군 내한시에 나와 가졌던 대담에서 나눈 이야기인데 기억을 되살려 정리한 것이어서 정확한 표현은 아니고 다만 취지만 전달하기 위해 제시한 것이다. Galois의 주장은 그의 다음 글에도 실려 있다. "United States Strategy and Defense of Europe," in Henry A. Kissinger, *Problems of National Strategy*, New York: Praeger, 1966.

제 3 절 핵억지전략이론

1. 핵무기와 억지

핵무기는 재래식 무기에 비하여 엄청난 파괴력을 가졌다는 점에서 전쟁 양상 자체를 바꾸어 놓았으며 이에 따라 억지전략 전개에서도 목적, 방식, 소요 능력 계산 등에 큰 변화를 가져왔다. 그래서 핵억지 전략은 일반 억지전략과 다른 성격을 가지게 된다.

핵무기는 짧은 시간 내에 많은 인명을 살상할 수 있는 전략무기다. 재래식 폭탄에 쓰는 TNT화약의 폭발력과 비교해서 폭발강도를 표시하는 관례에 따른다면 현재 비축되어 있는 탄도탄용 전략 핵폭탄은 40Kt(Poseidon C-3 탑재 SLBM)의 '작은 것'으로부터 170Kt-400Kt(Minuteman III 장착 ICBM), 5Mt(중국의 SS-4 ICBM)에 이르는 것까지 다양한데 모두 도시 하나쯤은 괴멸시킬 수 있는 크기다. 이렇게 파괴력이 높은 핵무기는 전쟁억지 능력으로는 아주 효과적이다. 핵무기 몇개면 상대국이 감당할 수 없을 피해를 줄 수 있기 때문이다.

그러나 바로 핵무기의 가공할 파괴력이 억지에 있어서는 새로운 고려를 하게 만든다. 상대국이 가진 핵무기에 의한 보복을 생각한다면 핵무기를 먼저 쓰는 것이 오히려 자살이 될 수도 있기 때문이다. 전쟁은 이기려고 하는 것인데 승자와 패자 모두가 멸망한다면 전쟁은 무의미해진다. 그리고 승자와 패자 모두를 궤멸시킬 수 있는 핵무기는 '사용할 수 없는 무기'로 되어 역으로 억지의 효과를 없앨 수도 있다.

상대방의 핵무기를 선제공격을 통하여 제거하고 자국만이 핵무기를 그대로 보유할 수만 있다면 핵무기는 전쟁 승리와 효과적

억지를 보장하는 훌륭한 무기가 될 수 있는데, 상대방의 핵무기를 제거하는 것이 쉽지 않으므로 쌍방 핵보유의 상황에서는 핵무기를 전쟁 승리의 수단으로 쓸 수 없게 된다. 상대방의 핵무기를 제거하거나 그 피해를 막을 수 있는 기술의 발전이 그래서 핵억지전략에서는 핵심적인 요소가 되는 것이다. 상대방의 핵무기를 있는 그 자리에서 파괴하는 기술, 상대방의 핵무기를 막을 수 있는 요격기술, 상대방의 공격을 피할 수 있는 핵공격방어 능력의 개발 등이 그래서 지난 반세기 동안 강대국간의 군비경쟁의 핵심을 이루었다.

핵무기는 핵무기로 파괴할 수 있다. 핵무기가 배치된 지역에 핵공격을 가하면 된다. 그러기 위해서는 상대방보다 훨씬 많은 핵무기를 가지고 있어야 한다. 그래서 미국과 소련은 1만개씩의 핵탄두를 가지게 된 것이다.

핵무기의 투발수단으로는 지상발사 유도탄, 항공기 발사 유도탄, 잠수함 발사 유도탄 등이 있다. 이 중에서 수중에서 발사하는 잠수함 발사 탄도탄(SLBM)이 가장 은닉성이 높다. 물 속에는 전파가 미치지 않아 레이더로 포착할 수 없기 때문이다. 그래서 미국과 소련은 경쟁적으로 SLBM을 개발했다. 날아오는 유도탄을 요격하려면 그 궤적을 계산해야 한다. 탄도탄(ballistic missile)인 경우에는 두 점에서의 위치와 비행속도만 알아내면 탄착지점까지의 궤적을 계산할 수 있어 요격 미사일 발사가 가능하나 탄도탄이 아닌 크루즈 미사일(cruise misslie)인 경우에는 예상 궤적계산이 불가능하다. 그래서 미국은 크루즈 미사일 개발에 힘을 기울였다. 핵무기는 요격보다도 발사 직후 파괴할 수만 있으면 좋다. 상대방의 핵무기를 무력화(無力化)하는 지름길이고, 이렇게만 할 수 있으면 핵무기의 일방적 보유를 가능하게 하고 따라서 핵전쟁도 '승리가 가능한 전쟁'으로 만들 수 있게 된다. 억지의 상황이 달라지는 것이다. 그래서 미국은 우주궤도를 비행하는 인공위성과 레이저로 탄도탄을 발사 즉시 파괴하는 SDI(Strategic Defense Initiative)체제를 구축하기 시작했다.

핵억지전략은 핵무기 관련 기술 발전에 따라 그때 그때 마다 영향을 받아왔다. 그래서 핵억지전략의 논의에서는 반드시 그 당시의 무기체계 수준을 고려하여야 한다.

2. 핵억지전략의 변천

(1) 단순 핵억지(simple nuclear deterrence)

제 2 차 세계대전 종결 당시 핵무기 보유국은 미국뿐이었다. 미국이 핵무기를 독점하고 있던 때에는 핵무기는 단순한 '효과적 억지 능력'을 보장하는 무기에 불과하였다. 미국은 소련의 세력팽창을 억지하는 '봉쇄전략'(containment strategy)을 펴 나갔는데 그때 가장 크게 의존했던 것이 핵무기였었다.

미국은 핵무기만으로 소련의 방대한 재래식 군사력을 묶어놓을 수 있다고 생각했고 그래서 전략 공군의 폭격기와 새로 개발하기 시작한 탄도탄을 주축으로 소련의 도시를 대상으로 하는 공격능력(counter-city strike capability) 구축에 군비증강 노력을 집중했다. 그리고 핵억지를 과신한 나머지 재래식 군사력은 평시 수준 이하로 감축하였었다.

단순 핵억지는 억지 수단이 핵무기라고 하는 이외에 일반적인 억지전략과 다를 바 없다. 다만 어느 정도의 핵공격 능력을 보유하면 효과적인 억지가 가능할까를 산정하는 이론들이 단순 핵억지 시대의 관심이었다.[9)]

9) Geoffrey Kemp는 인구의 20-25%, 산업시설의 50-65% 수준의 확증파괴 능력이면 충분한 억지가 된다고 산정했다. 그의 글 "Nuclear Forces for Medium Powers," *Adelphi Papers*, No. 106, London: IISS, 1974, pp. 25-26을 참조할 것.

(2) 상호억지(mutual deterrence)

누가 먼저 공격하든지간에 상대방의 제2격능력에 의하여 선제공격자도 피격자와 마찬가지로 멸망하도록 서로가 서로를 억지함으로써 어느 쪽도 전쟁을 시작할 수 없도록 묶어 놓는 것을 상호억지(mutual deterrence)라고 한다. 상호억지는 비유하자면 서로 방패를 없애고 창만 들고 맞서 있는 상태를 인위적으로 만드는 것과 같다. 방패가 있으면 한 쪽이 이길 수 있으나 방패 없는 상황에서 창을 서로 가슴에 겨누고 있으면 한 쪽이 먼저 찌를 경우 찔린 쪽에서도 공격자를 찌를 수 있어 '일방적 승리의 거부'(denial of unilateral victory)상태가 되므로 서로 견제되어 싸우지 못하는 상호억지가 이루어진다.

1945년부터 1949년까지는 미국이 핵무기를 독점하고 있었으므로 단순 핵억지가 가능했으나 소련이 핵무기를 보유하게 된 1950년대부터는 단순 핵억지가 불가능해졌다. 그러나 초창기에는 미국이 가진 핵 능력이 소련 능력을 압도했으므로 소련이 한두개의 핵무기로 미국을 공격할 때는 대량보복(massive retaliation)을 한다는 덜레스(John Foster Dulles)의 억지전략(1954)이 유효하였다. 그러나 대량보복이 소규모 재래식 공격을 억지하는 데 미흡하다는 점 때문에 이 전략은 비판받았다. 미국이 스스로 재래식 대응능력을 버린 점을 이용하여 소련이 아시아의 변두리 지역에 재래식 공격을 했을 때도 전략공군을 동원하여 핵폭탄으로 소련의 도시들을 공격할 수 있을까 하는 의문이 생기기 시작한 것이다. 이론상으로는 가능하나 현실적으로는 기대하기 어렵다는 것이 상식이었다. 소련이 북한을 앞세워 일으킨 대리전인 한국전쟁(1950-1953)이라든가 소련이 적극적으로 지원했던 월남전(1960-1975) 등은 대량보복전략의 약점을 이용한 소련의 도전이었다.

대량보복전략의 또 한 가지 약점은 선제공격(preemptive strike)의 문제다. 쌍방이 모두 핵무장을 하고 있는 상황에서 만일 핵무기가 적 공격에 노출되어 있다면 선제공격으로 상대방의 핵무기를 미리 파괴해버릴 수 있으므로 아무리 많은 공격 능력을 갖추고 있다 하더라도 효과적인 억지를 할 수 없게 된다는 점이다. 핵무기의 취약성(vulnerability)이 보완되지 않는다면 대량보복전략도 효과적이 못 된다는 월슈테터(Albert Wohlstetter)의 지적[10)]은 대표적인 대량보복전략에 대한 비판이라 할 수 있다. 월슈테터는 "미국의 전략무기의 절대적 양이 아니라 소련의 선제공격에 살아남아 소련에 궤멸적 보복을 할 수 있는 잔존 전력이 억지능력이어야 한다"고 강조하면서 핵억지를 위해서는 선제공격에서 살아남는 기술의 확보, 즉 제2격능력 확보가 이루어져야 한다고 주장했다.[11)]

미국은 이러한 상황에서 핵무기의 선제공격 잔존성을 높이는 데 전략의 초점을 맞추었다. 적 공격 흡수능력의 증대로 선제공격을 받은 후의 보복능력, 즉 제2격능력(the second strike capability)을 보유함으로써 핵억지를 이룬다는 전략이다. 이러한 전략을 수동적 억지(passive deterrence)라고도 부른다.[12)]

핵무기의 선제공격 잔존성을 높이기 위하여 미국은 대륙간 탄도탄을 선로 위를 움직이는 열차 위에 설치하여 정확한 위치를 상대방이 알 수 있는 확률을 떨어뜨리도록 하고 전파 탐지가 불가능한 잠수함 발사 탄도탄의 숫자를 늘이는 데 주력하였다.

그러나 쌍방이 모두 선제공격 잔존성이 높은 핵무기를 다량

10) 그의 글 "The Delicate Balance of Terror," *Foreign Affairs*, Vol. 38, No. 2, January 1959, pp. 211-234 참조.

11) *loc. cit.*, 원문은 다음과 같다. "……it was not the absolute size of America's strategic arsenal that was of paramount importance but the residual capability of the forces that would survive a Soviet surprise attack and inflict devastating retaliation against the Soviet homeland."

12) Phil Williams, *op. cit.*, "Passive deterrence," pp. 122-128을 참조할 것.

보유하게 된다면 어떻게 되는가? 핵억지는 또 다시 원점으로 돌아가게 된다. 실제로 1960년대 중반에 들어서면서부터는 미국과 소련 모두 다량의 SLBM을 보유하게 되었으며, 따라서 어느 한쪽도 독점적 핵억지력을 가질 수 없게 되었다. 그래서 발전하게 된 억지전략이 상호협의 아래 서로가 서로에게 억지능력을 발휘할 수 있는 상호억지체제(Mutual Deterrence System)이다.

상호억지는 상호확증파괴(Mutual Assured Destruction: MAD)를 바탕으로 한다. 상대방의 선제공격에서 남을 수 있는 핵무기로 상대방에게 감당하기 어려운 피해를 정확히 줄 수 있는 능력을 쌍방 모두가 갖춘 상태가 MAD인데 MAD가 이루어진 상태에서는 공포의 균형(balance of terror)이 이루어져 어느 쪽도 상대를 공격할 수 없는 안정적 관계를 유지하게 된다는 논리다.

상호확증파괴를 위해서는 핵무기의 은닉과 더불어 상대방 핵공격을 방어할 수 있는 능력의 배제가 필요하다. 어느 일방이라도 유도탄을 방어할 수 있는 탄도탄 방어 시스템(BMD: Ballistic Missile Defense System)을 가지게 되면 공포의 균형은 깨어지며 BMD을 갖춘 쪽이 상대방에 핵공격을 할 수 있게 되므로 상호 핵억지 체제는 무너지게 된다. 그래서 미국과 소련은 서로 탄도탄 요격(ABM: Anti-Ballistic Missile)체제를 제한하는 협정을 하게 된다.[13)]

상호억지의 목적은 어느 한 쪽도 '예방전쟁'(preventive war)과 '선제전쟁'(preemptive war)을 못하게 억지하는 것이다. 예방

---

13) ABM Treaty는 1972년 미국과 소련이 맺은 조약이다. 이 조약은 제1조에서 "not to deploy ABM systems for a defense of the territory of its country and not to provide a base for such a defense"라고 규정하고 있는데 여기서 ABM system을 "system to counter strategic ballistic missile or their elements in flight trajectory"라 정의하고 있다. ABM조약의 내용, 체결과정 등에 대해서는 다음 글을 볼 것. Matthew Bunn, "The Anti-Ballistic Missile Treaty," in Burns, *op. cit.*, pp. 915-928.

전쟁은 앞으로 있으리라 예상되는 상대방의 전쟁을 막기 위하여 적절한 시점을 선택하여 미리 시작하는 전쟁이고, 선제전쟁은 상대가 공격을 개시하려 할 때 이에 대응하여 입을 피해를 줄이기 위해 공격을 미리 하는 것이다. 예방전쟁은 전쟁 당사자의 계산과 선택에 의하여 이루어지는 전쟁이고 선제전쟁은 상대가 결정한 전쟁에 실제 공격에 선행하는 반응을 하는 전쟁이므로 선택의 여지가 없다.

상호억지전략의 적용범위를 전면 핵전쟁뿐 아니라 소규모 재래식 전쟁에까지 확장하기 위하여 생각해 낸 것이 '작은 핵무기' 개발이다. 전면전 억지를 위해서는 상대방의 인구 밀집 지역을 파괴할 수 있는 대형 핵폭탄(counter value weapons)이 필요하나 제한전쟁 억지를 위해서는 상대방의 군사시설과 군병력 만을 선택하여 정확히 파괴할 수 있는 소형폭탄(counter force weapons)도 필요해진다. 미국과 소련은 1980년대에 들어서서 0.1Kt정도의 야포발사 전술핵폭탄을 개발하여 놓고 있다.

상호억지전략은 많은 반론에도 불구하고 미국과 소련이 30여년간 채택했었던 전략이었고 또한 실제로 억지가 성공적으로 유지되었다는 점에서 주목할만한 전략이다. 다만 상호억지는 1980년대에 들어서면서 미국이 SDI(Strategic Defense Initiative)라는 결정적인 핵무기 무력화(無力化) 기술을 보유하게 됨에 따라 허물어지게 되었다. 미·소 핵균형이 깨어져 미국에 의한 단순 핵억지를 가능하게 만드는 상태로 변해버렸기 때문이다. 상호억지체제의 붕괴가 결국 소련의 굴복을 가져왔고 이에 따라 반세기동안 지속되던 냉전도 종식되었다.

(3) 확대억지(extended deterrence)

두 적대국간의 상호억지는 효과적이었으나 한 국가가 자기의 핵무기로 자국의 우방국을 보호해 주는 이른바 '확대억지'(extended deterrence)는 그렇게 효과적이지 못했다. 미국은 핵무기의 수평적 확산을 막기 위하여 서구 제국, 즉 NATO회원국과 일본 등에 대하여 핵우산(nuclear umbrella)을 펼쳐 소련의 핵공격으로부터 보호해 주겠다는 보장을 해왔다. 바로 미국의 '확대억지'로 대부분의 NATO국가와 일본은 자체의 핵무기 개발을 자제해 왔다는 점에서는 이 전략은 성공적이었다고 평가되고 있지만, 그러나 확대억지는 실현성이 희박한 약속에 불과하다.

상호억지의 생명은 상대의 선제 핵공격에 대한 핵보복 공격의 신뢰성인데 자국이 입은 피해에 대해 핵보복 공격을 감행할 가능성은 높지만 제3국의 피해를 보상하기 위해 아직 피해를 입지 않은 자국 국민의 목숨을 희생하게 되는 보복 공격을 하리라고는 기대하기 어렵기 때문이다. 상대방이 나의 우방인 제 3 국에 핵공격을 가했을 때 이를 보복하기 위해 내가 핵공격을 하게 되면 그 상대국은 자국의 제2격능력으로 나를 다시 공격할 것이므로 결국 우리 국민의 목숨을 우방과의 신의를 위해 희생하라는 이야기가 되는데 이런 결정을 내가 할 수 있을까? 현실적으로는 기대하기 어려운 일이다.

확대억지가 그러나 전혀 무의미한 것은 아니다. 상대가 제한된 핵공격 능력을 가졌을 때는 아주 유효하다. 중국은 일본 등 주변국에 대한 핵공격을 할 수 있는 능력을 보유하고 있으나 미국을 공격할 수 있는 능력은 없다. 장거리 투발능력을 가지고 있지 않기 때문이다. 이러한 중국을 상대로 미국이 일본에 펼치는 '확대억지', 즉 핵공격으로부터 일본을 지켜준다는 미국의 보장은 유효한 방위공약이 된다. 미국은 중국의 일본에 대한 핵공격에 대하여 보복을 하기 위하여 자국의 피해 없이 중국에 핵공격을 할 수 있기 때문이다.

확대억지는 핵비확산조약(NPT)의 실효성 보장을 위해서는 절대로 필요한 전략이다. 핵위협을 받고 있고 또한 핵무기 개발 잠재능력을 가진 국가들이 핵무기 개발을 자제하도록 유도하는 데는 결정적인 영향을 주기 때문이다.

제 4 절 촌 평

개별국가의 안전을 지켜 줄 초국가적 공공질서가 형성되어 있지 않은 현재의 국제사회에서 자국의 안전을 지킬 수 있는 유일의 방법은 자위, 즉 자기 스스로가 자기를 지키는 길이다. 그리고 자위의 최고 형태는 남이 자기를 공격하지 못하도록 만드는 억지력의 확보이다. 따라서 범세계적 안전보장질서가 구축될 때까지는 억지가 자국 안전보장의 최고전략이 된다. 억지는 주권국가의 기본과제라고 할 수 있다.

억지는 반드시 자국의 군사력만으로 이루려 할 필요는 없다. 동맹을 맺어 우방의 전쟁억지능력을 활용하는 것이 훨씬 더 효과적일 수 있다. 단 그 동맹을 신뢰할 수 있다는 전제하에서이다.

억지는 상대국의 의사결정에 영향을 끼쳐 전쟁을 못하게 만드는 심리적 전략이다. 상대의 판단에 결정적 영향을 미칠 수 있는 정보를 정확히 전달해 주는 것이 그래서 억지의 핵심이 된다. 나의 전쟁의지, 능력을 정확히 전달하는 것이 억지의 성패를 결정하는 요소가 된다. 나의 저항능력은 객관적 전쟁수행능력과 더불어 높은 희생을 감수하려는 의지로 구성된다. 객관적 전쟁수행능력은 약소국의 경우 이미 주어진 조건으로 말미암아 증대할 수 있는 한계가 미리 정해져 있어 쉽게 늘일 수 없다. 그러나 전쟁의지, 억지의지는 다르다. 정치적 지도력으로 강화할 수 있는 요소다. 이런 이유에서 약소국도 자국의 안전을 지키는 억지전략을 효과적으로 펼 수 있다. 그래서 지혜로운 약소국은 강대국들이 지배하는 국제사회에서도 자국의 안전을 자기 스스로 지켜왔다.

반대로 의지가 약하면 강한 능력을 가져도 억지전략은 실패한다. 제 2 차 세계대전 발발 직전 영국은 나치 독일의 전쟁의도를 충분히 사전에 억지할 수 있는 능력을 가졌었으나 '입을 수 있는 적은 피해'를 피하기 위하여 억지의사를 분명히 표명하지 않았다. 유명한 '뮌헨 영합'(München Appeasement)이다. 결국 우유부단한 영국의 태도가 히틀러의 개전 결심을 유도한 셈이었다. '실패한 억지'의 대표적인 예이다.

보편적 단일 평화질서가 범세계적으로 자리잡을 때까지 전쟁을 예방할 수 있는 효과적인 정책은 억지밖에 없다. 억지전략연구는 따라서 현 시점에서 평화체제 구축 노력의 핵심적인 연구가 된다. 이상적인 평화체제로 이르는 현실조건 구축을 위한 전략 연구라고도 할 수 있다. 깊은 관심을 가지고 억지전략을 연구할 것을 권한다.

참고도서

1. James E. Dougherty and Robert L. Pfaltzgraff, Jr., *Contending Theories of International Relations*, 2nd Edition, New York : Harper & Row, 1981의 Ch. 9, "Macrocosmic Theories of Conflict : Nuclear Deterrence and Arms Control," pp. 368-416.

이 장의 전반부에서 억지이론을 다루고 있다. 억지의 개념, 억지의 요소, 핵억지와 관련된 기술 발전문제, 세력균형이론과의 관계 등에 대하여 명쾌하게 해설해 놓은 글이다.

2. Phil Williams, "Nuclear Deterrence," in John Baylis, Ken Booth, John Garnett & Phil Williams, *Contemporary Strategy*, Vol. 1, 2nd edition, New York : Holmes & Meier, 1987, pp. 113-139.

억지이론을 체계적으로 잘 소개하고 있으며 복잡한 핵억지전략을 간결하게 정리해 놓은 글이다. 특히 각 전략의 논리를 잘 설명하고 있다.

3. Gregory F. Treverton, "Deterrence and Collective Security," in W. Scott Thompson, et. al., eds., *Approaches to Peace*, Washington D.C : US Inistitute of Peace, 1991, pp. 15-27.

억지이론의 밑바탕이 되고 있는 사고를 간결하게 정리하고 있으며 핵심적인 개념들을 잘 정리 제시하고 있다.

4. David W. Zeigler, *War, Peace and International Politics*, 2nd edition, Boston : Little Brown & Co., 1981의 Ch. 13, "The Balance of Terror," pp. 221-234.

핵억지 전략의 핵심논리인 '공포의 균형'을 구체적인 무기체계와 연계하여 설명하면서 핵억지 전략의 발전사를 간략하게 설명하고 있다.

제19장

고슴도치이론 : 약소국의 억지전략

제 1 절 약소국 시각에서 본 힘의 정치

약소국과 강대국은 같은 국제사회 안에서 살아가지만, 그 살아가는 원리는 같을 수 없다. 강대국은 자국의 국력이 곧 자국의 안전을 보장하는 장치이므로 특별한 정책이 없어도 적어도 생존을 위협받지는 않는다. 그러나 약소국은 생존, 그리고 나아가서는 자주성을 확보, 유지하기 위하여서는 국제정치 풍토의 변화양상에 적응해 가는 특수한 전략을 가져야만 한다. 자국의 힘만으로는 안전을 보장할 수 없기 때문이다.

정치질서가 확립된 국내사회 안에서는 인격평등의 보편적 도덕률이 강자와 약자를 원칙적으로 같이 보호해 주며, 개인의 육체적 역량의 대소가 안전도를 가늠해 주지는 않는다. 그러나 보편적 정치질서가 확립되어 있지 않은 국제정치사회에서는 자력구제(自力救濟)와 그 변형으로서의 집단자위(collective self-defense)만이 한 국가의 안전을 보장한다. 이러한 상태가 곧 힘의 정치(power politics)이다. 즉, 법에 의한 질서가 아닌 힘의 의한 질서에 의하여 국제정치질서는 유지되고 있다.

국제사회도 제한된 범위의 기능을 발휘하는 법과 한정된 역할을 수행하는 제도화된 정치체제를 가지고 있다. 그러나 이러한 법과 정치체제도 약소국의 안전을 확보하여 주지는 못하고 있다. 국제연합헌장의 제 7 장에 화려하게 규정되어 있는 "평화에 대한 위협, 평화의 파괴 및 침략행위에 관한 행동"이라는 집단안보체제가 엄연히 살아 있는 상태에서도 체코슬로바키아, 헝가리는 소련군의 '침략'을 받아 자주권 회복운동을 무참히 저지당했으며, 구(舊)월남공화국과 원래의 캄푸치아는 온 세계가 지켜보는 가운데 무력침략을 받아 지구상에서 말살당했고, 미국의 쿠바 침공에 대해서도 국제연합은 아무런 조치도 취하지 못했다.

권력정치, 힘의 질서는 강대국에게는 아주 유리하고 약소국에게는 아주 불리한 질서다. 강대국은 자국이 원하는 국가간 관계를 설정하고 유지할 수 있으며, 이를 직접 힘으로 강행시킬 수 있는 반면, 약소국은 강대국의 시혜에 의존하여 안전을 보장받을 수 있게 되어 있다. 현재 약소국들이 독립을 유지하며 평화질서 속에서 자주권을 행사할 수 있는 것은 강대국들이 자국이 유리한 지위를 확보하고 있는 현존 질서를 안정시켜 유지하려 하는 노력의 반사적 결과 때문이지 국제정치질서에 의한 제도적 보장으로 가능해진 것이 아니다. 현재의 힘의 정치질서는 강대국의 시각에서 보면 비교적 안정된 평화질서이나, 약소국의 시각에서 보면 불안과 공포의 불안정 질서인 것이다.

제 2 절 자주성과 거부능력

한 국가가 대외관계에서 추구하는 가장 시원적(始源的)인 국가목표는 자주성의 확보다. 자주성(independence)은 타국 지배로부터의 독립성을 뜻한다. 더 정확히 표현한다면 타국의 간섭 없이 자국의 대외관계를 통어(統御)할 수 있는 국가의 지위를 뜻한다.[1] 이러한 자주성은 엄격히 말한다면 불과 몇 안 되는 강대국만이 보유하고 있다. 예를 들면, 일본 정도의 강대국도 어떤 분야에서는 미국의 의사를 무시하고 스스로 자국의 대외관계를 통어(統御)할 수 없다. 따라서 자주성은 엄격한 해석에서보다는 '정도의 차'를 가지고 상대적으로 사용할 때 더 현실적인 의미를 가진다. 즉 전세계의 국가는 완벽한 자주성에서 완전한 종속성에 이르는 연속적 척도상의 어느 위치에 존재하는가 하는 것으로 표현할 때 더 실용적인 의미를 가지는 것이다.[2]

각국이 자국의 자주성을 어느 수준 이상으로 확보하기 위해서는 타국의 간섭에 굴복하지 않을 수 있는 거부능력(denial capability)을 갖추어야 한다. 그러나 약소국의 경우 자국의 군사력만으로 강대한 국가들의 영향을 배제하고 자주성을 확보할 수 있을까? 약소국이 자주성을 유지해 나가는 방법에는 대체로 다음과 같은 다섯 가지 방법이 있다.

첫째는 특정 강대국과 동맹관계를 맺는 길이다. 특정 강대국과 상호방위조약을 체결하고 실제로 그 강대국이 약소국의 안전을 강력하게 보장하면 그 약소국은 강대국의 위세를 빌어 자국의 자주성을 확보할 수 있다. 그러나 이러한 경우에는 그 동맹관계가 자칫하면 비대칭으로 되어 강대국이 해당 약소국의 자주성을 제약하

1) 이것은 J. L. Brierly의 표현이다. 그의 저서, *The Law of Nations*, 6th edition, New York: Oxford University Press, 1963, p. 129를 볼 것.

2) Marshall R. Singer는 초대강국일지라도 완전한 자주성을 갖지는 못한다고 주장하고 있다. 그리고 각 국가는 정치적, 경제적 및 기타 차원에서 각각 상이한 정도의 자주성을 누리고 있음에 주의할 것을 지적하고 있다. 미국과 같은 군사적 초대강국도 경제적 차원에서는 자국의사에 반하여 가령 일본 등의 요구에 따라 움직이지 않을 수 없는 경우도 생기는데 이것도 의존임에 틀림없다는 것이다. 그의 저서, *Weak States in a World of Power*, New York: The Free Press, 1972, pp. 36-37 참조.

는 간섭을 하게 되는 일종의 상하관계(정확히는 senior-junior partner관계)가 되어 약소국의 입장에서는 스스로 자국의 자주성의 일부를 포기하는 결과에 이른다. 즉, 큰 위해를 피하기 위해 스스로 작은 위해를 받아들이는 결과가 된다.

둘째는 이른바 이이제이(以夷制夷)의 방법이다. 강대국간의 이해를 잘 활용하여 자국에 미치는 강대국의 영향력들을 서로 상쇄(相殺)시켜 자국의 안전과 자주성을 확보하는 방법이다. 이 방법은 희생이 제일 적은 훌륭한 방법이지만은, 위험이 따르고 또한 고도의 외교능력을 필요로 하는 아주 어려운 방법이다. 그러나 강대국간에 지속적인 대립이 있는 경우, 그리고 그 국가들의 이해가 명확한 경우에는 충분히 활용해 볼 수 있는 방법이다.

셋째는 약소국끼리 단결하여 집단적으로 활동하는 방법이다. 지리적으로 인접하거나 입장이 서로 비슷한 국가들끼리 집단자위를 결의 할 경우, 그 국가들은 유효한 거부능력을 갖게 된다. 아직까지는 방위를 서로 약속할만큼 성숙되지는 않았지만 ASEAN 등이 집단방위체제로 발전할 경우, 거부능력 향상에 커다란 도움을 줄 것은 명백하다. 이 집단방위는 강대국이 주도권을 가지고 위계적으로 조직해 놓은 집단방위체(NATO 같은 것)보다는 각국의 자주성 침해가 덜하다는 이점은 있으나, 그 대신 위력이 약하다는 약점도 있다. 만일 앞으로 무기체계의 발달이 상당히 진행되어 카플란(Morton A. Kaplan)이 상정해 놓은 전단위거부권 보유체제(全單位拒否權 保有體制; the unit veto system)에 가까운 국제질서가 형성된다면,[3] 그 때는 이러한 약소국간의 집단방위체제가 훌륭히

3) 전단위거부권 보유체제란 국제체제를 형성하는 각 단위체제가 모두 여타의 국가를 절멸시킬 수 있을 정도의 강대한 군사능력을 갖추어, 어느 국가도 자국에 대한 타국의 간섭행위에 대하여 거부권을 행사할 수 있는 상태를 뜻하는데, 핵확산이 극한에 달하면 이러한 상태의 도래를 생각해 볼 수 있다. Morton A. Kaplan, *System and Process in International Politics*, New York: John Wiley & Sons, 1957, pp. 50-52. 이 책 제13장에 상세한 해설이 실려 있다.

거부 능력을 보장해 줄 수 있게 될 것이다.

넷째는 중립을 선언하고 유지하는 방법이다. 이이제이(以夷制夷)의 방법이 약소국이 주도하여 강대국의 힘을 조정하여 중화시키는 방법인 데 비하여, 중립의 방식은 강대국간의 합의로 약소국의 중립을 인정해 줌으로써 가능해지는 수동적 상태다. 지정학적 위치가 특수하여 강대국간에 완충지대로 인정해 두는 것이 좋다고 합의될 경우 중립은 유효해지며, 그 결과로 그 약소국은 최소한의 제약으로 자주성을 확보 유지할 수 있게 된다. 최소한의 제약이란 중립을 지키기 위하여 어느 특정국가를 지원하는 행위를 해서는 안 된다는 제약이다. 이 방법은 약소국으로서는 바람직하지만은 현실적으로 강대국간에 중립 보장합의가 이루어진다는 것이 그리 쉽지 않아 정책으로 추진하기는 어렵다는 것이 흠이다. 현재 스위스가 이러한 중립에 의하여 자주성을 확보하고 있다.

다섯째 방법은 자구능력(自救能力)의 확보이다. 약소국으로서는 자국의 국력으로 자위를 하는 것이 어렵지만 경우에 따라서는 자주방위 능력을 최소한으로 확보하는 것이 불가능하지 않을 수 있다. 강대국의 힘은 여러 곳에 분산되어 사용되어야 할 경우가 많으며 그러한 때에는 특정 약소국에 작용되는 힘은 그 강대국의 힘의 일부분뿐이라는 점, 약소국의 경우 방위해야 할 지역이 좁아 단위면적당 군비(軍備)를 높이기 쉽다는 점 등을 고려한다면 자주방위능력을 갖추는 것이 불가능한 것만은 아닐 수 있다. 아무튼 자력으로 스스로를 지킬 수 있을 때는 자주성을 최대로 보유할 수 있으며, 어느 타국의 자의(恣意)에도 종속되지 않는 자유를 누릴 수 있다는 이점이 있다. 그래서 약소국의 이상(理想)으로서는 가능하기만 하다면, 그리고 그 부담에서 오는 피해가 견딜 수 있을 정도이기만 하다면 자주방위능력을 갖추는 것을 목표로 하고 있다.

제 3 절 거부능력 확보를 위한 고슴도치이론

국가의 군사능력은 군사력 보유의 두 가지 목표에 따라 평가도 별개로 행하여야 한다. 군사력 보유의 두 가지 목표는 외국의 위협에서 자국의 영토를 보전하고 행동의 자주성을 지키는 거부능력의 확보와 반대로 외국에 영향력을 행사하여 자국의 이익을 신장하는 영향능력의 확보에 있다. 일반적으로 약소국은 거부능력 위주로 군사력을 편성하며, 강대국은 거부능력을 넘어서 외부에 영향력을 행사하기 위한 영향능력을 갖추는 데 주력하고 있다.[4)]

거부능력은 성격상 방어능력이고, 영향능력은 공격능력이지만, 꼭 그렇게 구분되는 것은 아니다. 거부능력도 효과적인 거부를 위해 공격능력을 포함할 수 있기 때문이다. 거부능력은 적의 공격시, 이를 격퇴하는 전투능력과 아울러 적이 공격을 감행하지 못하게 하는 억지능력(deterrence capability)을 포함한다. 따라서 적을 공격할 수 있는 힘의 보유가 유효한 억지능력을 형성하며 이것이 곧 거부능력으로 작용될 수 있다.

---

4) 군사능력의 구분에 관해서는 Stanley Hoffmann, *Gulliver's Troubles*, New York: McGraw Hill, 1968, pp. 27-33. 그리고 Thomas C. Schelling, *The Strategy of Conflict*, New York: Oxford University Press, 1960, p. 195ff 등을 참조할 것. Schelling이 사용하는 용어인 compellence는 타방(他方)이 무엇을 하게끔 하는 힘의 사용이고, deterrence는 무엇을 하지 못하게 하는 힘의 사용이다. Schelling의 용어인 compellence에 대응하는 개념으로 Hoffmann이 만든 용어가 repellence다. 결국 여기서 말하는 거부능력은 repellence에 가깝고 영향능력은 compellence에 가까운 개념이다. Hoffmann은 힘의 사용목적을 다음과 같이 두 가지로 나눈다. 첫째는 능동적 성취를 위한 것으로서, 적을 희생시키거나 공격을 가하거나, 적이 무엇을 하게끔 강요하거나 함으로써 이득을 얻어내기 위한 경우이고, 둘째는 방어, 억제, 적의 격퇴 등을 통하여 적이 이득을 취하는 것을 거부함으로써 손실을 피하기 위한 목적에서 힘을 사용한다. 이 때 전자(前者)가 이 장에서 사용하는 영향능력, 그리고 후자(後者)가 거부능력이라고 이해해 주면 될 것이다.

약소국의 군사목적은 주로 거부능력의 보유에 국한되고 있다. 즉, 타국의 군사위협으로부터 손실을 입지 않고, 자국의 자주권을 지킬 수 있는 능력의 보유를 우선적으로 갖추려 한다. 군사력으로 타국에 영향력을 행사하여 무엇을 얻어내려는 능동적 힘의 사용은 차선의 목적이 된다. 약소국은 강대국에 무력행사를 하려고 의도하지 않기 때문에 강대국의 거부능력은 크게 관심에 두지 않는다. 약소국이 가지는 직접적 관심은 강대국의 영향능력이다. 즉, 강대국의 영향능력과 약소국의 거부능력의 대결에서 약소국의 자위능력은 평가된다. 따라서 아무리 강대국일지라도 영향능력이 약한 나라일 경우, 약소국의 입장에서 보면 위협의 원천으로 간주되지 않으며, 그런 의미에서는 강대국이라 할 수 없다. 그러므로 자위의 목적을 염두에 둘 때는 일반적으로 정의되는 강대국이 모두 강대국이 되는 것은 아니다. 예를 들면, 중국은 막강한 육군을 주축으로 하는 초대강국이지만 육속(陸續)되지 않은 지역의 약소국에게는 하등의 위협도 줄 수 없는 비(非)강대국으로 간주되고 있다. 중국은 아직도 남미나 아프리카의 약소국에 직접 위협을 줄 수 없기 때문이다.

강대국의 힘은 따라서 상대적이다. 자위를 생각하고 있는 약소국과의 지리적 거리, 그리고 갖추고 있는 영향능력의 구성요소 등에 따라 그 '강대도'(強大度)는 달리 인식될 수 있다. 미국 해군이 직접 영향을 미칠 수 있는 중남미해안 국가들과 그렇지 못한 동구내륙국은 미국의 힘을 다르게 느끼고 있다. 인도는 파키스탄에게는 중대한 위협의 원천으로 파악되지만 한국에게는 전혀 군사강대국으로 인식되지 않는다. 냉전시대에 소련은 막강한 육공군을 보유하고 있었지만, 세계 최장의 국경을 가지고 있고, 또한 수많은 적대국을 대적하고 있었기 때문에 소련의 군사능력 모두가 한국에 대한 위협에 사용될 수는 없었다. 한국이 인식하고 있던 소련의 영향능력은 따라서 소련의 전체적인 군사능력이 아니고 그 중의 일부에 지나지 않았다. 이러한 강대국의 영향능력의 상대성이 바로 약소국의 자위능력 확보의 가능성을 높여주는 요소가 되는 것이다.

약소국이 강대국이 난무하는 국제정치질서 속에서 자력방어능력을 갖추는 데 적용할 이론으로 고슴도치이론(the porcupine theory)을 제시해 보기로 한다. 이 이론의 핵심은 아주 간단하다. "강대국이 영향능력을 발휘하여 얻어낼 수 있는 이득보다, 더 큰 손실을 그 강대국에 입힐 수 있는 거부능력을 갖추면 약소국은 안전하다"는 논리다. 마치 고슴도치가 사자나 호랑이에 비해 힘은 문제가 안 되게 적으면서도 공격하는 맹수에게 결정적 피해를 줄 수 있는 가시로 무장하고 있기 때문에 사자나 호랑이일지라도 공격을 삼가고 있는 것과 같은 논리 때문에 이 같은 이름을 붙여 본 것이다.

1. 고슴도치이론의 이론적 구성

고슴도치이론은 다음과 같은 명제들로 구성된다.

명제 1 : 모든 국가는 자국의 이익을 증대하는 방향으로 행위한다.

명제 2 : 힘의 행사는 공리적 타산에 맞추어 행한다.

명제 3 : 약소국일지라도 공격하는 강대국이 기대하는 이득보다 더 큰 손실을 줄 수 있는 능력은 갖출 수 있다.

명제 4 : 강대국은 이익보다 손해가 크다고 판단되면 약소국에 대한 공격을 삼갈 것이고, 따라서 약소국은 거부능력을 갖게 된다.

명제 1부터 3까지의 세 명제가 현실과 대비하여, 모두 타당한 진실의 명제로 판정되고 또한 이 명제들과 명제들의 논리적 연계를 수긍할 수만 있다면, 명제 4의 보편성을 핵심으로 하는 고슴도치이론이 하나의 가용이론으로 받아들여질 수 있게 될 것이다.

명제 1은 경험적으로 입증하기 용이한 명제는 아니다. '이익'이라는 개념의 조작화(operationalization)가 쉽지 않고, 따라서 측정하기 어렵기 때문이다. 그러나 상식적인 차원에서는 흔히 논하고 있는 명제다. 이익을 정하는 각국의 기준이 다르기 때문에 이익의 내용이 반드시 일정하지는 않지만, 자국이 정한 이익을 좇아 행위한다는 일반적 정향을 표현하는 것으로 이 명제를 하나의 공리(公理 : axiom)로 받아들일 수 있지 않을까 생각한다. 모겐소(Hans Morgenthau)의 현실주의 힘의 정치이론도 이 명제를 출발점으로 하고 있다.

명제 2는 명제 1을 전제로, 각국은 이성적으로 정책을 수립하고, 또 행한다는 것을 표현한 것이다. 즉, 각국은 이익을 좇아 행위하는 일반적 속성을 가졌을 경우, 이 속성을 실제 행위에 제대로 반영할 수 있는 능력도 갖추고 있다고 보자는 것이다. 즉, 현대국가의 능률성을 인정해 주자는 명제다. 군사력 사용의 분별성을 인정하고 무모한 힘의 사용을 배제함으로써 행위예측을 가능하게 하려는 명제이기도 하다. 군사력 사용에 엄청난 비용(재정적, 외교적, 정치적 비용)이 드는 오늘의 현실에서는 강대국일지라도 군사력 사용에서는 철저한 이해득실을 계산하지 않을 수 없으므로 이 명제도 쉽게 수용할 수 있다고 본다.

명제 3은 실제로 경험적으로 입증을 해야 비로소 받아들일 수 있는 명제(synthetic proposition)다. 강대국이 얻을 이익보다 더 큰 손실을 약소국이 강대국에게 끼칠 수 있는가 없는가는 실제로 관찰해볼 수밖에 없다. 여기서는 어떤 국가가 그 정도의 힘을 갖추고 있는가 하는 것이 문제가 아니라 약소국이 강대국에 손실을 줄 수도 있다는 가능성을 논하는 것이다. 이 명제는 명제 4의 전제가 되는 하나의 가설명제다. 즉, 이득보다 큰 손실을 줄 수 있다면 거부능력을 갖게 된다는 이야기다. 명제 3은 시(時)·공(空)을 초월하는 보편적 진리의 표시는 아니다. 사태발전에 따라 진실일 수 있는 상황이 될 수도 안 될 수도 있다. 재래식 병기 위주의 전쟁수행 양상을 염두에 둘 때는 이 명제를 수긍하기 어렵다. 왜냐하면 그런 상황에서는 압도적 병력으로 공격할 경우, 공격자가 큰 손실을 입지 않으면서 얻는 이익은 상대방의 전(全)인구와 전(全)영토까지로 확대할 수 있기 때문이다. 마오쩌뚱(毛澤東)의 인민전쟁 개념은 이러한 상황에서 중국의 광대한 영토를 활용하여 공격군의 손실을 극대화시키려는 계산에서 창출되어 나온 것이었으나, 영토가 작은 나라에서는 적용 불능의 전술이었다. 그러나 최근의 병기 성능의 발달은 명제 3을 타당하게 하는 사태를 조성하여 주고 있다. 이 중에서 가장 중요한 것은 핵무기다. 핵무기는 대량파괴무기로서 단 한발의 공격으로도 막대한 피해를 끼칠 수 있다. 만일 약소국이 공격국에 대한 약간의 핵보복 능력을 갖추기만 한다면 그 억제효과는 무시 못한다. 가상적인 예를 하나 든다면, 북한과 일본간에 있어서 일본은 GNP 규모에서 북한의 수백배가 되지만, 일본이 북한에 대하여 군사적 위협을 가한다 할 때, 북한이 단 한발의 핵폭탄을 정확히 동경도(東京都)에 투하할 수 있는 능력만 갖추어도 일본은 인구의 약 25%를 잃는 손실을 입게 되므로, 얻을 이익보다 훨씬 더 큰 손실을 입게 되며, 따라서 북한에 대한 일본의 군사위협은 억지당할 수 있다.

핵병기 이외에도 최근에 급속도로 발전하고 있는 정밀유도 무기체계라든가,[5] 레이저를 활용한 정확하고도 파괴력이 강한 신무

5) *Economist*, 1976년 3월 27일자에 게재된 "The Precision Revolution"; James Digby, "Precision-Guided Munitions," *Adelphi Papers* 118, London: IISS, 1975 등을 참조할 것. 특히 장거리 지대지 미사일의 등장은 약소국의 전략억지능력을 비약적으로 증대시키고 있다. 북한은 1998년 8월 31일 사거리

기체계의 개발 등으로 약소국이 강대국에 손실을 끼칠 수 있는 능력은 계속 늘어나고 있다. 아무튼 이러한 병기의 파괴력이 늘어날수록 공격국이 입을 손실은 점차로 늘어나고 있다. 이런 상태를 감안한다면 앞으로 명제 3이 타당할 수 있는 경우는 많아지리라고 전망된다.

한발 더 나아가서 현존 전쟁법규, 조약상의 의무, 국제여론 등을 모두 무시하고 행사하는 테러수단을 쓸 경우 약소국이 강대국에 끼칠 수 있는 손실은 엄청나게 커진다. 2001년 9월 11일에 있었던 알 카에다의 미국 공격은 이 가능성을 확실하게 보여주었다. 이 테러는 테러범들이 미국 민간항공기를 납치하여 뉴욕의 세계무역센터와 워싱턴의 국방성 건물에 충돌시켜 수천 명의 죄 없는 민간인을 살해한 사건이다. 이 테러로 미국이 입은 손실은 엄청나다. 두 차례의 이라크침공 전쟁에서 목숨을 잃은 미국인보다 이 테러로 희생된 미국인이 더 많았을 뿐만 아니라, 미국의 국가 위신의 추락 등을 고려하면 미국은 이루 말할 수 없는 손실을 입었다. 이 테러가 가능했던 것은 기존의 모든 규범을 무시했기 때문이다. 민간항공기 납치, 민간인 공격 등은 그 전까지는 상상할 수 없었던 일들이다.

명제 4는 명제 3을 포함한 세 가지 전제명제가 타당한 경우 기대되는 논리적 귀결이다. 물론 논리적으로 꼭 이렇게 밖에 될 수 없다는 것보다는 그럴 수 있으리라는 개연성이 점차로 높아진다는 이야기다. 즉 약소국도 강대국을 대상으로 전쟁억지전략을 펼 수 있다는 결론이다. 특히 약소국이 대량살상무기를 고슴도치의 가시로 쓸 경우 그 개연성은 높아질 것이다.

결국 이 이론의 핵심은 앞서 지적했던 바와 마찬가지로 약소국의 보복능력의 향상으로 강대국의 공격을 억제할 수 있다는 이야기

1500km 이상의 대포동 미사일을 태평양으로 발사함으로써 일본에 대한 보복능력을 과시한 바 있다.

로 되고 만다. 그리고 그러한 가능성, 즉 약소국이 고슴도치의 가시를 갖출 수 있는 가능성은 병기기술의 발달로 점차로 높아지고 있다.

2. 고슴도치이론이 요구하는 두 가지 능력

고슴도치이론에 입각하여 약소국이 유효한 거부능력을 갖추기 위해서는 약소국은 다음의 두 가지 능력을 갖추고 있어야 한다. 그 첫째는 양적으로는 적더라도 신뢰도가 높은 공격능력이고, 둘째는 적의 공격을 최대한으로 흡수할 수 있는 효과적인 방어능력이다. 첫째는 억지력을 갖추기 위한 것이고, 둘째는 강대국이 공격계획을 세울 때 공격비용을 높게 계산하게 하여 얻을 이익에 비례한 비용의 비율을 높여 공격을 포기시키려는 것이다.

제 2 차 세계대전 중, 독일은 프랑스 공격을 계획하면서 마지노(Maginot) 방어선을 피하기 위하여 스위스를 경유하려 했다. 그러나 스위스의 공격흡수능력이 높다고 평가되어 손익계산을 해 보고 매우 엄청난 손실을 입게 되리라 판단하여 독일 측이 스스로 공격을 포기했었다. 중국에 대해 어느 초대강국도 육상공격을 꺼리는 이유도 바로 이러한 손실예상비용이 높기 때문이다.

신뢰도가 높은 반격능력을 갖추기 위해서는 대량파괴무기의 확보가 필요하다. 가상적으로, 가령, 한국이 미국의 A-3정도의 SLBM에 장착된 메가톤급 핵폭탄을 Polaris형급의 핵잠수함에 싣고 태평양에 작전배치해 놓고 있다고 한다면, 적어도 한국에 대한 선제 핵공격을 시도할 강대국은 없을 것이다. 한국은 이런 소량의 핵무기로 어떤 강대국도 위협할 수는 없다. 그러나 한국을 공격하여 얻을 이익의 근소함에 비한다면 그 손실은 너무 크기 때문에 강대국들은 한국에 대한 공격을 피하려 할 것이다.

현재 북한이 핵무기 보유를 고집하는 것은 바로 이런 판단 때문이다. 북한은 현재 2개 내지 20개 정도의 핵폭탄을 보유하고 있는 것으로 알려져 있으며 사정거리 1,500km의 노동 2호, 그리고 사정거리 약 10,000km의 대포동 2호 미사일을 보유하고 있다고 알려져 있다. 북한은 이 정도의 빈약한 핵공격 능력으로도 미국이나 일본에 막대한 피해를 입힐 수 있으므로 미국의 무력침공을 억지할 수 있다고 믿고 있다.

공격흡수능력으로서의 방어능력 향상은 반드시 군비증강만으로 이루어지는 것은 아니다. 적절한 민방위 체제도 이 능력을 상당 수준 높여 줄 수 있다. 중국은 대도시 1,000개의 인구를 합쳐도 전인구의 25%에 훨씬 미달하고 있다. 따라서 중국을 상대로 하는 유효한 핵공격 능력을 갖추려면 일본에 비할 때 천배의 화력을 갖추어야 한다는 계산이 나온다. 일본의 경우 동경(東京)이나 오사까(大阪)에 단 1발의 핵폭탄을 투하해도 인구의 25% 이상을 잃게 되기 때문이다. 계산은 ABM이나 기타 어떠한 방어무기도 고려하지 않은 것이다. 오로지 인구의 분산이 가져오는 공격흡수능력의 위력을 보여주기 위한 예이다.

마오쩌뚱이 주창했던 인민전쟁 개념은 그 기본 착상에서는 아주 훌륭한 것이다. 전 인민을 게릴라로 전력화하면 공격군이 공격에서 입을 손실량을 몇배 내지 몇십배로 증가시켜 줄 수 있기 때문이다. 고슴도치이론의 적용을 위해서는 약소국은 비용이 덜 드는 전 인민의 게릴라전력화를 고려해 볼 수도 있을 것이라고 생각한다.

고슴도치이론의 성격을 분명하게 하기 위하여 다음과 같은 점을 지적해 둔다.

부속명제 1 : 고슴도치이론은 철저한 방어전략이지, 어떠한 형태로도 영향능력 증대를 의도하는 것이 아니다.

부속명제 2 : 고슴도치이론의 핵심전략은 억지전략이다.

부속명제 3 : 고슴도치이론은 어떠한 적도 미리 상정해 두고 있지 않다.

이 명제들은 모두 자명한 것이며, 본래의 고슴도치이론체계에서 파생된 것이므로 별도의 설명은 필요하지 않다. 다만 부속명제 2와 부속명제 3에 대하여 약간의 해설을 해 두려 한다.

고슴도치이론이 의존하고 있는 핵심전략은 억지전략이란 점에서 '거북이론'과 구별되어야 한다. 거북은 자위를 위한 장갑을 하고 있을 뿐, 공격자에 어떠한 손실도 가할 능력을 갖추고 있지 않다. 그러나 고슴도치는 공격자에 직접 피해를 줄 수 있는 가시를 가지고 있다. 거북에 대해서는 공격을 시도해 보고 별 이익이 없으면 포기해도 그만이지만 고슴도치에게는 그런 실험을 해 볼 수 없다. 공격의 시도로서 이미 결정적 피해를 입게 되기 때문이다. 이것이 고슴도치이론의 특성이다.

고슴도치전략은 특정의 적을 상정하지 않는다. 누구라도 공격하면 피해를 입는다는 것을 보여줄 뿐이지 선택적으로 어느 특정 공격자를 예정하고 하는 방위가 아니다. 공격행위 자체가 반격을 유발하는 것이지 미리 반격대상을 선정해 놓은 것이 아니기 때문에, 어떤 강대국도 불필요하게 자극하지 않을 수 있다. 고슴도치이론이 추구하는 방어능력은 바로 이와 같은 불특정 공격자를 대상으로 할 때 더 높은 효과를 가져온다. 거듭 강조하지만 고슴도치이론에 입각하여 자위능력을 갖추려는 약소국은 어디까지나 약소국으로서 어떤 강대국이 자국의 피해를 감수하고 공격해 오면 방어할 수 없다. 고슴도치전략은 그러한 결심을 하지 못하게 하려는 데에 목적이 있지 공격을 시켜 놓고 막겠다는 것이 아니다. 고슴도치전략은 오로지 거부능력을 갖추기 위한 것이지 영향능력을 높이려는 것은 아니라는 것을 다시 한번 강조해 둔다.

제 4 절 고슴도치이론과 한국의 자주국방

한국의 고민은 세계 최강의 초대강국들에 둘러싸여 있다는 점이다. 한국의 국력, 특히 군사능력은 결코 약한 것이 아니지만, 주변 강대국의 군사능력이 너무 크기 때문에 계속 상대적 약소국으로 머물 수밖에 없다. 그리고 이러한 상황은 적어도 수십년 내에는 고쳐질 수 없는 것도 현실이다. 이러한 상황에서 한국은 어떻게 자주성을 유지하면서 안전을 확보할 수 있을 것인가 하는 것이 당면하고 있는 최대과제다.

한국은 군사능력을 앞세워 타국에 영향력을 가하려는 계획을 가질 수 없는 위치에 있다. 따라서 한국은 거부능력 위주의 군사능력을 갖추려 하고 있다. 한국은 GDP규모로 국력을 따질 때, 2004년 기준으로 중국의 2분의 1, 일본의 6분의 1, 러시아의 2분의 1, 미국의 15분의 1 정도이다.[6] 그러나 동원된 군사력만으로 따진다면 결코 이들 강대국에 비해 그렇게 약한 것은 아니다. 예로 한국의 육군은 병력 56만명으로 미국의 50만 2천, 러시아의 39만 5천, 중국의 160만, 일본의 14만 8천과 비교해도 방어해야 할 지역의 협소성을 고려한다면 결코 약한 것은 아니다.[7] 러시아는 중소국경에 5만명 정도만 배치하고 있을 뿐, 나머지는 유럽 전선 등에 배치하고 있고, 미국은 일본에 28,000명, 한국에 25,000명 정도만 유지하고 있을 뿐이다. 중국도 정규사단 중 대부분은 러시아 국경과 대만 대안 및 서부 국경에 배치하고 있어 실제로 한국을 위협하는 데 사용할 수 있는 것은 별로 많지 않다. 동북 심양군구

6) *The Military Balance 2005-2006*의 통계를 기초로 한 것임(한국 7,780억 달러, 미국 11조 7천억 달러, 러시아 1조 4천억 달러, 중국 1조 6천 8백억 달러, 일본 4조 6천 6백억 달러).

7) *loc. cit.*

에는 8개 사단 정도만 배치되어 있다.

한국의 방위산업 능력은 어느 정도의 자위능력 군비확보에는 충분할 것이라고 전망되고 있다. 전차, 전투함, 전투항공기를 포함한 재래식 화기 생산 능력은 이미 갖추고 있고 유도탄 제조능력도 보유하고 있으나 미국의 견제로 300km 사정 이상의 지대지 미사일을 개발하지 못하고 있을 뿐이다.

이상과 같은 여러 사항을 함께 고려한다면, 한국은 고슴도치 전략으로 자주성을 유지하는 안전보장을 갖출 수 있지 않을까 생각된다.

한국은 자구능력이 거의 없던 시절에는 미국과의 동맹관계에 안보를 전적으로 의존해 왔었다. 그러나 이제부터는 최소한의 자위능력을 갖춘 독자적 방위계획을 세워나가야 한다. 미국은 거시적으로 세계전략을 수립하고 있고 한국은 미국의 대아시아정책이라는 큰 틀 속의 한 부분으로 다루어지고 있으므로 미국의 대아시아정책이 바뀌면 한미동맹도 그 성격이 변화할 수 있다. 자체 방위능력을 갖추지 않은 상태에서 미국과의 동맹관계가 흔들리면 한국은 어려운 처지에 놓이게 된다. 미국은 21세기에 들어서면서 전세계적으로 전력배치계획을 재조정하기 시작하였다. 2004년 8월 16일에 발표된 GPR(Global Force Posture Review) 계획에 의하면 미국은 냉전시대처럼 소련과 같은 고정된 가상의 적을 대상으로 전쟁을 하게 되지 않고 어느 곳에서 나타날지 모르는 위협(ubiquitous source of threat), 그리고 테러집단과 같은 정규전을 벌이지 않을 적과 싸워야 하는 시대적 상황에 대응하기 위하여 '소규모 신속 배치군'(rapid deployment force)을 투입하는데 편리하도록 전세계의 기지를 재편한다.

새로운 계획에 의하여 미국은 주한미군 37,500명 중에서 12,500명을 우선 철수하기로 결정했다. 그리고 미국은 해외기지를 계열화된 네 가지 기지로 개편하고 있는데 첫째가 힘의 투사기지(Power Project Hub: PPH), 둘째가 주요 작전기지(Main Operation Base: MOB), 셋째가 전진작전지구(Forward Operation Site: FOS), 그리고 넷째가 협력안보지역(Cooperation Security Location: CSL)가 그것이다. GPR에 따르면 동북아시아지역에서는 일본에 MOB, 한국에 FOS를 두도록 되어있어 한국 내의 미군병력과 기지는 대폭 줄어들 것이라 보여진다. 한국은 이제 우리가 원하든 원하지 않든 미국에 안보를 완전히 맡기고 있을 수 없는 상황을 맞게 되었다. 자위력을 높일 수 있는 새로운 안보정책계획이 필요한 시대가 되었다고 보고, 한국에 주어진 여건을 고려해서 안보계획을 재정립할 때 생각해 볼 수 있는 하나의 방안으로 이 고슴도치이론을 제시해 보는 것이다.

제 5 절 비대칭억지이론

냉전이 종식되면서 미국과 소련에 의한 각 진영 내 국가들에 대한 통제가 풀리게 되자 외부압력의 완화로 각국 국내의 반정부투쟁이 표면화되기 시작하였다. 특히 다민족국가의 경우 소수민족의 독립내지는 자치권투쟁이 격화되었다. 뿐만 아니라 이슬람 근본주의자와 같은 종교적 집단에 의한 현존 질서 타파 투쟁도 격화되었고 그 투쟁도 테러, 자살폭탄공격 등 비정규전적 방법으로 전개되고 있다.

국가가 아닌 집단에 의한 비정규전적 도전이 무력투쟁의 새로운 양식으로 자리잡으면서 이러한 투쟁을 설명하는 새로운 이론들이 등장하기 시작하였는데 그 중 하나가 비대칭억지(asymmetric deterrence)이론이다. 자기 행위에 대한 책임을 지지않는 비국가행위자들이 주로 선택하는 전략이라는 점에서 비대칭억지는 국가 대 국가 간의 행위를 설명하는 이론으로는 다루기 어렵다. 고슴도치 이론의 연장선에서 비대칭억지이론을 개관한다.

1. 비대칭억지의 개념

비대칭억지(asymmetric deterrence)를 베네트(Bruce Bennett)는 다음과 같이 정의한다.

> "상대방이 스스로 전략적 목표라고 인식하고 있지 않은 취약점이나 위협에 대한 준비가 부족한 것을 공격하는 것."[8]

그러나 이 정의는 '비대칭'의 뜻이 잘 나타나 있지 않다. 이에 비해 로버츠(Brad Roberts)의 정의가 좀 더 핵심에 가깝다. 그는 다음과 같이 정의한다.

> "군사적으로 약한 국가가 자신의 장점을 이용하여 자신보다 강한 국가의 결정적 약점을 공격하는 것."[9]

거의 같은 내용이나 미 국방성에서 내린 다음의 정의가 일반적으로 사용하는 정의이다.

> "국력 혹은 군사력에 있어 약한 주체가 자신의 장점(이점)을 이용하여 상대방의 취약성을 공격하는 새로운 형태의 위협."[10]

비대칭억지 개념의 핵심은 '비대칭'에 있다. 여기서 비대칭이라고 하는 것은 행위주체와 객체 간의 '힘'의 비대칭성과 더불어

8) "What Are Asymmetric Deterrence?," Snata Barbara: RAND, 1998, p. 3.

9) *Asymmetric Conflict 2010,* Alexandria: Institute for Defense Analysis, 2000, p. 5.

10) U.S. Department of Defense, *Quadrennial Defense Review Report,* Washington, D.C.: DoD, 2001, p. 3.

행위주체와 객체 간의 '지켜야할 가치'의 비대칭을 말한다. 이 두 가지 비대칭성이 공존해야만 비대칭억지가 가능하기 때문이다. 집도, 직장도, 재산도 없고 장래의 희망마저 포기한 사람이 목숨을 내어 놓고 도전하면 누구도 감당하기 어려워진다. 상대방을 제압해도 상대방은 '잃을 것'이 없는데 반대로 도전받은 사람은 다치거나 자기가 가진 아끼는 물건이 깨어지면 모두 큰 '상실'이 되기 때문에 자기가 아무리 힘이 세어도 싸우지 않으려고 회피하게 되는데, 이런 상황을 표현한 것이 비대칭억지이다. 북한과 미국 사이에는 비교할 수 없는 정도의 군사력 차이가 있다. 그러나 미국은 북한을 공격하여 초토화시켰다하더라도 별로 실익이 없는데 반해 북한이 단 한 발의 핵폭탄을 미국의 대도시에 던지면 미국은 엄청난 타격을 받게 된다. 미국과 북한 간의 힘의 격차는 두 나라간의 '예상손실'의 차이 때문에 균형을 이룰 수 있게 되며 그래서 약한 북한이 강한 미국의 공격을 억지할 수 있게 되는 것이다.

2. 비대칭억지의 요건

비대칭억지도 억지이므로 억지의 필요요건을 같이 한다. 다만 각 요건에서 '비대칭'의 특성이 반영될 뿐이다.

(1) 공격능력

상대방에게 '감내하기 어려운 고통'을 줄 수 있는 능력을 보유하여야 한다. 강대국인 상대방에 큰 타격을 주더라도 상대방이 이를 감수할 경우 비대칭억지는 실패한다. 감내할 수 있는지 없는지는 강대국이 주관적으로 결정하게 되므로 이를 사전에 예측하는 것이 쉽지 않아 어느 정도의 공격력을 가져야 '억지충분성'이 생기는지 가늠하기 어렵다. 상황을 고려해서 결정해야 한다.

공격능력은 반드시 군사력이어야 할 필요도 없다. 9·11 사태 때처럼 민간항공기를 납치하여 공격할 수도 있고 요인납치, 자살 폭탄, 인질 등 다양한 수단이 동원될 수도 있다. 국제법 또는 관행에 어긋나는 수단을 쓸 경우는 세계여론을 자극하여 집단보복을 자처할 수도 있다.

(2) 의 지

비대칭억지가 가능한 것은 자기희생 감수 의지이다. 북한의 경우 몇 개의 핵무기로 미국 공격을 억지하려면 북한정권의 붕괴, 북한 전영토의 초토화 등 국가소멸도 각오한다는 결의(resolve)가 있을 때 가능하다. 이러한 결의가 없으면 강대국의 '예방공격'을 자초하고 말 위험(risk)이 아주 높다.

(3) 의사전달

비대칭억지에서도 확실한 의사전달이 있어야 억지전략이 성공한다. 상대방이 나를 공격할 때 상대방이 '감내할 수 없는 피해'를 줄 수 있는 능력이 있음을 알려야 하고 또한 상대방이 나를 공격하면 틀림없이 보복을 감행하겠다는 결의를 전달해야 한다. 억지는 상대방의 인식을 거쳐 상대방의 판단에 나의 능력과 의지가 반영되도록 하는 심리전이기 때문에 상대방이 모르면 억지는 불가능하다.

북한은 1998년 8월 31일에 대포동 2호 미사일을 미국 알래스카 앞바다로 발사했다. 북한이 미국 본토를 핵공격할 수 있는 능력이 있음을 미국에 알리기 위한 의사전달행위였다. 유괴범들도 반드시 유괴해온 아이의 부모에게 유괴사실을 알린다. 그래야 대가를 얻을 수 있기 때문이다. 비대칭억지에서도 마찬가지이다.

(4) 신 뢰 도

비대칭억지에서 가장 어려운 부분이 자기 결의를 상대가 믿도록 만드는 일이다. 보복공격수단은 비밀로 해야 효과가 있다. 노출되면 강대국의 선제공격을 받게 되기 때문이다. 비밀로 감추어 놓은 상태에서 능력이 있다고 아무리 성명을 발표해도 강대국이 믿지 않으면 또한 비대칭억지는 실패한다. 평소 거짓말을 자주하여 믿을 수 없는 행위자로 낙인찍힌 경우 비대칭억지전략을 쓰기 어렵다. 늑대가 나왔다고 거짓말을 했던 양치기 소년처럼 신뢰 상실로 억지 실패를 자초하게 된다.

3. 비대칭억지전략의 성공 조건

비대칭억지는 약한 힘으로 강한 자를 이기는 방법이다. 여기서 이긴다는 말은 뜻을 이룬다는 말이다. 더 구체적으로는 강한 자의 공격을 막고자하는 목표를 달성한다는 말이다. 비대칭억지전략이 성공하려면 어떤 조건을 갖추어야 할까? 많은 논의가 있으나 두 가지만 소개한다.

(1) 전략선택

전투능력이 큰 강대국은 싸움에서 이겨야 한다는데 대한 관심이 적다. 이기기를 바라지만 이기지 못해도 치명적 손해는 보지 않는다. 그러나 약한 국가는 승리에 절대적인 이해관계를 가진다. 패배는 곧 국가의 소멸을 의미하기 때문이다. 이러한 관심의 강도(強度) 차이 때문에 약한 국가가 강한 국가를 이길 수 있고 비대칭억지가 가능해지는 것이다.

아르겡 · 토프트(Ivan Arreguin-Toft)는 강한 국가와 약한 국가가 싸움에서 택하는 전략을 '직접전략'(direct strategy)과 '간접전략'(indirect strategy)으로 나누고 양측이 같은 전략을 택하는가 다른 전략을 택하는가에 따라 승패가 갈린다는 이론을 세우고 있다.[11] 여기서 직접전략이란 상대방의 전의(戰意)를 깨는 것을 뜻하는데 아르겡·토프트는 "약한 국가는 상대방인 강대국과 같은 전략을 택하면 패배하고(직접-간접, 간접-직접) 다른 전략을 택하면 승리한다"는 주장을 가설로해서 경험적 증명을 시도하고 있다.

그는 강한 국가의 국민은 신속한 승리를 기대하다가 승리가 지연되면 지쳐서 전쟁을 그만두도록 정부에 압력을 가하여 결국 약한 국가의 인내에 굴복한다고 주장한다. 그는 강한 국가가 약한 국가의 군대를 궤멸시키기 위하여 직접공격을 할 때는 게릴라전을 펴서 시간을 끌고, 반대로 강한 국가가 전의를 잃도록 심리적 압박을 할 필요가 있을 때는 야만적인 방법으로 공격군의 희생을 높이는 직접공격으로 맞서면 강한 국가의 국민들의 전의 상실을 유도하여 공격을 철회하게 만들 수 있어 살아남을 수 있다고 설명한다. 너무 단순하고 논리적 비약이 있는 주장이지만 흥미 있는 접근이라 여겨진다.

(2) 승리의 조건으로서의 은닉과 기만

비대칭억지의 승리는 성공적인 기만에 있다. 강한 상대국이 기대하지 않았던 목표에 기대하지 않았던 비전통적 수단으로 기대하지 않았던 시기에 공격하면 약한 자도 승리할 수 있다는 주장이 비대칭억지 논리를 낳은 것이다.

오늘날 비대칭억지전략이 주목을 받는 이유는 비국가행위자의 전쟁주체화 경향 때문이다. 행위주체자가 국가인 경우는 그 국가

11) Ivan Arreguin-Toft, "How the Weak Win Wars," *International Security*, Vol. 26, No. 1, Summer 2001, pp. 93-128.

가 지켜야할 국토와 국민, 재산이 있기 때문에 상대방의 위협의 목표가 되므로 행동선택의 자유가 제한되지만 비국가행위자인 경우에는 상대방의 보복대상이나 위협대상이 분명하게 들어나지 않아 피공격(彼攻擊) 강대국의 보복을 회피할 수 있어 행동의 자유가 커진다. 9·11 사태를 겪고 미국은 보복하고자 했으나 보복대상을 찾을 수가 없었다. 행위주체자로 알려진 알 카에다(Al Qaeda)라는 단체는 영토도, 표출된 재산도 없고 구성원도 알려져 있지 않아 보복목표를 정할 수 없었다. 이러한 행위자의 은닉성을 이용하여 행위자는 강대국에 대한 공격을 보복의 걱정없이 행할 수 있었다. 그리고 같은 이유로 알 카에다는 자기들이 수호하고자 하는 국가, 단체에 대한 미국의 핍박이나 공격을 억지할 수 있게 된다.

비대칭억지는 공격수단의 의외성(意外性)으로 성공가능성을 높일 수 있다. 강대국이 예상하지 못했던 대상과 방법 때문에 공격은 방해받지 않고 진행할 수 있기 때문이다. 9·11 사태 이전까지도 민간인이 타고 있는 여객기가 공격무기가 되리라고 생각한 사람은 없었다. 따라서 이에 대한 대비책은 마련할 수 없었다.

비대칭억지전략은 앞으로 다양한 비정부행위자들이 활용할 것이다. 이 중에는 영토와 인민을 가진 독립을 원하는 소수민족집단이 있고 고정된 독립영토나 한 지역에 집합되어있는 인민을 가지지 않은 행위자들도 있을 것이다. 선량한 시민들에 섞여 있는 테러분자를 찾아 싸운다는 것은 거의 불가능에 가깝다. 이러한 사정에서 앞으로의 국제갈등은 이런 비국가행위자들의 비정규전이 주도할 것이고 이러한 도전에 대응할 강대국 또는 관계국가의 대테러전이 전쟁을 주도하게 될 것이다.

제6절 촌 평

고습도치이론, 약소국의 억지전략은 무기가 고도화되기 전에는 논의할 수 없었던 내용들이다. 소형의 대량살상무기가 등장하고 장거리를 단시간 내에 이동할 수 있는 교통수단이 등장한 후에 비로소 약소국의 강대국에 대한 비정규전적 기습공격이 가능해져서 논의되기 시작한 이론이고 전략이다. 국제사회가 계속 무정부상태로 남아있고 각 국가는 오직 자국의 힘만으로 자국의 자주권을 수호해야하는 상태가 지속된다면 약소국의 잔존 수단으로 이러한 약소국의 비대칭억지전략이 각광을 받을 것이다.

비대칭억지이론은 9·11 사태 이전까지는 작은 약소 주권국가들의 생존전략이론으로 논의되었다. 그러나 9·11 사태 이후부터는 비국가행위자의 테러전략이론으로 발전해 오고 있다. 그리고 이러한 테러를 방지하기 위한 강대국들의 대테러전 운영지침으로 관심을 모으고 있다. 테러집단의 행위를 예측하여야 이에 바른 대응이 가능하기 때문에 테러집단 전략가의 기획구상을 예상하기 위하여 비대칭억지전략을 연구하고 있다.

비대칭억지전략은 이미 2,000년 전에 손자(孫子)가 그의 병서에서 깊이 있게 논의했던 오랜 전략인데 세상이 바뀌고 전쟁수단이 바뀐 오늘날에도 기본은 변하지 않고 있다. 인간의 합리적 추리능력은 불변이기 때문이다. 21세기 국제관계를 이해하기 위해서는 비대칭억지전략에 관심을 두고 연구해 주기를 바란다.

참고도서

1. 이상우(李相禹), "약소국 방위와 고슴도치이론,"『국제정치논총』제16집, 1976.

이 장에 실린 글의 원형이다. 이 글은 미국이 주한 미군 철수를 결정하고 한국 정부가 독자적인「자주국방계획」을 세우던 시절에 썼던 것으로 안보위협이 어느 때보다 심각하던 때였었으므로 좀 '도전적'인 글이 되었다.

2. Marshall R. Singer, *Weak States in a World of Power*, New York: The Free Press, 1972.

좀 오래된 책이나 군사정세를 단순한 군사력 크기에 기초하지 않고 안보과제와의 연관에서 상대적으로 보는 시각을 제시했던 중요한 책이어서 권한다.

3. George and Meredith Friedman, *The Future of War*, New York: St. Martin's Griffin, 1996.

기술 발전으로 전쟁양상이 달라지고, 전쟁양상의 변화에 따라 전쟁수행 전략, 전쟁결단 등이 달라지며, 특히 종래의 강대국 서열이 달라질 수 있다. 이 책은 21세기의 전쟁양상을 기술측면에서 논한 책이다. 고슴도치 이론의 '가시'에 대한 이해를 돕는 데 필요한 책이다.

4. 대한민국 국방부 편,『국방백서 1998』, 1998.

한국과 주변국간의 군사관계를 이해하는 데 필요한 기초 정보가 많이 포함되어 있다.

제20장

세력균형이론

국제정치이론이라고 부를 수 있는 이론 중에서 가장 오래된 이론이 세력균형이론이다. 원시부족사회가 발전하여 국가라는 조직체로 된 때로부터 인간들은 그들의 생명의 안전보장, 삶에 필요한 자원의 확보, 생활공간의 확보 등의 이익을 국가를 앞세워 해결하기 시작하였다. 국가가 형성되던 초창기에는 국가를 이루고 있는 사람들은 자기 국가 밖의 모든 인간과 인간집단을 같은 인간으로 여기지 않고 자기들의 삶을 위하여 활용하는 도구로 '자연상태의 일부'처럼 생각했다. 이들을 정복의 대상으로 생각했고 자기 목적에 따라 자유롭게 처리해도 좋은 것으로 여겼다. 유럽에서는 그리스 도시국가가 형성되던 때가 그러했고 아시아에서는 중국의 하(夏), 은(殷)시대가 그러했다. 이들은 자기국가 밖에 사는 사람들은 모두 야만이라고 비인간적 존재로 분류했다. 그리스인들은 barbarian이라 불렀고 중국사람들은 오랑캐(夷, 戎, 蠻, 狄)라 불렀다.

국가의 수가 늘어나고 국가와 국가가 직접 접촉하게 되면서 사람들은 다른 국가의 인민들도 자기들과 똑같이 국가이익을 극대화하기 위하여 투쟁하는 합리적 존재라는 것을 인식하게 되고, 나아가서 이들과 '공동이익'을 함께 추구할 수 있다는 사실을 알게 되었다. 국가들은 제3의 공동의 적과 투쟁할 때 서로 협동하는 것이 서로에게 이익이 된다는 것을 알아 동맹(alliance)이라는 국가간 안보분업(division of labor for common security)의 제도를 생각하게 되었으며, 또한 안정질서(stabilized order)라는 공동자산(common goods)을 유지하기 위하여서도 서로 협조할 수 있다는 것을 깨닫게 되었다. 그리스 도시국가시대, 중국의 춘추전국시대쯤에는 이러한 생각들이 보편화되었으며 이런 인식에서 역사상 처음으로 외교, 외교정책, 국제관계이론이 나타나기 시작했다. 투키디데스(Thucydides)가 쓴 『펠로폰네소스전쟁사』는 바로 도시국가간 국제관계를 논한 책이었고, 전국시대의 소진(蘇秦), 장의(張儀)의 합종책(合縱策), 연횡책(連衡策)은 완전한 세력균형이론(勢力均衡理論)이라고 할만큼 잘 짜여진 국제관계이론이었다.

국가 중심의 국제사회는 최초의 국제관계 형성부터 2천 5백년이 지난 20세기 말까지도 기본 골격을 그대로 유지하고 있다. 아직도 인간들은 국가를 기초단위로 자기의 삶의 기본가치를 확보하고 있으며 이들 국가들은 자국의 이익을 우선적으로 생각하는 합리적 행위를 선택하며 국가들은 공동이익 추구를 위하여 협력과 투쟁을 해 나간다는 점에서 국가 중심 사회의 기본특성은 2천년전과 크게 달라지지 않았다. 세력균형이론은 국가 중심 사회에서 자연스럽게 발전되어 나온 이론인데 국가 중심 사회가 지금도 유지되고 있으므로 세력균형이론은 지금도 현실 국제관계 설명에 가장 적실성 높은 이론으로 그 생명을 유지하고 있다. 그래서 세력균형이론은 국제정치이론의 효시이며 또한 가장 오래되고 가장 많이 논의되어 온 이론이라 보는 것이다.

20세기에 들어서서 기독교문명 국가들을 중심으로 그들이 공통으로 받아들이는 '보편적 가치'와 '보편적 이념'을 앞세운 하나의 보편질서를 구축하려는 이상주의(idealism)가 풍미하기 시작했는데 이들에 의하여 세력균형이론은 비도덕적(非道德的)인 냉혹한 현실주의이론이라고 비하되기도 했다. 그러나 국가 중심 체제로서의 국제체제가 존속하는 한 세력균형정책은 안정질서 구축의 가장 효율적인 체제라는 점에서 세력균형이론은 아직도 적실성을 인정받는 이론으로 남아 있다. 자유민주주의와 볼셰비즘이라는 이념을 앞세워 온 세계가 이념투쟁을 벌이던 냉전시대에도 세계평화질서는 두 이념집단간의 세력균형으로 유지되었고, 20세기 말부터 시작되고 있는 탈냉전시대에도 다시 새로운 형태의 세력균형이 현실적 평화유지체제로 받아들여지고 있다.

세력균형이론은 국제사회가 국가 중심 체제의 속성을 유지하는 한 의미를 가질 것이므로 국제정치이론을 연구하는 학생이라면 당연히 이 이론을 철저히 공부하여야 한다. 이 장에서는 세력균형이론의 기본구조를 여러 국제정치학자들의 교과서 내용을 종합하여 개관한다.

제 1 절 무정부적 국제질서관

세력균형이론이 전제하고 있는 국제질서는 홉스(Thomas Hobbes)가 상정하던 자유경쟁적 질서이다. 민족국가단위로 행동하는 집단들이 이기적으로 자국이익을 추구하는 무정부상태(anarchy)이다.

국제질서는 국가내부질서와 크게 두 가지 점에서 다르다. 우선 국제질서는 민족국가라는 집단을 구성단위로 하는데 국내질서는 개인을 구성단위로 한다는 점에서 큰 차이가 있다. 이미 제 6 장에서도 논하였지만 같은 인간들의 행위라도 개인행위와 집단행위는 근본적으로 다르다. 개인도, 그리고 집단도 자기 보존과 자기 번영을 위해 행위한다는 점에 있어서는 마찬가지이지만 개인행위에 강하게 영향을 미치는 감정적 요소나 도덕적 덕목 등이 집단행위에서는 크게 희석되어 오직 1차적 이익만이 집단행위를 결정하는 주요 요소로 남게 된다.

그러나 무엇보다도 중요한 차이점은 '합법적 폭력'을 행사할 수 있는 구성단위 위의 기관의 유무이다. 국내사회에서는 정부라고 하는 공공기관이 존재하며 이 기관이 합법적 폭력을 공권력이라는 이름으로 독점하고 있으며 사회구성원간의 갈등해소의 권한을 행사하고 있다. 그러나 국제질서에서는 이에 대응하는 기관이 존재하지 않는다. 폭력은 구성단위인 각 민족국가가 보유하고 있으며 구성단위간의 분쟁을 권위 있게 해결해 줄 수 있는 어떠한 기구도 존재하지 않는다. 한마디로, 국내질서에서는 폭력의 공공화(公共化)가 이루어져 있는데 국제질서에서는 각 국가가 폭력을 아직도 나누어 가진 상태여서 폭력의 공공화가 이루어져 있지 않다.

국제질서의 무정부상태는 곧 무질서를 말하는가? 그런 것은 아니다. 국가들의 집합으로 이루어진 국제공동체(international community) 속에도 그 나름대로의 질서유지체계는 존재한다.

국제공동체의 질서유지체계를 보는 기본시각에서 우리는 두 가지 반대되는 견해가 있음을 확인할 수 있다.

불(Hedley Bull)은 질서(order)를 "사회생활의 기초적이며 원초적인 목표가치를 유지해 나가는 행위정형"이라 정의하는데,[1] 이 질서는 ① 구성원들이 공통으로 인정하는 공동이익(common interest), ② 이러한 공동이익유지를 위하여 지켜야 할 행위준칙(rules),

---

1) "Order is a pattern of behavior that sustains the elementary of primary goals of social life," Hedley Bull, *The Anarchical Society: A Study of Order in World Politics*, New York: Columbia University Press, 1977, p. 53. 질서에 대한 일반적 논의에 대해서는 이 책 제 2 장 참조.

③ 그리고 그러한 준칙들이 실효성을 가지도록 뒷받침해 주는 제도(institution) 등 세 가지 요소에 의하여 유지된다.[2] 그리고 이러한 질서유지가 국가들의 집합체인 세계무대에서는 어떻게 유지된다고 보는가에 따라 두 가지 국제질서관이 생긴다고 본다.

첫 번째 견해는 각국의 자조행위(self-help)가 서로 조화되어 하나의 질서가 유지된다고 보는 자율질서관이다. 이 견해에 따르면 각 나라의 행위를 규제해 줄 초국가적 조직체가 없는 상황에서는 각 국가가 자위능력을 스스로 갖추고 외부의 공격으로부터 자기 이익을 지킬 수밖에 없으며, 자위에 실패하는 나라는 몰락하고 성공하는 나라만이 번영할 수 있다. 그리고 모든 나라는 서로 실패하지 않으려고 최선의 노력을 하게 되는데 이러한 모든 국가들의 자조행위, 자구행위들이 서로 균형을 이루어 하나의 질서를 만들어 낸다고 본다.[3]

두 번째 견해는 국제사회관이라 할 수 있는데, 이 견해를 주장하는 사람들은 주권국가들의 집합체인 국가공동체도, 비록 정부처럼 공권력을 행사하는 행위규제 및 질서유지조직은 가지고 있지 않다 하더라도 그런대로 질서유지에 필요한 최소한의 요소들은 모두 갖추고 있는 하나의 사회(society)라고 본다. 각 민족국가간에는 비록 명시적인 합의가 없는 경우라 하더라도 인류공동의 평화와 번영추구라는 공통이익에 대한 묵시적 합의가 있으며, 국가간 협력과 분쟁해결을 위한 조약 등이 규정하는 행위준칙도 존재하며 국제질서유지를 목적으로 하는 여러 가지 조직(institution)들, 즉 국제연합조직이나 지역협력조직체들이 있으므로 국가공동체도 하나의 국제사회(international society)로 볼 수 있기 때문이다.

2) *loc. cit.* 이 세 가지 요소 외에 “질서를 강제하는 힘”이 추가되어야 한다. 힘이 뒷받침하지 않는 질서는 현실적으로 작동하지 못하기 때문이다.

3) Kenneth N. Waltz, *Theory of International Politics*, Reading: Addison-Wesley, 1979, p. 118.

인간의 집합체가 가질 수 있는 구조유형을 완전한 무정부상태를 하나의 극으로 하고 완전한 통제조직체를 다른 하나의 극으로 하는 연속선 위에 분포될 수 있는 모든 형태로 본다면 현재의 국제사회는 완전 무정부상태와 완전 조직체 사이의 중간쯤에 선다고 할 수 있다. 즉, 무정부적 특성도 가지고 있으며 또한 조직체적 특성도 가지고 있다. 다만 어느 쪽 특성을 더 강조하며 중시하는가 하는 데 따라 견해가 갈라진다고 할 수 있을 것이다.

이 장에서 다루는 세력균형이론은 국제질서를 무정부상태로 보는 견해에서 출발하고 있다. 그리고 국제질서를 각국의 자조행위가 조화되어 형성되는 자율행위체계로 보는 견해에서 발전되어 나왔다. 세력균형이론이 전제하고 있는 국제질서의 특성을 정리하여 보면 다음과 같다.

(1) 국제질서는 자조체계다. 자조(自助)체계에서는 모든 행위자들은 스스로의 잔존(殘存)을 걱정하며, 바로 이런 우려들이 그들의 행위를 규제한다.

(2) 각국의 1차적 관심은 국가체제의 유지이지 국제사회의 평화나 질서유지가 아니다.[4)]

(3) 국제질서는 공통가치(common value)를 전제로 인위적으로 조직, 창출한 질서가 아니다. 각국 행위간의 상호조화가 만들어낸 자연발생적 질서이므로 전체적인 공동선(共同善)이 행위규제의 원칙으로 작용하지 않는다.

(4) 무정부상태인 국제질서는 각국에 행위선택의 자유를 최대한으로 부여한다. 조직 운영의 대가는 자유의 상실인데, 무정부적 국제질서는 최소한의 조직대가를 요구하기 때문에 각국은 최대한의 자유를 누린다. 조직은 안전을 보장하나 자유를 억제하므로 무

4) Waltz의 표현을 빌면, "units act for their own sakes and not for the sake of preserving an organization," *ibid.*, p. 112.

정부상태가 반드시 바람직하지 못한 것은 아니다.

(5) 국가간의 힘의 분포는 변한다. 강한 나라가 약소국이 되기도 하며 그 반대일 수도 있다. 한 나라가 다른 모든 나라를 복속시킬 만한 힘을 가지게 되면 무정부적 국제질서는 그 자율행위체계를 잃고 하나의 강대국이 지배하는 제국으로 전락하게 된다. 모든 주권국가는 이를 원하지 않는다.

세력균형이론은 대체로 이상과 같은 국제질서관을 전제로 하여 발전되어 온 이론이며, 인간이 추구하는 이상적 질서를 위한 처방보다는 현실 세계에서 작동하는 현실 질서를 설명하며 현실적으로 전쟁을 억제하기 위한 방안창출을 위해 제기된 현실 정치(Realpolitik)의 이론이다.

제 2 절 세력균형의 여러 의미

세력균형이론의 중심개념인 세력균형(balance of power)이란 개념처럼 오래 사용되어 왔으면서 그 뜻이 모호한 개념도 드물 것이다. 세력균형은 국제정치가 논의되기 시작한 고대 그리스시대, 그리고 고대 중국의 춘추전국시대 때부터 이미 논의되어 온 개념이면서,[5] 그리고 모든 국제정치학 교과서에서 다루어져 온 개념이면서도 그 뜻은 모호하다. 학자마다 달리 이해하고 있을 뿐 아니라 한 학자가 한 책에서도 여러 가지 뜻으로 쓰고 있기 때문에[6] 개념

5) Thucydides, *History of the Peloponesian* War, Rex Warner 역. Penguin Books, 1954. 여기서 Thdcydides는 세력균형이라는 용어를 쓰지는 않았으나 이에 해당하는 정책을 논하고 있다. 삼국지에 나오는 이호경식계(二虎競食計)도 전형적인 balance of power policy이다.

6) balance of power라는 개념의 여러 뜻에 대해서는 Inis L Claude, Jr., *Power and International Relations*, New York: Random House, 1962, ch. 2 및 Martin Wight, "The Balance of power," in H. Butterfield & Martin Wight, eds.,

의 혼동은 더 심해지고, 앞 뒷글을 보아야 비로소 그 진정한 사용 의미를 알아볼 수 있게 되어 있다.

하아스(Ernst B. Haas)의 조사에 의하면 세력균형이란 말은 대체로 다음과 같은 여덟 가지의 뜻으로 사용되고 있다 한다.[7)]

(1) 단순한 힘의 분포상태(situation)를 기술하는 말
(2) 힘의 평형(equilibrium)상태를 뜻하는 경우
(3) 역설적이지만 일방이 타방에 대하여 주도권(hegemony)을 가진 상태를 나타내는 말
(4) 안정(stability), 또는 평화의 의미
(5) 불안정, 전쟁의 의미
(6) 일반적인 '힘의 정치'
(7) 역사의 보편적 법칙
(8) 시스템 또는 정책입안의 지침

그러나 각 개인의 견해차를 떠나, 의미내용을 크게 나누어 보면 대체로 세 가지의 다른 경우에 쓰이고 있음을 알 수 있다.

그 첫째는, 단순한 국가간 힘의 분포상태(situation)를 표현하는 경우이다. 이 경우에는 국가들의 힘이, 대결하고 있는 국가군간에 균등하게 분포되어 있는 상태, 즉 equilibrium의 상태를 뜻한다.

두 번째는, 한 국가의 외교정책지침으로서 현상을 변경시킬 수 있는 강국 또는 국가군의 출현을 방지하는 수단을 뜻한다. 즉, 어떻게 하면 국가(자국 이외)들의 힘이 맞물리어 아무도 현상(status quo)을 바꾸지 못하게 만들까를 강구하는 한 나라의 정책지침을 말하는 경우다. 이렇게 쓰일 때는 세력균형은 동태적인 균형과

Diplomatic Investigations, London: Allen & Unwin, 1966, pp. 149-175를 볼 것.

7) Ernst 8. Hass, "The Balance of Power: Prescription, Concept, or Propaganda?" *World Politics*, Vol. V, No. 4, July 1953, pp. 446-477.

정(balancing process)에 중점을 두고 논의된다.

세 번째의 경우는, 세력균형을 초국가적 정치권력체가 존재하지 않는 주권국가군들간의 무정부상태의 상호관계 속에서, 각 국가가 추구하는 저마다의 자구행위, 자국이익 추구행위 등이 서로 교차하면서 어떤 안정된 질서를 형성해 나가는 국가간 행위로 이루어지는 시스템을 지칭하는 경우다. 세력균형이론(balance of power theory)이라고 하는 경우는 국가간 행위의 법칙성을 제시하는 국제관계현상에 관한 이론을 뜻하며, 세력균형체제(balance of power system)라고 할 때도 이러한 국가간 행위들로 이루어지는 국제관계의 한 유형의 체제 자체를 뜻한다. 카플란(Morton A. Kaplan)의 체제이론에 등장하는 세력균형체제는 바로 이러한 이론모델이다.

세력균형이라는 개념이 많은 혼동을 자아내는 이유는 바로 이러한 세 가지 서로 전혀 차원을 달리하는 사용 예를 명확히 구분하여 쓰지 않거나 제대로 이해하지 못하고 쓰기 때문이다. 똑같이 세력균형이라고 표현하더라도 위의 세 가지 사용 예에 있어서는 각각 발상 내지는 착안점이 서로 다르기 때문에 이를 혼용하면 많은 혼란이 생길 수 있게 되어 있다. 예를 들면, 힘의 분포상태를 나타내는 개념으로 세력균형을 썼을 경우, 정책으로서의 세력균형의 발상을 반영시키면 평형이 아닌 비평형(disequilibrium)이 곧 평형이라는 역설이 나오게 되는 것이다. 왜냐하면 정책으로서의 세력균형은 자국이 누리고 있는 유리한 국제적 지위를 그대로 유지시킬 수 있도록 어떤 타국도 현상을 타파하려는 도전을 못하게 하려는 착상에서 논하는 세력균형이므로, 대결의 결과가 어떻게 될지 모르는 균등, 즉 평형의 균형이 아니라 자국이 우위를 유지하는 유리한 균형(a favorable balance)이 정책목표가 되기 때문이다. 따라서 이런 의도를 가지고 국가간의 힘의 분포를 기술할 때는 자국에 유리한 불균형한 힘의 분포를 "세력균형이 이루어진 상태"

라 표현하는 것이다.

일반적으로 강대국 지도자들이 세력균형을 선언할 때는 이런 '자국에 유리한 세력균형'을 의미한다. 스파이크만(Nicholas J. Spykman)은 미국의 전략을 논하면서 이를 적절히 표현하고 있다.

> "…… 국가들은 자국에 유리한 균형에만 관심이 있다. 형평이 아니라 여유 있는 우위(generous margin)가 그들의 목표다. …… 원하는 균형이란, 자국이 결정권을 자유롭게 행사할 수 있도록 타국을 중립화시키는 그런 균형이다."[8]

제 3 절 상태기술로서의 세력균형

국가간의 힘의 배분상태를 기술하는 세력균형은 문자 그대로 "대등한 강대국간에 힘이 균형 있게 분포되어 있는 상태"[9]를 뜻한다. 이 때의 균형은 곧 평형(equilibrium; l'equilibre; das Gleichgewicht)이다. 많은 학자들이 세력균형을 이와 같은 뜻으로 교과서에 정의하고 있으며, 이 때의 균형의 기준은 대체로 "타국에 자국의지를 일방적으로 강요할 수 없는 상태"로 보고 있다. 몇 개의 정의를 예로 들어보자. 바텔(Emmerich de Vattel)은 "어떠한 강대국도 압도적인 우위에서 남을 지배하거나 법을 처방해 줄 수 있는 위치에 갈 수 없도록 힘을 배분하는 것"을 세력균형이라 정의하고 있으며,[10] 메테르니히(P. von Metternich)는 『나의 정치적 생애의 제행동의 기초가 된 금언들』이라는 글에서 "한 국가의 헤게모니를

8) Nicholas J. Spykman, *America's Strategy in World Politics*, New York: Harcourt, 1942, pp. 21-22. 번역은 의역이다.

9) Claude, *op. cit.*, p. 13.

10) Emmerich de Vattel, *The Law of Nations*, Book Ⅲ, Philadelphia, 1829, p. 378; Frederick H. Hartmann, *The Relations of Nations*, fourth edition, New York: Macmillan, 1973, p. 307에서 재인용.

제한하며, 그 국가의 영향력이 확장되는 것을 제한하여 공법질서로 되돌아 가도록 강제하는 수개 국가의 통일된 노력"[11]이라고 규정하고 있다. 그리고 하아스의 표현도 "각 국가의 힘이 다른 모든 국가의 힘에 비해 거의 동등하도록 힘이 배분된 상태"[12]이다.

그러나 힘의 불균형상태(disequilibrium)를 세력균형이라고 기술하는 때도 많다는 것도 이미 지적했었다. 월퍼스(Arnold Wolfers)나 홀보온(Hajo Holborn)이 지적한 바와 같이 제 1 차 대전 후 클레망소(Georges Clemenceau)가 주장하던 유럽의 세력균형 회복은 프랑스가 독일이 도저히 능가 못할 군사우위를 확보하는 것(France in an unassailable position of military superiority over Germany)을 뜻했으며 제 2 차 대전 후 영·미가 논하던 유럽의 세력균형 회복도 바로 영·미의 우위를 뜻하는 것으로 씌어졌던 것이다.[13] 이 경우의 세력균형은 균형자(balancer)의 위치에서 여타 국들간의 힘의 '균형'을 논하는 것인데, 여러 나라들간의 힘의 균형이 이루어져 균형자인 자국에 도전할 힘의 여유를 못가지게 만드는 것을 이상으로 삼고 논하는 것이다.

결국 세력균형을 국가간의 힘의 분포를 기술하는 용어로 사용할 때는 "국가간에서 어느 일국도 독점적 우위를 점하지 못하는 균등한 힘의 배분" 상태를 의미하는 것은 마찬가지인데, 객관적으로 제 3 자의 위치에 서서 자국도 포함시켜 논하는 경우는 '평형상태'를 의미하게 되고, 자국을 균형자로 의식하면서 자국과 타국 간의 관계를 논할 때는 "자국우위를 보장하는 여타국간의 힘의 균형"을 표현하게 되는 것이다.

---

11) Prince von Metternich, *Aus Metternichs Nachgelassenen Papieren*, Vienna, 1882, p.32; Robert L. Pfaltzgraff, Jr., ed., *Politics and the International System*, second edition, New York Lippincott, 1972, p. 473에서 재인용.

12) E. B. Haas, *op. cit.*

13) Claude, *op. cit.*, pp. 15-16 참조.

제 4 절 정책수단으로서의 세력균형기술

정책(policy)으로서의 세력균형은 '평형의 창출 또는 유지'(the creation or the preservation of equilibrium)를 위한 정책을 뜻한다. 즉, 힘의 분포상태의 단순한 기술이 아니라 힘이 균등하게 분포되어야만 한다는 원칙을 따라 그런 상태를 만들려는 노력을 펴는 것을 말한다.[14] 그러나 이 경우의 평형은 '자국우위'를 말한다는 것은 이미 지적했다. 그런 뜻에서 세력균형정책은 자국우위를 유지하려는 사려깊은 정책(a policy of prudence)이다.[15] 아무튼 이 정책의 근저에는 균형을 이루지 아니한 상태에 있는 힘은 위험하다는 생각이 깔려 있다. 그리고 이 정책은 어느 국가도 힘만 가지면 남을 지배하려 한다는 국가속성을 전제로 하는 정책이다. 또한 이 정책은 현존 체제에서 우위를 점하고 있는 국가가 현상유지를 바라는 보수적인 정책이기도 하다.

전통적으로 세력균형을 자국안보의 최고정책으로 택해 왔던 영국의 입장을 가장 잘 표현하고 있다는 크로우(Eyre Crowe)의 설명은 바로 이러한 정책으로서의 세력균형을 가장 잘 나타내 주고 있다. 그는 일국의 안보가 위협을 받는 것은 군사적·경제적으로 일시에 강력해진 인접국가의 우월한 지위 때문이며 그 위협의 정도는 그 이웃나라의 힘의 크기에 비례하는데, 이 강대해진 나라의 정치적 힘의 남용을 억제할 수 있는 유일한 길은 몇몇 나라가 동맹을 이루어 똑같이 무서운 경쟁력을 형성하는 것뿐이라고 보고 이러한 힘의 규합을 세력균형이라 부른다고 했다.[16]

---

14) "The principle that power ought to be evenly distributed," Wight, *op. cit.*, p. 153.

15) *Ibid.*, p. 18.

16) Sir Eyre Crowe, "The Testing of the Entente 1904～1906," Pfaltzgraff,

한 국가가 자국의 안전을 위해 안정된 우월적 균형을 확보하는 방법, 즉 기술에는 어떤 것들이 있는가? 하아트만(Frederick H. Hartmann)과 굴릭(Edward Vose Gulick)이 정리해 놓은 여러 학자들의 주장을 재정리해 보면 대체로 다음과 같다.[17)]

첫째로, 동맹국을 얻는 방법이 있다. 공통의 위협에 대처하기 위하여 임시로 결성한 결탁체(coalition)와 처음부터 같은 목적을 위해 단합된 비교적 장기간의 결합인 동맹(alliance)이 있다. 이 두 가지 모두가 적대국의 힘과 맞서는 힘을 형성해서 자국의 안전을 도모한다는 점에서는 같다. 대체로 동등한 힘을 가진 나라들로 구성된 과거의 유럽대륙에서 세력균형을 논할 때는 주로 외교에 의한 동맹체결을 뜻했었다.

둘째의 방법은 영토의 확장이다. 영토가 국력의 핵심을 이루던 시대에는 새 영토의 획득이 곧 국력의 신장이었었다. 영토의 크기가 국력형성에서 차지하는 비중은 점차로 적어져 가고 있지만 아직도 영토의 크기는 강대국이 되는 주요한 요건이 되고 있다. 다만 식민지 획득이 곧 세력균형의 변화를 가져 올 수 있는 시대는 이미 지나갔다고 봄이 옳을 것이다.

셋째로는 적의 동맹국을 떼어냄으로써 적의 힘을 약화시키는 방법이 있다. 실제로 적의 동맹국을 적으로부터 이탈시키는 방법과 적이 새로운 동맹국을 얻을 수 있는 길을 차단시켜 적의 동맹획득의 기대를 깨는 방법으로 세분시켜 볼 수 있으나 적을 고립시켜 약화시킨다는 점에서는 마찬가지 효과를 갖는다. 손자(孫

---

op. cit., p. 451.

17) Hartmann, *op. cit.*, pp. 317-337 및 Edward Vose Gulick, *Europe's Classical Balance of Power*, New york: Norton, 1955, pp. 52-91 참조. 세력균형정책수단과 유형에 관한 논의는 이상우, "세력균형이론은 평화를 보장하는가?" 『정경연구』, 제134호, 1976년 3월, pp. 18-30의 일부분을 거의 그대로 재록한 것이다.

子)도 벌교(伐交)를 벌모(伐謀) 다음으로 주요한 안보정책으로 꼽았었다.

넷째는 적을 제삼의 적과 대립시켜 힘을 분산시키는 방법이다. 이것은 바로 『삼국지연의』에서 논하던 이호경식계(二虎競食計)나 『사기』(史記)에서 논하던 이이제이(以夷制夷)의 방법이다. 적국간에 대결상태가 벌어지면 서로 힘이 상쇄되어 나에게 대항할 힘의 여력이 그만큼 약해진다는 논리에 입각한 방법이다. 냉전시대 구 소련은 중국을 의식하고 50여개 전투사단을 동부시베리아에 포진시키고 있었는데, 이러한 중국과의 적대적 결과로 서구에 대한 소련의 압력은 상대적으로 그만큼 약화되었다. 따라서 서구 및 미국은 되도록 소련과 중국이 대결을 지속하도록 여러 가지 정책을 펴나갔으며 이러한 정책들을 세력균형의 정책이라고 불렀었다.

이상에서 논한 네 가지 방법들이 모두 현재에도 유효한 것은 아니다. 세력균형을 이루는 '세력', 즉 힘의 요소가 시대변천에 따라 변화하므로 실제로 균형을 이루는 방법도 점차로 달라져 가고 있다. 19세기와 20세기초까지만 하여도 영토의 확장은 힘의 신장의 주요한 방법으로 여겼었다. 영토는 곧 병력공급의 원천인 인구와 가장 중요한 군수물자이던 식량 등의 공급원이 되었기 때문이었다. 세계 최대의 식민제국을 건설하였던 영국, 그리고 프랑스의 힘은 주로 그들이 지배하던 영토의 크기에 따라 결정되었으며, 본국에서 먼 아프리카나 아시아에서의 식민지전쟁의 결과가 곧 구주내에서의 힘의 균형에 큰 영향을 미쳤었다. 그러나 무기의 고도화로 전쟁의 양상이 바뀌어짐에 따라 영토 내지 세력권의 크기 자체가 힘의 변동에 큰 영향을 미치지 못하고 있다. 냉전시대 키신저(Henry A. Kissinger)는 '정복'은 군사력 증강에 거의 도움을 주지 못하며 고도선진국인 서구 제국과 일본 이외에는 미국의 대소전력

에 보탬을 줄 나라는 없다고 선언했었다.[18]

따라서 오늘날에는 세력균형에 변화를 주는 주된 요소는 자국의 군비와 동맹 획득 및 적의 동맹 제거로 국한되고 있다. 이 중에서 자국의 국력은 일정 기간 내에 쉽게 증강하기 어려운 고정요소라 본다면 동맹관계가 가장 주요한 세력균형 확보방법이 되며 따라서 '외교'의 중요도가 그만큼 더 커졌다고 볼 수 있다. 그리고 예전에는 전쟁에 임박해서 동맹을 체결하여도 족했었지만 전쟁의 승부가 극히 짧은 시간 내에 결정되는 지금에 와서는 '평소'의 동맹이 아니면 별로 '세력균형'을 통하여 이루어 보려는 전쟁억지 등의 효과를 기대하기 어렵게 되어, 예견되는 전쟁보다 훨씬 앞선 시기부터 준 영구적 동맹관계를 맺어 두지 않으면 별 도움이 되지 않게 되어가고 있다. 현재는 이러한 상황을 배려하여 강대국들은 적대국과 동맹관계를 맺을 가능성이 엿보이는 국가를 상대로 사전에 개입하여 사태발전을 선제하여 예방하려는 조처를 취하는 경향이 두드러지고 있다. 소련의 붕괴로 풀려나온 몽골에 대하여 미국이 우호관계를 심화시키기 위한 노력을 집중으로 펴는 것은 바로 그런 예이다. 그리고 큰 전쟁방지를 위한 강대국간의 세력균형의 형성 내지는 유지를 위해서 소규모의 제한전을 하나의 예방전쟁으로 여기고 치루는 사태까지 발전해 나가고 있다. 1950년의 한국전쟁, 1975년까지 지속된 월남전, 1976년의 앙골라 개입, 1979년의 소련의 아프가니스탄 침공, 그리고 1991년과 2002년에 두번에 걸친 미국의 대이라크 전쟁 등은 모두 세력균형이론적 시각에서 본다면 장기안목의 예방전쟁이라 볼 수 있다.

세력균형을 하나의 정책으로 추구할 때 각국은 처해진 상황여건에 따라 여러 가지 다른 유형의 동맹을 선택한다. 모두 자국 우

18) Henry A. Kissinger, *American Foreign Policy: Three Essays*, New York: Norton, 1969, p. 60 및 p. 65 참조.

위의 안정질서를 확보하려는 정책동맹이란 점에서는 같지만 그 정책이 토대로 하고 있는 논리 전개 구조는 각각 다르다. 정책으로서 세력균형을 추진하는 기본유형으로 하아트만(F. H. Hartmann)은 다음의 네 가지를 들고 있다.[19)]

제 1 형 : 균형자형(the balancer form) 이 형은 대립되는 두 개의 세력에 제삼의 세력으로서의 균형자(balancer)가 개입하여 한쪽에 자국의 힘을 보탬으로써 균형을 유지시켜 나가는 형이다. 즉, 두 집단으로 나뉘인 국가군간의 경직된 대결상황에 균형자가 유연성을 부여하여 균형을 유지하는 체제다. Pax Britanica라 불리우던 19세기 유럽의 세력균형체제가 영국의 균형자 역할에 의해 계속 안정을 유지할 수 있었던 것이 그 예이다. 이 형이 작동하기 위한 조건으로서는 균형자가 그 어느 일방과도 영구적인 동맹관계를 가져서는 안 된다. 균형은 균형자의 자유로운 움직임에서 이루어지기 때문이다. 즉, 균형체제 내의 힘의 분포가 바뀌면 균형자도 이에 따라 새로 균형을 이루도록 동맹관계를 전환할 수 있는 신축성이 이 형의 성공조건이 된다. "영국은 불변의 우방을 갖지 않으며 오직 불변의 이익만을 갖고 있다"라는 팔머스톤(Palmerston)의 명언은 영국의 균형자 역할을 상징적으로 표현하여 주는 것이다.

제 2 형 : 비스마르크형(the Bismarckian form) 이 형은 예상침략국을 여러 개의 동맹체제에 묶은 후 동맹체제간의 균형으로 예상침략국의 도전을 억지하는 세력균형정책이다. 프러시아의 비스마르크(Karl von Bismark)가 프랑스를 대상으로 전개했던 세력균형정책이다.

비스마르크형 세력균형정책은 예상침략국을 둘러 싼 나라들의

19) Hartmann, *op. cit.*, p. 361.

다양한 국익을 계산하여 여러 개의 동맹을 맺고, 그 동맹과 동맹간의 집단적 균형을 유지시키는 정책이다. 이 때 맺는 동맹들은 진정한 동맹일 수 없다. 같은 나라가 한 동맹체제 내에서는 동맹국이나 다른 동맹체제에서는 적국이 되기 때문이다. 그래서 사이비 동맹(pseudo alliance)이라고 한다. 이 정책에서는 예상침략국도 필요에 따라 이 사이비 동맹체제에 참여시킬 수도 있다는 데에 이 정책의 특징이 있다. 나(I)와 적(E) 사이에 A, B, C, D라는 나라들이 있다면 공통이익 중심으로 I-A-B-E, I-B-C-E 등의 동맹을 체결한 후 이 동맹간의 균형을 추구하는 것이다. 그래서 비스마르크형 세력균형정책은 복합형(complex form) 세력균형정책이라고도 부른다.

이 정책의 궁극적 목적은 적국을 이 동맹체제에서 완전 고립시키는 것이다. 위의 예에서 I-A-B, I-B-C 등의 동맹으로 발전시키면 적국(E)은 완전 고립되어 도전불능의 상태에 이른다. 이렇게 하기 위해서는 예상침략국과 동맹을 맺고 있거나 맺으려는 나라들에게 동맹포기를 결심하게 할 이익을 보장해 주어야 한다. 예상침략국과의 동맹이 가져 올 이익을 넘어서는 대응이익(對應利益: counter-balancing interest)을 마련해 줄 수 있어야 이 정책은 성공한다.

이 정책은 고도의 외교기술을 요하는 정책이다. 각 국가간의 힘의 균형과 이에 따르는 국가이익은 시간의 흐름에 따라 계속 변한다. 이렇게 변해가는 각국의 이익을 반영하여 그때 그때 동맹구조를 수정·보완·폐기해 나가면서 동맹체제간의 균형을 동태적으로 유지해 나가야 한다. 그래서 이 균형정책을 동태균형(dynamic balance of power)정책이라고도 부른다. 비스마르크형 세력균형정책은 "비스마르크가 있어야 가능한 정책"이라고 할 만큼 고도의 외교역량을 필요로 하는 정책이다.

냉전시대 후반부에 미국은 대소봉쇄정책이 가져오는 부담을 줄이고 좀 더 안정적인 '미국 주도의 균형체제'를 구축하기 위하여 중국과 소련의 불화를 이용한 새로운 정책을 구상하였다. 닉슨(Richard Nixon)대통령의 안보보좌관이던 키신저(Henry Kissinger)가 1971년 7월 북경을 비밀리에 방문하여 미-중 수교를 합의하고 1972년에 미-중수교가 이루어진 것은 바로 이러한 새로운 전략구상의 전개였는데 후에 대통령 안보보좌관직을 승계한 브레진스키(Zbigniew Brzezinski)는 닉슨-키신저의 정책이야말로 전형적인 비스마르크형 세력균형정책이었다고 설명하고 있다.[20]

당시 미국은 소련과의 군사적 대결로 매년 3,000억 달러라는 엄청난 군사비를 지출하고 있었다. 미국은 2½전략(Two and a Half War Strategy)을 기본으로 하고 있었는데 그 내용은 유럽에서의 대규모 전쟁가능성과 동아시아에서의 대규모 전쟁가능성(two major contingencies)과 기타지역에서의 소규모 전쟁가능성(one minor contingency)를 동시에 감당할 전력을 유지한다는 계획이었다. 이 부담을 줄이려는 목적에서 키신저는 동아시아에서의 전쟁위험을 줄이기 위한 외교적 대응을 구상하게 된 것이다.

키신저는 중국과 소련 간의 상호불신과 위협인식을 이용하여 미-일-소 및 미-일-중의 두 개의 사이비 동맹을 구축하려 했다. 이 두 개의 동맹체제간의 균형을 유지해 나가면 소련도 중국도 미국에 도전할 수 없게 되기 때문이다. 소련은 미-일-중의 동맹에 단독으로 대항할 능력이 없으며 또한 중국도 미-일-소 동맹에는 대응할 수 없다는 것은 명백한 사실이었다. 그리고 이 체제에서는

20) Zbigniew Brzezinski. "US Foreign Policy: The Search for Focus," *Foreign Affairs*, Vol. 52, No. 4, July 1973, pp. 708-727. 더 상세한 설명은 이상우, 『한국의 안보환경』 제 1 집, 서울 : 서향각, 1977, 제10장 "미소 데땅뜨의 재분석," pp. 105-114. 및 제11장 "미국의 국방정책과 외교정책의 부조," pp. 115-136에 실려 있다.

소련도 중국의 위협에서 벗어나게 되고 중국 또한 소련의 위협에서 벗어나게 된다.

미국의 이 새로운 정책은 전형적인 비스마르크형 세력균형정책이었는데, 미국에게는 결정적인 이익을 가져다 주었다. 이 정책으로 미국은 동아시아에서 '미국이 주도하는 안정질서'를 확보할 수 있었으며 또한 군사부담도 줄일 수 있었다. 이 정책이 채택된 후 1970년대의 미국전략은 1½전략(유럽에서의 대규모 전쟁가능성 (1)과 동아시아 및 기타지역에서의 소규모전쟁 가능성(½)에 대비하는 전략)으로 바뀌었다.

제 3 형 : 뮨헨시대형(the Münich-Era form) 이 형은 제2형과 반대로 침략예상국이 침략희생국을 분산시켜 '강한 희생국 동맹과 약한 침략국' 간의 균형을 만들어 내는 정책이다. 히틀러(Hitler)의 대두를 막지 못하던 영·불 등의 유럽제국들의 협동실패를 상징하여 붙인 이름이다. 이 형은 예상되는 체제파괴자보다 월등히 강한 힘을 가진 예상피해국들이 이해가 갈려 협동을 못 이룸으로써 미약한 침략국의 힘과 균형을 이루는 정도로 약해지는 세력균형이다. 예상침략국을 억지하기 위해서는 일정한 희생과 부담을 져야하는데 이를 회피하고 다른 동맹국에 떠넘기려 하다 보면 동맹국간에 불화가 생긴다. 이를 이용하는 방법이다. 제 2 형의 정반대라 해도 좋을 것이다. 이것은 예상 피해국 측에서 정책으로 고려해서 택하는 세력균형이 아니다. 자국이익을 지키려다 모두 손해를 보는 소탐대실(小貪大失)의 결과일 뿐이다. 강대국간의 이기적 싸움을 이용하여 상대적 약소국이 강대국의 견제를 벗어나 힘을 키울 수 있는 정책으로 선택될 수 있는 형이다. 즉, 예상피해국들의 협조실패로 비교적 약한 잠정도전국의 활동을 미리 견제하지 못함으로써 고립된 피해예상국을 공격할 수 있게 만들어 주는 상태를 지칭하는 형이라 할 수 있다.

제 4 형 : 빌헬름형(the Wilhelmian form) 이것은 적대 당사자간의 힘의 균형으로 이루어지는 세력균형이다. 즉, 제 3 의 균형자가 개입하지 않은 자국과 상대국 간의 힘의 균형이다. 그래서 단순형(simple balance of power)이라고도 하고 또는 냉전형(cold-war form)이라고도 한다. 1907년부터 1914년까지의 유럽의 상태, 그리고 제 2 차 대전 이후 1949년부터 1960년대 중반까지 지속되어 온 미・소간의 냉전관계 등은 바로 빌헬름형 세력균형이라 해도 좋다. 이 형에서는 적대하고 있는 당사자가 곧 균형의 유지자가 된다. 그리고 정책으로서의 빌헬름형 세력균형은 자국이 우위를 가지는 불균등균형이 정책목표상태가 되므로 필연적으로 군비경쟁을 유발하게 되고, 두 상대집단의 물리적인 힘에 의해서만 안정이 유지된다는 점에서 오랫동안 안정을 유지하기는 어렵다. 상호군축이라는 매력적인 메커니즘이 단순 세력균형에서 실제로 잘 이루어지지 않는 데 대해서는 두 상대방이 말하는 균형이 모두 자국에 유리한 불균등균형이기 때문에 이론적으로 균형점을 발견할 수 없다는 데서 자명의 답을 구할 수 있다.

제 5 절 국가행위 시스템으로서의 세력균형

세력균형은 국제관계에서 작동하는 정치역학시스템으로도 이해되고 있다.[21] 초월적인 권력체가 없는 국제사회에서 여러 나라가 저마다 자국이익을 위해 행동해 나가면 각국의 행위의 총화로서 상호견제의 안정질서가 형성되며, 이렇게 형성된 질서를 세력

21) Claude, *op. cit.*, pp. 20-25.

균형체제라 부른다는 주장이다.

모겐소(Hans J. Morgenthau)는 세력균형체제와 관련하여 다음과 같은 원리를 분석·제시하고 있다. 즉, 여러 국가가 자국의 안전과 번영을 위해 권력을 추구하며, 이를 위해 현재의 질서를 뒤엎으려 하든가(현 체제에 불만스러운 하위국의 경우), 계속 유지시키려 하게 되면(만족스러운 상위국의 경우), 그 결과로 세력균형이라 불리우는 질서가 형성될 수밖에 없다는 것이 그의 주장이다.[22]

모겐소는 세력균형을 하나의 보편적인 사회법칙으로 보며, 세계가 정치하위체제(political subsystem)를 갖추지 못한 채 다수국가가 함께 경쟁하고 사는 동안은 불가피하게 이르게 되는 시스템 상태(state of system)로 보고 있다. 모겐소는 세력균형을 하나의 정형이론(formal theory)으로 승격시켜, 이 이론에 입각하여 각국의 행위를 설명·예측해 보려고 시도하였다. 모겐소는 또한 세력균형을 각 주권국가가 자유와 안전을 누리며 살아갈 수 있는 조건을 제공해 주는 안전요소라 보고 이러한 세력균형이 안정성을 잃게 되는 것은 이 원칙이 틀려서가 아니라 이 안정을 깨는 특수요건의 발생 때문이라고 보고 있다.

한 마디로 모겐소의 세력균형이론은 경제학에서 논하는 자유시장 메커니즘, 즉 "보이지 않는 손"(invisible hands)에 의해 수요공급이 조절되는 것과 같은 자동적 균형시스템으로 해석될 수 있다.

롸이트(Quince Wright)도 세력균형을 국제사회에서의 국가간 행위시스템으로 파악하고 있다. 롸이트는 전쟁에 관한 그의 거작 *A Study of War*에서 다음과 같이 논하고 있다. "전쟁은 세계적 차원의 공동사회의 정치적·법적 기구들이 기초하고 있는 세력균형

22) Hans J. Morgenthau, *Politics Among Nations*, fourth edition, New York: Alfred A. Knopf, 1967, p. 161 참조.

을 유지하는 한 수단이다. 세력균형이라는 것은 어떤 나라든지 만약 침략을 기도한다면 다른 여러 나라들이 힘을 규합하여 이를 막을 것이라는 지속적인 확신을 갖게 하도록 고안해 낸 시스템이다. 위협을 받는 나라들이 전쟁을 감행하겠다는 명시적인 뜻을 밝혀둔다면 이러한 확신을 갖게 하는 데 도움을 줄 것이다. 균형을 유지하는 데 필요한 군비를 덜 갖추거나 또는 너무 지나치게 갖추거나 깨어진 균형을 회복하기 위한 동맹체결이 신속히 이루어지지 않거나 하면 대체로 전쟁이 일어나게 된다."[23)]

모겐소가 세력균형을 자동적으로 형성되는 사회법칙적인 시스템이라고 파악하는 데 비해, 롸이트는 인간이 전쟁방지를 위해 인위적으로, 정책적으로 고안해 낸 시스템이라고 보고 있다.

이론으로서의 세력균형시스템론에서 핵심이 되는 쟁점은 바로 이러한 시스템의 기본성격에 있다. 즉, 세력균형시스템은 국가들의 속성에서 유래하는 자연발생적인 것인가? 아니면 인위적인 노력에 의해서만 이루어지는 장치인가? 하는 문제다. 이 점에 대해서 좀 더 상론해 보기로 한다

모겐소는 위에서 지적한 대로 세력균형시스템을 필연적 법칙이라고 하며, 국제정치의 기초법칙(the fundamental law of international politics)이라 본다. 그리고 그의 논리도 뚜렷하다. 즉, 각 국가는 생존과 번영을 위해 가능한, 최대의 권력을 장악하려 하는 성향을 갖고 있고 따라서 그 결과는 두 가지 중의 하나가 된다. 즉, 한 국가가 전 세계를 지배하게 되든가 아니면 서로 이기려는 세력들이 서로 맞서 잠정적인 균형을 이루는 세력균형이 되든가 하는 결과밖에 기대할 수 없다. 그러므로 논리상 단일 세계제국이 형성될 때까지의 사이는 모두 세력균형의 성격을 띠게 된다고 볼

23) Quincy Wright, *A Study of War*, second edition, Chicago: University of Chicago Press, 1965, p. 254.

수밖에 없게 되는 것이다.

윌퍼스(A. Wolfers)도 세력균형을 다국가시스템 자체에 내재하는 자동균형시스템(automatic balancing system)이라 보는 견해를 피력하면서 다음과 같은 논거를 제시하고 있다. 즉, 국가는 모두 자국의 독립과 안전을 추구하는데 어떤 한 국가가 우월한 힘을 갖게 되어 위협을 느끼게 되면, 같은 위협을 느끼는 나라들이 생존을 위해 서로 단결하게 되며, 예상되는 위협국가를 견제할 수 있을 때까지 힘을 증가시키게 되므로 선택에 의해서가 아니라 생존을 위한 자연스러운 행위로서 세력균형은 이루어진다고 보는 것이다.[24] 역사상의 예를 보더라도 나폴레옹(Napoleon)이 유럽대륙의 헤게모니를 장악한 후 다른 유럽 제국들이 반나폴레옹동맹을 구축한 것은 선택의 여지가 없는 생존을 위한 불가피한 행위였었고, 제 2 차 대전에서 독일 · 이탈리아 · 일본에 대항하기 위한 연합국의 형성도 역시 자위를 위한 자연스러운 귀결이었지 특별한 정책 때문이 아니었었다. 이렇게 보면 자동적 균형시스템이론도 일리가 있는 주장이라고 수긍해 볼 수 있다.

앞서 소개했던 카플란(Morton A. Kaplan)의 국제체제이론[25]의 한 모델인 세력균형체제도 세력균형을 자동적 균형시스템으로 보는 입장에서 주창된 것이다. 즉, 정치적 하위체제(political subsystem)가 없는 국제사회에서 약 5개국 이상의 강대국이 독립된 주요 행위자로 등장하게 되는 상황에서는 각 주요 행위자의 자위적 행위의 결과로 세력균형체제라 불리우는 독특한 행위원칙들이 형성되고 각 국가는 이 원칙들에 의해 규제되는 양식을 따르게 되며 그 결과로 세력균형체제는 유지된다고 보고 있다.

24) Arnold Wolfers, "The Balancing Process; Is It Outdated?," in Ivo O. Duchacek, ed., *Conflict and Cooperation Among Nations*, New York: Holt, Rinehart and Winston, 1960, pp. 176-186.

25) 제12장 참조.

그러나 이러한 일반적인 견해에 상반되는 주장과 견해도 많다. 하아트만은 세력균형을 의식적인 정책의 소산이라고 보고 "안정된 세력균형관계를 유지하며 이를 뒤엎는 침략을 제지하려는 공통의 목적을 가진 나라들이 안정을 깨려는 압력을 중화시킬 반대압력을 생성해 내는 하나의 시스템"이라고 정의하고 있다.[26] 그는 만일 세력균형을 유지하려는 제삼의 균형자의 노력이 없다면 세력균형은 대립되는 두 개의 경쟁집단으로 나뉘인 양극체제로 발전하게 되고 궁극에 가서는 한 세력에 의한 제국으로 통일되는 운명을 가지게 된다고 보고 있다.[27] 그는 각 국가의 속성이 상대방보다 우월한 균형을 확보하려고 하는 것인 이상, 의식적으로 자제하는 정책적 배려를 하지 않는 한, 세력균형이라는 상태에 머물러 있지 못하고 세계제국의 출현까지 끊임 없는 경쟁을 펴나가리라고 보는 것이다.

이상의 상반되는 주장들 중에서 어느 것이 더 현실적으로 타당한 것인가를 판정한다는 것은 무의미한 일인 것 같다. 그들의 논리는 모두 옳기 때문에 그들의 논리전개의 모순에서 그 주장들을 근거 없는 것이라고 평할 수는 없는 것이다. 각각의 주장이 근거하고 있는 '전제'가 다르기 때문에 다른 주장이 나왔다고 보는 것이 공정한 태도이며, 따라서 그들의 주장의 시비를 가리려는 것은 무의미하다. 카플란의 모델이 전제하고 있는 상태, 즉 몇 개의 주요 행위자가 독립된 행위를 행하는 상태에서라면 세력균형은 자동적으로 형성될 가능성이 높고, 반대로 두 개 정도의 초대강국이 군림하는 힘의 분포라면 그 초대강국들이 의식적으로 세력균형을 정책으로 유지하려 하지 않는 한, 양극체제로 치닫게 되는 것은 자명하다고 본다. 뿐만 아니라 힘의 분포가 바뀌어 몇 개의 주요 행위자

26) Frederick H. Hartmann, *op. cit.*, p. 307.
27) *Ibid.*, p. 361.

가 비슷한 힘을 갖게 되는 경우라면 양극체제를 각국이 원하더라도 세력균형체제가 지속되게 된다. 결국 상황조건과 각국의 정책이 함께 세력균형체제 유지에 적합하게 맞아 들어갈 때 세력균형체제라는 상태가 지속된다고 보아야 할 것 같다.

제6절 존 평

세력균형이 논의되는 세 가지 경우, 즉 힘의 분포상태 기술(記述)용어로서, 외교정책지침으로서, 그리고 국제관계에 존재하는 시스템으로서의 세력균형이론을 우리가 살고 있는 현대의 국제정치체제에 투영하여 보면서 몇 가지 평을 가해 보기로 한다.

첫째로, 힘의 분포상태 기술로서의 세력균형에 대해서는 특별히 현대라고 해서 달리 볼 것이 없다. 현대의 국제정치체제도 과거 19세기나 마찬가지로 정치적 하위체제가 형성 안 된 상태에서 다수의 주권국가들로 이루어지고 있으므로 세력균형은 그대로 유용한 기술용어로 사용될 수 있다. 다만 세력균형에서의 '세력' 즉 '힘'의 문제가 있다. 오늘날의 각국의 '힘'은 과거의 '힘'과는 다르다. 그 구성요소도 다르고, 행사되는 방법도 다르며 행사결과도 다르다. 세력균형에서 논하는 '힘'은 대체로 전쟁능력을 말한다. 과거에는 전쟁능력이 병력 수에 크게 지배받았다. 따라서 인구와 영토는 '힘'의 잠재력으로 곧 세력균형을 논하는 '힘'의 척도로도 사용될 수 있었다. 그러나 오늘날의 전쟁능력에서는 병력보다도 무기체계, 특히 핵무기체계가 더 중요한 힘의 구성요소로 되어가고 있다. 따라서 오늘날 국제정치에서 세력균형을 논할 때는 무기의 보유량과 무기생산능력이 주요한 평가기준이 되어야 한다.

'힘'의 평가기준이 달라짐에 따라 '균형'을 평가하는 기준도 다르다. 과거처럼 병력이 주된 힘의 구성요소가 되었을 때에는 그 힘은 공격·방어에서 거의 같은 의미를 갖는다. 이 때의 균형은 대체로 병력의 비례로 평가할 수 있었다. 그러나 핵무기가 주축이 되는 현대국가의 전쟁능력 평가에서는 이를 세분해서 다루어야 한다. 핵균형을 논할 때는 선제공격시의 공격능력 외에 적공격을 받은 후 보복할 수 있는 제2차 공격능력을 고려해야만 의미 있는 논의가 되기 때문이다. 핵균형에서는 대체로 적인구의 25%, 산업시설의 50% 이상을 확증파괴할 수 있는 제2차 공격능력을 서로 가졌을 때 균형이라고 보고 있다(제18장 각주 9 참조). 그러므로 무기 자체만으로는 균형이 논해지지 않는다. 일본은 동경과 부근 3개 현의 인구가 전 인구의 25%를 넘는 반면 중국은 1,000개 도시인구를 합쳐도 25%선에 못 미친다. 그러므로 일본은 중국에 대해서 1,000개 이상의 핵무기를 가져야 중국이 일본에 대해서 1개 핵공격무기를 가진 것과 같은 효과를 갖게 된다. 따라서 현대의 고도화한 전쟁기술을 감안하면 힘의 분포를 기술하는 세력균형이라는 용어를 쉽게 사용할 수 없다는 점을 지적할 수 있다.

둘째로, 정책으로서의 세력균형의 현대적 의미를 논해 보자. 정책으로서의 세력균형은 자국의 안전과 번영의 확보를 목적으로 한다. 즉, 상대방의 도전능력을 감쇄시킬 수 있는 우위의 힘을 확보하여 행동의 자유를 얻고자 하는 것이 세력균형정책의 핵심이다. 이러한 세력균형정책은 오늘날에도 계속 주요 강대국의 정책을 지배하고 있다. 미국이 추구하고 있는 대소정책도 그 근간은 세력균형정책이었음을 이미 지적했다. 다만 문제는 핵시대의 유효한 세력균형정책을 택할 수 있는 나라의 범위다. 이미 핵을 보유하고 있는 몇 개의 강대국은 핵억지력으로 이 정책을 추구할 수 있으나 비핵국은 세력균형정책을 취할 수가 없다. 만일 핵보유 강대국들이 계속 자국이익을 위한 세력균형정책을 추구해 간다면, 비핵의 준강대국들은 핵개발을 하지 않고는 항상 강대국 자의(恣意)에 눌려 지내게 된다. 준강대국들이 자위를 위해 (적어도 거부능력을 갖기 위해) 핵개발을 서둔다면 그 결과는 카플란이 상정하고 있는 전단위거부권 보유체제(the unit veto system)로 진전되어 세력균형은 깨어지고, 국제정치질서는 최악의 무질서로 변모할 것이다. 핵무기를 동반한 세력균형정책의 파괴적 성격을 고려한다면, 세력균형을 정책으로 택해서는 안 된다는 강한 도덕적 주장이 설득력을 갖게 된다.

뿐만 아니라 강대국들이 추구하는 세력균형정책의 부작용으로 수많은 군소전쟁이 계속 일어나고 있다는 점에서도 세력균형정책의 비윤리성이 비난받고 있다. 한국전, 월남전, 아프가니스탄전, 두 차례의 이라크전 등은 모두 강대국간의 세력균형정책의 부산물이었다는 점을 상기할 필요가 있다.

끝으로, 국제정치체제로서의 세력균형이론은 강대국들이 세력균형을 정책으로 택하고 있으며, 또한 점차로 핵보유 강대국 수가 늘어나 세력균형 체제성립의 요건을 갖추어 가고 있는 현실 조건을 고려한다면, 아직도 국제정치를 설명하고 예측하는 데 유용성을 갖는 이론으로 평가되어야 한다고 본다. 이론적인 불투명성, 개념의 모호성에도 불구하고 세력균형이론은 현대국제정치를 이해하는 데 가장 많은 공헌을 하고 있다. 이 이론이 국가행위속성을 잘 반영하는 보편적 진리를 내포했다고 해서라기보다는 그 이상의 정리된 국제정치이론이 아직도 개척되어 있지 않기 때문이다.

세력균형이론을 시대착오적인 묵은 이론이라고 제쳐버리는 것은 아직 시기상조라 보며, 특히 국제정치이론을 연구하는 학도들로서는 연구를 게을리 해서는 안 된다고 생각한다. 가장 역사가 깊을 뿐만 아니라 거의 모든 국제정치이론의 근간을 이루는 두 개의 착상, 무한한 욕망을 추구하는 인간속성에서 국가행위를 보려는 생각과 국가들이 모여 이루는 국제정치 시스템의 상태에서 국가행위를 보려는 생각을 함께 갖춘 훌륭한 이론이기 때문이다.

참고도서

※ 국제관계학 교과서치고 세력균형이론을 논하지 않은 것은 없다. 따라서 손쉽게 구할 수 있는 교과서에서 세력균형이론을 논한 부분을 골라 읽으면 된다. 여기서는 대표적인 것 몇 개를 예시한다.

1. Frederick H. Hartmann, *The Relations of Nations*, 4th edition, New York: Macmillan, 1973의 제16장-제19장, pp. 305-363.

세력균형이론을 가장 체계적으로 다루어 놓은 책이다. 특히 여기에는 세력균형이론의 유형별 해설이 잘 되어 있다. 그리고 역사상의 예를 들어 세력균형이론의 여러 명제들을 검증하고 있다. 반드시 읽을 것.

2. Edward Vose Gulick, *Europe's Classical Balance of Power*, New York: Norton, 1955.

이 책은 세력균형이론(Part 1)과 유럽 역사상의 세력균형변천(Part 2)을 다룬 책이다. 유럽에서의 국제관계사를 세력균형이론의 관점에서 재구성한 것으로 흥미 있게 읽을 수 있는 책이다.

3. Hans J. Morgenthau, *Politics Among Nations*, New York: Alfred A. Knopf, 1966, Part 4, "Limitation of National Power: The Balance of Power," pp. 159-215.

세력균형의 개념, 균형유지를 위한 제방법, 균형체제의 구조 및 평가로 나누어 소상하게 논의하고 있다. 참고로 이 책의 제21장에서는 현실정세에 있어서의 세력균형이론의 의미를 잘 다루고 있다.

4. John Spanier, *Games Nations Play*, New York: Praeger, 1972 중에서 Ch. 4와 Ch. 5, pp. 62-144.

이 책의 Chapter 4와 Chapter 5에서는 제 2 차 세계대전 이후 국제체제가 어떻게 양극체제에서 세력균형체제로 전이되었는가를 예리하게 분석하고 있다. 최근의 국제정세를 세력균형이론의 시각에서 정리하는 데는 아주 편리한 책이다.

5. Frederick H. Hartmann, ed., *World in Crisis*, 4th edition, New York Macmillan, 1973 중에서 Ch. 9, "Balance of Power," pp. 255-276.

여기에는 Sir Eye Crowe와 Kenneth N. Waltz의 세력균형이론을 논한 논문이 수록되어 있다.

6. Herbert Butterfield & Martin Wight, eds., *Diplomatic Investigation*, London: Allen & Unwin, 1966 중에서 Ch. 6과 Ch. 7, pp. 132-175.

서양사의 여러 사례를 인용·검토하면서 지난 수세기 동안 논의되어 온 세력균형이론을 간결하게 소개하고 있다.

제21장

집단안전보장이론

제 1 절 집단안전보장의 개념

집단안전보장(collective security)이라는 평화보장 장치의 기본 발상은 "불특정 평화질서파괴자에 대한 집단제재"이다. 이 발상은 한 나라의 안전을 특정국가나 국가집단을 겨냥한 동맹조약에 의하여 보장하려는 것이 아니라 조약가맹국 모두가 함께 침략의 희생물이 되는 나라를 원조하기로 합의하는 일반조약을 통하여 보장하려는 것이다.[1] 여기서 말하는 원조란 침략을 격퇴하기에 충분한 군사원조를 말한다.

집단안보의 원리를 좀더 풀어 설명하면 이러하다. ① A국은 B국이 C국에 의하여 침략을 받을 때 B국을 원조하기로 약속한다

1) G. F. Hudson, "Collective Security and Military Alliance," in Herbert Butterfield & Martin Wight, eds., *Diplomatic Investigation*, London: George Allen & Unwin, 1966, pp. 176-180. Hudson이 말하는 집단안보의 핵심은 다음과 같다. "…the basic idea of collective security is that a country will be protected against aggressions, not by an alliance which is specifically directed against a particular country or group of countries, but by a treaty system binding its signatories to come to assistance of any nation which is a victim of aggression."

(여기까지는 일반 동맹과 유사하다). ② A국은 이와 동시에 C국이 B국에 의하여 침략을 받게 될 때 C국을 원조한다는 것도 약속한다. 이렇게 되면 A와 B를 일반적인 동맹국이라 할 수 없다. A와 C 사이도 마찬가지다. A국의 입장에서 본다면 전쟁이 일어나는 순간까지도 B국이 침략자로 규정되어 '적'이 될지 C국이 '적'이 될지를 결정할 수 없다. 똑같은 이유로 B도 A 또는 C가 동맹국이 될지 적이 될지를 미리 정하지 못한다. C도 B와 A에 대하여 마찬가지가 된다. 이런 식으로 어떤 체제 내의 모든 국가들에게 "불특정 적국에 대한 무력제제"를 약속시키는 조약적 의무를 지우게 되면 이론상 어떤 나라도 전쟁을 일으킬 수 없을 것이라고 하는 생각이 집단안보의 기본발상이다.

집단안전보장은 한마디로 평화와 질서를 수호하려는 측에 월등한 힘이 놓여져 있어 그 어느 나라도 감히 평화와 질서를 교란시키려고 기도할 수 없게 되어 있는 국가간의 힘의 배분상태(a distribution of power)에 기초한 평화유지 장치이다.[2)]

집단안전보장은 이미 존재하고 있는 평화와 질서를 수호하기 위한 현상유지 지향의 안전장치다. 새로운 질서를 창출하는 장치가 아니다. 또한 어떤 특정한 평화교란자를 미리 상정하고 있지도 않다. 특정한 국가의 예상되는 행위를 규제하기 위하여 여러 나라가 공동방위동맹을 맺는 집단자위(collective self-defense)와는 성격을 달리한다. NATO나 바르샤바조약기구는 집단자위동맹이지 집단안전보장체제는 아니다.

집단안전보장(앞으로 집단안보라 약칭한다)은 국가간의 힘의 안정적 배분상태에 기초하고 있다는 점에서는 세력균형과 같은 점을 가지고 있다. 그러나 세력균형(balance of power)은 질서의 변

2) Ivo D. Duchacek, *Conflict and Cooperation Among Nations*, New York: Holt, Rinehart and Winston, 1960, p. 186.

경을 요구하는 세력과 변경을 막으려는 세력이 서로 맞서서 이루어지는 '불변상태의 지속'이지만 집단안보는 평화와 질서를 유지하려는 측이, 이것을 교란 또는 변경하려는 측보다 월등히 강한 힘을 가지고, '불변상태'를 강요한다는 점에서 다르다. 그러나 근본적으로 힘의 배분상태에서 평화를 확보하려는 생각에서는 같은 발상이며, 각국의 자구행위가 평화질서유지행위의 기초가 된다는 점, 그리고 동맹의 교체로 체제파괴자의 등장을 막는다는 원리에서도 세력균형과 마찬가지이므로, 집단안보는 흔히 세력균형이론의 변형으로도 이해되고 있다.

모겐소(Hans J. Morgenthau)도 집단안보를 세력균형원리의 변형으로 보고 있다. 그는 "집단안보는……예상되는 침략자에 대한 보편적 동맹(universal alliance)의 형태를 띤 세력균형이며……그러한 보편적 동맹이 어떠한 예상침략자의 힘도 압도할 것이라는 생각"이라고 말하고 있다.[3)]

그러나 집단안보는 국제사회의 다수구성원의 합치된 의사로 불특정 소수의 교란자의 질서파괴 행위를 예방 내지는 응징한다는 뜻에서는 '세계정부'에 가깝다. 민주국가의 사회질서는 국가를 구성하는 전체시민의 의지로 그 질서를 파괴하려는 범법자를 규제함으로써 유지되며, 이러한 메커니즘이 정치 및 법제도로 제도화되어 운영되고 있다. 집단안보는 바로 이러한 민주국가 내의 사회질서유지방법과 그 발상에서는 같다. 다만, 제도화의 정도가 덜하여, 국가라는 초월적 존재를 중간매체로 상정하고 있지 않으며, 직접 국가간의 합의로 운영될 뿐이다. 세력균형체제가 정치체제가 없는 무정부상태에서의 원시적인 자력구제의 시스템이라 한다면 집단안보는 세력균형체제와 완전한 정치체제를 갖춘 세계정부와의 중간

---

3) Hans J. Morgenthau, *Politics Among Nations*, fourth edition, New York: Alfred A. Knopf, 1964, pp. 186-187.

형태의 평화질서유지체제라 할 수 있을 것이다.[4)]

집단안보는 세력균형체제와 비교할 때 다음과 같은 두드러지는 두 가지 차이점을 갖고 있다.

첫째는 동맹체결의 양식이다. 세력균형에서의 동맹은 개별국가들이 각각의 이익을 고려하여 이익이 공통되는 국가와 개별적인 합의를 함으로써 이루어진다. 공수(共守)동맹, 상호방위조약 등이 바로 대표적 예들이다. 이에 비해 집단안보에서의 합의는 개별적인 합의가 아니고, 침략자가 정해지면 그 여타국들간에 '자동적'으로, 그리고 즉각적으로 형성되는 것으로 되어 있다.[5)]

둘째는 집단안보에 참가하는 국가들 중에서 어느 국가도 합의당시에 적과 동지로 미리 정해져 있지 않다는 점이다. 어느 국가일지라도 질서를 파괴하는 '침략자'가 되면 곧 적이 되어 집단안보체제의 규제대상이 되고 반대로 침략을 받은 나라 및 여타의 나라들은 자동적으로 우방이 되어 그 침략을 자국에 대한 침략으로 간주하게 되는 것이다. 즉, 적과 동지의 구분은 사태가 발생하여야 확정되며, 그전까지는 적도 동지도 아닌 상태가 된다.

집단안보는 이러한 특성, 즉 적과 동지에 대한 중립성으로 인해, 비슷한 개념인 집단자위(collective self-defense)와 명확히 구분되는 것이다. 집단자위도 다수 국가간에 평화질서유지를 목표로 침략에 대비, 공동투쟁할 것을 합의한 안보체제이지만, 체제 내의 국가들은 서로 우방관계이고, 체제 외에서 체제 내 국가를 공격하는 나라가 침략자로 규정되어, 적으로 간주되는 명확한 적과 동지의 사전구분 때문에 집단안보와는 성질을 달리하는 것이다. 제2차대전 때의 독일, 이탈리아, 일본의 추축국집단, 영·미를 중심으로

4) Inis L. Claude, Jr., *Power and International Relations*, New York: Random House, 1962, p. 94 참조. Claude도 집단안보를 세력균형보다는 더 중앙집권적이고, 세계정부보다는 덜 중앙집권적이라는 뜻에서 그 중간형태로 보고 있다.

5) Morgenthau, *op. cit.*, pp. 186-187.

한 연합국집단, 그리고 제2차 대전 이후의 북대서양조약기구(NATO), 동남아조약기구(SEATO), 미국-호주-뉴질랜드동맹(ANZUS), 바르샤바조약기구(Warsaw Pact) 등은 모두 집단자위체제이지 집단안보체제는 아니다. 이러한 여러 조약기구들은 모두 적어도 가상적일지라도, 특정 적국을 의식하고 있으며, 또한 조약당사국간에는 우방, 즉 동맹국가로서의 관계가 유지되고 있다. 브레즈네프(Leonid Breznev)가 제안했던 아시아 집단안보(Asian collective security)는 중국을 가상적으로 하는 집단자위이었지, 순수한 뜻의 집단안보는 아니었다.

집단안보는 일군의 국가들이 미리 합의하기를, 이 중의 어느 나라라도 평화질서를 파괴하면 나머지 모든 나라가 함께 제재를 가하겠다고 하는 집단적 의사에 의한 안전보장장치이다.

제 2 절 집단안보체제의 발전과정

1. 윌슨의 집단안보 구상

집단안보는 세력균형에 대한 대안으로 개발된 체제이다. 제 1차 세계대전을 세력균형의 불안정성이 가져온 비극적 종말이라 이해한 윌슨(Woodrow Wilson) 등이 세력균형의 불안정성을 지양(止揚)하고 좀더 안정되고 '도덕적'인 평화보장체제로서 집단안보를 제시했으며, 이 안은 결국 국제연맹(League of Nations)의 핵심 안보장치로 현실화되게 되었다.

윌슨은 원시적인 '힘의 정치'가 가져오는 인류사회의 비극을 문명된 사회질서를 구축함으로써 없애보겠다는 숭고한 이상에서 국제연맹을 추진하였다. 윌슨은 그러나 평화파괴자는 힘으로밖에 저지 못한다는 냉혹한 현실도 충분히 이해하고 있었으므로, 힘을 바탕으로 하는 국제평화질서로서 집단안보를 생각해 냈던 것이다. 윌슨의 이러한 생각은 다음과 같은 그의 말에 잘 나타나 있다. "단순한 협정만은 평화를 안전하게 하지 못한다. 어떠한 나라나 동맹도 맞서지 못할 정도로, 현재 존재하고 있는 어떠한 동맹체보다도 더 큰 힘을 창출해 내는 것이 절대적으로 필요하다……지금 이룩하려고 하는 평화가 오래 지속되게 하려면 전 인류의 조직된 힘에 의해 보장되는 평화가 되지 않으면 안 된다."[6)]

윌슨이 생각했던 조직적 힘에 의한 평화의 보장이 곧 국제연맹이 채택한 집단안보체제였다.[7)] 그는 "세력균형이 아닌, 그리고 하나의 강력한 국가집단이 다른 국가집단의 위협을 상쇄하는 것이 아닌, 세계평화의 보장자가 될 하나의 지배적인 강력한 국가군(國家群)이 반드시 필요하다"고 역설하면서 조직된 힘의 존재가 집단안보의 핵심임을 강조했으나, 실제 국제연맹의 집단안보체제는 처음부터 그 힘을 갖지 못해 무용지물이 되었었다.

국제연맹규약 제10조는 가맹국의 영토와 정치적 독립을 외부 침략으로부터 보전하는 것에 대한 가맹국의 의무를, 그리고 제11조 1항은 어떠한 전쟁 또는 전쟁의 위협일지라도 연맹 전체의 관심사임을 선언하기로 하고, 연맹은 국가간 평화를 유지하는 데 '현명하고 효과적'이라 생각되는 행동을 취할 것을 규정하고 있다. 가장 핵심이 되는 조문은 제16조인데 이 조문에서 어떤 회원국이든

6) Scott, *President Wilson's Foreign Policy*, pp. 194-195. Claude, *op. cit.*, pp. 96-97에서 재인용. 인용문은 의역한 것이다.

7) Woodrow Wilson은 1918년 1월 8일 "세계평화를 위한 14개조"를 제안 발표했는데 그 제14조는 다음과 같다. "A general association of nations must be formed under specific covenants for the purpose of affording mutual guarantees of political independence and territorial integrity to great and small states alike." 이 조목에 기초하여 국제연맹이 조직되었으며 연맹규약에 Wilson의 집단안보구상이 반영되었다.

지 분쟁을 사법적 해결 또는 연맹이사회의 중재에 의탁하지 않고 전쟁을 하는 경우는 이 행위를 '전 회원국에 대한 전쟁'으로 간주하여 무역, 재정적 거래, 국가간의 교류 등을 일체 금지시키기로 약정하고 있다.[8] 이러한 취지는 분명 집단안보의 이상을 반영하는 것이지만 위반국, 즉 침략국에 대하여 무력제재를 가하기 위한 국제연맹 자체로서의 '조직체의 힘'에 대한 규정은 일체 없다. 파리평화회의서 논의되던 윌슨의 집단안보구상은 결국 그 취지만 남았지 실효성 있는 현실의 장치로는 발전하지 못하고 만 셈이다.[9]

윌슨의 집단안보구상은 미국 내에서 찬반의 격론을 불러 일으켜 결국은 미국이 국제연맹에 가입조차 못하고 말았는데, 반대의 이유 중 가장 두드러지는 것은 "다른 나라가 결정한 전쟁에 미국이 자동적으로 개입되어 싸워야 한다는 것"에 대한 반발이었다. 윌슨은 바로 미국의 이러한 자동적 힘의 개입이 선언되면 전쟁이 억제될 것이라는 점과, 또한 집단으로 억제를 하게 되면 미국 자체의 부담이 적다는 점, 그리고 이러한 사전개입선언을 해 두면 그 결과로 결국 전쟁을 하지 않게 되기 때문에 실제로 부담이 없다는 점을 들어 집단안보를 역설한 것이었는데, 결국 위와 같은 이유로 "전쟁에 휩쓸릴까 봐" 반대를 받았던 것이다.

8) *The Covenant of The League of Nations*의 Article 16은 다음과 같다. "Should any Member of the League resort to war in disregard of its covenants under Articles 12, 13, or 19(중재요청 직무규정들), it shall *ipso facto* be deemed to have committed an act of war against all other Members of the League……"

9) 1925년 10월 26일에 체결된 Locarno조약은 비록 라인란트 부근의 일정지역에서의 독·불·벨지움간의 국경분쟁에 국한되는 제한적인 집단안보체제였으나 그런대로 10년간은 평화보장에 기여하였다고 할 수 있다.

2. 국제연합과 집단안보

제 2 차 세계대전의 종결에 즈음하여 전후의 평화질서를 구축하는 방안으로 구상되었던 국제연합에서도 그 핵심 구상은 집단안보체제의 구축이었다. 국제연맹의 집단안보가 '조직된 힘'이 마련되지 않은 무력한 것이었음에 비추어 새 국제기구에서는 실효성 있는 조직적 힘을 갖춘 집단안보를 마련하기로 한 것이 국제연합 창설 때의 의도였다. 그리고 미국민의 여론도 국제연맹 때와는 달리, 미국은 전후세계에서 적극적 역할을 담당해야 하며, 그러한 역할은 집단안보체제를 통하여 수행되어야 한다는 점에 대해 일치하고 있었다.

1945년 6월 26일 샌프란시스코에서 조인된 국제연합헌장은 제7장 "평화에 대한 위협, 평화의 파괴 및 침략행위에 관한 행동" (제39조-51조)에서 구체적으로 집단안보를 규정하고 있다. 즉, 안전보장이사회는 평화의 파괴 또는 침략행위의 존재를 결정하고(제39조), 국제적 평화와 안전의 유지 또는 회복에 필요한 공군, 해군 또는 육군의 행동을 취할 수 있게 하였으며(제42조), 각 가맹국은 안전보장이사회의 요청에 따라 병력, 원조 및 편익을 제공하기로 약속하게 하고(제43조 1항), 각국은 안전보장이사회와 협정을 체결, 일정수준의 병력을 안전보장이사회가 활용할 수 있게 하여(제43조 3항 및 45조) 국제연합군을 만들 수 있게 하였다.

국제연합의 집단안보체제는 안전보장이사회라는 매개체를 통한 '조직된 힘'을 가진 집단안보체제로서 제도상 손색이 없는 것으로서 윌슨식 구상과 거의 일치하고 있다. 그러나 문제는 헌장에 규정된 '조직된 힘'이 제대로 확보되지 않는다는 점과 강대국간의 합의 없이는 작용하지 못하게 되어 있다는 점이다. 특히 안전보장이사회에 강대국 5개국을 상임이사국으로 참여시키고, 또한 이들에게 거부권을 부여했다는 사실은, 집단안보가 강대국이 침략자가 되었을 때는 작용할 수 없도록 해 놓은 것을 의미한다.[10)]

국제연합헌장 제43조에 규정된 국제연합군의 확보를 위한 협정은 상임이사국인 소련의 거부권 행사로 결국 하나도 체결되지 못하였고, 결국 국제연합의 상비군은 창설되지 못했다. 특히 국제연합군의 규모에 있어서는 소련뿐만 아니라 영국, 프랑스, 중화민국조차도 소규모론을 주장하여 사실상 무의미해졌다. 이들의 주장은 추축국이 붕괴된 이상 대규모 군사력은 불필요하다는 것이었다. 1947년 실제로 국제연합군의 규모가 논의되었을 때 미국은 공군기 3,800기, 육군 20개 사단, 잠수함 90척, 구축함 84척을 제안했는데, 나머지 상임이사국들은 공군 1,275기 이하, 육군 8 내지 16개 사단, 잠수함 12척, 구축함 24척 이하로 맞섰었다.[11)]

국제연합헌장이 규정한 집단안보는 결국 약소국이 평화를 교란할 때는 손쉽게 작동할 수 있으나 강대국이 평화파괴자가 될 때는 전혀 무력한 것으로 실제 국제평화질서를 파괴하는 나라가 강대국임을 생각한다면 결국 무의미한 제도로 처음부터 출발한 셈이었다. 현실적으로는 미국과 소련의 상호불신으로 집단안보는 한번도 제기능을 발휘하지 못했었다.

국제연합의 집단안보의 실효성을 막았던 소련이 1990년 해체되고 그 뒤를 이은 러시아가 집단안보에 호의적인 태도를 보이면서 집단안보는 다시 의미를 가지게 되었다. 비록 규모는 크지 않지만 각종 분쟁에 투입할 수 있는 유엔평화유지군(UN Peace Keeping Forces: PKF)도 편성되었고 실제로 아프리카, 발칸, 키프로스, 인도네시아, 그리고 중동 일부 지역에서 많은 성과를 거두고 있다.

10) Claude, *op. cit.*, p. 159 참조.
11) *Ibid.*, p. 179.

21세기 초의 국제질서를 지배하는 강대국들 중에서 중국을 제외한 모든 나라들은 자유민주주의 정치이념을 공유하고 있고 대체로 미국이 주도하는 국제평화질서 유지 노력을 지지하고 있다. 그러나 집단안보체제를 가동하기 위하여 부담해야할 병력 공여, 비용부담 등은 꺼리고 있다. 그래서 현실에서는 미국 주도로 약간의 중소국가의 지원을 얻어 집단안보체제를 운영하고 있을 뿐이다. 그리고 이라크 전쟁 등 각국의 이익이 상충하는 주요 전쟁에서는 참여를 회피하는 강대국들이 많아서 국제연합평화유지군 대신에 미국이 주도하는 다국적군(multinational forces)을 편성하여 집단안보정책을 펴나가고 있다.

집단안보정책은 전세계가 단일공동체로 발전할 때까지 세계평화질서를 유지하는 최선의 정책으로 여겨져 앞으로도 지속적으로 선택될 것이다. 그러나 속성상 집단안보는 현상유지 정책이어서 현존 국제질서를 변경하려는 도전세력의 힘이 커지면 순탄하게 적용되기는 어려울 것이다.

제 3 절 집단안보의 가능조건

집단안보는 범세계적인 정치시스템이 형성되어 있지 않은 현재의 국제정치질서에서, 무력을 각 주권국가가 나누어 갖고 있으면서 자구행위로 스스로를 지키는 상태에서 생각할 수 있는 가장 현실적인 평화유지방법이다. 그리고 자국의 안전만을 생각하던 세력균형체제에 비한다면 전체의 안전을 생각한다는 점에서 국제사회의 사회성이 부분적으로 강화된 진보된 평화유지 메커니즘이기도 하다. 그러나 이러한 집단안보가 소기의 기능을 발휘하기 위해서는 몇 가지 필수적인 조건이 성숙되어야 하며, 이러한 조건이 갖추어져 있는가를 검토해 보면 집단안보의 실효성은 쉽게 판정해 볼 수 있다.

집단안보체제가 유효하게 작동하는 데는 대체로 다음과 같은 요건이 충족되는 것이 필요하다.[12)]

첫째는 '평화애호국가군'의 힘이 침략자의 힘보다 월등하게 강해야 한다. 달리 표현한다면 현상유지를 바라는 국가들의 힘이 현상개편을 무력으로 시도하려는 국가보다 강해야 침략자의 무력사용이 사전 억제될 수 있다는 이야기다. 이것은 지극히 당연한 조건이다. 아무리 다수국가가 평화를 유지하려 하여도 힘으로 이를 실천할 능력이 없으면 그 뜻을 관철할 수 없는 것은 당연하다.

둘째는 평화파괴자가 누구라는 데 대한 일치된 견해가 늘 형성될 수 있어야 한다. 집단안보의 생명은 현 질서유지에 대한 보편적 합의에 있다. 만일 집단안보 참여국간에 이러한 보편적인 합의가 이루어질 수 없다면 '집단'의 의미가 없어진다. 어떤 국가가 질서변경의 의사를 갖게 되고 그 의도하는 새 질서에 대하여 많은 국가들이 '이익'을 느껴 호의적인 태도를 갖게 된다면, 그때는 '현 질서유지'에 대한 합의는 깨어지게 되고 이에 따라 '집단안보'는 지탱할 수 없게 된다. 현존 질서를 파괴하는 국가에 대하여 나머지 모든 국가가 즉각적으로 그리고 일치된 행동으로 제재에 가담하지 않는다면 집단안보는 그 기능을 발휘할 수 없다.

셋째로 각 국가들은 집단안보체제 유지를 위하여 언제 어디서

12) Kenneth W. Thompson, "Collective Security Reexamined," *The American Political Science Review*, Vol. XL Ⅶ, No. 3, Sept. 1953, pp. 753-766 참조. 그리고 Duchacek, *op. cit.*, p. 187을 볼 것. Duchacek가 지적한 세 가지 '가능조건'을 그의 표현대로 옮기면 다음과 같다. "The working of collective security depending on the following assumption; (1) that there is a maximum disparity of power between peace-loving nations as opposed to would-be aggressors; (2) that peaceful nations always reach identical conclusions as to the source of a threat to, or breach of, peace; (3) that they are willing and ready to use the purpose of collective security any where and at anytime."

나 자국의 힘을 사용할 용의를 가지고 있어야 한다. 침략자의 평화 파괴행위를 억제할 수 있는 장치는 충분한 힘이 뒷받침하는 억지 능력이다. 아무리 많은 국가가 침략자를 규탄하더라도 무력의 제공을 꺼린다면 집단안보는 '안전'을 확보하는 장치가 될 수 없다. 윌슨 대통령의 표현을 빌린다면 이것은 '이빨 없는 호랑이'처럼 위세는 있어도 물지 못하는 처지가 되고 마는 것이다.

이러한 조건은 과연 성숙되어 있는가? 우선 첫째 조건부터 문제가 되고 있다. 집단안보는 원래 국가간의 힘은 대체로 균등하고, 따라서 다수국의 힘이 모이면 월등한 지배적인 힘을 이룬다는 착상에서 시작된 것이다. 그러나 국가의 힘의 크기가 고르지 않은 현재의 국제질서에서는 '다수'가 큰 힘을 만드는 데서 별로 중요한 의미를 갖지 못하고 있다. 인구 13억의 중국과 인구 기십만의 작은 나라는, 형식상은 같은 국가라고 하지만 국력은 비교도 할 수 없다. 경제력에 있어서도 국가간의 힘의 차는 엄청나다. 2004년도를 기준으로 하여 볼 때 미국의 GDP는 일본의 2.5배, 중국의 7배, 한국의 15배, 북한의 300배나 된다. 더구나 무기의 고도화는 국가간의 무력차를 엄청나게 더 벌려놓고 있다. 예를 들면, 핵보유국과 비핵국의 전투능력은 비교를 무의미하게 한다. 미국과 러시아의 무력은 여타 국가 모두의 무력을 합친 것보다도 훨씬 월등한 수준에 있다. 따라서 이 두 나라 중 그 어느 한 나라가 '침략자'로 될 경우, 첫째 조건인 '평화애호국가군'의 월등한 힘이라는 조건은 벌써 이루어질 수 없는 실정에 있다. 국제연합헌장 제 7 장에서 규정하고 있는 집단안보가 냉전시대에 소련이 후원하던 전쟁을 억지하는 데 전혀 기능을 하지 못해 온 것을 우리는 잘 보아 왔다. 한국전, 월남전을 위시하여 아프가니스탄 전쟁에 이르기까지 집단안보는 한번도 제기능을 발휘하지 못했다.

둘째의 조건, 누가 평화파괴자인가에 대한 보편적 합의도 도달하기 쉽지 않은 상태조건이다. 집단안보가 요구하는 이 조건은 현재의 질서가 마련하고 있는 불평등의 위계질서에 불만을 가진 국가가 많이 존재하는 한 쉽게 이루어질 수 없다. 어떤 상태가 되어도 그 상태의 유지에서 이익을 얻는 국가와 불만을 느끼는 국가가 있기 마련이다. 집단안보는 현상유지를 지지하는 나라가 절대다수이고 적어도 강대국간에라도 현상유지를 지지하는 일치된 견해가 형성되어 있어야 한다는 것을 요구하고 있다. 그러나 냉전시대처럼 소련과 같은 강대국이 세계혁명을 국가목표로 하고 있던 때는 현상유지를 위한 강대국간의 일치된 합의는 이루기 어려웠다. 냉전시대에는 현상개편을 주장하던 소련의 존재로 국제연합의 집단안보체제는 단 한번의 '침략자규정'에도 유효한 합의를 얻어내지 못하여 제기능을 못했다. 한국전과 관련하여 국제연합 총회는 "평화를 위한 단결 결의"(uniting for peace resolution)를 다수가 결하여 중국을 '침략자'로 규정한 바 있다. 그러나 이 때도 소련의 반대로 안전보장이사회가 기능을 못해 총회에서 다수결에 의해 처리했던 것이며, 그 결의는 결국 소련의 지지가 없어 실효성을 발휘 못하고 말았던 것이다.

셋째의 조건인 집단안보를 위한 각국의 무력제공 용의의 즉각 표명도, 사실 성취하기 어려운 조건이다. 한국전 때는 국제연합 안보이사회의 결정(소련의 불참으로 가능했다)에 따라 모두 16개국이 출병하는 성공을 거두었지만, 소련의 헝가리·체코침략 때는 미국조차도 힘을 사용하기를 꺼렸다. 월맹의 월남침략에 대해서는 그 어느 강대국도 미국을 지원하여 출병한 나라가 없다. 오직 한국과 호주 등 몇몇 나라가 미국의 지원호소에 응했을 뿐이다.

이상에서 간단히 검토해 본 것처럼, 집단안보는 그 기능을 발휘할 수 있는 여건을 하나도 갖추고 있지 못하다. 이러한 여건의 미숙은 집단안보를 무용하게 할 뿐만 아니라, 오히려 갖추어지지 않은 조건하에서 집단안보를 내 세우면 전쟁을 보편화하는 역기능을 하는 수도 있게 된다. 모겐소(Hans J. Morgenthau)가 지적한 바와 같이 만일 집단안보체제가 정한 평화유지의 법을 지키려는 측의 힘이 평화파괴자의 힘보다 월등하지 못할 때는, 그리고 어떤 행위가 침략행위이고 어떤 것이 정당한 방위행위인지에 대한 결정에서 일치된 의견을 못 얻을 때는 "전쟁을 불가능하게 하려고 만든 집단안보라는 장치가 곧 전쟁을 보편화시키는 결과를 가져오게 되고……세계 어느 한 곳에서 일어난 어떤 전쟁도 세계전쟁으로 확대시키는 결과"를 가져오게 된다.[13]

제 4 절 집단안보와 약소국

집단안보는 그 주창자들의 도덕성 강조와는 사실상 관계 없는 논리로 구성된 체제다. 집단안보가 목표로 하는 것은 현상유지-전쟁방지-평화보장이라는 것이며, 결코 도덕적 선(善)의 실천을 위한 체제는 아니다.

집단안보는 논리상 도덕적으로는 중립이다. 어떤 도덕적 가치를 대변하는 국가군이 주도권을 가지고 세계질서를 유지하여 가고 있던 간에 그 주도권을 가진 세력의 지배를 정당화하고, 안전하게 하는 장치일 뿐이다. 만일 주도권을 가진 국가군이 '선(善)'을 대표하는 세력일 경우, 집단안보는 인류사회에 선을 보급하고, 악의 대두를 막는 아주 도덕적인 제도로 미화되나, 반대인 경우는 악의 지배를 영속화시키는 부역(附逆)의 체제가 된다.

집단안보의 도덕적 가치를 강조하는 측에서는 다수의 합의를 들어 집단안보의 도덕성을 입증하려 한다. 즉, 집단안보는 하나 또

13) Morgenthau, *op. cit.*, pp. 401-403.

는 극소수의 평화교란자에 대한 전체 국제사회 구성국의 합의로 이루어지는 제재방식이기 때문에, 그 보호이익은 국제사회 전체의 평화, 또는 최소한 절대다수의 안전이 된다고 역설한다. 그러나 현실적으로 그 다수란 의미가 없는 경우가 많다. 이미 지적한 바와 같이 집단안보는 기존의 체제, 어떤 강대국군이 누리고 있는 지배권을 수호하는 체제다. 이때 어떤 다른 강대국이 지배권을 놓고 현존의 지배국에 도전하게 되면, 그 지배국은 집단안보의 명목으로 군소국의 의사를 규합, 도전자를 타도하는 형식으로 집단안보를 활용하게 마련이다. 이런 경우 군소국가는 강대국간 투쟁에서 이리저리 이용당하는 입장에 서게 될 뿐이다. 1991년의 걸프전(Gulf War)에서 미국이 이라크를 응징할 때도 집단안보의 명분을 내 세워 '다국적군'을 편성하여 참전했었으나 누구도 그 전쟁을 집단안보체제의 발동으로는 보지 않았다.

집단안보가 실제로 작동한 예는 거의 모두가 군소국가의 분규를 억지 또는 종식시키기 위한 경우뿐이었다는 역설적 사실이 집단안보의 실질적 의미를 잘 나타내 주고 있다. 한국전, 키프로스 사태, 레바논 사태, 쿠바 사태, 앙골라 사태, 이라크 사태, 크로아티아 사태, 코소보 사태 등 강대국의 존립 자체가 위협받지 않는 분규에서 강대국간의 충돌위협이 없는 범위 내에서만 집단안보가 거론되었을 뿐이다. 약소국에서의 사태일지라도 강대국의 충돌을 유발할 정도가 되면 집단안보는 논의된 적이 없다. 소련의 헝가리, 체코, 아프가니스탄 침략의 경우, 그 어느 강대국도 집단안보의 원칙에 따라 공동투쟁을 전개하자고 호소하지 않았다.

집단안보는 또한 질서 지배국의 국익에 치명적 손해를 줄 사태가 아니면 작동하지 않는다. 지배국의 관심이 적기 때문이다. 집단안보가 강대국의 존립 자체에 영향을 줄 중대한 분규가 아닌 경우 작동하지 못하리라는 데 대해서 리프만(Walter Lippman)은 다음과 같은 논리로 설명하고 있다. "강대국의 생존에 미치지 못하는 분규일 때는 집단안보는 결코 활용되지 않을 것이다. 왜냐하면 집단안보의 작동은 범법자에게와 마찬가지로 법을 다스리는 경찰관에게도 공포를 주기 때문이다. 집단안보에 따른 행동은 승리를 위해 엄청난 희생을 치를 때까지 범법자와 마찬가지 정도로 법을 수행하려는 국가에게도 고통을 주기 때문이다.……집단안보의 원리는……실제에 있어서는 '집단적'이지도 못하고, 또한 '안보'도 확보하지 못한다……"[14)]

자위능력을 갖추지 못한 약소국의 경우, 자력구제나 세력균형으로도 자국의 안전은 확보하기 어렵다. 그렇다고 범세계적인 정치질서가 확보되어 있지 않은 상태에서는 체제에 의한 안전보장도 기대할 수 없다. 집단안보만이 그런대로 자주권을 누리며 독립국가의 긍지를 가지고 자국안보를 확보할 수 있는 국제적 보장장치로 인식되기 때문에 많은 약소국들은 '집단안보'의 제의에는 항상 매력을 느끼고 경청하려 한다. 그러나 이상적인 집단안보의 발상이 현실에 있어서는 통용되지 않는 실정에서는 실망을 안고 돌아서는 수밖에 없다. 국제연합에 참여하고 있는 수많은 군소국들은 아직도 자국안보를 국제연합의 집단안보장치에 위탁하려고 하지 않는다. 크게 기대할 것이 못되기 때문이다.

집단안보는 앞서 지적한 바와 같이 도덕적으로 중립이다. 뿐만 아니라 집단안보의 조건 중의 하나는 어떤 나라도 적과 동지를 고정으로 갖지 않아야 하고, 언제라도 모든 국가를 적으로 삼을 수 있어야 하고 또한 우방으로도 삼을 수 있어야 한다는 점이다. 즉, 평화교란자로 전체가 낙인을 찍으면 지금까지의 우방일지라도 적으로 자동승인하고 응징에 참여하여야 한다는 조건이다. 바로 이 조건이 집단안보의 핵심인데, 이것은 실제로는 가장 반도덕적인

14) Walter Lippman, *New York Herald Tribune*, 1951년 1월 15일자.

행위를 강요하는 조건이기도 하다. 집단안보를 작동시키기 위한 이 조건은 실제로는 강대국들이 약소국과의 관계를 끊고 이를 희생시킬 때 악용할 수 있는 방편으로 활용될 수 있다. 강대국이 약소국과 맺은 상호신뢰의 조약을 전체 국제사회의 평화라는 대의를 앞세워 희생시킬 수 있는 편리한 구실을 집단안보는 제공하여 주고 있다.

적과 동지를 언제라도 바꿀 수 있다는 비정의 집단안보의 생리는 약소국을 불안하게 만든다. 이런 사정으로 약소국은 집단안보보다는 집단자위(collective self-defense)에 더 매력을 느끼고 있다. 즉, 자국과 정치적 가치를 같이하는 강대국가군(強大國家群)과 고정된 동맹관계를 맺고 행동을 같이함으로써 적으로부터의 위협을 우방강대국의 후광으로 상쇄시키는 집단자위체제에서 더욱 안전을 느끼고 있다. 현재의 국제정치사회에서는 이 길만이 약소국이 의지할 수 있는 현실적인 안보장치가 되기 때문이다. NATO(북대서양조약기구), OAS(미주국가연합), ANZUS(오스트레일리아-뉴질랜드-미국동맹) 및 한미군사동맹 등 2국간 상호방위조약 등은 모두 이러한 약소국 안보장치로 활용되고 있다.

집단안보는 앞으로 약소국 보호장치로 발전할 전망이 있는가? 현재로서는 회의적이다. 여러 번 지적하였듯이, 집단안보는 지배권을 장악하고 있는 강대국의 기득권을 보호하는 장치이지, 약소국의 지위를 높여 주는 장치가 아니다. 만일 약소국이 강대국들이 주도권을 행사하는 현존 질서에서 최소한의 만족을 느끼고 잘 승복한다면, 집단안보는 하나의 '혜택'으로 간주될 수 있을 것이다. 그러나 약소국이 자국지위의 향상을 위하여 기존 지배체제에 개별적으로나 집단적으로 도전한다면 그 때는 집단안보는 이러한 약소국의 변화움직임에 대한 강력한 저지체제로 작용할 것이다.

미국 정부는 유럽연합과 일본과의 긴밀한 협조를 모색하는 이른바 삼각협조체제(trilateral cooperation system)의 강화를 그전부터 모색해 왔다. 이 체제를 역설하던 브레진스키(Zbigniew Brzezinski)는 "……정치적 가치를 공유하는 선진사회간의 밀접한 협조는 세계정치에 안정기저를 창출할 것이며 이를 기초로 전통적인 전쟁위협, 빈곤이 불러 일으키는 사회적 분파대립……등에 지속적으로 대응해 나갈 수 있다"고 전제하고, "……삼각협조체제의 활발한 증진이 미국정책의 최우선순위에 놓여야 된다"고 역설하면서, 제 3 세계의 도전에 대한 이 3개 지역의 공동의 대응책 개발필요가 이 삼각협조체제의 가장 큰 추진 목적임을 암시했었다.[15] 그리고 이러한 생각은 탈냉전시대의 미국 지도자들도 그대로 승계하고 있다.

서구민주주의-시장경제체제 국가들의 단결을 모색하는 움직임은 곧 선진국들이 집단으로 국제질서의 지배권을 행사하겠다는 움직임이며, 이 경우 집단안보는 약소국 도전을 분쇄하는 도구로 활용될 것이 분명하다. 집단안보는 평화와 함께 정의를 수호하려는 강대국과 비록 큰 힘은 없지만 평화와 정의수호에 헌신적으로 참여하겠다는 대다수 약소국가들이 같은 편에 서서 함께 노력할 때는 진정한 평화수호의 장치가 되지만, 강대국들이 자국의 지위유지에 전용하려 할 때는 이미 그것은 하나의 '통치수단'이지 평화와 안전을 보장하는 도덕적인 국제질서 보장장치는 되지 못한다.

집단안보는 도덕적 중립성을 그 행동의 조건으로 하지만, 바로 이러한 도덕적 중립성으로 말미암아 비도덕적 목적에 이용되기 때문에 그 취지를 살리지 못하는 역설적인 평화보장 장치다.

---

15) Zbigniew Brzezinski, "U.S. Foreign Police: The Search for focus," *Foreign Affairs*, Vol. 51, No.4, July 1973, pp. 708-727.

제5절 촌 평

아마도 집단안보만큼 이상주의자들이 희망을 걸었던 평화유지 정책도 없었을 것이다. 윌슨(Woodrow Wilson)대통령이 집단안보 체제 구축을 위해 헌신적으로 노력을 펼친 이래 21세기가 시작되는 지금까지 근 한 세기동안 집단안보는 '만족할 만한 체제는 아니나 현실적으로 가장 바람직한 체제'로 국제평화에 관심을 두었던 정치지도자, 학자, 언론인 등에 의하여 제안되고 논의되어 왔다. 그러나 이미 위에서 지적했던 것처럼 그 실효성은 입증되지 않았다.

국제사회를 자국의 국익만을 추구하는 냉혹한 국가들의 집합으로 전제할 수 있으면 집단안보의 논리는 설득력을 가진다. 그러나 국제사회는 홉스적 무정부상태가 아니다. 각 국가는 모두 이념, 체제 등 분명한 추구가치를 가진 행위자들이며 뜻을 같이 하는 국가간에는 서로 신뢰하고 '지속적 협조'를 다짐하는 동맹을 유지하려 한다. 이러한 현실에서는 적과 동지를 집단안보를 위해 하루아침에 바꿀 수는 없는 것이다. 집단안보와 현실의 괴리가 이처럼 크기 때문에 집단안보는 현실적이 되지 못하고 있다. 같은 이념을 가진 국가들만이 '집단'을 이룰 수 있고 함께 추구하는 이념과 체제를 지키는 것을 '안보'라고 생각하는 현실에서는 집단자위가 더 유용한 안보체제가 된다.

21세기에 들어서면서 국제사회는 이념과 문화로 적과 동지를 구분하는 사회로 되어가고 있다. 특히 자유민주주의 이념과 체제의 수호, 확산을 내세우는 미국과 서구국가들 및 일본 등이 세계질서를 주도하는 시대가 전개되면서 국가들은 이념을 기준으로 이합집산하고 있어 이념적 중립성을 요건으로 하는 집단안보는 그 의미를 잃어가고 있다.

집단안보는 비현실적이라는 약점을 가지고 있지만 중앙집권적 질서관리체제가 정립되어있지 않은 국제사회에서는 계속 관심의 대상으로 남을 것이다. 그리고 전세계 국가가 민주화되어 모두 공존에 대한 합의라는 평화개념에 동의하게 되면 그런 국가들의 사회에서는 이러한 평화체제에 도전하는 국가의 돌출행위를 함께 저지하자는 집단안보의 원리가 다시 평화수호의 체제로 각광을 받을 것이다.

집단안보는 모든 국가들이 지지하는, 그리고 수호하고 싶어하는 범세계적 평화체제가 구축될 때 의미를 가지게 될 평화수호 방법이다.

참고도서

1. Inis L. Claude, Jr., *Sword into Plowshares*, fourth edition, New York: Random House, 1971의 Ch. 12, "Collective Security as an Approach to Peace," pp. 247-285.

집단안보에 관한 가장 잘 정리된 글이다. 특히 집단안보의 이론 소개는 간결하면서도 중요한 점은 모두 논해 놓은 훌륭한 것이다. 아주 평이한 영어로 되어 있어 읽기도 쉽다.

2. Inis L. Clause, Jr., *Power and International Relations*, New York: Random House, 1961의 Ch. 4 및 Ch. 5, pp. 94-204.

위의 책과 대체로 비슷한 내용이나, 유엔에서의 집단안보에 대한 비판 등이 소상하다.

3. Hans J. Morgenthau, *Politics Among Nations*, 1966의 Ch.

18 중에서 p. 285 이하 및 Ch. 24, pp. 397-408를 읽을 것.

유엔헌장에서의 집단안보규정과 한국전에서의 적용예가 해설되어 있다.

4. Ivo D. Duchacek, ed., *Conflict and Cooperation Among Nations*, New York: Holt, Rinehart & Winston, 1960의 Part II, Topic 8, pp. 186-197.

이 책은 topic별로 중요한 원전을 모아서 읽기 편하게 편집해 놓은 책인데 위에서 지적한 부분에 Kenneth W. Thompson의 집단안보에 대한 견해가 실려 있다.

5. Frederick H. Hartmann, ed., *World in Crisis*, 4th edition, New York: Macmilan, 1973의 Ch. 8, "Collective Security and Sanctions," pp. 229-254.

집단안보에 관한 Woodrow Wilson, Roland N. Stromberg의 글 및 로데시아에 대한 국제제재에 관한 유엔 특위 보고가 실려 있다.

제22장

국가통합이론

제 1 절 들어가는 말

정치학은 대체로 이미 있어 왔던 정치현상을 설명하는 데서 출발하여 왔다. 전쟁을 결정했던 수 많은 지도자들이 전쟁에 관한 국제정치이론에 따라 그러한 결정에 도달한 것이 아니고 현실정치 속에서 결정의 당위를 찾아 왔었다. 이론은 어떤 현상을 나중에 분석해서 정리해 놓을 때 빛을 보았을 뿐이다. 그러나 그 반대의 경우도 드물지만 있다. 미국의 민주주의 틀을 잡은 정치가들은 현실보다도 루소, 로크, 흄 등의 정치학자들의 이론에 더 의지하여 새 나라의 정치제도를 창안해 내었었다.

국제정치학에서의 대부분의 이론은, '있었던 사실'의 사후 분석에서 시작되었다. 세력균형이론, 힘의 전이이론 등은 모두 이러한 이론들이었다. 그러나 국제정치에서도 이론이 오히려 새로운 정치행위를 이끌어 나가는 경우가 있다. 그 중에서 두드러진 것이 국가통합이론과 국가간 지역통합 노력의 관계다.

부족국가에서 민족국가까지의 '정치통합과정'은 역사의 흐름이었다. 그러나 초국가적 통합을 위한 노력은 단순한 역사의 흐름만은 아니다. 인류사회에서 폭력을 제거하려는 전 인류적 열망이 학문적 관심을 불러 일으켜, 다시 이것이 정치지도자들의 행위결정으로 연결되어 나온 '인위적'인 흐름으로서의 성격이 아주 강하다. 인간이 씨족, 부족, 민족의 정치단위로 정치공동체를 키워 온 과정에서 가장 크게 작용해 온 동기는 '협동 및 분업의 이익'이라고 할 수 있을 것이다. 분업이 가져오는 생산성의 향상과 다른 집단과의 투쟁에서 승리할 수 있는 힘의 증대가 의식적으로, 또는 무의식적으로 작용하여 민족국가까지의 정치공동체를 발전시켜 왔다고 볼 수 있다. 그러나 국가단위를 넘는 통합운동에서는 폭력의 배제, 비폭력의 사회변화를 갈구하는 평화에의 의지가 주된 추진력이 되어 왔다. 물론 유럽공동체와 같은 경제협력체가 성공한 지역통합의 예로 나타나 있지만, 국가통합에 관한 주된 관심은 전쟁의 공포로부터의 해방에 있다. 국가사회 내에서 이룩한 비폭력의 법질서를 초국가적 차원으로 확산하여 '안전공동체'(security community)로 만들어 보려는 소박하나 진지한 인간의 소망이 국가통합이론을 연구하는 자들의 마음에 짙게 깔려 있는 것이다.[1)]

국제정치학은 세계에 평화질서를 구축하는 것을 목적으로 발전해 온 학문이다. 그래서 국제정치학의 주된 연구주제는 평화질서를 위협하는 전쟁이었다. 국가간의 갈등이 무력적 해결로 발전하는 것이 곧 전쟁행위였으므로 국제정치학에서는 국가간의 갈등과 분쟁의 원인규명, 전쟁의 관리, 전후(戰後)처리 등을 중심으로 연구를 진행하여 왔다. 전쟁의 연구는 평화질서 구축이라는 점에서 보면 소극적인 접근방법이다. 전쟁이 없는 상태는 평화의 필요조건이기는 하지만 충분조건은 될 수 없기 때문이다. 평화에는 비전상태(非戰狀態)를 뜻하는 소극적 평화(negative peace)의 개념

1) 20세기에 들어선 이후의 국가통합이론의 발전과정을 간결, 선명하게 논의해 놓은 글로서는 Michael P. Sullivan, *International Relations: Theories and Evidence*, Englewood Cliffs: Prentice-Hall, 1976, pp. 208-213을 볼 것.

외에 분쟁을 평화적으로 해결하는 제도가 확립되고 상호협조를 통하여 공영(共榮)을 이룩할 수 있는 체제가 확립된 상태를 뜻하는 '제도화된 평화'(institutionalized peace) 또는 적극적 평화(positive peace)라는 개념이 있다. 적극적인 평화개념을 취하여 평화의 기술학으로서 국제정치학의 연구영역을 설정한다면 연구를 전쟁에 한정할 수 없게 된다. 통합이론(integration theory)은 바로 이러한 사고에서 생겨난 적극적 평화이론이다.

제 2 절 통합의 개념

통합이론은 전쟁 및 분쟁연구에 비하여 일천한 역사를 가지고 있으며, 아직도 뚜렷하게 내세울 정립된 이론체계를 마련하고 있지 못하다. 그러나 제 2 차 세계대전 종결 이후 반세기에 걸쳐 많은 사람들이 많은 정력을 기울여 온 결과로 상당한 수준까지 이론화가 진행되어 가고 있다.

통합이론의 선구자로는 역시 미트라니(David Mitrany)를 꼽아야 할 것 같고, 그 밖에 하아스(Ernst B. Haas), 제이콥(Philip E. Jacob), 린드버그(Leon N. Lindberg), 나이(Joseph S. Nye, Jr.) 등이 선두주자로 꼽힐 수 있을 것 같다. 지금까지의 연구는 유럽, 아프리카 및 라틴아메리카, 동남아 등을 중심으로 하는 지역통합(regional integration)연구에 치중되어 왔었고. 과제는 주로 통합의 조건 및 통합과정에 대한 경험적 연구와 이에 따르는 정책방안 연구에 한정되어 왔다.

통합이론을 개관하기 위해서는 역시 통합이라는 개념 자체에 대한 정의부터 확인하여야 할 것 같기에 몇 개의 대표적인 정의를 소개해 보기로 한다.

(1) 하아스의 정의

하아스는 통합을 다음과 같이 정의한다.

> "몇 개의 서로 다른 국가들의 정치행위자들이 그들의 충성심과 기대 및 정치적 활동을 기존의 국민국가로부터 이들 국가들에 대한 관할권을 새로이 가지게 되었거나 그러한 관할권을 요구하는 새로운 중심으로 옮기도록 설득하는 과정."[2]

하아스는 그 후에 통합의 정의를 좀더 현실적으로 고쳐서 "주어진 현재의 구체적인 국제시스템을, 국가간 구분이 흐려지는 미래의 구체적인 국가시스템에 연결시키는 과정"[3]이라고 정의하고 있다. 현재의 국제정치시스템을 서로 상호관계를 갖는 국가군들이 국제기구를 통하여 일정한 상호의존적 관계를 맺고 있는 상태라고 인식한다면, 이러한 상호관계를 증진시켜 국제기구와 국가군들 간에 존재하는 경계선을 점차로 무의미하게 만들어가는 과정을 통합 개념으로 포착할 수 있을 것이다.

(2) 린드버그의 정의

린드버그(L. Lindberg)의 정의는 다음과 같다.

> "국가들이 각각 독자적으로 그들의 외교정책이나 기타 주요 정책을 추진하려는 의욕과 능력을 배제하고, 그 대신 합동으로 정책을 수립하려 하거나 새로운 중심기구에 의사작성과정을 위탁하려 하게 되는 과정, 그리고 서로 다른 몇몇의 무대에서 활동하는 정치행위자들이 그들의 기대와 정치적 활동을 새로운 중심으로 옮

---

2) Ernst B. Haas, *The Uniting of Europe*, Stanford: Stanford University Press, 1958, p. 16.

3) Ernst B. Haas, *Beyond the Nation-State*, Stanford: Stanford University Press, 1964, p. 29.

기도록 설득하는 과정."[4)]

린드버그의 정의는 하아스의 그것과 마찬가지로 통합을 하나의 과정으로 파악하고 있으며, 정의 내용도 하아스의 그것과 상당히 유사하다.

(3) 에치오니의 정의

에치오니(A. Etzioni)는 과정보다 상태에 중점을 두고 다음과 같이 정의한다.

> "하나의 정치공동체가 폭력수단의 사용에 대한 효과적인 통제권을 갖고 있으면 통합된 것이라고 본다(통합은 조건을 뜻한다). 이런 공동체는 공동체 전체에 대해 자원과 보상을 배정하며 정치적 자각을 가진 대다수 시민들의 정치적 일체성의 초점을 형성하는 의사작성 중심을 갖고 있다."[5)]

에치오니는 정치통일(political unification)과 정치통합(political integration)을 구분하고 전자를 과정으로 설명하고 후자를 조건이 성취된 상태로 인식하고 있다.

(4) 도이취의 정의

도이취(K. W. Deutsch)의 정의는 다음과 같다.

> "한 집단의 사람들이 일정 영역 내에서 이들 내의 문제들에 대하여 평화적인 변경이 가능하다는 믿을 만한 기대를 오랫동안 확신하기에 충분할만한 공동체의식과 기구 및 관행을 갖게 되는 상태의 조건."[6)]

---

4) Leon N. Lindberg, *The Political Dynamics of European Economic Integration*, Stanford: Stanford University Press, 1963, p. 6.

5) Amitai Etzioni, *Political Unification*, New York: Rinehart and Winston, 1966, p.4.

6) Karl W. Deutsch, et al., *Political Community and the North Atlantic Area*,

도이취도 에치오니와 마찬가지로 통합을 하나의 과정으로 보지 않고 어떤 조건이 이루어진 상태로 보고 있다. 도이취가 통합이라고 부를 수 있는 조건으로 제시한 것 중에서는 공동체의식(sense of community)과 같은 아주 주관적인 것이 포함되어 있음을 유의할 필요가 있다. 일정한 인간집단 내에서 이해와 견해 차이를 평화적으로 조정하여 구성원간의 관계에서 필요한 변경을 평화적으로 이룩할 수 있다는 믿음이 구성원들에게 생기면 통합이라고 부를 수 있다는 도이취의 견해는 앞서 소개한 에치오니의 정의, 즉 정치공동체가 폭력수단의 사용을 효과적으로 통제한다는 조건을 다른 방향에서 본 것이라고 할 수 있겠다.

(5) 제이콥의 정의

제이콥(Philip E. Jacob)은 통합을 다음과 같이 정의한다.

> "정치적 통합이란 같은 정치적 실체 내의 인간들간의 공동관계를 뜻한다. 즉, 그들 인간들은 동일체라는 감정과 자의식을 갖게 해 주는 한 가지 또는 그 이상의 상호연계로 뭉쳐 있는 것이다."[7)]

제이콥도 도이취와 같이 구성원의 느낌, 즉 동일체라는 감정을 중시하여 통합의 상태를 정의하고 있다. 다만 도이취가 '평화적 변경'이라는 느낌의 주된 대상을 밝힌 데 대하여 제이콥은 대상을 지정하지 않고, 다만 동일체의식 및 자의식이란 더 주관적인 느낌만으로 정의하고 있다는 점에서 약간의 차이가 발견된다.

이상과 같은 정의들을 포괄적으로 살펴보면, 현재까지 발전되어 온 통합이론의 관심의 초점을 쉽게 읽을 수 있다. 하아스나 린

Princeton: Princeton University Press, 1957, p. 5.

7) Philip E. Jacob and Henry Teune, "The Integrative Process: Guidelines for Analysis of the Bases of Political Community," Jacob and James V. Toscano, eds., *The Integration of Political Communities*, Philadelphia: Lippincott, 1964, p. 4.

드버그처럼 통합을 과정으로 정의하거나 에치오니, 도이취, 제이콥처럼 조건으로 정의하는 두 가지 정의방법에서 볼 수 있듯이 통합이론의 주된 관심은 나뉘어 있거나 흩어져 있는 인간집단이 하나의 공동체를 만들어 가는 과정과 공동체가 된 후 그것을 유지하는 방법에 있다고 할 수 있다.

통합의 과정에서는 통합이 이루어질 수 있는 선제조건(precondition)을 규명하면서, 실제로 통합이 이루어져 가는 과정에서 통합에 도움을 주는 행위양식과 저해하는 행위들을 식별하는 작업이 중심 연구과제로 되어 있는 것 같고, 조건으로서의 통합, 즉 통합된 상태의 유지 · 발전에 관심을 두는 또 하나의 연구주류에서는 통합된 정치공동체 자체의 생리를 규명하여 그 정치공동체를 공동체로 묶고 있는 본질적 요소를 발견하여 보강 · 발전시키는 방안을 중점적으로 다루고 있는 것 같다. 통합을 일반적으로 정의한다면 "자립적인 사회적 단위의 상호관계가 변화하여 그 결과로 관련된 모든 단위체들이 자립성을 잃고 더 큰 사회적 단위체의 일부가 되는 과정 및 그 결과"라 할 수 있다(에또 신키찌(衛藤瀋吉) 등의 정의).

앞서도 지적하였지만 통합이론은 인간이 다같이 희구하는 평화질서를 전쟁이나 기타 폭력의 사용 배제라는 소극적 방법으로서가 아닌, 공동체 형성의 인간 본성의 속성을 활용하는 적극적 방법에서 이룩하여 보려는 데서 잉태된 이론이다. 따라서 통합이론은 권력정치면에서만 다룰 수 없고 광범위한 인간학, 즉 사회학, 심리학, 커뮤니케이션이론 등이 모두 동원되어야 의미 있게 되는 종합과학의 이론이 되고 있다.

지금까지 통합이론은 주로 국가간의 협력, 특히 유럽연합(European Union)와 같은 지역협력 내지는 지역통합을 의식하면서 발전되어왔다. 그러나 그 이론의 원리는 반드시 국가간의 통합이나 지역협력에만 적용될 수 있도록 한정되는 것은 아니다. 소규모 인간집단간에도 적용될 수 있을 것이고, 반대로 세계정부를 생각하는 사람들도 원용할 수 있을 것이다. 그러한 뜻에서 일반국가간의 관계와는 다른 특이성을 가진 우리의 남북한관계에서도 이러한 통합이론은 그 적용이 가능하다고 생각된다.

통합이론은 국가주권으로 상징되는 인간사회의 종적 구분으로부터 국경을 횡단하는 사회요구의 여러 가지 횡적 유대로 우리의 관심을 돌려 주는 '수평적 접근법'(horizontal approach)이라고 볼 수 있다.[8] 따라서 통합이론은 현재 확립되어 있는 국가주권이라는 강력한 힘의 테두리에서 어떻게 그 주권을 한정하고 사회구성원들간의 관계를 신장시키는가 하는 기술을 찾아내야 한다는 어려운 과제를 안고 있다. 국가권력이라는 종적 질서 속에서 사회간 유대라는 기능적인 '횡적 질서'를 창출·확립해야 하는 통합이론의 고충은 곧 국가가 사회구성원의 필요에 따라 자생적으로 생겨진 도구에 불과한 것인가, 아니면 국가가 독립된 주체성을 갖고 사회구성원은 국가의 구성원이라는 종속적 신분으로만 파악되어야 하는가 하는 인간 및 사회의 대(對)국가지위의 규명이라는 정치철학적 명제와 관련되는 어려운 당위적 고충도 겸하고 있는 셈이다.

제 3 절 통합의 유형

통합이론에서 다루는 통합현상은 구체적인 통합의 국면에 따라 몇 가지로 나누어 볼 수 있다. 이러한 구분은 학자마다 이론정립상의 편의에 따라 행하는 것이므로 표준적인 구분이란 것이 있

8) Inis L. Claude, Jr., *Swords in Plowshares: The Problems and Progress of International Organization*, fourth edition, New York: Random House, 1971, p. 379 참조.

을 수 없다. 구분의 실익은 구분된 국면마다의 통합이 서로 다른 조건과 과정을 갖게 된다는 것이 밝혀져 통합현상 전체를 직접 연구대상으로 할 때, 그리고 보다 더 구체적인 연구를 가할 수 있는 편의가 있을 때 발견된다. 이러한 전제 밑에서 갈퉁(Johan Galtung), 나이(Josoph S. Nye, Jr.) 및 도이치(Karl W. Deutsch) 등의 구분을 간략히 소개하기로 한다.

(1) 갈퉁(Galtung)의 통합유형

갈퉁은 통합을 간결하게 "둘 또는 그 이상의 행위주체자가 하나의 새로운 행위주체자를 형성하는 과정"이라고 정의하고, 이 과정이 끝났을 때 "통합되었다"고 하면서 통합을 가치통합, 행위자통합, 부분과 전체의 통합으로 나누고 각각을 통합형태에 따라 2개씩으로 세분하여 다음과 같은 여섯 가지 모델을 제시하고 있다.[9)]

- 가치통합(value-integration)
  형평형(egalitarian model)
  위계형(hierarchical model)
- 행위자통합(actor-integration)
  유사성을 기초로 한 모델(similarity model)
  상호의존성을 기초로 한 모델(interdependence model)
- 부분과 전체의 통합(integration between parts and whole)
  충성심 모델(loyalty model)
  배분형 모델(allocation model)

갈퉁은 우리가 단순히 통합이라고 부르는 현상도 세분하면 서로 상이한 국면이 있다고 보고 각각의 통합에는 거기에 맞는 모델

9) Johan Galtung, "A Structural Theory of Integration," *Journal of Peace Research*, Vol. 5, No. 4, 1968, p. 377. 각 모델에 대한 자세한 설명은 생략하였음.

이 따로 있다고 보고 있다. 위의 모델 이름 자체가 자명한 것이긴 하지만 간략하게 그 특성을 살펴보면 다음과 같다.

통합 중에는 가치관을 함께 갖게 되는 사상적 통합이 있으며, 이것은 사회단위로서의 행위를 주재하는 중심으로서의 행위주체자 통합과 구분된다. 홀트(R. T. Holt)가 사회를 설명하면서 사회는 사회체제(social system)와 문화체제(cultural system)의 두 가지로 형성된다고 보고 문화체제는 상호관계된 신념(beliefs)과 가치(value)로 형성된 '패턴'이라고 했지만[10] 바로 이 문화체제의 통합이 곧 갈퉁의 가치통합과 상응한다고 볼 수 있다.

가치통합은 통합단위들이 형평의 관계에서 서로 영향을 주어 이루어지는 수도 있고 강한 쪽이 약한 쪽에 자기의 가치패턴을 강요함으로써도 이루어질 수 있다고 갈퉁은 보기 때문에 두 개의 모델을 제시한 것이다.

행위주체간의 통합은 결국 정치통합에 해당되게 된다. 사회의 의사작성 중심의 통합이기 때문이다. 갈퉁은 이러한 행위주체로서의 통합단위간의 속성의 유사성으로 인해 통합이 이루어지는 모델과 통합단위 간에 상호의존하는 속성이 있기 때문에 이루어지는 통합이 있다고 주장하며 각각에 해당되는 모델을 상정하고 있다.

부분과 전체 간의 통합에 있어서는 부분이 독자적 지위를 포기하고 전체에 충성심을 이양하여 이루어지는 중앙집권화 형태와, 반대로 전체가 각 부분에 자체에 대한 구성원의 충성심을 나누어 줌으로써 부분이 중심이 되고 전체가 점차 소멸되어 가는 분산식 통합이 있을 수 있다고 갈퉁은 생각하고 있다. 언제 이러한 통합이 완성되었다고 보는가 하는 측정의 문제에 있어서 갈퉁은 "새로운

10) Robert T. Holt, "A Proposed Structural-Functional Framework," in James C. Charlesworth, ed., *Contemporary Political Analysis*, New York: The Free Press, 1967, p. 88 참조.

행위주체가 굳게 통합되어 스스로가 가지는 자기 이미지와 남들이 새 주체에 대하여 가지는 이미지가 같아질 때 통합과정은 완성된다"[11]고 본다.

갈퉁은 위와 같은 구분 외에도 통합의 외형을 중심으로 영토적 통합(territorial integration), 조직상 통합(organizational integration), 협회적 통합(associational integration) 등 세 가지 유형의 통합으로 구분하나 그 구분은 명칭이 자명한 것이므로 설명은 약한다.

⑵ 나이(Nye)의 통합유형

나이(J. S. Nye)는 그의 저서 『부분평화론』(*Peace in Parts*)에서 지역통합의 유형을 다음과 같이 나누고 있다.[12]

- 경제적 통합(economic integration)
- 사회적 통합(social integration)
- 정치적 통합(political integration)
  - 기관통합(institutional integration)
  - 정책통합(policy integration)
  - 태도통합(attitudinal integration)
  - 안전공동체(security community)

이들 각각의 유형에 대하여 간략히 설명한다.

㈎ 경제적 통합

나이(Joseph Nye)는 발라사(Bela Balassa)의 정의를 채택, 경제적 통합을 "다른 국가에 속하는 경제단위간의 차별을 없애는 것"이라고 규정하고, 그 단계로는 약한 것부터 강한 것까지 네 단

11) Galtung, *op. cit.*, p. 377.
12) J. S. Nye, *Peace in Parts: Integration and Conflict in Regional Organization*, Boston: Little Brown, 1971, pp. 24-54.

계 — 자유무역지역, 관세동맹, 경제동맹, 전면적 경제통합 — 로 나누고 있다.

경제적 통합은 국제관계이론을 소개하는 이 책에서는 그다지 큰 비중을 갖지 않기 때문에 더 상세한 설명은 생략한다.

(나) 사회적 통합

사회적 통합은 국경을 넘는 커뮤니케이션과 상호왕래의 증가를 말한다. 이러한 증가현상이 최고에 달하여 국가단위의 사회 내에서의 커뮤니케이션 및 상호왕래 수준까지 오르게 되면 그 때는 하나의 범국가적 단일 사회가 형성되는 것이다.

(다) 정치적 통합

정치적 통합은 통합 중에서 가장 어렵고 또 그 결과가 가장 큰 통합이다. 정치적 통합은 대체로 다음과 같은 상태 · 조건이 충족되었을 때를 말한다. 즉, ① 최소한 어떤 초보적인 기구를 갖추고 있고, ② 정책형성에서 상호의존적이며, ③ 서로가 동일체의식과 공동의 의무감을 느낄 것[13] 등이다.

정치통합은 한마디로 말해 두 개 이상의 정치단위가 하나의 정치단위로 합쳐지는 것을 말한다. 하나의 정치단위가 되기 위해서는 단일 정책수립기관이 형성되어야 하며(기관통합), 대내외 정책이 한 가지로 되어야 하고(정책통합), 주요 사태 판단에 대한 공통된 태도를 가질 수 있어야 하고(태도통합), 나아가서는 구성원 사이에 하나의 공동체에 속하고 있다는 유대 의식이 형성되어야 한다(안전공동체).

이러한 통합이 어떤 조건에서 가능하며 어떤 과정을 거쳐 이루어질 수 있는가 하는 것에 대해서는 서로 상충하는 많은 견해가 있다. 그 견해는 뒤에서 별도로 다루기로 한다.

---

13) *Ibid.*, pp. 36-37.

(3) 도이취(Deutsch)의 통합유형

도이취는 위에서 소개한 정의에서 보는 바와 같이, 통합을 비폭력적 갈등해결, 평화적인 사회변화가 기대되는 안전공동체(security community)가 이루어진 상태로 본다. 도이취의 정의를 따르면 통합이란 단순한 주민단위체나 정부들이 하나의 단위체로 합쳐진 상태를 의미하는 것이 아니다. 안전공동체가 되어야만 통합이라고 볼 수 있다.

도이취는 정책결정의 중심이 하나인가 둘 이상인가에 따라 안전공동체를 두 가지로 나눈다.[14)]

(가) 융합안전공동체(the amalgamated security-community)

여기서 융합(amalgamation)이란 말은 이전에 독립되어 있던 둘 또는 그 이상의 사회단위가 하나의 정부를 가진 단위체로 합쳐지는 것을 의미한다. 융합안전공동체란 이와 같이 정치적으로 하나의 단위로 합쳐진 상태에서 비폭력사회변화를 기대할 수 있는 안전공동체를 이룩한 것을 의미한다. 이 때 하나의 정부라고 할 때는 연방형의 정부도 포함한다. 미합중국은 독립된 주들이 모여 하나의 융합안전공동체를 이룬 예이다.

(나) 다원적 안전공동체(the pluralistic security-community)

다원적 안전공동체는 융합안전공동체와 달리, 각 단위체들이 법적으로 독립된 정부들을 가진 채 합쳐져서 안전공동체를 이룬 상태를 말한다. 즉, 독립국가간에 서로 비폭력분쟁해결, 평화적 사회변화를 기대할 수 있는 상태에 이른 것을 말한다.

미국과 캐나다는 아직 엄연한 독립국이면서 두 나라는 합쳐서

---

14) Karl W. Deutsch, et al., "Political Community and the North Atlantic Community," in *International Political Communities*, Anchou Anthology, New York: Doubleday, 1966, pp. 1-91의 pp. 1-4를 볼 것.

하나의 다원적 안전공동체를 이루고 있다고 본다.

제 4 절 기능주의 통합이론

앞서도 지적한 바와 같이 통합이론은 국가주권에 의하여 나뉘어진 사회집단간에 생활영역의 교차에서 생겨지는 사회기능의 통합필요성 때문에 국경을 넘는 횡적인 연계가 생기게 되었다는 것을 전제로 형성된 이론이다.

이러한 통합이론의 핵심은 기능통합에 있고 따라서 통합이론과 기능주의는 밀착되어 있다. 통합행위는 모두 기존의 국가주권를 배제하거나 적어도 약화시키는 결과를 초래하게 되므로 통합의 진전은 곧 국가주권과의 필연적 충돌을 가져오게 된다. 기능주의 통합이론의 선구자 중의 하나인 미트라니(David Mitrany)는 기능주의 통합이론의 발상을 다음과 같이 요약하고 있다. "어떤 새로운 권위주체에 과제를 맡기고 이 권위주체가 과제를 실천함에 있어서 필요로 하는 권력과 방법에 대한 지배권을 갖게 되면 주권의 일부는 이미 옛 권위주체에서 새 권위주체로 전이되는 것이며, 이런 부분적 권력이양이 오랜 시간 축적되면 권위의 자리 이동을 결과한다. 기능주의적 통합은 정치적인 분할지역을 국제적 활동과 국제기구로 엉킨 그물로 뒤덮고, 그러는 동안 모든 나라의 국민들의 이익과 생활이 점차로 통합되게 하는 방법이다."[15] 미트라니는 스스로의 통합성취 방법을 '분납식 연방주의'라고 불렀고, 나이는 '조각 주어모으기 평화'(peace in parts)라고 표현했듯이 그 취지는 기능적인 부분통합이 하나씩 이루어져 나가면 궁극에 가서는 하나

15) David Mirtany, *A Working Peace System*, Chicago: Quadrangle Books, 1966, pp. 31-38. 이 번역은 원문대로라기보다 그 취지가 잘 전달되도록 고쳐서 한 것이므로 그대로 인용할 수 없음.

의 불가분의 사회가 되고 만다는 생각이었다.

미트라니식의 기능주의 통합이론에서 가장 중요한 두 개의 명제는 서로 교호작용을 하고 있는 사회간에 기능적인 상호의존관계가 생기면 공통의 통합이익이 생겨나고 이 공동이익은 두 사회를 불가분으로 만들기 때문에 통합촉진의 제일 큰 요인이 되며 한 차원에서 이루어진 기능적 협조관계는 다른 차원에서의 협조관계를 유발한다는 이른바 분지이론(分枝理論: ramification theory)이다.[16]

이러한 두 개의 전제 밑에서 미트라니는 기존 주권체제라는 여건 속에서 통합을 현실적으로 추진하는 전략으로서 "비정치적인 기술적 차원의 협조로부터 시작하여 점차 정치적인 통합으로 나아가야 한다"는 점진론을 주창했었다.

미트라니식의 사고와 궤를 달리하는 이론으로는 정치적 강제력에서 통합 동력을 찾는 이론적 접근이 있다. 즉, 정치체제는 그 내재적 통합편의 때문에 유지되는 것이 아니고 힘의 존재 때문에 하나의 체제로 묶여 있기 때문에 자생하는 것이라는 생각이다. 이러한 이론에 따르면 권력에 의한 정치통합이 일단 먼저 이루어지면 다른 차원에서의 통합은 저절로 이루어지는 것이고, 반대로 다른 어떤 차원에서의 기능적 통합 필요성이 생기더라도 정치권력이 이를 거부하면 그것으로 통합운동은 끝장이 난다는 주장이 가능하다.

사실 이 문제는 사회를 응집시키는 힘은 무엇인가 하는 사회철학 문제로써 지금까지도 계속 논의되고 있는 미해결의 숙제이다. 다렌돌프(Ralf Dahrendorf)는 사회의 응집요소에 대한 대립되는 견해들을 유토피아학파(the utopian)와 이성주의학파(the rationalist)라고 각각 이름을 붙였다.[17] 유토피아학파적 사고의 요지

16) *Ibid.*, p. 97. 그리고 David Mitrany, "The Functional Approach to World Organization," *International Affairs*, XXIV, July 1948, p. 359.

17) Ralf Dahrendorf, *Class and Class Conflict in Industrial Society*, Stanford: Stanford University Press, 1959, pp. 157-165.

는 사회질서란 구성원의 의사와 이익의 다양성을 초월하는 일반의사(volonte generale 즉 consensus omnium: 공통된 가치에 대한 일반적 동의)에서 형성된다는 주장이다. 이에 비하여 이성주의학파는 사회 내의 응집력과 질서는 지배자가 피지배자에 갖는 힘과 통제에 기초한다고 믿는다.

두 학파는 물론 서로 완전히 상대방의 의사를 무시하는 것은 아니다. 유토피아학파도 일반의사 외에 이성주의자들이 주장하는 서로 다른 이익의 존재를 현실적으로 인정하고 있고, 이성주의학파에서도 사회 내에는 힘 자체를 형성하는 데 있어서 어떤 가치에 대한 일반의 동의가 있어야 한다는 점을 인정하고 있다. 다만 두 학파는 어느 것이 더 본질적인, 즉 우선적인 요건인가 하는 중요도 서열에서 견해를 달리하고 있을 뿐이다.

유토피아학파가 주장하는 통합적 사회이론(the integration theory of society)과 이성주의학파가 주장하는 강제력적 사회이론(the coercion theory of society)의 발상의 차이는 사회구성원리에 대한 전제(前提)의 차이에서 연유하는데 그 차이를 다렌돌프(Ralf Dahrendorf)는 다음과 같이 간결하게 제시하고 있다.[18)]

[통합적 사회이론의 전제]

① 모든 사회는 비교적 지속적이며 안정된 요소들로 형성된 구조물이다.

② 모든 사회는 구성요소들이 잘 통합되어 있는 구조물이다.

③ 사회 내의 모든 요소들은 사회가 하나의 시스템으로 유지될 수 있게 하는 데 공헌하는 기능을 가지고 있다.

④ 기능하는 모든 사회구조는 그 구성원간의 가치에 대한 합치된 견해에 기초하고 있다.

18) *Ibid.*, pp. 161-162.

이 전제는 파슨스(Talcot Parsons)를 중심으로 한 구조기능주의자들의 주장을 다렌돌프가 간추려 놓은 것이다.

[**강제력적 사회이론의 전제**]

① 모든 사회는 모든 점에서 변화의 과정을 따르게 된다. 사회적 변화는 어디에서나 일어난다.

② 모든 사회는 모든 점에서 견해의 차이나 갈등을 나타낸다. 사회적 갈등은 어디에나 있다.

③ 사회의 모든 구성요소는 사회의 분해와 변화에 공헌한다.

④ 모든 사회는 그 구성원의 일부에 의한 다른 자에 대한 강제에 기초하여 성립되어 있다.

다렌돌프는 이와 같은 두 가지 양립하는 사회구성원리에 대한 사고방식 중에서 그 어느 것도 배타적으로 타당성을 갖지 못하며 두 가지 사고가 모두 현실 사회 이해에 부분적인 도움을 준다고 하면서 다만 아직까지도 이 두 가지 사고를 한 가지로 통합한 이론체계는 존재하지 않는다고 지적하고 있다.

기능주의 통합이론은 통합적 사회이론을 토대로 발전된 것인데 위에서 보는 바와 같이 통합에 있어서의 힘의 작용을 경시한다는 맹렬한 도전을 받으면서도 현재 사회학적 사고의 주류를 형성해 가고 있다. 그 이유는 아마도 기능주의 통합이론을 선도하고 있는 학자들의 평화지향적인 성향 때문에 현실적 타당성보다 이상주의적 희망에 끌려서 많은 사람들이 집착하기 때문이 아닌가 생각된다.

"기능주의 통합이론의 명제들은 전쟁을 유도하는 것으로 생각되는 객관적 조건을 배제함으로써 평화를 증진하는 것들"이라고 하면서 브라이얼리(J. L. Brierly)는 세계적인 차원에서 기존의 기관들을 중심으로 형성되어 있는 체제들을 변형시켜 새로운 조직을 만들면서, 아울러 주권을 점차로 붕괴시키는 추세를 보강시켜 국가들이 점차로 서로 협동할 수 있게 하고 주권국가들이 반사회적인 방법으로 주권에 기초한 요구를 밀고 나아가지 못하게 하는 공동체 의식을 발전하게 하는 것이 곧 기능주의라고 피력함으로써 기능주의에 건 유토피아적 소망을 밝히고 있다.[19]

같은 구조기능주의입장을 취하는 사람들도 통합을 추진하는 전략에 있어서는 다른 주장을 하고 있다. 나이(Nye)가 소개하는 세 가지 주요 전략들을 약술한다.[20]

(1) 연방주의(federalism)

연방주의 전략의 핵심은 기관통합에 있다. 다른 정치적 통합, 즉 정책통합이나 태도통합은 모두 기관통합이 앞서지 않으면 안된다고 보는 전략이다. 이러한 뜻에서 연방주의는 본래의 기능주의보다는 오히려 강제력적 사회이론의 생각과 가깝다. 기관통합은 관료적 통합과 법관할권 확장을 통한 법적 통합을 모두 포함한다.

(2) 기능주의(functionalism)

정책통합이 기관통합과 태도통합을 가져온다는 것이 기능주의자들의 주장이다. 기능주의는 사회구성이론 중에서 순수한 통합적 사회이론에 기초한 전략이다. 정책통합이 이루어지면 기관은 거기에 맞추어 통합될 수밖에 없다는 견해는 정치기구라는 것이 사회구성의 편의에 따라 형성·유지된다고 하는 극히 민주적인 사고라 할 수 있다. 기능주의자들도 현존하는 주권체제의 강력한 힘과 자기보전의지를 잘 안다. 따라서 이들도 구체적인 전략에서는 주권

---

19) J. L. Brierly, "The Covenant and the Charter," *British Yearbook of International Law*, 1946, p. 93. Claude, *op. cit.*, p. 384에서 재인용.

20) Nye, *op. cit.*, pp. 48-54. 특히 p. 49에는 여러 가지 다른 전략들을 서로 비교해 보는 표가 게재되어 있다.

에 대한 공격을 최소한으로 삼가하고 있다. 이들은 가장 비정치적인 기술적 문제에서부터 기능통합의 필요가 생길 때마다 새로운 기구를 만들어 나아가면 정치적인 압력을 극소화시킬 수 있다고 믿고 있다.

(3) 신기능주의(neo-functionalism)

높은 수준의 정책통합을 성취시키고 아울러 중간 수준의 기구통합을 이룩하면 그 결과로 더 높은 태도통합과 과거보다 더 높아진 기구통합이 이루어지고 높은 공동체의식이 생길 수도 있다는 주장을 신기능주의라 한다.

신기능주의는 기능주의의 옷을 입은 연방주의이다. 즉, 기능주의의 방법으로 연방주의의 목표를 달성하려는 전략이라고 할 수 있다. 신기능주의는 두 가지 점에서 기능주의를 개량하고 있다. 첫째는 기능주의와는 달리 정치적으로 아주 중요한 분야를 고의로 택한다. 기능주의자들은 정치적 간섭을 회피할 수 있는 방법을 택하지만 신기능주의는 이 점에서 생각을 달리하는 것이다. 다만 성급하게 연방적 기구를 요구하지 않는다는 점에서 연방주의와 다르다. 둘째로, 신기능주의는 통합을 촉진하는 기구의 창설을 의식적으로 시도한다. 기능적 요구가 생겨난 후 이에 따라 기구가 생겨나게 한다는 기능주의와는 다르다. 신기능주의의 주장은 기구창설은 '부분통합의 확장논리'(the expansive logic of sector integration)에 따라 다른 분야에서의 통합을 유발할 것이라는 데 근거하고 있다. 이들의 주장은 권력과 복지는 따로 떼어내기 힘들고 비권력적 통합에만 국한하면 그 결과는 미미해져서 파급효과가 별로 없기 때문에 직접 정치적 게임을 벌여야 된다는 것인데, 다만 접근법에 있어서 법적인 것보다 더 기능주의적으로 쏠린 방법을 택하겠다는 이야기이다.

신기능주의는 기구적(機構的)·형식적(形式的)인 통합방법을 취하지 않고, 기능적인 통합행위를 통하여 접근한다는 뜻에서는 기능주의이나, 기능주의식의 조각조각의 문제해결 대신 훨씬 더 제도화된 통합목표를 추구한다는 점에서는 연방주의에 더 가깝다.

제 5 절 통합정도 측정을 위한 상대적 수용(RA)모델

국가간의 통합정도를 객관적으로 측정한다는 것은 그리 쉬운 일이 아니다. 도이취가 정의하는 것처럼 통합을 "평화적 변경이 가능하다고 믿는 공동체의식" 등의 주관적인 판단으로 이해한다면 그 측정은 사회구성원의 의식을 설문 등으로 조사하는 수밖에 없을 것이다.

실제로 도이취는 에딘저(Lewis J. Edinger), 매크리디스(Roy C. Macridis), 메리트(Richard L. Merritt) 등과 함께 프랑스 및 서독의 엘리트를 대상으로 유럽통합에 대하여 설문을 통하여 통합정도, 통합에 대한 태도 등을 집중적으로 조사한 바 있다.[21] 그러나 이러한 직접조사방법은 보통 노력으로 될 일이 아니다.

통합정도를 객관적으로 측정하는 데 가장 널리 활용되고 있는 지수는 새비지(Richard Savage)와 도이취(Karl W. Deutsch)가 함께 개발한 RA(Relative Acceptance) index이다.[22] RA index는 두 국가간의 상호거래의 흐름(transaction flow)을 기초로 하

21) Karl W. Deutsch, et al., *France, Germany and Western Alliance*, New York: Charles Scribner's Sons, 1967, Ch. 5(프랑스) 및 Ch. 10(서독)을 볼 것.

22) RA model에 대해서는 I. Richard Savage & Karl W. Deutsch, "A Statistical Model of the Gross Analysis of Transaction Flows," *Econometrica*, Vol. 28, No. 3, July 1960, pp. 55-72를 볼 것. RA모델을 편의상 상대적 수용 모델이라 번역하기로 한다.

여, 일반적으로 기대할 수 있는 거래량과 실제 거래량을 비교하여 실제 거래량이 기대량을 넘는 정도로 통합의 정도를 재려는 지수이다.

RA index는 원래 국가간 무역량을 대상으로 개발된 것이지만 외교관 교환수, 서신 교환량, 상호방문객수 등 수량화할 수 있는 어떤 형태의 거래량에도 적용할 수 있는 모델이며, 컴퓨터를 활용하면 100개 이상의 행위자간의 관계도 쉽게 계산해 낼 수 있다.

RA index를 계산하는 방법은 다음과 같다.

(1) 거래량 매트릭스의 작성

우선 각 국가간의 거래량을 수입·수출로 표시하는 [표 22-1]과 같은 행렬식을 만든다.

여기서 a_{ij}는 i국이 j국에 수출한 양이며 이것은 j국에서 보면 i국에서 수입한 양이 된다.

[표 22-1] 상호거래 원자료 행렬식

		M(수 입)						
		가국	나국	다국	…	j	…	
X(수출)	가국	a_{11}	a_{12}	a_{13}		a_{1j}	a_{1K}	X_1(가국 총수출)
	나국	a_{12}	a_{22}			⋮	⋮	X_2(나국 총수출)
	다국	a_{31}	⋮			⋮	⋮	⋮
	⋮	⋮	⋮			⋮	⋮	⋮
	i국	⋮	⋮			a_{ij}	a_{iK}	X_i(i국 총수출)
	⋮	⋮	⋮			⋮	⋮	⋮
	K국	a_{k1}	a_{k2}	a_{k3}		a_{Kj}	a_{KK}	X_K(K국 총수출)
		M_1 (가국 총수입)	M_2	M_3		M_j (J국 총수입)	M_K	T (세계 총거래량)

i국의 수출 총량 X_i는

$$X_i = \sum_{j=1}^{K} a_{ij}$$

그리고 j국의 총수입량 M_j는

$$X_j = \sum_{i=1}^{K} a_{ij}$$

가 된다.

전 세계 총 무역량 T는 그러니까 다음과 같다.

$$T = \sum_{i=1}^{K} X_i = \sum_{j=1}^{K} M_j = \sum_{i=1}^{K} \sum_{j=1}^{K} a_{ij}$$

(2) 기대치의 계산

만일 각국간에 특별한 선호가 없으면 i국의 j국에 대한 수출은 i국의 총수출인 X_i 중에서 j국의 총수입이 전 세계 무역량에서 차지하는 비율만큼이 될 것이다. 즉, 기대치 A_{ij}는

$$A_{ij} = X_i \times \frac{Mj}{T} = X_i Mj \frac{1}{T}$$

(3) RA의 계산

RA는 다음과 같이 정의한다.

$$RA_{ij} = \frac{aij - Aij}{Aij}$$

$$[A_{ij} = E(a_{ij})]$$

즉, 실제 거래량과 기대거래량의 차이를 다시 기대거래량으로 나누어 준 것인데 이 때 RA_{ij}는 -1부터 $+\infty$ 사이에 분포하게 된다. 그리고 여기서 0은 아무런 특별한 관계가 없는 정상적인 기

대량이고, (－)지수는 기대보다 더 적은 거래, (＋)지수는 기대보다 더 큰 거래량이 되므로 이 지수로 각국간의 통합 정도를 측정하게 되는 것이다.

도이취는 무역량을 자료로 하여 몇 지역의 역내 통합 정도를 측정했는데 그 결과를 소개하면 [표 22-2]와 같다.

RA 이외에도 통합 정도를 측정하는 방법으로 양국간에 맺은 조약총수, 함께 가입하고 있는 정부간 국제기구(IGO) 또는 비정부간 국제기구(NGO)의 수를 사용하기도 하며 외교정책 통합의 측정방법으로 유엔총회에서의 투표양태 일치도를 쓰기도 한다. 그러나 아직도 만족할만한 종합지수는 발견되고 있지 않다. 통합의 대상이 되는 기능적 국면이 다양하기 때문에 그때그때 관심을 가지는 기능을 고려하여 측정방법을 선택하여야 할 것이다.

[표 22-2] 지역내 RA, 1890-1963

국별 \ 국별	EC 6국	영어권	스칸디나비아	캐나다-미국	미국-캐나다
1890	.40	.63	11.89	3.73	3.25
1913	.30	.63	6.26	3.59	4.39
1928	.57	.36	5.30	1.81	3.13
1938	.62	.40	2.69	2.15	3.46
1948	1.07	.10	3.06	2.10	1.90
1954	.79	.45	2.73	2.85	2.95
1957	.82	.48	2.28	3.20	2.20
1959	.83	.49	2.99	2.70	2.30
1963	.77	.53	3.89	2.60	2.50

자료: Deutsch, France… p. 222. 표 13.1.

제 6 절 통합의 전제조건변수와 관련된 명제들

통합은 두 개 이상의 단위체가 하나의 사회단위로 이전해 가는 과정이다. 그리고 이러한 통합은 무력에 의한 병합이나 외부세력에 의하여 하나의 국가로 통합당한 경우와는 달리 "상호이익을 증진하기 위한 집단적 행위[23]"라는 자율적 행위이기 때문에 통합하려는 단위가 통합을 이루게 하는 요인을 갖추고 있을 때에 한한다.

통합요인(integrative factor)으로 제이콥(Philip E. Jacob)은 열 개의 변수와 이에 관련된 가설을 제시하고 있다.[24]

1. 지리적 인접성(proximity)

통합하려는 두 단위간의 지리적 인접성이 통합을 촉진하는 요인이 된다는 것은 자명하다. 지리적으로 인접하고 있다는 것은 대체로 동질성(homogeneity), 상호거래(interaction or transaction) 또는 서로의 지식(mutual knowledge) 등의 다른 변수와도 깊은 관계를 갖는 기초적인 변수가 된다. 지리적인 인접성이 대한 명제는 다음과 같이 표현될 수 있다.

[명 제 1]

"사람들이 지리적으로 더 가까이 살면 살수록 그들간의 통합관계가 발전하기 쉬워진다. 그리고 사회공동체들이 서로 가까이 위치할수록 그들간의 정치적 통합의 가능성은 높아진다."

---

23) Philip E. Jacob and Henry Teune, *op. cit.*, p. 5.

24) *Ibid.*, pp. 16-45, Jacob의 원래의 가설을 간결하게 줄이기도 하고 또는 반대로 보충문구를 넣어가면서 늘이기도 하는 등 재편성하였으므로, 직접 원문의 번역으로 생각하면 안 됨.

2. 동질성(homogeneity)

통합에 있어서의 동질성문제는 공동사회(community)를 형성하는 데 필요한 최소한의 사회적·경제적 또는 기타의 유사성이 무엇인가 하는 문제와 직결된다. 인간은 서로가 기능적 의존성을 가지면서 하나의 공동사회를 형성하기 위해서는 서로가 서로를 동류로 인정하는 최소한의 동질성을 함께 가지고 있어야 한다. 공동사회는 종족적 동질성으로 형성될 수도 있고, 문화의 공통성으로 이루어질 수도 있고, 정치적 신념이나 종교의 공통성으로도 성립될 수 있다. 다만 어떤 속성이 '동류의식'(we-feeling)을 느끼게 하는 데 가장 큰 역할을 하며 어떤 정도까지 같아야 하나의 정치적 단위로 한 집단의 인간을 묶을 수 있는가 하는 것은 측정하기 어려운 문제이다.

제이콥은 일반적으로 가장 많이 거론되는 동질성을 다음과 같이 열 가지로 추려서 제시하고 있다. 부(富) 또는 수입, 교육정도, 사회계층, 종교, 종족, 언어, 혈통에 대한 인식, 태도(충성심, 소망, 공포 등에 대한 심리적 반응) 가치관, 특질(어떤 특수집단에 고유한 사회적 관행) 등이다.[25] 동질성이 통합에 미치는 영향에 대해서는 다음과 같은 명제가 가능하다.

[명 제 2]

"사회적 동질성은 정치적 통합의 가능성에 큰 공헌을 한다. 복수의 사회간에 동질성이 높으면 높을수록 이들 사회 사이에 통합지향적인 관계를 형성하려는 기도는 성공하기 쉽다."

사회와 사회 간의 속성(attributes)의 차이로서 그 사회간의 행위 양태를 설명하려는 노력은 많았다. 사회적 거리(social dis-

25) *Ibid.*, pp. 18-19.

tance)라는 개념을 중심으로 모델을 만드는 연구는 거의가 이런 발상에서 시작된 것이다. 특히 최근에는 국가간의 분쟁 및 협동행위를 속성차로서 설명하려는 집단적인 연구들이 유행하고 있는데, 사회장이론(社會場理論 : social field theory)도 그 중의 하나이다. 럼멜(R. J. Rummel)은 30년간 국가간 속성차를 측정하기 위한 이상적 변수를 경험적으로 확인하며 아울러 어떤 속성차가 어느 정도의 강도로 어떤 행위에 영향을 주는가를 각국별로 추적하여 많은 유용한 경험법칙을 추출하였다. 다만 여기서는 그 내용을 직접 소개하는 대신 그러한 경향의 연구가 활발히 진행되고 있다는 것만 지적해 둔다.[26)]

3. 상호작용(transactions)

국가사회간의 상호작용, 즉 거래가 사회간의 기능적 의존성을 높인다는 주장이다. 다만 어떤 상호작용이 어떤 통합국면에 영향을 미치는가 하는 것에 대하여는 아직 밝혀지고 있지 않다. 도이취(Karl W. Deutsch) 등을 중심으로 한 커뮤니케이션이론 주창자들은 커뮤니케이션(메시지의 교환), 무역 및 사람의 움직임과 접촉(mobility: the movement of persons 및 personal contact)이라는 변수를 중심으로 하여 주로 유럽지역에 대한 경험적 연구를 행하

26) Rummel의 social field theory에 대한 결과는 여섯 권의 책과 약 120개의 논문으로 발표되었다. 이 사회장이론에 대한 이론적 연구는 R.J. Rummel, *Understanding Conflict and War,* Vol. 1, *The Dynamic Psychological Field*, New York: Halsted Press, 1975에 잘 표현되어 있다. 국가간 속성을 규명하기 위한 경험적 연구의 결과에 대해서는 같은 저자의 *The Dimensions of Nations*, Beverly Hills: Sage Publications, 1972를 참조할 것. 각 국가의 속성과 행위 간의 관계에 대한 경험적 연구의 결과는 R. J. Rummel, Sang-Woo Rhee, Jack Omen & Peter Sybinsky, *National Attributes and Behavior: Data Dimensions, Linkages and Groups 1950-1965*, Beverly Hills: Sage, 1979에 잘 요약되어 있다.

였다. 상호작용의 통합과의 관계에 대한 명제는 다음과 같다.[27]

[명 제 3]

"개인간 또는 집단간의 응집정도는 그들간의 상호관계 또는 거래의 정도로 측정할 수 있다."

그러나 이 명제는 도이취의 경험적 연구에 의해 모든 면에서 타당하지 않다는 것이 밝혀지고 있다. 도이취의 연구결과는 "상호작용이 통합작용에 미치는 영향은 다른 관계조건들이 충족되었을 때 나타나는 것으로서 독립해서는 반드시 좋은 영향을 주는 것은 아니다"라는 것으로 요약할 수 있다.[28] 거래의 경우 거래당사자의 일방은 이익을 보나 타방은 손해보는 경우가 많기 때문에 어떤 경우에는 상호거래가 서로의 반감을 높이는 수가 있다는 점을 유의한다면 도이취의 수정은 납득이 간다.

4. 상호간의 지식(인식상의 인접성: cognitive proximity)

인간은 서로가 서로를 모를 때는 쉽사리 서로 관계를 맺으려 하지 않는 것이 상례다. 가령 동질성이 통합에 유리한 조건이 된다는 명제가 타당하다 하더라도 구성원 자체가 서로가 비슷하다는

27) "정치학에 있어서의 커뮤니케이션 모델"에 대한 소개는 최명의 같은 제목의 논문. 『한국정치학회보』 제 8 집(1974), pp. 87-102를 참조할 것. Deutsch는 그의 저서, *Nationalism and Social Communication,* Cambridge: The M.I.T. Press, 1966 및 *The Nerves of Government,* New York: The Free Press, 1966에서 커뮤니케이션 이론 모델에 대한 기초를 제시함과 아울러 *France, Germany and The Western Alliance, op. cit.* 및 *Political Community and the North Atlantic Area,* Princeton: Princeton University Press, 1957 등 여러 책과 논문을 통하여 그의 모델을 경험적으론 입증하려는 노력을 계속하고 있다. Russett도 커뮤니케이션 모델을 적용하여 지역간 협동문제를 분석한 연구결과를 많이 보고하고 있다. Bruce M. Russett, *Community and Contention: Britain end America in the Twentieth Century,* Cambridge: The M.I.T. Press, 1963 참조.

28) Jacob and Teune, *op. cit.*, p. 26 참조.

것을 깨닫지 못한다면 동질성이 통합에 좋은 영향을 줄 수가 없게 된다.

[명 제 4]

"개인간 및 집단간에 있어서 상호간의 지식과 이해는 그들이 하나의 정치적 공동사회를 이루어 효과적으로 기능하는 데 있어 필요불가결하다."

이 명제가 뜻하는 것은 서로가 서로에 대하여 어떠한 선입견을 갖는가 하는 것이 통합행위에 큰 영향을 준다는 것이다. 즉, 상호간의 인식의 거리(cognitive distance)가 가까와야 협동의 영역이 생긴다는 가설이다.

5. 기능적 이익(functional interest)

사회공동체 구성원들의 기능적 통합에 대한 관심, 그리고 그 결과에 대한 기대 등의 영향은 다음의 가설로 표현된다.

[명 제 5]

"사회공동체간의 통합은 통합하려는 각 공동체가 느끼는 지배적인 기능적 이익이 서로 일치하는 정도에 영향을 받는다. 두 사회공동체간에 일치하는 기능적 이익이 발견되면 그 이익을 느끼는 지배적 구성원은 각각의 정부에 영향을 주어 통합을 촉진시키게 된다."

국경을 넘는 사회간 기능통합이익이 국가사회간 통합에 압력으로 작용하는 것은 사실이겠지만 그 영향은 지속적인 것은 되지 못한다. 이익이 느껴지는 상황이 바뀌면 그 이익에 기초한 대정부 압력도 소멸할 것이기 때문이다. 공동의 적으로부터 안보위협을 받고 있는 두 국가에서는 양국의 사회구성원들간에 공동방위라는 협동적 노력, 즉 기능적 상호의존관계에 대한 인식정도가 높아져서 두 국가간의 동맹이라는 통합지향적 행위를 촉진하지만, 일단 전쟁위협이 없어지면 이런 기능적 이익도 사라지는 것이기 때문이다.

6. 사회적 특성(communal character)

사회적 특성은 그 사회고유의 태도표시, 가치관 및 행위패턴에 대한 최빈수적 분포(最頻數的 分布 : modal distribution)로 측정한다. 데이비드 맥클리런드(David C. McClelland)는 이러한 사회적 특성을 귀속동기(affiliation motive), 성취동기(achievement motive) 및 권력동기(power motive)로 인식하고 있다.[29)]

[명 제 6]

"한 공동체사회가 경제적 활동에 강한 영향을 줄 집단적 동기패턴을 갖게 되면 그 결과는 그 집단 내의 응집력 또는 통합력을 강화하든가, 아니면 사회 내에는 무정부상태를 야기시키면서 대외적으로는 호전적 태도를 갖게 되거나 한다."

이 명제는 경제활동에 대한 사회적 특질에 관한 예시적 명제에 불과하다. 이 밖에도 사회특질의 여러 국면과 통합에의 선호와를 관련시키는 명제가 가능하다.

사회적 특질 또는 사회적 개성이 국가의 대외행위에 영향을 주는 바에 대해서는 많은 연구가 있어 왔다. 소위 속성이론(attributes theory)이라 부르는 이론들은 모두가 직접 또는 간접으로 사회특질이 그 사회의 대외 행위에 미치는 영향을 다루고 있다.[30)]

---

29) David C. McClelland, *The Achieving Society*, Princeton: Van Nostrand, 1961 참조.

30) Attribute Theories에 대한 간결한 설명은 R. J. Rummel, "Field Theory and Attribute Theories of Nations Behavior: Some Mathematical Interrela-

그러나 아직도 각국에 일반화할 수 있는 모델은 정립되고 있지 못한 상태이다. 특히 한 사회의 어떠한 특성이 어떤 경로로 통합행위에 영향을 미치는가에 대해서는 분명한 결론을 못 얻고 있는 실정이다. 태도나 행위패턴과 같은 사회적 특질은 특정 상대방에 대하여 모두 다르게 나타나는 특질이므로 어떤 특정 대상을 놓고 구체적으로 논의될 때라야만 통합에 어떤 영향을 주는지를 밝힐 수 있게 되므로 상대방을 고려하지 않은 단순한 속성이론식 연구로는 밝혀지기 어려울 것이다. 물론 대상과는 관계 없이 호전적 정치사상을 가졌다거나 반대로 평화적 종교를 가지고 있다거나 했을 경우에는 통합행위에 독자적인 영향을 미칠 것은 분명하다. 공산주의로 한반도 전체를 적화하겠다는 북한 공산주의자들의 정치적 코미트먼트 등은 한국의 태도와는 무관하게 불변의 정책으로 북한 당국을 묶고 있는 것이다.

7. 구조적 틀(structural frame)

통합에 영향을 주는 요소의 하나로 사회공동체 내의 의사결정구조 내지는 권력구조를 들지 않을 수 없다. 여기서의 관심은 이러한 권력구조의 체제차(體制差)에서 그 공동체의 대외협조관계 성립에 대한 태도나 능력차를 설명할 수 있는가 하는 것이다. 다원적 사회가 획일적으로 조직된 사회보다 다른 사회와 더 쉽게 연계를 맺을 수 있는가? 통합을 위해서는 의사결정구조가 위계적으로 형성된 것이 나은가 아니면 민주적으로 조직된 것이 나은가? 또는 중앙집권적 정치권력구조와 지방분산적 정치권력구조 중 어느 것이 통합에 더 유리한 영향을 끼치는가? 하는 등의 문제가 이 변수

tionships," *The Dimensionality of Nations Projects*, Research Report No. 31, Honolulu: University of Hawaii, 1969 참조.

에 관련된 연구관심들이다. 구조적 틀이 통합행위에 미치는 영향에 대해서는 두 개의 상호 대립되는 가설과 독립된 또 하나의 가설이 있다.

[명 제 7-A](민주주의적 주장)

"의사의 일치 또는 명시된 의사는 건전하고 통일된 정치적 사회공동체를 이루는 데 없어서는 안 될 요소다. 따라서 의사결정과정에 주권자인 국민대중의 광범위한 참여를 허용하는 정치적 구조가 사회 내의 단결에 기여하며, 전제적 구조는 반대의견을 자초하며, 나아가서는 갇힌 좌절감이 폭력으로 폭발하게 되므로 공동체가 와해되게 된다."

[명 제 7-B](전제주의적 주장)

"고도로 집중된 정치적 권위를 중심으로 하며, 일반의 참여 특히 반대의사 표명의 기회를 철저히 제한하는 정치구조는 외부의 위협과 사회적 변화의 조건하에서는 국가적 사회조직을 유지하는 데 필수불가결의 조건이 된다. 따라서 전제주의적 정치구조가 통합 추진에는 유리하다."

[명 제 7-C](정치형태의 유사성과 통합)

"동일하거나 유사한 정치구조를 가진 공동체사회간에는 서로의 통합을 촉진하거나 가능하게 하여 주는 이념적 친근성을 갖게 된다."

명제 7의 진위를 규명하는 경험적 연구는 주로 유럽통합에 대하여 실시되었으며, 그 결과는 명제 7-A가 현실부합성이 높은 것으로 나타났다.[31]

31) 미·영관계에 대한 연구에서 Russett도 이 점에 동의하고 있다. Russett, *op. cit.*(주 5), pp. 215-216 참조.

8. 주권-종속지위(sovereignty-dependency status)

고전적 의미에서 주권이란 개념은 "대내적으로 완전한 정치적 단결, 대외적으로 완전한 독립"을 이룬 상태를 지칭하는 말이다. 따라서 한 사회공동체가 정치적 통합을 완성하였는가의 여부를 확인하는 방법은 주권의 완전한 획득여부로 판정하는 것이었다. 그러나 현재의 국제정치사회적 현실에서는 이런 완전한 주권은 실재하기 어렵다. 가장 철저한 전제정치하에서도 정치권력이 중앙정부에 완전히 집중되어 있지 못하고 부분적으로는 지방 또는 특정 집단에 분산되어 있고, 대외적으로는 다른 나라의 간섭에서 완전한 자유를 누리는 나라는 극소수다. 특히 약소국의 경우는 명목상의 독립을 유지하면서 실질적으로는 특정 강대국의 종속국가적 지위에 머물러 있는 경우가 허다하다. 이에 대한 가설로서는 다음과 같은 명제가 지배적인 호응을 받고 있다.

[명 제 8]

"한 국가가 주권을 더 뚜렷하게 보유할수록 다른 나라와의 협동을 덜하려 하며, 또한 그 국가의 자주성을 침해할 정치적 움직임에는 더 강력하게 반대한다."

이 명제대로라면 완전히 주권을 누리는 국가들간에는 통합이 어렵고, 대신 주권이 제한되어 있는 준자주국들간에 통합이 쉽다는 결론이 된다. 그러나 주창자인 제이콥 스스로가 자인하는 바와 같이 이 가설에 대해서는 아직은 철저한 경험적 검증이 행하여지지 않았다. 다만 도이취 등의 유럽통합연구[32]에서는 이 가설의 타당성에 대하여 회의적이었다는 점만을 지적해 둔다. 그리고 실제로 가장 독립적이던 유럽 여러 나라들이 '유럽연합'이라는 역사상

32) Deutsch, et al., *Political Community*…, *op. cit.* 참조.

최초의 국가통합체를 탄생시켰다는 사실도 지적해 둔다.

9. 정부기능의 능률성(governmental effectiveness)

정치적 공동체의 단결 또는 내부응집 정도는 국가가 시민들의 요구와 기대를 얼마나 잘 충족시켜 줄 수 있는가 하는 정부기능의 능률성에도 상당히 영향받을 것이라는 것은 상식이다. 정부의 능률성과 통합에 대한 명제는 다음과 같다.

[명 제 9]

"정부기능의 능률성은 그 공동체의 구성원의 충성심을 유지하는 데 필요하다. 그리고 그러한 충성심은 그 공동체의 내적 통합을 유지하는 데 필요하다. 정부가 무능할 때는 외부와의 통합에 대한 압력이 생겨나게 된다. 시민들은 밖을 내다보게 되며 그들의 충성심을 다른 더 큰 공동체나 새로운 형태의 정치조직에 대하여 쏟게 된다."

한마디로 해서 정부가 무능하여 시민들의 요구를 들어 줄 수 없게 되면 그 시민들은 외부에 기대를 걸게 되고 따라서 통합에 열의를 갖게 된다는 이야기다.

10. 연합경험(previous integrative experience)

유럽통합연구를 통하여 전술한 하아스(Haas)가 제창한 조건인데, 다음과 같은 간략한 명제로 요약될 수 있다.

[명 제 10]

"두 나라가 과거에 통합을 했던 경험이 있으면 통합은 훨씬 더 쉽게 이루어진다."

그러나 이 통합경험에 대한 명제는 항상 타당할 수는 없다. 과거의 경험이 좋은 보상(reward)을 주었을 때 한한다. 과거의 경험에서 불이익을 느꼈을 때는 오히려 통합경험이 새로운 통합노력에 저해요인으로 작용하게 된다. 한국과 일본과의 관계를 생각해 보면 통합경험이 반드시 통합에 좋은 영향을 주지 못하리라는 것은 쉽게 알 수 있을 것이다.

이상과 같은 제이콥(Jacob)의 열 가지 통합조건변수 외에도 많은 다른 조건변수가 있다. 예를 들면, 에치오니(Amitai Etzioni)도 여섯 가지의 변수를 제시하고 있다.[33] 그러나 많은 변수가 제이콥의 것과 내용에서 중복되며 또한 변수의 선정방법이 전제하는 이론적 틀이 다르므로 여기서는 약한다. 그리고 나이(Nye)도 통합의 전제조건으로 7개, 그리고 도이취(Deutsch)도 7개의 변수를 제시하고 있으나 역시 여기서는 해설을 생략한다.[34]

제 7 절 통합촉진행위변수와 통합과정에 관한 명제들

정치통합을 두 개 이상의 독립되었던 사회를 하나로 만드는

---

33) Etzioni, *Political Unification*, New York: Rinehart and Winston, 1965, p. 15의 표 참조. Etzioni는 통합조건변수들을 세 가지로 유형을 나누고, 각 유형마다 두 개씩의 변수를 제시하고 있다. 즉, 단위체의 성질에서 ①개인들의 성질, ② 분석적 성질: 환경적 성질에서, ③ 비사회적 성질, ④사회적 성질, 그리고 체제의 성질에서, ⑤공통된 성질 및 ⑥통합과정 이전의 통합 정도 등을 들고 있다.

34) Nye, *Peace in Parts: Integration and Conflict in Regional Organization*, Boston: Little, Brown, 1971, p.8 6 참조. Nye는 structural condition으로 ① symmetry or economic equality of units, ② elite value complementarity, ③ existence of pluralism, ④ capacity of member states to adapt and respond, 그리고 perceptual conditions로서 ① perceived equity of distribution of benefits, ② perceived external cogency, ③ low visible costs를 들고 있다. Deutsch의 7개 변수는 Deutsch, et al., *Political Community* …… *op. cit.*, p. 58 참조.

하나의 의식적 노력의 과정이라고 본다면, 통합을 위한 전략이 중요한 성취요인이 된다. 즉, 비록 통합이 쉽게 이루어질 수 있는 모든 전제조건을 서로 다 갖추고 있다 하더라도 통합을 이루어가는 행위들이 제대로 이어지지 않거나 그 행위들이 통합에 역행하는 것일 때는 통합이 이루어질 수 없게 된다.

통합이 가능한, 그리고 통합에 유리한 전제 조건외에 통합행위 자체에 대한 연구가 이루어져야 한다는 것은 따라서 극히 당연한 이야기다.

통합이 의식적 노력이란 점을 강조하기 위해서 에치오니는 상태로서의 통합을 인티그레이션(integration)이라 부르고 통합과정의 노력을 유니피케이션(unification), 즉 통일이라고 부르고 있다.[35)] 여기서는 앞절에 이어 통합을 성취시키려는 행위(즉 Etzioni의 unification)에 대한 명제들을 추려서 소개하기로 한다.

에치오니는 세계적 차원에서의 통합노력을 세 단계로 이루어지는 하나의 변증법적 과정(a dialetical process)이라고 보고 있다.[36)]

첫 단계에서는 이질적이고 서로 갈등을 일으키는 단위들을 내포하는 소위 하위사회공동체(sub-community)가 형성되게 된다. 이러한 하위 사회공동체의 통합이 이루어진 연후에야 비로소 구성

35) Etzioni, *Political Unification, op. cit.*, p. 3. "To the degree that the net effect of the process is to increase or strengthen the bonds among the units, we refer to it as unification," 같은 책에서 integration에 대해서는 다음과 같이 표현하고 있다. "…… units of systems are interdependent; members of communities are integrated. Interdependence might be either self-maintained or sustained by the component units; or it might be a product of the external environment. Integration of the members of a community is self-maintained by definition: it distinguishes the concept of community from the more encompassing one of system."(pp. 6-7)

36) Amitai Etzioni, *The Active Society: A Theory of Societal and Political Process*, New York: Free Press, 1968, p. 599 참조.

단위들은 하나의 정치적 공동체를 세울 준비가 되는 것이다.

둘째 단계에서는 이러한 하위사회공동체가 다양한 연계점을 갖는 의사합의형성구조를 위한 중간매개(middle tier)의 기능을 하게 된다.

셋째 단계에 가서 여러 개의 하위공동체를 서로 연결하며 이를 전부 포섭하는 하나의 사회공동체가 형성되게 되는 것이다.

이러한 통합과정의 생리에 대한 이해를 전제로 하면서 에치오니는 4단계의 통합행위 전형(典型)을 제시하고 있다. 그 네 가지 전형은 ① 통일이전단계(preunification stage), ② 통일과정에서의 통일의 힘의 분출단계(the unification process, i.e., integrating power), ③ 통일과정에서의 부분통합 단계(integrated sectors) 및 ④ 종결단계(the termination state)이다. 에치오니는 이 네 가지 전형을 하나의 틀로 하여 각 전형에 관한 몇 개씩의 가설을 제시하고 있다.[37)]

이 4단계 중 첫 단계는 통합예비단계다. 이 단계에서는 통합의 움직임이 생기는 과정인데 여기서 에치오니는 주로 전제 조건들을 논의하고 있으므로 앞절과의 중복을 피하기 위하여 여기서는 논하지 않겠다. 둘째 단계는 강제적이든 이익추구 때문이든 통합을 위한 힘이 발동되는 단계이다. 셋째 단계는 통합노력에 의하여 통합대상단위간에 커뮤니케이션 흐름이 높고 실제로 사람들의 왕래가 늘고, 물품의 유동이 확장된 단계다. 이 과정에서 성취된 통합적 협동행위의 효과가 다른 분야의 관계에 파급효과를 일으켜 협동행위를 유발한다는 '스필-오버(spill-over)효과'가 생긴다는 것이 에치오니의 주장이다. 끝의 단계는 통합의 마무리를 짓는 단계이다.

---

37) Etzioni, *Political Unification*, *op. cit.*, p. 15에 Unification model 전체의 paradigm에 포함되는 모든 dimension을 열거하고 있다.

에치오니는 제2단계와 제3단계, 즉 통합과정에 관한 17개의 가설을 제시하고 있다.[38] 이제 이 17개의 가설 중에서 중요하다고 느껴지는 것 몇 개를 추려 소개하기로 한다. 단 표현의 통일을 위하여 에치오니가 쓴 개념의 몇 가지는 고쳐서 쓰고, 또 문장표현은 우리말 감각에 더 맞도록 고쳤다.

[명 제 11]

"엘리트 단위가 적을수록 통합은 성공하기 쉽다."

이 명제는 통합을 추진하는 힘과 관련된 것이다. 통합을 추진하는 힘에는 강제력(coercive power), 공리적 힘(utilitarian power) 또는 동화력(identitive power)의 세 가지가 있을 수 있으며,[39] 이 힘의 각각 또는 둘 이상이 합쳐진 것들이 통합을 이루게 한다. 이런 추진력의 담당체—개인, 집단 또는 국가—가 여기서 말하는 엘리트 단위(elite-unit)이다.

이 명제는 통합을 추진하는 사회집권 내의 힘의 배분상태에 있어서 힘의 담당체수가 적을수록 통합의 성공률이 높다는 것을 말한다.

힘의 배분과 관련된 또 다른 명제는 다음과 같다.

[명 제 12]

"통합하려는 단위간의 힘의 배분에 있어서 어느 한 쪽이 지배적인 엘리티즘(elitism)이 풍미하는 경우보다 단위간의 힘이 고른 형평형(egalitarian union)인 경우가 통합에 대하여 덜 과감하지만 코미트먼트를 하는 능력은 더 커진다."

---

38) *Ibid.*, pp. 94-97에 열거되어 있다. 이 proposition에서는 union이란 표현을 쓰고 있는데 그것은 "일반 국제기구보다는 통합정도가 높으나 정치적 공동사회만큼은 통합이 되고 있지 않은 중간단계의 시스템"이라고 정의되고 있다(p. 12). 이 논문에서는 편의상 '연합체'란 표현으로 union을 번역하기로 했다.

39) *Ibid.*, p. 37.

통합은 통합하려는 단위가 아닌 외부의 힘의 주체에 의하여 추진되고 진행되는 수도 있다. 예를 들면 서구의 통합에 있어서는 미국이 많은 힘을 행사했었다. 이런 경우에 대한 명제는 다음과 같다.

[명 제 13]

"외부에서 작용하는 힘의 적응방향이 새로 형성되는 통합체의 힘의 구조와 같은 방향일 때는 통합의 성공도를 높여준다."

너무나 당연한 상식이기 때문에 설명을 생략한다.

통합을 추진하는 힘의 종류와 통합의 성공 여부에 대한 명제로는 다음과 같은 것이 있다.

[명 제 14]

"통합추진체가 더 많은 동화력을 활용하면 할수록 통합의 성공도는 높아진다."

[명 제 15]

"통합추진체가 더 많은 공리적 힘을 활용하면 할수록 통합의 성공도는 높아진다."

[명 제 16]

"통합추진체가 더 많은 강제력을 활용하면 할수록 통합의 성공도는 낮아진다."

위의 세 가지 명제는 중요한 사실을 시사해 주고 있다. 통합은 통합하려는 단위들간에 동질성을 서로 느껴 동화하려 한다든가 통합에서 서로 이득을 볼 것이라는 공리적인 계산이 설 때 쉽게 이루어지는 것으로서 억지로 통합하려 해서는 안 된다는 것을 말해준다.

[명 제 17]

"초국가적 관료기관의 창설이 구체적인 통합행위를 시작시키는 데 도움을 준다."

이 명제는 통합단위간의 직접 접촉보다 통합단위 위에 서는 조정기구의 설치가 통합성공에 유리하다는 점을 지적하고 있다.

[명 제 18]

"통합과정을 어느 분야에서 시작하는가에 따라 '스필-오버효과'는 달라지며 따라서 통합의 성공도 여기에 영향을 받는다."

이 명제는 기능주의 통합이론을 지지하는 학자들 가운데 가장 이견이 많은 쟁점이다. 도이취는 동의에 의한 공동체의 존재, 즉 동질성을 기반으로 하는 협동체의 형성이 통합운동의 기점이 되어야 한다고 하는가 하면,[40] 키신저(Henry A. Kissinger)는 군사동맹이 가장 유효한 출발점이 된다고 주장하고,[41] 하아스(Ernst B. Haas)는 경제적 통합이 가장 '스필-오버 효과'가 크므로 여기서부터 통합이 이루어져야 성공도가 높다고 주장하며,[42] 미트라니(David Mitrany)는 특히 기술협력분야에서 시작되어야 한다고 주장하고 있다.[43]

40) Deutsch, et al., *Political Community*……, *op. cit.*, p. 71.

41) Henry A. Kissinger, "For an Atlantic Confederacy," *The Report*, February 2, 1961, pp. 16-20. 및 같은 저자의 *The Necessity for Choice*, New York: Harper & Row, 1961, pp. 165-168 참조.

42) Etizioni, *Political Unification, op. cit.*, p. 55 참조.

43) Mitrany는 spill-over에 해당하는 이론으로 ramification theory를 내세우고 있다. 그의 주장은 관심의 초점을 가장 논란이 많은 정치적 문제로부터 가장 논란이 적은 기술문제로 돌려야 한다는 것이다. Mitrany에 따르면 한 분야에서의 기술협력은 다른 분야에서의 기술협력을 불러일으키고, 필요에 의하여 이루어진 한 가지 기능적 분야에서의 협력은 다른 분야에서의 협력의 필요성을 느끼게 한다고 한다. 이런 연속적 필요성 생성이 점차로 진행되면 궁극에 가서는 모든 경제적 차원의 협력과 나아가서는 정치적 협력 및 통합도 유발하게 된다고 보는 것이다. David Mitrany, *A Working Peace System, op. cit.*, p. 97 참조.

통합이 어느 정도 이루어진 상태인 '연합체'(union) 상태에 다다르면 통일과정은 종결단계에 접어든다. 이 단계에 이르면 통합의 정도는 더 이상 심화되지 않고 어떤 수준에서 안정을 이루고, 대신 통합의 분야가 넓어진다고 하는 것이 에치오니의 주장이다. 이와 같이 여러 차원으로 기능적 통합이 진행되면서 궁극적으로는 하나의 정치적 사회공동체로 발전하여 통합의 전과정은 끝나게 되는 것이다.

그러나 일단 중간단계인 연합체가 형성된 이후의 통합확장기에 있어서도 통합의 진행이 저절로 되는 것은 아니다. 연합체와 구성단위 간의 관계가 제대로 조정되어야 통합은 성공적으로 진행되게 된다. 이에 관한 에치오니의 가설은 다음과 같다.

[명 제 19]

"연합체와 구성단위 간의 상향 및 하향 커뮤니케이션 통로가 능률적으로 작동하고 권력 엘리트가 접수한 커뮤니케이션 내용에 민감하게 대처할 때 통합노력은 더 성공적으로 진행된다."

당초에 독립되어 있던 공동체들이 서로 통합된 대단위의 공동체를 형성하려 할 때는 통합에서 기대되는 이익이 발견되었기 때문이다. 그러나 구체적인 통합과정에서는 한 가지 한 가지 조처가 모든 구성단위를 만족시킬 수 없게 된다.

기존의 공동체 내에서라면 다소 무리한, 즉 일부에 불리한 조처라도 전체를 위한다는 정신이 지배하기 때문에 불만집단이 쉽게 이탈하지 못한다. 이 때는 보통 이탈 아닌 혁명의 시도가 항의의 최후수단이 된다. 그러나 아직 공동체를 형성하지 못한 단계에서 구성단위의 뜻이 연합체에 제대로 반영되지 못할 경우는 곧 이탈이라는 손쉬운 반통합 행위를 택할 수 있기 때문에 통합과정에서의 연합체와 구성단위 간의 커뮤니케이션은 훨씬 더 민감한 반응을 나타내게 되는 것이다.

이 명제와 거의 같은 내용의 가설로 연합체의 구성단위의 대표권에 관한 가설이 있다.

[명 제 20]

"연합체의 안정성은 구성원의 정치적 대표권이 막히면 곧 와해되거나 적어도 발전이 저지되게 된다."

여기서 말하는 정치적 대표권(political representation)은 힘의 배경을 가진 커뮤니케이션이라고 보아도 된다. 구성단위의 참여가 고르게 되는 제도화된 대의제도가 마련되지 않았을 때 연합체는 지지기반을 넓게 가질 수 없고 좁은 지지기반을 가지고는 안정성을 유지할 수 없게 되는 것은 국내에서의 경우와 같다.

이상에서 소개한 에치오니의 가설 외에도 많은 가설을 다른 학자들의 이론에서도 추출할 수 있고 또 위에 소개한 에치오니의 가설이 반드시 통설이라고 할 수도 없다. 예를 들면 앞서 소개한 나이(Nye) 등의 신기능주의자들의 주장은 에치오니의 주장과 다른 부분도 많다. 뿐만 아니라 통합이론 자체에 대한 비판도 적지 않다.[44] 그러나 비록 경험적으로 입증되지 않은 가설의 상태일지라도 통합현상 연구의 하나의 지침은 되리라고 믿는다.

제 8 절 국가통합의 실제 : 유럽통합의 예

분단되었던 국가가 다시 국가의 단일성을 회복하는 국가통일(national unification)의 예로는 베트남(1975), 독일(1990), 예멘

44) 통합이론의 개념과 이에 대한 비판에 대해서는 구영록, "통합이론에 관한 연구: 통합의 유형과 갈등", 『국제정치논총』, 제13, 14집, 1974, pp. 1-30 참조. 통합이론의 약점에 대해서는 이 논문의 p. 25이하를 참조할 것.

(1990) 등이 있으나 독립주권국가들이 무력통합이 아닌 자발적 협의로 단일국가에 준하는 국가통합을 만들어 낸 예는 유럽연합(European Union)밖에는 없다. 그래서 유럽연합의 예로 국가통합이론의 여러 명제들의 적실성을 검토해 보기로 한다.

1. 유럽연합의 탄생과정

유럽연합은 제2차 세계대전 종전 후 전후복구과정에서 경제협력을 일차적 목표로 시작된 통합운동에서 비롯되었다. 프랑스의 장 모네(Jean Monnet) 수상, 로베르 슈만(Robert Schuman) 외상과 같은 선각자의 비젼과 영도력에 힘입어 프랑스, 서독, 이탈리아, 벨지움, 네델란드, 룩셈베르크 등 여섯 나라는 1951년 「파리협정」을 체결하고 다음 해에 the European Coal and Steel Community(ECSC)를 발족시키고 회원국간의 관세철폐 등의 획기적 조처로 경제통합을 시작하였다. 이어서 1957년에는 「로마협정」을 체결하고 석탄, 강철뿐 아니라 모든 영역에서의 경제협력을 하는 '유럽경제공동체'(European Economic Community)로 발전시켰는데 1973년에는 영국과 아일랜드 및 덴마크가 가입하여 서유럽 9개국의 '공동시장'(common market)으로 성장했었다.

'유럽공동시장'은 40여년 동안 회원국이 15개국으로 늘어 서유럽국가 모두를 포함하는 연합체로 발전되었고 1991년에는 경제통합의 범위를 넘어 정치통합으로 발전시킬 것을 합의하는 「마아스트리히트조약」(The Maastricht Treaty: The Treaty on European Union)을 체결하여 유럽 15개국은 1993년에 드디어 유럽연합(European Union)이라는 하나의 공동체로 되었다.[45] 유럽연합은

45) 유럽공동체의 초기관계에서의 구조적 특징에 대해서는 다음 글을 참조할 것. Inis Claude, Jr., *Swords in Plowshares*, 4th ed., New York: Random House, 1971, pp. 108-113. ECSC의 그 후 발전과정과 Maastricht 조약내용 등에 대

1999년 1월 1일부터 유로(Euro)라는 단일통화를 쓰고 있으며 '유럽연합시민권'을 모든 회원국 국민에게 부여하여 지역내 어느 곳에서도 지방의회 선거권, 피선거권을 행사할 수 있게 되었다. 물론 지역 내의 국민은 전 지역에 걸친 거주 이전의 자유를 가지고 있다. 유럽연합은 의회와 행정기관인 집행위원회, 재판소를 가진 정치공동체로 발전하고 있으며 군사통합, 단일외교정책 등도 구상하고 있어 21세기에는 '단일연방'의 형태를 가진 유럽합중국(The United States of Europe)이 될 것이라 생각한다.[46]

유럽연합은 2004년에 과거에 공산권에 속했던 폴란드, 헝가리, 체코, 슬로바키아, 슬로베니아, 에스토니아, 라트비아, 리투아니아 등 8개국과 사이프러스, 몰타 등 2개국을 신규 회원국으로 가입시킴으로써 사실상 전 유럽을 포괄하는 25개국의 연합체로 성장했다. 루마니아와 불가리아가 2007년에 가입하고 현재 가입신청을 내어 놓고 있는 터키까지 가입하게 되면 EU는 사실상의 유럽합중국이 되는 셈이다.

2004년 6월 EU의 정상들은 EU를 정치적으로도 더 통합된 조직으로 전환하기 위하여 유럽헌법을 제정하기로 합의하였는데

해서는 다음 글을 참조할 것. 서병철, 『유럽통일』, 서울 : 평민사, 1996 및 William R. Keylor, *The Twentieth-Century World*, New York: Oxford University Press, 1996, pp.468~478. 1998년 말 현재 유럽연합의 회원국은 프랑스, 독일, 이탈리아, 벨지움, 네델란드, 룩셈부르크(이상 발족 당시의 6회원국), 영국 아일랜드, 덴마크, 그리스, 스페인, 포루투갈, 스웨덴, 핀란드, 오스트리아 등 15개국이다. EU는 면적은 323만 5천 평방킬로, 인구는 약 3억 7천만. 2004년에 폴란드, 체코, 헝가리, 루마니아, 불가리아 등 동구국가들과 사이프러스, 몰타가 가입함으로써 이제 미국을 능가하는 '유럽합중국'이 되었다.

46) 유럽연합의 조직은 다음과 같이 되어 있다. ① European Parliament: Strasbourg에 있으며 임기 5년의 526명의 의원으로 구성되는데 회원국 국민에 의해 직접선거로 의원을 선출한다. ② Commission: Brussels에 위치하여 17명으로 구성되는 집행위원회로서 행정부에 해당한다. ③ Council of Ministers: Brussels에 위치하며 각 회원국에서 1인의 장관(보통 외무장관)이 참여하는 국가대표회의이다. 연방국에서 주를 대표하는 상원에 해당한다.

프랑스에서 비준을 얻지 못해 현재 더 진행되지 못하고 있다. 통일헌법까지 마련되면 단일 연방에 가까운 국가연합체가 될 것이다.

2. 국가통합이론 명제의 검증

유럽연합의 통합과정을 놓고 앞서 소개한 통합조건명제와 통합촉진명제들의 타당성을 간략히 점검해 본다.

(1) 통합전제조건변수와 명제

(가) 지리적 인접성

제이콥(Philip E. Jacob)은 국가통합이 이루어지기 위한 10개의 조건변수와 이와 관련된 명제를 제시했었다. 이 중에서 지리적 인접성(proximity)은 논의할 여지가 없다. EU의 25개국은 모두 지리적으로 인접되어 있다. EU의 창설회원국인 프랑스, 독일, 베네룩스 3국 및 이탈리아는 모두 국경을 접하고 있는 나라들이다. 이러한 지리적 인접성이 EU의 발상을 가능하게 했다는 것은 잘 알려진 사실이다. EU의 성장과정에서도 [명제-1] "지리적으로 가까울수록 그들간의 통합관계가 발전하기 쉬워진다"는 타당함을 보여주고 있다. 25개 회원국들 모두 '유럽 한지붕'(Europe under one roof)에 속하는 나라들이다.

(나) 사회적 동질성

제이콥이 제시한 두 번째 통합전제조건은 사회적 동질성이었다. "사회적 동질성은 정치적 통합의 가능성이 큰 공헌을 한다"는 [명제-2]는 EU통합과정에서 적실성이 재확인되는 명제다. 초기 6개국과 1차 추가가입국 3국 등은 모두 자유민주주의 시장경제국가였다. EU가 1990년대에 두 배로 확장된 것은 1989년의 동구

공산주의체제 붕괴로 동구제국의 민주화와 시장경제체제 수용이 이루어지기 시작했기 때문이다.

사회적 동질성에는 정치이념이나 경제체제 외에도 인종적, 종교적, 언어적, 문화적 변수도 포함된다. EU회원국들은 인종, 종교, 언어 등에서 차이를 보이고 있으나 그러나 거시적으로 보면 모두 '가까운' 나라들이다. 모두 백인(Caucasians)이고, 모두 기독교 국가들이고 모두 아리안계 언어를 쓰고 있다. EU는 현재 계속 동쪽으로 범위를 확대하여 나가고 있지만 우랄산맥과 흑해, 지중해는 넘지 않을 것이다.

㈐ 상호작용

유럽공동체의 초기 6개국간의 상호의존, 상호거래로 맺은 연계는[명제-3] 역사적인 것이다. 경제적 유대를 예를 들어 앞서 소개한 RA지수로 표현한다면 6개국간의 RA는 1890년에 0.57, 1938년에 0.62, 그리고 통합이 논의되던 1948년에는 1.07이었으며, 1954년에 0.79, 1957년에 0.82, 1959년에 0.83, 그리고 1963년에는 0.77이었다.[47] RA는 이미 설명한 바와 같이 -1로부터 $+\infty$ 사이로 변하는 상대적 선호도 측정지수로서 0.0이 표준기대치이므로 0.0을 넘는 숫자는 기대 이상의 거래비중을 말해 주는 것이다. 유럽공동체 6개국은 이미 통합운동 이전에 벌써 상당한 상호의존도를 유지하고 있었으며 이러한 조건이 이들의 통합을 촉진시켰다고 볼 수 있을 것이다.

냉전시대에는 서유럽국과 동유럽국 간의 인적인 접촉, 통신 등의 상호작용은 사실상 단절된 상태였다. 그럼에도 불구하고 무역에서는 서로간의 필요에 의하여 지속적으로 유지되었었다. 그러나 본격적인 동서유럽간의 접촉은 1989년 냉전종식 이후부터 이루어졌다. 낙후한 동유럽의 경제재건과정에서 서유럽의 투자, 기술

47) Deutsch, et al., *op. cit.*, p. 22, table 13-1.

지원이 절대적으로 필요했었기 때문이다. 시기별 RA를 계산한 연구가 없어 소개할 수 없으나 모든 변수에서 급속하게 높아졌으리라 생각한다.

(라) 인식상의 인접성과 기능적 이익

초기 회원국 6개국간의 상호인식, 즉 인식상의 인접성도 아주 높은 편이었다. 이들간에는 적어도 다 함께 서구성향(western orientation)을 가지고 있다는 자각은 있었다.

통합을 지지하는 여론도 아주 높다. 1940년대, 즉 통합 이전의 상태를 알 수 있는 자료는 많지 않으나 1948년에 실시한 부캐넌(William Buchanan)과 캔트릴(Hadley Cantril)의 9개국 여론조사[48]에 의하면 이들 6개국간의 상호인식은 아주 높은 것으로 나타나 있으나, 반드시 서로 좋은 감정을 가졌던 것은 아니다. 예를 들면 서독인 중에는 프랑스인을 제일 미워하는 사람이 4퍼센트(가장 좋다는 사람 2퍼센트), 이탈리아인을 제일 싫어하는 사람이 1퍼센트, 네덜란드인을 제일 우호적이라 여기는 사람이 3퍼센트, 그리고 프랑스인들 중에는 무려 34퍼센트나 독일인을 제일 싫다고 하였으며, 벨지움인을 제일 좋다고 한 사람이 16퍼센트나 되었다.

이탈리아인이나(16퍼센트), 네덜란드인들(36퍼센트)도 독일사람들을 아주 싫어했다. 그러나 미워하거나 좋아하거나 서로가 서로를 잘 알고 있었던 것은 사실이다.

실제로 유럽통합을 지지하는가의 여부를 조사한 도이취 등의 조사[49]에서는 프랑스 및 서독인 모두가 아주 긍정적이었다.

1964년에 행한 이 여론조사에서 예를 들면 서독인 중 91퍼센트가 각국의 주권을 제한하고 유럽공동체의 권한을 강화하는 것을

48) Willian Buchanan and Hadley Cantril, *How Nations See Each Other: A Study in Public Opinion*, Westport, Conn.: Greenwood Press, 1953.

49) Deutsch, et al., *op. cit.*, 프랑스 인들의 태도는 pp. 74-77의 표 5-1, 5-2, 5-3, 그리고 서독인의 태도는 p. 162의 표 10-3을 볼 것.

강력히 지지하고 있다. 그리고 이들의 지지 이유는 다분히 통합에서 얻는 기능적 이익[명제-5]을 생각하기 때문이다. 예를 들면 프랑스인의 53퍼센트나 유럽통합이 경제적 이익 때문에 필요하다고 답을 하고 있다.

(마) 각국 사회의 정치적 특성

[명제-6], [명제-7], [명제-8], [명제-9] 등은 모두 통합에 참여하는 국가들의 속성에 관한 것들이다. 각국 국민의 정치사회 인식, 정부에 대한 지지, 정부의 효율성, 정부형태 등이다. 이 중에서 참가국의 정치형태와 관련된 [명제-7]에서는 세 가지 다른 주장이 있었는데(제 7 절 참조) 유럽통합과정을 분석해 보면 [명제-7의 A] 즉 "민주주의가 통합을 가능하게 한다"는 명제가 현실적 타당성을 가진다는 것을 보여주고 있다.

유럽통합과정이 순탄했던 것은 아니다. 지난 40년간 많은 어려움에 부딪히면서 진행되었다. 영국은 주민의 반대로 가입을 늦출 수밖에 없었으며 덴마크는 정부가 결정한 가입안이 국민투표에서 부결되기도 했었다. 그러나 각국 국민간의 연대의식, 구체적인 경제적 이익 등에 대한 시민들의 자각 등이 각국의 정부를 통합참여로 몰고 갔다. 유럽통합은 결국 유럽 각국 주민들의 시민운동적 지지증대로 이루어진 셈이다. [명제-7]에서 A가 타당했다는 것을 유럽통합이 보여주고 있다.

(바) 통합경험

역사적으로 통합되었던 적이 있는 국가들간의 통합은 쉬워진다는 [명제-10]은 유럽통합에서 확인되고 있다. 유럽연합 초기 회원국 6국은 서기 800년에 샤를마뉴(Charlemagne) 대제가 세웠던 '통일유럽왕국'(Unified European Kindoms)에 속했던 나라들이었다. 그리고 1998년 현재의 15개 회원국의 대부분은 신성로마제국

(Holy Roman Empire)의 범위와 거의 일치한다. 통합경험을 가진 나라들간에는 문화동질성과 사회정치구조에서의 유사성 등이 있어 역시 통합에 유리한 것으로 판명된 셈이다.

(2) 통합추진변수와 명제

에치오니(Amitai Etzioni)는 통합과정에 있어서의 인위적 노력과 관련하여 몇 가지 명제를 제시했다. 이 중에서 우리의 관심을 끄는 문제는 기관통합(機關統合) 우선인가 기능통합(機能統合)우선인가 하는 문제와 경제통합과 정치통합 중 어느 쪽을 먼저 하는 것이 효과적인가 하는 문제, 그리고 군사통합을 어느 단계에서 거론하는 것이 좋은가 하는 문제 등이다. 유럽통합의 40년 과정에서 이 문제들에 대한 답을 찾아본다.

유럽통합은 당초 아주 구체적인 비정부적 경제기능통합에서 시작되었다. 1952년에 결성된 유럽석탄강철공동체가 통합의 시초였으며, 이 기구가 다시 유럽원자에너지공동체(EURATOM)로 기능확대를 했으며 1958년에 다시 전 경제영역으로 기능을 넓힌 공동시장으로 발전하였다.

이렇게 경제통합이 어느 정도 이루어진 후에 마아스트리히트 조약(1992)에서 처음으로 정치통합을 포함시켰고 1997년 10월에 체결한 「신EU조약」(암스테르담조약)에서 EU의 독자적 외교영역의 확대기초를 마련했으며 1998년 11월의 「로마선언」을 거쳐 별도로 추진해 오던 유럽공동방위체인 WEU(Western Europe Union)을 EU의 부분으로 연결하는 작업이 진행되고 있다.

군사통합노력은 원래 경제통합노력과 거의 같은 시기에 시작했었다. 냉전초기 미국에 의하여 추진되던 대서양 동맹체제 내의 유럽조직으로 European Defense Community(EDC)가 1954년 프랑스에 의해 거부됨에 따라 1948년의 브릿셀 6개국 조약을 바탕으로 이에 대신하여 8개국으로 구성되는 WEU를 창설했으며 WEU는 NATO와 밀접한 관계를 유지하면서 오늘에 이르른 것이다.

WEU는 EU와 '병행추진'되었지 '통합추진'되지 않았다. 이 점이 주목할 만하다. 만일 처음부터 WEU를 EU의 부분으로 함께 추진했었다면 아마도 EU는 순탄하게 발전 못했을 것이다. 유럽통합경험에서 얻을 수 있는 교훈은 경제통합 우선이 통합에 유리하다는 것이다.

기능통합과 기관통합 우선문제에 대해서도 유럽통합은 많은 시사를 해 주고 있다. 기관-기능통합 문제는 신기능주의자들의 주장과 같이 서로 '변증법적'으로 보강되면서 진행된다는 것을 유럽통합과정이 잘 보여주고 있다. 기능통합이 어느 정도 진행되면 이에 맞추어 기관통합을 시도하고 기관통합이 한 발 앞서 나가면서 기능통합을 촉진하고…… 하는 관계다.

또한 통합조건이 다 갖추어졌다고 국가통합이 자연발생적으로 이루어지는 것이 아니고 원대한 비젼을 가진 지도자들이 아주 섬세한 전략을 세워 일을 추진해야만 이루어지는 것이라는 것을 유럽통합은 잘 보여주고 있다. 유럽연합의 통치기구라 할 기관들의 발전과정을 살펴보면 이런 사실을 확인할 수 있다. 처음에는 정부대표들이 모이는 이사회(Council of Minister)가 주역을 하다가 점차로 초국가적으로 기능하는 집행위원회(Commission of European Community)의 기능을 늘려가고, 임명직이던 의회(Parliament)도 오랜 시간이 지난 후 선출직으로 만들어 온 것 등을 보면 유럽통합을 주도한 지도자들의 세심성을 엿보게 된다.

기구통합과 행위통합 간의 인과관계를 규명하는 것은 어렵다. 유럽통합의 경우 EEC의 각료이사회(Council of Minister)의 결정이 실제 역내 무역량에 영향을 미쳤다고 보기 어렵다는 사실은 경험적으로 입증되었으며 오히려 서독의 역내무역은 1958년의 EEC 창설 직후 떨어졌다가 1960년에 다시 증가하기 시작하여 1963년에 정점에 올랐다.[50)]

그러나 비정치적 통합우선이 반드시 유리한지는 좀 더 생각해 보아야 한다. 유럽 외의 지역에서는 다른 사태가 벌어졌기 때문이다.

경제적 상호이익에 중점을 두고 시작된 동남아지역공동체(ASEAN)가 월남전 종결 후 중・소의 위협을 느끼기 시작하면서 활기를 띠게 되었다든가 정치동맹이 따르지 못한 라틴아메리카 자유무역동맹(LAFTA)이 그렇게 활발히 통합을 진척시키지 못하고 있는 것 등도 고려한다면 비정치적 통합이 주도하여 타기능 영역으로 통합효과가 파급된다는 도식은 어딘가 부족한 것 같이 느껴진다. 오늘날의 국제정치 풍토에서는 오히려 공통의 안보위협 같은 절박한 상황조건이 통합을 실제로 추진하는 것이 아닌가 생각한다.

도이취는 유럽통합분석에서 대중여론, 엘리트 태도, 무역 편중도 등에서 볼 때 유럽공동체는 대체로 1962년을 고비로 통합의 진행이 정지될 것이라고 주장하였다.[51)] 그러나 잉겔하트(Ronald Ingelhart)는 현재로는 정체처럼 보이지만 새 세대의 태도변화에서 앞으로의 통합잠재력은 발견될 수 있다고 반론했었다.[52)] 즉, 그는 네덜란드, 프랑스, 서독, 영국의 성인들의 유럽통합 지지도(1962년 조사)가 각각 87, 72, 81 및 65퍼센트였는데 비해 젊은이들은 (1964-1965년 조사) 각각 95, 93, 95 및 72퍼센트의 높은 지지율

---

50) James Caporaso and Alan L. Pelowski, "Economic and Political Integration in Europe: A Quasi-Experimental Analysis," *APSR*, Vol. 65, June 1971, pp. 418-433 참조.

51) Karl W. Deutsch, "Integration and Arms Control in the European Political Environment: A Summary Report," *American Political Science Review*, Vol. 60, June 1966 참조.

52) Ronald Ingelhart, "An End to European Integration?," *APSR*, Vol. 61, March 1967, pp. 91-105.

을 보여주어 호전의 기미를 보여주고 있다고 주장했다. 결과적으로 잉겔하트의 판단이 옳았다.

결국 통합은 어떤 계기로든지 일단 부분적으로 이루어지기 시작하면 공동체의식에 서서히 영향을 주어 인간의 마음 속에서 태도변화를 일으키고 그것이 다시 외형의 행위로 나중에 나타나고 하는 식의 메카니즘을 통해 진행되는 것이라고 볼 수 있을 것 같다.

그러나 유럽공동체의 현재의 상태만으로는 아직도 통합이론의 여러 가설적 명제들을 긍정도 부정도 하기 어렵다고 보아야 할 것 같다. 한 가지 사례로는 일반화하기 어렵기 때문이다.

제 9 절 촌 평

주권절대의 원칙을 지켜오던 웨스트팔리아 체제가 탈냉전시대에 들어서면서 무너지기 시작하자 국가주권은 상대화되어가고 있다. 또한 국경을 넘나드는 사람과 물자가 급증하면서 사람들은 한 나라의 국민으로 평생 살아야한다는 생각을 고치기 시작하였고 또한 외국을 낯설어하지 않고 다른 나라 국민들과 쉽게 어울려 살아가기 시작하였다. 이러한 생활양식의 변화는 사람들의 의식에도 크게 변화를 주어 국가간 통합체제를 구축하는데 대하여 강하게 반발하지 않게 되었다. 최근 전세계적으로 진행되고 있는 자유무역협정(Free Trade Agreement)의 예를 보면 알 수 있다.

유럽연합은 주권국가들이 하나의 연방으로 통합되어가는 과정을 잘 보여주고 있다. 이제 국가통합은 '언젠가는 이루어질 일'이라는 인식이 보편화되어 가고 있다. 국가통합이 몇몇 이상주의자들의 환상처럼 보이던 시대에는 이에 대한 연구도 활발하지 않았었으나 머지않은 장래에 일어날 현상으로 인식되면서 이에 대한 관심이 높아져 가고 있으며 또한 연구도 활발해져가고 있다.

아마도 몇 년 내에 국가통합에 관한 훌륭한 이론들이 등장할 것이다. 그 때쯤 이 이론들에 대한 추가 해설을 할 작정이다.

참고도서

1. 구영록(具永祿), "통합이론에 관한 연구: 통합의 유형과 갈등", 『국제정치논총』 제13, 14집, 1974, pp. 1-30.

국가통합이론을 개관하는 데 아주 좋은 논문이다. 특히 뒷부분에 실려 있는 통합이론에 대한 비판은 통합이론의 약점을 이해하는 데 많은 도움을 준다.

2. Philip E. Jacob and James V. Toscano, eds., *The Integration of Political Communities*, Philadelphia: Lippincott, 1964.

이 책은 좀 오래된 것이 흠이지만, 통합이론이 논의되기 시작했을 때의 주요논문 10편을 추려 모은 것이어서 통합이론연구의 출발점으로 삼아야 할 것이다.

3. *International Political Communities*, An Anchor Anthology, New York: Doubleday, 1966.

이 책은 편자가 없는, 출판사에서 여러 논문을 모아 놓은 anthology다. 이 책에는 유명한 Deutsch 등의 "Political Community and the North Atlantic Area"를 포함하여 Haas, Etzioni, Lindberg, Nye 등의 논문 14편이 실려 있다. 모두가 통합이론의 고전에 해당하는 것들이다.

4. Joseph S. Nye, Jr., *International Regionalism: Readings*, Boston: Little, Brown & Co., 1968.

역시 여러 논문을 모은 것이다. 이 책에는 EC, COMECON 등 구체적인 통합예에 대한 사례연구가 많이 포함되어 있다. 그리고 각편 뒤에 참고문헌 목록이 붙어 있어 편리하다.

5. Joseph S. Nye, *Peace in Parts: Integration and Conflict in Regional Organization*, Boston: Little, Brown & Co., 1971.

지역통합에 관한 대표적인 이론서다. neo-functionalism의 시각이 잘 표현되어 있다. 특히 제 2 장 "Regional Integration: Concept and Measurement" 및 제 3 장 "A Political Model of Regional Economic Integration"은 반드시 읽을 것.

6. Amitai Etzioni, *Political Unification: A Comparative Study of Leaders and Forces*, New York: Holt, Rinehart and Winston, 1965.

통합이론의 이론구성을 이해하는 데 아주 좋은 책이다. 특히 아주 유용한 개념들을 많이 제시하고 있어, 통합이론을 좀 깊이 공부하려는 학생에게는 많은 도움을 주리라 믿는다.

7. Karl W. Deutsch, Lewis J. Edinger, Roy C. Macridis, & Richard L. Merritt, *France, Germany and the Western Alliance: A Study of Elite Attitudes on European Integration and World Politics*, New York: Charles Scribner's Sons, 1967.

이 분야의 거장들이 나누어 집필한 통합에 대한 여론조사분석서다. 통합이론의 여러 명제들을 실증적으로 검토한 책으로, 앞으로 실증적 경험연구를 해보려는 학생들에게 좋은 지침이 될 것이다.

8. U. W. Kitzinger, *The Politics and Economics of European Integration: Britain, Europe, and the United States*, New York: Praeger, 1963.

좀 옛날 책이지만 유럽통합에 대한 소상한 사례연구로서 통합과정에서의 구체적인 문제점을 연구하는 데 도움을 줄 것이다.

9. 이상우, "기능주의 통합이론과 남북한관계 개선방안", 『통일정책』, 제 2 권 제 1 호, 1976. 4.

기능주의 통합이론에 대한 해설과 이 이론을 남북한 관계에 적용하였을 경우의 실례를 볼 수 있는 논문.

10. James E. Dougherty & Robert L. Pfaltzgraff, Jr., *Contending Theories of International Relations*, 2nd ed., New York: Harper and Row, 1981의 제10장 "Theory of International Integration," pp. 417-467.

중요한 통합이론을 체계적으로 잘 요약 정리해 놓은 글로서 통합이론에 대한 이해에 아주 큰 도움이 된다.

11. 서병철, 『유럽통합 : 단일국가형성과정』, 서울 : 평민사, 1996, 제 1 부, pp. 19-206.

유럽통합과정을 상세히 분석해 놓은 글. 관련 국가의 정책, 통합목표, 통합과정 등이 잘 다루어져 있다.

제 4 부

21세기의 국제관계이론

제 4 부 21세기의 국제관계이론

[개　요]

지난 300년간 지속되어 온 주권국가 중심의 웨스트팔리아 체제는 21세기에 접어들면서 급속하게 변하고 있다. 전세계가 단일 경제체제, 단일 안보체제, 단일 규범체제, 그리고 단일 정치체제로 통합되어 가고 있다.

웨스트팔리아 체제는 주권국가들간의 합의로 이루어진 국가들의 협의체적 성격을 가진 느슨한 체제였다. 이 체제에서는 서로가 서로의 주권을 존중하고 다른 나라의 내정에는 간섭하지 않고 서로 합의한 것만 규범으로 준수하였다. 국가주권을 초월하는 권위도 존재하지 않았고 폭력의 공공화도 이루어지지 않았다. 국가의 자주권은 자국의 힘 또는 동맹국의 힘을 빌려 지켜나가는 자위로만 유지할 수 있었다. 그리고 이러한 상황에서는 군사력이 가장 중요한 영향력 행사의 힘이 되었다.

21세기에 들어서면서 이러한 국제질서는 더 이상 존속하기 어렵게 되어 가고 있다. 20세기 한 세기동안 인류사회는 과학기술의 혁명이라고 부를 만큼 엄청난 변화를 겪으면서 생활환경이 근본적으로 바뀌어서 더 이상 국가만의 고립된 생활권을 유지하는 것이 어렵게 되었다. 전파와 전기통신의 생활화로 세계 모든 지역이 하나의 정보권 내에 들어섰고 항공교통의 발달로 수백만, 수천만의 개인들이 국경을 넘나드는 상황에서 국가 단위의 독립된 생활권을 유지한다는 것이 불가능해졌을 뿐 아니라 경제활동에서 초국가적 분업이 기본 생산방식으로 되고 상품, 자본시장도 범세계적 단일 시장으로 변질된 상태에서 국가와 국가간의 관계를 각 국가의 정부가 선택적으로 관리할 수 없게 되어버렸다. 웨스트팔리아 체제는 독립된 국가간의 선택적 관계를 규제하는 질서였는데 국가간 관계가 국가통제를 벗어나게 되면서부터는 더 이상 유지할 수 없게 된 것이다.

국가간 상호의존(interdependency)의 심화는 초국가적 질서를 필요로 한다. 구성국가들이 동의하지 않아도 승복해야 하는 세계공공질서의 규범이 필요해졌고 또한 각 국가는 한 가지 국가이익을 수호하기 위해 취한 이기적 정책이 다른 영영에서의 불이익으로 돌아오는 상황에서 좁은 국익만을 내세우는 대외정책을 더 이상 선택할 수 없게 되었다. 또한 한 국가 내에서 일어나는 일들이 다른 나라에 직접적인 영향을 미치는 상황에서 '내정불간섭' 원칙은 의미를 잃게 되고 정보와 문화의 공유가 가져오는 각국 시민들간의 연대의식, 나아가서는 새로 형성되는 세계시민의식은 한 국가의 정부가 자국 국민에게 행하는 반인륜적 핍박을 다른 국가 국민들이 묵과하지 않는 상황이 되어가고 있어 이제 국가주권의 절대성은 더 이상 존중할 수 없게 되어가고 있다.

새로운 국제질서가 어떤 모양으로 발전되어 갈지 아직은 확언하기 어렵지만 단일 세계공동체(one world community)로 되어가리라는 것은 예측하기 어렵지 않다. 세계질서가 단일 연방제 같은 모습을 갖추게 될지, 아니면 국가의 지위가 더욱 약화된 느슨한 연합체적 정치체제의 모양을 갖출지는 알 수 없다. 그러나 어떤 모양이 되든지 자주권을 가진 주권국가들의 자유로운 선택으로 대외정책을 수립하고 행하던 시대의 국제관계이론만으로는 국가의 행위, 국제질서의 상태 등을 설명하거나 예측하기는 어렵게 된다. 오히려 국내의 다양한 정치세력과 단위간의 관계를 설명, 예측하던 일반 정치학 이론이 국제질서의 현상을 설명하는 데 적실성이 더 높아지게 될 것이다. 국제관계가 단일 세계질서로 되어가면 종전까지의 국제관계이론과 국내정치이론의 통합이 이루어진다고 보면 될 것이다.

이런 흐름 속에서 국내정치를 설명하는 데 각광을 받아 왔던 구조주의이론들이 세계정치질서 설명에서도 유용성이 높아지리라 생각된다. 한 시점에서의 여러 정치세력간의 힘의 배분과 상호간의 관계가 각개 정치 단위의 행위를 결정한다고 보는 구조주의 시각이 다양한 국가들이 하나의 정치질서 속에서 살아가는 21세기적 세계질서 상황에서의 각 국가의 행위를 설명하는 데 큰 도움을 주리라 생각한다. 제23장에서 세계화와 상호의존의 심화가 국가행위 결정에 미치는 영향을 소개하고 21세기에 새로 관심을 모으는 신현실주의이론, 구성주의이론 등을 간단히 소개한다.

21세기 국제정치환경에서 또 한 가지 주목할 현상은 '지배이념'이다. 지금까지 이데올로기는 국내정치에서만 큰 의미를 가지는 것으로 여겨왔으나 국제정치가 국내정치와 같은 모습으로 단일 정치무대 속에서 이루어지는 정치가 되면서부터는 정치이데올로기가 가장 중요한 질서요소로 등장하고 있다. 정치이데올로기는 질서가 누구의 무슨 이익을 지키기 위하여 존재해야 하며 또한 누가 어떤 절차를 밟아 질서를 관리·운영해야 하는

지를 결정하는 '신념체계'이므로 세계정치체제가 하나가 되면 세계정치질서는 어느 국가 또는 어떤 개인들을 위해 존재해야 하며 누구의 이익을 우선적으로 보호하고 누가 어떤 절차를 밟아 질서를 관리·운영해야 하는가를 결정하는 정치이념이 국제질서의 이해에 있어서도 모든 것에 앞서는 중요성을 갖게 된다.

흔히 냉전종식을 탈이데올로기 시대의 시작으로 이야기하고 있으나 그것은 큰 착각이다. 냉전체제 붕괴 이후 각국의 대외행위결정에서 가장 두드러지는 행위결정 요소는 바로 정치이념이다. 미국의 대외정책은 미국의 자유민주주의 이념의 확산이라는 결의를 모르면 이해할 수 없다. 막대한 희생을 감수하면서 감행한 두 차례의 이라크 전쟁, 아프가니스탄 전쟁은 모두 이념전쟁이다. 또한 이슬람 원리주의자들의 반미투쟁도 이념투쟁이다.

현재 각축을 벌이는 세계정치 무대에서의 이념들은 자유민주주의, 민족주의, 그리고 마르크스-레닌주의 등이다. 질서의 목적을 모든 개인의 자유와 인권의 보장에 두어야 한다는 개인 중심의 자유주의와 민족의 번영에 1차적 목표를 두는 민족주의, 그리고 계급이익을 앞세우는 마르크스-레닌주의가 각국의 대외행위를 지배하고 있다. 미국은 과거 자국만의 자유주의 이념 수호라는 틀을 벗어나 전세계적으로 반자유주의적 국가들을 민주화시켜 온 세계를 하나의 민주공동체(one world community of democracy)로 만들겠다는 국가목표를 내세우고 독재자의 전위기지(outpost of tyranny)로 남아 있는 몇몇 독재국가의 민주화에 적극 나서고 있다. 이에 맞서 세계화에 반대하고 자국만의 독자적 체제를 유지하면서 살아가겠다는 민족주의 국가들이 있고, 이슬람 원리주의를 내세우는 '종교적 민족주의' 세력이 있다. 그리고 아직까지도 무산계급의 계급이익을 앞세우고 있는 소수의 마르크스-레닌주의 국가가 남아 있다.

정치이념이 각국의 대외정책결정의 핵심요소가 된 새로운 세계질서에서는 이념을 도외시한 국제관계이론은 의미를 잃게 된다. 국가행위의 설명과 예측에 도움을 주지 못하는 이론은 이론이 아니기 때문이다. 새 시대의 국제관계이론은 이념을 변수로 포함하는 이론들이 될 것이다. 제24장에서 이념과 국가행위관계를 해설한다. 그리고 지배이념 중 논리체계를 갖추어 가는 신보수주의 이념에 대하여 간략히 소개한다. 마르크스-레닌주의는 제 7 장에서 소개한 레닌주의 전쟁이론 이외에는 특히 더 논할 만한 것이 없어 제외하고 각종 민족주의 이념들과 관련해서는 아직도 정형화된 이론이 나타나지 않아 따로 소개하지 않는다.

제23장

세계화와 국제관계이론

제 1 절　세계화의 추세

국경을 넘는 인간간의 접촉이 급속히 증대하면서 국가간의 관계도 함께 빠르게 바뀌고 있다. 대부분의 인간들이 자국 국경 내에서 그 나라의 규범을 지키며, 제도를 존중하고 그 나라의 삶의 양식을 쫓아 평생을 살았던 시대에는 국제관계란 국가와 국가 간의 선택적 협의, 협력, 갈등으로 제한되었다. 특히 주권국가간에 서로의 자주권을 존중하고 서로 내정간섭을 하지 않으면서 서로 합의된 것만 규범으로 인정하기로 한 제도화된 국제질서인 웨스트팔리아 체제가 지배하던 시대에는 국제관계는 국내정치와 분리된 별도의 관계로 유지되었다.

그러나 교통·통신수단의 발달로 정보의 공유, 타국 국민들과의 접촉 증대, 그리고 국가간 교역의 증가와 국제분업의 심화로 인간의 삶의 양식은 국제화되기 시작했다. 상거래를 하려면 척도(尺度)가 같아야 하고 상거래 규칙이 같아야 한다. 국경을 넘어 통행하는 항공기는 공통의 운항규칙을 지켜야 한다. 이렇듯 "국제사회에서 통용되는 준칙의 수용"을 뜻하는 국제화(internationalization)

는 이제 피할 수 없는 현상이 되었다.

국제화와 좀 다른 개념으로 세계화(globalization)라는 개념이 있다. 세계화는 자국의 준칙, 양식, 사상, 제도 등을 세계적인 것으로 만드는 것을 말한다. 영국과 미국의 언어이던 영어는 이제는 세계공용어(lingua franca)가 되었다. 유럽 국가간에 사용하던 여권과 비자 제도가 이제는 모든 국가의 제도가 되었으며, 프랑스에서 행하던 국빈방문 의전절차가 세계적인 보편의식이 되었다. 이렇듯 "자기 것을 세계적인 것으로 보편화시키는 것"이 세계화이다. 세계화란 한 국가 또는 한 지역에서 통용되던 삶의 양식이 전 세계의 보편적 양식으로 되는 것이다.

미국 등 세계질서를 지배하는 강대국에게는 국제화와 세계화가 사실상 같은 개념이 된다. 자기 것이 곧 세계적인 것으로 되어가기 때문이다. 그러나 낙후된 후진국의 경우에는 사정이 다르다. 하나가 된 세계시장에서 고립하지 않기 위해서 국제화는 불가피한 선택이 되지만 자국의 생활양식, 제도가 세계적인 것이 되는 세계화는 하나의 꿈으로 남을 뿐이다. 한국의 경우 영어가 좋아서가 아니라 살아가기 위해 필요하니까 수용하지만, 우리의 한글을 세계적 언어로 만들기에는 아직 우리의 힘과 국격(國格)이 거기에 미치지 못한다. 어느 민족이나 자기의 삶의 양식, 즉 자기의 고유문화를 그대로 간직하면서 독자적 발전을 하고 싶어 한다. 각국은 꼭 필요한 것, 동의하는 것만 수용하려 한다. 그래서 '강대국의 것'이 세계화되는 것에 약소국들은 저항하고 있다.

베일리스(John Baylis)와 스미스(Steve Smith)는 그들이 함께 편집한 최근의 교과서 *The Globalization of World Politics*[1]의 서문에서 세계화를 다음과 같이 정의하고 있다.

1) John Baylis & Steve Smith eds., *The Globalization of World Politics*, 2nd edition, Oxford: Oxford Univerity Press, 2001.

> “세계의 한 지역에서 일어나는 일들이 멀리 떨어져 있는 사람들과 사회에 점점 더 영향을 끼치게 되는 사회간의 연계성이 점증하는 과정”(the process of increasing interconnectedness between societies such that events on one part of the world more and more have effects on peoples and societies far away).

그리고 이러한 세계화가 진행되게 된 원인을 다음과 같이 여덟 가지로 정리하고 있다.[2)]

① 국가가 통제하기 어려울 정도로 초국경적 경제거래가 빠르게 진행되고 있다.

② 교통·통신수단의 발달로 인한 정보의 급속한 확산으로 사회집단이 국경을 초월하여 형성되어 가고 있다.

③ 같은 영화, 같은 책을 동시에 보게 되면서 전지구적 공통문화(global culture)가 형성되어 가고 있다.

④ 각국 인민간의 의식의 동질성이 높아가고 있다.

⑤ 시간과 공간이 ‘붕괴’되고 있다(시간과 공간의 거리가 없어졌다는 의미).

⑥ 전세계적 범위의 ‘정치집단’이 출현하고 있다.

⑦ 사람들은 전지구적으로 생각하고 지역적으로 행동하게 되었다(think golbally and act locally).

⑧ 환경오염, 전염병의 확산 등 한 나라만으로는 감당하기 어려운 전 지구적 재앙이 닥치고 있다.

세계화는 이제 국가들의 선택 대상이 아니라 누구도 저항할 수 없는 하나의 흐름이 되었다. 이러한 세계화 현상 속에서 변할 수밖에 없는 국가간 관계를 설명하기 위해서는 이론이 새로 정립되어야 하는 것은 당연하다. 21세기의 국제관계이론을 설명하기 위해서는 세계화로 인한 국제간 관계의 근본적인 변화를 반영한

2) 같은 책, p. 9. 이해의 편의를 위해 약간씩 재정리하였다.

새로운 접근이 불가피해진다.

세계화의 급속한 진행은 두 가지 방향에서 국제질서의 변화를 촉진하고 있다. 첫째는 전세계를 하나의 단위로하는 세계질서의 출현이고, 둘째는 국내정치와 국제정치의 연계의 심화이다. 세계질서의 출현은 불가피하다. 교통, 통신의 발달로 전세계 인류가 같은 정보에 동시에 노출되고 다양한 국민이 같은 공간 속에서 보내는 시간이 급증하면서 초국가적 공공질서의 필요성이 증대하고 있으며 또한 접촉의 증대로 국가간의, 그리고 국민간의 협력과 갈등이 늘어나기 때문이다. 국내사회에서도 산업화 이전 시대에는 교통규제, 환경규제, 건축규제 등이 필요하지 않았으나 도시화, 산업화가 진행되면서 교통규칙이 생겨나고 건축법, 환경보전법이 생겨난 것처럼 국제사회에서도 접촉의 증가와 생산의 분업화가 심화되면서 초국경적인 공공규범이 필요해지게 되고 이러한 규범을 제정, 관리할 초국가적 질서가 필요해진 것이다.

빈번한 인간간의 접촉은 생활양식의 동화와 갈등을 촉진한다. 서로 접촉이 없었을 때 각 집단이 지켜오던 삶의 양식이 같은 도시 속에서 매일 접촉하면서 살게 되면 서로가 서로를 배우는 문화동질화도 이루어지지만 또한 문화충돌도 불가피해진다. 더구나 인구이동이 급증하고 이민이 늘어나게 되면 각국 내에서 인종분쟁, 종교갈등, 문화갈등은 심화될 수밖에 없다. 이러한 국내에서의 갈등은 타국 내에 국내의 특징 집단과 같은 문화동질성을 가지는 집단이 존재할 때는 국가간 갈등으로 번지게 된다. 이러한 국가간 갈등의 평화적 해결을 위해서는 초국가적인 질서, 즉 세계질서의 출현이 불가피해진다.

국경을 넘는 인간간의 접촉증대와 폭넓은 문화교류는 인간의식의 동질화와 가치관의 보편화도 촉진한다. 이런 과정에서 사람들은 자기가 소속된 국가의 국민이라는 의식과 자기가 속한 문화

동질집단으로서의 민족의 소속원이라는 의식을 동시에 가지게 되며 나아가서 모든 인간과 보편적 가치를 공유하는 세계시민이라는 의식도 함께 가지게 된다. 국민의식과 세계시민의식의 공유는 필연적으로 국내정치와 국제정치의 연계를 가져오게 된다. 인권이라는 인류보편적 가치를 공유한 세계시민은 특정 국가 내에서의 인권탄압을 묵과하지 않으려 하고 자국 정부로 하여금 인권탄압 국가의 내정간섭을 요구하게 된다. 또한 각국 정부도 세계시민의 여론을 의식하여 국내정책도 마음대로 할 수 없게 된다.

전세계가 하나의 질서 속에서 통합관리되면 경제적, 군사적, 문화적 강대국의 세계지배를 촉진하게 되고 약소집단은 자기 정체성을 잃게 된다. 21세기에 들어서면서 세계화가 빠른 속도로 진행되자 반동으로 이에 저항하는 운동도 거세지고 있다. 세계무역기구(WTO)에 저항하는 국제적 '반WTO'운동, 그리고 이슬람문화권의 반기독교 국가 투쟁 등이 격화되고 배타적 민족주의 정서가 확산되고 있는 것이 현실이지만, 그러나 국경을 차단하고 고립하여 살 수 없는 것도 현실이고 보면 세계화의 추세는 피할 수 없는 흐름으로 수용해야할 것 같다.

제 2 절 무질서와 합리적 선택이론

20세기 후반부에 등장한 국제관계이론은 모두 '웨스트팔리아 체제'적 현실 인식에 바탕을 두었다. 최고권위체로서의 국가의 행위선택의 자유를 공리(公理)처럼 전제한 이론이 대부분이었다. 대부분의 국제관계이론가들은 국제사회를 국가들이 존재하는 하나의 무대이고 국가들이 최고의 권위인 주권을 가진 행위주체자이고 이들 국가들은 자국 국민의 이익을 극대화하기 위하여 주어진 조건에서 최선의 선택을 하는 합리적 선택의 주체라고 전제했다.

국제사회를 관리가 전혀 안 된, 규범이 없는 '정글 속의 상태' 처럼 인식하는 홉스(Thomas Hobbes)적 인식을 토대로 하는 현실주의이론이 모겐소(Hans Morgenthau)의 *Politics Among Nations* (1948년 초간) 이래 국제관계이론의 표준처럼 여겨졌고, 비록 초국가적 권위체는 없지만 국가들간의 묵시적, 명시적 합의로 이루어진 규범이 지배하는 규칙성(norm-governed regularity)이 존재하는 질서가 존재하는 연합체적 사회라 인식하고 접근하는 월츠(Kenneth N. Waltz)적인 국제사회관을 토대로 하는 신현실주의이론이 그 뒤를 이었다. 웨스트팔리아 체제는 국가들의 집합이 사실 홉스적인 규범이 전혀 없는 무질서의 국가들의 모임이라기보다는 그로티우스(Hugo Grotius)적인 국가들의 사회(society of states)라는 사실을 전제로한 체제였다. 주권국가들은 서로 주권을 존중하고 국내정치에는 간섭하지 않으며 서로 합의한 것만 규범으로 한다는 원칙은 지켰기 때문이다.

국가들이 추구하는 가치가 국제질서의 유지, 발전보다는 자국의 경제적 이익과 자기 정체성(identity)을 지키는 자율성의 확보에 집중되어 있는 '국제사회'라는 환경에서는 세력균형이론(balance of power theory)이라든가 집단안보이론(collective security theory), 그리고 억지이론(deterrence theory) 등 이익극대화를 위한 최선의 선택을 합리적으로 계산하여 하게 된다는 합리적 선택이론이 유용한 행위설명 및 예측이론이 될 수 있었다.

1. 인간의 합리적 행위선택

잘 짜여진 사회질서 속에서 인간이 선택하는 행위는 설명하기도 쉽고 예측도 가능하다. 형법이 잘 시행되는 국법질서 속에서는 사람들은 하지 말라는 일은 하지 않는다. 군율이 엄격한 군대 내에서 각각의 장병이 취할 행위를 설명하거나 예측하는 것은 어렵지 않다. 군율과 군대조직 규범을 알면 각각의 장병이 특정상황에서 어떤 행위를 할지 기대가 가능해진다.

만일 질서가 존재하지 않는 상태, 즉 무질서(anarchy)상태 속에서는 사람들은 어떻게 행위할까? 전혀 예측할 수 없는 무작위적 선택(random choice)을 할 것인가? 개별 행위자의 특성에 따라 각각 다른 행위를 할 것인가?

인간은 합리적 사고를 하는 존재이기 때문에 행위결정에서 목표지향적인 선택을 하려 하며 주어진 여건에서 최소희생·최대이익을 확보하려 한다. 바로 이러한 인간의 기본속성에 기초한 이론이 합리적 선택이론(rational choice theory)들이다. 합리적 선택이론은 다음과 같은 사실을 전제하고 세워진 이론이다.

> "인간은 특정상황에서 얻을 수 있으리라 기대하는 이익을 극대화할 수 있도록 목표와 수단을 비교·교량하는 계산을 토대로 합리적으로 행위하며, 이러한 목표지향적인 개인들의 행위정향을 바탕으로 하면 (인간집단의 의식적 행위체제인) 정치를 이해할 수 있다."[3)]

최소비용으로 최대편익을 얻기 위해 주어진 조건에서 최선의 선택을 한다는 인간의 보편적 성향을 전제한다면 개인이나 인간집단의 행위를 설명하고 예측하는 경험적 이론을 정립할 수 있다는 생각이 바로 합리적 선택이론의 바탕이 된다. 물론 이때 '합리성'

---

3) Chris Brown, *Understanding International Relations,* 2nd edition, Houndmills: PALGRAVE, 001, p. 443. 원문은 다음과 같다. "The presupposition of rational choice thinking is that politics can be understood in terms of the goal-directed behaviour of individuals, who act rationally in the minimal sense they make ends-means calculations designed to maximize the benefits they expect to accrue from particular situations."

가정이 쉽지만은 않다. 행위주체마다 목표를 같이 한다든지 주어진 조건을 다 똑같이 인식할 수 있다든지 하는 더 원초적인 가정이 전제되어야 하기 때문이다.

사회과학은 인간행위에 관한 과학이다. 인간의 행위결정에서 일정한 규칙성이 발견되지 않는다면 사회과학은 성립할 수 없다. 합리적 선택 가정은 사회과학의 존립을 가능하게 하는 기초적 가정이다.

인간의 행위 중에서 많은 사람들이 공통으로 추구하는 목표가치가 발견되는 영역에서는 합리적 선택이론이 여러 가지 형태로 발전해 왔고 또한 적실성도 인정받아 왔다. 시장에서 물가가 결정되는 과정에 대한 이론이라든가 전투 시뮬레이션모형을 뒷받침하는 전략이론 등에서는 합리적 선택이론이 주류를 이루고 있다. '경제적 이익의 극대화'라든가 '전투에서의 승리 추구'같은 목표는 쉽게 보편화할 수 있기 때문이다. 그러나 문화, 예술, 종교 등 주관적 가치 정향이 목표 선정에 직결되어 있는 영역에서는 합리적 선택이 설 자리가 사실상 거의 없다. 정치영역에 있어서도 선거전략이라든가 전쟁억지전략 등 영역에서는 합리적 선택이론이 각광을 받지만 기타 영역에서는 적용이 제한되어 있다.

국제관계이론에서는 전략이론분야에서 합리적 선택이론이 일찍부터 개발되었다. 이 책 제16장에서 소개한 쉘링의 전략이론이 그 대표적인 예이다.

2. 무질서와 국제관계이론

일반적인 정치학이론을 국제관계에 응용하는 데는 많은 제약이 있다. 국가사회에는 잘 발달된 정치질서가 있고 또한 국가가 오랫동안 하나의 폐쇄사회(closed society)로 존재해 왔기 때문에 체제특성을 주어진 조건(given condition)으로 보고 그 틀 속에서 일어나는 정치현상을 이론화해 왔었으나 국제무대로 들어서면 질서가 존재하지 않는 무질서(anarchy) 속에서 국가들이 행위선택을 해야 하는 상황이 되기 때문이다. 그래서 국제관계이론과 일반정치이론이 다르게 발전해 왔다.

국제관계이론이 전제하는 '무질서'란 과연 '질서의 부존재(不存在)상태'인가? 전통적으로 와이트(Martin Wight), 불(Hedley Bull) 등 영국 학자들은 무질서라는 국제체제에 대하여 깊은 관심을 가지고 다각적으로 논의해 왔으며 불은 이를 토대로 *The Anarchical Society*라는 유명한 국제관계이론 교과서를 썼다.[4] 이들은 "중심적 권위체(centralized authority)가 존재하지 않는 상태"를 무질서라 정의하고 이러한 무질서, 즉 anarchy를 세 가지 유형으로 나누었다.

첫째는 글자 그대로 아무런 규범도, 조직도 없는 질서 자체의 부존재상태를 말한다. 이런 상태는 홉스(Thomas Hobbes)가 상정한 모두가 모두를 '적'으로 여기는 상태이다. 둘째는 행위자간에 서로의 존재를 인식하고 경쟁하는 상태의 무질서이다. 합의된 규범은 없어도 상대도 나처럼 합리적 전략을 구사하면서 추구하는 가치실현을 위해 최선을 다하리라는 기대가 가능한 상태의 무질서이다. 로크(John Locke)가 상정하는 경쟁적 무정부상태이다. 셋째는 비록 초국가적 법질서가 존재하지 않는다 하더라도 각 국가가 준수하는 최소한의 질서적 규범이 존재하는, 서로 우호적 협력을 할 수 있는 무정부상태가 있을 수 있다. 이 유형을 칸트(Immanuel Kant)적 무정부상태라 부른다.[5]

---

4) Hedley Bull, *The Anarchical Society: A Study of Order in World Politcs,* New York: Columbia University Press, 1977. 그 뒤에 Alexander Wendt가 *Social Theory of International Politics,* Cambridge: Cambridge University Press, 1999에서 세 가지 anarchy를 상세히 논했다.

5) Alexander Wendt(1999), p. 247.

불은 초국가적 중심권위체가 존재하지 않는다는 점에서 국제정치 무대는 무정부적이라 하더라도 그 안에는 비규범적 규칙성(non-normative regularity)만이 관측되는 국제체제(international system)가 있을 수 있고 규범이 지배하는 관계(norm-governed relationship)가 존재하는 무질서사회(anarchical society)가 있다고 하면서 현실적인 국제관계는 바로 이러한 '무질서사회'에서 이루어진다고 했다.[6)]

불은 이 관계를 다음과 같이 부연 설명한다.

> "국가들이 서로 행위를 주고받을 때 단순히 비규범적 규칙성만을 내포하고 있는 국제체제를 형성하는 것이 아니라 그들은 규범이 지배하는 관계, 즉 국제사회를 형성하게 된다. 그 국가들은 최소한 서로간의 제한된 책임을 수용하고 또한 전체 체제에 대한 책임을 수용하게 되기 때문에 사회를 형성하게 되는 것이다."[7)]

불의 무정부상태 가정은 로크적 경쟁상태와 칸트적 우호관계를 모두 포함하고 있는 셈이다. 국가들은 아무런 게임규칙이 없는 상태에서 서로 공을 뺏는 싸움을 하는게 아니라 축구게임처럼 정교한 규칙이 존재하고 이 규칙 또한 심판에 의해 지키는 것을 강요당하는 틀 속에서 게임을 하는 것은 아니더라도, 손이 아닌 발로만 공을 다루고 참가자 수를 서로 같게 한다던가 하는 관습이 서로 존중되는 상태에서 게임을 하는 것이라고 본다면 불이 상정하는 무질서상태가 이해될 것이다.

---

6) Brown(2001), p. 54.

7) 이해를 위해 의역하였다. 원문은 다음과 같다. "…States when interact do not simply form an international system, a non-normative pattern of regularities, rather they form a society, a norm-governed relationship whose members accept that they have at least limited responsibilities towards one another and to the society as a whole."

3. 월츠의 신현실주의

1950년대부터 1970년대까지 국제관계이론을 주도해 온 것이 한스 모겐소(Hans Morgenthau)가 *Politics Among Nations*에서 제시한 현실주의이론(realism)이었다면 1980년대 이후 그 역할은 케네스 월츠(Kenneth Waltz)가 *Theory of International Politics*에서 제안하고 있는 신현실주의(neo-realism) 이론틀이라 할 수 있다. 물론 본인이 신현실주의라고 이름 붙인 것이 아니라 학자들이 모겐소의 주장과 구분하기 위해 붙인 이름이다. 신현실주의는 그 주장의 핵심을 강조하는 뜻에서 구조적 현실주의(structural realism)이라고도 부른다.

월츠의 구조적 현실주의가 모겐소의 전통적 현실주의와 차이가 나는 부분은 각 국가의 행위선택에 미치는 국제체제의 영향에 대한 인식차이다. 전통적 현실주의에서는 국가의 행위선택에서 국가가 추구하는 "국익이라 표현되는 권력"의 추구라는 일반적 속성과 그 국가의 특성 등이 주된 변수가 된다고 본다. 국가행위를 규제하는 초국가적 규범을 강요할 중심적 권위체가 없는 국제체제에 대해서는 특별한 의미를 부여하지 않는다. 규제가 없어 투쟁이 자유롭게 허용된다는 정도로만 국제체제에 의미를 부여할 뿐이다.

월츠의 구조적 현실주의에서는 이와 반대로 국제체제가 국가의 행위선택에 결정적 영향을 준다고 보고 있다. 국제체제를 무정부상태로 보는 것은 전통 현실주의에서와 같지만 그 무정부상태는 '질서원칙'을 가지고 있고 그 원칙이 국가의 행위선택에 결정적 영향을 준다고 보고 있다. 월츠에 있어서는 무정부상태란 홉스적인 것이 아니고 로크나 칸트적인 무정부상태이다.

월츠는 국제체제의 특성은 체제 내의 국가 등 행위단위간의 힘의 배분상태로 결정된다고 보고 있다. 그 국가가 힘의 배분에서 패권적 지위에 있는가 아니면 제한된 영향력 밖에 행사할 수 없는 약소국인가에 따라 행위선택이 달라질 수밖에 없고, 또한 지배적 강대국이 한 개뿐인가, 아니면 몇 개의 강대국이 경쟁하는 상태인가도 각 국가의 행위선택에 영향을 준다고 보고 있다. 월츠의 신현실주의에서는 권력(power)이란 국가가 추구하는 목표적 실체라기보다 국가가 국익을 추구하는 수단일 뿐이며 그 힘은 다른 국가와의 상대적 격차에서만 의미를 가진다고 보고 있다. 월츠의 구조적 현실주의는 이미 앞서 소개한 오간스키의 힘의 전이이론(제 9 장), 길핀의 패권전쟁이론(제10장), 라고스, 갈퉁, 럼멜의 위계이론(제11장), 해러리의 구조균형이론(제12장), 그리고 카플란의 체제이론(제13장) 등 구체적 이론으로 발전해 왔다.

스티븐 래미(Steven Lamy)가 정리해 놓은 신현실주의의 '핵심가정'을 간추려 소개한다.[8)]

① 국가와 기타 행위자들은 중앙집권적 권위체가 없는 무정부 상태의 국제체제 속에서 상호작용한다.

② 국제체제 구조는 행위자의 행동을 결정짓는 주요 요인이 된다.

③ 국가는 기본적으로 이기적이며 경쟁원리를 조장하는 국제체제 속에서 자조적(self-help)으로 행동한다.

④ 국가는 합리적 행위자로 자국 이익을 극대화하고 손해를 최소화하는 전략을 세운다.

⑤ 국가는 다른 국가들을 모두 잠재적 적국으로 간주한다.

---

8) John Baylis & Steve Smith eds., *The Globalization of World Politics,* 2nd edition, Oxford: Oxford Univerity Press, 2001의 한국어 번역판, 『세계정치론』, 서울: 을유문화사, 2003의 제 9 장 Steven Lamy, 남궁곤 역, "현대주류이론: 신현실주의와 신자유주의", p. 199에 실린 [표 9-1]을 정리한 것이다.

4. 신자유주의

신현실주의와 대비해서 신자유주의를 논하는 경우가 많다. 자유주의(liberalism)는 개인의 자유와 인권보호를 사회제도의 최대의 과제로 보는 규범이론이어서 국가행위를 설명하는 경험이론은 아니나 자유주의 가치를 실천하기 위한 노력을 펴는 국가들의 행위선택에 영향을 준다는 점에서 경험적 이론을 다루면서도 함께 논의하고 있다. 특히 개인의 자유와 인권의 보장을 범세계적으로 이루어야 한다는 세계시민의식이 강화되는 21세기적 환경에서 미국 등 세계질서 주도국들의 정책의 근거가 되면서 관심이 더 높아져 가고 있다.

자유주의가 정책의 지도지침이 되면 각 국가들의 반자유주의적 폭력적 정책을 규제하는 제도의 수립으로 방향이 잡히기 때문에 자유주의는 자유주의·제도주의(liberal institutionalism)로 그 모습을 드러낸다. 신자유주의는 자유주의 이상의 실천을 위한 제도화에 역점을 두는 일련의 사상체계이다.

신자유주의는 칸트적 무정부상태를 가정하고 출발한다. 비록 국가의 행위를 규제하는 중앙집권적 권위체는 없지만 국제사회에도 모든 인간이 함께 잘 살아보자는 보편적 가치추구 정신은 존재하고 협력을 통하여 모두의 삶의 질을 향상시키려는 제도 이전의 인간의 가치정향이 있기 때문에 투쟁과 경쟁이 아닌 협력으로 공존질서를 구축할 수 있다고 가정하고 있다. 호프만(Stanley Hoffmann)은 "자유주의의 본질은 자제, 온건, 타협, 평화에 있다"고 했는데 바로 이러한 믿음을 바탕으로 범세계적 평화질서를 구축하려는 노력의 지침이 신자유주의이다.

신자유주의에서는 절대적 국익(absolute interest)을 상대적 국익(relative interest)보다 앞세운다. 그리코(Joseph Grieco)가 주

장하듯이 절대적 국익 추구와 상대적 국익 추구가 신현실주의와 신자유주의의 핵심적 차이가 된다.

각 국가는 자국 국민의 삶의 질을 향상시키려는 양보할 수 없는 국가이익을 갖고 있다. 이 국익을 확보하는 방법은 두 가지가 있다. 한 가지는 남과 싸워 이겨서 우위의 지위를 확보하는 방법이고 다른 한 가지 방법은 서로 협조하여 상생(win-win)하는 방법이다. 무질서의 국제체제에서는 다른 행위자를 믿을 수 없고 따라서 경쟁에서 이겨 국제체제 내에서 지배적 지위를 차지하는 것이 가장 확실한 국익 수호의 방법이 된다. 이때 비록 절대적 이익이 별로 커지지 않더라도 다른 국가보다 우위가 되는 것이 더 중요해진다. 이것이 신현실주의의 논리이다.

국가간의 접촉이 비약적으로 늘어나고 또한 산업구조에서 국제분업이 불가피해지는 세계화된 상황에서 협력은 불가피하다. 더구나 자원이나 노동력보다도 기술이 산업에서 차지하는 비중이 높아가는 고도산업시대에는 기술확보를 위한 국가간 협력은 필수적이다. 기술은 창의에서 비롯되고 창의는 자발성에서만 가능하므로 기술은 자원이나 단순노동력, 영토와 달리 협력이 아닌 강압으로는 확보할 수 없다. 이러한 상황에서는 협력이 강압보다 국익 증대에 도움을 줄 수 있다. 신자유주의는 이러한 현실을 토대로 설득력을 높여 가고 있다. 국제관계 현주소에서는 안보영역에서 신현실주의 논리가, 그리고 경제와 환경보호 등 영역에서는 신자유주의 논리가 현실 국제관계를 설명하는 주된 이론으로 활용되고 있다.

제 3 절 구성주의이론의 등장

사회구성원 각자의 인권과 자유를 극대화하기 위해서는 정부의 제약을 줄이고 각자가 자기책임 아래 정치적 선택을 하게 하는 것이 가장 바람직하다는 자유민주주의 정치이론이 풍미하면서 국제사회에서도 이러한 자유민주주의적 질서를 구축하면 진정한 평화질서의 도입이 가능하다는 민주평화이론(democratic peace theory)이 1990년대 이후 국제관계이론에서 각광을 받아 왔다. 그러나 민주국가의 정치체제의 작동과정을 세밀하게 연구해 온 신진소장학자들로부터 강한 도전이 일기 시작했다. 사회는 이미 그 자체가 구조(structure)를 가지고 있어 그 틀 속에서는 개인의 자유로운 행위선택이 이루어지기 어려울 뿐만 아니라 사회적 약자는 구조를 지배하는 강자에 지배받을 수밖에 없게 되어 결국 민주주의는 허상(虛像)에 지나지 않는다고 구조주의이론가들이 주장하고 나섰다.

무한경쟁의 경제질서에서는 우승열패의 원리에 의해 강한 자는 더 강하게, 그리고 약한 자는 더 빈곤하게 되는 빈익빈 부익부(貧益貧 富益富) 현상이 진행되어 결국 그 질서에서는 지배-피지배의 구조가 형성되며 이 구조 속에서는 빈부의 재생산구조로 말미암아 지배구조는 더욱 강화된다. 자유경쟁에서 이기려면 높은 지식과 기술을 가져야 하는데 그런 조건을 갖추려면 비싼 비용을 내고 좋은 대학에 가야 한다. 비싼 학교에는 '가진 자'만 갈 수 있게 되면 결국 자유경쟁이란 구조적으로 무의미해지기 때문이다.

같은 논리로 국제사회에서도 약소국의 합리적 선택이 이루어지기 어렵다. 자위를 위한 동맹선택도 이미 강대국들이 만들어 놓은 구조에 묶여 선택의 폭이 크게 제한되기 때문이다.

한발 더 나아가 복잡한 구조 속에서는 어떤 선택이 가장 합리적인지 판단하기 어렵다. 현실 인식능력이 제약받기 때문이다. 정확한 정보의 수집과 분석이 선행해야 바른 인식이 가능한데 약소국의 경우 그런 능력을 갖추기가 어렵고 더구나 국내정치가 혼란스러울 때는 의사결정을 해야 할 정부가 구성원의 주류의 인식을 대변하기 어려워서 더더욱 어려움은 가중된다.

국제질서가 초강대국들의 통제 아래서 작동하던 냉전시대에는 약소국들의 행위선택은 사실상 의미를 갖지 못했다. 이런 질서에서의 국가행위설명은 현실주의이론으로도 가능했다. 그러나 국제사회의 '민주화'가 진행되면서 약소국의 행위선택은 강대국의 직접적 통제에서는 벗어나게 되었으나, 복잡한 구조의 틀에 묶이게 되어 예측하기 어려운 상태가 되어 버렸다. 국제사회의 구조를 결정하는 변수도 많고 또한 행위자인 국가의 국내정치 변수도 많기 때문에 이 모든 변수를 고려한 행위선택모형을 만든다는 것은 쉽지 않다.

더욱이 과학기술 발전이 가져 온 인간의 삶의 양식변화가 인간이 추구하는 가치의 변화를 가져 와서 각국이 추구하는 가치도 다양해졌다. 먹고살기 어려운 환경에서는 삶에 필요한 물자를 일정량 지속적으로 확보하려는 절대적 이익(absolute interest)이 각국의 행위결정의 주된 목표가치로 작용했으나 기초적 삶의 조건이 확보되면 남과 비교하여 더 나아져야 한다는 상대적 가치(relative interest) 추구에 더 큰 비중을 두게 되고 풍요로운 사회로 진입하면 문화정체성(cultural identity), 존엄성(dignity), 자율성(autonomy) 등 찾는 가치가 더욱 다양해진다. 이러한 다양한 추구가치를 고려한다면 특정 구조 내에서의 개인 또는 집단의 행위를 구조적으로 설명하는 것도 어려워진다.

이러한 새로운 상황전개에 대응하려는 새로운 이론적 시각이 1990년대 이후 활발히 제시되고 있다. 그 중에서도 "구조란 주어진 것이 아니라 구성 국가들이 만들어 내는 것"이라는 새로운 시각이 관심을 모으고 있다. 이른바 구성주의(constructivism)이론들이다.

1. 국제질서연구에서의 사회학적 접근

중앙집권적 권위체가 없는 무정부상태의 국제질서라는 기본 틀 속에서 그 동안 모든 국제관계이론이 발전되어 왔다. 그러나 국제질서가 초국가적 권위체가 없다고 해서 완전한 무질서는 아니었다. 웨스트팔리아 체제가 자리잡으면서 국제질서는 하나의 '국가들의 사회'라고 부를 수 있을 정도의 질서를 갖추어 왔었다.

웨스트팔리아 체제라는 자리잡힌 국제질서 속에서 국가의 행위를 설명하는 이론을 정립해 오는 동안 국제질서는 하나의 주어진 조건(given condition)으로 간주하고 변수가 아닌 상수로 다루어왔던 것이 현실인데 냉전시대가 전개되고 다시 냉전시대가 붕괴되는 등 엄청난 국제질서의 변화를 겪게 되면서 이제 국제질서는 더 이상 '주어진 조건'이나 상수가 아닌 변화하는 현상이고 변수가 된다는 인식이 보편화되고 있다.

국제질서는 누가 만들고 또한 왜 변화하는가, 그리고 어떻게 변하는가 하는 질문이 1990년대 이후 학계의 중심적 화두가 되었다. 특히 모겐소, 월츠 등 미국 학자들이 주도해 오던 현실주의이론들에 대하여 학계의 주도권을 다시 찾아가고 있는 영국 학자들에 의하여 이 문제들은 새로 정리되어 가고 있다. 와이트(Martin Wight), 불(Hedley Bull)을 계승하고 있는 그리코(Joseph Grieco), 웬트(Alexander Wendt) 등의 소장 학자들은 국제질서 자체를 사회학적으로 접근하면서 본격적으로 분석하기 시작하고 있다.

인간은 삶의 필요에 따라 씨족, 부족, 국가 사회를 만들었다. 누가 준 것이 아니라 인간들이 만든 것이다. 모든 사회조직과 사회제도는 인간이 만든 것이다. 같은 논리로 국제질서도 누가 준 것이 아니라 구성 국가들이 만들어 낸 것이다. 그렇다면 국제질서의 형성과정과 변화도 일반 사회조직의 형성 및 변화를 연구해 왔던 사회학의 연구업적을 원용하여 접근해 볼 수 있지 않겠는가? 사회학적 접근이 대두되게 된 배경이다.

2. 웬트(Alexander Wendt)의 구성주의이론

웬트(Alexander Wendt)는 1992년에 주목할 만한 논문을 발표하였다. 그는 "무정부상태란 국가들이 만드는 것: 권력정치의 사회적 구성"(Anarchy is what states make of it: the social construction of power politics)[9]이라는 논문에서 국제질서의 무정부상태가 각 국가를 자조행위(self-help)를 할 수밖에 없게 만들었고 권력정치가 행해질 수밖에 없도록 만든다는 신현실주의의 주장을 반박한다. 무정부상태가 자조행위의 원인이 되는 것이 아니라, 국가들이 자조행위를 선택하게 되는 것은 상호작용의 과정 때문이며 자조와 권력정치는 행위자의 축적된 행위로 형성된 관행(institutions)일 뿐이다. 무정부상태라는 구조도 국가들이 선택하는 행위의 결과(Self-help and power politics are institutions…. Anarchy is what states make of it.)라고 주장한다.

웬트는 구조(structure)란 물질적인 것이 아니라 사회적인(social) 것이라고 한다. 국제행위는 각 국가가 다른 국가에 대하여 가지는 믿음과 기대로 결정되는데 이러한 믿음과 기대는 물질적인 요소보다 사회적 요소로 결정된다. 물질적인 힘이나 국익은 체제의 성격에 따라 의미와 영향력이 달라진다. 특히 무정부상태에 대한 인식이 홉스적(적대적)이냐 로크적(경쟁적)이냐, 칸트적(우호적)이냐에 따라 국가간의 힘의 분포로 인식되는 국가의 힘은 전혀 다르게 받아지며 다른 반응을 보이게 된다. 예를 들어 웬트는 냉전

9) Alexander Wendt, "Anarchy is what states make of it: the social construction of power politics," *International Organization* Vol. 46, No. 2, Spring 1992, pp. 391-425.

적 국제질서의 구조는 로크적 무정부상태에서 칸트적 무정부상태로 전이한 1989년에 구조 전환이 일어난 것이지 실제로 소련제국이 해체되어 양극체제가 단극체제로 바뀐 1991년에 일어난 것이 아니라고 주장한다.[10]

웬트의 주장을 쉽게 풀어보면 다음과 같은 이야기가 된다. 국제질서의 구성원인 국가들이 서로 신뢰하고 서로 합의한 질서원칙, 예를 들어 내정불간섭의 원칙 등을 서로 지킬 것이라 믿고 그런 기대로 행위를 주고받게 되면 그 질서는 그런 구조를 가지게 된다는 말이다. 이런 뜻으로 웬트는 구조란 구성원들이 사회적으로 구성해 나가는 사회적 구조(social structure)라고 주장하는 것이다.

웬트는 그의 책 *Social Theory of International Politics*에서 국가간 행위 축적으로 형성되는 과정(process)이 점진적으로 바뀌면 구조에 변화가 온다는 것을 상세히 설명하고 있으며(제 7 장 "Process and Structural Change"), 무정부상태라는 국제질서의 구조도 구성원의 신뢰체계에 따라 홉스적, 로크적, 그리고 칸트적 문화가 형성된다고 설명하고 있다(제 6 장 "Three Culture of Anarchy").

웬트의 구성주의이론을 따르면 21세기 국제질서의 현주소는 안보질서는 로크적인 경쟁적 문화가 지배하는 구조를, 그리고 경제질서와 환경질서 등에서는 칸트적인 우호적 구조를 갖추고 작동한다고 보면 될 것이다.[11]

---

10) Alexander Wendt(1999), p. 20.

11) 웬트의 구성주의에 대하여 간결하면서도 쉽게 풀어 쓴 글로 다음의 논문이 있다. 양준희, "월츠의 신현실주의에 대한 웬트의 구성주의의 도전", 『국제정치논총』 제41집 제 3 호, 서울: 한국국제정치학회, 2001, pp. 25-46.

제4절 존 평

세계화가 21세기의 지배적 추세라고 하지만 세계화는 질서의 기능영역에 따라 진행속도, 그리고 내용에서 현격한 차이가 있다. 따라서 세계화를 일반화하여 국제관계를 설명, 예측하는 이론을 구축한다는 것은 불가능하기도 하고 또한 무의미하기도 하다.

새로운 국제관계이론의 연구경향은 분화된 질서마다 따로 적용하는 이론의 개발로 정리될 수 있을 것 같다. 안보질서, 경제질서, 환경안보질서, 자원관리질서, 인권질서 등 다양한 질서마다 적실성 높은 이론을 세워 보려는 노력들이 국제관계이론 정립 활동의 현주소이다. 규범이론, 경험이론, 정책이론, 모든 영역에서 같은 경향이 포착된다.

합리적 선택이론은 국가의 존립이 위협받는 위기상황일 때 안보질서에서 논의되기 시작했던 이론이다. 경제학에서 발전되어 온 합리적 선택이론이 국제정치영역에 도입된 것은 냉전시대 핵경쟁이 치열하던 상황에서 각 국가들이 어떻게 잔존하는가가 가장 중요한 정책과제일 때 핵억지전략과 관련하여 도입된 게임이론을 그 출발점으로 한다. 상호억지이론은 대표적인 합리적 선택이론이다.

그러나 냉전종식 이후 핵공격 위협을 받는 국가가 사실상 소멸되고 또한 군사적 초강대국인 미국이 군사력을 이용하여 경제적 이익을 추구하거나 특정 지역을 식민화하려 하지 않기 때문에 무질서 상황에서 국가 안위를 위해 합리적으로 선택하던 동맹정책 등은 그 의미가 약해졌다. 세력균형이론, 핵억지이론 등은 자연히 관심에서 멀어지게 되었다. 구성주의이론을 빌리면 국제질서의 구조가 홉스적, 또는 로크적 구조에서 칸트적 구조로 바뀌어감에 따라 각 이론의 적실성은 달라진다.

21세기의 안보위협은 국가간 정규전 가능성에서 오는 것이 아니라 테러라고 하는 새로운 형태의 위협에서 생겨나는 것이므로 종전의 국가 대 국가 간의 무력투쟁을 전제로 하는 이론들은 적실성을 잃어가고 있다. 비대칭억지이론 등 새로운 정책이론이 대두된 이유이다.

합리적 선택이론은 경제질서 영역에서 활발하게 연구되고 있다. 교역과 국제적 산업분업의 심화 추세로 세계가 단일 시장으로 통합되어감에 따라 경제질서도 초국가적 · 범세계적 질서로 발전해 나가고 있다. 즉 경제질서에서 세계화가 가장 앞서 진행되고 있다. 교역과 산업분업에서는 '이익의 극대화'라는 구체적이고도 모든 국가가 공통으로 추구하는 선명한 목표가 확인되는 영역이기 때문에 이 영역에서는 경제학에서 발전되어 온 합리적 선택이론의 응용이 쉬워진다. 또한 각 국가는 경제적 이익과 관련해서는 상대적 국익보다 절대적 국익을 추구하므로 신자유주의적 이론이 설득력을 갖게 된다.

구조주의이론들은 국내정치이론의 발전에서 시작된 것이다. 20세기 한 세기 동안 범세계적으로 진행되어 온 민주화혁명으로 21세기 초에 들어서면서 세계 대부분의 국가에서 민주정치체제가 형성되었거나 되어 가고 있다. 민주주의는 구성원 모두가 균등하게 국가 의사결정과정에 참여한다는 자유주의 이념을 바탕으로 하고 있어 국가 구성원들은 주권자적 자각을 바탕으로 각각의 권리를 주장하는 시대가 열렸다. 사람들은 공동이익을 바탕으로 집단을 이루고 집단간의 투쟁과 타협으로 국가질서를 운영하는 정치체제를 구축해 나가고 있다. 이런 민주체제의 틀 속에서는 구조란 구성원이 만들어 가는 것이라는 구성주의가 적실성을 갖게 된다. 정치를 설명 · 예측하려면 집단간의 힘의 구조를 바탕으로 분석할 수 밖에 없기 때문이다. 빈부계층으로 분화된 집단간의 이익충돌, 인종집단간의 이해충돌, 종교집단간의 갈등 등은 복합균형 속에서 작동하는 구조를 만들게 되고 이러한 구조의 이해로 각집단의 정치행위를 설명·예측하는 것이 가장 적실성 있는 이론정립의 길이 된다.

국제사회에 국내정치 설명에 동원되고 있는 구성주의이론들을 적용하면 복합질서가 형성된 국제사회에서 과거 단순한 합리적 선택이론으로 다루기 어려웠던 국가행위 설명이 쉬워진다. WTO체제가 경제 선진국의 이익을 보호하는 체제라고 인식하는 경제 후진국들의 집단적 저항도 설명하기 쉬워지고, 이슬람국가들이 공통으로 느끼는 기독교국가들의 위협을 변수로 해서 아랍국가들과 서구국가들과의 갈등을 설명하는 데도 도움을 줄 수 있기 때문이다.

20세기까지 존속했던 웨스트팔리아 체제는 '국가들의 사회'라는 특이한 국제사회를 전제로 한 것이었고 이러한 환경에서 국제관계를 설명하는 이론들은 자연히 현실주의이론—합리적 선택이론의 모양을 갖추었다. 국민의 안위와 이익은 국가만이 대변하는 체제에서 국가는 '감정'보다는 '이성'에 바탕을 둔 행위를 선택할 수밖에 없었기 때문에 국가간 힘의 분포라는 냉엄한 현실을 반영하여 행위선택을 할 수밖에 없었다.

세계화가 빠른 속도로 진행되는 21세기의 세계질서에서는 국가는 상대화되어 가고 있다. 각국 인민간의 긴밀한 접촉은 의식의 동질화와 함께 자기정체성 수호의지의 강화를 동시에 촉진시키고 있다. 이에 따라 국경을 넘는 접촉이 거의 없던 시대에 비하여 국가간 협력의 필요성과 갈등이 엄청나게 늘어났다. 또한 국민들의 국익 인식이 직접 국가 의사결정에 영향을 주는 민주화의 영향으로 걸러지지 않은 국민들의 '감정적 국익 인식'이 국가 행위결정에 큰 영향을 미치고 있다. 이러한 새로운 환경에서는 국가가 '합리적 선택'을 하기 어렵다. 오히려 국내정치 현상에 적용하는 구성주의적 이론들을 세계공동체로 확장·적용하는 것이 국제관계를 이해하는 데 도움을 줄지 모른다.

21세기 국제질서는 급격히 변화하고 있다. 이에 따라 이론들도 급속하게 변화하고 있다. 국제관계 이해에는 보편적인 단일 이론(the theory)은 있을 수 없고 많은 이론들(theories)이 등장하게 될 것이다.

참고도서

1. John Baylis & Steve Smith eds., *The Globalization of World Politics,* 2nd edition, Oxford: Oxford Univerity Press, 2001의 한국어 번역판. 『세계정치론』, 서울: 을유문화사, 2003의 제2부 "세계정치이론".

현실주의, 자유주의, 신현실주의, 신자유주의, 마르크스주의, 구성주의 등에 대해 간결한 설명이 실려 있다. 특히 제9장을 숙독할 것.

2. Kenneth N. Waltz, *Theory of International Politics,* Reading: Addison-wesley, 1979.

1980년대 이후의 국제관계이론의 대표적 고전이 된 책. 신현실주의의 논리구성이 탁월하다.

3. Hedley Bull, *The Anarchical Society: A Study of Order in World Politcs,* New York: Columbia University Press, 1977.

영국 국제정치학의 전통을 이어서 쓴 대표적인 국제관계 교과서인데 특히 국제정치 무대로서의 국제질서의 구조인 무정부상태의 성격에 대하여 깊이 있게 분석하고 있다. 구성주의이론을 이해하기 위해서 앞서 읽어야 할 책이다.

4. Alexander Wendt, *Social Theory of International Politics*, Cambridge: Cambridge University Press, 1999.

구성주의이론을 이해하기 위한 필독서. 아주 깊이 있는 책이나 학부 학생들이 읽기는 좀 어렵다. 제 7 장 "Three Culture of Anarchy"만 읽어도 많은 도움이 된다.

5. 양준희, "월츠의 신현실주의에 대한 웬트의 구성주의의 도전", 『국제정치논총』 제41집 제 3 호, 서울: 한국국제정치학회, 2001, pp. 25-46.

월츠의 현실주의와 웬트의 구성주의에 대한 가장 훌륭한 해설이다. 이 논문만을 꼼꼼히 읽어도 국제관계이론의 흐름을 잘 파악할 수 있다.

6. Alexander Wendt, "Anarchy is what states make of it: the social construction of power politics," *International Organization*, Vol. 46, No. 2, Spring 1992, pp. 391-425.

구성주의이론의 원초적인 논문. 대학원생들에게 권한다. 이 논문의 각주에 소개된 자료들을 모두 모으면 구성주의에 대한 자료집이 된다.

7. Chris Brown, *Understanding International Relations*, 2nd edition, Houndmills: PALGRAVE, 2001, 제 3 장 "International Relations Theory Today," pp. 43-67.

국제정치이론의 흐름을 잘 정리해 놓고 있다. 다소 어렵지만 읽기를 권한다. 참고서적 소개가 잘 되어 있다.

8. Joseph S. Nye Jr., *The Paradox of American Power*, Oxford: Oxford University Press, 2002의 제 3 장 "Globalization," pp. 77-110.

21세기에 들어서면서 급속히 진행되고 있는 세계화(globalization)의 현황, 추세, 그리고 국제정치 환경에 미치는 영향 등을 아주 쉽게 잘 설명해 주고 있다.

9. Robert O. Keohane & Joseph S. Nye Jr., *Power and Interdependence: World Politics in Transition*, Boston : Little, Brown & Co., 1977.

국경을 넘나드는 인간, 물자, 정보의 양이 급증하면서 형성되는 국가간의 복합상호균형 현상에 대한 체계적 분석을 담고 있는 책. 출판된 지 오래된 책이나 현재의 국제정치질서를 이해하는 데 도움이 된다. 이 중에서 Part I "Understanding Interdependence"와 Part Ⅳ "The United States and Complex Interdependence"는 꼭 읽을 것.

10. 이상우(李相禹), "21세기 국제질서 : 현실주의적 전망", 『신아세아』 제12권 제 3 호, 2005년 가을호, pp. 5-26.

이 글은 21세기에 들어서면서 일어나고 있는 국제질서의 변화를 종합・정리한 것이다. 한국국제정치학회 2005년도 하계세미나에서 행한 기조연설문을 다듬은 것으로 새 국제질서에 대한 개괄적 이해를 위해 읽기를 권한다.

제24장

이념과 국제관계이론

1989년 소련제국의 붕괴로 반세기 동안 지속되던 냉전이 끝났다. 인류역사상 처음 정치이념으로 국가들이 진영을 형성하여 극한적 투쟁을 벌였던 냉전이 종식되면서 사람들은 이제 '냉전시대의 종언'과 더불어 '이념시대의 종언'이 온 것으로 생각했다. 그러나 그렇지 않다. 이념이 국제정치에서 더 큰 비중을 가지는 시대로 접어들어 가고 있다.

냉전시대에는 미국은 대외정책의 최우선 순위를 소련 진영을 타도하고 승리하는 데 두었다. 그리고 이 목적을 위하여 미국은 자국이 추구하는 자유민주주의 가치를 공유하지 않는 비민주국가일지라도 전략적 가치가 있다고 판단되면 동맹으로 받아들였다. 그러나 냉전종식과 더불어 미국이 단독으로 지배하는 단극체제(unipolar international system)가 형성되면서 전략적 가치가 아닌 이념적 상응성(ideological compatibility)을 동맹 선택의 1차적 기준으로 삼고 있다. 국제정치에서 이제 이념이 가장 중요한 행위선택의 지침이 되고 있다.

제 1 절 정치이념과 사회질서

사람이 둘 이상이 모여 집단을 이루고 구성원 모두가 함께 추구하는 목표달성을 위하여 집단을 이룬 구성원간의 역할분담이 정해 있으면 우리는 그것을 공동체(community) 또는 사회(society)라 부른다. 공동체 내의 구성원간의 관계와 구성원이 해야 할 일과 하지 말아야 할 일을 정한 규범이 있고, 규범이 지켜지도록 만드는 조직과 힘이 있으면 그 공동체에 질서가 있다고 하고 그 질서를 사회질서(social order)라 한다. 즉 규범이 지배하는 규칙성(norm-governed regularity)이 기대되는 상태가 유지될 때 사회질서가 존재한다고 한다.

사회질서는 자연질서와 달리 인간이 어떤 목적을 이루기 위해서 만들어 놓은 질서이다. 어떤 목적을 위한 질서인가를 정해 놓은 것이 지배이념이다. 지배이념은 질서가 이루어야 할 목표상태를 정해놓은 당위적 명제이다. 지배이념은 그 구성원에게 어떤 가치를 어떻게 확보해 주겠다는 약속을 그 내용으로 한다.

공동체에는 구성원이 그 공동체를 자유롭게 이탈할 수 있는 것이 있고 그렇지 못한 것이 있다. 회사나 취미단체와 같이 구성원들이 자유롭게 가입하고 또한 떠날 수 있는 형태의 공동체를 이익공동체 혹은 이익사회(Gesellschaft)라 하고 국가처럼 자유롭게 이탈할 수 없는 주어진 공동체를 공동사회(Gemeinschaft)라 한다. 가족은 대표적인 '주어진 공동체'이고 종교단체도 대부분 주어진 공동체의 성격이 강하다. 공동체의 지배이념은 이익공동체의 경우에는 구성원의 합의 내지는 동의로 결정되나 주어진 공동체인 경우에는 공동체 내의 정치적 타협에 의하거나 지배자의 의지적 선택으로 정해진다.

국가의 지배이념에 한정하여 본다면 구성원 개개인의 자유와 존엄성을 보장해 주는 사회를 만들겠다는 정치이념이 자유주의 이념(liberalism)이고 사회의 안정과 발전을 확보하는 데 목표가치를 둔 이념이 전체주의 이념(totalitarianism)이다. 그리고 집단의 의사를 구성원의 의사를 존중하여 구성원의 참여로 결정하겠다는 이념이 민주주의 이념(democracy)이고 가장 우수한 판단을 보장하기 위하여 우수한 지배자가 자기 책임 아래 결정하게 하자는 이념이 전제주의 이념(autocracy)이다. 보통 자유주의가 민주주의와 결합하여 자유민주주의(liberal democracy)가 되고 전체주의가 전제주의와 결합하여 전제주의 전체주의(autocratic totalitarianism)가 된다.

토론에는 구성원 모두가 참여하고 의사결정은 다수결로 해 나간다는 민주집중제를 의사결정 방식으로 주장하는 신민주주의도 있다.[1] 볼셰비즘은 인민의 실질적인 경제적 이익을 보장하는 사회질서를 만든다는 전체주의 이념과 신민주주의의 결합으로 이루어진 정치이념이다. 그러나 신민주주의는 이름만 민주주의이지 내용은 민주주의 이름을 빌린 전제주의이다.

정치이념은 도달해야 할 목표상태에 대한 기술(description), 그리고 왜 그러해야 하는가를 설명하여 납득시킬 수 있는 논리체계와 이러한 목표달성을 위해 취해야 할 행위체계로서의 전략 등이 포함되어야 한다. 목표상태에 대한 기술만 있는 주장은 정감(情感)이라 부르고 정치이념이라 하지 않는다. 가령 '한국민족주의'는 현 단계에서는 행동강령이 마련되어 있지 않아 정감 차원에 머물러 있으나 이슬람 근본주의는 범세계적 칼리프국가(caliphate)

1) 민주주의의 기본정신은 구성원의 다양한 의사반영에 있다고 보고 소수자의 의견을 존중하는 장치가 있어야만 민주주의로 인정하는 학자들이 많다. 이런 시각에서는 다수자의 의사만을 내세우는 신민민주주의는 민주주의가 아니며 민주주의를 가장한 전체주의라고 한다. 현실에서도 신민주주의(neo-democracy), 즉 인민민주주의(peoples' democracy)를 채택한 국가는 모두 전체주의 국가이다.

건설을 향한 구체적 전략체계까지 갖추고 있으므로 정치이념으로 부를 수 있다.

정치이념은 앞서 제 3 장 제 2 절에서 논의한 바와 같이 질서의 운영 방침을 도출하는 가장 근본적인 원칙이어서 질서의 성격은 지배이념에 의하여 결정된다. 질서의 나머지 요소인 규범, 조직, 힘을 마련하는 지침도 지배이념에서 도출된다.

제 2 절 세계질서의 지배이념

세계질서도 질서인만큼 지배이념에 의하여 지배받는다. 주권국가의 자주성 보장이라는 목표가치를 내세웠던 웨스트팔리아 체제에서는 국제질서 운영은 모두 이 원칙에 따라 지배되었다. 국제법도 국가의 동의를 전제로 운영되었고 질서 유지 기구의 운영도 구성국의 합의로 이루어졌다. 웨스트팔리아 체제를 제도화해 놓은 국제연합(United Nations)의 질서의 안정과 안전을 보장하는 장치도 구성국의 자발적 참여를 전제로 하는 집단안보체제라는 형식을 갖추었다.

냉전종식과 더불어 출현한 미국 지배의 단극체제에서는 미국의 정치이념이 세계질서의 지배이념으로 자리잡아 가고 있다. 개인의 자유와 존엄성을 존중하자는 범세계적 보편적 사상이 뒷받침하고 주요 선진국들이 예외 없이 국가 기본이념으로 자유민주주의를 선택하고 있는 정치적 현실이 힘이 되어 미국의 정치적 지배이념인 자유민주주의가 점차로 세계질서의 지배이념으로 자리잡아 가고 있다.[2)]

2) Freedom House가 발표한 자료에 의하면 2003년도 기준으로 전세계 192개국 중 자유국가는 89, 부분자유국가는 55, 그리고 비자유국가는 48개국이다.

현재의 세계질서는 세계 주요 국가들의 대외정책의 총화로 모습이 정해진다. 미국, 유럽 제국, 일본, 인도 등 중요한 국가들의 대외정책은 모두 자유민주주의 정치이념을 바탕으로 하고 정해지고 있기 때문에 군소국가 몇나라가 이에 저항한다고 하여서 그 추세가 바뀌지는 않을 것이다. 그러나 자유민주주의가 앞으로 세계질서의 지배이념으로 정착하기까지는 그 길이 순탄하지 않으리라고 본다. 우선 이념의 보편화는 가치관의 보편화가 전제되어야 하는데 과연 개개인의 자유와 존엄성의 보장이 모든 사람이 추구하는 최고 가치인가 하는 원초적인 문제가 있다. 자유를 오히려 부담스러워 하고 선택의 고통이 싫어 의사결정의 자유를 피하려 하며, 자기보다 나은 존재에 나의 운명을 모두 맡기고 그 결정에 순종함으로써 마음의 평안을 추구하려는 속성이 인간의 마음 속에 자유를 갈망하는 마음과 함께 병존한다는 사실을 인정한다면 자유주의의 보편화는 끊임없이 전체주의 가치관에 도전받을 수 있다.[3)]자기희생을 두려워하지 않는 이슬람 근본주의자들의 순교정신은 이러한 가능성을 잘 보여 주고 있다.

민주주의 의사결정 방식도 문제가 많다. 고도의 전략적 행위 선택에는 민주적 절차가 부적합할 수도 있기 때문이다. 민주주의는 자기행위에 책임을 질 줄 아는 시민들의 정치인데 사회구성원

비자유국 중에도 현실적으로는 자유국가가 아니나 자유민주주의를 기본이념으로 채택한 나라가 많이 포함되어 있어 전세계 국가 중 약 80%는 자유민주주의를 수용하고 있다고 볼 수 있다. 자료 출처: http://www.freedomhouse.org. 국가별 분류는 이상우, 『국제정치학강의』, 서울: 박영사, 2005의 [부록 11], pp. 478-480에 실려 있다. Freedom House의 2006년도 보고서에서는 2005년도 기준으로 한국을 정치적 자유 1점(최고 점수), 시민의 자유를 2점으로 종합 1.5점으로 평가했으며, 한국은 최고 수준(1점) 50개국 다음의 집단에 속했으나 북한은 모두 7점(최악)으로 평가되었다. 세계인구 중 30억이 8개의 완전 자유국가에, 그리고 12억이 58개의 부분자유국가에 산다고 보고했다.

3) 'escape from freedom'이란 개념은 이런 현상을 지적한 것이다. 종교가 가능한 것은 바로 자유선택을 부담스러워 하는 인간의 또 다른 성향 때문이다.

의 다수가 시민이 갖추어야 할 최소한의 정치적 의식도 갖추지 못한 무책임한 대중일 때는 의사결정이 합리적이지 않은 경우가 많기 때문이다. 후진국에서 민주제도를 준비 없이 수용했을 때 겪는 정치적 혼란은 이러한 민주주의의 약점을 잘 보여 주고 있다.

21세기에 국가 중심 또는 민족 중심의 세분화된 단위가 주도하는 국제사회가 다시 출현하리라 보기는 어렵지만 단일 보편지배이념이 지배하는 하나의 통합된 세계질서가 자리잡으리라고 기대하는 것도 어렵다. 그러나 분명한 것은 21세기는 이념이 가장 중요한 국가행위 결정 변수로 작용하리라는 점이다.

제 3 절 신보수주의와 세계질서

탈냉전시대 미국의 대외정책을 이끄는 이념적 흐름은 자유민주주의이다. 미국이 전통적으로 유지해 온 자유민주주의는 새로운 변화를 추구하는 사람의 눈으로 보면 보수주의가 된다. 전통가치 수호라는 점에서 보수주의가 되는 것이다.

미국 국민의 일반적 정서에는 클링버그(Klingberg)가 지적한 것처럼 대외지향성과 배타적 · 고립주의적 경향성이 함께 존재한다.[4] 미국은 자국의 국력이 가장 강할 때면 자유민주주의의 세계적 보급을 위해 과감하게 국제사회에서 투쟁을 벌이는 외향적, 적극적 개입주의 외교정책을 취하고 반대로 국내의 어려움이 크고 국력에 자신감을 잃을 때는 외부 진출, 대외적 개입정책을 버리고

4) Frank L. Klingberg, "The Historical Alteration of Moods in American Foreign Policy," *World Politics,* January 1952. 이 글에서 Klingberg는 1776년부터 1940년까지의 미국의 대외정책을 분석하고 평균 21년의 내향적 시기(introversion)와 평균 27년의 외향적 시기(extroversion)가 반복되어 왔다는 것을 밝혀냈다. 이 연구결과를 연장하면 1967년부터 1988년까지가 내향적 시기, 1988년부터 2015년이 외향적 시기가 된다.

미국 내의 민주주의 수호에 역점을 두는 내향적 · 고립주의적 대외 정책을 펴 왔다.

탈냉전시대의 미국의 대외정책에서도 이런 현상이 나타난다. 1990년대 소련 붕괴 후 유일 초대강국의 지위에 오른 미국은 전세계를 하나의 시장경제질서를 수용하는 민주공동체(world community of free market democracy)로 개조하려는 원대한 외교목표를 세웠다. 미국은 비민주국가의 민주화를 위해 전쟁도 불사한다는 적극적 외교정책을 펴기 시작하였다. 이러한 적극적 개입정책은 2001년 9월 11일에 있었던 알 카에다(Al Qaeda)에 의한 워싱턴, 뉴욕 테러공격 이후 더욱 적극화되었다. 미국은 이제부터 필요하면 기존의 국제질서의 제 원칙 중 주권절대의 원칙, 내정불간섭의 원칙도 무시하기로 하고 도전받지 않아도 예방을 위해 선제공격도 불사하겠다는 강력한 의지를 천명하고 나섰다.

테러를 지원하는 '악의 축'(axis of devil) 국가들, 그리고 '독재의 전초기지'(outpost of tyranny)에 해당되는 반민주국가의 민주화를 성취하지 않고서는 미국만의 민주주의를 지킬 수 없다는 위기감까지 보태져서 미국은 한발 더 나간 범세계적 민주화 투쟁을 벌이고 있다. 미국만의 자유민주주의 질서 유지를 내세우던 보수주의와 구분하기 위하여 미국 민주주의 수호를 위해서는 범세계적 민주화를 이루어야 한다는 적극화된 이념을 신보수주의(neo-conservatism)라 부른다.

신보수주의(neo-conservatism)의 핵심은 자유의 신장은 정부개입의 배제에서 이루어지는 것이 아니고 정부의 적극적 개입으로 이루어진다는 믿음이다. 신보수주의의 바탕은 자유주의이다. 미국은 자유주의 이념을 실현하는 것을 건국 목표로 세운 국가이다. 자유주의는 미국에 있어서는 '전통 이념'이고 이 전통 이념을 지키려는 사상이 '보수주의'이다. 미국에서의 보수주의는 개인의 자유와 인권의 존중을 그 핵심으로 하는데 그 결과로 자본주의의 제약 없는 심화, 사회 내의 빈부격차의 심화 등으로 약한 자의 자유와 인권의 보장이 어렵게 되었으며 그 반동으로 '실질적인 자유주의의 실현'을 위한 정부의 적절한 개입을 주장하는 신보수주의가 등장한 것이다.

신보수주의는 자유주의와 사상적 맥락을 같이 하나 기계적 평등 등을 주장하는 급진적 자유주의와는 뜻을 같이 하지 않는다. 또한 개인 자유보다 사회정의를 앞세우는 사회주의자와도 뜻을 같이 하지 않는다.[5)]

미국에서 신보수주의는 1929년의 대공황, 그 뒤를 이은 루즈벨트(Franklin D. Roosevelt) 대통령의 뉴딜정책 등을 겪으면서 1950년대에 형성된 이념으로 주로 미국 국내정책, 특히 사회보장제도 등에 관심을 보였던 이념이었으나 냉전종식 이후 미국의 대외정책에 투영되면서 21세기 초 미국의 대외정책 지도 이념으로 발전해 왔다.

김성한은 부시 독트린(Bush Doctrine)이라 부르기도 하는 21세기 초의 미국의 대외정책에 나타난 신보수주의를 다음과 같이 정리하고 있다.[6)]

(1) **도덕적 우월주의** : 자유민주주의야말로 가장 원숙한 상태로 발전한 문명된 이념이라는 확실한 믿음을 말한다.

(2) **민주적 평화** : 민주주의 국가간에는 전쟁이 없고 따라서 진정한 세계 평화를 가져오려면 전세계에서 비민주국가들을 모두 민주화시켜야 한다는 믿음이다(이 책 제 6 장 "럼멜의 자유주의 평화

5) 미국의 신보수주의 이념의 등장 배경과 내용에 대해서는 다음 글을 볼 것. 남궁곤 편, 『네오콘 프로젝트』, 서울: 사회평론, 2005의 제 5 장, 신유섭, "미국의 신보수주의 사회경제이념의 구성과 주장", pp. 157-180.

6) 김성한, "미국 신보수주의 외교이념의 구성과 주장", 남궁곤 편(2005), pp. 181-206. 여기서는 김성한이 제시한 특성들을 간략히 재정리 하였다. 김성한의 원문을 읽으면 더 명확히 신보수주의의 이념적 특성이 이해된다.

이론" 참조).

(3) **전쟁불가피론** : 자유는 거저 얻어지는 것이 아니다(Freedom is not free). 자유질서를 위협하는 전체주의 전제주의와 전쟁을 해서라도 자유질서를 지켜야 한다.

(4) **적극적 개입** : 보수주의가 미국 내 질서 및 가치 보전에 중점을 두기 위해 국제적 개입을 자제하자는 고립주의적 경향을 보이는데 신보수주의는 국제문제에 적극 개입(intervention)해야 한다고 주장한다. 세계 모든 인민의 삶의 질을 생각하는 세계시민의식과 더불어 전략적으로도 비민주국가의 도전을 예방하기 위해서도 개입해야 한다는 주장이다.

(5) **패권안정** : 세계평화질서는 미국이 힘으로 유지할 때만 안정된다는 믿음이다(이 책 제10장 "길핀의 패권전쟁이론" 참조). 패권안정을 위해서는 선제공격도 불사해야 한다는 공세적 현실주의를 취한다.

21세기는 미국 및 미국의 동맹국들의 신보수주의 정책과 이에 저항하는 여러 형태의 민족주의가 투쟁하는 혼란과 긴장이 지속되는 세기가 되리라 예상한다. 21세기 국제질서에서 각국의 대외정책을 설명하고 예측하기 위해서는 이러한 이념적 요소를 반영하는 이론이 정립되어야 할 것이다.

제 4 절 국가행위 결정요인으로서의 정치이념

미국의 아프가니스탄 침공(2001년), 두 차례에 걸친 이라크 전쟁(1991년, 2003년)을 무슨 이론으로 설명하면 이해가 될까? 세력균형이론 등 현실주의이론으로는 설명하기 어렵다. 냉전시대 같으면 소련을 포위한다는 전략이론으로 설명할 수 있었을 것이나 지금은 미국을 위협하는 소련이 존재하지 않는다. 석유자원 확보라는 설명은 이라크 침공을 부분적으로 설명할 수 있으나 아프가니스탄 침공은 해당되지 않는다.

미국의 아프가니스탄, 이라크 등의 침공은 미국의 이른바 신보수주의자(neo-conservatives)들의 전략구상을 알지 못하면 이해하기 어렵고 미국의 '이념'을 이해하지 못하면 마땅한 설명을 찾기 어렵다. 북한에 대한 미국정책의 이해도 마찬가지이다.[7] 이렇듯 이제는 정치이념이 국제관계를 설명하는 주요 변수로 등장하고 있다.

미국과 서유럽 제국은 다 같이 자유민주주의를 국가의 기본이념으로 하는 나라들이다. 만일 독일이 나치국가로 남아 있다면 지금처럼 미국과 독일이 협력할 수 있을까? 미국은 일본과 전면전을 했었던 나라인데 지금은 일본과 가장 가까운 동맹국가로서 외교, 안보, 경제 모든 영역에서 밀접하게 협력하고 있다. 이러한 현상은 미국과 서유럽국가, 미국과 일본 간의 이념적 상응성(ideological compatibility)을 제외하고는 설명할 방법이 없다.

인류사회의 발전과정에서 삶을 유지하는 데 필요한 충분한 물자와 공간이 보장되지 않던 시대에는 국가가 추구하여야 할 최고의 목표가치가 자국 국민에게 '삶을 유지하는 데 필요한 물자와 공간의 안정적 공급 및 보장'일 수밖에 없었다. 그리고 이러한 20세기 전반까지의 보편적인 국가목표는 그 당시의 낮은 수준의 기술로는 달성할 수 없었으므로 다른 국가로부터 쟁취하여 달성할 수밖에 없었고 그래서 모든 국가들은 강한 군대를 만들어 쟁탈전에 참가했었다. 식민주의, 제국주의 시대는 역사발전단계에서 피할 수 없었던 하나의 과정이었다.[8]

7) 만일 북한이 민주국가라면 미국의 대북압박 전략은 없을 것이다. 미국의 대북한정책에 대해서는 '이념의 상극성'을 제외한다면 설명이 불가능하다.

8) 인류사회의 발전과정과 이에 따르는 추구가치의 변화에 대해서는 이 책 제4장 "과학기술발전과 국제질서 변화"를 참조할 것.

생산능력의 비약적 발전과 국제분업의 확대로 이룬 상품가격의 인하로 빈곤에서 벗어난 선진국에서는 국민의 욕구가 한 단계 높아져서 국민들은 개인인권의 보장, 국가경영에의 참여 요구 등 자유주의적 가치의 실현을 추구하기 시작하였으며 그 결과로 선진국 내에서는 정치민주화가 급속히 진행되었다.

역사발전단계의 지역적 편차도 전지구적 갈등을 심화시키고 있다. 공포로부터의 자유, 빈곤으로부터의 자유, 독재자의 자의(恣意)로부터의 자유, 쾌적한 사회의 실현 등으로 목표가치가 바뀌어 가는 역사발전과정에서 앞서 가는 나라가 생기고 뒤쳐진 나라가 생기면서 국제사회는 계급화되기 시작했으며 계급간의 갈등이 증폭되기 시작하였다. 이러한 현상을 설명하기 위해 등장한 국제관계이론들이 오간스키(Organski)의 '힘의 전이이론'(이 책의 제9장), 길핀(Gilpin)의 '패권전쟁이론'(제10장), 럼멜(R. J. Rummel)의 '동태균형이론'(제14장)이다.

역사발전의 단계가 물질적 풍요를 추구하던 단계에서 인민의 자유를 추구하는 단계로 옮아갈 때 나타나는 또 하나의 현상은 사회가 한단계씩 발전해 나갈수록 인민의 힘이 커지고 국가의 힘이 약해지는 것이다. 즉 민주화될수록 국가의 대외투쟁력은 약화된다. 바로 이 현상 때문에 풍요로운 민주적 강대국이 빈곤한 전제적 약소국가의 도전에 무너지게 되는 것이다.

선진민주주의가 군사력으로 국가이익을 확보하기 어려운 상태에 이르면 비군사적인 힘, 즉 경제적 시혜나 도덕적 우위 등으로 타국과의 협력체제를 구축해 나가는 노력을 펴게 된다. 20세기 후반에는 강대국들이 경제원조 등 물질적 혜택을 공여함으로써 지배적 영향력을 유지했었다. 그러나 빈곤을 벗어난 약소국들은 경제적 혜택보다 자국의 국가적 존엄성, 자주권의 존중, 자국의 문화적 정체성의 유지 등에 더 관심을 가지게 된다. 이 단계에 이르면 강대국은 군사력에 기초한 강제력(coercive power)이나 경제적 시혜에 기초한 교환력(exchange power)으로는 지배적 지위의 유지에 한계를 맞게 된다. 나머지 힘, 즉 자국의 도덕적 우위, 정치적 정당성 등을 앞세운 권위(authority)가 지배국가의 질서통제력의 가장 중요한 요소가 된다.[9] 미국이 21세기에 들어서서 자유민주주의 이념의 확산을 대외정책의 목표가치로 내세우게 된 것은 바로 이러한 역사적 흐름 때문이다.

자유민주주의는 빈곤을 탈피한 국가들간에 폭넓은 지지를 받는 보편가치가 되었으므로 당분간 미국의 패권적 지위 유지에 크게 기여하리라 본다. 그러나 문화적, 종교적, 민족적 정체성의 유지를 개인의 기본인권 이상으로 존중하는 인간의 또다른 속성 때문에 자유민주주의 이념은 몇몇 특정 국가들의 민족주의의 저항에 부딪혀 새로운 차원의 이념적 갈등을 빚어내고 있다. 가장 선명하게 나타나는 것이 이슬람권의 서구 기독교국가 지배체제에 대한 도전이다. 헌팅턴(Samuel Huntington)은 이러한 현상을 '문명의 충돌'(clash of civilization)이라고 완곡하게 표현하고 있지만[10] 이슬람권에서는 '제 2 의 십자군전쟁'으로 인식하고 있다.

서구 기독교 문명권에 속하지 않는 또하나의 거대한 문화집단으로서 중국의 존재도 미국의 단일 세계민주공동체 구축 노력에 큰 저항요소로 작용할 것이다. 중국 문화권에서는 개인간의 격(格)의 평등은 존중하지만 사회 내의 역할과 기능의 기계적 평등은 수용하지 않는다. 사회를 하나의 유기체로 인식하고 사회 내의 구성원간의 조화를 이상으로 생각하는 것이 유교로 대표되는 중국

---

9) 각 국가가 대외정책을 뒷받침하기 위하여 사용할 수 있는 힘, 즉 강제력, 교환력 및 권위에 대해서는 이상우, 『국제정치학강의』, 서울: 박영사, 2005, 제 2 장 제 5 절 "국제질서를 지탱하는 힘", pp. 106-114를 볼 것.

10) Samuel P. Huntington, *The Clash of Civilization and the Remaking of World Order,* New York: Simon & Schuster, 1996.

전통사상이다.[11] 개인과 전체와의 관계에서 전체에 더 큰 비중을 두는 정치사상이어서 국가에 의한 개인의 자유와 복지의 실질적 보장에 주된 관심을 두고 개인의 정치참여에는 큰 비중을 두지 않는다. 이러한 중국이 서구와 맞서는 국력을 갖추게 될 때는 개인 중심의 서구 민주주의를 그대로 수용하기 어려울 것이다. 아마도 중국이 미국과 맞설 수 있는 국력을 갖추게 될 21세기 중반쯤에는 또 한번의 이념적 투쟁이 국제사회에서 전개될지도 모른다.[12]

20세기 후반 세계질서를 뒤흔들었던 이념투쟁은 빈곤했던 소련 등이 공산전체주의 이념을 앞세워 부유했던 미국 및 서구의 자본주의-민주주의이념에 맞섰던 이념투쟁이었다면 21세기의 이념투쟁은 더 본질적인 이념투쟁, 즉 개인 중심의 서구민주주의와 공동체의 이익을 앞세우는 중국식 신민주주의 간의 더 본질적인 이념투쟁으로 전개될 것이다.

21세기 국제관계를 설명하고 예측하기 위한 이론을 정립함에 있어서는 이념을 중요 변수로 수용하는 노력이 절대적으로 필요해지리라 본다.

---

11) 함재봉, 『유교자본주의 민주주의』, 서울: 전통과현대, 2000 및 이상익, 『유교전통과 자유민주주의』, 서울: 삼인, 2004 참조. 공자사상이 서구민주주의에 미친 영향에 대해서는 볼테르(Voltaire)를 위시하여 많은 계몽주의 학자들이 논하였다. 특히 그들은 신분, 인종에 관계없이 만민평등을 주장한 공자에게 감탄하였으며 공공의 필요, 즉 공직담당자 선발 등에서는 재능에 따라 맡기는 일이 달라야 한다는 공자의 주장에 더 주목하였다. H. G. Creel, *Confucius: The Man & the Myth*; 이성규 역, 『공자: 인간과 신화』, 지식산업사, 1983의 제15장, "유교와 서구민주주의"를 참조할 것.

12) 중국의 2004년도 GDP는 1조 6,800억 달러로 미국(11조 7,000억 달러)의 1/7이었고, 일본(4조 6,000억 달러), 독일(2조 6,700억 달러), 영국(2조 1,300억 달러), 프랑스(2조 달러)에 이어 세계 6위였다. 한국은 6,730억 달러. *The Military Balance 2005-2006*의 평가치이다. 그러나 중국의 성장속도가 다른 선진국보다 훨씬 빠르므로 대체로 2040년경에 이르면 미국과 비슷해지리라고 중국 전문가들은 내다보고 있다.

제5절 촌 평

현실주의이론, 그리고 신현실주의이론에서는 정치이념이 상황변수나 국가속성 변수의 하나 정도로 간접적으로 고려되었다. 그러나 구성주의이론 등 사회학적 이론이 등장하면서부터는 이념이 중요 변수로 등장한다. 행위 당사자는 행위대상과의 관계에 대한 인식을 바탕으로 행위선택을 하게 되며 또한 행위자들의 이러한 인식이 축적되어 국제질서의 사회적 구조(social structure)로 자리잡아 가게 되는데 정치이념은 행위자의 인식 자체를 지배하는 중요한 요소가 되기 때문이다.

칸트(Immanuel Kant)식의 관념론적 시각에서는 인식과정을 단순한 자극에 대한 기계적 수용이라고 보지 않는다. 외부에서 인식 주체에 도달하는 감각적 자극은 인식소(perceptile)에 불과하고 이러한 인식소들을 인식하는 사람이 자기가 선험적으로 가지고 있는 인식 틀에 대입할 때 비로소 인식(perception)이 이루어진다고 본다.[13] 이 선험적 범주(a priori categories)는 인식자가 성장하면서 획득한 문화적 인식 틀이므로 동질문화집단 소속원들은 공유하게 되나 이질적 문화에서 살아 온 인식자들간에 간주체적(inter-subjective) 보편성을 가지는 틀은 아니다. 웬트(Alexander Wendt)

13) R. J. Rummel, *Understanding Conflict and War* Vol. 1, Beverly Hills: Sage, 1975, p. 81. Rummel은 인식과정을 다음과 같이 설명하고 있다. "Perception is a dynamic conflict between the attempts of an outer world to impose an actuality on us and our efforts to transform this actuality into a self-centered perspective. Perception is a confrontation between an inward directed vector of external reality compelling awareness and an outward vector of physiological, cultural, and psychological transformations. Where these vectors clash, where they balance each other, is what we perceive." 보다 상세한 설명은 그의 책. *In the Mind of Men,* Seoul: Sogang University Press, 1984. Chp. 2, pp. 13-21을 볼 것.

등이 사실을 순수 물질적 사실(brute fact)과 사회적 사실(social fact)로 구분하고 인간의 인식에 영향을 주는 것은 사회적 사실이라고 주장한 것도 같은 맥락의 이야기이다.[14)]

같은 시대 같은 한반도에서 같은 언어를 쓰면서 살고 있는 남북한 주민들이 반세기 동안의 다른 문화적 틀 속에서 획득한 서로 다른 문화적 인식틀(perception frame) 때문에 똑같은 현상에 대해서 서로 상이한 인식을 하게 되는 것은 바로 이러한 이유에서다. 같은 한국사회에 살면서도 어떤 계기가 있어 다른 교육을 받게 되면 그 두 집단 사이에서도 두드러지는 현실 인식차이가 생겨난다. 현실 인식이 다르므로 다른 행위를 선택하게 되는 것은 당연하다.

국제관계이론 정립에 있어서 정치이념적인 변수를 포함시키지 않으면 적실성이 있는 이론을 만들어 내는 것이 어려워질 것이다. 더구나 냉전시대처럼 국가 안위가 직접 위협받거나 기근 등 경제적 핍박으로부터 자유스러워지는 21세기적 상황에서는 인간의 추구가치가 자유와 인권단계를 넘어서서 인간존엄성, 자기정체성, 자긍심 등으로 높아지게 될 것이고 그럴수록 정치이념의 중요성도 높아질 것이다.

탈냉전은 탈이데올로기가 아니라 새로운 이데올로기 시대를 열어 놓았다. 설명과 예측의 대상인 국제정치 현상이 변하면 이를 책임져야 할 국제관계이론도 따라서 변해야 한다.

---

14) Chris Brown, *Understanding International Relation,* 2nd edition, Houndmills: PALGRAVE, 2001, p. 52. Brown은 Wendt 등의 구성주의자들의 구조인식과 관련하여 다음과 같이 이야기하고 있다. “The central insight of constructivist thought is … there is a fundamental distinction to be made between ‘brute fact’ about the world, which remain true independent of human action, and ‘social fact’ which depends for their existence on socially established conventions.”

참고도서

1. 남궁곤 편, 『네오콘 프로젝트』, 서울: 사회평론, 2005.

미국의 신보수주의(neo-conservatism)에 관한 가장 훌륭한 교과서이다. 네오콘을 이념, 철학, 전략, 실천에 이르기까지 다각적으로 정리하여 제시하고 있다. 특히 신유섭의 제 5 장과 김성한의 제 6 장을 꼭 읽을 것.

2. Joseph S. Nye, *The Paradox of American Power*, Oxford: Oxford University Press, 2002.

세계화가 급속히 진행되는 국제환경 속에서 미국이 어떻게 적응하여 나가야 하는가에 대한 방향을 제시하고 있다. Nye의 명성과 영향력을 고려할 때 미국 정책입안자들의 생각을 이해하기 위해서 이 책을 꼭 읽어야 한다.

3. 강정인, 『서구중심주의를 넘어서』, 서울: 아카넷, 2004.

20세기까지 국제사회를 지배해 온 '서구중심주의'에 대한 심도 있는 분석을 토대로 이에 대응하는 새로운 사상체계의 가능성을 제시한 저서로 21세기에 격화될 전지구적 차원의 이념갈등을 내다보는 데 도움을 주는 책이다.

4. Chai-bong Hahm, "The Two South Koreas: A House Divided," *The Washington Quarterly*, Summer 2005.

한국은 현재 심각한 이념적 갈등을 겪고 있다. 지식인들간의 이념적 차이가 대외인식의 차이를 가져와 국제환경 변화에 대하여 서로 상치하는 해석을 하고 있어 학생들에게 혼란을 준다. 함재봉 교수의 이 논문은 21세기초 한국 내의 이념갈등을 소상하게 소개해 주고 있다. 기파랑에서 2005년에 출판한 『지성과 반지성: 류근일·홍진표 시국대담』은 한국 내에서 일어나고 있는 지적 혼란이 얼마나 심각한지를 잘 보여 주고 있다.

5. Karl R. Popper, *The Open Society and Its Enemies*, Princeton: Princeton University Press, 1966.

20세기를 "이념의 세기"로 만들었던 마르크스주의의 사상적 배경과 정치사회학적 충격, 그리고 이에 대한 예리한 분석을 담은 고전적 저서로서 21세기에 새롭게 심화되고 있는 이념투쟁을 이해하는 데 큰 도움을 주는 책이다. 대학원생들의 필독서이다.

참고문헌

＊단 행 본

강정인, 『서구중심주의를 넘어서』, 서울 : 아카넷, 2004.
구영록, 『인간과 전쟁』, 서울 : 법문사, 1977.
김광웅, 『방법론 강의』, 서울 : 박영사, 1996.
김상준, 『국제정치이론』, Ⅰ·Ⅱ, 서울 : 삼영사, 1980.
김순규, 『현대국제정치학』, 서울 : 박영사, 1997.
김우상 등 공역, 『국제관계론 강의』 Ⅰ·Ⅱ, 서울 : 한울 아카데미, 1997.
남궁곤 편, 『네오콘 프로젝트』, 서울 : 사회평론, 2005.
대통령자문 21세기위원회편, 『21세기의 한국』, 서울 : 서울 프레스, 1994.
대한민국 국방부 편, 『국방백서 1998』, 1998.
박경서, 『국제정치경제론 : 이론과 실제』, 서울 : 법문사, 1985.
박상식, 『국제정치학』, 서울 : 집문당, 1981.
박재영, 『국제정치 패러다임』, 서울 : 법문사, 1996.
서병철, 『유럽통합 : 단일국가형성과정』, 서울 : 평민사, 1996.
세계체제관리위원회 편저, 유재천 역, 『세계는 하나, 우리의 이웃』, 서울 : 조선일보사, 1995.
오명호, 『현대정치학이론』, 서울 : 박영사, 1990.
이용필, 『정치분석』, 서울 : 대왕사, 1978.
이상우, 『럼멜의 자유주의 평화이론』, 서울 : 오름, 2002.
______, 『국제정치학강의』, 서울 : 박영사, 2005.
이상우·하영선 공편, 『현대국제정치학』(개정증보판), 서울 : 나남, 1994.
조재관, 『국제정치학』(보증판), 서울 : 법문사, 1976.
최종기, 『현대국제관계론』(전증판), 서울 : 박영사, 1983.
최창윤 역, 『국제정치론』, 서울 : 박영사, 1977.

Allison, Graham T., *Essence of Decision*, Boston: Little, Brown & Co., 1971.

Aron, Raymond, *Peace and War : A Theory of International Relations*, New York: Praeger, 1968.

Baker, Philip Noel, *The Arms Race*, New York: Oceana, 1958.

Baylis, John & Steve Smith, eds., *The Globalization of World Politics,* 2nd edition, Oxford: Oxford University Press, 2001; 하영선 외 공역, 『세계정치론』, 서울 : 을유문화사, 2003.

Bell, Daniel, *The new world order toward the 21st century*; 서규환 역, 『2000년대의 신세계질서』, 서울 : 디자인하우스, 1991.

Bergmann, Peter Gabriel, *Introduction to the Theory of Relatively*, New York: Prentice-Hall, 1942.

Brewer, Anthony, *Marxist Theories of Imperialism*, London: Routledge & Kegan Paul, 1980.

Brodbeck, May, ed., *Readings in the Philosophy of the Social Sciences*, London: Collier-Macmillan, 1970.

Brown, Chris, *Understanding International Relations,* 2nd edition, Houndmills: PALGRAVE, 2001.

Brown, Robert, *Explanation in Social Science*, Chicago: Alcline Publishing Co., 1963.

Brown, Seyom, *The Causes and Prevention of War*, 2nd edition, New York: St. Martin's Press, 1994.

Buchanan, William and Cantril, Hadley, *How Nations See Each Other: A Study in Public Opinion*, Westport. Conn: Greenwood Press, 1953.

Bull, Hedley, *The Anarchical Society: A Study of Order in World Politics*, New York: Columbia University Press, 1977.

Burns, Richard Dean ed., *Encyclopedia of Arms Control and Disarmament*, Vol.1-3, New York: Charles Scribner's Sons, 1993.

Burton, J. W., *International Relations: A General Theory*, London: Cambridge University Press, 1967.

Butterfield, Herbert & Wight, Martin eds., *Diplomatic Investigation: Essays in the Theory of International Politics*, London: George

Allen & Unwin, 1966.

Chai, Winberg. ed., *Essential Works of Chinese Communism*, New York: Bantam Books, 1972.

Choucri, Nazli and North, Robert C., *Nations in Conflict*, San Francisco: Freeman, 1975.

Churchman, C. West, *The Systems Approach*, New York: Delta, 1968.

Claude, Inis L. Jr., *Power and International Relations*, New York: Random House, 1962.

______, *Swords in Plowshares: The Problems and Progress of International Organization*, 4th edition, New York: Random House, 1971.

Dahrendorf, Ralf, *Class and Class Conflict in Industrial Society*, Stanford: Stanford University Press, 1959.

Deutsch, Karl W., *The Nerves of Government*, New York: Free Press, 1964.

______, *Nationalism and Social Communication*, Cambridge: The M.I.T. Press, 1966.

______, Karl W., *The Analysis of International Relations*, Englewood Cliffs: Prentice-Hall, 1968.

Deutsch, et al., *Political Community and the North Atlantic Area*, Princeton: Princeton University Press, 1957.

Deutsch, Karl W.; Edinger, Lewis J.; Macridis, Roy C,; and Merritt, Richard L., *France, Germany and the Western Alliance: A Study of Elite Attitudes on European Integration and World Politics*, New York: Charles Scribner's Sons, 1967.

De Vattel, Emmerich, *The Law of Nations*, Book Ⅲ, Philadelphia, 1829.

Dougherty, James E. & Pfaltzgraff, Robert L. Jr., *Contending Theories of International Relations*, New York: Lippincott, 1971; 최창윤 역, 『국제정치론』, 서울 : 박영사, 1977.

Dougherty, James E. & Pfaltzgraff, Robert L. Jr., *Contending The-*

ories of International Relations, 2nd Edition, New York: Harper & Row, 1981.

Dresher, Melvin; Shapley, L. S.; and Tucker, A. W. eds., *Advances in Game Theory*, Annals of Mathematics Studies, Vol.22. Princeton University Press, 1964.

Drucker, Peter F., *Post-Capitalist Society*, New York: Harper Business, 1993.

Duckacek, Ivo D. ed., *Conflict and Cooperation Among Nations*, New York: Holt, Rinehart & Winston, 1960.

Edward, David V., *International Political Analysis: Readings*, New York: Holt, Rinehart & Winston, 1970.

Etzioni, Amitai, *Political Unification: A Comparative Study of Leaders and Forces*, New York: Holt, Rinehart & Winston, 1965.

______, *The Active Society: A Theory of Societal and Political Process*, New York: Free Press, 1968.

Falk, Richard A. and Kim, Samuel S. eds., *The War System: An Interdisciplinary Approach*, Boulder: Westview, 1980.

Forsyth, M. G.; Keens-Soper, H. M. A.; and Savigear, P. eds., *The Theory of International Relations*, New York: Atherton Press, 1970.

Fox, William T. R. ed., *Theoretical Aspects of International Relations*, Notre Dame: University of Notre Dame, 1959.

Frankel, Joseph, *Contemporary International Theory and The Behavior of States*, Englewood Cliffs: Prentice-Hall, 1960.

Frank, Joseph, *International Relations*, New York: Oxford Univ. Press, 1964.

Friedman, George and Meredith, *The Future of War*, New York: St. Martin's Griffin, 1996.

General Systems: Yearbook of the Society for General Systems Research.

Gilpin, Robert, *War & Change in World Politics*, Cambridge: Cambridge University Press, 1981.

Greenbalt, Cathy S. & Duke, Richard D., *Gaming-Simulation: Retionale Design, and Application*, New York: Halsted Press, 1975.

Gregor, A. James, *A Survey of Marxism*, New York: Random House, 1965.

_____, *An Introduction to Metapolitics*, New York: Free Press, 1971.

Gulick, Edward Vose, *Europe's Classical Balance of Power*, New York: Norton, 1955.

Hass, Ernst B., *The Uniting of Europe*, Stanford: Stanford University Press, 1958.

_____, *Beyond the Nation-State*, Stanford: Stanford University Press, 1964.

Hartmann, Frederick H., *The Relations of Nations*, 4th edition, New York: Macmillan, 1973.

_____, ed., *World in Crisis*, 4th edition, New York: Macmillan, 1973.

Heider, Fritz, *The Psychology of Interpersonal Relations*, New York: John Wiley and Sons, 1958.

Heintz, Peter, *Ein Soziologisches Paradigma der Entwicklung mit Besonderer Beruchsichtigung Lateinamerikas*, Stuttgart: Ferdinand Euke Verlag, 1969.

Hoffmann, Stanley, *The State of War*, New York: Praeger, 1965.

Holsti, K. J., *The Dividing Discipline: Hegemony and Diversity in International Theory*, Boston: Allen & Unwin, 1985.

Homans, George, *Social Behavior: Its Elementary Forms*, New York: Harcourt, 1961.

Hoole, Francis W. and Zinnes, Dina A. eds., *Quantitative International Politics: An Appraised*, New York: Praeger, 1976.

International Political Communities, An Anchor Anthology,

New York: Double-day, 1966.

Jacob, Philip E. and Toscano, James V. eds., *The Integration of Political Communities*, Philadelphia: Lippincott, 1964.

Jervis, Robert, *The Logic of Images in International Relations*, Princeton: Princeton University Press, 1970.

Kaplan, Abraham, *The Conduct of Inquiry: Methodology for Behavioral Science*, San Francisco: Chandler, 1964.

Kaplan, Morton A. ed., *System and Process in International Politics*, New York: John wiley & Sons, 1967.

______, *New Approaches to International Relations*, New York: St. Martin, 1968.

Kennedy, Paul, *Preparing for The Twenty-First Century*, New York: Random House, 1993.

Keohane, Robert O. & Joseph S. Nye Jr., *Power and Interdependence: World Politics in Transition,* Boston: Little, Brown & Co., 1977.

Kerlinger, Fred N., *Foundation of Behavioral Research*, New York: Holt, Rinehart and Winston, 1964.

Kiernan, V. G., *Marxism and Imperialism*, New York: St. Martin's Press, 1974.

Kissinger, Henry A., *American Foreign Policy: Three Essays*, New York: Norton, 1969.

Kitzinger, U. W., *The Politics and Economics of European Integration; Britain, Europe, and the United States*, New York: Praeger, 1963.

Knorr, Klaus and Rosenau, James N. ed., *Contending Approaches to International Politics*, New Jersey: Princeton, 1969.

Kuhn, Harold W, and Tucker, A. W. ed., *Contributions to the Theory of Games* 4 Vols, Princeton: Princeton University Press, 1950-1959.

Lagos, Gustavo, *International Stratification and Underdeveloped Coun-*

tries, Chapel Hill: University of North Carolina Press, 1963.

Lagos, Gustavo & Horacio H. Goody, *Revolution of Being: A Latin American View of the Future*, New York: The Free Press, 1977.

Legg, Keith R. and Morrison, James F., *Politics and the International System: An Introduction*, New York: Harper & Row, 1971.

Lenin, V. I., *Imperialism, The Highest Stage of Capitalism*, 北京：外交出版社, 1965.

Lewin, Kurt, *Field Theory in Social Science: Selected Theoretical Papers*, New York: Harper & Row, 1964.

Lieber, Robert J., *Theory and World Politics*, Cambridge: Winthrop, 1972.

Light, Margot. and Groom, A. J. R. ed., *International Relations: A Handbook of Current Theory*, Boulder: Lynne Rienner, 1985.

Lindberg, Leon N., *The Political Dynamics of European Economic Integration*, Stanford: Stanford University Press, 1963.

Lipset, Seymour Martin, *Social Mobility in Industrial Society*, Berkeley: University of California Press, 1957.

Lorenz, Konrad Z., *On Aggression*, New York: Harcourt, Brace & World, 1966.

Mansbach, Richard W. and Vasquez, John A., *In Search of Theory: A New Paradigm For Global Politics*, New York: Columbia University Press, 1981.

McClelland, Charles A., *Theory and International System*, New York: Macmillan, 1966.

McClelland, David C., *The Achieving Society*, Princeton: Van Nostrand, 1961.

Meehan, Eugene J., *The Theory and Method of Political Analysis*, Homewood, Illinois: The Dorsey Press, 1965.

Megargee, Edwin I. and Hokanson, Jack E. eds., *The Dynamics of*

Aggression, New York: Harper & Row, 1970.

Meyer, Alfred G., *Leninism*, New York: Praeger, 1957.

Mitrany, David, *A Working Peace System*, Chicago: Quandrangle Books, 1966.

Morgenthau, Hans J., *Politics Among Nations: The Struggle for Power and Peace*, 4th edition, New York: Alfred A. Knopf, 1967.

Morton, Robert K., *Social Theory and Social Structure*, Glenwe: Free Press, 1957.

Muñoz, Heraldo ed., *From Dependency to Development*, Boulder: Westiview, 1981.

Nagel, Ernst, *The Structure of Science*, New York: Harcourt, Brace & World, inc., 1961.

Naisbitt, John, *Megatrends*, New York: Warner Books, 1982, 1984.

Naisbitt, John, *Megatrends Asia*, London: Nicholas Brealey, 1995.

Nye, Joseph S. Jr., *International Regionalism: Readings*, Boston: Little, Brown & Co., 1968.

______, *Peace in Parts: Integration and Conflict in Regional Organization*, Boston: Little, Brown & Co., 1971.

______, *Paradox of American Power: why the world's only superpower can't go it alone,* Oxford: Oxford University Press, 2002.

Organski, A. F. K., *World Politics*, 2nd edition, New York: Alfred A. Knopf, 1968.

Organski, A. F. K. & Jacek Kugler, *The War Ledger*, Chicago: The University of Chicago Press, 1980.

Park, Yong-Ok, *The Structural Balance of the International System*: 1950-1963, Unpublished, Ph. D. dissertation, Honolulu: University of Hawaii, 1975.

Pfaltzgraff, Robert L. Jr. ed., *Politics and the International System*, 2nd edition, New York: Lippincott, 1972.

Rapport, Anatol, *Fight, Games, and Debates*, An Arbor: The University of Michigan Press, 1960.

______, *Two-Person Game Theory: The Essential Ideas*, Ann Arbor: University of Michigan Press, 1970.

Rhee, Sang-Woo, *Communist China's Foreign Behavior: An Application of Field Theory Model* II, DON Research Report No.57, Honolulu: University of Hawaii, 1971.

Richardson, Lewis F., *Arms and Insecurity: A Mathematical Study of the Causes and Origins of War*, Pittsburgh: Boxwood Press, 1960.

Riker, William H., *The Theory of Political Coalition*, New Haven: Yale University Press, 1962.

Romani, Romano ed., *The International Political System: Introduction & Readings*, New York: John Wiley & Sons, 1972.

Rosecrance, Richard N., *Action and Reaction in World Politics*, Boston: Little, Brown and Co., 1963.

______, *International Relations: Peace or War*, New York: McGraw-Hill, 1973.

Rosenau, J. N., *Domestic Sources of Foreign Policy*, New York: Free Press, 1967.

______, ed., *International Politics and Foreign Policy*, revised edition, New York: Free Press, 1969.

______, ed., *Linkage Politics Essays on the Convergence of National and International Systems*, New York: Free Press, 1969.

______, *The Adaptation of National Societies: A Theory of Political System Behavior and Transformation*, New York: McCaleb-Seiler, 1970.

______, ed., *In Search of Global Patterns*, New York: Free Press, 1976.

Rosenau, James N.; Thompson, Kenneth W.; and Boyd, Gavin eds., *World Politics: An Introduction*, New York: Free Press, 1976.

Rudner, Richard S., *Philosophy of Social Science.*, Englewood Cliffs: Prentice-Hall, 1966.

Rummel, R. J., *Applied Factor Analysis*, Evanston: Northwestern University Press, 1970.

_____, *The Dimensions of Nations*, Beverly Hills: Sage Publication, 1972.

_____, *Understanding Conflict and War*, Vol. 1-5, New York: Halsted Press, 1975-1981.

_____, *Field Theory Evolving*, Beverly Hills: Sage Publications, 1977.

_____, *In the Minds of Men: Principles Toward Understanding and Waging Peace*, Seoul: Sogang University Press, 1984.

_____, *War & Democide Naver Again,* U. S. A.: Llumina Press, 2004; 이남규 역, 『데모사이드』, 서울 : 기파랑, 2005.

Rummel, R. J.; Rhee, Sang-Woo; Omen, Jack; and Sybinsky Peter, *National Attributes and Behavior: Data, Dimensions, Linkage, and Groups*, 1950-1965, Beverly Hills: Sage Publication, 1978.

Russett, Bruce M., *Community and Contention: Britain and America in the Twentieth Century*, Cambridge: The M.I.T. Press, 1978.

_____, *Grasping The Democratic Peace*, Princeton: Princeton University Press, 1993.

Russett, Bruce M. ed., *Peace, War and Numbers*, Beverly Hills: Sage, 1972.

Schelling, Thomas C., *The Strategy of Conflict*, New York: Oxford University Press, 1960.

Schubik, Martin ed., *Game Theory and Related Approaches to Social Behavior*, New York: John Wiley & Sons, 1964.

Singer, J. David, *Quantitative International Politics*, New York: Free Press, 1968.

Singer, Marshall R., *Weak States in a World of Power*, New York:

The Free Press, 1972.

Sorokin, Pitirim, *Society, Culture, and Personality: Their Structure and Dynamics*, New York: Harper, 1947.

Spanier, John, *Games Nations Play*, New York: Praeger, 1972.

Spykman, Nicholas J., *America's Strategy in World Politics*, New York: Harcourt, 1942.

Sullivan, Michael P., *International Relations: Theories and Evidence*, Englewood Cliffs: Prentice-Hall, 1976.

Taylor, Trevor ed., *Approaches and Theory in International Relations*, London: Longman, 1978.

Thompson, Kenneth W., *Understanding World Politics*, Notre Dame: University of Notre Dame Press, 1975.

Thompson, William R. ed., *Contending Approaches to World System Analysis*, Beverly Hills: Sage, 1983.

Thucydides, *History of the Peloponesia War*, Rex Warner(역). Penguin Books, 1954.

U. S. Department of Defense, *Quadrennial Defense Review Report*, Washington, D.C.: DoD, 2001.

Viotti, Paul R. & Mark V. Kauppi, *International Relations Theory*, New York: Macmillan, 1987.

Von Bertalanffy, Ludwig, *General System Theory: Foundations, Development, Application*, New York: George Braziller, 1968.

Von Metternich, Prince, *Aus Metternichs Nachgelassenen Papieren*, Vienna, 1882.

Waltz, Kenneth N., *Man, the State, and War: A Theoretical Analysis*, New York: Columbia University Press, 1965.

______, *Theory of International Politics*, Reading: Addison-wesley, 1979.

Wendt, Alexander, *Scocial Theory of International Politics*, Cambridge: Cambridge University Press, 1999.

Wight, Martin, *Theory of International Politics*, Reading: Addison-

Wesley, 1979.

______, *International Theory: The Three Tradition*, London: Leicester Press, 1991.

Wilkenfeld, Jonathan ed., *Conflict Behavior & Linkage Politics*, New York: David Mckay Co., 1973.

Wolff, Kurt H. tr. and ed., *Georg Simmel*, 1858-1918: *A Collection of Essays with Translation and a Bibliography*, Columbus: The Ohio University Press, 1959.

______, tr. and ed., *The Sociology of Georg Simmel*, New York: Free Press, 1967.

Wright, Quincy, *The Study of International Relations*, New York: Appleton-Century-Crofts, 1955.

______, *A Study of War*, 2nd edition, Chicago: University of Chicago Press, 1955.

Ziegler, David W., *War, Peace and International Politics*, 2nd edition, Boston: Little, Brown, 1981.

武者小路公秀(무샤고지 긴히데) 編著, 『國際學 : 理論と展望』, 東京 : 東京大學出版會, 1976.

坂本義和(사카모토 도시가쓰), 『新版軍縮の政治學』, 東京 : 岩波, 1988.

關寬治(세끼 히로하루), 『國際體系論の基礎』, 東京 : 東京大學出版會, 1969.

衛藤瀋吉(에또 신기찌) 등 共著, 『國際體系論』, 東京 : 東京大學出版會, 1985.

猪口孝(이노구찌 다카시), 『國際關係の數量分析』, 東京 : 嚴南堂書店, 1970.

日本國際政治學會 編, 『21世紀の 日本, アジア, 世界』, 東京 : 國際書院, 1998.

***논 문**

구영록, "갈등과 국제정치 : 갈등이론의 연구", 『국제정치논총』, 제15집

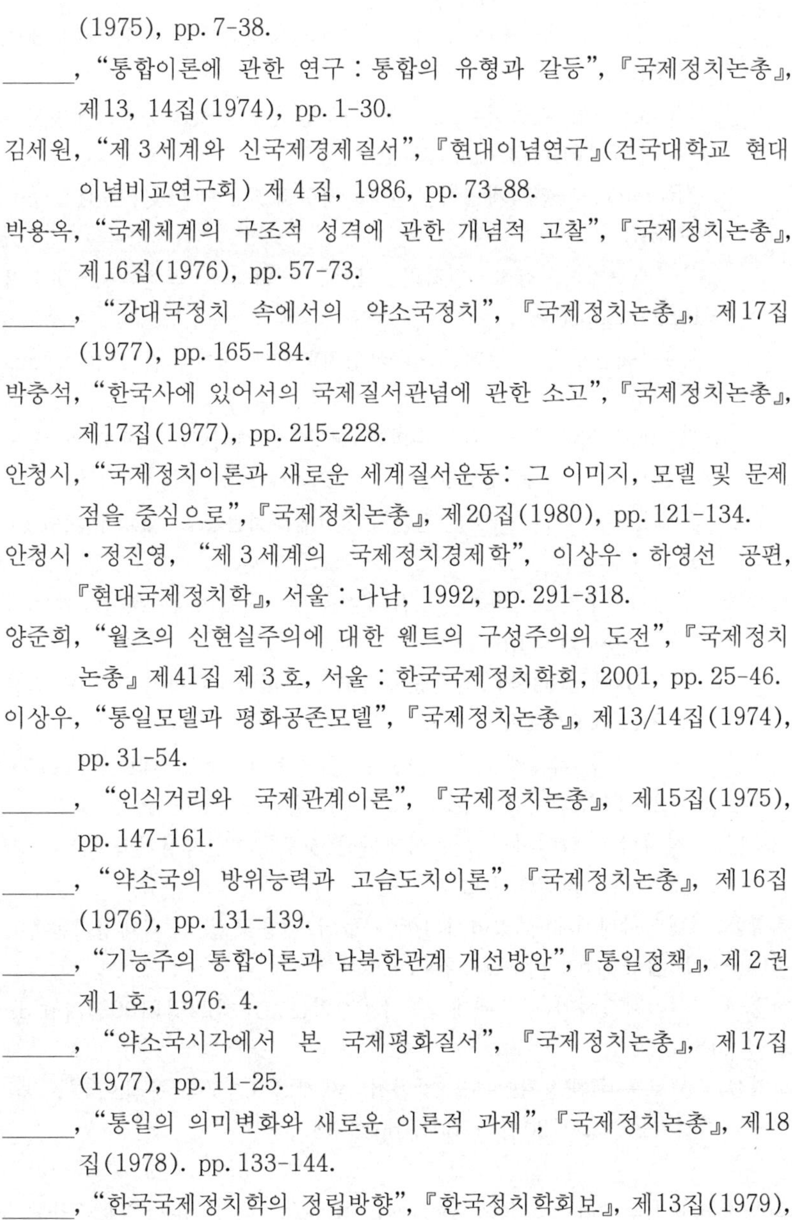

(1975), pp. 7-38.

______, “통합이론에 관한 연구 : 통합의 유형과 갈등”, 『국제정치논총』, 제13, 14집(1974), pp. 1-30.

김세원, “제 3 세계와 신국제경제질서”, 『현대이념연구』(건국대학교 현대이념비교연구회) 제 4 집, 1986, pp. 73-88.

박용옥, “국제체계의 구조적 성격에 관한 개념적 고찰”, 『국제정치논총』, 제16집(1976), pp. 57-73.

______, “강대국정치 속에서의 약소국정치”, 『국제정치논총』, 제17집(1977), pp. 165-184.

박충석, “한국사에 있어서의 국제질서관념에 관한 소고”, 『국제정치논총』, 제17집(1977), pp. 215-228.

안청시, “국제정치이론과 새로운 세계질서운동: 그 이미지, 모델 및 문제점을 중심으로”, 『국제정치논총』, 제20집(1980), pp. 121-134.

안청시 · 정진영, “제 3 세계의 국제정치경제학”, 이상우 · 하영선 공편, 『현대국제정치학』, 서울 : 나남, 1992, pp. 291-318.

양준희, “월츠의 신현실주의에 대한 웬트의 구성주의의 도전”, 『국제정치논총』 제41집 제 3 호, 서울 : 한국국제정치학회, 2001, pp. 25-46.

이상우, “통일모델과 평화공존모델”, 『국제정치논총』, 제13/14집(1974), pp. 31-54.

______, “인식거리와 국제관계이론”, 『국제정치논총』, 제15집(1975), pp. 147-161.

______, “약소국의 방위능력과 고슴도치이론”, 『국제정치논총』, 제16집(1976), pp. 131-139.

______, “기능주의 통합이론과 남북한관계 개선방안”, 『통일정책』, 제 2 권 제 1 호, 1976. 4.

______, “약소국시각에서 본 국제평화질서”, 『국제정치논총』, 제17집(1977), pp. 11-25.

______, “통일의 의미변화와 새로운 이론적 과제”, 『국제정치논총』, 제18집(1978). pp. 133-144.

______, “한국국제정치학의 정립방향”, 『한국정치학회보』, 제13집(1979), pp. 81-96.

______, "남북한 군사갈등과 군축", 『한국정치학회보』, 제14집(1980), pp. 501-527.

______, "Rummel의 갈등이론으로 본 남북한전쟁 가능성", 『국제정치논총』, 제21집(1981), pp. 135-152.

______, "Rummel의 권력개념", 『한국정치학회보』, 제15집(1981), pp. 297-313.

______, "국제관계의 질적 변화와 국가", 『미래를 묻는다』, 제 7 집(1982), pp. 30-41.

______, "국가중심체제의 장래," 『한국정치학회보』, 제17집(1983), pp. 321-337.

______, "21세기 국제질서 : 현실주의적 전망", 『신아세아』 제12권 제 3 호, 2005년 가을호, pp. 5-26.

이승헌, "세계질서에의 이론적 접근", 『국제정치논총』, 제21집(1981), pp. 27-46.

정종욱, "평화연구의 심리학적 접근방법", 『국제정치논총』, 제18집(1978), pp. 41-54.

______, "한국국제정치론의 정립문제재고", 『한국정치학회보』, 제13집(1979), pp. 97-108.

최경낙, "핵무기와 국제체제의 변화", 『국제정치논총』, 제17집(1977), pp. 129-146.

최 명, "정치학에 있어서의 커뮤니케이션 모델", 『한국정치학회보』, 제 8 집(1974), pp. 87-102.

최창윤, "현대국제체제에 있어서의 국가들의 계층구조", 『국제정치논총』, 제15집(1975), pp. 179-200.

하경근, "신국제질서와 제 3 세계", 『국제정치논총』, 제22집(1982), pp. 3-18.

하영선, "새로운 국제정치이론을 찾아서 : 세계질서연구를 중심으로", 『국제정치논총』, 제20집(1980), pp. 3-14.

Abt, Clark C., and Gorden, Morton, "Report on Project TEMPER," In Pruitt and Snyder eds. *Theory and Research on the Causes of War*, 1969, pp. 245-262.

Arreguin-Toft, Ivan, "How the Weak Win Wars," *International Security,* Vol. 26, No. 1, Summer 2001, pp. 93-128.

Banks, Arthur S. and Gregg, Phillip M., "Grouping Political Systems: Q-Factor Analysis of A Cross Polity Survey," *The American Behavioral Scientist,* Vol. 9 (Nov. 1965).

Bendix, Reinhard, "Social Stratification and Political Power," *American Political Science Review,* Vol. 46 (June 1952), pp. 357-375.

Booth, Ken, "Disarmament and Arms Control," in John Baylis, *et. al., Contemporary Strategy,* 2nd edition, New York: Holmes & Meier, 1987, Ch.6. pp. 140-186.

Brzezinski, Zbigniew, "US Foreign Policy: The Search for Focus," *Foreign Affairs,* (July 1973), pp. 708-727.

Caporaso, James. and Pelowski, Alan L., "Economic and Political Integration in Europe: A Quasi-Experimental Analysis," *American Political Science Review,* Vol. 65 (June 1971), pp. 418-433.

Cartwright, Dorwin, and Frank, Harary, "Structural Balance: A Generalization of Heider's Theory," *The Psychological Review,* Vol. 63, No. 5 (1956), pp. 271-293.

Collins, Barry E., and Raven, Hertman H., "Group Structure: Attraction, Coalition, Communication and Power," In Lindzey and Aronson, eds., *The Handbook of Social Psychology,* 2nd edition, Vol. 5 (1977), pp. 102-204.

Davis, Kingsley, "Some Principles of Stratification," *American Sociological Review,* Vol. 10 (April 1945), pp. 242-249.

Deutsch, Karl W., "Integration and Arms Control in the European Political Environment A Summary Report," *American Political Science Review,* Vol. 60 (June 1966).

Etzioni, Karl W., et al., "Political Community and the North Atlantic Community," In Anchor Anthology, International Political

Communities, 1966, pp. 1-91.

Galtung, Johan, "Social Psychological Aspects of International Relations," In Lindzey and Aronson ed., *The Handbook of Social Psychology*, 2nd edition, Vol. 5 (1977), pp. 538-601.

______, "A Structure Theory of Aggression," *Journal of Peace Research*, Vol. 1, No. 2, pp. 95-110.

Gleditsch, Nils Peter, "Rank Theory, Field Theory, Attribute Theory: Three Approaches to Interaction in the International System," *Don Research Report*, No. 47 (1970).

Guetzkow, Harold, "Sizing up a Study in Simulated International Processes," Rosenau, ed., *In Search of Global Patterns*, 1976, pp. 91-105.

Harary, Frank, "A Structural Analysis of the Situation in the Middle East in 1956," *Journal of Conflict Resolution*, Vol. 5, No. 2 (1961), pp. 167-178.

Harsanyi, John C., "Game Theory and the Analysis of International Conflict," In Rosenau, ed., *International Politics and Foreign Policy*, 1969, pp. 370-379.

Haas, Ernst B., "The Balance of Power: Prescription, Concept, or Propaganda?" *World Politics*, Vol. 5, No. 4 (July 1953), pp. 446-467.

Haas, Michael, "The Future of International Relations Theory," In Haas, ed., *International System: A Behavioral Approach*, 1974, pp. 351-376.

Heider, Fritz, "Attitude and Cognitive Organization," *Journal of Psychology*, Vol. 21(1946), pp. 107-112.

Hempel, Carl C. and Oppenheim, "The Logic of Explanation," *Philosophy of Science*, Vol. 21. (1946), pp. 135-175.

Holt, Robert T., "A Proposed Structural-Functional Framework," In Charlesworth, ed., *Contemporary Political Analysis*, 1967.

Ingelhart, Ronald, "An End to European Integration?" *American Po-*

litical Science Review, Vol. 61. (March 1967), pp. 91-105.

Institute for Defense Analysis, *Asymmetric Conflict 2010,* Alexandria: Institute for Defense Analysis, 2000.

Jackson, Elton, "Status Consistency and Symptoms of Stress," *American Sociological Review*, Vol. 27 (August 1962), pp. 469-480.

Jackson, Robert H., "The Evolution of International Society," John Baylis & Steve Smith, eds., *The Globalization of World Politics* 2nd edition, Oxford: Oxford University Press, 2001. pp. 35-50.

Jacob, Philip E. and Teune, Henry, "The Integrative Process: Guidelines for Analysis of the Bases Political Community," Jocob and Toscano, eds., *The Integration of Political Communities*, 1964.

Kissinger, Henry A., "For a Atlantic Confederacy," *The Report*, (February 2, 1961), pp. 16-20.

Lagos, Gustavo, "The Revolution of Being" in Heralds Munoz, ed., *From Dependency to Development*, Boulder: Westview Press, 1981, pp. 123-160.

Lenski, Gerhard, "Status Crystallization: A Nonvertical Dimension of Social Status." *American Sociological Review*, Vol. 19 (August 1954), pp. 405-413.

Lijphart, Arend, "International Relations Theory: Great Debates and Lesser Debates," *International Social Science Journal*, Vol. XXVI, No. 1 (1974), pp. 11-21.

McClelland, Charles A., "Applications of General Systems Theory in International Relations," In Edwards, ed., *International Political Analysis*, 1970, pp. 226-240.

Morgenstern, Oskar, "Game Theory: Theoretical Aspects," *International Encyclopedia of Social Science*, Vol. 4 (1974), pp. 62-69.

______, "My Collaboration with John von Neumann on the Theory of Games." *Economic Impact.* No. 19 (1977), pp. 35-41.

Newcomb, T. M., "An Approach to the Study of Communicative Acts," *Psychological Review,* Vol. 60 (1953), pp. 393-404.

RAND Corporation, "What Are Asymmetric Deterrence?," Santa Barbara: RAND, 1998.

Rapoport, Anatol., *et. al.,* "Three Games: A Comparison of Performance of Danish and American Subjects," In Alker, Deutsch Jr., and Stoetal., eds., *Mathematical Approach to Politics,* 1973.

Rapoport, Anatol, Guyer, Melvin and Gordon, David, "Threat Games: A Comparison of Performance of Danish and American Subjects," in H. R. Alker, Jr., K. W. Deutsch, and A. H. Stoetzel eds., *Mathematical Approaches to Politics,* San Francisco: Jossey-Bass, 1973, pp. 171-192.

Rhee, Sang-Woo, "Forms and Variety of Explanation: A Theoretical Prescription," In Dial, R., ed., *Advancing and Contending Approaches to the Study of Chinese Foreign Policy,* 1974.

Rosenau, J. N., "Pre-theories and Theories of Foreign Policy," Farrel, ed., *Approaches to Comparative and International Politics,* 1966, pp. 27-92.

______, "Intervention as a Scientific Concept," *Journal of Conflict Resolution,* Vol. 13 (June 1969), pp. 149-171.

Rummel, R. J., "Dimensions of Conflict Behavior Within and Between Nations," *General Systems Yearbook,* Vol. 8 (1963), pp. 1-50.

______, "A Field Theory of Social Action," *General Systems,* Vol. 10 (1965), pp. 183-221.

______, "The Relationship Between National Attributes and Foreign Conflict Behavior," In Singer, ed., *Quantitative International Politics: Insight and Evidence,* 1968, pp. 187-214.

______, "Field Theory and Attribute Theories Nations Behavior:

Some Mathematical Interrelationships," *The Dimensionality of Nation Project*, Research Report No. 31. 1969.

_____, "The Roots of Faith," in James N. Rosenau, ed., *In Search of Global Patterns*, New York: The Free Press, 1976, pp. 10-30.

_____, "U. S. Foreign Relations: Conflict, Cooperation, and Attribute Distances," In Russett, ed., *Peace, War and Numbers*, 1982, pp. 77-113.

_____, "Libertarianism and International Violence," *Journal of Conflict Resolution*, Vol. 27, No. 1 (March 1983), pp. 27-71.

Savage, I. Richard and Deutsch, Karl W., "A Statistical Model of the Gross Analysis of Transaction Flows," *Econometrica*, Vol. 28, No. 3 (July 1960), pp. 55-72.

Shapiro, Martin, "Governmental Institutions and Process: Courts," In Greenstein and Polsby, eds., *Handbook of Political Science*, Vol. 5 (1975), pp. 321-371.

Singer, J. David, "The Level-of-Analysis Problem in International Relations," Knorr and Verba, eds., *The International System: Theoretical Essays*, 1961. pp. 77-92.

Tanter, Raymand, "Dimensions of Conflict Behavior within and between Nations, 1958-1960," *Journal of Conflict Resolution*, Vol. 10 (March 1966), pp. 41-64.

Thompson, Kenneth W., "Collective Security Reexamined," *American Political Science Review*, Vol. XLVII. No. 3 (Sept. 1953), pp. 753-766.

Treverton, Gregory F., "Deterrence and Collective Security," in W. Scott Thompson, *et. al.*, eds, *Approaches to Peace, Washington DC: US Institute of Peace*, 1991, pp. 15-27.

Veblen, Thorstein, "The Theory of the Leisure Class," in Bendix and Lipset, eds., *Class, Status and Power: Social Stratification in Comparative Perspective*, 1966.

Von Bertalanffy, Ludwig, "The General System Theory," in *General Systems* I, Part1, 1956.

Wendt, Alexander, "Anarchy is What States Make of it: the Social Construction of Power Politics," *International Organization* Vol. 46, No. 2, Spring 1992, pp. 391-425.

Williams, Phil, "Nuclear Deterrence," in John Baylis, Ken Booth, John Garnett & Phil Williams, *Comtemporary Strategy*, Vol. 1, 2nd edition, New York: Holms & Meier, 1987, pp. 113-139.

Wolfers, Arnold, "The Balancing Process: Is it Outdated?" In Duchacek, ed., *Conflict and Cooperation Among Nations*, 1960, pp. 176-186.

Zelditsh, Morris Jr., "On the Balance of a set of Rank," In Berger., *et al.* ed. *Sociological Theories in Progress*, Vol. 1, 1966.

찾아보기

[ㅊ]

[ㅋ]

[ㅌ]

[S]

[T]

[U]

[V]

[W]

[Z]

저자 약력

서울대학교 법과대학 학사(행정학과)
서울대학교 대학원 석사(국제법 전공)
University of Hawaii M.A. 및 Ph.D.(정치학 전공)
경희대학교(1973－1976), 서강대학교(1976－2003) 교수 역임
한국국제정치학회 회장 역임
(전) 한림대학교 총장 겸 한림국제대학원대학교 총장
(사)신아시아연구소 소장

주요 저서

『국제정치학강의』
『한국의 안보환경』(제 1 집, 제 2 집)
『함께 사는 통일』
『북한정치입문』
Security & Unification of Korea
『럼멜의 자유주의 평화이론』 등

4訂版
국제관계이론 －국가간의 갈등원인과 질서유지－

1979년 1월 25일 초판발행
1987년 5월 25일 개정증보판발행
1999년 3월 15일 3정판발행
2006년 3월 10일 4정판발행
2017년 8월 30일 중판발행

저 자 李 相 禹
발행인 안 종 만
발행처 (주)박영사
서울특별시 종로구 새문안로3길 36, 160.
전화 (733)6771 FAX (736)4818
등록 1959. 3. 11. 제300-1959-1호(倫)

www.pybook.co.kr e-mail: pys@pybook.co.kr

정 가 29,000원 ISBN 89-7189-384-2